《北京邮政年鉴》

编纂委员会

《北京邮政年鉴》编辑部

北京市邮政公司办公大楼

2010年北京市邮政公司领导班子成员

总经理　章干泉

党委书记　丁前亮

副总经理　郭荣寰

副总经理　王小东

党委常委、邮储银行北京分行行长
徐学明

副总经理　王金波

党委常委、北京市邮政速递物流有限公司总经理　杜　福

工会主席、纪委书记
王　旭

■ 北京市委副书记、政法委书记王安顺一行在新大都饭店检查工作，同时，亲临西外大街邮电局的“两会”服务点，亲切慰问现场服务的北京邮政员工。

■ 北京市副市长吉林出席2010年银行业公众教育日活动启动仪式，对邮储银行北京分行通过公益纪念封传递金融理念表示赞同。

■ 4月27日，北京市副市长苟仲文在北京市邮政公司总经理章干泉、北京市邮政管理局局长胡仲元陪同下到北京邮区中心局考察。

■ 2月20日，中国邮政集团公司总经理刘安东在北京市邮政公司总经理章干泉、党委书记丁前亮等领导的陪同下先后到大山子邮局、香河园邮局和双井邮局调研并慰问员工。

5月26日，“第十届国际交通技术与设备展览会”在北京展览馆开幕。中国邮政集团公司副总经理冯新生在北京市邮政公司总经理章干泉、党委书记丁前亮的陪同下，参观北京市邮政公司自主研发的“个性化明信片制作终端”和封片卡系统，并对参展的人员表示慰问。

在全国邮政报刊发行工作会上，北京南区邮电局技术部门特别定制的中邮阅读网体验机以良好的电子阅读体验功能，受到参会领导关注。图为中国邮政集团公司副总经理李国华通过体验机了解“中邮阅读网”。

■ 3月27日，北京邮政召开机要通信质量20年无事故表彰大会。图为新华社副社长鲁炜、中国邮政集团公司副总经理李国华为受到表彰的先进单位和先进个人颁发证书。

■ 春节前夕，中国邮政集团公司副总经理刘明光来到北京邮区中心局慰问押运员。

1月4日，北京市邮政公司总经理章干泉到北京邮区中心局、汽运局、双井和方庄投递部视察暴雪天气邮运生产情况，并慰问雪天坚持生产的一线职工。

两会期间，北京市邮政公司党委书记丁前亮到西区邮电局两会服务网点指导工作。

■ 2月5日，北京市邮政公司总经理章干泉在春节前夕亲切慰问西区邮电局金融街局员工。

■ 8月17日，北京市邮政公司党委书记丁前亮到东区邮电局东四邮局和工体北路邮局就加强企业损益核算工作，提升支部党建创新工作，带动经营、服务再提升等课题进行深入调研。

■ 1月29日，北京市邮政公司副总经理郭荣寰慰问汽车运输局困难职工陈宝龙。

■ 6月26日，北京市邮政公司副总经理王小东到汽车运输局汽运一队调研大学生包裹拉运工作。

■ 北京银监局局长楼文龙在北京邮储银行行长徐学明的陪同下，到北京大兴兴华路支行视察了解邮储银行郊区基层网点的经营、管理、服务、设施等情况。

■ 9月20日，保安员业务技能竞赛总决赛在北京市邮政公司拉开帷幕。北京市邮政公司副总经理王金波为获得第一名的西区邮电局保安中队颁奖。

■ 春节前夕，北京市邮政速递物流公司总经理杜福到生产一线亲切看望奋战在生产一线的职工，并为他们送上节日慰问和新春祝福。

■ 暑期，北京市邮政公司工会主席王旭深入基层单位，亲切慰问坚守在生产岗位的职工。

10月8日，中邮人寿保险股份有限公司北京分公司隆重开业。中国邮政集团公司副总经理、中邮人寿保险股份有限公司董事长冯新生与北京市邮政公司总经理章干泉为中邮人寿北京分公司开业揭牌。

11月5日，北京市邮政公司党委书记丁前亮为在市公司开展的“落实规范当先锋、业务技能大擂台”品牌共建活动中的优胜选手颁奖。

圣诞前夕，北京市邮政公司与芬兰邮政合作，推出“缤纷圣诞”系列主题邮政产品，并将北京国际邮电局建国门支局打造成北京首家“圣诞邮局”。图为北京市邮政公司总经理章干泉和芬兰大使岚涛为“圣诞邮局”揭牌。

9月21日，中华社会救助基金会理事长许嘉璐和北京市邮政公司党委书记丁前亮为新中国成立以来首次针对孤寡老人、孤残儿童发行的公募明信片——“爱心明信片”首发揭牌。

1月5日，在西城区（原宣武区）湖广会馆举行的《庚寅年》特种邮票首发式上，北京市原宣武区副区长范宝和北京市邮政公司副总经理郭荣寰为《庚寅年》特种邮票及邮品揭幕。

1月15日，北京邮政"五节联送"礼仪服务活动拉开帷幕，北京市邮政公司副总经理王小东为"五节联送"吉祥物跃跃舞动的醒狮妙笔点睛。

■ 11月9日，由市人力社保局、市金融局、团市委、市青年商会、中国邮政储蓄银行北京分行主办，中国邮政储蓄银行北京分行承办的首届北京市大学生“村官”论坛在京召开，中国邮政储蓄银行北京分行行长徐学明与市人力社保局、市金融局、团市委有关领导一起启动此次论坛。

■ 9月15日，在北京市职工创新工作室推广交流现场会上，北京市邮政公司工会主席王旭向大会做经验汇报，全面介绍了北京邮政开展“劳模先进创新工作室”所取得的显著成绩。

1月25日至26日，北京市邮政公司隆重召开一届三次职工代表大会。

在北京市邮政公司一届三次职工代表大会上，大会执行主席向获得市公司先进单位、先进集体和先进个人代表颁奖。

■ 9月1日，北京市邮政公司总经理章干泉到位于CBD中央商务区内的东区邮电局航华邮电所和中广中心邮电所就整体经营和市场开发情况进行调研。

■ 十一届全国人大三次会议开幕当天，北京市邮政公司党委书记丁前亮前往远望楼宾馆等两会代表、委员驻地邮政服务点检查两会邮政服务工作。图为北京市邮政公司党委书记丁前亮在远望楼宾馆检查时，收到了两会总务组题写的“诚信求实”条幅，两会总务组用这四个大字表达了对北京邮政多年来为两会提供优质服务的感谢。

■ 8月3日，位于建内大街邮电局内的北京邮政首家贺卡旗舰店正式揭牌成立。6大类300余个品种的贺卡将旗舰店的展厅装扮得色彩缤纷。图为北京市邮政公司总经理章干泉为旗舰店揭牌。

■5月28日，中央办公厅机要交通局郭旭明副局长一行在北京市邮政公司党委书记丁前亮的陪同下到北京邮政机要局考察。并向北京邮政机要局传达中办领导对北京邮政机要通信取得连续20年无事故的优异成绩给以赞扬和肯定。

■5月19日，北京市邮政公司副总经理郭荣寰到西区邮电局五路居大宗处理中心慰问员工并指导工作。

■9月，北京高校学生包裹收寄进入高峰期。东区邮电局、海淀区邮电局、汽运局进驻多所高校，收寄和拉运包裹。图为北京市邮政公司副总经理王小东到大学生包裹收寄现场慰问邮政职工。

■ 2月4日，北京市邮政速递物流公司总经理杜福深入基层进行调研。

■ 5月19日，东城区教委与北京报刊发行局联合启动了蓝天工程“青少年邮驿站”活动，东城区教委副主任刘藻和东区邮电局副局长齐涛共同为邮驿站揭牌。

■ 8月5日，北京市职工职业技能大赛邮政投递员比赛圆满落幕。图为北京市总工会副主席霍连明、中国邮政集团公司人力资源部副总经理陈虹霞及北京市邮政公司领导与获奖者合影留念。

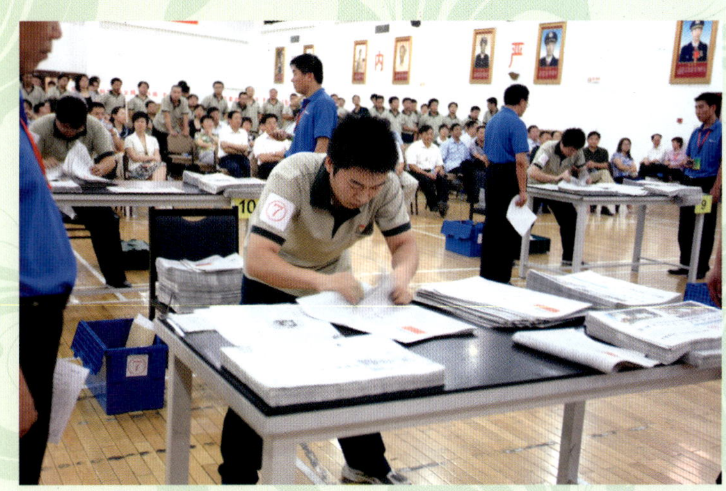

■8月5日，北京职工职业技能大赛投递员比赛总决赛正在激烈进行。图为荣获投递员职业技能大赛第一名的数报套报能手付永伟正全身心地投入比赛中。

■8月5日，北京市职工职业技能大赛邮件分拣员比赛进入最后决赛，经过激烈角逐，北京邮区中心局西站干线运输处平刷出口科申爱菊、信函分拣处挂号科王冬与挂号出口科红岩分别获得前三名。

■11月6日，国际邮电局举办"岗位练兵技能提素"大赛暨首届"首席员工"总决赛，参加加盖日戳业务决赛的选手正在为争夺"首席员工"的称号激烈角逐。

■5月14日至6月8日，北京邮政7名青年志愿者在为期26天的上海世博会上，以他们优异的表现荣获了“上海世博会青年文明号”称号。

■9月1日，在北京金顶街邮电局，北京市邮政公司与北京市国家安全局联合举行世博会邮路安防演练。

■10月，北京西区百万庄共青团邮局团支部、汽运局五队团支部共同推出的以“青春共同奋进岗位携手建功”为主题的青年文明号共建活动在百万庄局启动，并首次推出了先进窗口支局与内部作业环节的优秀青年车组联手组成的“优+”组合。

■11月6日，北京邮政投递局利用周末，在全市范围内开展了“邮政进社区”活动。图为全国劳动模范、永安路投递部投递员韩伟正在向用户宣传邮政业务。

■1月22日，农历腊月初八，尽管天气寒冷，也挡不住参加雍和宫腊八舍粥活动的市民和游客的热情。北新桥邮电局职工进驻雍和宫为喝粥的游客提供邮政服务。

■11月24日-25日，由丰台邮电局业务能手组成的突击队走进武警十五支队、总后西仓库等军营驻地，冒严寒露天收寄大件包裹，用优质、高效的服务，迎得了部队官兵的高度好评。

■ 6月5日，为配合世界环保日和《节能减排，保护环境》特种邮票的发行，北京市邮票公司组织职工走进金融街街道民康社区，开展“倡导绿色、低碳生活方式，引导人们树立环保健康工作生活习惯”主题活动。

■ 5月22日，北京报刊发行局“传承劳模精神岗位再建新功”主题活动正式启动，北京市劳动模范、市公司十佳劳模先进创新工作室负责人孙沂，全国邮政系统先进个人李粉霞，北京市经济技术标兵、北京市青年岗位能手张明理分别在发行局各生产单位进行巡回报告。

■ 10月26日，邮储银行北京分行金融大街支行正式开业，标志着邮储银行全新亮相北京金融街，进一步提升社会影响力。

■ 2010年，史家小学报刊发行正式回归邮政渠道，东四邮局本着“积极沟通，有效跟进，提前下手”的工作方针，梳理出为74个班的小学生从预定、收款到配发报刊的全套服务流程。

■ 12月4日，“祝福从这里寄出”中国邮政贺卡幸运封“加持”仪式在佛教圣地北京云居寺隆重举行。寺院果坚法师率领高僧大德为信众举办吉祥法会，对幸运封进行“加持”。

■ 10月9日，第41届世界邮政日到来之际，牛街邮局与投递部门联手深入牛街东里社区，向社区居民进行邮政知识宣传的同时提供邮政便民服务。

■ 10月1日，北京市首家少年儿童体验式邮局北京东区少年邮局正式开门营业。图为6位活泼可爱的小朋友为“北京市东区少年邮局”剪彩。

■ 9月20日，西区邮电局召开2011年贺卡战役认标大会，当场认标总额达4608万元。

■ 9月，房山区邮政局抓住高校开学时机，到北京理工大学良乡校区开展业务宣传，派出邮车接送新生到校区附近网点办理业务，提供全程服务。

■ 9月8日，北京市邮政公司三农办工作人员与北京邮政老年科协的离退休同志们专程来到房山区韩村河镇章村，为村民们送去了农技知识和用邮知识，受到村民好评。图为农民朋友在听农技知识讲解后购买肥料。

■ 11月10日，北京邮政自邮一族加盟商户又增添了两个新成员：宏状元粥店、秀域健康美容连锁机构。图为宏状元粥店的餐厅经理将“自邮一族指定消费特约商户”的牌匾挂上了门头。

9月28日，位于北京动物园南门内的京城动物园邮局在北京动物园内正式开业。

大兴区邮政局营业员在热情为用户服务。

■5月21日，历时一周的北京邮政劳模先进巡回演讲报告会圆满结束。东四邮电局智慧之队等优秀团队集体和劳动模范，通过9场巡回演讲，以真实感人的事迹，无私奉献的精神，使广大干部职工深受鼓舞。

■7月1日，北京市邮政公司党委组织召开“群众心目中的好党员”表彰大会暨纪念建党89周年党课报告会。图为北京市邮政公司党委书记丁前亮、总经理章干泉等领导为“群众心目中的好党员”代表颁奖。

■5月13日，北京市邮政公司党委书记丁前亮为荣获北京市劳动模范称号的王鸣宇同志佩戴奖章。

■ 12月8日，经过严格筛选，来自北京邮区中心局的李晓雨、罗佳熹和顺义区邮政局的宋远飞光荣入伍。图为西城区武装部领导，市公司党委书记丁前亮、副总经理王金波、工会主席王旭与3名新兵合影留念。

■ 8月，甘肃省舟曲县发生泥石流灾害。北京市邮政公司党委号召全体党员干部、职工向受灾群众伸出援手。图为北京市邮政公司党委书记丁前亮，北京市邮政公司副总经理王小东在捐赠活动大会上捐献救灾物品。

■ 5月28日，北京市邮政公司副总经理郭荣寰出席汽运局“聚人心、鼓士气，展风采”歌咏比赛。

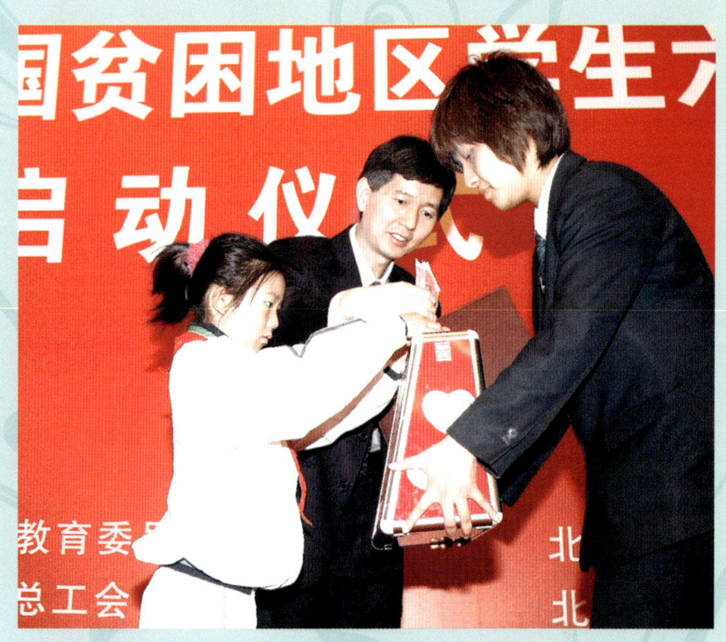

■ 4月28日，“小包裹、大爱心”——中国扶贫基金会爱心包裹项目，2010年灾区及全国贫困地区学生六一关爱行动北京启动仪式举行。图为北京市邮政公司副总经理王小东正在接受小朋友的捐赠。

■ 4月22日，北京市邮政公司党委发出号召，以实际行动支持青海玉树群众抗震救灾，北京市邮政公司开展了“共产党员献爱心”捐献活动，全公司8000余名党员、积极分子、职工共捐善款50余万元。

■ 4月5日，怀柔区邮政局职工积极响应北京市邮政公司党委号召，以实际行动支持玉树灾区抗震救灾，伸出援手踊跃捐款。

■ 5月15日，由北京华联公益西桥购物中心和北京南区邮电局角门支局联合举办的“小包裹大爱心——情动玉树爱在华联”公益宣传活动在华联购物中心门前广场拉开了帷幕。一个多小时的时间，共收到废品回收、跳骚市场义卖、灾区儿童手绘明信片义卖及市民直接捐款近两万元。

■ 5月27日，新古城邮电局慰问小组来到石景山培智学校，为这群特殊的小朋友们送去了儿童节“大礼包”。

■ 9月7日，北京邮政第一届直邮知识竞赛圆满结束，7支从初赛中脱颖而出的代表队经过四轮的激烈竞赛，海淀区邮电局荣获第一名，东区、西区邮电局荣获第二名，昌平区邮政局、密云县邮政局、顺义区邮政局、门头沟区邮政局荣获第三名。

■ 值11月18日翠微百货商场13周年店庆之际，该店与中国扶贫基金会携手，委托万寿路邮局，开展了为1118位持有翠微贵宾卡的顾客办理向贫困地区的小学生捐献“爱心包裹”的活动。图为万寿路邮局的工作人员正在向顾客宣传爱心包裹。

■ 信息技术局组织党员和入党积极分子参观平北抗日纪念馆进行爱国主义教育。

■ 6月3日，通州区邮政局邀请区委党校老师给党员、入党积极分子讲党课。

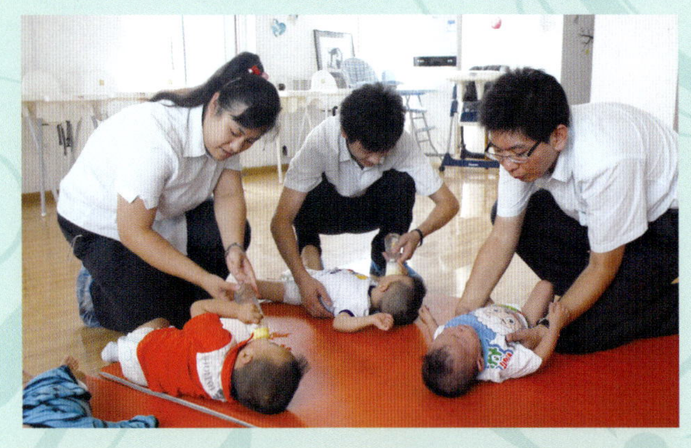

■ 8月12日，北京东区邮电局“我伴天使共成长”爱心志愿活动启动仪式在北京长虹影城举行。“我伴天使共成长”志愿者小分队，将每月进行一次志愿活动，照顾孤残儿童。

■ 4月7日，北京市邮政公司工会组织来自东区邮电局等10个单位的21对新婚职工到北京怀柔区神堂峪植树基地，开展了主题为“同行公益路，共植爱情树”的公益植树活动。

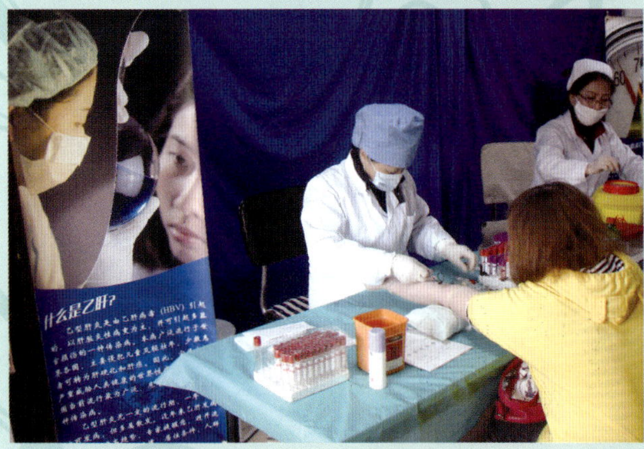

■ 北京邮政实业集团公司卫生所做好职工体检服务。

■ 送温暖、祝快乐，大兴区邮政邮局为职工集体过生日，共同许下美好愿望。

9月15日，通州区邮政局组织职工与汽运局在通州区工人体育场进行足球比赛。

5月10日-13日，北京市邮政工会在职工文体中心举办北京市邮政职工羽毛球比赛。图为部分参赛运动员合影留念。

8月6日，北京市邮政公司为落实北京市政府关于《健康北京人——全民健康促进十年行动》规划精神，隆重举办“千人共做广播操活动”。图为怀柔区邮政局在分会场参加做广播操运动员合影留念。

10月15日-18日，首都职工第八套广播体操比赛在地坛公园举行。北京邮政代表队以97.3的全场最高分夺冠，并获团体一等奖奖杯和主办方为总分前三名提供的“桂龙堂杯”。

编辑说明

一、《北京邮政年鉴(2011)》是系统汇集北京市邮政公司2010年度各项工作、各个方面重要信息和各项成就的综合性资料工具书,由《北京邮政年鉴》编纂委员会主管,北京邮政文史中心年鉴编辑部编纂。

二、本年鉴以马列主义、毛泽东思想、邓小平理论、“三个代表”重要思想为指导,落实科学发展观,客观地反映实际情况,为各级领导的决策提供参考,为北京邮政的两个文明建设服务,为北京邮政与邮政同行以及社会各界的交流服务。

三、本年鉴是北京邮政的第十部年鉴,全面记述2010年1月1日至12月31日北京邮政各方面情况;重点反映2010年北京市邮政公司全面贯彻党的十七大和十七届三中、四中全会精神,深入贯彻落实科学发展观,以提高北京邮政经济增长质量和效益为核心,以推进邮政经济发展方式转变和业务结构调整为主线,以“效益为先、升位晋级、优秀升格、勇争第一”为目标,完善机制,深化改革,加快发展,改善服务,强化管理,提高企业核心竞争力,促进邮务类业务又好又快发展,做大做强代理速递物流和代理金融业务,为实现北京邮政各项事业的发展做出的新贡献。

四、本年鉴根据全公司的管理工作和专业分工分门别类编辑。全书采用栏目/分目/条目三级框架设计方法;条目为主要信息载体和基本单元。卷首设有特载、大事记、综述栏目。其后按门类栏目/分目/条目三级层次编辑;分目开篇设概述。全书共有12个栏目、243个分目、1010个条目,全书共40万字。字号和版式设计区别不同层次。正文前有彩色图片84幅,正文中配有图表,卷尾有附录、索引。

五、本年鉴中涉及的各级领导人员职务称谓均以2010年内所任职务为准。

六、本年鉴的综述中的统计资料来源于北京市邮政公司计划财务部,正文内容均由各相关单位确定专人负责撰写或提供。数据均采用阿拉伯数字表示,除少量保持原形外,改写为以千、万、亿为单位表示的数,小数点两位后四舍五入。

七、本年鉴承蒙北京市邮政公司各级领导的大力支持、办公室的积极协调和所有撰稿人的辛勤合作,谨此一并致谢。年鉴中疏漏有误之处,敬请批评指正。

《北京邮政年鉴》编辑部

二〇一一年十一月

目 录

编辑说明

特 载

保持平稳较快健康发展良好态势 为发展中国特色邮政事业而奋斗 …………………(1)
转变发展方式 加快发展步伐 为实现北京邮政各项事业新发展而努力奋斗……………………………………………(18)
解放思想 坚定信心 开拓进取 为北京邮政实现各项事业新发展提供不竭动力……………………………………………(31)
认真学习 努力创新 讲求方法 加快发展……………………………………………(40)

大事记

2010 年北京邮政大事记 ……………………(53)

综 述

综述……………………………………………(59)

经营服务与管理

邮政经营服务与管理 ……………………(63)
　经营成果……………………………………(63)
　经营领域拓展和服务管理………………(64)
　完成重点服务和专项工作………………(64)
　光荣榜………………………………………(65)

网路运行

网路运行 …………………………………(67)
　概述……………………………………………(67)
　2010 年网运工作 …………………………(68)
　干线邮路情况……………………………(69)
　交通安全工作……………………………(70)

企业管理

计划财务管理 ……………………………(73)
　概述……………………………………………(73)
　主要经济指标完成情况…………………(73)
　主要业务发展情况………………………(73)
　规划管理……………………………………(74)
　计划、投资和招投标管理 ………………(75)
　统计管理……………………………………(76)
　预算、绩效考核、损益核算与结算…………(77)
　资金资产管理……………………………(78)
　房屋资产经营管理………………………(78)
　财务会计管理……………………………(79)
　财务中心管理……………………………(79)
人事、劳资、教育工作 …………………(80)
　概述……………………………………………(80)
　注重企业长效机制建设…………………(80)
　着力提高企业管理效能…………………(81)
　优化配置人力资源………………………(82)
　强化教育培训……………………………(82)
　推动企业和谐发展………………………(84)
行政综合管理 ……………………………(85)
　会议活动组织和文秘工作………………(85)
　行政管理工作……………………………(85)
安全保卫工作 ……………………………(87)
　概述……………………………………………(87)
　主要工作……………………………………(87)
　武装工作……………………………………(88)

护卫队工作……(88)
荣誉榜……(88)
安全管理……(88)
审计工作……(90)
概述……(90)
重要审计活动和审计结果……(90)

党群工作

党委工作……(93)
概述……(93)
党建工作……(94)
宣传工作、思想理论建设、普法教育……(96)
加强保密宣传教育……(97)
精神文明创建工作……(98)
机关党委工作……(99)
机关工会工作……(100)
纪检监察工作……(102)
概述……(102)
重要会议……(102)
党风廉政教育……(102)
党风廉政建设责任制……(104)
推进权力规范化运行……(104)
专项治理工作……(105)
廉政风险防范管理……(105)
来信来访和案件查处……(106)
效能监察……(106)
纠风工作……(106)
招投标工作……(106)
纪检监察干部队伍建设……(106)
工会工作……(107)
概述……(107)
工会组织建设……(107)
局务公开和民主管理……(108)
工会经济工作……(109)
职工生活保障……(111)
职工思想教育……(112)
女工工作……(112)
职工文体活动……(113)
综合工作……(113)
共青团工作……(115)
概述……(115)
青年思想教育……(115)
基层团组织建设……(116)
离退休管理工作……(117)
概述……(117)
主要工作……(117)

支撑系统

科技工作……(119)
概述……(119)
主要工作……(119)
基建工作……(121)
概述……(121)
主要工作……(121)
后勤保障工作……(123)
概述……(123)
主要工作……(123)

协　会

集邮协会……(125)
概述……(125)
重点会议活动和集邮组织……(125)
集邮宣传工作……(126)
集邮展览……(126)
集邮学术研究工作……(128)
青少年集邮工作……(129)
丰富多彩的基层集邮活动……(129)
邮政企协……(135)
概述……(135)
主要工作……(135)

直属单位

东区邮电局……(137)
概述……(137)
回眸东区邮政“十一五”……(137)
强化效益意识，加快业务发展，结构调整取得实效……(138)
创新意识推动品牌建设，加快发展

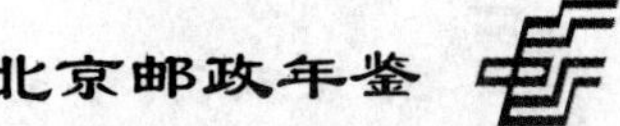

方式的转变 ……(138)
提升服务质量　圆满完成通信服务任务 ……(139)
强化营销意识,依托网格化模式,营销体系建设进一步完善 ……(141)
强化改革意识,完善机制体制,增强企业发展活力 ……(143)
强化质量意识,创新管理手段,提高企业服务质量 ……(144)
强化管理意识,夯实基础工作,提高企业运营水平 ……(144)
强化精神文明建设,弘扬东四精神,创先争优促发展 ……(145)
东四亲情服务再续辉煌 ……(145)
荣誉榜 ……(146)
东区邮电局机构设置图 ……(146)
西区邮电局 ……(147)
概述 ……(147)
团结协作　共谋发展　各项工作取得丰硕成果 ……(147)
营销创新　管理创新　激发企业发展活力 ……(148)
降本增效,提升企业发展质量固本强基,增强企业综合实力……(151)
以人为本　凝聚力量　开创企业和谐未来 ……(152)
光荣榜 ……(153)
西区邮电局机构设置图 ……(153)
南区邮电局 ……(154)
概述 ……(154)
经营发展出业绩　均衡发展效益为先 ……(154)
完善营销体系建设　增强经营发展动力 ……(156)
特色产品、特色活动助力经营发展……(157)
强化企业管理,加强能力建设……(158)
加强党建工作　巩固创建文明行业成果 ……(159)
构建和谐发展企业氛围　树立良好邮政企业形象 ……(160)
光荣榜 ……(161)
2010年收入构成情况 ……(162)
北京南区邮电局机构设置图 ……(163)
海淀区邮电局 ……(164)
概述 ……(164)
优化结构　促进业务全面发展 ……(164)
加强基础设施建设 ……(165)
夯实基础　提升管理水平 ……(165)
规范管理　提升服务水平 ……(166)
加强营销团队建设　推动“项目”营销发展 ……(167)
精神文明建设　以人为本　凝心聚力　构筑企业和谐氛围 ……(168)
北京海淀区邮电局机构设置图 ……(169)
通州区邮政局 ……(170)
门头沟区邮政局 ……(173)
房山区邮政局 ……(175)
平谷区邮政局 ……(180)
顺义区邮政局 ……(182)
怀柔区邮政局 ……(184)
密云县邮政局 ……(186)
延庆县邮政局 ……(188)
昌平区邮政局 ……(190)
大兴区邮政局 ……(192)
北京邮区中心局 ……(194)
概述 ……(194)
通信生产和通信能力建设 ……(194)
企业管理 ……(195)
党建、精神文明建设和企业文化建设……(196)
先进事迹 ……(197)
北京市邮政公司汽车运输局 ……(198)
概述 ……(198)
主要指标和工作完成情况 ……(198)
邮运生产和经营工作 ……(198)
交通安全、车辆管理工作……(199)
企业基础管理 ……(199)
党建和精神文明建设 ……(200)
各类先进及荣誉 ……(201)
汽运局机构设置图 ……(201)
2001年—2010年邮路、路长及交换量一览表 ……(202)
2001年—2010年邮运车辆、行驶里程

一览表 ……(202)
北京报刊发行局 ……(203)
概述 ……(203)
专业经营成果 ……(203)
服务管理工作 ……(204)
先进、模范单位、个人 ……(205)
北京市报刊零售公司 ……(207)
概述 ……(207)
全市报刊亭现状 ……(207)
2010年经营状况 ……(207)
重视科技教育，增强发展后劲 ……(208)
做好办实事项目和宣传工作 ……(209)
北京机要通信局 ……(210)
概述 ……(210)
质量管理水平迈上新台阶 ……(210)
各项安全管理取得新成绩 ……(211)
机要专业营销实现新增长 ……(211)
企业精益管理实现新突破 ……(211)
北京机要展现新形象 ……(212)
圆满完成重点机要通信任务 ……(212)
先进集体、个人事迹简介 ……(213)
北京国际邮电局 ……(214)
概述 ……(214)
经营服务 ……(214)
国际函件专业 ……(214)
企业基础管理 ……(215)
降本增效 ……(215)
机制创新 ……(216)
构建和谐，为企业发展保驾护航 ……(216)
先进模范集体、个人 ……(217)
2010年国际邮电局组织机构图 ……(217)
北京市邮政速递物流有限公司 ……(218)
概述 ……(218)
经营、管理和能力建设 ……(218)
以人为本，建设和谐企业 ……(219)
中国邮政储蓄银行北京分行 ……(221)
概述 ……(221)
业务发展 ……(221)
风控管理 ……(221)
能力建设 ……(222)
2010年亮点工作 ……(222)
大事记 ……(223)
中国邮政储蓄银行北京分行分支机构名录 ……(225)
北京市邮政公司投递局 ……(229)
概述 ……(229)
生产任务完成情况 ……(229)
重大投递服务工作完成情况 ……(229)
投递作业组织管理与运行 ……(229)
服务监督检查 ……(230)
企业管理 ……(230)
经营工作 ……(231)
党建和精神文明工作 ……(232)
纪检监察工作 ……(232)
共青团工作 ……(233)
工会工作 ……(233)
光荣榜 ……(233)
北京邮政投递局组织机构图 ……(234)
北京邮政投递局及下属生产单位分布表 ……(235)
北京市邮票公司 ……(239)
概述 ……(239)
强化经营，拓展市场 再次实现跨越式发展 ……(239)
强化职能，科学管控 专业化管理能力进一步增强 ……(239)
完善制度，健全机制 内部管理基础进一步夯实 ……(240)
党建工作取得新进展 精神文明建设取得新成果 ……(241)
北京邮政商业信函局 ……(243)
概述 ……(243)
专业发展情况 ……(243)
专业支撑能力 ……(244)
专业管理 ……(245)
市场策划与开拓 ……(246)
企业管理 ……(247)
光荣榜 ……(247)
北京邮政科学研究设计院 ……(248)
概述 ……(248)
提升设计研发能力，做好技术支撑和技术服务 ……(248)

增强服务意识做好系统运行维护工作 ……(249)
建筑设计、工程监理、软科学研究及情报计量工作 ……(249)
加强企业管理和资质建设,提高自主创新能力 ……(250)
加强人才培养和队伍建设 ……(250)
北京邮政信息技术局 ……(252)
概述 ……(252)
强化运行维护,搞好主动服务 ……(252)
北京邮政保险代理局 ……(255)
概述 ……(255)
经营管理工作 ……(255)
精神文明和党组织建设 ……(257)
北京市邮政教育培训中心 ……(258)
概述 ……(258)
站在新起点,提升新高度,推动培训中心科学发展 ……(258)
创新教学培训模式　适应企业发展需求 ……(259)
提升管理水平　为教学培训工作提供保障 ……(259)
加强精神文明建设　增强核心竞争力 ……(260)
北京邮政宣传中心 ……(261)
概述 ……(261)
以企业发展为中心　完成宣传工作任务 ……(261)
宣传工作注重实效　做好重点宣传报道 ……(261)
探索创新宣传报道工作新思路 ……(262)
发挥党组织占斗堡垒作用　为宣传工作提供组织保障 ……(262)
北京邮政文史中心 ……(264)
概述 ……(264)
行政管理工作 ……(264)
文史编研工作 ……(264)
《邮政文汇》工作 ……(265)
档案管理工作 ……(265)
北京邮政实业集团公司 ……(266)
概述 ……(266)
主要工作 ……(266)
实业集团器材公司 ……(270)
实业集团北邮物业公司 ……(271)
实业集团绿洲房地产开发公司 ……(273)
实业集团综合邮件处理中心物业管理公司 ……(274)
实业集团旅游餐饮公司 ……(275)
实业集团同力达通信服务有限公司 ……(276)
实业集团建筑工程公司 ……(277)
北京邮政电子商务局 ……(278)
概述 ……(278)
经营情况 ……(278)
专业管理工作 ……(279)
精神文明建设 ……(279)
先进集体、个人 ……(280)
北京邮政艺术团 ……(281)
概述 ……(281)
主要工作 ……(281)
北京邮政代理业务局 ……(282)
概述 ……(282)
代理金融业务 ……(282)
代理速递物流业务 ……(283)

附　录

北京市邮政公司机构设置图 ……(285)
北京市邮政公司营业局所一览表 ……(286)

索　引

索引 ……(295)

特 载

保持平稳较快健康发展良好态势 为发展中国特色邮政事业而奋斗

——刘安东同志在全国邮政工作会议上的报告

（2011年2月15日）

同志们：

这次工作会议，是在我国开始实施第十二个五年规划、中国邮政改革发展进入新阶段的重要时刻召开的。会议的主要任务是：以科学发展观为指导，认真贯彻落实党的十七大、十七届五中全会和中央经济工作会议精神，总结“十一五”时期，特别是公司化运营以来中国邮政的发展成绩和经验，研究“十二五”时期的发展目标和思路，安排2011年的工作任务和措施，动员全国邮政干部职工进一步认清形势，明确目标，坚定信心，扎实工作，继续坚持以深化改革促进发展，以加快发展推动改革，巩固扩大改革成果，推进发展方式转变，保持平稳较快健康发展的态势，为发展中国特色邮政事业而努力奋斗。

一、“十一五”期间中国邮政发展简要回顾

“十一五”时期是中国邮政发展史上极不平凡的五年，也是中国邮政改革发展取得新的重大成就的五年。全国邮政广大干部职工在党中央、国务院的正确领导下，认真贯彻落实科学发展观，知难而进，顽强拼搏，抓住各种机遇，克服各种困难，有效应对国际金融危机的冲击和外部环境变化的影响，坚持一手抓改革，一手抓发展，在邮政体制改革取得重大突破的同时，推动邮政经济实现平稳较快健康发展，为中国邮政长远可持续发展奠定了坚实的基础。

2010年，中国邮政集团公司总收入1891亿元；按企业可比口径集团公司总收入1439.7亿元，同比增长31.6%。“十一五”期间，邮政集团总收入年均增幅达18.5%，邮政业务、速递物流、金融业务收入平均增幅分别为13.1%、19.2%、21.9%。

与2005年相比，“十一五”期间，中国邮政实现了八个“翻番”：一是集团总收入2010年超过1439亿元，比2005年（577亿元）翻了一番多；二是金融业务收入超过800亿，翻了一番多；三是速递物流收入突破200亿，翻了一番；四是邮储余额突破3万亿，翻了一番；五是函件收入超百亿，翻了一番；六是集邮收入接近80亿，翻了一番；七是信息代理收入达到27亿，翻了一番多；八是分销配送收入突破10亿，翻了两番。

今年1月28日，张德江副总理对我们“十一五”期间的总体工作作出重要批示，给予了充分肯定。他指出，“十一五”期间，中国邮政坚持深入贯彻落实科学发展观，坚持深化改革和体制机制创新，创出了一条新路，中国邮政取得的成绩难能可贵。

今年一月份，全国各级邮政部门在去年取得较好发展成绩的基础上，继续努力拓展市场，实现了今年的良好开局。集团总收入完成167.8亿元，同比增长42.8%。三大板块高位开局，增幅均在20%以上，发展势头良好。邮政业务收入完成83.5亿元，增长31%；邮储银行自营网点收入完成32.7亿元，增长42.9%；速递物流专业收入完成20.2亿元，增长20.8%。各专业基本保持两位数增幅，专业间、区域间均呈现出较好的均衡性。

过去五年，我们的奋斗历程主要体现在以下四个方面：

(一)抓改革推创新,不断增强企业发展活力

改革是企业保持生机与活力的源泉，也是推动企业发展的强大动力。“十一五”期间,我们按照国务院要求积极推进以“一分开、两改革”为主要内容的邮政体制改革。实现了政、企分开,建立了企业独立自主运营、政府依法监管的邮政新体制,进一步消除了邮政发展在体制机制上的障碍，增强了企业发展的活力和动力。

一是体制改革积极推进，向现代邮政转型的步伐进一步加快。在中央作出进行邮政体制改革的决策部署后,面对改革、发展与稳定的重大任务,我们坚决贯彻中央的决定。在加快业务发展的同时,认真清理解决邮电分营和历史遗留下来的诸多深层次问题，力争为企业长远发展打好基础。在国务院领导下,2006年年底先后完成了“政企分开”和中国邮政集团公司及各省邮政公司的组建工作,迈出了体制改革的关键一步。同时推动完成《邮政法》修订。

根据国务院对邮政储蓄体制改革的要求，我们理清了邮政企业与邮储银行之间网点、人员、资产划分、收益分配及邮银协调机制等一系列关键问题。2006年6月22日,经国务院批准同意,银监会批准中国邮政储蓄银行筹建方案;同年12月31日,银监会批准中国邮政储蓄银行开业申请;2007年3月20日,中国邮政储蓄银行总行正式挂牌开业;2008年1月1日起,邮储银行与邮政企业全面实行分账核算,邮储银行开始独立运行。

根据国务院领导关于深化改革、做大做强邮政速递物流的指示精神,加快了速递物流专业化经营改革步伐。2008年年底,整合、重组速递物流两大专业机构、业务和资源,全面启动了速递物流的股份制改造工作。2010年6月29日,中国邮政速递物流股份有限公司正式成立,完成了向市场经营主体的转变。

至此，中国邮政完成了国务院邮政体制改革方案和《邮政法》规定的邮政实现“分业经营”的任务，形成了邮政业务、金融业务、速递物流业务三大板块分业经营的大格局、大框架。

二是机制改革同步实施，企业发展的活力进一步增强。我们推进财务管理的改革,从推行资金、投资、银行借款“三集中”管理开始(老的三集中),到进一步推进会计核算、成本费用、资金资产新的、更全面的“三集中”管理(新的三集中),不断深入地探索建立集团架构下有效的财务管控模式。同时,强调以效益为核心,不断完善损益核算体系,损益核算的责任主体得到落实和强化。分阶段实施了网间结算工作,逐步去理顺全网经济关系。建立了较规范的预算组织体系和管理流程，对资源配置和生产经营活动的调控作用得到逐步加强。

推进人力资源管理改革。大力深化企业内部三项制度改革,建立了新的选人、用人和激励机制。人事制度改革不断深入,开展竞争上岗和公开招聘,优化干部队伍结构,加大对后备人才的选拔培养力度,推行领导班子任期制。积极稳妥地实施薪酬分配制度改革,建立了“一岗多薪”的宽带薪酬体系,拓宽了员工职业晋升通道和发展空间，初步建立起工资支付保障机制和正常增长机制。

推进网运管理改革。实施以邮区中心局生产管理扁平化、生产流程标准化和生产操作规范化为核心内容的“三化”改革,建成运转流畅、快速高效的多业务支撑平台。实施流程优化工程,对邮政内部生产各环节的作业流程进行优化,提高运行效率,提高经济效益,降低生产作业成本,促进企业精细化运作。

把主辅分离辅业改制，作为邮政体制改革的重要内容,按照“积极稳妥,规范运作,整体规划,分步实施”的思路,优化了资源配置,减轻了主业负担。同时积极处置非主业资产，近几年共盘活酒店类资产近20亿元。

(二)抓发展讲效益,切实提高企业运行质量

“十一五”期间,我们坚持把发展作为第一要务。在2003-2004连续两年坚决夯实发展质量的基础上，努力转变发展方式，切实提高发展的质量和效益。集团公司总收入持续增长,各大板块协调发展。企业资金状况不断改善,资金存量显著提高,全网资金紧张的状况得到显著缓解,货币资金存量增加。银行借款不断减少，现金营运指数始终保持在1.1以上。存货周转率和固定资产周转率得到了持续改善,全网固定资产原值大幅增加，企业发展能力和基础不断夯实。

一是邮政业务发展速度和运行质量同步提高。在世界各国邮政业务需求普遍下降的情况下，我们的邮政业务收入由2005年的169.7亿元增长到2010年的306.8亿元,将近翻了一番。函件专业努力克服民用函件市场需求萎缩的困难，积极开发数据

库商函、账单、邮资封片卡(贺卡)业务市场,整体上实现了规模发展,收入突破百亿元大关,年均增幅16%以上,已开始显现规模效益。信息和代理业务迅猛增长,近三年一直保持30%左右的增长。短信业务年收入已超过14亿元。航空机票代理业务去年销售量达260多万张,是2008年的10倍。世博会门票代理销售树立了邮政票务的良好形象。"自邮一族"会员已突破100万户。邮乐网顺利上线,运营平稳。报刊专业开展与重点报刊社的战略合作,推进零售连锁经营,突出发展畅销报刊和高收益报刊,发展规模和效益稳步提高。集邮专业抓住国庆大典和奥运会、世博会、亚运会等历史性机遇,实现了规模和效益双丰收,奥运集邮项目获收近50亿元,世博会项目收入超过10亿元,集邮商品库存周转率逐年提高。分销配送业务不断壮大。联手中国扶贫基金会推出"爱心包裹"项目,受到社会各界高度评价。更重要的是,邮政业务发展思路更加清晰,发展目标更加明确,增强了大家对加快业务发展的信心和决心。

二是速递物流业务市场规模和经营效益协调发展。2005年以来,速递物流年均收入增幅近20%。"十一五"期间速递收入总规模超过"十五"末100多亿,国内、国际业务收入均实现翻番。国内速递巩固了在重点区域、重点市场的重要地位,电子商务、代收货款等新型业务发展持续趋好。中国邮政的国际业务量已占卡哈拉成员国国际邮件量的45%,在国际邮政同行中的地位迅速提升。邮政物流瞄准世界500强企业和国内知名企业,成功开发和运营了戴尔、惠普、摩托罗拉、博世、苹果等一批有品牌、有规模的核心客户群。2010年,开始了专业化经营的速递物流公司经营效益、盈利能力有了明显提升,合同物流收入比2005年翻了两番多,占物流总收入比重达到七成以上。

三是金融业务盈利能力和风险管控齐头并进。邮储银行组建四年以来,在邮政全行业的共同努力下,邮政金融业务发展迈上新台阶,邮政储蓄体制改革的成果已经显现出来。截至2010年底,全国邮政金融吸收居民储蓄存款余额2.8万亿元。其中,代理网点储蓄余额突破2万亿元,已经比2007年银行刚成立时(当时1.6万亿元)多出了将近4500亿元;新增余额已经达到2008年初银行分设时带走余额的3倍;代理金融业务收入增幅达16.4%。邮政金融业务收入由2007年组建之初的332亿元,增长到2010年的848亿元,年均增幅达25%,并且增速逐年加快;中间业务收入增幅达18%,其中代理保险收入增幅达41%。

邮储银行收入增幅更快,已经全面开展了资产类业务和对公业务。2010年,邮储银行资产总规模达到3.4万亿元,存贷比超过17%。部分省分行的公司业务和信贷业务收入占比已达到50%以上,开始改变了长期以来以储蓄利差收入为主的经营格局。同时,全面加强风险管理,强化合规经营,加强信贷管理,提升了风险防范能力,促进信贷资产质量总体保持良好态势。

从2003年8月,邮政储蓄开始新老资金划段和新增资金自主运用的重大改革,7年时间我们不仅稳妥完成了8300亿元"老存款"从人民银行全部转出的任务,还对这些"老存款"连同这期间吸收的存款共2万多亿资金开展了"自主运用",没有任何呆坏账,圆满完成了国务院交办的政治任务。目前,邮储银行尚无不良公司贷款,个人贷款逾期率、不良率都处于同业最低水平。

(三)抓建设重管理,持续增强核心竞争能力

我们不断加大能力建设投入力度,坚持科技兴邮。同时,重视加强企业管理,通过实施减员增效、降本增效、流程优化等一系列重大举措,有力促进了邮政发展方式的转变。

一是建设投入不断加大,企业核心竞争能力进一步增强。推进干线普通网和速递物流网的调整。优化区域快速网,扩大了重点区域次晨达、次日递业务覆盖范围。扩大全夜航网路覆盖范围,开通28条自主航线(包括开通对台航线)。加大对营业网点的改造力度,完成了350个重点城市的投递网建设。大力推进信息化建设,先后完成了一系列业务生产、经营管理等重点信息化项目的建设。大力实施了邮政速递物流揽投网建设。

二是不断强化基础管理,邮政经济发展方式得到进一步转变。强化财务基础管理工作。加强会计制度和财务内控体系建设。组织产权登记,完善资金基础管理,开展业务资金清理、对外投资检查、税收自查等专项清理和检查工作。积极建设和应用量收系统、财务系统,推进财务管理的科学化、规范化和精

细化。积极推进降本增效,优化资源配置,支撑业务发展。

强化人力资源管理,通过优化人力资源配置,大力开展"双定"工作、加强工时精细化管理、优化作业组织和人员结构、落实"三个严格控制"等措施,使用工总量初步得到有效控制,4年来共盘活人力资源6万人。

为贯彻落实中央做出的"大学生村官"战略,2009年以来,我们公开招聘了2000余名任期届满的"大学生村官",引进了有基层工作经验的人才,到邮储银行就业,这些同志工作表现也很好,找到了施展才能的舞台。今年1月27日,中组部李源潮部长给予了高度评价,认为这项工作干得很好,是邮储和'村官'事业可持续发展的双赢。

强化网运管理,积极提高运行质量,网运支撑服务水平进一步提高。加强安全生产管理,强化各项安全生产制度的落实,狠抓邮件安全、资金安全、邮政航空安全和信息安全工作,保障企业生产经营的顺利进行。加强审计监督,积极开展财务收支、经济责任、工程管理等审计,开展业务经济效益和内部控制审计,开展印制费、代办费、管理费等专项审计调查,有力推动了企业更加健康的发展。

(四)抓服务促和谐,着力打造良好品牌形象

我们认真履行普遍服务和特殊服务义务。同时,不断拓宽服务领域,积极改善服务质量,努力构建和谐企业,实现了企业与社会和谐共赢、员工与企业共同发展。

*一是坚持普遍服务,邮政的品牌形象和社会地位进一步提升。*我们认真履行普遍服务和特殊服务义务,确保了党报党刊发行量稳中有升,机要通信万无一失。我们勇于承担社会责任,在这几年国家遇到的重大自然灾害面前,在国家举行的重大活动中,出色地完成了各项政治任务。中央领导对邮政工作做出的重要指示,极大地鼓舞了中国邮政的干部职工。

我们积极融入地方经济建设和社会发展,大力开展服务中小企业活动,不断拓宽邮政服务"三农"领域,提供方便农民生产生活的农资分销和农村金融等服务,得到各级政府的充分肯定。今年春节前夕,温家宝总理看到河南邮政利用网络优势,建设"万亩示范田"服务"三农"时很高兴。2009年5月,国务院在山东专门召开了邮政服务"三农"现场会,张德江副总理亲自到会并做了重要指示。目前,我们的小额贷款等业务已覆盖全国所有的地、市和2000多个县市及主要乡镇;农资分销业务遍及全国,累计配送各类商品约450亿元,配送量近千万吨。

今年春节前后,社会对快递运输的需求很大,而许多社会快递公司投递能力不足。邮政速递一直坚守岗位,虽然收寄的快件业务量成倍增长,但由于邮政速递物流一年来,在改革中所做的能力建设、流程优化等各项工作,尤其是揽投网、陆路网建设等工作,在关键时刻发挥了重要作用,有力地保障了旺季的生产运营,基本保证了社会对快件运输的要求。张德江副总理对我们节日期间坚守岗位作了批示,认为这对我们来说,既是挑战,也是机遇。要求我们精心组织,科学调度,保证服务质量,保证服务安全,并向大家表示了节日的问候。这是对我们的充分信任和极大鼓舞,也对我们提出了要求。

*二是积极构建和谐企业,邮政发展的环境和氛围进一步改善。*我们高度重视和谐劳动关系建设,在邮政政企分开、邮政金融和速递物流改革过程中,高度重视保持了员工队伍的稳定,营造企业和谐发展的环境和氛围。坚持在邮政企业开展规范用工工作,经过多年持续不断的努力,解决了大量历史遗留问题,使合同用工的劳动合同签订率和社会保险参保率达到了100%,劳务用工的劳务派遣率和基本养老保险参保率基本达到了100%,其他社会保险参保水平也大幅度提高,员工收入得到同步增长。

连续几年开展大规模的、多层次的企业领导和员工培训,员工年培训率达到68%,持有职业资格证书的占比近72%,具有大中专以上学历的人员占比近43%,企业员工综合素质不断提高。建成远程培训学院,发挥了重要作用。去年,张德江副总理对邮政开展的职业教育和培训工作给予了高度评价,他强调指出,加强职业教育培训,提高员工素质,是提高邮政企业综合竞争能力和服务水平,促进邮政事业快速健康发展的战略举措。中国邮政集团自2005年开展全系统远程培训以来,取得了显著成绩,值得充分肯定。要以开通中国邮政网络培训学院为契机,培养更多的专业人才,造就宏大的人才队伍,为我国邮政事业提供坚实的人才保障和智力支持。张德江副总理的批示,激发了广大邮政员工参加职业教育培训的热情，纷纷踊跃参加远程培训，仅2010年远程网总访问量就达800多万人次。

我们重视加强企业领导班子建设，始终坚持德才兼备、以德为先的用人导向，努力把政治素质高、道德品质好、工作经历多、管理能力强、经营业绩优的干部充实到各级领导岗位。加强信访工作领导，努力解决职工反映的实际问题。通过推进职工小家建设和“送温暖”活动，改善职工生产生活条件。重视企业党建工作，不断加强基层党的思想、组织、作风和制度建设，加强党风廉政建设。积极开展深入学习实践科学发展观、“创先争优”和推进学习型组织建设活动。

大力推进精神文明建设。五年间共有30人被授予“全国劳动模范”称号，73人荣获“全国五一劳动奖章”，40个单位荣获“全国五一劳动奖状”，49个集体荣获“全国工人先锋号”，64个单位被评为“全国文明单位”和“精神文明建设工作先进单位”，涌现出王顺友、尼玛拉木、全二平等一大批先进个人和爱心邮路、北京东四邮局等先进集体。对外加大企业形象宣传力度，借助媒体的影响力提升邮政品牌形象。

总体上看，“十一五”时期是中国邮政发展史上不寻常的五年，是邮电分营以来邮政改革力度最大、经济增长最快、发展质量最好、企业面貌变化最大、员工受益最多的五年。在广大干部职工的共同努力下，开创了中国邮政发展史上的崭新局面。目前大家的精神面貌很好，信心很足。目前这个良好局面是我们多年来不间断地推进改革，始终强调打好长远发展基础，自觉坚持科学发展观，努力转变发展方式的结果。

这些成绩的取得，离不开党中央国务院的英明领导、关心支持；离不开集团公司党组的正确部署、统一指挥。这些成绩的取得，是靠各级邮政高度的责任心、事业心“干”出来的；是靠全体员工与时俱进、开拓创新“闯”出来的；是靠全网上下脚踏实地、真抓实干“拼”出来的。这几年，大家既要推进改革，又要抓好发展；既要实施转型，又要维护稳定；既要解决旧矛盾，又要面对新问题。各级邮政企业的同志们，以中国邮政的全局利益为重，识大体，顾大局，全力支持邮政金融和速递物流改革，既在确保稳定的基础上积极推进改革，又带领着大家用发展的成果来加深对改革重要性的认识。大家付出了大量的心血和汗水。在此，代表集团公司党组，向全国邮政干部职工，向为邮政改革发展作出贡献的离退休的老同志、老领导，表示衷心的感谢和崇高的敬意！

五年取得的成绩来之不易，创造的物质财富和精神财富影响深远。五年来，我们在实践中不断探索促进邮政平稳较快健康发展的有效途径，积累了弥足珍贵的经验。

一是必须坚持科学发展的理念，不断夯实企业发展的基础。我们始终坚持以发展为第一要务，坚持用加快发展来解决前进中遇到的困难和问题，自觉坚持科学发展观，提高发展的质量和效益，高度重视要打下一个长远可持续发展的基础。实践证明，没有前几年打下的坚实基础，就没有邮政今天的发展局面。

二是必须坚持改革创新的路线，不断增强企业发展的动力。改革是推动企业发展的强大动力。“十一五”期间，面对错综复杂的困难和问题，邮政之所以能够一步一个脚印，一年一个台阶，就在于我们始终坚持改革不动摇，主动不断地深化改革，掌握了改革的主动权，把握了邮政自身发展的命运。

三是必须坚持以人为本的方针，不断营造和谐发展的氛围。我们始终高度重视企业的稳定，在加快发展的同时，注重改善员工们的生产生活条件，打通他们的职业晋升通道，让基层员工都能享受到改革的成果，实现了员工与企业的全面协调发展。这是邮政改革能够顺利推进、发展保持又好又快的根本保证。

四是必须坚持科技兴邮的战略，不断增强企业的竞争能力。随着信息技术的推广应用，我们坚持科技兴邮战略，努力通过信息化来改造传统产业，推动生产作业流程优化，推动管理扁平化，推动传统邮政向现代邮政迈进，增强了企业的核心竞争能力。

五是必须坚持共举邮政大旗的方向，不断增强企业发展的合力。在三大板块逐步实现“分业经营”的过程中，我们高度重视发挥邮政的整体优势，始终坚持“共举邮政大旗、共享全网资源、共创美好未来”，充分依托邮政网络来实现三大板块的协调发展。要实现邮政全行业利益的最大化，就必须强化“大邮政”概念，强调全网高度统一、步调一致，整合资源，互相利用，形成合力。本是“同根、同祖、同源”，更要“和平、和睦、和谐”。

六是必须坚持为民服务的宗旨，不断提升企业的社会地位。我们坚持高举普遍服务大旗，积极开展服务“三农”和服务中小企业，重视提高服务质量和水平，赢得了社会各界的广泛认可。今后要更好地坚持做好普遍服务，主动融入地方经济发展，努力争取国家和各级政府更多的政策支持。同时，努力拓展商业化服务新领域，坚持走“靠服务开辟市场、靠服务壮大实力、靠服务树立品牌、靠服务赢得竞争”的发展之路。

二、“十二五”时期中国邮政发展展望

从今年开始，我国进入第十二个五年规划时期，中国邮政也进入新的发展里程。我们要加快“发展中国特色邮政事业”，实现传统邮政向现代邮政的转型。

“发展中国特色邮政事业”，是国务院主管领导最近对邮政工作提出的全新的、更高的要求。去年12月份，在我们完成了三大板块“分业经营”；在邮储、速递两大竞争性业务的改革发展取得重大进展；在我们全力加快邮政业务发展；在我们为做好“新农保”、服务“三农”等社会事业努力奋斗的关键时刻，张德江副总理就有关部门“关于湖北邮储银行促进农村金融发展”的汇报作了批示，要求邮储银行充分发挥中国邮政服务网点遍布城乡的条件，更好地为城乡个体工商户、中小企业，特别是广大农民提供便利的金融服务。

今年的1月4日，李盛霖部长专程到密云视察邮政工作，认为邮储银行对支持邮政改革意义重大，给张德江副总理作了书面汇报。1月18日，张德江副总理作了重要批示，指出邮政储蓄银行利用邮政服务网络遍及城乡的优势，面向中小企业和‘三农’服务，取得了显著成绩。希望不断总结经验，不断提高服务水平，为发展中国特色邮政事业作出新的贡献。

(一)当前中国邮政发展面临的形势

要深刻认识邮政发展面临的不利因素和挑战，始终保持清醒的认识，增强发展的危机感和紧迫感。当前，我国的经济社会形势呈现新的特征，工业化、信息化、城镇化、国际化深入发展，经济格局不断变化，科技创新日新月异，这些因素都将对邮政发展产生重大影响。我们一定要深刻认识，准确把握。我国通胀预期十分明显，物价上升趋势增强，中央宏观调控措施趋强，人民银行七次上调存款准备金率，并开始上调存贷款利率，生产资料价格和人工成本上涨，宏观经济趋紧，这些都给我们金融业务和邮政业务发展带来许多不利因素和挑战。信息技术发展和文化体制改革对邮政业务发展产生的影响还将不断加剧。互联网和移动通信等新媒体的迅速发展，严重分流函件业务。数字发行方式对纸质媒体的冲击，使邮政报刊发行承受着越来越大的竞争压力。信件市场监管严重失控，社会公司违法经营信件业务，邮政企业的信件专营权得不到有效保护。快递行业伴随电子商务市场需求的迅速发展竞争激烈，给邮政速递物流带来巨大挑战。国家金融政策调整，今年将会严重影响邮储银行资金付息成本和自主运用收益水平。

同时，“邮电分营”遗留的历史问题和改革中产生的新矛盾，影响着邮政进一步发展，加快转变经济发展方式的任务十分艰巨，特别是人工成本刚性增长的压力很大。三大板块资源还需要进一步整合，三流合一优势还未能充分发挥，三大板块分业经营后如何形成合力，增强中国邮政整体竞争能力等课题急待深入研究解决。

我们更要准确把握邮政发展面临的有利条件和机遇，增强加快发展的信心和决心。前不久，党的十七届五中全会审议通过的《中共中央关于制定国民经济和社会发展第十二个五年规划的建议》，部署了加快我国经济、政治、文化、社会发展等的新举措，我国现代化建设必将进入一个稳步发展的新阶段。“我国经济仍处于可以大有作为的重要战略机遇期”，工业化、信息化、城镇化深入发展，人均国民收入稳步增加，市场需求潜力巨大。国家将继续坚持扩大内需战略，加快社会主义新农村建设，提高居民收入比重，推动文化产业成为国民经济支柱性产业。这些宏观的经济形势，都为邮政加快发展提供了良好的外部环境和条件。国家文化体制改革将带来文化出版市场的大发展、大繁荣。邮政服务“三农”和服务中小企业，邮政商函、账单等与国家经济快速发展关联度密切的业务，都有着广阔的市场空间。电子商务产业的迅猛发展，有利于邮政发挥“三流合一”优势，培育新的业务增长点。同时，我国金融和快递市场的蓬

勃发展，也为邮政金融和速递物流板块做大做强创造了有利条件。

从邮政发展的基础看，"十一五"时期，我们在核心能力、业务发展、服务水平、企业文化和员工队伍建设等方面取得了重要进展，为中国邮政实现全面、协调、可持续发展奠定了坚实的基础。五年来，我们的经营状况和运营体制已实现了重大转变，三大业务板块的经营格局已经初步形成，各板块的发展模式和经营思路更加清晰，由改革所激发的发展活力正在不断显现。

同时，我们要对自已保持清醒的认识。这两年，我们虽然发展很快，但在作为邮政最基本的传统的邮务类业务方面，与发达国家邮政间有着很大差距，而邮政业务是中国邮政最基本的业务。"十二五"时期，国家还将保持较快的发展势头，我们要努力跟上国家的发展步伐、加快发展。一方面要把竞争性业务做大做强，不断提高市场竞争能力，以更好地支持邮政企业发展，支持邮政搞好普遍服务；另一方面，邮政业务要增强效益意识，提高发展质量，尽快进入到发达国家邮政行列，实现邮政整体的、健康的、可持续的发展。这是整个"十二五"时期，中国邮政最重要的工作。

当前，中国邮政正处于发展和改革的关键时期，处于加快转变经济发展方式、努力提升发展质量的重要关口。只要我们敢于迎难而上、抓住机遇，主动改革、乘势而为，努力发展中国特色邮政事业，我们就能牢牢把握发展的主动权，不断推动中国邮政在新形势下实现新的跨越。

（二）"十二五"时期中国邮政的发展目标和思路

按照党的十七届五中全会精神和国家经济社会发展的总体要求，参照世界邮政的发展趋势，结合中国邮政的实际情况，集团公司提出"十二五"期间中国邮政发展的目标和思路。

"十二五"时期，中国邮政的根本任务是：深入贯彻落实科学发展观，加快邮政改革发展进程，努力提高服务水平和整体实力，"发展中国特色邮政事业"，使中国邮政成为集信息流、资金流和实物流"三流合一"的现代化的企业集团，为全面建设小康社会作出积极贡献。

对于"中国特色邮政事业"的含义，在对张德江副总理关于"中国特色邮政事业"的批示进行反复学习后，集团公司党组目前的初步理解是：要在党中央国务院的正确领导下，在认真履行好普遍服务和特殊服务的基础上，坚持科学发展观，充分整合邮政内外部资源，充分发挥"三流合一"的渠道优势，坚持以改革促发展，加快转变经济发展方式，提高发展的质量和效益，促进三大板块协调发展，着力构建和谐邮政企业，保持平稳较快健康发展态势，实现传统邮政向现代邮政转型，把中国邮政建设成为向社会提供邮政、速递物流、金融等综合服务的，实力较强的、有中国特色的现代服务业集团。

这是我们目前对"中国特色邮政事业"的初步体会，对它的更深刻的内涵，需要我们在今后的改革发展中，不断地探索和实践，并不断地丰富完善。

我们要更加深刻地用科学发展观统领邮政工作全局，更加自觉地把加快转变发展方式，推动邮政科学发展贯穿于邮政工作的全过程、各领域、各环节、各板块，努力使发展基础更加牢固，综合服务能力更加强大。要提高发展的全面性、协调性、可持续性，不断缩小东中西部邮政发展的差距，努力实现整个邮政经济的平稳较快健康发展。

"十二五"期间，中国邮政集团公司要在全面完成国家对集团公司各项考核指标的基础上，力争2015年总收入在"十一五"末的基础上翻一番；企业员工的收益水平增长能与企业综合效益增长相协调，与企业劳产率的提高相匹配。

——邮政企业要打造成为社会提供更加方便、优质高效的邮政综合服务平台。要通过能力建设，不断增强向社会提供普遍服务和商业服务的综合能力和水平。

——邮储银行要发展成为有特色的、现代大型零售商业银行。要发挥邮政金融网络优势，进一步巩固邮银和谐发展、共同发展的新模式，坚持零售银行的发展战略，加快股份制改造，完善公司治理结构，尽快进入资本市场，积极推进向现代商业银行转型。

——速递物流公司要发展成为国内领先的快递物流综合服务运营商。要加快能力建设，加强资源整合，提高运营质量，尽快进入资本市场，尽快做大做强。

——中邮人寿要发展成为"服务基层、服务三农"的新型高效商业保险公司。要充分依托邮政网络，尽快形成以发展邮政自办保险为主的保险业务发展格局。

在此基础上，尽快形成具有完善的公司治理结构，具有完善的集团管控模式，各板块、各专业、各地区协调发展的中国邮政集团公司架构。

要深刻认识到，中国邮政集团公司的主体是邮政企业；坚持普遍服务是邮政的使命。三大板块要继续坚持“共举邮政大旗，共享全网资源，共创美好未来”，互相支持、更加协调。“共举邮政大旗”就是强调各项邮政业务都要在邮政这个大旗下，按照各自发展规律加快发展，尽快做大做强；“共享全网资源”就是三大板块要共享邮政的网络资源、品牌资源，共同继承邮政的优良传统；“共创美好未来”就是各板块都要注重发挥邮政的整体优势，协调发展，共同发展，互相配合，才能都实现健康快速发展，共同维护和发展好中国邮政传承百年的品牌形象，才能都有美好的未来。

三、2011年中国邮政主要工作安排

2011年是“十二五”规划的开局之年，也是中国邮政向着更高目标奋进的关键一年，对于进一步巩固和扩大改革成果，保持中国邮政平稳较快健康发展，具有十分重要的意义。

2011年中国邮政工作的总体要求是：认真贯彻党的十七届五中全会、中央经济工作会议精神，以科学发展为主题，以加快转变邮政经济发展方式为主线，继续深化邮政金融和速递物流改革，加快业务结构调整和发展方式转变步伐，大力提高全网运行质量和效益，加快向现代服务业转型，加大资源整合力度，进一步增强邮政核心竞争能力，保持邮政经济平稳较快健康发展，做好和谐邮政建设工作，为实现“十二五”规划目标和发展中国特色邮政事业打下坚实基础。

2011年中国邮政主要发展目标是：邮政集团总收入达1520亿元，同比增长10%。其中，邮政企业收入增长力争略高于国民经济的发展速度；速递物流收入增长15%以上；邮储银行收入增长12%以上。经济效益进一步提高，财务状况进一步改善，服务满意度稳步提升，和谐邮政建设取得显著成果。

为确保实现上述目标，要突出抓好以下七个方面的工作。

(一)转变业务发展方式，突出抓好邮政业务

邮政业务是邮政企业的基础业务，我们要更加自觉地通过进一步转变发展方式，来推动邮政业务的持续健康较快发展。

*一要加快转变业务发展方式。*要从调整市场管控模式和优化业务结构入手，加快转变邮政业务发展方式。一是积极推进总部和省公司对集团客户的开发。集团客户市场规模大，开发成本低，经济效益高，要加大国家部委和中央企业大项目、银行保险基金总部账单以及省级大项目的开发力度。二是进一步改变营销方式，加大市场营销力度。“严格禁止全员揽储，严格控制全员摊派，逐步减少全员营销”，调整营销和推销的结构比例，扩大高端客户对邮政收入的贡献率。三是进一步提高有效收入占比。重点发展边际效益较高的业务。四是高度重视产品研发、市场策划和客户分析等工作，提升整体市场经营水平。

*二要加大函件业务的发展力度。*函件业务与经济发展的关联度较高，我国“十二五”期间经济将保持平稳较快发展的趋势，人均GDP也将保持较快增长，这都为函件业务的发展创造了一个良好的经济环境。从对函件市场分析看，金融保险、汽车、通信、零售和电子商务等行业的直邮市场才刚开始，商函市场有着很大的发展空间。仅从今年7月1日实施的《社会保险法》规定来看，社会保险费征收机构必须定期邮寄个人权益记录单，这就意味着今明两年要新增10亿多账单业务量。

要紧紧把握我国经济强劲发展势头为函件业务发展带来的机遇，不观望、不动摇、不懈怠地加快函件发展。要以开放的心态，通过加强与社会公司在数据合作和市场营销等方面的合作，加快推进直邮产业链发展。要进一步拓展商函的服务功能，通过加强与国家统计局和各级统计部门合作，利用函件开展各类社会经济调查服务。要尽快建立省级直邮团队，高度重视领军人才的选拔培养，加快培育配备数据分析挖掘人才，形成重点行业总部开发和区域推进上下联动、互相促进的良好局面。要高度重视名址数据维护工作，加强各类业务数据汇集整合及分析应用。要尽快建立起各板块基于名址数据库应用上的，市场开发方面的合作联动机制，互相配合、互相策应账单要进一步规范全网的经营秩序，加大集团和省公司总部级客户开发和地市局区域级客户的开

发协调力度。贺卡要注重以项目推进重点市场的开发，加强成本管控，进一步提升效益。

三要加快发展邮政电子商务。电子商务是当今全球经济最重要的推动力之一，已经渗透到国民经济和社会的各个领域，呈现出强有力的持续增长势头。中国邮政拥有百年传承的信誉品牌和独特的“三流合一”网络，具有发展电子商务的优势，可以更有效地整合三大板块资源。集团总部已将发展电子商务，列为中国邮政“十二五”时期最重要的战略重点之一，我们要增强加快发展电子商务的紧迫感。这是中国邮政向现代邮政转型的战略选择，也是中国邮政向现代服务业转型的必由之路。

在发展电子商务方面，我们已做了大量的准备工作。目前邮乐网已在商品采购、资金结算、仓储配送等电子商务网站运营各环节进行了积极尝试，进入电子商务全产业链的条件基本具备，引起先进国家邮政的广泛关注。最近美国、日本、新西兰等发达国家邮政纷纷提出，愿意基于邮乐网与中国邮政进行跨国电子商务合作。

中国网络购物市场发展迅猛，2010年的市场规模已达4980亿元，竞争也日趋白热化。同时，网购市场具有典型的规模效益特征，我们必须举全网之力迅速做大做强中国邮政统一的购物网站。今年，集团总部还将加快国际邮政电子商务市场的拓展。各省公司要全力做好国内知名品牌、名优产品的招商工作和邮乐卡的销售。我们将把邮乐网上收入的大部分利益留在各地。各省要坚决贯彻集团总部的整体部署，做到“总部指到哪里，全网就打到哪里”，集中全网力量打大仗，争取更大胜利。

四要创新报刊发行发展模式。当前我国正全面推进文化体制改革，报刊出版发行改革的总体方向将从分散、粗放、小规模，向集团化、集约化、规模化转变。这将进一步推动报刊市场的繁荣发展，也必然会加剧邮政报刊发行的市场竞争。我们只有进一步解放思想、转变观念、创新模式，才能适应形势、正确应对、加快发展。一是要按照报纸、期刊各自的业务特征，订阅、零售各自的发展规律，既注重协同，又遵循各自的发展规律去推动发展。二是要加大期刊的经营力度。期刊市场前景广阔，相对成本较低，经营效益较好。要改变长期以来“重报轻刊”的观念，研究解决影响期刊发展的“营销水平低、上市时间慢、结算不及时、配送层次多”等问题，推动重点期刊的快速发展。三是要加大集团公司和省公司集中管控力度。进一步加强对全国性重点报刊的统一接办、统一结算、统一经营，整合全网资源优势，集中力量尽快做大做强一批市场需求旺盛、社会影响力大、经济效益好的报刊，提高邮政报刊发行市场竞争能力。各省要做好与省内党报集团和重点报刊社的合作，为省内主流媒体提供优质服务。四是要充分利用数据库和收订信息为报刊社提供服务，提升报刊社对邮政的依存度。要加强报刊款的管理，及时结算报刊款，实现与大型报刊(出版)集团、报刊社的合作共赢。五是要坚持有所为、有所不为，大力发展高码洋、高品位、高效益的畅销报刊。六是要按照订阅和零售的不同特点，认真做好各自的市场开发、产品组织和客户营销工作。改变过去仅仅依赖年度大收订和依靠投递员简单上门收订模式。加快推进零售体制改革，下大力气管理好零售终端。

五要做大做强信息和代理业务。航空机票代理业务要推进产品和服务的升级工作，提高机票代理在同业中的市场份额。“自邮一族”要尽快统一全网的模式，迅速做大市场规模。要把邮政便民服务站建设提升到充分发挥邮政的渠道优势、叠加更多邮政业务的高度来重视，借助政府和社会力量，进一步加快建设工作。邮政短信要高度重视并继续抓好规范经营。

六要健康发展集邮业务。要继续加强总量控制，保持集邮业务稳步健康发展。强化总部管理职能，全网要共同监督、共同保护好当前这个难得的较好的市场环境。要自觉围绕国家重大政治经济活动和社会热点，进一步做好邮票发行和集邮产品设计开发工作。加强集邮精品店建设，提升服务形象。加强产品损益核算，进一步提升效益。

七要做好分销配送业务。这几年，分销业务打下了很好的基础，下一步有条件的地方都要加快发展。要致力于建设一个连锁经营的体系，不断增强渠道经营能力。要高度重视产品的质量，维护邮政的信誉和品牌。要推进发展方式的转变，实现分销产品以企业内部力量销售为主，向加盟店和社会渠道批销为主的转变，实现农资、消费品、农产品三大行业和区域间均衡发展，使业务增长速度与业务结构、产品质量和经济效益相统一，做到健康发展、良性发展。

(二)继续加大改革力度,做大做强速递物流

2011年是邮政速递物流在完成股份制改造的基础上,全面实现集团"三步走"改革战略的关键一年,也是做大做强速递物流的关键一年。速递物流要保持整体较快的发展速度,要努力提升经营质量和效益,要在规范运行的基础上,力争尽快进入资本市场。因此,各级邮政部门一定要全力以赴,共同推动。

一要迅速做大速递业务规模。国际速递业务要立即加强在重点城市的营销团队建设,加强对重点市场的开拓。要继续深化卡哈拉项目合作,同时加大非邮渠道合作力度,大力发展商务型非邮业务。要尽快做大中美邮政合作的 eBay 项目规模,抢占国际电子商务市场。还要积极拓展非邮产品进口投递、关税代收、第三方代理缴税等新业务、新领域。国内速递业务要充分发挥揽投网、航空网、区域网、省内网、陆路网建设和流程优化的效用,以提升服务品质为切入点,加快形成能够在不同层次上突显市场竞争优势的标准化产品,并迅速做大规模。省内业务和省际业务都要进一步提高服务水平。同城业务要以揽投平台建设为契机,实现在商务快件市场的迅速突破。速递物流总部和省两级公司要加大对全网型客户的开发力度,同时,要依靠揽投网加强对中小散户的开发。要继续大力拓展电子商务业务,努力提高电子商务市场占有率。代收货款业务要在发展好电视购物市场的基础上,做好网购市场的开发,巩固行业领导者地位。

二要突出抓好物流业务转型增效。物流业务要围绕"一个核心"、明确"两个定位"、加快"三个转变"、实现"三个一批"。"一个核心"即合同物流以提高运营效益为核心。"两个定位"即要把邮政合同物流发展成为国内领先的合同物流服务商;要整合速递物流陆路快运产品,尽快发展成为网络覆盖广、运作能力强、服务品质高的陆路快运服务商。"三个转变"即物流业务发展要向规模效益和竞争能力并重转变;经营模式要向项目管理及损益核算为主线的集约化管理转变;服务模式要在确保运输、配送服务品质的基础上,逐步向开展提供仓储和供应链综合服务等高附加值业务转变。"三个一批"即做大做强一批,开发拓展一批,优化调整一批。

当前的一项重要工作,是要积极开发医药物流配送业务。这是邮政部门主动参与中央医药体制改革,力争降低基本药物价格,有效缓解老百姓"看病难"的需要。去年,李克强副总理就宁夏邮政参与医药物流,使全区基本药物降价 40%以上做出重要指示,要求对邮政参与药品统一配送,推进医药改革的情况与经验应予了解和总结,以资推广。建立覆盖县、乡、村级基层医疗机构的药品配送保障体系,是当前医药卫生体制改革的关键。而中国邮政完全有能力、有责任从基本药物切入医药物流,从而在国家医改中发挥重要作用。这是国家的事情,是为老百姓谋福利的事情。各省一定要主动与当地药监部门进行沟通,积极争取支持,克服困难,尽快取得相关资质,从基本药物入手,为中标药品生产企业和经营企业提供一体化物流服务。

三要加快代理速递物流业务发展。发展代理速递物流业务是全网工作的重要组成部分。各级邮政企业要尽全力发挥窗口优势,充分利用窗口损益核算及考核工作,确保窗口业务稳中有升;同时,要做好非一体化地区的市场开发和业务运行,确保邮政在速递物流业务上的全网优势。速递物流公司也要认真开发适合窗口服务的产品。全网还要共同加强对项目市场、特别是合同物流重点客户的开发和拓展。要抓住当前经济发展的大好机遇,再拓展一批有效益的重点名牌项目。合同物流重点项目的开发城市已经明确。各省一把手要亲自督促重点项目的开发,在条件成熟的时候要亲自出马拿下重点项目,还要亲自关心运作情况。

四要尽快推动速递物流进入资本市场。通过全国邮政的共同努力,目前邮政速递物流已经初步具备了加快进入资本市场的条件。股份公司要抓紧做好各项准备工作,尽快迈出速递物流改革"第三步走"的步伐。

第一,邮政速递物流的改革是邮政改革战略全局中的关键一步,国务院 27 号文中已明确是邮政主业改革的重要内容。国务院领导多次指示,要求加快深化邮政改革,做大做强邮政速递物流;相关部门也在邮政速递物流重组改制过程中给予了许多支持。

第二,这是适应市场竞争的必然选择。我国快递物流市场的竞争形势已经非常严酷,进入资本市场,可以进一步促进尽快实现向现代快递物流企业经营机制的转型和升级,快速提升中国邮政和邮政速递物流的品牌影响力,增强速递物流的市场竞争能力。

所以，速递物流改革的步伐慢不得、拖不起。

第三，这是尽快做大做强邮政速递物流的最佳途径。进入资本市场，是国际快递物流企业的普遍经验。不仅可以在短期内迅速筹集依靠自身积累无法实现的能力建设投资，而且可以通过资本运营手段迅速扩大企业规模和布局调整，更好地促进邮政速递物流做大做强。

因此，中国邮政必须尽最大努力，尽快使速递物流进入资本市场。这是中国邮政今年最大的任务之一。各省一定要顾大局、识大体、做大事。省邮政公司的“一把手”要负总责，全面落实好集团公司的各项部署，抓好速递物流的改革和发展。要围绕准备实施资本运作，进一步加快建立健全现代企业制度，全面提升经营管理水平，并以利润为核心，努力提高企业的持续盈利能力。

(三)深化邮储体制改革，积极发展邮政金融业务

邮政金融的健康发展对整个邮政集团公司的稳定运行、深化改革至关重要。要继续深化邮储体制改革，充分发挥好邮政的整体优势，共同做强邮政金融业务。

*一要进一步深化邮储体制改革。*2010年，我们正式启动了深化邮储体制改革的准备工作。一年来，我们对涉及邮储体制改革的深层次问题进行了深入研究，做了大量艰苦细致的准备工作，先后召开了虎门、合肥和北京三次专题会议，全面分析了邮储银行资本金补充面临的压力，做出了增加注资、进行股改引入战略投资者、择机进入资本市场的“三步走”战略决定。同时经过辛苦努力，争取到了国务院和有关部门的理解和支持，同意国家出资帮助邮政集团公司解决邮储银行资本金不足问题。建立了以“固定费率、分档计费”的邮政代理储蓄业务的收益分配机制，深化邮储体制改革工作取得了重要的阶段性成果。

虎门、合肥和北京会议，是邮储体制改革和发展过程中具有历史意义的三次重要会议。会议的召开，增强了我们进一步推进邮储体制改革的信心和决心，进一步把大家的思想和行动统一到集团党组的要求和部署上来，统一到深入推进邮储体制改革、促进邮政和邮储银行健康发展的大业上来，为加快建立邮储银行资本金补充长效机制、推进股份制改革奠定了坚实的基础。过去的一年，党组和有关部门做了大量艰苦细致的工作。经过多次与相关部委的沟通、协调和汇报，争取到了有关部门的理解与支持。我们取得的这些成果来之极其不易，凝聚了党组和有关部门同志们的心血和操劳，也是大家按照中央要求共同努力奋斗的结果。

2011年，是全面实施邮储银行股份制改造的重要一年。在去年国家为我们注入资本金以后，邮储银行仍然面临着继续补充资本金的紧迫需要；面临着继续深化改革的艰巨任务；面临着继续加快发展的严峻形势，这些都是关乎邮储银行健康发展的根本大事，我们必须全力以赴，同心同德，抓紧抓好。

*二要积极为股改做好准备工作。*邮储银行股份制改造是一项极为复杂的系统性工程，涉及方方面面的工作和要求，责任重大，意义深远。大家一定要不折不扣地按照中央的指示做好改革各项准备工作。

一是要进一步统一思想，坚定不移贯彻落实改革方案。邮储银行股份制改造是历史赋予我们的重任，关系到整个邮政行业的发展和稳定，我们必须以对国家、对社会、对历史高度负责的精神，坚定不移地贯彻落实国家的要求，高质量、高效率地完成邮储银行改革准备工作。各级部门一定要进一步统一思想，转变观念，从讲政治、讲大局的高度出发，在思想上、行动上，与国家的要求保持高度一致，坚定不移、抓住机遇，加快推进邮储银行股份制改革。

二是要切实做好土地房屋资产的确权办证工作。这项工作是根据国家关于深化邮政体制改革的精神，为邮储银行改革顺利进行而开展的一项非常重要的前期准备工作。能争取到国家给予划拨土地授权经营政策，非常不易。我们一定要借这次机会，尽快完善涉及的土地房屋资产的权证，并尽快妥善处置。这是一项硬任务，我们必须抓紧办好。邮银双方要在集团公司的统一领导和组织下，密切配合，进一步把工作做扎实，要把情况核实，做出成效。需要完善权证的，各级单位要积极主动地做好沟通和协调工作，取得国土资源部门的理解和支持。要按照集团公司的要求，确保按时完成确权办证工作，为邮储体制改革奠定良好基础。

三是要坚定不移地维护邮银双方和谐共赢的良好局面。我们之所以能够得到国务院和有关部委的

理解和支持,在于我们妥善处理好了邮银关系,确保邮政企业和邮储银行的健康发展。因此，邮银双方务必要继续保持团结，把邮银和谐放在更加突出的位置。要教育全国邮政企业和邮储银行的每一位员工,用心爱护来之不易的良好局面,用心爱护邮银之间的合作代理关系，这是我们邮银共同发展的根本保障。保留住这种发展模式,并把它传承下去,这是确保中国邮政长远可持续发展的不可缺少的支柱之一。同时,从今年的整体经济和金融形势看,银行的发展将面临比较大的困难,改革的任务也更加紧迫,这种情况下，更加需要各级邮政企业和银行的同志胸怀大目标,有办大事的气魄,求同存异、同舟共济,相互支持、共同发展,保证邮储银行股改工作尽快向前推进。

四是要更加重视邮储资金安全管理工作。在当前改革的关键时期，各省邮政公司和邮储银行都要更加严格地控制风险,加大稽核检查力度,确保资金安全。要继续加强案件防范和治理，切实把资金安全责任落实到每个岗位、每个环节和每个责任人,努力为邮储银行股改进入资本市场创造良好环境。要高度关注银行新业务的案件防范工作。在安全问题上必须警钟长鸣,不能发生大案、要案。

三要加快发展邮政金融业务。自今年1月份开始,我们开始实施“固定费率、分档计费”的结算办法,进一步理顺了邮银之间的分配关系,进一步调动了各地积极性，促进了邮政金融业务发展。深化改革带来的发展成效十分明显，改革带来了邮银共同发展,实现了邮银共赢。

2011年,全国邮政面临复杂的经济金融形势和政策环境，邮储银行面临更为严峻的挑战。各级邮银机构要认清形势,统一思想,扎实工作,共同推动邮政金融的稳定发展。

邮储银行要全力抓好自营业务发展。要高度重视基础金融业务发展，切实巩固和提高个人储蓄存款市场占有率。要高度重视电子渠道建设和电子银行业务发展,重点发展优质、高效益客户。要坚定不移抓好小额贷款和小企业贷款业务。要强化信贷产品创新，逐步完善零售信贷产品体系。要推进公司业务加快发展,以集团现金管理业务为抓手,集中力量抓好集团客户和行业客户开发。要积极推动流动资金贷款、固定资产贷款和供应链融资的试点工作。要整合本外币的客户资源，加快国际业务和理财业务创新发展。要与邮政企业共同做好业务宣传、市场开发、教育培训和资金管理等工作,不断提高邮政金融的经营实力。

邮政企业要继续高度重视代理金融业务发展,加大市场拓展力度。要以支付结算业务为重点,促进储蓄存款余额增长和存款结构调整。在做大余额规模的同时，切实推动理财类业务规模化、规范化发展。要加大代理金融网点装修改造力度，不断提升代理金融参与市场竞争和服务客户的能力。要进一步强化对管理者和从业人员的培训，从根本上保障代理金融业务健康发展。

要发挥邮政金融网络优势,认真抓好“新农保”、“新农合”和军人保障卡的服务工作。“新农保”是中央近年来推出的又一项重大惠农政策，是涉及民生的国家大事。经过全国邮政上下共同努力工作,我们已争取到在23个省的40%的试点县市提供 “新农保”金融服务,代缴和代发“新农保”资金占20%以上,累计代缴“新农保”保费超过80亿元。下一步希望各省继续努力,克服困难认真做好,并要高度重视做好服务,保证新农保保费准确收缴归集,养老金按时足额发放。

四要进一步办好有邮政特色的银行。邮政金融具有服务网络覆盖全国、沟通城乡的独特优势,具备服务基层、服务大众和为改善民生提供更好的金融服务的基础。这既是我们核心竞争能力的体现,也是政府在农村地区重要的金融服务平台。张德江副总理关于邮储银行要依托邮政网络,为“三农”和中小企业提供金融服务的批示,给我们指明了方向,更加坚定了我们办好这家银行的信心。我们要爱护好邮储银行依托邮政普遍服务网络开展金融服务的业务发展模式,并把它很好地传承下去,为改善民生和构建和谐社会贡献更大的力量。这就是中国邮政储蓄银行的特色，也是中国特色邮政事业的重要组成部分。

五要全力支持邮政自办保险发展。中邮人寿保险公司是集团公司党组整合邮政资源，充分发挥邮政优势的重要战略部署，是监管部门对中国邮政的政策支持。保险公司目前正处于起步阶段,各级邮银机构都要以中邮人寿为主要合作伙伴，利用多年来开办代理保险业务积累的宝贵经验，全力提供支持

和帮助。

要认真贯彻落实集团公司开展邮政代理保险业务集中治理活动的精神和要求，严格自律，加强风险管控，坚决杜绝违规违法行为，不断提高服务质量，稳步发展代理保险业务。当前，重点是加强管理。要清醒地认识到，管理到什么水平，发展才能到什么程度。只有在严格合规的基础上，才能有长远健康的发展。稳妥是第一位的，合规是第一位的，让监管部门认可这种模式是第一位的。当前，保住这个充分信托邮政网络发展保险业务的模式比什么都重要。

中邮人寿公司要全面加强管理，完善组织体系，加快推进省分公司筹建。要建立健全长效发展机制，增强专业运营能力，提升经营管理水平，确保合规经营不出问题，打牢长远发展基础。

（四）坚持强化科学管理，提高全网运行质量

要按照建立现代企业制度的要求，根据网络型企业的运营特点，围绕加快转变邮政经济发展方式这条主线，提升科学管理水平，提高运行质量和效益。

一要进一步健全集团公司管控模式。要加快适应三大板块分业经营的新格局，通过强化预算、考核、资金、投资、人力资源等方面的管理，积极探索并尽快建立起总部对省公司、控股公司和直属单位，战略清晰、管控得力、运行高效、符合现代企业特征的集团公司管控模式。加强对各板块发展战略、资本运作、重大投资、高管选任、主要资源配置等重大事项的管控。要充分利用邮政的整体资源，在搞好普遍服务的同时，形成邮政特色明显的、市场竞争力强的、多元化的业务结构。国内外大型企业集团共同的成功经验，就是整个集团要有一个共同的、清晰的奋斗目标。中国邮政就是要集中全网力量，为“发展中国特色邮政事业”共同奋斗，这是全网统一的战略目标，统一的口号。全网要形成合力，为实现集团公司总体发展战略而共同努力。

二要强化财务管理。要以交通运输部对集团公司领导班子进行经营业绩考核为参考，进一步完善集团公司对下属单位的考核细化办法，落实集团内各成员单位的经营责任。继续深化成本费用集中管理，进一步提高资金运营效率和效益。全力推进房屋资产出租集中管理工作，强化资产经营理念，有效提高存量资产收益水平。加强成本费用定额标准和标杆建设，更加合理地安排各项成本费用支出，更加有效地支撑业务发展。继续推进营业网点损益核算工作，引导基层企业和一线员工增强效益意识，促进高效业务的发展和网点资源的有效利用。积极推进财务信息化建设和应用，提升管理水平，提高工作效率。这些年，我们“降本增效”和“减员增效”战略取得了重大成果，今后还要继续坚持推进这两大战略，进一步加强成本控制。速递物流和金融两个板块在创业期间就要艰苦奋斗，勤俭办行，勤俭办企业。

三要强化人力资源管理。要严格控制用工总量，主要通过内部挖潜、加强精细化管理、实施用工结构调整；通过提高生产作业机械化、自动化水平，来有效支撑业务发展。要全面落实集团公司批复的机构编制方案，实现“三个严格控制”的目标。全面落实双定标准，扩大双定范围，健全内部盘活机制，深化内部存量人员的盘活工作，破解结构性矛盾，实现减员增效。要紧密结合下一步的流程优化工作，建立双定标准的优化和动态维护机制。特别是要强化工时精细化管理，大力推广先进的工时排班和作业方法，完善工时管理体系和评价考核机制，进一步提高工时利用率。根据三大板块特点和行业发展规律，按照分类管理和大体平衡的原则，结合中国邮政特点，来研究人工成本配置机制和预算管理办法，使人工成本增长与企业劳产率和效益的增长相匹配。继续深化薪酬分配制度改革，合理调控分配差距。进一步完善对企业高管人员的薪酬管理办法。逐步提高关键岗位专业人才薪酬的市场竞争力。加快岗位标准体系和员工绩效管理体系建设，逐步形成“以岗位为基础，绩效为导向”的薪酬激励机制。适时建立企业年金制度，完善员工福利体系。

四要继续深入推进流程优化工程。流程优化工程是邮政主业改革的主要内容，是传统邮政向现代邮政转型的重要抓手。集团公司今年的一号文件对下一阶段流程优化工作做了部署。作为今后较长一段时间的重点工作，全网要进一步统一认识，这件事对建设现代化邮政的重大意义。下大决心，争取再用几年时间，集中力量使流程优化工作取得明显成效，提高邮政机械化、自动化水平，加快建设一个现代化邮政。当前要继续推进的这项工作，将要涉及一些深层次问题，牵扯面更广，涉及部门与环节更多，工作更复杂，我们必须抓紧向前推进。

要继续推进流程优化工程第一阶段的各项工作,扩大推广普通给据邮件封发无纸化改革,优化包裹处理流程,扩大邮件进、出口分拣前置的深度与范围，继续优化中心局网络布局。要立即启动以邮政编码与基础地址库建设和集装化运输为重点的流程优化第二阶段工作。

要高度统一对邮政编码和基础地址库极端重要性的认识,这是中国邮政最核心的战略资源,也是国家的重要资源。大大加强基础地址的采集、存储、使用的标准化，建设维护好全网统一的基础地址数据库，是建设组织机构信息库和个人名址信息库的基础,是推进我国邮政现代化进程中的一项重要基础性工作,是加快邮件处理速度、提高质量、降低成本的重要条件。从发达国家邮政的经验来看，不管是为了促进商函业务发展,还是为了邮件内部处理,都要在全国建立一个高质量的、更新及时的基础地址库。对各级邮政企业而言，基础地址库的建设与维护,是企业基本的生产职责,不存在相互间的利益冲突，必须把这项长年的基础性工作做细做好、做扎实。

要继续做好邮政编码的维护，研究试点邮政编码扩码工作。要以大客户为重点宣传推广邮政编码,用经济杠杆引导大宗用户正确打印邮政编码和地址。要结合中国邮政门户网站和11185的建设,向社会提供准确、方便的邮政编码和地址查询服务。

邮政编码与基础地址库的建设、维护、使用,是一项复杂、深刻、全面的工作。要加强总部跨部门层面的“专项工作领导小组”的协调、指挥力度,全力推动。专项工作领导小组由六个相互关联的具体工作组协调推进,目前已经做出一系列的工作安排部署,全网都要严格按照要求,统一推进。

集装化邮件运输是邮政运输的发展方向，已在世界发达国家普遍采用。要在江西、山东等省公司试验基础上，加快推进邮政汽车运输集装化。同时推动汽车甩挂运输试验工作,总结经验,适时推广。

五要加强网运管理。要加强动态指挥调度,不断优化调整邮件发运计划,提高邮件分拣封发质量,保障邮件传递时限。要加速推进现有信函自动分拣机的技术升级改造工作，增加汉字名址信息、窗口信息、贴签信息等识别功能,大力提升信函自动化分拣水平。要配合流程优化工程,大力提高信函、包裹等业务内部生产各环节、各流程的运行效率。要深入推进速递专业流程改造工作,强化专业网络管理。加强普邮网与速递物流专网的协作，互相支持、密切配合,最大限度地发挥邮政全网的资源效能。

六要做好风险内控工作。要围绕转变邮政经济发展方式的要求，充分发挥审计的风险防控作用和监督服务职能。提高审计能力,强化审计手段,加大对集团各项重大方针政策执行情况的审计力度;加大对财务数据真实性、合规性的审计力度;加大对经济运行中潜在风险的审计力度；加大对重大违法法规问题和经济犯罪案件的审计力度。要牢固树立合规经营的理念,有效推进全面的风险管理工作,提高风险内控管理水平。

七要进一步加强安全生产。要进一步落实安全生产责任制,强调各企业“一把手”就是安全生产第一责任人。狠抓安全生产基本规章制度落实,并做好安全生产的宣传教育工作。要加强邮件安全管理,特别是要把住邮件收寄关，防止各种危禁物品进入邮政渠道。要加强枪支弹药和消防安全管理,严防涉枪案件和火灾事故的发生。要加强资金安全尤其是储蓄资金的安全管理,防止重特大案件的发生。谁负责管理的网点出事,就追究谁的责任。要加强网络安全和信息安全管理,加强航空安全运行管理。今年是改革最关键的时期,我们一定要重视安全,不能懈怠。

(五)大力加强能力建设,增强核心竞争能力

要以支撑业务发展和提高管理水平为目标,进一步加强实物传递网的建设，加快信息技术的开发应用,强化营销体系的建设工作,扩大国际合作,增强中国邮政的核心竞争能力。

一要加强营业网络建设。要高度重视邮政营业网点的建设和管理，特别是要加大重点城市营业网点建设力度。要整合和利用社会资源,大力发展邮政便民服务站,进一步扩大邮政营业网络覆盖面,充分发挥邮政的渠道优势,尽快形成一个分布更加广泛、与社会联系更加密切、服务内容更加丰富的邮政综合服务平台。

二要加强投递网络建设。要继续加大对投递网的投入,扩大邮件报刊机动车投递比重。要改革城市投递组网模式,加大城市投递部的集中管理,大力发展社区投递和代办投递，通过整合和利用社会资源增强投递服务能力，缓解邮件报刊量增长带来的增

员压力。要开展投递服务的规范管理达标活动,进一步提高投递服务质量。

三要加强运输网络建设。要加大车辆更新改造投入力度,进一步增强网络运输保障能力。继续抓紧网运信息系统建设,启动普通邮件网运时限管理系统建设,提高网运环节的机械化、自动化和信息化水平。要加快南京速递物流集散中心、北京综合邮件处理中心和全国信息中心工程等重点工程的建设进度,提升邮政网络的核心能力。要进一步加强速递物流专业网络能力建设,加快揽投网、陆路运输网、自主航空网、重点区域网络的能力建设与布局优化,促进各网络间的紧密衔接、协调配合。要进一步强化网运指挥调度体系建设,深入开展"正点工程",确保运行质量持续稳步提升,迅速提高速递物流网络支撑能力和核心竞争能力。要加强在建的三个物流区域集散中心的基础设施建设。

四要加快信息化建设。要尽快开始制定信息化整体规划,在实施流程优化的基础上,明确各系统之间的运作关系,实现系统的集成和整合。要继续推动邮政业务、速递物流、邮政储蓄和中邮保险等各应用系统建设,做好邮政营业综合平台、南京集散中心信息系统等重点项目的开发上线。进一步完善量收系统、人力资源系统、财务系统的功能,加强管理类系统与生产类系统的信息集成。加快电子商务平台、电子商务网站、虚实地址转换等系统的建设,支撑信息类业务发展。做好数据下载分析平台的建设,加快企业数据中心建设和数据分析团队建设,提高数据分析支撑能力。要持续提升运维技术水平,强化信息安全管理。加快研究推广邮政 GPS 和 RFID 技术应用项目,积极开展"物联网"相关技术的应用研究。

五要推进营销体系建设。要进一步发挥营销体系在业务发展中的重要作用,加大营销队伍对重点专业和重点项目的支撑力度。总部和省大客户中心不能只是管理机构,要围绕重点专业和重点项目,在总部营销上取得突破。今年要在邮乐网的发展、数据库营销、报刊大户的收订和机票大客户发展等重点项目中发挥更大的作用。

六要大力加强国际合作。要积极了解、掌握世界邮政改革和发展的新动向,以及先进邮政业务重组和业务开发的新经验。继续推进与日本、美国、英国、澳大利亚、中国香港等发达邮政间电子商务等业务领域合作。进一步开展与俄罗斯、东盟等周边邮政的边境业务合作。继续开发印度、马来西亚等新兴国际市场。扩大两岸邮政业务往来。积极推进卡哈拉项目合作。加强与海关等相关方面的协调,提高邮件通关能力。加强国际邮件全程时限监控,提高国际邮件运行质量,并确保国际邮件的安全。

(六)切实提高服务质量,树立良好企业形象

提高服务质量、树立良好的社会形象,是邮政长期的战略任务。要在履行好普遍服务和特殊服务的基础上,努力提高商业化服务水平,坚持以服务赢得客户、赢得市场,树立一个现代邮政全面服务经济社会的良好形象。

一要认真履行普遍服务义务。认真履行好普遍服务义务,确保服务的质量和水平,是邮政的神圣使命,也是邮政事业的根本任务。这是三大板块都要牢记的一点。要继续做好党报党刊的发行工作,积极争取地方政府和社会各界对邮政普遍服务的支持。

二要切实做好机要通信等特殊服务。要高度重视邮政机要通信工作,切实增强责任意识,确保安全畅通和万无一失,这是中国邮政的政治责任。要进一步加强机要通信能力建设和监督检查,确保机要通信安全畅通、万无一失、优质高效。同时,要继续做好义务兵通信、盲人读物寄递等特殊服务。

三要大力推进邮政服务"三农"工作。要继续按照中央要求,认真做好服务"三农"这一政治性任务。要不断加强邮政服务"三农"网络建设,继续做好邮政在农村地区的基础金融服务,积极开展好农资分销、小额贷款、小额保险等支农和惠农业务。认真做好"新农保"发放和涉农资金代发业务,努力建设一个邮政支持"三农"的农村金融服务平台。

四要做好邮政融入地方经济工作。要树立依托地方经济创新发展的思路,更加主动地、全方位多层次地融入到地方经济建设中。速递物流和邮政金融都要利用各自优势,更加积极主动,更加自觉地服务地方经济。要发挥好"三流合一"的独特优势,并整合邮政三大板块资源,以服务民生和服务中小企业为重点,做强邮政服务地方经济的品牌。

五要通过规范服务提高服务水平。要落实营业服务规范,全面提升邮政营业网点的整体服务水平,开展好"服务规范管理达标"活动。要全面开展投递

质量管理达标活动，进一步强化邮件时限管理。要加强业务规范管理，加强邮政标准化管理。加强对重点业务的资费检查监督管理工作，加强对资费优惠的监督管理。加大治理经营秩序的力度，进一步完善四级邮政服务质量监督检查体系。

六要加大企业形象宣传力度。要站在企业长远发展的高度，树立品牌意识，加强邮政品牌管理工作,爱护并保护好邮政的百年品牌,继承和发扬邮政的优良传统。要重视对外新闻宣传工作，围绕重大活动，加强全国的统一策划，扩大邮政企业形象宣传，正面宣传邮政的先进典型。要重视对社会舆情的监测,完善应急处理机制,及时向集团公司报告突发事件的处理情况,努力营造良好的舆论环境。

(七)始终坚持以人为本,努力构建和谐邮政

我们要认真自觉地贯彻落实好十七届五中全会提出的，坚持把保障和改善民生作为加快转变经济发展方式的根本出发点和落脚点，使企业改革发展的成果惠及全体员工,调动一切积极因素,扎实推进和谐邮政建设。

一要切实加强企业党建工作。今年是中国共产党建党 90 周年,要充分认识到在新形势下加强党建工作的重要意义，继续坚持以改革创新精神提高党建科学化水平,牢牢把握围绕中心、服务大局、建设队伍、打牢基础的党建工作方针,不断加强邮政各级党组织的思想、组织、作风和制度建设。要大力推动学习型党组织建设,继续扎实开展好“创先争优”活动。深入开展好精神文明建设活动，做好第三届全国道德模范、全国文明单位和全国精神文明建设工作先进单位的评选。

二要进一步加强党风廉政建设。要认真贯彻落实十七届五中全会和中央纪委第十七届第六次全会精神,进一步严明党的政治纪律,以加强作风建设、强化监督检查、推进组织建设为重点,认真落实党风廉政建设责任制，进一步加强以完善惩治与预防腐败体系建设为重点的反腐倡廉建设。坚持以人为本,着力解决影响企业改革发展稳定和职工群众反映强烈的突出问题,围绕中心、服务大局,突出重点、狠抓落实,努力以党风建设和反腐倡廉工作的实际成效,保证和推动邮政经济平稳健康发展。

三要进一步健全三大板块协调发展机制。三大板块既按照各自专业的规律独立运营，又存在着互为代理、相互依存的关系。健全完善三大板块协调发展机制,是构建和谐邮政的重要着力点,也是衡量邮政改革发展成果的重要标志。在今后的改革发展中,集团公司将加强这方面的制度安排。各地要从大局出发,自觉珍惜并维护好当前的发展局面。

中国邮政拥有三流合一的网络优势，面对新的发展形势，要充分整合全网资源，持续完善责任明晰、优势互补、业务联动的三大板块融合发展机制，共同推进三大板块间的和谐发展。

三大板块都要高度重视利用数据库分析在市场营销中的作用,加强数据库的整合、分析、挖掘,加强联合营销,发挥邮政的整体资源优势,提高联手拓展市场的能力。要通过把邮政、银行、速递物流三大板块资源的有效整合,充分发挥这些资源优势,共同开发市场,拉动邮政函件、报刊、支付结算、代收货款、仓储配送等业务和增值业务的发展,降低运营成本,提高经济效益。

四要大力加强邮政人才队伍建设。要围绕“人才强邮”战略,确立“人才优先”的工作方针,完善企业人才政策,创新人才工作机制,启动重点人才工程,在人才队伍建设上取得突破。要突出抓好领导班子建设工作,提升把握邮政科学发展的能力。大力推进企业人事制度改革,加大竞争性选拔力度。要重视专业领军人才的选拔、培养和引进工作,统筹推进经营管理、市场营销、专业技术和高技能人才队伍建设。要继续贯彻落实好张德江副总理的指示精神，进一步加大对员工的教育培训力度，建设和发挥好网络培训学院的作用,进一步完善培训与考核、使用、待遇相结合的机制,切实提高员工队伍的整体素质。要继续加强企业技能鉴定的基础性工作和信息化建设，扎实做好技能鉴定工作，适时组织开展技能竞赛,调动员工立足本职、建功立业的积极性。

五要重视发展和谐劳动关系。加强劳动合同的动态管理,积极建立有效防范用工风险的管理机制,适应邮政经营模式多元化的需要。关注一线员工的收入增长,尤其是劳务工的收入水平。规范企业薪酬发放行为，进一步完善员工工资正常增长机制和支付保障机制，尽快全面实现员工薪酬收入由省公司集中发放。维护员工合法权益,关心职工生产生活,加强“职工小家”建设。

六要切实加强企业文化建设。企业文化是企业

的灵魂，是推动企业发展的动力。要在继承中国邮政优良传统的基础上，尽快形成具有邮政特色和时代特征的企业文化精神，发挥企业文化在邮政改革发展过程中重要的引领作用。要切实发挥党政工团等组织作用，时刻注意做好职工思想工作，积极开展员工形势任务教育，让广大员工牢记"我为邮政的发展努力工作，邮政为我的幸福提供保障"，"我为全网多作贡献，全网为我创造幸福"，为邮政发展营造良好的内部氛围。

七要高度重视企业稳定工作。要保障职工民主参与、民主决策的权利，全力推进以职代会为基本形式的企业民主管理工作。要尽快完成各级工会组织的建立工作，理顺全国邮政工会组织管理体制，进一步发挥工会组织在构建和谐邮政中发挥的作用。要高度重视信访工作，进一步健全信访预防机制，力争将矛盾化解在基层和萌芽状态，防止群体性事件的发生，依法维护群众的合法权益。

同志们，中国邮政进入了一个新的历史发展阶段。回顾过去，我们为取得的成绩而自豪；展望未来，我们对美好的前景充满信心。面临新形势、新任务，我们必须用新面貌、新举措，创造新业绩。让我们进一步解放思想，开拓创新，同心同德，真抓实干，全面完成今年的各项目标任务，为发展中国特色邮政事业而努力奋斗！

转变发展方式 加快发展步伐 为实现北京邮政各项事业新发展而努力奋斗

——章千泉总经理在市公司一届三次职工代表大会上的报告

（2010年1月25日）

各位代表、同志们：

现在，我就北京市邮政公司2009年工作情况和2010年工作安排向大会做报告，请审议。

一、2009年工作回顾

刚刚过去的2009年，是新世纪以来我国经济发展最为困难的一年。这一年，国内外经济形势发生了重大变化，北京邮政发展也面临了严峻形势。一年来，广大干部职工历经考验、逆境奋起，面对金融危机，面对奥运经济带来的收入高基数等不利因素影响，坚持以加快发展为主线，以机制增活力，以创新促发展，切实把降本增效贯穿到全年各项工作中，着力提高经济运行的质量和效益，实现了北京邮政的平稳较快发展。2009年，北京邮政业务收入实现47.81亿元，同比增长5.39%。完成了集团公司下达的收支差额计划。全员劳产率完成15.62万元，同比增长2.36%，绝对值列全国第二。这一年，我们克服困难，开拓进取，尽最大努力将发展成果更多惠及到职工身上，全部从业人员人均收入增幅9.3%，超过年初制定的8%目标，高于全公司5.39%的业务收入增幅。在中央提出“减薪不裁员，歇岗不失业”大背景下，我们全面实现了“加薪促和谐”和“四个确保”工作目标。

2009年，我公司绝大多数专业发展实力在全国各省（区、市）邮政中名列前茅。集邮、发行、机要专业收入排名全国邮政第1；包裹排名第2；函件排名第3；速递和物流专业排名第5。邮务类业务板块总体收入规模居全国第一。

（一）完善机制，催生企业内在动力。

抓经营，机制是关键。2009年，我们坚持体制机制创新的经营理念，坚持用有效机制破解企业发展中的难题，企业整体运行质量得到明显提升。

1.强化升位晋级机制，加快企业发展步伐。在前两年以“升位晋级”为核心的系列机制获得成功基础上，2009年，实施了“升位晋级、勇破纪录、优秀升格、末位调整”发展机制。在考核标准中增加了“收支差额增幅”指标，引导各单位关注收入质量和效益。一年来，升位晋级机制发挥作用的深度和广度得到进一步拓展。各二级单位也相应建立了从区县局到支局、支局到邮电所、营销团队到营销小组的分级、分类激励体系，显著提高了企业的营销能力、经营效果。各单位业务发展增幅明显，其中郊区区县局业务收入平均增幅达14.76%。

2.调整人工成本挂钩办法，提高企业经营效益。2009年，提出了“效益优先、重奖增量”的人工成本挂钩原则。加大了对“收支差额”和“劳动生产率”两项关键效益挂钩指标的权重。加强了“有效”是“有收”的前提、是“增收”的基础的政策引导，促进了发展规模和经营效益的双平衡。

3.完善绩效考核办法，注重企业收入质量。在《2009年绩效考核办法》中新增了降本增效落实情况、成本挂账情况、人均收支差额贡献水平、集邮库

存周转率、集邮边际成本率等指标，引导各单位努力优化结构，降本增效，将关注的重点从收入规模转移到收入质量上。

（二）创新驱动，激发企业发展活力。

创新是企业持续发展的动力和不竭源泉。2009年，我们正视企业发展面临的形势，积极探索创新产品、创新经营、创新管理、创新服务，抢抓国庆60周年机遇，牢牢把握社会热点，实现了经济效益、管理水平和服务能力的稳步提高。隆重召开了首次创新工作大会，表彰了"十佳创新成果"和"十佳创意"，提出了战略引导发展，创新驱动成长的总体工作思路，确定了建立创新管理体系和成立创新管理机构的创新管理方向，营造了鼓励创新的氛围，北京邮政的创新工作上了一个新台阶。

1.产品创新，实现常规业务突破和再生。开发了"残奥会闭幕式飘落的红叶"贺卡项目。与扶贫基金会合作开发的为灾区小朋友捐助爱心包裹劝募项目，被集团公司刘安东总经理称作是近年来中国邮政创新发展的典型范例。开展了全国优秀童谣评选活动。开发全聚德"烤鸭纪念卡"项目，开创了与京城老字号携手共赢的新局面。深挖国庆经济，开发了"五星红飘带"徽志等特供品；推出"国旗升起的地方"系列明信片；开发了全长10米的《盛世国典大阅兵》联体明信片；与集邮总公司合作开发《国庆大典》系列产品；开展"祝福祖国"大型寄语活动。突出地域优势，全力打造"天安门邮局"品牌。创新国际函件业务市场，成功与德国、新加坡、英国开办了跨境交寄业务。开发了具有独立知识产权的史努比月饼。启动了"北京包裹"项目。

2.管理创新，实现内生动力不断增强。财务管理加快了从管理型财务向经营型财务转型的步伐，推进了损益核算应用的深度和广度，实现了损益核算延伸到支局、科队，细化了分专业、分产品的损益核算。实现了对中心局、汽运局网运分环节结算，做到了对企业效益和成本的有效管控。推行数字网运和经营网运一体化概念，建立了网运统计核算体系，实现了网运经营数据化，网运成本更加明晰。实现了对人力资源的优化配置、动态管理和有效开发。实现了全体职工的收入集中发放。创新石家庄邮政高等专科学校订单生、劳动预备役、联合办学等人才引入和培养模式。新招收的大学生全部安排到营销岗位并为其建立科学的培养机制，为企业培养骨干，为职工搭建快速成才的平台。

3.经营创新，实现传统模式升级和重组。设立了全公司市场营销创新激励机制。创造性地对重点业务采取了竞标形式，推进了重点业务发展的提速。出台了《营销项目管理办法》。创立CBD营销模式，组建专门的营销团队，提供营投合一、入驻式个性化全方位服务。深挖金融街高端客户资源，成立了金融街邮局，采取了营投一体创新营销模式。创新重大活动组合营销模式，为国庆60周年提供了包括设计标志、请柬、专供邮品、器材配送，阅兵村地标设计和进驻服务等工作在内的组合营销模式，受到首都国庆筹委会相关部门的高度评价。为北京市政府设计的融合国庆60周年元素邮品，成为市政府今后一段时期对外馈赠的首选礼品之一。创新重点专业营销模式，成立了数据库商函BIU团队。创新电子商务营销模式，多家单位尝试了淘宝网、博客、QQ群等营销新模式。

4.服务创新，实现服务水平不断提高。东四邮电局推出了"亲情服务"系列创新服务模式，在服务、管理、育人、发展等方面始终保持行业领先水平。以现场观摩、交流会等形式开展了全公司范围"服务大讨论"活动。在营业窗口全面推广《沈智慧值班局长工作法》和《东四邮电局查询工作实施细则》，促进了全公司服务质量的明显提升。服务政府经济取得突破性进展，圆满完成北京市红十字会600万册《急救手册》的发放工作，为落实市政府为民办实事项目发挥了邮政企业的支撑作用。创造性地开展了"劳模创新工作室"创建活动，"沈智慧创新工作室"被评为北京市首届十大创新工作室之一。服务三农工作成效显著。以村邮站为平台，探索实现服务地方区域经济建设、促进城乡发展与开发北京邮政新收入增长点结合共赢的新路子。已建成的3875个村邮站全部验收合格。开展了村邮站试用叶面肥和销售集团公司快销品的试点工作。向北京市委市政府作专题汇报，获得了市委市政府对邮政服务三农车辆减免过桥费、过路费，解决村邮员薪酬等问题的政策支持，为村邮站的长效运转提供了政策保证。

（三）加快改革，明确企业发展方向。

按照集团公司要求，坚持"以加快发展推动改革，以深化改革促进发展"，大力推进企业改革进程。

——速递物流改革顺利进行。完成了尽职调查、审计评估、关联交易测算和费用精算计提工作。业务、资产、人员和生产组织、运营管理等方面已划分清晰。整合和划转9062项速递物流资产,涉及17个单位,资产原值近7.1亿元。速递物流公司专业机构设置完毕,公司化管理模式初步形成。出台了速递物流公司与区县局协调发展机制和沟通机制。

——巩固邮政金融改革成果,进一步加强了邮银合作。建立了金融管理体系,市公司及各区县局均在市场部下设了金融管理中心,负责管理邮政代理金融业务。制定了《北京市邮政公司与邮储银行北京分行关联交易办法》,明确了邮银双方关联交易范围。邮银合作,加大了对二类及代理网点资金安全的防控,有效提高了对金融风险的防范能力。与邮储银行北京分行共同开展了首届"兄弟杯"储蓄劳动竞赛活动。积极推进理财经理队伍建设,开展了低效储蓄网点调查活动。

(四)降本增效,提升企业发展质量。

2009年,我们将降本增效工作贯穿企业各项经营活动始终,"开源"的同时更加注重"节流",确保了全年预算目标得以顺利实现。

1.强化成本管控,实现财务管理降本增效。本着"严控总量、优化配置"原则,在编制成本费用预算时对各项成本标杆进行了下浮,大部分单位实现了全成本预算。全年修理费、油料费、水电费等费用得到了较好控制。进一步扩大了集中招标采购范围,集中招标的64个项目共计节省资金2563万元;其中,通过对汽车油料、保险的统一招标和集中支付,在全公司邮运里程比2008年增加100万公里的情况下,油料支出比2008年降低1110万元,车辆保险节省支出207万元。实现了多项大额成本的集中支付,加强了对大额资金支付的掌控能力。增设运费考核指标,有效控制了委办运费的增长。进行稳健的资金运作,提高了存量资金效益。实施了设备和房产等固定资产的有偿投资、有偿使用。适应国家税收缴纳方式调整,对二级单位法人执照进行清理,将投递局、汽运局等单位合并到市公司纳税,避免新增税金近亿元。开展了局所网点效益调查。开展了削减集邮商品库存工作,年末比年初减少了1.85亿元。

2.优化人员配置,实现人力资源管理降本增效。全面推行了梯形排班法,年节约工时23万余小时,相当于节约人员投入117人。盘活营业人员264人,精简非生产人员,特别是管理人员,重点充实了营销队伍。2009年底,公司全部从业人员比2008年末减少275人,管理人员占比下降1.4个百分点,初步实现了机构精简、人员精干、提高效能的目的。

3.深化经营网运,实现网路运行的降本增效。初步推出了网运支撑牌价。推广了车辆内部有偿使用。整合市内网运资源,节余车辆41部、驾驶员48人,每天减少行驶里程4266公里。支局出口速递邮件改由速递物流公司负责运输,实现了速递邮件的专网运输;将市内进出口普通邮路由237条整合为184条。一级干线网增开2条行包大列,停开、减少3条邮路,节省汽车运输费用670万元。成功降低了航空运费,Q45公斤价格降低15%;利用航空运输闲暇时段,运费降到N运价的30%。

4.优化作业流程,实现企业生产过程降本增效。优化邮件处理流程,完善了名址数据库,提高了给据邮件名址信息质量;在处理、运输"爱心包裹"工作中,通过邮件分拣、封发处理环节前置,调整运输方式,节省运费近300万元;中心局分拣环节实施"成品交邮";及时调整自办、委办邮路比例,自办运能利用率提高18.19%。分流航站邮件处理量,使11点前进港航班和13点前进站火车的进口标准速递邮件实现了当日递,支撑了"国内特快专递邮件时限承诺"服务。稳步推进了总包清单无纸化。

5.深化降本意识,实现各层面、各专业全面降本增效。各单位以"强化成本管理,提高企业发展效益"为中心,深化日常降本增效意识,取得了降本增效工作的阶段性胜利。在全公司推广使用了中国邮政综合办公信息处理系统,实现了办公无纸化,年节省纸张100万余张,文件处理时限提前了2–3天。各专业局在整合资源、改革传统作业模式、优化流程、降低业务成本等方面采取积极的降本措施,取得了良好效果;市公司机关和各区、县局加强了对代办费、业务宣传费的动态管理,实施了业务材料的定额管理,开展了对各项成本的调查、核算工作,有效减少了会议费、招待费、通信费、水电费、运输费、修理费等成本。

(五)齐头并进,加快企业发展速度。

2009年,我们以加快发展为第一要务,不惟计划惟市场,以发展低本高效业务为着力点,以重点产品和重点项目为龙头,全面完成了集团公司下达的各项经营任务。

1.主攻高利润率优势专业和优质业务,优化业务结构,企业可持续发展能力进一步增强。

——账单业务发展实现新突破。成功开发博大天鸿国际账单,年实现业务收入4000多万元;成功开发、运行农行银企对账单业务,开辟了账单业务发展的新方向;成功开发社会保险账单和政府类账单,使函件业务涵盖了医保、交管、社保账单在内的政府服务内容,拓展了政府经济。

——集邮业务实现跨越式发展。以"国庆"项目为抓手,经营工作亮点频现,实现业务收入6.53亿元,继续保持全国邮政排名第一,领先第二名2.75亿元;新型高效业务和传统业务保持均衡良性发展,个性化邮票制作、定制型业务等项目效果突出,国庆集邮经济整体创收2.3亿元。

——发行专业净增收入9975万元,居邮务类板块之首,创十几年来最高。其中:订销收入增长36.61%,增幅排名全国第1;零售报刊收入增长47.17%,收入规模和收入增幅全国排名第1。通过加大源头市场开发力度,《劳动午报》、《北京社区报》等自发报刊,全部交邮发行;《环球时报》、《中国新闻周刊》等20余种多渠道发行报刊回归邮发渠道;成功中标农家书屋项目,政府经济开发赢得大单。

——包裹业务收入结构调整成效显著,国内快递包裹收入增幅全国第2,达到35.5%,收入规模首次超过国内普通包裹。

——信息和代理其他业务取得长足进步。短信业务突飞猛进,实现收入1438万元,同比增长1338%;票务业务实现收入146万元,同比增长211%;代售卡类业务实现收入1228万元,增长48%。

——代理金融新业务发展迅速,保险、公司、跨行等储蓄非利差收入实现较快增长,占金融业务净增收入的45.91%。

——速递物流专业现代化网络体系不断完善,整体净增收入1.56亿元,成为拉动全公司收入增长的主力。其中,国际速递业务实现高速发展,收入增长26.94%。

2.多项重大业务战役发展位居全国前列,奠定2010年发展良好基础。

——邮政贺卡业务实现跨越式发展。截至2010年1月21日,共申报贺卡收入2.08亿元,完成集团公司下达指标的166%。比去年同期翻了一番,增幅全国第1。

——全面超额完成报刊收订目标。实现流转额5.96亿元,增幅15.22%。发展规模和速度创造了近年来的专业新高。

——强化礼仪常规化产品的产品创新和营销策略创新,销售总额超过2亿元,速递专业收入超过1.2亿元。"思乡月"活动外部产品销售额7542万元,创造历史之最。

3.多项业务发展和大市场、同行业相比取得较大进步。国际特快专递市场占有率达到29.49%,同比增加4.53个百分点。北京邮政在全市图书馆报刊市场占有率提高了19个百分点,达到60%。市公司储蓄经营网点个人储蓄余额规模占比为64.07%,比2007年分营时提高0.15个百分点。代理保险业务在北京银保市场代收保费占比为5.7%,同比增加0.27个百分点。机要专业实现20年无通信质量安全事故,专业收入突破7000万大关,同比增长5.63%,达到历史最好水平。

(六)固本强基,增强企业综合实力。

企业发展,能力先行。2009年,我们进一步加强了能力建设,全年共投入资金2.3亿元。

1.强化营销体系建设,提高拓展市场能力。落实了营销激励机制。开展了多层次、多角度、卓有成效的营销培训。建立了项目推广制度,鼓励团队创新。营销队伍得到壮大,共有各类营销员3559人,占全部从业人员比重的12%,其中一线销售岗位3330人,有业绩的专职营销员2693人,比2008年增加332人,累计实现营销收入5.88亿元,占全公司收入的12.3%。营销收入超千万的团队16个,超百万的达127个。

2.推进营投网建设,提高网点效能。建设、改造局所、场地3.7万平方米。新增、改造营业台席137个,储蓄台席121个,更新营投网点及储蓄网点设备共5957台套。完成东四邮电局营业旗舰店建设工作,达成西长安街局拆迁补偿安置协议。调整142个网点的营业时间,实现了网点效益最大化。推进了投递网优化建设和运行模式改革,推广了报刊二次分发前置作业方式。投递部门组成银企对账单专投队伍,保证了重点业务的快速发展。"户箱工程"取得新进展,2009年新建住宅楼信报箱安装率达100%,全市共更新、补建信报箱住宅楼房1456幢。

3.稳步推进重点项目,确保按时竣工投产。北京综合邮件处理中心一期工程土建部分进展顺利，主楼和指挥调度中心完成结构封顶，将于2010年四季度投产。深化了生产流程设计，为处理中心投产做好前期研究。三期工程已获准立项。

4.推进信息化建设，支撑各项业务的快速发展。2009年，推广速递物流综合信息处理平台、网运三期，邮政投递信息系统、普邮跟踪查询系统、邮政储蓄2.0版改造工程等14项集团公司统版信息系统上线。进一步加大了我公司自主创新的力度，共实施科技项目17项，投资600万元。电子商务代收费、网上邮局系统二期、制签机与电子化支局互联等项目的开发加快了电子商务业务的发展速度。在国内率先实现挂号信分拣系统与网运信息系统互联互通，为挂号信进行网络化分拣提供了条件。

（七）凝心聚力，构建企业和谐氛围。

2009年，我们以办实事为载体，坚持“以人为本”的治企宗旨，努力提高职工待遇，大力构建和谐企业，实现了职工与企业的共同成长。

1.干部职工素质建设卓有成效。全年共举办各类专业培训52期、培训5830人，创历史新高。组织了首次高管人员和郊区区县局管理人员培训；举办了支局长金融知识远程培训和各级营销人员培训；组织了数据库商函、电子商务、航空客票等重点专业的培训；组建内训师队伍，出台了教育培训经费管理暂行办法；组织近2.19万人次参加职业技能鉴定，理论考试合格率63.2%，实操合格率87.28%。参与人数和通过率创新高。参加第二届全国邮政通信特有职业技能竞赛，取得团体总分第三的好成绩。

2.职工文化艺术节成功举办。艺术节以“唱响祖国颂歌，构建和谐企业”为主题，共举办15场文艺演出，收集职工创作手工艺作品1363件，文学作品248篇。全公司三万多职工倾情投入到艺术节活动中，2500多名职工直接参与艺术节文艺演出。广泛的群众参与、丰富的文化内涵、浓厚的文化氛围、热烈的宣传效应使得本届职工文化艺术节取得圆满成功，成为北京邮政三个文明建设成果的一次展示。

3.和谐文化建设持续推进。东四邮电局立足高新起点开展自身建设，确定了“品牌提升年”工作思路，引入科技手段提升窗口服务水平，树立崭新形象。百万庄共青团邮电局以“传承、创新、务实和以人为本”为工作原则，开展了“以光荣的历史鼓舞人”等一系列企业文化建设工作。北太平庄邮电局确立“抓队伍、促和谐；抓管理、促服务；抓经营、促发展”方针，打造了“领导服务职工、职工服务客户、客户带来效益、效益惠及职工”的优质服务链。和平门邮电局确立了“以人为本”的管理思想和规范的服务理念，用“和平文化”造就和平品牌。

4.办实事工作全面实现。全年共支出148万元用于职工帮扶救助和“两节”送温暖慰问活动。建立职工带薪年休假考核制度，安排3400名职工疗休养，占公司职工总数的10.5%。规范了平等协商集体合同续签工作。推动了农村支局小家建设。

5.勤政廉政建设不断加强。坚持标本兼治、综合治理、惩防并举、注重预防方针，开展了反腐倡廉教育活动。推行了廉政风险防范管理试点工作。以降本增效为核心，开展了系列效能监察。

6.精神文明建设和新闻宣传工作成效显著。共30个单位被首都精神文明建设委员会评为首都文明单位标兵和首都文明单位。交通运输部将东四邮电局作为城市服务突出典型在全国交通运输行业推出，带动了公司整体服务水平的提高。26个先进单位、先进集体、先进个人荣获“全国五一劳动奖状”、“全国五一劳动奖章”、“全国工人先锋号”等市级以上荣誉称号。全年中央及首都新闻媒体累计报道北京邮政稿件万余篇。

7.审计、法制、安保工作取得新进展。开展了财务收支审计、经济责任审计、内控制度审计、工程结(决)算审计、专项审计及审计调查等工作，全年共完成审计项目155个。法制工作以组织调研、宣贯新《邮政法》实施为重点，以支撑企业经营为核心，共审批合同7784份，标的额约1.5亿元。安保工作完成了保证国庆安保为中心目标的年度工作，全面实现了“平安邮政”工作目标。邮政辅业在物业管理、汽车修理、物料供应、局所建设、劳务派遣等方面，为邮政通信生产有序运行提供了有力支撑。信访、老干部、后勤管理、文史档案、集邮协会、企业协会等各项工作均取得较好成绩。

同志们，面对2009年经营发展遇到的种种困难，我们以科学发展观为指导，以改革创新驱动发展，以机制建设破解难题，企业保持了平稳较快的发展势头。这样的成绩，来之不易。这是集团公司党组、北京市委市政府亲切关怀、正确领导的结果，是公司全体职工同心同德、拼搏奋进、真抓实干的结果；是广大职工家属和离退休老领导、老同志全力支持的结果。在此，我代表市公司，向所有关心和支持北京邮政的各级领导和同志们表示衷心的感谢！向广大干部职工、家属和离退休老同志们致以崇高的敬意！

成绩令人欣喜，经验弥足珍贵。回顾2009年的工作，我们深深地体会到：

第一，必须认真贯彻落实科学发展观，才能确保企业持续健康发展。北京邮政要生存，关键靠发展，离开发展一切都无从谈起。发展不仅要看速度和规模，更要看收入组成是否合理，业务结构是否优化，自主创新水平是否提高，职工生活是否得到改善，企业是否和谐稳定，可持续发展能力是否增强。一句话，我们谋求的发展，是好字当头，又好又快的发展，是科学的、可持续的发展。

受到奥运经济造成的较高基数和金融危机的严重影响，2009年，我们的经营发展面临了严峻形势。但我们之所以能够逆势而上，把发展这篇文章做得精彩，正是我们贯彻落实科学发展观，坚持走科学发展道路的结果。我们紧抓国庆契机，完善机制，降本增效，大胆创新，在保持增长速度的前提下，更加注重经济增长的质量和效益，统筹兼顾、协调推进各方面工作，“四个确保”工作目标得以全部实现。事实证明，只有深入贯彻落实科学发展观，才能实现企业又好又快发展，才能把发展成果更多地惠及职工，才能确保企业持续健康发展，才能开创更加美好的未来。

第二，必须深化机制建设，才能确保各项工作目标的实现。抓经营，机制是关键。加快发展，实践科学发展观，确保各项工作目标的实现，要求我们必须突破制约和影响科学发展的体制、机制障碍，建立科学有效的发展机制，为企业发展提供持续的活力与动力。政企分开以来，我们逐步向公司化运营转变，但这并不意味着已经建立起适应科学发展的体制机制。相反，制约科学发展的深层次体制机制问题仍然比较突出。只有机制健全，并充分发挥作用，才能将推动科学发展的政策措施完全落到实处。好的机制是行为的钥匙，又是行为的按钮，按动什么样的钮就会产生什么样的行为。

2009年，我们认真研究工作特点和发展的客观规律，建立了有效的机制，经营发展工作就比较顺利，做起工作来就没有那么被动；如果不是这样，我们就会举步维艰，导致好的产品推不动，好的政策难以落实，不能从根本上解决制约我们发展的难题。机制运用的好坏在一定程度上是决定企业兴衰的一个重要因素。机制活，全盘活；机制有效，企业发展才能动力强劲。研究、完善机制，必须作为企业的一项常态工作，常抓不懈。

第三、必须构建创新发展氛围，才能确保企业发展生机。创新是企业发展的不竭动力。只有不断创新，企业的经营运转才能时时保持在最佳状态，才能持续提高企业的核心竞争力，才能在市场竞争中不断领先，超越自己，超越对手。

2009年是北京邮政的创新之年。我们坚持认真研究市场，用创新思路谋划新发展、开拓新领域，突破性地实施创新驱动战略，坚持以创新精神寻求解决各种矛盾和问题的新方法、新途径和新措施，使我们逐步摆脱了传统观念的束缚，有效解决了发展中的新问题，创造性地处理了旧问题，实现了传统邮政与时俱进的新发展。

创新领域渗透于企业的各个角落，创新的机会无处不在。只有坚持培育良好的北京邮政创新文化，从企业实际出发，开展形式多样的创新活动，提升企业自主创新能力，创造新技术，开发新业务，采用新的生产和经营管理模式，持续改善服务水平和服务能力，用新知识、新技术来驱动和引领企业成长，才能增强北京邮政的可持续发展能力，确保企业发展生机。

第四、必须加强干部队伍的作风建设，才能确保企业和谐发展。企业兴衰、事业成败关键看干部。只有抓好干部队伍的作风建设，不断教育和引导各级干部按照科学发展观的要求加强思想作风建设，注重密切干群关系，忠于职守，真抓实干，勤政廉洁，率先垂范，自觉抵御各种腐朽落后思想观念的侵蚀，才能推动北京邮政又好又快发展，才能形成企业和谐奋进的巨大合力，才能保证企业各项经营发展目标的全面实现。

2009年，我们规范了高管人员薪酬发放管理，建立了长效激励机制；加强了对一线指挥员的培训与考核，着力发现和培育品德高尚、求真务实、职工信任的领导干部，使我们的干部队伍整体素质得到了提高。应该说，绝大多数单位的领导干部能够做到贴近群众，注重调研，真抓实干，努力解决职工关心的难点问题，营造和谐发展的氛围，使职工们心往一处想，劲往一处使。这样的企业发展就有希望，各项工作完成起来就比较顺利。反之，个别单位的领导干部不注意时时规范自己的言行，不研究发展的新方法、新思路，不重视调研，跟职工的距离越拉越远。极个别单位甚至出现了强行摊派等市公司明令禁止的违规行为，激起了职工的不满，破坏了和谐的企业氛围，严重影响了企业各项工作的顺利进行。

作风建设的另外一个表现形式是执行力强弱。执行力强的干部，大多有信心，有态度，有行动，真抓实干，工作积极，作风正派；而执行力弱的干部，则往往对工作有畏难情绪，消极被动，工作拖沓，必然会对职工产生负面影响。从北京邮政自身工作来看，有的单位之所以各方面任务完成得都很出色，工作起来不那么吃力，关键在于其执行力强。执行力强，工作就会事半功倍；执行力差，工作就只会事倍功半。成功的经验和失败的教训向我们昭示：加强干部队伍的作风建设是保证企业和谐发展的基石，直接关系到北京邮政发展的成败。

二、当前形势和2010年北京邮政工作总体思路

2010年是北京邮政落实“十一五”规划的最后一年，是积极应对金融危机后续影响，深入贯彻落实科学发展观，努力加快发展的重要一年，是落实集团公司工作部署，转变发展方式，提高发展质量的关键一年，同时也是坚持以人为本，构建和谐企业的奋进之年。新的一年，我们要正确面对改革趋势、发展形势和市场环境，树立机遇意识、忧患意识和竞争意识，理清工作思路，带领公司全体干部职工，继续解放思想，加快科学发展，转变发展方式，提高运行效益，改善服务质量，促进企业和谐，推动北京邮政各项事业迈上新台阶。

（一）科学判断当前经济形势。

当前，北京邮政已经站在了一个新的历史起点上，面临着新的形势和任务。国际国内经济形势发生的深刻变化，必将对邮政发展产生重大影响。

一方面，在各国政策刺激下，世界经济正逐步复苏。消费者信心指数逐步走强，全球主要股指均出现上扬。另一方面，国际金融危机影响还将延续，世界经济复苏基础仍比较脆弱，复苏进程比较缓慢。发达国家失业率居高难下，私人消费依旧疲软，大宗商品和资产价格震荡走高，外需很难恢复到危机前水平。全球经济危机更加剧了世界经济格局的改变，金融体系仍然处于受损状态，发展中大国与发达国家的贸易不平衡和贸易摩擦加剧。这些不确定因素都说明，要恢复到危机前的水平尚需一定时日。

从国内经济情况看，一方面企稳向好，经济先行指标持续回升，内生性需求正逐步恢复。在相关政策刺激下，住房、汽车和家电销售持续升温，社会预期持续向好。另一方面，国内经济回升的基础还不稳定、不巩固。短期经济刺激政策的效应逐步递减，中长期政策效果显现需要过程，多层面竞争格局进一步加剧。产能过剩问题依然相当突出，经济结构调整的任务仍然十分艰巨。外需下降趋势短期内难以扭转。推动新一轮科学发展，解决诸多长期积累的矛盾，面临着更加深刻的利益格局调整，我国经济实现平稳较快增长尚存在诸多不确定因素。由此可以判断，今年国内外经济形势会继续好转，有利条件不断增多，但困难和挑战不容低估，完成全年各项任务仍需付出艰苦努力。

从北京看，奥运会、残奥会和新中国成立60周年庆祝活动圆满结束，标志着首都各项工作站在了新的历史起点上，进入了全面建设现代化国际大都市的新阶段。建设世界城市和“三个北京”发展战略的有效实施，进一步明确了北京市未来的发展方向。人均GDP超过1万美元，各方面发展需求依然旺盛，土地和项目储备相对充足。新兴城市化的发展，加快了北京市和谐首善之区的建设步伐。《促进城市南部地区加快发展行动计划》描绘了未来三年北京城市南部地区的发展图景。市区两级财政对城南地区投资将超过500亿元，将带动起可能达到2900亿元的社会投资。崇文、宣武、丰台、房山和大兴五区将迎来新的发展机遇。CBD核心区将东扩约3平方公里，重点发展总部经济、国际金融以及高端商务等产业，将发展成为现代化高端商务区。金融街拓展今年会迈出更大步伐，金融核心区将从原来规划的1.18平方公里拓展为2.59平方公里。中关村自主创新示范区建设全面起步，有助于进一步释放城市创新势能，发展一批有自主技术、有市场前景的企业和项目，推动创新型城市建设。首都金融业、服务业等多项振兴规划的实施，增强了北京市的产业发展后劲，

为北京市经济发展注入新的活力。

长期以来的实践证明，北京市是北京邮政发展的重要依托，北京邮政是北京地方发展的重要力量；北京邮政的发展壮大离不开北京这片沃土，北京市的发展也迫切需要北京邮政企业的支持和推动。北京市提出的建设世界城市和振兴服务业规划必将带动北京邮政新一轮发展机遇。

面对复杂多变的国际国内经济形势，胡锦涛总书记多次强调，必须痛下决心、狠下功夫，坚决打好转方式、调结构这场硬仗，为保增长提供强有力推动，为长远发展打下坚实基础。集团公司刘安东总经理指出："在这种情况下，我们既要看到邮政发展面临的严峻客观形势，又要看到邮政发展具有的重要战略机遇。要更加注重发展方式转变和业务结构调整，更加注重深化各项邮政改革，更加注重增强市场开拓能力，更加注重增强协调发展能力。要加快高效、长效业务发展，尽快做大规模；加快业务发展方式转变，提高发展质量，这是关系邮政全局的紧迫而重大的任务，是邮政实现又好又快发展的重要保证。"

为此，我们要看到，一方面，邮政发展面临着难得的发展机遇和发展空间。另一方面，我们也面临着经济回升基础不牢，竞争形势更加严峻，经营效益亟待提高，改革后的邮政公司将主要依靠邮务类业务和各项代理业务求生存、谋发展，业务发展靠奖金拉动的现象比较普遍，不均衡态势渐趋明显，重规模、轻效益的管理方式未从根本上扭转，成本费用增长过快，资金紧张局面日趋严重，产品开发具有较大随意性，能力建设供需矛盾更加突出，协调发展机制需进一步加强等一系列问题。这就要求我们要坚决把思想和行动统一到中央对经济工作的总体要求和决策部署上来，统一到集团公司党组对邮政内外形势的分析判断上来，统一到邮政改革发展的总体目标和要求上来，统一到解放思想、加快发展、转变发展方式、构建北京邮政和谐企业的轨道上来。

(二)坚持以效益为中心，切实转变发展方式。

邮政企业改革发展的大形势，要求我们必须尽早从强调规模的快速增长，转变为强调质量和效益，着力加快经济发展方式转变和业务结构调整的方面上来。这关系到我们能不能牢牢把握发展的主动权，能不能提高邮政综合竞争能力和抗风险能力，能不能在较长时期内保持北京邮政的平稳较快发展。

2010年，我们要集中精力做好转变发展方式这篇文章。一要将目前过多地重视对收入规模的激励办法，调整到更加重视规模与效益并重上来。要向质量要效益，着力推进业务结构调整，优化业务结构，突出发展低本高效业务，重点扶持有较高效益和较大市场前景的新业务，不断扩大低本高效业务和新业务在收入结构中的比重。要在绩效考核办法、升位晋级奖励政策、人工成本挂钩办法等政策中，更加突出质量效益考核指标。二是要着力推进流程优化工程。流程优化是转变发展方式的一项重要的基础工作，通过实施流程优化，进一步优化资源配置，减少作业环节，降低运行成本，提高劳动效率，加快邮件传递，提升服务水平。三是要着力推进内外资源整合，充分整合便利店、连锁酒店等社会资源，借力发展，为邮政产品找到更多、更宽的销售通路；要充分整合三项业务板块产品资源，加强产品策划，推出跨专业、跨行业的新产品和服务；要探索整合客户资源，做到客户资源信息共享、客户市场综合开发，努力做好差异化经营；要积极整合网络资源，尽可能对现有的网络、网点、设施、场地加以综合利用，实现资源价值的最大化。要认真研究所辖区域的地域特色、市场特点，将邮政业务与本地域特色紧密结合，为所辖区域提供更加贴近市场的邮政服务，从而更好地服务客户、服务北京。

(三)坚持用加快发展解决前进中的问题。

逆水行舟，不进则退。用发展的办法解决前进中的问题，是党在领导人民建设中国特色社会主义的伟大实践中探索出的一条最基本经验。离开了发展一切都将无从谈起。

今天，北京邮政发展已站在一个新的历史起点上，发展的势头越来越好。但我们也越来越深刻地感受到业务竞争的压力、加快发展的压力、富民强企的压力。面对近几年企业发展的良好局面，面对干部职工不断增长的物质文化需求，面对激烈竞争和复杂多变的形势，我们急需努力、急需发展、急需提速。各级各部门领导要始终把加快发展作为压倒一切的中心任务，把更多的精力、时间集中在加快发展上。

2010年，我们一定要继续以科学发展观为指导，谋求讲求效益与质量的发展，谋求全面协调可持续的发展。必须正确处理速度与质量、规模与效益的关系，正确处理改革、发展和稳定的关系，正确处理社会效益、企业效益与职工利益的关系,正确处理邮银关系,正确处理邮政企业与速递物流公司之间的关系,最大限度地调动各方面的积极性,实现共谋发展、和谐共赢。

机遇催人奋进,挑战逼人奋起。同志们,我们只有比别人醒得更早、干得更多、跑得更快,才能不断前进、不断超越。因此,我们一定要始终保持一种“等不起”的责任感,“坐不住”的紧迫感,“慢不得”的危机感,发动、调动一切积极因素,抓住、抓牢一切发展机遇,用足、用活一切有利条件,坚定必胜信心,凝聚智慧力量,奋力开拓进取,推动北京邮政在科学发展的轨道上迈出更大的步伐,实现更大的跨越。

三、2010年主要工作安排

2010年北京邮政工作的总体要求是:全面贯彻党的十七大和十七届三中、四中全会精神,深入贯彻落实科学发展观,以提高北京邮政经济增长质量和效益为核心,以推进邮政经济发展方式转变和业务结构调整为主线,以“效益为先,升位晋级,优秀升格,勇争第一”为目标,完善机制,深化改革,加快发展,改善服务,强化管理,提高企业核心竞争能力,促进邮务类业务又好又快发展,做大做强代理速递物流和代理金融业务,为实现北京邮政各项事业新发展做出新贡献。经过一年的努力,要确保企业发展质量不断提高,确保创新驱动战略顺利实施,确保北京综合邮件处理中心工程按时投产,确保为职工办实事项目全部实现。

主要工作目标为:

——业务收入完成38.06亿元,同比增长9%。

——实现收支平衡。

——全部从业人员人均收入增长8%,劳动生产率增长9.3%。

为实现上述目标,2010年我们要着力抓好以下几项工作:

(一)注重建立充满活力的体制机制,促进企业快速发展。

找准突出问题,破解发展难题,建立完善有利于科学发展的体制机制,已经被证明是北京邮政保持高速持续发展的动力源泉。2010年,我们要更加注重建立充满活力的企业发展机制,促进企业加快发展,提高经营效益,为企业发展注入新动力。

1.完善升位晋级政策机制,重点关注质量和效益。今年,市公司将在总结前两年升位晋级奖励考核办法基础上,实行“效益为先,升位晋级,优秀升格,勇争第一”工作机制。将综合考虑速递物流专业化改革后面对的新情况新问题,对升位晋级办法进行进一步优化和完善,引入“高效收入”概念,对区县局升位晋级排名依据和奖励方式进行调整,全面适应2010年转变发展方式、优化经济结构工作要求,突出效益和发展质量考核指标及权重,引导公司干部职工不惟指标惟市场,提高对低本高效业务的关注程度和参与的积极性,形成升位晋级、勇争第一、加速发展的良好局面。

2.加大资源整合力度,推进成本控制机制。要制定新产品开发管理办法,加强产品开发的效益管理,增加企业高效收入,从源头控制业务成本的增加。加强成本费用项目的集中采购力度,扩大集中采购和集中支付范围,不断强化成本集中管理。要实现同力达职工劳务成本的集中支付,有效提高企业资金利用效率。适应汽修体制改革,进一步降低车辆修理费用。

3.实现人力资源管理机制创新,拓展业务发展新空间。要进一步完善人工成本挂钩办法,增加衡量企业经济效益挂钩指标,强化劳动生产率指标。按照正负激励结合的原则,完善郊区区县局优秀升格办法,促进郊区区、县局加速发展。对升格后发展没有起色,员工意见大的单位,领导班子成员将进行岗位调整。对跨郊区任职、城郊区交叉任职人员给予适当补贴。完善高管人员管理制度,建立高管人员考核评价体系。强化对管理人员的考核,在市公司机关引入关键绩效考核指标(KPI),提高管理岗位门槛,客观、公正地评价职工的工作业绩和能力。

4.建立北京邮政与邮储北京分行和速递物流公司的协调发展机制。2010年起,北京邮政正式形成三大板块分业经营格局。各级领导干部要站在全局高度,始终树立“大邮政”观念,统一思想,统一步调,加强协作。保持邮政业务在市场上的竞争力,保持邮政企业在社会上的影响力,保证邮政行业在业界中的主导权。我们要牢固树立合作共赢意识,按照集团公司“共举一面大旗,共享全网资源,共创美好未来”总体要求,完善合作机制,建立灵活高效的协调发展机制和利益分配机制,推进产品资源整合,推广交叉销售模式，实行项目联动开发，实现客户信息共享，网络资源共用，并相互使用其他板块产品，以此来增强北京邮政可持续发展能力，共同促进北京邮政三大板块业务蓬勃发展。

(二)注重全方位多层面的市场开拓，推动企业战略转型。

面对邮储银行和速递物流专业独立运营的新形势，我们只有注重全方位多层面市场开拓，注重发展方式转变和业务结构调整，结合北京市场实际，持续推动政府经济、会展经济和总部经济发展，才能加快战略转型，在发展中促转变，在转变中谋发展。

1.加快发展邮务类业务。当前，邮务类业务的基础性地位更加突出。做好邮务类业务发展工作是在邮政改革发展关键时期的一项重要任务。

——突出抓好函件业务。函件业务是邮政的基础和核心业务，也是典型的规模效益型业务。只有做大规模，才会产生明显效益。从发达国家函件发展经验来看，我国的函件业务发展空间十分广阔。其中银企对账单业务是附加值高、收益稳定的本土业务，也是常规化、长期运行的特殊业务，是账单业务实现持续发展的新方向。要重点对银企对账单业务进行流程优化，主攻“5+X”银行客户。数据库商函业务要向“数据调用，有偿服务”方向转变，建立不同质量数据的价格体系，形成数据库独立运营机制。要开展“给未来的信”专项业务。要推进商函业务进入广告市场。要组建BIU团队，加强函件专业营销体系建设。

——加速发展信息和代理其他业务。信息和代理其他业务是典型的低本高效业务，具有广阔的市场潜力和较高的边际效益，应该下大力气加快发展，争取在短时间内快速成长，做大规模，创出品牌，提高市场份额。储蓄账户短信有效加办率年末达到10%，汇兑、速递短信加办率要分别达到30%和50%，短信业务收入同比增长50%。要充分发挥独立航空票代理人资质，建立新的运营模式，实现“网点做散户、营销做大户、全国做国内，北京做国际”的业务发展目标。力争实现奋斗目标20万张，跻身北京市前三十名代理人行列。要丰富“缴费一站通”业务，做好邮政代理渠道建设，通过邮政进社区、建设合作营业厅、“邮政便民服务站”、“邮政服务加盟店”、村邮站等多种形式，扩大服务深度，缩短服务距离，占领服务前沿阵地。要利用社会渠道，开办彩票、移动空中充值、代售卡、代放号以及代收各类公共事业费业务，扩大代收费业务的市场份额。开展“自邮一族”业务，力争实现1.8万会员的发展目标。要做大票务市场，抓住有利时机，做好世博会门票大客户营销和散户销售工作，加大世博会系列产品开发力度；要扩大福彩、体彩覆盖率，将彩票业务覆盖到报刊亭、便民服务站等社会代办渠道。

——加快发展报刊发行业务。认真抓好党报党刊发行工作，抓好畅销报刊收订营销。针对收益高的报刊品种，组织专门人员特殊运作，探索拓展发行业务的新途径。全面扩大营投一体试点范围，在图书馆、金融街、幼儿园、学校等市场以服务促收订，在拓展图书和教辅类书刊发行业务上力争取得突破，拉动增量市场的发展。要大力推广“印刷、发行、广告”一体化的经营模式，向报刊产业链的上下游渗透，寻求新的盈利空间。要强化营销能力，深化“亲情订阅”理念，全面拓展私费订阅市场。

——健康发展集邮业务。要创新营销方式，分析和挖掘库存资源，将库存积压产品最大化地转化为收入；要加大产品的设计能力，增强产品在礼品市场上的竞争力；要整合票品资源、主题活动资源和客户资源，提前制定重大营销项目；要大力发展个性化邮票业务；要积极推进集邮专卖店建设；进一步加强集邮专业的成本控制，实现“降本增效、保存量、促增量”工作目标。

——积极发展包裹业务。开辟包裹专业和礼仪业务新的收入增长源，创新发展“北京包裹”业务，力争年创收500万元以上；要强化对小额货物贸易、制造类企业、商品集散地等目标客户的开发力度，积极拓展网购物品寄递市场，争取开发2-5个大型网购公司、20家以上的中小型网购公司；要有效提高大宗包裹、快递包裹和高附加值的商品包裹收入比重；抓好校园包裹、军营包裹等专项市场，提升市场占有率。

——全力发展服务三农业务。要丰富村邮站平台功能，拓展邮政经营领域，扩大业务范围，找准市场切入点，在代理信息、农产品进城、快销品配送领域逐步做大做强。要发挥邮政品牌优势，融入地方经济发展，增强县域邮政核心竞争力，提高农村邮政服务水平。

——坚持发展机要业务。要以质量安全为中心，适度加大专业营销，确保全年经营指标的顺利实现和专业收入的全国领先地位，促进机要业务的健康持续发展。

2.做大做强代理金融和速物业务，增强协调发展能力。经营体制改革不是企业分家，而是业务整合；是通过成立专业化的经营发展实体，集中全网优势资源，发挥专业经营特点，促进业务发展不断加快，企业竞争实力迅速提升。要充分发挥邮政在客户资源、网点资源、营销队伍资源等方面的优势，充分借助邮政金融、速递物流专业化经营水平提高带来的竞争优势，力争实现代理金融业务和代理速递物流业务的持续较快发展。

——加快代理金融业务发展速度。代理金融业务是依托邮政网络资源、经营效益高、具有广阔前景的业务，是北京邮政重要的收入和现金流来源。代理金融业务网点仍然是邮储银行金融服务网络的重要组成部分，做好代理金融业务对邮银双方的发展都具有十分重要的战略意义。要下大力气抓好代理金融业务的发展、管理和协调等方面的工作。一是加强专业人才培养，打造专业经营队伍、专业营销队伍、理财经理队伍和内训师队伍；二是集中优势开发大型项目，重点在对公和其他金融机构合作方面寻找突破。调整收入结构，大力发展个人储蓄余额和对公业务存款余额；三是加大网点改造及低效网点调整，努力提高点均效益。要推行"金融旗舰店"建设。加大基层网点建设，提高网点的竞争能力和发展水平。要运用调整业务发展奖励政策等多种手段，确保在个人储蓄业务、公司业务、理财业务、基金、国债、代理保险、信贷业务等方面取得突破性进展，达到邮银分开前发展水平。全年力争实现金融板块业务收入8.9亿元，增幅不低于10%。2010年，还要积极在人员、职场、设备配备、建设资金等方面制定筹建方案，全力推进中邮人寿北京分公司筹建工作。

——积极做好代理速递物流业务。代理速递物流业务仍然是北京公司的重要收入来源。要继续发挥网点和窗口直接面对客户的渠道优势，加强对速递业务的宣传推介，采取有效措施，确保网点、窗口发展速递物流业务思路不变、力度不减、增速不降。要做到窗口代理速递能保持一定的增长速度，窗口快包保持2009年业务量水平。同时，要和北京速递物流公司密切协作、积极沟通、主动配合，搞好协调发展机制和利益分配机制。支持速递物流专业进一步深化改革，尽快做大做强。

（三）注重能力建设，夯实企业发展基础。

加强能力建设，是提高企业核心竞争能力，增强市场竞争力的关键。2010年，我们要尽己所能，加快能力建设，加强支撑力度。

1.严控固定资产投资规模，合理解决能力建设需求。按照刘安东总经理提出的"要把有限的资金首先用在提升生产能力和支撑业务发展上"要求，2010年，投资计划将优先安排能够增加效益、消除安全隐患的项目。将对五方面进行重点投入：一是确保北京综合邮件处理中心和新增局所建设；二是确保统建配套局所接收和对高效网点营业、储蓄终端设备的投入；三是加强网络信息安全建设；四是加大内部处理能力建设力度；五是改造零售公司场地和更新报刊亭。北京综合邮件处理中心工程计划于2010年4月主楼竣工；8月底完成大型邮件处理设备安装、单机调试；四季度陆续进入试投产。三期工程将抓紧办理前期手续，力争2010年4月开工建设，年底前同步投入使用。

2.加快信息化建设，推动邮政服务科技化。将重点完善基础数据采集系统建设，促使各专业、各单位从全网效率、效益的高度组织经营和生产，优化资源配置；开发生产经营数据报表系统，提供方便实用的报表工具；开发营销体系管理系统，实现对营销体系和大客户的科学化、规范化管理；按时完成集团公司各项信息工程统版项目的建设工作，针对业务发展急需的项目，加大开发力度，为北京邮政的经营发展提供有力的支撑和保障。

3.提高网运能力，支撑经营发展。要着重对北京综合邮件处理中心投产后的市内邮运网路组织形式、邮件运输方式、内部处理生产流程、作业组织、网运设备业务需求等内容进行调查研究、提出方案，确保北京综合邮件处理中心如期顺利投产。要科学规划邮运网路组织体系，建设灵活、高效、动态的集约化邮运网路。以"运能共享、运量共担、量化单价、结算清晰"为原则，搭建开放、动态的网路平台；要集中削减邮运车辆停驶时段，提高车辆使用率。继续做好"流程优化"工程，推行远程车间实现大宗包裹分拣前置和省际间大宗函件预处理工作。推进大宗给据邮件的制作、收寄、分拣、封发一体化流水线作业模式。

4.提高投递能力，强化投递质量。一是按照规范化服务达标体系、《服务标准规范》等内容和投递现场5S管理，逐步实现投递作业规范化、投递管理精细化、投递队伍形象标准化；二是不断增强投递能力，加大对投递装备、设备的投入力度；三是抓好投递队伍建设，积极探索投递员职业生涯规划；四是确保信报箱建设力度，实现新建成的城镇居民楼房、住宅区信报箱覆盖率达100%；五是建立投递服务质量考核体系，提升服务质量；六是进一步加强投递信息化建设，做好"中国邮政投递信息系统"的推广应用工作。

5.加强营销体系建设，增强市场开拓能力。转变发展方式，加快发展步伐，有赖于营销体系建设的不断推进。2010年，要结合三大板块业务调整，引导营销员大力发展高效业务、竞争性业务和成长性业务。要进一步完善营销创新奖与成果奖的评选标准，促进营销管理模式和营销方式的创新。要引入集邮产品利润率、函件产品库存率等考评指标，带动全公司营销项目不断提升质量和水平。要完善产品创新和项目创新推广机制，将其中优秀的方法推而广之。要推进各专业综合营销，实现大客户资源的充分利用。要继续推进营销内训师队伍建设，开展营销人员的职业生涯规划。要发挥市公司大客户中心在大客户开发上的龙头作用，精心组织项目营销，发挥示范效应。

（四）注重内部管理，提高企业运营效益。

1.加强创新管理，推进创新驱动战略。进入新时期新阶段，北京邮政必须将创新作为企业发展战略的一项重要内容，将其作为不断提升核心竞争力的长期制胜之本。要在全公司培育敢于创新的勇气，善于创新的智慧，允许创新失败的氛围，激发创新的动力，使创新意识、创新行为成为公司上下的自觉要求。为更好地实现创新管理工作，我公司将成立创新管理委员会，对创新项目进行从创意、立项、实施到评估和奖励的全过程监管。同时建立3×3创新管理体系，即：将创新工作分为管理类创新、效益类创新和服务及品牌类创新三项内容，创新主体分为个人、团队和单位三种形式，建立创新发展的激励机制，激发干部职工的创新积极性，为北京邮政发展提供不竭动力。

2.加强财务管理，突出效益优先。

——要强化全面预算管理。经营预算中引进"高效收入"概念。按照不同业务分别下达"高效收入"预算，强化直接成本管理。要按照有偿使用方法下达能源费用预算，强化刚性成本管理。对部分单位实行收支差额包干制。进一步强化成本集中招标、加大集中支付力度，不断加大消耗成本的管控。要对成本预算与经营预算实行联动机制。建立资金预算体系。要加强预算执行和管理力度，使各单位对全口径预算执行结果负责。通过创新预算管理方法，提高全面预算管理的计划性、有效性。

——强化损益核算应用，为企业提升经营效益提供决策支撑。要落实集团公司工作要求，全面实施网点损益核算。发挥邮政网点的渠道优势，优化网点经营内容和经营方式，为企业调整优化网点布局、提高网点资源利用效率、实施营业人员定岗定编和工时管理等工作提供重要的参考依据。核算结果要直接用于支局月度的激励考核和职工的绩效工资，更加全面科学地激励职工。要继续加大国内函件产品定价模型在经营中的应用范围，启动对中心局、汽运局的全成本结算工作，实现网点损益核算、专业损益核算和环节结算工作的协同推进，全面深化企业"精算效益账"工作。转变偏重营收规模、忽视其他环节运作成本，乃至亏本经营的现象，促使各单位在扩大高效收入规模、降低可控成本上下功夫，实现企业规模和效益的协调发展。

3.加强人力资源管理，不断优化队伍结构。坚持效益优先原则，通过拓宽盘活途径，实现从业人员负增长。要深入推进工时精细化管理，盘活人员存量。全面开展"梯形排班法"评价工作，开展写实测时工作，建立工时评价体系。扎实推进"双定"标准推广工作，鼓励职工"一岗多能"，实行"优才优薪、优秀盘活"，推动职工成长成才。大力推行大宗邮件处理、报刊配送等非核心业务、非核心生产环节外包，力争至少减少从业人员300人。要树立"大人力资源"观念，优化生产组织和作业流程，提高人力资源效能。要继续严格控制机构和编制，同时支撑金融、航空票务代理等重点业务的发展。适当引进高素质人才，实行与市场人才价位接轨的薪酬标准，发挥人才作用。

4.加强"经营网运"建设，提高运行效率和支撑能力。强化统计核算管理，加强汽车、火车干线邮路运费审核监控。继续推广车辆有偿使用，鼓励各生产单位进一步挖掘运能。建立单车成本核算体系，提高车辆资源投入的资产回报率。探索从贴近经营向直接参与市场营销转变。细化网运牌价，充分利用名址信息、网运内部处理能力、车辆运输能力、投递能力等资源，建立满足市场需要的多种快速的生产作业组织模式，适时推出营销型个性化网运服务，提高支撑能力。

5.加强安全管理，确保企业平稳运行。继续开展平安邮政建设活动，完善安全责任制，完善管理制度，在资金安全、安防建设、治安安全、消防安全等方面做出新贡献，维护企业稳定、维护职工队伍稳定。

6.加强审计管理，为提高效益做贡献。认真开展经济责任审计、内控制度和经济效益审计，深入开展专项审计和审计调查，扎实做好投资项目审计，发挥审计联席会议作用，为企业经营发展服务。

(五)注重企业内功建设，确保企业和谐稳定。

1.继续深入开展向东四邮电局学习活动，提升服务质量。要站在人民群众对邮政服务需求的角度来提高服务水平，站在邮政行业以外的角度审视服务存在的问题，努力实现邮政服务由传统方式向现代模式的转变。一要继续学习东四邮电局的“365亲情服务”工程和全员亲情服务文化，使其在所有通信生产环节和生产工序得到全面复制。二要学习东四邮电局的精细化管理。推广东四邮电局《沈智慧值班局长工作法》等一系列基础管理制度，堵塞漏洞，夯实管理基础。三要全面落实普遍服务标准，确保全面达标。四要着力解决用户反映强烈的邮政营业网点硬件服务设施不足、邮件传递时限延误、邮件查询慢、营业厅办理业务等候时间长等用邮热点、难点问题。五要贯彻落实新《邮政法》，不断健全和完善服务工作管理机制，确保邮件、报刊妥投率达到100%，客户满意度达到90分。

2.加大教育培训工作力度，提高职工队伍素质。要加强培训组织管理，制定教育培训评估指标体系和评估标准，加大培训工作考核力度。继续开展对高管人员的培训，着力做好基层管理人员的培训和各类专业培训、职工业务技能培训。要加强远程培训管理和内训师队伍建设。继续做好职业技能鉴定工作，实现持证率85%的目标。2010年，将对经批准自学取得国民教育系列学历学位证书的职工实行奖励机制；设立职业技能鉴定奖励基金50万元，对在职业技能鉴定中取得优异成绩的一线生产人员给予一次性奖励，激发职工的学习动力。

3.扎实开展群众性经济技术创新活动，增强发展后劲。2010年，要以“发展杯”、“创新杯”、“安康杯”、“营销创百优”、“创优争先”、“平安邮政”等竞赛活动为突破口，团结动员广大职工为推动企业创新发展建功立业。要建立和完善职工三级“技能人才库”，为企业全面了解、培养、选拔、任用一线人才提供第一手资料。要以全国劳模评比年为契机，大力弘扬劳模精神，充分发挥劳模先进引导作用，做强做优劳模先进创新工作室。继续做好为职工办实事活动，更好地为职工排忧解难。要以职工素质工程建设为依托，全面提高职工队伍整体素质。

4.抓好反腐倡廉建设，促进企业和谐发展。要通过努力，逐步建设内容科学、程序严密、配套完备、有效管用的反腐倡廉制度体系。全面推进廉政风险防范管理工作。在领导人员中共建一个为业清简、为官清廉、政治清明、职工亲近的良好环境。要进一步加强教育，增强干部拒腐防变的意识和能力。要强化决策权的监督，认真开展专项治理和“小金库”清理整顿工作。扎实做好信访工作，维护企业稳定，为企业发展创造良好环境。

5.深化创建活动，推动北京邮政精神文明建设再上新台阶。制定《北京邮政2010年—2015年精神文明创建工作规划》，力争用五年左右时间将北京邮政创建成为全国文明单位标兵。开展“爱首都、讲文明、树新风——我参与、我奉献、我快乐”活动。把加强村邮站建设和送文化下乡、党报党刊进村镇作为“城乡携手共建文明京郊行”活动的重要内容。

新的一年里，我们还要围绕企业中心工作，继续做好品牌管理、法律事务、合同管理、后勤管理、新闻宣传、文史档案、集邮协会、企业协会、通信协会、邮政辅业和计划生育等工作。重视和加强服务离退休同志各项工作，激发老同志关心企业发展的热情，发挥余热，为企业的发展贡献力量。

同志们，2010年是应对国际金融危机的关键之年，困难和挑战不容低估，北京邮政发展处在一个非常重要的历史关头，更加艰巨繁重的任务摆在面前，我们的责任重大而光荣。让我们在集团公司带领下，深入贯彻落实科学发展观，进一步解放思想，开拓创新，齐心协力，真抓实干，切实肩负起转变发展方式，提高发展质量，加快发展步伐，建设协调发展机制的光荣任务。坚定信心，埋头苦干，积极作为，为实现北京邮政各项事业新发展、实现新跨越而努力奋斗！

解放思想　坚定信心　开拓进取　为北京邮政实现各项事业新发展提供不竭动力

——中共北京市邮政公司委员会2009年工作总结和2010年工作计划

（2010年1月27日）

北京市邮政公司党委书记　丁前亮

第一部分　2009年工作总结

2009年，是新中国成立六十周年，也是北京邮政应对国际金融危机挑战，深化改革、加快发展、构建和谐的关键之年。一年来，公司党委认真落实党的十七大和十七届三中全会精神，深入贯彻科学发展观，紧密围绕企业中心工作，全力促发展、保增效、建和谐，团结带领广大党员、干部和职工，解放思想、群策群力、开拓创新、奋发进取，在企业改革发展中充分发挥了党委的政治核心作用、党支部的战斗堡垒作用和党员的先锋模范作用，为推进企业实现又好又快发展提供了精神动力和组织保证。

一、加强企业各级领导班子和党员领导干部思想理论建设，为北京邮政实现又好又快发展提供精神动力

公司党委以解放思想、深化改革、创新思维、加快发展为主线，加强领导班子和党员领导干部思想理论建设，严格执行《北京市邮政公司党委中心组学习制度》，从抓好中心组学习和干部理论学习入手，重点加强企业各级领导班子、党员领导干部思想理论建设，拓宽推动北京邮政科学发展的新思路。2009年，共组织集中的党委中心组学习10次，干部理论学习讲座7次。在学习内容上，注重紧密围绕党和国家的重大战略部署和重要会议精神、新出台的法律法规等组织学习，并与企业的重点工作紧密结合。组织学习了党的十七届四中全会等中央会议精神及党风廉政建设、法律、邮政业务方面的内容。在学习形式上，采取了集体学习研讨与专题辅导讲座相结合、自学与集中学习相结合、理论学习与专题调研相结合的“三结合”方式，并在各级领导班子中深入开展了“学习东四、科学发展、提升服务”大讨论活动。在学习载体上，运用了新的技术手段，通过召开学习讲座电视电话会、党校远程教育网挂载高水平辅导课件，提高了学习的实效性和覆盖面。使学习活动的参与面扩大到公司及二级单位的机关干部、基层党支部书记。2009年，公司党委中心组成员撰写的理论学习文章，有4篇在市国资委系统分获二、三等奖。

二、加强企业领导班子、干部队伍、人才队伍和基层党组织建设，为北京邮政实现又好又快发展提供人才和组织保障

优化领导班子配备，加强领导人员作风建设。贯彻干部队伍年轻化、知识化、专业化方针，全年共对17个二级单位的领导班子和3个机关部室的领导进行了调整，优化了年龄结构和知识结构，全公司三级副以上领导干部平均年龄下降1岁，具有本科以上学历人员比例从76%上升到80.5%。以创新理念和领导实务为重点，举办了高级管理人员集中培训，领导班子和领导干部推动企业科学发展，促进经营管理的能力得到进一步增强。以加强党性修养为重点，开展了领导人员作风建设年活动。坚持民主集中制原则，完善民主决策机制，严格执行领导班子议事规则和决策程序，提高了决策的质量和效率。

*以提高发展能力为核心，加强企业人才队伍建设。*以注重品行、崇尚实干、重视基层、鼓励创新、群众公认为导向，建立了一线领导人员培养与考核机制，引导有能力有知识的人才到基层工作。建立、完善了职工选拔、晋升、考核、培训等配套管理机制，为职工提供了多通道发展机会。出台了《公司员工职业生涯规划与管理实施意见》，搭建了技能晋级、营销晋级等多元化的发展通道。采取多种手段对大学生成长进行跟踪培养，为发现和储备优秀青年人才奠定了基础。

*以党员主题实践活动为载体，为基层党组织和党员在企业发展中发挥作用搭建平台。*公司党委以促进企业创新发展、降本增效和职工收入增长为主要内容，在基层党支部开展了“弘扬‘东四精神’，当先锋、促发展，党员立足岗位作贡献”党员主题实践活动，以“抓方案制定、确保围绕企业中心；抓培训交流、确保活动实效；抓宣传总结、确保提炼推广”为着力点，搭建了党支部战斗堡垒作用和党员先锋模范作用发挥的广阔平台。各基层党组织按照“新、动、实、效”的四字方针组织活动，做到了活动有创新、重行动、抓落实、见实效。全年共有6000多名党员和300多个党支部参与到主题实践活动中，在企业改革发展、营销创收、节能降耗、优质服务等方面发挥了更加显著的作用，党员带头解决了许多难点、热点问题。中国邮政报、北京支部生活、首都建设报等社会媒体均对我公司党员主题实践活动的做法、成效进行了大幅的宣传报道。

*以“双培”为目标，加强党员教育培训工作。*出台了《加强和改进北京邮政党校工作的实施意见》。充分利用网络平台，发挥党校作用，在远程教育网开展了党员培训工作，为党员全面掌握技能、发挥先锋模范作用创造了更为方便有效的条件。各级党组织在工作中坚持标准，严格程序，认真做好党员发展工作，把发展党员的重点放在了经营生产一线岗位工作的骨干上，壮大了党员队伍。加强对工会、共青团等群团组织建设的领导和支持力度，指导市公司团委完成了换届选举工作。

*加强了党建工作信息化建设。*充分利用科技手段做好党建工作和宣传工作，为推进基层党建搭建了交流学习的平台。对北京邮政党建网进行了改版，丰富了栏目设置和工作内容，探索了党建工作网上评选等新途径。利用远程教育网开展了党员培训，利用电视电话会议的形式召开工作汇报会、部署会、推进会等各种会议，节省了工作资源，提高了工作效率。党委日常工作的网络化，拓宽了思想政治工作、精神文明建设和党建工作的渠道和空间。

三、以庆祝建国六十周年为契机，以“东四精神”为引领，精神文明创建工作取得新成效

广泛开展“迎国庆、讲文明、树新风”活动，召开了“弘扬‘东四精神’争创全国文明单位标兵”动员大会，明确了北京邮政争创全国文明单位标兵的奋斗目标。紧密围绕北京市迎国庆、保稳定的大局，大力深化了群众性精神文明创建活动。

*大力推广东四邮电局亲情服务经验。*认真落实张德江副总理的批示、交通运输部李盛霖部长和中国邮政集团公司刘安东总经理等领导的讲话精神，按照交通运输部关于开展向东四邮电局学习活动的决定要求，在全公司上下认真开展学习东四活动。积极配合交通运输部和集团公司总结宣传东四邮电局亲情服务经验，在全公司召开千人大会，学习东四邮电局先进事迹经验，并向全公司发出学习东四的号召，公司党政领导多次调研指导学习活动，通过召开学习东四推进会、现场观摩、交流学习等形式，在全公司迅速掀起了学习东四的热潮。公司党政工团各级组织在学习东四、提升服务、促进发展方面积极行动。工会组织把劳模创新工作室作为学习东四活动的抓手，选树典型，提炼推广了先进工作法；共青团组织从青年文明号主题建设入手，学东四促技能，树立了青年集体的文明新形象。全公司各基层单位大力开展学习东四活动，注重领会“东四精神”的深刻内涵，推广亲情服务经验，结合各单位实际创造多项服务新经验，完善了服务规范和管理方法，在提升全公司的服务水平、促进企业发展方面取得了积极效果。据统计，全年共组织系统内外到东四邮电局参观交流活动约150批次。东四邮电局在高新起点上进一步弘扬亲情服务精神，进一步总结充实了东四邮电局的先进经验材料，提炼出《东四邮电局邮件查询实施细则》，推出“亲情服务系统”，梳理和完善了东四邮电局服务管理制度，实现了服务管理的再创新，

同时在发展上也迈出了新的步伐。

大力深化群众性精神文明创建活动。广泛组织了以“歌唱祖国宣传行动、文明服务示范行动、平安邮政和谐行动、人文北京公益行动”为内容的“迎讲树活动”。以建国六十周年为契机,以爱国主义教育、形势任务教育、危机意识教育、职业道德教育为重点,推进了“热爱祖国、忠于邮政、精心履职”职工主题思想教育,开展了“我与企业同行、我与祖国共奋进”主题征文活动,干部职工与企业共克时艰、共谋发展的信心和决心得到增强。劳模先进沈智慧、韩伟参加了国庆彩车游行和观礼活动,展现了新一代邮政职工的良好形象。加强了对职工的职业道德和法律法规教育,组织了职工文明礼仪服务知识普及及抽测工作。在窗口单位开展了“建精品窗口,创优质服务”活动,认真抓好局容局貌、服务设施建设,营造了温馨舒适的用邮环境,北京邮政为国庆六十周年庆祝活动提供了器材配送、邮政服务、邮品设计等服务,受到国庆六十周年筹备委员会相关部门的肯定。扎实开展了“平安邮政”建设,全力做好国庆安全稳定工作,全面实现了企业稳定、秩序稳定、安全生产、交通安全,确保了工作目标的实现。将志愿服务与企业实际相结合,设立了志愿服务台,开展了邮政服务进社区、街道、校园、商厦等志愿服务活动,创造了邮政服务百姓、服务国庆的氛围。老科协也积极开展了社区邮政宣传活动。加大做好新形势下的职工思想政治工作研究力度,2009年,我公司3篇研究成果在中国邮政政研会评比中分获一、二等奖。北京市邮政公司获得北京市“迎讲树”先进单位光荣称号。在首都文明办组织的“迎讲树”及首都文明单位创建专题宣传中,都对北京邮政的工作进行了报道。

加大劳模先进个人和群体的学习宣传力度。组织开展了“劳模先进创新工作室”活动,大力弘扬劳模先进精神,激发劳模先进的积极性和创造力,充分发挥他们在企业发展中的引领作用,以劳模的先进思想、先进操作法和示范作用推动企业进步,影响带动广大职工为企业发展建功立业。全公司成立以市级以上(含市级)劳模、先进个人命名的工作室达37个,共提出涉及管理、经营、服务等方面的创新攻关课题41项,“沈智慧创新工作室”被推荐为北京市首届十大创新工作室之一。

适应邮政发展新形势,推进职工素质工程。按照统筹规划、分级管理、突出重点的原则,大规模、分层次组织开展了职工教育培训。组织开展了郊区经营管理者培训、支局长金融知识远程培训及各级营销人员培训,全年共举办各类专业培训50余期,职工素质得到大幅提高,职业技能鉴定通过率再创新高。在全国邮政特有职业技能大赛中,北京邮政取得团体总分第三的优异成绩。

开展了企业形象系列宣传活动,树立了北京邮政良好的社会形象。完善了由市公司主管部门分工负责、公司与二级单位协同配合的宣传工作机制。重点开展了学习东四邮电局、迎接建国六十周年、劝募爱心包裹、祝福祖国大型寄语活动等北京邮政重要活动和举措的宣传,使企业新闻宣传、形象宣传、业务宣传形成有机整合,取得良好收效。重点加强了与新浪、搜狐、网易等大型门户网站以及新华网、人民网、千龙网、首都之窗等政府官方网站等新媒体的交流。全年北京邮政在中央及首都新闻媒体刊发稿件一万余篇。

经过全公司上下的共同努力,2009年,我公司精神文明创建工作取得阶段性成果。发行局等17个单位被首都精神文明建设委员会命名为首都文明单位标兵,机要局等13个单位被命名为首都文明单位。

四、积极推进和谐企业建设

加强企业文化建设。继续深化了“服务人民、造福职工”的企业宗旨和“用户是亲人”的服务理念。在全公司广泛学习和宣传东四邮电局以人为本的管理经验,增强了企业的凝聚力。为庆祝建国六十周年,促进北京邮政企业文化建设,市公司举办了以“唱响祖国颂歌,构建和谐企业”为主题的第三届北京邮政职工文化艺术节,开展了职工喜闻乐见的文化艺术活动,集中展现了企业的发展成果和职工的精神文化生活。

办实事工作取得实效。公司党委高度重视为职工办实事工作,在党政工协同努力下,2009年为职工办实事的8个项目已全部完成。2009年继续为全体职工投保补充医疗保险,解除了职工看病医疗的后顾之忧。年度职工疗休养工作按计划完成,全公司共安排3400名职工疗休养,占公司职工总数的10.5%,使广大职工充分体会到企业的关心和爱护,享受到企业福利和休息休假权利。

提高了职代会的运行质量。加强对职代会的领导,有效提高了职代会的运行质量和工作水平,局务公开民主管理工作的效果进一步明显。加强对规范平等协商集体合同续签工作的领导，将维护职工权益与企业发展实际统筹考虑，使职工收入与企业发展和经济效益增长同步，确保签订集体合同的合法性和科学性，在协调劳动关系、维护职工权益方面发挥了重要作用，为加强和谐劳动关系企业建设奠定了基础。落实“服务人民、造福职工”的企业宗旨，加大了对困难职工救助的力度和覆盖范围，营造了温暖和谐、积极向上的企业氛围。

五、加强党风廉政建设，为北京邮政的改革、发展和稳定提供了有力保证

公司党委以科学发展观为统领，认真抓好党风廉政建设，充分发挥权力运行制约监督作用，积极开展廉政风险防范管理工作，为北京邮政深化改革、加快发展、保持稳定发挥了重要作用。

*强化反腐倡廉宣传教育。*把反腐倡廉教育纳入党委宣传教育总体部署，强化了“两节”廉洁自律教育。加强反腐倡廉制度建设。修改完善了反腐倡廉宣传教育、领导人员廉洁自律、规范权力配置和权力运行、监督制约等制度，促进了企业惩防体系建设。认真落实《国有企业领导人员廉洁从业若干规定》和《惩处失职渎职行为的暂行规定》，按照《北京邮政领导人员收入统管办法》和《北京邮政领导人员报告个人有关事项的规定》做好日常工作，进一步规范了领导人员廉洁从业行为。

*强化监督，促进权力运行科学化民主化。*抓住企业改革发展和经营管理的重大事项和关键环节，科学配置权力，健全权力运行程序，完善监督措施。强化权力运行监督，贯彻执行“三重一大”制度。健全决策机制和经营管理制度，形成正确行使权力、防止滥用权力的有效机制。加强了招投标和物资采购监督，完善了制度，规范程序和行为，营造了公开公正公平的竞标氛围，把监督落到实处。

*落实党风廉政建设责任制，促进企业惩防体系建设。*进一步加强党风廉政建设和惩防体系建设各项工作，按照市公司《落实党风廉政建设责任制规定的实施办法(试行)》和《落实党风廉政建设责任制检查考核和责任追究办法(试行)》规定，公司党委与基层党委签订党风廉政建设责任书，明确下管一级党委的反腐倡廉工作任务。抓好责任制年度工作任务分解分工，保证了责任落实到领导、落实到岗位、落实到人员，形成了三位一体的责任制网络。加强了责任制落实情况的监督检查，保证了责任制的落实。

*加强信访办案工作。*进一步明确了信访的办理时限、责任追究和廉政档案系统使用及管理维护要求，规范和提高了举报督办工作和信访查办质量，为企业稳定提供了保障。

*推进廉政风险防范管理工作。*制定了《北京邮政开展廉政风险防范试点工作的意见》和《实施方案》，在西区局、机要局开展了廉政风险防范管理试点工作，将风险防范工作与落实企业惩防体系任务和加强企业管理紧密结合，廉政风险防范管理工作初见成效。

2009年，在公司党委的领导下，工会、共青团组织紧密围绕企业中心工作，发挥优势，把握重点，充分调动了广大职工的积极性和创造性，为促进北京邮政的改革、发展和稳定发挥了重要作用，做出了积极的贡献。

2009年，武装、统战、老干部工作也都取得了明显成效。

第二部分　2010年工作计划

2010年是北京邮政全面完成“十一五”规划任务的最后一年，是应对国际金融危机冲击，集中精力转变经济增长方式，深化企业机制体制改革，推动企业实现科学发展的关键之年。做好2010年企业党的工作，对于北京邮政坚定发展信心，转变发展方式，提高发展质量，构建和谐企业具有十分重要的意义。

2010年，世界经济形势虽然预计好转，但是国际金融危机的影响将持续而深远，世界经济复苏还存在不少变数。中央经济工作会提出的“保增长、调结构、促改革、扩内需、惠民生”的目标，以及继续实施积极的财政政策和适度宽松的货币政策的政策手段，对于促进国家经济平稳较快发展具有重要意义。同时，北京市委十届七次全会上提出的瞄准建设国际城市高端形态，从建设世界城市的高度，提高城市科学发展水平、规划建设档次和服务管理水平，标志着北京经济社会发展已经进入了全面建设现代化国际大都市的新阶段。

2010年，中国邮政集团公司党组面对国内外经济形势的复杂变化，提出了大力推进邮政经济发展方式转变和业务结构调整，全面提升邮政经济增长质量和效益的工作目标,这为北京邮政科学发展、深化改革、增强能力、构建和谐指明了方向。同时,北京邮政也清醒地认识到,2010 年，面对邮政金融和邮政速递物流等一系列改革逐步深化,北京邮政面临的发展形势更加严峻，实现企业经济发展方式转变和业务结构调整的任务繁重而艰巨,解放思想、创新思维、加快发展的信心不能动摇,提高企业经济保持较快发展，提高增长质量和实现职工利益增长的行动迫在眉睫。

北京邮政各级党组织和广大党员要紧密围绕企业改革发展稳定的大局,认真落实“效益为先、升位晋级、优秀升格、勇争第一”的目标,坚定发展信心,认真履行职责,充分发挥党委的政治核心作用、党支部的战斗堡垒作用和党员的先锋模范作用，在推动北京邮政各项事业取得新发展中再创佳绩。

2010 年,党委工作指导思想是:全面贯彻落实党的十七大和十七届四中全会及中央经济工作会议精神,深入贯彻落实科学发展观,紧密围绕和服务企业中心工作,着眼于解放思想、改革创新,推动发展、构建和谐,着力加强学习型党组织建设,着力提高党建工作科学化、制度化、规范化水平,着力推进党的思想建设、组织建设、作风建设和反腐倡廉建设,为推动北京邮政实现各项事业新发展提供坚强的思想、组织和政治保证。

2010 年,公司党委将重点做好五方面工作:

一、加强思想理论建设,提高领导班子和领导干部推动科学发展的能力

坚持理论学习制度，提高领导干部的理论素养和解决实际问题的能力。认真执行《北京市邮政公司党委中心组学习制度》,把中心组学习作为加强领导班子思想政治建设的重要措施,全面系统、完整准确地学习党的理论创新成果，十七届四中全会和中央经济工作会议精神，使各级领导班子成为科学理论武装、具有世界眼光、善于把握规律、富有创新精神的坚强集体,提高运用科学理论解决实际问题的能力。要从培养国际视野、战略思维、全局意识、创新思维的高度抓好领导干部队伍建设。丰富学习手段,完善各级各类领导干部培训制度,把理论学习与创新发展相结合，使领导干部在探索解决邮政发展问题时形成新思路。拓展学习领域，将与岗位职责相关的现代经济理论、当代企业管理知识纳入到学习范围内，使领导干部在参与企业经济增长方式转变、调整业务结构过程中有新行动。完善知识结构，开阔工作视野，正确把握国情市情民情变化为邮政发展带来的机遇与挑战，使领导干部在制定工作举措时站高层次,符合实际。

开展“解放思想、转变观念、创新发展”学习讨论，进一步增强领导干部对科学发展观的认识。要牢固树立发展意识,始终牢记“发展是第一要务”,发展中存在的问题要靠发展来解决，站在北京邮政加快发展的角度,认清形势、坚定信心、统一思想、提高能力。要牢固树立效益意识,正确认识速度、质量、效益之间的辩证关系,在关注发展速度的同时,更加重视发展的质量,在关注收入增长的同时,更加重视企业经济效益与社会效益的共赢。要牢固树立创新意识,按照北京邮政发展目标,在调整结构、创新机制等重点工作上下功夫,努力提升创新能力,把机制创新、技术创新、管理创新和文化创新有机结合,使创新成为推进北京邮政发展的核心驱动力。要牢固树立服务意识，深刻认识到北京邮政的发展与北京市整体规划及人民群众需求密不可分，加快邮政服务能力建设,完善服务手段,以优质高效现代的服务适应首都建设世界城市的要求，满足人民群众日益增长的物质文化新需求。

健全完善领导班子和干部队伍管理考核体系。按照政治上具有领导科学发展能力,能够驾御全局,善于抓班子、带队伍、作风好,清正廉洁的要求,选配好各级领导干部。加强领导干部绩效管理,通过业绩评价、领导评估、民主测评等手段,把绩效结果与领导人员的奖惩、使用相结合，促进领导干部队伍建设。坚持“德才兼备、以德为先”的用人导向,重点对各级经营管理者带队伍、谋发展的能力以及业绩进行评价，加强经营管理者队伍建设，提高其理论素养、创新意识、执行能力和管理艺术。加强后备骨干队伍建设,建立一支作风过硬、善于领导科学发展、堪当企业发展重任的后备干部队伍。

二、提高党建工作科学化水平,提高各级党组织的创造力、凝聚力和战斗力,促进企业各项事业新发展

建设马克思主义学习型政党，是党的十七届四中全会提出的重大战略任务，北京邮政各级党组织要把创建学习型党组织活动纳入整体工作规划,精心设计工作方案，加强指导与服务，通过学习促进工作，通过工作推动学习，把党的基层组织建设成学习型党组织，各级领导班子建设为学习型领导班子，广大党员培养成学习型党员。使学习的过程成为有效应对机遇与挑战，在战胜困难中实现新的更大发展的过程，把学习的成果转化为谋划科学发展的正确思路，领导科学发展的实际能力，促进科学发展的政策措施。

(一)以“学习、实践、创新、发展”为主题建设学习型党组织

加强学习管理、完善工作机制，推进学习的制度化及规范化。切实加强学习制度建设，建立健全学习考勤、学习档案、学习通报等各项工作，使党员、干部的学习形成长效机制。加强对学习过程的管理，强化监督检查与考核，把考核结果纳入领导干部和领导班子考核内容，作为考核重要依据，营造良好的学习环境，形成浓厚的学习风气。

丰富党组织教育培训内容，突出能力培养，提高学习成效。落实《北京市贯彻<2009-2013年全国党员教育培训工作规划>的实施意见》，制定符合实际的学习计划，有针对性地确定学习内容，明确具体要求，保证学习质量和成效。着眼于提高理论素养，提升党员思想政治素质，使科学理论成为指导实践、推动工作的思想武器。着眼于做好本职工作，提升党员先锋模范作用，加强与岗位相关的新知识、新技能的学习，使党员成为本岗位的行家里手，充分发挥党员在推动企业科学发展、构建企业和谐稳定中的先锋模范作用。着眼于完善知识结构，提升党员服务企业科学发展的能力，加强党员对企业中心任务和改革发展目标的认识和理解，提高党员做好本职工作、促进改革创新、推动企业发展的能力。

创新党组织教育活动方式，为党员搭建学习实践平台。创新党组织活动方式，把创建学习型党组织作为党员教育活动目标。建立党员学习实践基地，提供学习、参观、交流、实践的平台。开展各基层支部之间、系统内外先进群体的交流共建活动。为党员拓宽工作视野、提高履职能力、促进企业发展创造条件。建立党员网络学习交流新载体，充分发挥党校在建设学习型党组织中的重要作用。继续推进远程教育工作，进一步发挥好北京邮政党建网功能，加强在互联网上对企业方针政策、基层动态的宣传和职工思想引导工作。

加强党校建设，发挥党校在创建学习型党组织中的作用。进一步关心、关注和加强党校的建设与发展，给予党校多方面支持和帮助。加大教学设备的升级改造和师资队伍建设力度，注重骨干教师的选配与进修。创造更多与上级党校及相关组织联络交流与学习机会，提高党校办学水平和教学质量。进一步完善远程教育网，使党校成为党委教育培训的主阵地，成为党员学习进步的校园。

(二)以抓基层打基础为目标，加强和改进基层党组织建设

着力加强基层党组织建设。落实党的十七届四中全会精神，开展北京邮政党组织建设状况和党员队伍思想状况调研，摸清底数，找准问题，制定《北京市邮政公司加强党建创新工作的意见》。做好基层党组织换届选举工作，继续深入推进党建及精神文明建设创新评比工作，增强基层党组织生机和活力。加强党群干部队伍建设和基层党支部书记队伍建设，通过开展专项培训、学习交流等途径给党群干部和青年人才提供培养锻炼、提高政治素质和业务能力的机会。

深入开展党员主题实践活动。2010年，各级党组织要继续以“弘扬‘东四精神’，当先锋、促发展，党员立足岗位作贡献”党员主题实践活动为载体，让基层党组织在推动发展，服务群众，凝聚人心，促进和谐中增强战斗力、凝聚力和创造力。要加强对活动的指导和宣传工作，提高每一个支部和每一位党员对主题实践活动的认识和理解，确保党支部、党员的活动参与面。要注重活动的实际效果，并将党员主题实践活动与学习型党组织建设、党内民主管理、日常党务工作、党员责任区、党员先锋岗等工作有机结合。通过党员主题实践活动，努力使基层党组织和广大党员在确保企业发展质量不断提高、确保创新驱动战略顺利实施，确保综合邮件处理中心按时投产、确保为职工办实事项目全部实现中有新作为。

建立健全党组织教育、管理、服务党员长效机制。按照市委组织部要求，深入开展党员作风建设年活动，增强党员党性意识、服务意识和群众观念。注重质量、优化结构，做好党员发展工作。加强思想上入党教育，从今年起，全公司入党积极分子培训由党校集中组织，做到“三统一”，即：统一培训内容、统

一培训考试题目、统一发放结业证书。注重在生产一线骨干、科技研发人员和优秀青年中培养和吸收新党员。围绕把骨干培养成为党员，把党员培养成为骨干，推进党员“双培工作”。要逐步推进党务公开，促进党内民主。落实党员知情权，在党内事务、党内信息、党员发展、评优选先等工作中扩大民主、规范程序，推行党务公开，进一步提高党员对党内事务的参与度，畅通党内信息上下互通渠道。加大服务力度、创新服务方法、拓宽服务渠道、更新服务手段，通过谈话沟通、走访慰问、结对帮扶等活动，从思想政治上、生产生活上关怀党员，服务党员。

三、扎实推进学习东四活动，适应首都建设要求提升职工素质和邮政服务水平，推动北京邮政精神文明建设再上新台阶

当前，首都经济社会发展已经进入了全面建设现代化国际大都市的新阶段，世界城市这一建设目标的提出，既为北京邮政提供了良好发展机遇，也对北京邮政提出了更高的标准和要求。

（一）继续深入开展学习东四活动，传承发扬好“东四精神”

继续开展学习东四活动，各级领导班子和干部职工要认真学习和领悟“东四精神”的精髓，认识到学习落实“东四精神”对促进企业改革发展、经营管理、服务创新、构建和谐等重点工作的重要意义。深入总结推广东四邮电局优质服务经验和职工思想政治工作的先进经验，将最具普遍指导意义的工作方法集纳起来进行提炼，上升为科学管理制度和方法在全公司进行广泛实践。力争完成东四邮电局亲情服务系统的立项开发工作，并进行推广应用。加大在学习东四活动中学有成效的做法、举措的宣传，让好经验、好做法在全公司得以推广应用，使先进群体进一步扩大，建成更多“东四式”先进集体，培养更多“东四式”优秀职工。按照“人文北京、科技北京、绿色北京”的战略任务，传承和发扬好“东四精神”，使北京邮政服务能力与服务水平达到北京建设世界城市的要求。继续做好工作，努力把东四邮电局推向全国。

（二）深化群众性精神文明创建工作，提高职工文明素质和企业综合实力

加强精神文明创建工作。认真落实北京邮政争创全国文明单位标兵的创建工作目标，制定《北京邮政2010年—2015年精神文明创建工作规划》，确定未来五年北京邮政精神文明建设的指导思想、奋斗目标、发展战略和发展措施，完善精神文明创建工作机制。以“爱首都、讲文明、树新风——我参与、我奉献、我快乐”活动为重点，继续深化精神文明创建活动，深入推进“三创建一争当”活动，推动职工社会公德、职业道德、家庭美德、个人品德和诚信建设。认真落实好新《邮政法》，按照“文明北京”的目标要求，健全完善服务管理机制，解决好邮政服务中的热点、难点问题和影响邮政形象的突出问题，提升客户满意度。继续开展“建精品窗口，创优质服务”活动，推广服务示范窗口和优秀个人的先进做法，全面提升服务水平。开展好“城乡携手共建文明京效行”活动，将送文化下乡、党报党刊进村镇和村邮站的发展建设作为活动的重要内容。继续做好邮政志愿服务工作，推动各种志愿服务活动深入开展。

加强职工素质工程建设。针对2010年邮政面临的新形势新任务，继续开展“热爱邮政、忠诚企业、精心履职”主题教育活动。深化爱国主义教育活动，以社会主义核心价值体系为主线，使“祖国荣誉高于一切”的爱国主义精神扎根于职工心中。抓住北京市群众文化建设年的契机，利用春节等传统节日，开展优秀传统文化教育。深化企业精神、职业道德、文明礼仪和企业形势任务教育，发挥好班组学习材料、北京邮政党建网、邮政周报、电视月刊等学习宣传阵地作用，使职工坚定发展信心，明确发展目标，正确认识企业发展与个人成长的相互关系。做好职工教育培训工作，围绕市场拓展和业务结构调整，提高职工业务知识和技能，培养造就知识型、技术型、创新型的高素质职工队伍。

以全国劳模评比年为契机，深入开展劳模创新工作室创建活动，充分发挥劳模先进引导作用，积极为劳模献技出力搭建平台，激励广大职工以劳模为榜样，将个人理想与做好本职相互结合，在平凡岗位上做出不平凡的成绩。抓好劳模自身创新素质和创新能力再培养和再提高工作，提升劳模先进公众知名度。重点抓好劳模先进事迹宣传，在企业内部营造“学习劳模、关心劳模、争当劳模”的良好氛围，积极做好各级劳模先进的评选推荐工作，用劳模精神引领全体职工与企业同舟共济，共谋发展。

（三）进一步加强对外宣传工作，塑造企业良好

社会形象

对外新闻宣传工作要弘扬主旋律。宣传北京邮政"用户是亲人"服务理念。宣传北京邮政巩固全国文明单位创建成果,争创全国文明单位标兵,加强精神文明建设的行动,以及服务市民的新举措、新做法、新经验。加强与社会新闻媒体的沟通,加强正面宣传,争取社会新闻媒体对邮政发展的理解与支持。继续开展"新闻宣传夺杯赛暨北京邮政好新闻评选"和内部宣传媒体评比活动,促进公司内部宣传工作上质量、上水平。

四、进一步关心职工生产生活,加强职工思想政治工作,努力构建和谐企业

从思想上引领职工,从生产生活上帮助职工。深化北京邮政企业文化建设,用北京邮政核心价值观和"东四精神"教育、引领、凝聚职工。各级领导干部要坚持以人为本,提高认识,牢固树立"员工是亲人"的管理理念,把维护职工利益放在工作首位,真正站在职工角度,解决职工在生产生活中遇到的问题,把企业发展的目标真正体现到满足职工需要、实现职工利益、提高职工生活水平上,实现职工与企业共谋发展、共享成果。

各级党委要站在构建和谐企业的高度,充分认识改善职工生产生活工作的重要意义,关注、关心、关爱职工,协调好解决职工生产生活中的突出问题,监督保证工作的落实,推进长效机制建设。各级领导要倾听职工呼声、体察职工情绪、关心职工疾苦,想方设法为职工释疑解惑、排忧解难。要关心离退休职工的生活,切实解决他们生活中的困难。加强与职工的沟通交流,注重人文关怀与心理疏导。工会、共青团组织要发挥好桥梁纽带的作用,为职工建立表达意愿,沟通信息的渠道。

加强企业和谐劳动关系建设。进一步加强对办实事工作的领导,推进职工关心的难点、热点问题的解决,使广大职工真切地感受到企业的关心,增强做好工作的信心,营造"共建和谐企业、共谋企业发展、共享企业成果"的良好局面。在签订新一轮集体合同中,发挥党委的保证作用,强化集体合同的全面履行,确保集体合同工作取得实效。进一步完善帮扶工作的领导体制、工作机制和保障机制,扩大职工帮扶救助受益范围,拓宽为困难职工解决实际问题的新途径,更好地为职工排忧解难。

切实加强企业民主管理。从企业改革发展的大局出发,深入推进局务公开民主管理工作,促进企业民主管理体系建设。进一步规范局务公开民主管理工作程序,提高局务公开民主管理工作质量,保障职工的知情权、参与权、表决权和监督权,促进局务公开民主管理工作向纵深发展。通过规范职代会运作等途径,进一步畅通公开渠道,拓展公开领域,提高公开质量。

高度重视稳定工作。自觉落实中央"稳定是硬任务、是第一责任"的要求,继续深入开展"平安邮政"建设活动。进一步完善维护企业稳定的体制机制,健全职工权益保障机制,高度重视信访工作,加强信访预防机制,努力形成企业与职工共谋发展、共创和谐的良好局面,做好维护企业稳定工作。

五、进一步加强党风廉政建设,为北京邮政改革发展稳定提供坚强保证

加强反腐倡廉建设。认真贯彻落实中纪委四次、五次全会精神,坚持标本兼治、综合治理、惩防并举、注重预防的方针,加强以完善惩治和预防腐败体系为重点的反腐倡廉建设,进一步完善党风廉政建设责任制,加大教育、监督和制度建设创新的力度,以反腐倡廉建设的成效推动北京邮政改革发展稳定。深入开展党性党风党纪教育,加强廉政文化建设,增强反腐倡廉意识。以各级领导班子和领导人员为主要教育对象,充分利用反腐倡廉教育基地以及各类反面教材开展警示教育。深入贯彻《国有企业领导人员廉洁从业若干规定》和《中国共产党党员领导干部廉洁从政若干准则》,抓好两级班子和党员领导干部的反腐倡廉教育,广泛开展党风廉政建设宣传教育月活动,创新教育活动方式方法,提高教育活动的针对性和实效性。

全面开展廉政风险防范管理工作。最大限度地发挥其超前预防功能,推动廉政风险防范管理工作朝着科学化、制度化、规范化方向发展,构建企业廉政风险防范体系。各级党组织要把抓好廉政风险防范管理工作作为重要职责,加强领导。要落实《北京市邮政公司关于推进廉政风险防范管理工作的实施意见》,抓住重点部门、重点岗位、重点对象,特别是抓好领导班子自身建设和领导决策环节的风险防范,在解决突出问题、控制重点环节风险点上下功夫,把防范渗透到企业管理的全过程。

进一步健全权力运行制约监督机制。要认真坚持和完善“三重一大”制度，凡是重大决策、重要干部任免、重大项目安排和大额度资金使用等重要问题，必须经集体讨论决定。要加强对权力部门和关键环节权力行使的监督制约。以人财物的管理和使用为重点，对容易发生以权谋私、权钱交易的环节进行重点监督和检查。进一步健全物资采购监督机制，对重大技术改造和建设工程项目，严格执行招投标制度。认真贯彻执行党内监督条例，提高民主生活会质量。要进一步抓好党风廉政建设责任制工作落实。各级党委要切实负起领导责任，强化“一岗双责”意识。要加大责任考核和追究力度。

认真开展专项治理和“小金库”清理整顿工作。认真抓好治理工程建设领域突出问题和商业贿赂突出问题，确保完成治理任务。要认真做好信访办理工作，充分发挥信访举报工作在惩治和预防腐败体系中的职能作用，协调解决侵害群众利益的问题，维护企业稳定。

要进一步加强对工会、共青团工作的领导，充分发挥工会和共青团组织在企业改革、发展和稳定中的作用。

要继续做好武装、统战和老干部工作。

2010年，各级党组织要深入学习贯彻党的十七大、十七届四中全会及中央经济工作会议精神，贯彻落实科学发展观，在服务企业中心工作中，充分发挥党组织的作用。同志们，让我们振奋精神、坚定信心、创新发展、开拓进取，为实现北京邮政各项事业新发展而努力奋斗！

认真学习 努力创新 讲求方法 加快发展

——章干泉总经理在市公司2010年工作会暨政工会上的讲话

（2010年1月28日）

同志们：

市公司2010年工作会暨政工会历时两天，完成了全部会议议程，就要结束了。前亮书记在会上作了党委工作报告，就公司党委2009年工作进行了总结，对2010年工作做了部署。报告内容丰富、指导性强，必将引领公司全体党员进一步解放思想，开拓创新，齐心协力，真抓实干，发挥三个作用，带头肩负起转变发展方式，提高发展质量，加快发展步伐，建设协调发展机制的光荣任务。望大家认真学习。

会上，市场部、计财部和人力部分别就2010年升位晋级奖励考核办法、财务政策、人工成本挂钩办法、高管人员考核评价办法、郊区区县局2010年优秀升格管理办法等工作进行了说明。这些政策和措施体现了“新、细、深”的特点，“新”即提出了新思路、新概念、新要求，有创新意识，符合当前转变发展方式，提高经济效益的总体工作要求；“细”即各项任务考虑全面细致，内容详实丰富，有血有肉，可操作性强；“深”即出台的政策有深度、有针对性，深入细致，是深入调研、深思熟虑的结果，对做好市公司2010年工作具有很强的指导意义。两天的大会，与会同志还围绕着职代会工作报告、党委工作报告以及公司出台的相关政策进行了热烈的讨论，针对北京邮政经营发展、体制改革、服务管理等各项工作发表了很好的意见和建议。对我们更多更好地发现工作中存在的不足，并提出改进措施，具有非常重要的意义。

同志们，2009年，市公司总体经营形势是好的，圆满完成了全年生产经营任务，各项业务收入增长绝对值创历史新高。但是，我们在看到成绩的同时，更应该统筹谋划2010年的工作。

在周一召开的职代会上，我对北京邮政2010年面临的经营形势进行了分析，提出了转变发展方式，加快发展步伐的总体工作思路。这是我们在面对错综复杂、不断变化的客观形势下，深入研究北京邮政在改革发展中存在的困难和问题提出的战略措施，是巩固和扩大北京邮政良好发展势头的重要举措。是按照胡锦涛总书记关于“着力加快经济发展方式转变和经济结构调整，全面提升经济发展质量和效益”重要讲话精神和集团公司刘安东总经理“痛下决心、狠下功夫，坚决打好转方式、调结构这场硬仗”的战略部署而做出的重大决定。2010年，我们要高度关注质量与效益，高度注重科学发展，转变发展方式，调整经济结构，为实现北京邮政各项事业新发展而不懈努力，为长远发展打下坚实基础。下面我讲四点意见：

一、转变发展方式，调整经济结构，提升创新发展能力

今年，北京市政府提出了地区生产总值增长9%、财政收入增长9%、城乡居民收入实际增长6%以上等主要目标。职代会报告中我们对员工承诺的是业务收入完成38.06亿元，同比增长9%，全部从业人员人均收入增长8%，劳动生产率增长9.3%。应该说，在经济回升基础不牢、竞争形势更加严峻、邮政金融业务和速递物流业务分业经营、劳务性支出

成本已经接近占总成本的60%,同时还要支付很多直接成本和间接成本的大背景下,我们提出这样的目标非常具有挑战性。要实现对员工承诺的发展目标,必将面临更多的艰辛和困苦。我们只有依靠转变发展方式、调整经济机构、提升创新发展能力,才能突破传统观念的束缚,才能把握发展先机,才能抓住发展的主动权,才能实现既定工作目标。

去年的创新工作大会上,我强调了创新对北京邮政今后经营发展将产生的重大影响。这不是一时心血来潮说的,是通过公司内外的成功经验充分证明的有效经验。无论是企业还是个人,都已经无法忽视创新对我们工作、生活的影响。今后,我们就是要将创新作为企业发展战略的一部分,推行创新驱动战略,这也是我们2010年"四个确保"工作目标之一。实践充分证明,创新是实现经济发展方式转变的强力引擎,必须把创新当作转变发展方式、调整经济结构的根本动力,作为推进经济结构调整的中心环节、主要动力和重要途径。转变发展方式、调整经济结构的过程,就是创新及其成果转化为经济效益的过程。要将优势业务做大做强,就必须依靠创新来增加产品的附加值,进而推进发展方式转变和经济结构调整,提高北京邮政的核心竞争力。企业抓住了创新,就能强有力地推进持续发展,真正走上质量效益型的发展道路。国内外众多成功企业走过的历程表明,创新是企业的使命,也是企业的核心竞争力。发展的历史就是创新的历史,企业生存和发展的基础就在于创新,只有持续不断地推进创新,才能在市场竞争中获胜。短短十几年时间,海尔集团就是通过不断地进行产品创新和市场创新,使"海尔"成为中国最有价值的家电名牌。我们也要通过创新,巩固北京邮政在全国邮政的龙头地位,力争做出品牌,做出特色。

二、创建学习型企业,促进员工与企业共同发展

在政工会前亮书记党委工作报告中讲到建立学习型党组织问题。我们所讲的内容完全相同,一脉相承。这就说明,第一,学习是大势所趋;第二,中央反复要求,要建立学习型企业、学习型组织。

创新的实现需要不断的学习和积累。在科学日新月异、信息瞬间传递的新时代,新知识、新经验、新创举层出不穷,大量的知识奔涌而来,需要我们从中选取有用的知识为我所用。为提高创新力,就要增强学习能力,学习是创新的源泉。因此,我们各位管理者又有了一个新的责任,那就是带头学习,引导干部员工不断加强学习,打造学习型企业。一个不能积极学习的企业,是无法面对激烈复杂的企业竞争,更无法适应转变发展方式、提高经济效益新要求的。

中华民族是一个热爱学习,善于创新的民族。江泽民同志在党的十六大报告中向全国人民发出了"形成全民学习、终身学习的学习型社会,促进人的全面发展"的动员与号召,指出:"学习的落后,是一切落后的根源,学习的进步,是一切进步的先导。"胡锦涛总书记在党的十七大报告中又指出,"要建设全民学习、终身学习的学习型社会。"

(一)什么是学习型组织

应该说,学习型组织并不是什么新名词,由来已久。学习型组织的定义,学术界和企业界见仁见智,并没有一个统一的观点。综合各家的观点,简单地说,学习型组织就是组织成员能全身心地投入学习,并有持续增长的学习力和创新力的组织。学习型组织是学习型社会的基本单位,是学习型社会的基础。所谓学习型社会,就是有相应的机制和手段促进和保障全民学习和终身学习的社会,其基本特征是善于不断学习,形成全民学习、终身学习、积极向上的社会风气。学习型社会是时代发展和社会进步的产物,它对学习的要求比以往任何时候都更强烈、更持久、更全面,全社会的人只有不断地学习,才能应对新的挑战。这是一个必须不断学习的时代,不学习就要被淘汰;对一个企业来说,不学习就等于死亡。学习型组织成为了这个时代一个重要的概念,成为这个时代一个重要的组织形式与特征。

许多人以为企业之间最剧烈的竞争是产品质量的竞争,是市场占有率的竞争,但事实并非完全如此。21世纪最剧烈、最残酷的竞争是升级的竞争。例如,甲乙企业都是生产电脑的。甲企业生产的是"286"产品,乙企业生产的是"奔4"产品,那么甲企业的产品质量做的再好,也竞争不过乙企业。因为乙企业是升级产品。企业之间不仅是产品升级的竞争,还有技术、人才、经营、管理、组织模式等方方面面的竞争。仅有升级的产品,而没有其他方面的升级,最

后也不能形成整体竞争力，在竞争中也会被淘汰。要升级就要学习，只有学习才能创新，学习是升级的前提条件。学习型组织的目标就是实现该组织各个方面的升级。只有解决了升级问题，一个组织才更加具有竞争力，才会有更大的成功。

在激烈的市场竞争中，企业的发展决定于它能否为社会提供满意的产品，而产品能否得到市场认可，则直接决定于企业员工的素质。管理大师彼得.德鲁克说："未来的企业，经验将被学习的能力所取代。"只有全体员工重视学习、用心学习，把学习当作生活的一部分，让学习成为一种乐趣，企业才能适应这个已经发生了重大变化的市场，才能获得持久竞争优势。

(二)为什么要建设学习型组织

在2008年年中工作会上，我给大家讲过这样一个例子：我们都使用过充电电池。它和普通电池的区别就是：电用完之后只要再充上电，就可以反复使用；普通电池放一次电之后就不能再使用了。一次性电池就像一次性人才，在淘干自己的储备后，使用价值就不高了；而充电电池因为可以反复充电，所以能够不断地放电。会充电才会放电！在知识经济时代，知识的更新比以往任何时候都要快，如何使自己的知识不老化、跟上时代前进的步伐，就必须使自己成为一个"充电能手"，不断更新知识、强化学习，全面提升自身的综合素质和管理水平，真正成为一个实力派。在2009年年中工作会上，我跟大家讲过，英国的不列颠百科全书因为固守传统模式，没有创新，没有与时俱进，没有破除"成功悖论"，结果倒闭了。所谓"成功悖论"，意思是让你到达今天位置的方式和方法，很少可能是令你继续到达明天位置的方式和方法。"成功悖论"告诉我们，如果你明天要达到更高的成果，实现更高的目标，就不能照搬昨天用来达到今天水平的方式和方法，就必须要创新，要学习。

今天我给大家重复这两个例子，就是想提醒大家，我们每个人无论本事多大，身居何等高位，都需要时时补充能量，树立"终身学习"理念。每个组织和企业也一样，不能蹲在高枝上唱歌。当前形势下，我们急需建设学习型组织，去面对市场的急剧变化，去面对邮政企业转变发展方式，提高发展质量的工作要求。

对一个人来说，才能的养成需要后天的勤奋学习。对一个企业来说，它的竞争力和优势同样在于不断地学习。通用电气公司(GE)能成长为一家世界顶级企业，靠的就是不断学习，不断地拜全球公司为师。在韦尔奇执掌通用电气的20年里，通用电气的发展达到了很高的高度，但韦尔奇却一直强调通用电气是一个无边界的学习型组织，一直以全球的公司为师。他经常强调说："很多年前，丰田公司教我们学会了资产管理；摩托罗拉推动了我们学习六西格玛管理；思科帮助我们学会了数字化。这样，世界上商业精华和管理才智就都在我们手中。而且，面对未来，我们也要这样不断追寻世界上最新最好的东西，为我所用。"

在这样的组织下，每一个经理人无时无刻不在自觉地精心雕刻自己，从专业知识到职业技能，从管理手段到说话方式，从画好一张表格到接好一个电话、写好一个电子邮件，到日常生活的一点一滴，目的是随时能够接受更高的挑战。正是因为坚持不断的学习，才使通用电气能以最好的姿态和实力去迎接市场的挑战，从而创下了连续20年盈利的辉煌。韦尔奇的这些管理原则，不但使通用电气成为强大而备受尊敬的公司，也为管理界留下很好的典范。在竞争越来越激烈的市场环境下，一个企业只有不断地接收新的资讯、技术和管理理念与方法，才能保持常长常新，保证取得竞争的胜利。而要做到这一点，不断地学习是最重要和最佳的途径。据权威机构统计，目前美国排名前25家企业中，有80%按照"学习型组织"的模式在改造自己；世界排名前100家的企业中，有40%按"学习型组织"的模式在进行彻底的改造。

有资料表明，最近30年产生的知识总量等于过去2000年产生知识总量之和。到2020年世界知识总量将是现在知识总量的3–4倍；到2050年，目前世界知识总量只占那个时候知识总量的1%。这些新知识、新科技，正在成为国家之间、企业之间竞争与发展的重要武器，同时也正在深刻地改变着社会经济和人们的生活。正如现代管理学大师彼得.圣吉说："未来唯一持久的竞争力是有能力比你的竞争对手学习得更快。"无论是过去、现在还是将来，加强学习、提高素质，都是一个企业进步与强大的重要推动力。面对当今世界这种迅猛发展的新形势，加速企业创新步伐，尽快建立与社会经济发展相适应的管理体制，尽快创建学习型企业，就成为我们不容回避的时代选择。我们必须认清形势，居安思危，居安思学，居安思变，迅速兴起创建学习型企业的热潮。通过持久不断地学习，更新管理观念，创新管理模式，全面提高企业总体素质，为增强企业核心竞争力，推进企业的持续发展提供强有力的智力支持和管理支撑。

(三)如何创建学习型组织

学习型企业的建设不是靠哪一级领导或哪一级员工的刻苦努力能够完成的，它需要企业整体达成共识，建立相应机制，创造适宜的环境。

1.用共同愿景来鼓舞人。

对学习型组织而言，共同愿景是至关重要的。共同愿景是企业精神的核心，对企业的生存与发展具有十分重要的作用。没有愿景的企业就是没有灵魂的企业。共同愿景能够唤起人们的希望，能够在员工心中注入活力，促进员工素质和企业文化的提升，它始终在前方引路，不断引领团队发展。在政工会上书记说了这样一个例子：解放战争时期，全中国就是靠“打倒蒋介石，解放全中国”这么一个共同愿景，把四万万同胞团结了起来。这个愿景言简意赅，目标明确。我们建立学习型企业，也要在我们北京市邮政公司，建立这样一个共同愿景或者设计出一个类似的共同愿景。

唐僧的团队是个成功的团队。原因之一就是他们建立了共同的愿景。唐僧师徒原来各不相识，互不联系；唐三藏领了圣旨离开长安，到西天取真经；孙悟空在五指山被石山压着想得到自由；猪八戒在高老庄想做高家的女婿；沙和尚在流沙河等待着返回天堂的机会；小龙马被贬在盘蛇山渴望恢复龙身。他们经过观音菩萨的点化，组成了到西天取真经的团队，并建立了“取得真经，普渡众生”的团队共同愿景。在共同愿景的激励下，他们拒绝了各式各样的诱惑，克服了重重困难。一路上，他们降妖除魔，历经磨难，始终不放弃心中的追求，终成正果。

员工的工作热情和动力来自于明确目标和共同愿景。当他们行动有明确方向，并且把自己的行动与目标不断地加以对照，清楚地知道自己行进的速度和不断缩小达到目标的距离时，他们的行动动机就会得到维持和加强，就会自觉克服一切困难，努力达到目标。对企业的领导者来说，他最重要的一个作用，就是要为员工确定工作目标和共同愿景，带领大家为共同愿景而不懈追求。

2.要形成“人人能成才”的共识。

我们北京邮政的育人理念是“人人是人才，人人能成才”。“人人是人才”体现了孔子“有教无类”的教育思想，“才”指的是员工的才能、潜能。企业没有绝对的“庸才”，有的只是“差异”。杰出的科学家是人才，优秀企业经营者也是人才，博士、硕士是人才，技术精湛的工程技术人员、营销状元也是人才；人才是分层次、分领域、分专业、分岗位的，没有统一的模式，没有惟一的标准，有用的人就是人才。每一个人都具有学习的能力与发展的能力，只要善于发现和开发他们的学习潜能，激励他们自信、奋进、探索、创造，就能有所作为，获得成功，最大限度地实现自我价值，成为人才。

要形成“人人是人才”的共识，各级管理者起着关键作用，在座的各位领导起着更关键作用。管理者要带头转变观念。在学习型组织中，管理者要扮演新的角色，营造一种鼓励学习的气氛，要在共同愿景的鼓舞下不断鼓励员工自我超越，从而使学习成为学习型组织成员的一种习惯。对员工而言，要树立学习新观念。要认识到，只有坚持学习，树立全新学习理念，企业才能永葆生机和活力。要树立“终身学习”的思想，生存需要学习，工作需要学习，发展需要学习，与时俱进更需要学习。要胜任工作，必须坚持不断地学习，随时更新知识，提高能力。要倡导“学习生活化”理念，把学习和工作、生活结合起来，把学习当作生活的一部分，当作生活的一种方式。要摒弃“工作紧张，没时间学习”的错误思想。时间就像鲁迅先生说的那样，“只要愿意挤还是有的”，关键是头脑中的思想要到位。

现在，我们的干部队伍确实欠缺学习的紧迫感和知识缺乏的危机感。从现在起，党员、干部要带头学习。如果我们不带头，员工会看在眼里。我们自己不能与时俱进，那么如何调动员工的积极性？如何带领大家开拓创新？如何冲破各种困难、化解各种问题、带领大家向前发展？这也就是为什么前亮书记和我都反复强调要建设学习型党组织和学习型企业的原因所在。

3.要建立现代企业教育培训制度。

企业培养各类人才的基本方式是各级各类教育培训，培训是企业自身不断完善和员工身心全面发展的共同需求。因此，建立一套行之有效的教育培训制度对促进学习型人才队伍建设十分重要。这方面，我们有着丰富的经验，也进行了充分的改善和提高。我们在加强培训组织管理，制定教育培训评估指标体系和评估标准、健全学习制度、学习软硬件环境建设、兴办文化场所(如阅览室、读报厅、图书角等)、营造浓厚的学习氛围、举办各类知识竞赛、读书会、开展读书活动等方面，开展了大量卓有成效的尝试，进行了有益探索，取得了明显效果。

今后，我们要根据北京邮政不同阶段的发展战略与实际情况，建立更加现代的教育培训制度。结合开展"创建学习型组织，争做知识型员工"等具体工作，各单位主要领导要亲自抓，实现由被动的、以知识传授、个人智力开发为主的传统教育向主动的、以能力开发为主、个人与团体能力开发并重的现代培训转变。要健全各类学习制度，督促员工进行有效学习。要在培训内容上体现全方位。要让"尊重知识、尊重人才、尊重劳动、尊重创造"理念成为推动我们可持续发展的精神动力和智力支持。

4.要建立员工学习激励机制。

学习离不开激励驱动，通过实行切实可行的奖励措施，促使企业员工从内心渴望学习、渴望提高，使学习成为企业员工的自觉行为。学习型组织的特点是以工作指导学习，以学习促进工作。要建立目标激励机制，树立共同目标或共同愿景。要在企业内部建立富有活力的竞争机制。只有在充满竞争和挑战的环境中，才能激发员工自身活力，不断超越自我，使创新人才脱颖而出。北京公司在2007年年底进行的机关管理人员竞聘工作，就是这样一种激励机制的体现，目的就是要通过竞聘上岗，逐步建立岗位能上能下、人员能进能出、竞争择优的用人机制。下一步，北京邮政将进一步推进任期制、聘任制和竞聘上岗，建设一支高素质的干部员工队伍。按照转变经济发展方式的总体要求，完善高管人员管理制度，建立高管人员考核评价体系。强化对管理人员的考核，在市公司机关引入关键绩效考核指标(KPI)，提高管理岗位门槛，客观、公正地评价员工的工作业绩和能力。2010年，我们还将对经批准自学取得国民教育系列学历学位证书的员工实行奖励机制；还要设立职业技能鉴定奖励基金50万元，对在职业技能鉴定中取得优异成绩的一线生产人员给予一次性奖励，目的就是要形成鼓励学习的氛围，激发员工的学习动力，从"让我学"到"我要学"转变。

同志们，北京邮政是我们制度共守、利益共享、风险共担的大家庭。大家在为企业做贡献的同时，也是学习知识、发展自我、实现人生价值的过程。只有公司整体兴旺发达，我们的生活才能不断改善，我们个人的发展才有广阔的空间和美好的前景。建设美好家园，加快北京邮政发展，是我们每一位干部员工义不容辞的责任，是历史赋予我们的光荣使命。学习改变命运，知识创造未来。我们一定要顺应时代要求，紧扣发展主题，不断把建设学习型企业工作引向深入，为开创北京邮政美好灿烂的明天而努力奋斗！我相信，在大家的共同努力下，北京邮政学习型企业的建设工作一定会结出丰硕的果实！必将为北京邮政的发展提供不竭动力！

三、认清形势，讲究方法，加快发展

2010年，我们面临的国内外经济环境仍然十分复杂，外部需求持续恶化、市场内生动力不足还很突出。国家财政收支紧张局面尚未根本缓解，中央财政对邮政的补贴今年进一步减少。从企业内部看，邮储银行剥离，速递物流公司分立，竞争性盈利业务与普遍服务链条更加清晰，利益格局将发生根本变化。改革后的邮政公司将主要依靠邮务类和各项代理业务求生存、谋发展。

从企业经济运行看，业务发展不均衡态势渐趋明显。传统业务受到极大冲击，业务下滑势头在加快。函件业务受到现代传媒强烈冲击，金融类、信息和代理其他业务收入规模偏小，在总收入中占比较低，加剧了业务发展的不均衡。企业成本费用增长过快。结构性冗员和结构性缺员矛盾仍很突出，管理人员比重长期过大。重规模、轻效益的管理方式未从根本上扭转。一些经营管理者的工作重心主要放在了增量创收上，基层经营管理人员重投入轻产出、重收入轻效益的现象较为严重。资金紧张局面未能缓解。大量优质资产、人员输送到邮储银行和速递物流公司。能力建设的供需矛盾更加突出，资金缺口和需求矛盾增大。统建配套局所接收价格提高。网点效益水平极不均衡。能力建设投入转化为生产力仍然较慢。市公司、邮储银行北京分行、速递物流公司协调发展机制需要进一步加强。

为逐步解决上述问题,认清形势,审时度势,转变发展方式,加快发展步伐是我们唯一的出路。在25日召开的职代会上,我对2010年的重点工作进行了部署。为更好完成全年各项工作任务,实现既定目标,这里,再提几点要求:

(一)要多运用机制,切忌困难面前束手无策。

抓经营,机制是关键。从我公司这几年运用机制发挥作用的实践可以看出,机制在鼓舞员工士气、提高员工素质、增强企业凝聚力等方面起到十分重要的作用。成功的企业,都有适合自己的激励之道,都有适应企业发展状况的机制在发挥作用。如何建立一个适应企业实际情况的激励机制尤其重要。可以说,机制运用的好坏在一定程度上是决定企业兴衰的一个重要因素。如何运用好机制也就成为各个企业面临的一个十分重要的问题。

机制如何发挥作用促进企业加快发展?联想集团总裁柳传志做了一个生动形象的比喻。说人要跑得快,有两种办法:一是前面有堆金子,谁跑得快,谁就拿得多,这是动力(物质奖励、精神荣誉);二是后面有狮子追,谁跑得慢,谁就会被狮子吃掉,这是压力(员工新陈代谢、精神惩罚),企业要动力与压力共同起作用才行。

一个企业,不管它的目标定得如何崇高与远大,它首先是一个利益集合体,必须要用利益来驱动。利益驱动机制包括员工层面,也包括管理者层面。在实施正激励的同时,可以利用适当的负激励手段挖掘员工的工作潜力,实现企业的预定目标。我们这次实施的高管人员考核评价办法,加大了对主管领导的考核力度,采用了年末诫勉谈话的办法。有的同志害怕"被谈话",这确实不是什么光彩的事情。我希望大家都能把工作做好,让这个机制不能发挥作用,实现没有一个同志"被谈话"目标。但这个机制又是必须要建立的,否则大家就会像过去一样麻木不仁。这种状况必须要改变。

机制要能让基层员工看到实惠,管理者要给员工创造与维护一个公平、公正、合理的职场环境,这样员工才有动力,干劲十足。在复杂的市场竞争中,唯一的真理就是物竞天择,适者生存,逆水行舟,不进则退。所以我们必须时刻处于战备状态,从容面对形形色色的挑战。根据实际情况,综合运用多种机制,把多种激励手段结合起来,改变思维模式,真正建立起适应企业特色、时代特点和员工需求的开放的激励体系,才能使企业在激烈的市场竞争中立于不败。相反,如果不深入研究机制,不沉下心来用心研究工作,对工作管理无方或束手无策,就很可能使本单位和本部门的工作陷于被动。这是我们所不希望看到的。

(二)要多分析市场,切忌闭门造车。

新形势下,邮政企业的传统业务和新业务都面临着众多强手的竞争。要在竞争中立于不败之地,除了继续发挥自身优势,积极发展业务之外,还要努力做好市场调查研究、做好业务发展预测,研究未来政策、价格变化及用户用邮需求对业务发展的影响。做好市场研究,重点要做好以下三个方面工作:

一是要研究邮政企业的目标市场。邮政企业是为全社会服务的,但也要有自己的目标市场。邮政传统的函、包、汇、发业务,在社会上已被广大用户所接受。随着经济发展和人们观念的改变,邮政传统业务结构也在发生变化。对这样的变化,我们要能够分析这些变化的内外动因,力求掌握变化规律,并能对其未来发展予以预测。要根据预测,调整目标市场,采用差异性市场营销策略,增加用户的选择,确立邮政业务在用户心目中的地位。只有掌握了顾客群的数量、地区分布、消费习惯、需求变化,才能有针对性地提出产品策略和价格策略,才有可能激发用户的潜在需求,才能把用户潜在的购买欲望转化为实际的购买行为,并在竞争中保持自己的市场领先。

二是研究与邮政有直接关系的行业。邮政企业是以实物传递为特色的生产企业,邮件从收寄到投递需要社会其它行业和部门的支持与配合才能完成。如邮政运输需要铁路、海空航运、公路运输等部门的协助,终端投递需要借助社会力量。研究这些与邮政生产有直接或间接联系的环节,对我们合理组织通信生产、加快邮件传递速度、降低运营成本是十分重要的。研究相关的生产环节,需要我们对自己的经营发展制定宏观规划,对自己的营销运作拥有具体目标,并对服务质量和生产效率有明确要求。如果缺少这些基本条件,一味以别人的条件来制约自己的目标,最终就有可能失去自己。"预则立,不预则废”，市场运作也是如此。

三是研究邮政企业自身。邮政企业进入市场有其自身的优势，也有着许多不足。密布全国的网点、严密的生产组织管理，丰富的本行业运营经验，这是其它任何竞争对手都无法与之抗衡的。但观念陈旧、效率低下也是不容回避的事实。作为构成企业微观环境的一个要素，员工素质和运营机制的改变，对邮政企业的长远发展同样具有重要影响。国家对邮政给予了一些特殊优惠政策，提出了邮政分业经营发展思路。但这些思路的实现，需要有与之相适应的运作机制和较高素质的营销队伍。拘泥于传统思路，固守于传统惯例，局面就很难有所突破。邮政改革发展的新形势亟需我们变革观念。在观念变革的同时，手段的进步同样必不可少。今天的邮政已不是传统意义上的邮政，现代化的邮政通信网将是信息化和高科技发展的产物，邮政企业的业务结构在信息化和高科技发展之下，必然会发生新的变化。在与市场的接轨中，营销方式和手段也必然会产生新的变化。这种变化不仅包括自动化手段和网络传输技术的应用，而且包括多元化营销和与有关企业的联手营销，这就需要新的生产组织形式，需要新的业务运作经验等。因此，要多分析市场，切忌闭门造车，使工作陷于被动。

(三)要多查找问题，切忌固步自封。

在企业发展过程中，在座的许多同志在统筹协调各种关系、各项工作时，仍被一些问题所困扰。重新审视这些问题，如何更好深入地思考企业持续发展需要注意的方面，找准企业发展定位，找出企业发展的问题，进行合理整改、规划并稳步实施，就成为摆在我们面前的现实问题。北京公司各单位近年来的发展势头良好，屡创佳绩。有些单位工作积极主动，员工精神面貌较好，能发挥“排头兵”的作用；有些单位狠抓制约发展的根本问题，下大力气抓经营、抓服务、抓管理，成绩显著，整个面貌焕然一新；有些单位则相对保守，创新能力稍显不足，但是人员比较朴实，只要下大力气进行适当引导便会有所作为……总结二级单位发展的亮点的确鼓舞士气，但要指导企业未来持续发展，更需要认真看待影响企业发展的各项问题，解决制约企业发展的瓶颈。要“做大做强”需要继续寻找影响企业发展的不足，并下大力气全力解决这些不足。让每个部门、每个岗位都去关注，什么是制约企业发展的主要矛盾，什么是制约工作改善的主要原因，利用TQC方法，将主要矛盾一个个排除，更加自觉地、坚持不懈地走科学发展道路，奋力开拓北京邮政更为广阔的发展前景。

各单位在查找问题时，需要进行全员调研，充分尊重员工的主体地位，调动全员积极性。本固枝荣，企业有所发展，员工才有成长的平台。作为管理者，必须看清企业发展的方向，在其位谋其政，找准定位，千方百计带领大家向前发展。不能固步自封，自我满足，孤芳自赏。

(四)要多注重效益，切忌片面追求规模和速度。

英国《金融时报》在解读2009年我国中央经济工作会议时说，会议放出了政策调整的信号，不再强调将“保增长”作为首要任务，取而代之的是“要更加注重提高经济增长的质量和效益，推动经济发展方式的转变”，为中国经济发展指明了政策方向。

世界银行专家温诺·托马斯在《增长的质量》一书中指出：“经济的增长仍然是中心任务，但是过去那种只注重增长速度而不计代价的做法必须让位于提高经济增长的质量和效益。”近几年，北京邮政经济运行保持了平稳较快发展的态势，但也在经济增长和经济发展方式上存在着一些矛盾。比如过多依赖成本拉动业务发展、成本意识和效益观念薄弱、产品体系不尽合理等，这些问题不解决，必将影响北京邮政全面、协调、可持续发展。因此，加快发展方式转变和结构调整已成当务之急。

要多注重效益，一要解决经营思想与业绩观是否端正的问题。“量质并重”首先要摈弃急功近利的思想，要牢固树立既要对眼前负责，又要对长远负责，既要对自己负责，又要对员工和企业发展负责的责任意识和政绩观念。经营管理者只要能够把企业的发展当作自己的生意一样去思考、决策和经营，就不会有大错。因为自己做生意就不会只追求数量而不追求质量，就不可能只重规模而不顾效益，就不可能用高额的酬金去换取低效甚至无效的收入，就不会用低于成本的价格去招揽亏本的生意。这就是通常的国有企业与私有企业的差别，关键是责任。

二要解决当期绩效与长期绩效的考核激励如何更加科学有效的问题。量是一个显性指标，把量做上去了，当期就可以立竿见影。而质是一个隐性指标，需要较为复杂的测算和评估，短期内不容易准确全

面地反映出来。对于经营者的经营绩效，仅考核单项指标或当期(当年)业绩是片面的,以一时之好坏论英雄容易使人舍本逐末,或弄虚作假透支未来,或安于现状放弃未来。因此，建立邮政企业对经营管理主要责任人员的绩效后评估及长效激励机制是十分必要和重要的。从邮政企业长远发展角度出发，从为企业、为员工负责角度出发，一定要多注重效益,切忌片面追求规模和速度。

(五)要多研究对手,切忌自以为是。

常言道:“知己知彼,百战不殆”。企业竞争如同打仗一样,只有对主要竞争对手予以充分地、恰当而科学地分析研究,分析竞争对手的业务制度、资费政策、发展政策、生产组织方式、经营盈亏、管理模式等,制订出优于对方的策略,邮政企业才能在激烈的竞争中取胜。

不了解对方，我们的业务策略就缺乏针对性和生命力。通过研究对方,研究竞争对手的价格、质量、性能、服务、生产成本和营销策略,一方面能够找到我们自己的优势,在邮政业务发展中扬长避短,以长击短,取得有效的营销实绩;另一方面可以消化吸收别人的经验,完善自己的经营方略。市场竞争中,未必“同行就是冤家”,有些领域邮政并不是最早涉足,学习别人则是尽快进入市场的捷径。比如邮政商包业务不仅需要有目的地研究铁路行包托运的资费标准、运输时限、路方鼓励行包业务发展的措施和提供的方便服务,更要分析铁路行包业务的组成结构、流向及其发展趋势。通过对铁路行包托运业务的研究,从提高时效、提供方便服务方面去研究我们的改进措施，以争取主动。对竞争对手的这种分析也同样适用于其它业务,如电子商务、速递物流等。调查研究得越细，对我们制订发展政策和经营策略的实际意义就越大。

世界著名公司——微软一向看重向竞争对手学习。2001年,原微软副总裁李开复来到北京,发布微软新开发的Windows XP。与媒体记者见面时,李开复给记者们讲了一个故事:微软有一个班子,专门研究分析竞争对手的情况，包括什么时间推出什么产品,产品的特色是什么,有什么市场策略,市场的表现如何,有什么优势、什么劣势等。微软的高层每年都要开一个会，请这些分析人员来描述竞争对手的情况。微软为什么要这样做?记者当时都是这样猜想的:难道是为了分析竞争对手的破绽?但是李开复的说明却非常出乎记者的意料：微软此举是为了向竞争对手学习,学习对方的长处。微软是成功公司的典范,这样成功的公司还谦虚地向别人学习。当然，这不仅仅是因为它的大度和可敬,更重要的是,它们是为了学习对手的长处,总结对手的成功经验,吸取对手的教训,避免重犯对手犯过的错误,以便更好地提升自己的竞争能力。去年底,速递物流公司和市场部金融管理中心就分别对顺丰快递公司和邮储北京分行的方方面面进行了深入细致的研究，找到了我们和别人的差别，也就找到了我们改进工作的切入点,效果非常明显。希望大家都能够向这两个单位和部门学习。多研究对手,多向竞争对手和同行学习，切忌自以为是,自我满足,妄自尊大。

(六)要多鼓励创新,切忌墨守陈规。

“无边落木萧萧下,不尽长江滚滚来”。如果说，历史是一条奔腾绵延的长河,那么,人类社会就是一个大浪淘沙、推陈出新的过程。我们面对的是知识经济时代、信息技术时代、急剧变化的时代、竞争日趋激烈的时代。不进则退、优胜劣汰的事物发展规则，比历史上任何时候都更加突出显现。对在座所有管理者来说,是否与时俱进、开拓创新,既是严峻而现实的考验,又是事业成败的关键所在。

今年,我们正式实行邮政金融、速递物流和邮务类业务的分业经营。邮政金融和速递物流业务都有基本稳定的市场，我们的任务就是去这个大市场里切蛋糕,把自己做大。而邮务类不一样。比如集邮，没有固定的集邮市场。如果我们能推出创意好的、形式新的产品,那市场就能扩大。奥运邮品是好产品，结果当年集邮业务一下创收9亿;国庆60周年产品也有创意,推出了系列新产品,一下创收7亿。所以说传统的邮务类业务,就是要靠创新,我们不知道这个蛋糕有多大。创新对路,业务就会迅速做大。再比如贺卡业务,2006年完成1660万;2007年3000多万;2008年7000万;2009年1.03亿，今年是2.08亿。这并不是说我们通过努力把竞争对手的贺卡市场减少了2亿,而是我们创造了这个市场,创造了业务,实行了业务创新。红叶贺卡、国旗升起的地方等等创新项目,都是靠创新获得了市场、获得了增长。如果我们把创新成果做大,从严格意义上说,我们的邮务类业务比速递物流业务实现增长15.6%要容易，因为我们的某些邮务类业务还没有竞争对手。今年，集邮业务尤其要利用好库存产品，获得更高的高效收入。前几天，湖南湘西速递物流公司攻下了北京新发地批发市场，他们经营一种说明书上标明含硒的柑橘。今年预订了20万吨，每斤赚0.8元，这就是一个创造。一般人看到硒对人体有好处，可能就会去买。所以我现在反复谈创新，就是想告诉大家，今年增收9%，说难也难，说不难真不难，就看我们的创新能力和市场营销能力能否真正有所提高。

我们必须清醒地看到，在企业内部仍有相当一部分管理人员还不能适应新形势，在创新问题上程度不同地存在着困惑、误区和障碍。具体表现为：一是墨守成规，不想创新。创新动力不足，安于现状，"不求有功，但求无过"。二是消极畏难，不肯创新。过分强调客观条件，面对不利的客观情势，消极畏难，不能辩证地看待自己的优势和劣势，满眼都是困难，失去了创新的信心和勇气。三是只说不做，空喊创新。在创新问题上"唱功"有余，"做功"不足，创新挂在"空挡"上。四是生怕失败，回避创新。认为创新风险大，顾虑重重，宁可守摊子，也不大胆试验。五是盲目蛮干，歪曲创新。不从实际出发，不按客观规律办事，头脑发热，情绪浮躁，把盲目蛮干视为创新。六是骄傲自满，不思创新。工作取得一些成绩之后，便骄傲自满起来，自恃高明，目空一切，自我感觉良好，不想再攀登新台阶。七是嫉贤妒能，不容创新。自己不创新，也不允许别人创新，把开拓创新者视为"出风头"、"图名利"，对创新成果吹毛求疵，放冷风，泼冷水。凡此种种，都是创新的制约因素。不消除这些思想障碍和阻力，势必影响创新的推进，影响事业的发展，也势必会使一些领导者在开拓创新潮流中落伍、掉队、被淘汰。因此，很需要这些干部密切结合实际，有针对性地解决好思想认识问题，以求进一步增强创新意识，掌握科学的创新方法，拓展创新的途径和思路。北京邮政提出的创新驱动战略，就是要在全公司范围内建立创新文化，营造创新氛围，鼓励创新行为，避免因循守旧、墨守陈规、一成不变。

(七)要多培树典型，切忌重使用轻培养。

"榜样的力量是无穷的"，"喊破嗓子，不如做出样子"，"拨亮一盏灯，照亮一大片；举起一面旗，唤起千千万"，说的都是示范的作用。抓典型，做示范，以点带面，推动全局，这是邮政的优良传统，是实践一再证明了的行之有效的领导方法。从一个人、一匹马、一条崎岖的邮路走了20多年的王顺友，到穿越雪山峡谷捎去春天消息的"雪山信使"尼玛拉木，以及江苏省如皋市邮政局"爱心邮路"等先进集体和个人，再到践行"用户是亲人"服务理念的东四邮电局，都以他们高尚的品格和模范的实践在邮政系统全体干部员工心中竖起了一座座丰碑，在广大干部员工中起到了导向、榜样、标兵和鼓舞、激励的作用。

抓典型是一项复杂的系统工程，要做的工作很多。善谋者抓其纲，善用者提其领。这纲与领并非其他，就是准确把握时代脉搏，面向基层，面向实践，以创新精神找到社会对邮政的需求与干部员工实际水平结合的最佳交汇点。不论从事哪一岗位，干哪一项工作，领导也好，员工也好，其认识和行动都不会是齐头并进的。人群中总会有先进、中间、落后之分。人们的思想品格总会有高低、好坏、优劣之别，人们对事物的认识也总会有早晚、深浅、正误之差。因此，我们需要发现、培养、树立多种多样的先进典型，通过这些典型的示范引导，激励干部群众奋发向上，促进邮政各项事业蓬勃发展。

我们公司要有公司的典型，每个部门、每个单位也要有自己的典型。北京没有王顺友那样艰苦的邮路，也没有尼玛拉木那么艰苦的环境，但我们有东四邮电局，东四邮电局就是我们全行业，同时也是我们公司的旗帜。学东四要用在实际工作中，不能流于形式。学东四经验要学真谛、精髓，而不只局限于"用户是亲人"。南区局有和平门邮电局、西区局有百万庄邮电局、海淀区局有北太平庄邮电局，各单位都应该有自己的典型。除了学东四，还要有自己身边学习的典型。除了典型支局，还要有典型个人；除了有后勤保障、投递人员的典型，还要有营销员、科技人员的典型。总的来说，方方面面都要有学习的标杆，榜样的力量是无穷的。要通过这些典型，带动北京邮政3万名干部员工积极向上，奋发图强，这样企业才有希望。

要发现典型，就要求我们的各级领导把眼光投向基层，善于从基层干部员工的创造中发现、选择、培养、总结典型。"十步之泽，必有芳草"，员工的创造是层出不穷、普遍存在的，关键在于管理者能不能及时发现，注重培养。这就要求管理者善于用科学的立场、观点、方法去分析和认识问题，从中发现其所具有的时代精神和典型意义。领导干部蹲在机关、浮在上面是发现不了萌芽状态的先进典型的，必须深入到火热的生产一线中去，多做调查研究，多听取群众的意见和议论，并对实践中冒出来的诸多典型加以分析、比较、鉴别，才能从中找出最有普遍意义最具有说服力和指导意义的典型。

典型的培树固然重要，后期的使用和培养更加不容忽视。培树典型更要着眼于长远，典型也需要“终身培育”。典型需要长期关注，在培养中渗透人文精神，给典型以不竭动力和源泉。要对已树立的先进典型进行跟踪式的思想政治教育，使其认识自己的特殊形象，加强自我教育、自我修养。同时，通过生活帮助、事业扶持，使典型人物和集体的生活及事业有所进步，拥有良好的发展状态，从而放大典型的带动力和影响力。避免出现重使用轻培养现象。

(八)要多深入基层，切忌高高在上。

古人曰：“不观于高崖，何以知颠坠之患？不临深泉，何以知没溺之患？不观巨海，何以知风波之患？”调查研究是我们查找企业存在问题最有效的方法，也是我们解决问题的基础和前提。作为一个领导干部，要真正了解企业不断变化的实情和存在的复杂问题，最有效的办法还是到实践中去，做深入细致的调查研究。走出书斋天地宽，只有真正沉下去了，才会呼吸到新鲜空气，学习到实践真知，获得坐在办公室难以得到的感触和启迪。在基层，我们随时可以观察了解企业生产经营状况、冷静对待企业存在的问题，胸有成竹、从容面对。

我们下基层调研：一要带着感情。把自己当成一名普通的工作人员，以“实干家”的态度深入基层，只当“办事员”、不当“指挥员”；多雪中送炭、少锦上添花；多调查研究、少指手画脚；多真抓实干、少夸夸其谈；多微服私访、少迎来送往。要在基层树立良好作风，赢得群众的口碑。二要怀揣问题。杜绝走马观花、蜻蜓点水。要扑下身子、放下架子、怀揣问题下基层，拜基层员工为老师，主动围绕生产、经营、管理等问题，实实在在掌握一些基层员工对我们工作的意见和建议，从实际工作中、从矛盾困难中、从员工的呼声中寻找破解工作难题的良策。下基层既要注意到工作基础比较好的地方去发掘和总结经验，又要注意深入到矛盾多、问题多、工作薄弱的地方去了解实情，力所能及地帮助基层解决实际问题。三要牢记责任。牢记自己应当承担的任务，应当完成的使命，应当做好的工作，下基层去做什么？能做什么？自己要先想清楚，弄明白。既要吃透上情，也要了解下情。这就要求各位领导增强主动服务、主动尽责、主动履职的意识，深入基层，实地了解工作进度，督察工作进展。这样才能在基层干部员工中形成崇尚实干、狠抓落实的风气，才能更好地推进各项工作，服务于科学发展。

(九)要多关心员工，切忌对员工冷暖漠然置之。

管理学上有个著名的“南风法则”，又名“温暖法则”。说的是北风和南风比威力，看谁能把行人身上的大衣脱掉。北风首先来一个冷风凛冽寒冷刺骨，试图用飓风把行人的大衣掀掉，结果行人为了抵御北风的侵袭，便把大衣裹得紧紧的。南风则徐徐吹动，顿时风和日丽，行人因为觉得春暖上身，始而解开纽扣，继而脱掉大衣，南风获得了胜利。这个法则告诉我们：温暖胜于严寒。运用到管理实践中，要求管理者要尊重和关心员工，时刻以员工为本，多点“人情味”，多注意解决员工日常生活中的实际困难，使员工真正感受到管理者给予的温暖。这样，员工就会更加努力积极地为企业工作，维护企业利益。很多学校现在就是这样，有的老师觉得越威严学生成绩越好，但另一种老师就像南风一样，通过做思想工作，和学生交心，化解那些调皮学生的顽疾。我们做为管理者，也要注意合理运用这两种不同的攻心方式，而不能一味地批评和惩罚。

对我们这样劳动密集型的邮政企业来说，要想提高凝聚力，提升各项工作水平，除用制度约束人外，必须树立“只有满意的员工，才会有满意的顾客”理念，切实关心员工的生产生活，提高员工的满意感和忠诚度，才能吸引和留住优秀员工，将各项工作落实好。员工在服务工作中与用户直接接触，员工的工作态度、情绪会直接影响服务质量的高低。要想为用户提供可靠、优质的服务，我们必须依靠员工，将员工放在第一位，充分考虑员工的物质精神需要。市公司一届三次职代会上，有代表提出了员工流失问题。其实，员工流失率较高一直是困扰我们的问题。员工流失会给企业经营管理带来一系列消极影响，如服务质量下降、客户流失、培训成本加大等。我们只有高度重视员工的需要，切实关心员工的生产生活需要，才能降低员工的流失率，增强员工的工作满意度。

毛主席早在第二次国内革命战争时期就教导我们:“要得到群众的拥护么?要群众拿出他们的全力放到战线上去么?那么,就得和群众在一起,就得去发动群众的积极性,就得关心群众的痛痒,就得真心实意地为群众谋利益,解决群众的生产和生活的问题,盐的问题,米的问题,房子的问题,衣服的问题,生小孩子的问题,解决群众的一切问题。”毛主席在革命最艰苦的条件下,在斗争最困难的年代里,对人民群众生活体贴得这样无微不至,这种崇高的精神永远值得我们认真学习和效仿。

日前,集团公司、中国邮电工会国家邮政委员会下发了《关于进一步加强邮政员工生产生活工作的指导意见》(中国邮政联[2010]24 号)一文,要求各省、区、市邮政公司从提高员工实际收入、完善员工保障制度、做好企业用工结构调整优化、落实员工带薪休假制度、做好离退休人员生活保障、大力推进农村邮政支局(所)员工小家建设、完善企业福困济贫送温暖长效机制等七方面加强邮政企业员工生产生活工作。这就要求我们,必须围绕员工最现实、最关心、最需要解决的具体问题来落实,来体现在为员工办实事、办好事上。我们各级管理者要从员工最想、最盼、最需要解决的具体问题入手,一点一滴地做,将关心员工生活的各项工作做到细处、落到实处。员工生活包罗万象,从收入保障、带薪休假,到柴米油盐、衣食住行,孩子上学、求医看病……正是由这一桩桩、一件件具体实在的事情组成。这些事看起来小,实际上都是大事。从解决这些具体问题做起,要对员工生活中的具体问题心中有数,以关系员工切身利益的具体事情为着眼点、切入点,在具体和深入上动脑筋、找措施、下功夫、负责任。具体问题一点一滴解决好了,积累起来,就能把企业的温暖送到员工心坎上,就能鼓实劲,把发展生产与员工生活结合起来。

关心员工生活,要求管理者必须怀着深厚的情感,深入到困难突出、矛盾集中的单位和班组去,在各个环节细心研究员工利益和员工生产生活方面存在的突出问题,体察员工情绪,关心员工疾苦,倾听员工生产呼声,反映员工生产要求,始终与员工心连心、手拉手、同呼吸、共命运,时刻把员工生产的安危冷暖挂在心上。通过参与、监督、帮扶等各种途径,推动困难员工问题的解决,推动员工生产条件的改善和生活水平的提高,尽心竭力为员工特别是困难员工提供帮助。

关心员工生活,要正确认识和处理好生产与生活的关系。既要抓好员工生活,又要防止把人的思想引导到一味追求生活享受方面去。必须使广大员工认识到,只有做好本职岗位的工作,实现企业的发展,才能为进一步改善生产生活环境创造条件。这就要求我们各级管理者在关心员工生活的同时,更重要的是帮助他们获得新的知识和技能,以提高他们的素质和能力,适应各种变化和需要,使生活得到切实保障。这也恰恰符合刚才我所讲的建立学习型企业的要求。这些工作相辅相成,相得益彰。古语云:得人心者得天下!只有真正俘获了员工的心灵,员工才会为企业踏踏实实地工作,企业才会在竞争中无往而不胜。

四、当前要抓好的几项重要工作

同志们,2010 年 1 月份已经接近尾声。一年之计在于春,抓好当前工作,对我们全年生产任务的完成具有重要作用。下面,我就当前着重要抓的几项工作提示如下:

(一)要以主要精力抓好旺季经营发展。

2010年北京没有大型活动,我们就要紧抓身边的亮点开展工作。当前,春节是经营发展的最大亮点,我们一定要抓住机遇,求真务实,聚精会神搞建设,一心一意谋发展,一举实现 2010 年北京邮政开门红。

1.要抓好代理金融业务发展。金融业务是低本高效业务,是今年的收入支柱业务,对提高高效收入规模有重要意义。我们要实现 2010 年全公司金融专业的强势开局,尽全力抓好代理金融业务发展。要抓住春节储蓄专业发展旺季,高度重视存款结构调整,不断提高活期比例,争取更大的市场份额。要高度重视理财产品和中间业务发展,大力发展对公存款业务,大力发展金融新业务,提高企业抗风险能力。面对当前形势,只有实现金融业务的突破,才能确保员工 8%的收入增幅。

2.要抓好代理速递物流业务发展。代理速递物流业务是木本业务,有很高的利润,仍然是北京公司

的重要收入来源。要发挥网点和窗口直接面对客户的渠道优势,加强窗口营销力度。要采取“多说一句话”等有效手段,加强对速递业务的宣传推介工作。积极推广电子商务用户自送业务，增强收寄服务能力，有效扩大业务规模。要和北京速递物流公司密切协作、积极沟通、主动配合,和谐共赢。

3.要抓好贺卡业务发展。要抓住贺卡销售的最后时机,“不惟计划惟市场”,乘势前进,加大销售型贺卡的营销力度。加快销售入收和定制型贺卡的回款工作。严肃纪律，避免低面值贺卡销售等违规行为的发生。

4.要抓好机票代理业务发展。当前,要抓住春运机遇,按照属地原则,开展“师生优惠　邮您选择”机票优惠销售工作。要发挥独立航空票代理人资质,结合市公司相关业务奖励政策，努力在航空机票的经营模式、管理模式上不断创新,加大市场推广和大客户开发力度,尽快做大做强国内、国际机票代理业务,为全年经营发展和扩大业务规模打下坚实基础。北京有3000多万张的机票市场，就有大约30多亿元的代理收入。一张国际机票,就有可能产生四、五百元的代理收入。如果我们机票拿到三分之一的代理份额，就有十几亿的机票代理收入，含金量非常高。因此大家一定要在机票代理问题上,想办法,有突破。去年3万张,占北京市场的千分之一份额。今年计划16万张,应该说还远远不够。今年我们是一级代理,可以向二级市场批发,批发的多,就肯定不止16万张。因此说,实现业务收入增幅9%目标,并不是很难。只要我们有能力、想办法,160万张也不是不可以！哪一个一级代理有我们这么多网点！哪一个一级代理有我们这么多员工！大家要有敢于搞市场的气魄,要放眼这个市场,去开拓这个市场。

5.要抓好五节联送业务发展。我们要抓住春节、情人节两节合一和元宵节礼仪产品销售黄金期,把五节联送活动作为当前经营工作的重中之重来抓。牢牢抓住大客户这个收入的主要来源,争取更多的大额订单，提早进入决战状态。各单位要做到组织明确,责任到位,各负其责、各司其职,建立强有力的指挥调度和营销推进机制。抓住市场需求旺盛的大好时机,召开大客户推介会,留住老客户,挖掘新客户,促进市公司整体营销工作的顺利进行。

6. 要抓好集邮业务发展。抓住生肖邮品这一2010年集邮专业的重大机遇,以“集邮贺岁-福虎添意”生肖主题营销活动为主线,积极创收。做好两会邮品服务工作。为全年集邮业务发展打好基础。

7.要抓好国际函件业务发展。国际函件业务是邮务类业务中具有较好发展前景和较大发展潜力的一项业务。我们发展国际商函跨境交寄业务和国际商函外包业务具有得天独厚的人工成本和资费优势。当前，要积极发展节日期间国际特惠封和国际礼品小包业务。加大国际数据库直邮商函推广力度。要在继续做好已开办国家和地区的跨境交寄业务基础上加快开发亚太地区及其它国家跨境交寄业务。全力开拓全球国际商函外包业务市场。

8.要抓好包裹业务发展。要抓住春节贺岁之机，大力创新发展“北京包裹”业务。把握节前网上购物市场的业务高峰期，积极开发购物网站和中小型网购公司,力争实现突破。突出重点区域和目标市场，着力发展国内商包业务，有效提高大宗包裹收入比重。

(二)要以主要精力抓好旺季网运工作。

每年春节前后是业务发展的黄金期，也是我们的业务旺季。今年旺季生产来得早、势头猛,持续时间长,部分地区还出现了雾雪等恶劣天气,给我们的网路运行工作造成了很大困难。各级网运部门一定要站在全网、全局的高度,正确认识和对待邮政业务发展给网运工作带来的压力，以积极态度解决和克服旺季网运工作遇到的困难，集中精力做好旺季网运工作。

一是要强化指挥调度。各级指挥调度部门要深入生产实际,掌握邮件运量、运能情况,及时解决网运工作中出现的问题。要严格发运计划,确保邮件及时输运,确保全网邮运畅通。二是要加强长途干线运输的管理。遇有雾雪等恶劣天气情况,要及时启动应急预案,加强与滞留外地的邮运车辆沟通,关心滞留外地司驾人员的生活,确保邮件安全到达目的地。三是要做好区县局的网运服务支撑工作。网运部门要与各区县局密切配合,主动了解邮件收寄量情况,做到心中有数、提前准备并从容应对。

(三)高度重视旺季安全生产。

业务旺季是安全生产的关键时期，因此我要再次强调旺季和节日期间安全生产工作，以引起在座各位对旺季和节日期间安全生产工作的高度重视。

要站在讲政治的高度来认识安全生产工作，一把手作为第一责任人，要亲自抓。要加强安全生产的检查，讲求实效，力戒形式主义，对检查出的隐患和问题，要积极解决，坚决消灭事故隐患。一时解决不了的，要加强防范，保证不出现问题。要落实安全生产责任制，各项安全生产措施要到位。要加强员工的安全教育，提高员工的安全意识和自我防护能力。要重视并加强消防工作，落实各项消防措施。还要加强员工的思想教育工作，确保员工队伍稳定。总之，要切实加强和落实安全生产各项工作，确保人身、邮件、票款、生产、交通、消防等各方面安全，确保北京邮政安全。

(四)认真召开各单位的职代会、工作会、政工会，及时贯彻落实市公司各种会议精神。

同志们，市公司职代会、工作会暨政工会全部议程即将结束。大家回去以后要深刻领会市公司会议精神，做好会议精神的学习和宣传。要按照市公司的政策导向着手制定本单位的发展政策和机制，尽快召开本单位的职代会、工作会、政工会。大家一定要统一认识，深入学习，深刻领会。要将本次会议提出的“转变发展方式、调整经济结构”以及“高效收入”等理念，切实落实到本单位的具体工作中。形成公司上下紧密团结，同心同德，开拓进取，努力工作的良好氛围，使市公司提出的主要任务成为全体干部员工的自觉行动。各单位要提早部署各项工作，以实现全年工作的良好开局。春节后我们要召开市公司经营服务工作会，会上，各单位将进行认标。大家一定要在吃透精神、消化政策的基础上再来认档。

(五)关心员工生产生活，做好向困难员工、劳模先进、离退休老同志的慰问工作。

要关注员工的工作、生活状况，做好“送温暖”工作。各级领导要带头深入到一线和困难员工家中，当好送温暖活动的带头人。对纳入2009年底困难档案的员工要进行全面走访慰问；对工作条件艰苦，节日期间坚守在工作岗位的一线员工，要送温暖到基层；对劳动模范和为邮政企业发展做出突出贡献的先进人物及优秀共产党员，要进一步弘扬劳模精神；对离退休老领导、老员工、重病员工、伤残员工等特殊困难群体，要使他们感受到企业的温暖；对劳务工要纳入到送温暖范畴，切实帮助他们解决实际困难。对影响企业安全稳定的各方面因素要时时关注，及时疏导解决。

(六)廉洁勤政，过一个轻松、愉快、祥和的春节。

各级领导班子成员、党员领导干部，要进一步增强自警、自省、自律意识。要按照中央和北京市委有关要求，着力加强领导干部作风建设和反腐倡廉工作。大力发扬勤俭节约、艰苦奋斗的作风，树立“过紧日子”的思想，坚决制止铺张浪费行为。节日期间更要严格执行中央有关党风廉政建设的各项规定，严禁以各种名义突击花钱和滥发实物。要进一步密切和员工的联系，顾全大局，求真务实，开拓创新，为员工做出表率。带领各单位干部员工，过一个轻松、愉快、祥和的新春佳节。

同志们，“人入虎年鼓虎劲，千山虎啸振雄风”。再有十几天时间，我们将迎来中国的农历虎年。借此机会，我仅代表市公司领导班子再次对公司全体干部员工在2009年的辛勤工作表示感谢！向所有员工家属表示感谢！向与会的各位领导、同志们，向公司全体干部员工拜个早年，祝大家在虎年“龙腾虎跃，大展宏图”！提前祝大家春节快乐！虎年如意！阖家幸福！

谢谢大家。

大事记

大 事 记

1月

5日 《庚寅年》特种邮票首发式在北京湖广会馆内举行。中国邮政集团公司、西城区(原宣武区)政府和北京市邮政公司领导分别为《庚寅年》特种邮票及邮品揭幕。集邮爱好者踊跃购买邮票和邮品,请虎年生肖邮品的设计者签名、加盖“虎坊桥(临)”字邮戳和纪念戳。

15日 北京邮政开展“五节联送”礼仪产品寄递服务,为传送亲情友情,促进社会和谐提出“携手老字号,礼品传天下”的主题。

20日 北京市委常委、市总工会主席梁伟、市总工会党组书记、副主席韩子荣在北京市邮政公司党委书记丁前亮陪同下到困难职工刘国增家中,送去党的温暖和工会组织的关爱。

21日 中国邮政集团公司副总经理刘明光、中国邮政速递物流公司总经理王彪到北京邮政速递物流公司视察，听取了速递物流专业化改革和运营情况的专题汇报。

23日 在“北京首届奇幻冰雪童趣节”开幕式上，北京市石景山区副区长周茂与北京市邮政公司副总经理王小东共同为“祝福祖国寄语墙”暨“最佳寄语”奖揭幕。

25日 北京市邮政公司一届三次职代会召开。市公司总经理章干泉作了题为《转变发展方式,加快发展步伐,为实现北京邮政又好又快发展努力奋斗》的工作报告。

27日至28日 北京市邮政公司2010年工作会暨政工会召开。市公司党委书记丁前亮作了题为《解放思想、坚定信心、开拓进取,为北京邮政实现各项事业新发展提供不竭动力》的党委工作报告。

2月

2日 交通运输部道路运输司司长李刚及党支部成员在北京市邮政公司党委书记丁前亮陪同下，来到东四邮电局参观考察。

同日 北京邮政召开通信生产委员会扩大会议通报2009年各项专业竞赛评比情况及“发展杯”和“营销创百优”劳动竞赛的评比结果。同时通过了《北京市邮政公司劳动竞赛管理办法》。

8日 “祝福祖国”全国大型寄语活动最佳寄语颁奖仪式在北京举行。北京市邮政公司现场启动“寄往未来的信”业务,按照用户需要,邮政部门将信件保管一年乃至几十年，并在用户指定的未来时间代为寄发,为祖国传递祝福。

20日 中国邮政集团公司总经理刘安东在北京市邮政公司领导陪同下慰问一线员工，并向他们及其家人送上了慰问品和新春祝福。

同日 北京市邮政公司党委专题召开党委中心组学习会，学习胡锦涛总书记在省级主要领导干部深入贯彻落实科学发展观加快经济发展方式转变专题研讨班上的重要讲话精神。

24日 北京邮政专门召开“两会”邮政通信服务工作动员会,进行专题部署,并成立了以总经理章干泉、党委书记丁前亮为组长、各单位一把手为成员的领导小组,加强组织领导。

本月 北京市邮政公司被北京市教委授予《2009年北京高校毕业生就业百佳用人单位》荣誉称号。

本月 北京邮政投递局将60多万份由北京市社区卫生服务管理中心寄发的《健康手册》陆续送到市民手中。

3月

3日 全国政协会议开幕当日，中国邮政集团公司总经理刘安东来到北京三里河邮电局,视察“两会”服务情况。

4日 市邮政公司总经理章干泉在友谊宾馆邮政服务点，收到了政协委员李东明赠送的锦旗，上书“服务热忱春风暖 邮政心系代表情”。

同日 市邮政公司总经理章干泉专程赶赴北京饭店、贵宾楼馆店、国际饭店、21世纪饭店和友谊宾馆等“两会”邮政服务点检查服务情况，确保“两会”服务保障工作万无一失。

同日 北京市委副书记、政法委书记王安顺一行亲临西外大街邮电局服务点——新大都饭店，亲切慰问邮政服务的工作人员。

5日 市邮政公司党委书记丁前亮视察了广西大厦、河南大厦和京西宾馆等“两会”邮政服务点，叮嘱职工牢记“政治第一，服务一流，万无一失，不留遗憾”的服务宗旨。

9日 全国人大代表，江苏泰兴市江平路邮政局局长何建忠到百万庄共青团局“传经送宝”，共同探讨如何加快邮政企业发展的步伐。

11日 国家邮政局副局长王渝次到密云县邮政局视察村邮站建设工作，促进新农村建设。

13日 中共中央政治局常委、全国政协主席贾庆林来到政协机关邮政服务点，亲切慰问“两会”服务人员。

19日 北京邮政投递局永安路投递部投递员韩伟在北京市总工会服务业系统主办的“劳模推荐人选事迹报告会”上，作了题为《做投递和谐的绿衣使者》的报告。

27日 北京邮政召开机要通信质量20年无事故表彰大会。北京市委保密办主任，北京市国家保密局局长陈艳，中国邮政集团公司副总经理李国华等参加会议。

本月 北京市报刊零售公司荣获由北京市文化管理工作领导小组办公室等三家单位授予的北京市“扫黄打非”暨文化市场管理工作先进集体称号。

本月 北京市邮政工会明确以“三项活动”（即合理化建议月、“双创双优”评比和班组创新风采展示活动）推进职工经济技术创新工程。

本月 北京邮区中心局职工申爱菊、曹玉胜荣获“全国技术能手”称号。

4月

7日 北京市邮政公司召开2010年服务“三农”工作会，加强对村邮站管理，拓展村邮站功能。

同日 市邮政公司党委主办首期入党积极分子培训班，年内将举办6期，近500名入党积极分子分期分批参加。

8日 市邮政公司召开2010年度网运工作会，要求构建经营、精益、文明、先进的网运平台，实现网运的科学发展。

15日 中国邮政集团公司副总经理李国华到北京邮政视察，对北京邮政航空客票业务取得的成绩给予充分肯定。

19日 北京邮政与中广传播有限公司达成合作协议，共同拓展移动多媒体广播市场，在互相提供产品服务、互相利用优势资源和合作、开发、销售新产品等领域正式建立战略伙伴关系。

20日 北京邮政召开人力资源暨计划财务工作会。会议提出强化财务管控，实施精益管理的要求。

22日 为支持青海玉树抗震救灾工作，在北京市邮政公司领导的带领下，机关全体干部职工踊跃捐款。与此同时，东区局、西区局、南区局、海淀区局、中心局等二级单位也纷纷组织捐款活动。

27日 北京市政府召开《促进首都邮政科学发展课题研究》结题会，副市长苟仲文提出工作要求，共同推进首都邮政科学发展。

28日 北京市邮政公司和邮储北京分行召开北京邮政代理金融业务发展推进会，尽快做大北京邮政代理金融业务规模并取得新的突破。

同日 北京邮政召开企业发展与科技工作会。会议要求科技和基建要为北京邮政经营发展保驾护航。

29日 北京市邮政公司召开2010年劳模表彰暨十佳劳模先进工作表彰大会，会议号召全体员工弘扬劳模精神，实现北京邮政新跨越。

5月

4日 北京邮政青年志愿者服务队，到北京新发地农产品批市场青年夜校，为70余名农民工及其子女提供了学业辅导、爱心交流和免费邮寄等志愿服务。团中央书记处书记卢雍政、北京团市委副书记于庆丰等领导应邀参加了活动。

6日 北京邮政投递局召开“学东四、学韩伟、创优质投递服务品牌”誓师大会，同时启动“用户满意的邮政投递员”评选活动。

13日 北京邮政为了确保完成全年函件发展目标，召开“百强争先，立志腾飞”国内函件业务发展推进会，明确要求“围绕三项重点业务，保存量、扩增量”的思路，全力推进函件业务发展。

14日 来自北京邮政各个岗位的7名世博会志愿者前往上海世博会北京馆，为北京馆提供游客疏导、引导服务、秩序维护、加盖纪念章等服务。

19日 北京东区邮电局、北京报刊发行局和东城区教委联合启动蓝天工程“青少年邮驿站”活动。

26日 交通运输部主办“第十届国际交通技术与设备展览会”开幕，北京市邮政公司自主研发的“个性化明信片制作终端”和“封片卡系统”参加了此次展览。

同日 为推进全公司的创新工作，北京邮政召开创新工作培训班，使创新成为企业的常态、高效工作。

27日 北京市纠风办召开督导组与北京市邮政公司的见面会，听取了相关汇报，并进行了具体指导。

28日 北京市职工职业技能大赛开幕，邮政投递员、分拣员列为参赛工种。

同日 2010年全国劳动模范和先进工作者表彰大会总务组给北京市邮政公司发来感谢信，感谢北京邮政为全国劳模大会提供的邮政服务。来信指出：“北京市邮政公司在大会筹委会办公室的统一领导下，精心组织，周密安排，有力地提供了邮件和报刊保障服务，为大会的顺利召开作出了贡献，受到各方面的一致好评。”大会总务组对北京市邮政公司“多年来的大力支持表示崇高的敬意和衷心的感谢”。

6月

1日 中国邮政储蓄银行北京分行开通网上银行，与此同时推出预约转账、跨行转账及账户管理升级服务。

同日 北京邮政开展安全生产月活动，有效推动安全文化、安全法制、安全责任、安全科技、安全投入等工作落实到位。

8日 海淀区邮电局召开“建体系、抓队伍、提素质、促发展”为主题的营销体系建设推进会，市公司副总经理王小东出席会议。

21日 北京邮政开展端午节营销活动，自5月10日启动至6月21日，实现销售额1658万元，完成计划120%。

23日 北京市邮政公司召开党风廉政建设大会，深入贯彻中纪委十七届五次全会精神。市公司纪委书记王旭作《深入推进党风建设和反腐倡廉工作为北京邮政转变发展方式加快发展步伐提供坚强保障》工作报告。

30日 北京市邮政公司与北京邮政速递物流公司召开会议，邮速双方再次把脉，推进速递物流专业发展。

同日 市邮政公司召开北京市职工职业技能大赛分拣、投递工种赛前筹备汇报会，全力以赴地做好大赛前的各项准备工作。

7月

1日 北京市邮政公司党委召开“群众心目中的好党员”表彰大会暨纪念建党89周年党课报告会，邀请市委党校教授元跃旗作“加强党性修养，做合格共产党员”为主题的党课报告。

5日 北京市邮政公司领导深入基层单位，全面展开暑期慰问，慰问坚守岗位的一线员工，确保员工身体健康。

同日 北京邮政2010年支局长培训班开班，市公司党委书记丁前亮提出要求：一要明确培训目的；二要学以致用；三要严肃学习纪律。

8日 北京市邮政公司召开廉政风险防范管理工作推进会，深入贯彻中纪委十七届五次全会精神，促进党风廉政建设各项工作落实。

12日 北京邮政召开2010年企业发展研讨会，市公司总经理章干泉作了题为《再谈以人为本实现北京邮政和谐、快速、持续发展》的讲话。

12-16日 北京邮政召开企业发展研讨会，探讨京邮在经营管理、发展上的现状和一系列问题。

13日 北京市邮政公司召开礼仪营销认标大会，最终认标总额为2.01亿元，比上年增幅达到54%，商函局自认三档摘得总标王桂冠。

20日 中国邮政储蓄银行国际结算系统在北京分行成功试点上线运行。依托这一系统，北京分行率先开办外汇公司业务。

26日 北京邮政正式启动"北京综合邮件处理中心"投产工作。发文要求：必须遵循"布局科学、流程先进、作业规范、组织高效、运行安全、平稳有序"的指导原则。

同日 《北京邮政营业服务规范(试行)》正式发布实施。

同日 中国邮政集团公司对中心局行邮转运部门安全质量专项整治工作进行综合性检查。通过检查表明：中心局行邮转运整体工作满意，对部分问题提出意见。

8月

2日 北京市邮政公司召开2010年"发展杯"和"效益杯"劳动竞赛推进会。

3日 北京市邮政公司举办2010年大学生入职培训班，党委书记丁前亮，纪委书记、工会主席王旭出席开班典礼。该班有73名学员。

同日 北京邮政首家贺卡旗舰店在建内大街邮电局内揭牌建成。

4日 北京市服务工会主席王丽明在北京邮政工会主席王旭的陪同下，慰问北京邮政投递员工。

5日 北京市职工职业技能大赛邮政投递员比赛圆满落幕。付永伟、张久明、李晶宏分别获得比赛前三名。

6日 北京市邮政公司举办"千人共做广播操"活动，29个基层单位的1000多名职工在两个主会场和22个分会场同做广播体操。

11日 北京邮政函件专业针对数据库商函发展进行重点部署，出台了《帮客户建库活动推进方案》和《BIU团队建设推进方案》，为贯彻落实全国邮政工作座谈会精神。

17日 北京邮政工会举办了劳模先进培训班，发挥劳模引领作用，为北京邮政又好又快地发展再创佳绩。

23日 北京邮政携手速递物流公司共商速递物流专业发展大计，共同把脉破解发展难题，确保北京邮政速递物流的健康发展。

25日 北京市职工职业技能大赛邮件分拣员比赛圆满落幕。北京邮区中心局西站干线运输处平刷出口科申爱菊、信函分拣处挂号科王冬、信函分拣处挂号科和红岩分别获得前三名。

本月 北京市邮政公司对原《北京邮政用户投诉管理办法》(试行)进行了修订，更名为《北京邮政客户投诉管理办法》，并开始实施。

9月

1日 北京邮政公司与北京市国家安全局联合举行了世博会邮路安防演练。

同日 北京东四邮电局网站www.dongsipost.com.cn上线运行。

3日 北京邮政开展"思乡"礼仪活动与全聚德、仿膳等"中华老字号"强强联合，多角度满足用户要求。

7日 北京邮政首届直邮知识竞赛圆满结束，海淀区邮电局荣获第一名。

8日 首都文明办副主任陈建文一行到北京邮政调研，同时参观了中心局与建内大街邮电局。

同日 北京市邮政公司在郊区县局设立的首家集邮专卖店——密云店开业。

13日 北京邮政代理金融储蓄余额突破500亿元大关，圆满完成了"增强信心提士气，冲刺余额500亿"的竞赛活动目标。

15日 北京市职工创新工作室推广交流会在北京邮政召开。市总工会党组书记、副主席韩子荣对北京邮政的创新工作室取得的成绩给予高度评价和充分肯定。

同日 北京邮政召开2011年度邮政贺卡认标大会。全公司3.07亿元的认标总额，不仅远远超越了年度任务指标，更创造了历史新高。

21日 新中国成立以来首次针对孤寡老人孤残儿童发行的公募明信片——"爱心明信片"由北京市邮政公司与中华社会救助基金会联合发行。

26日 北京市服务工会召开"迎国庆，展风采"技能竞赛，报刊发行局职工郝翠云等进行数报展示，展现了邮政职工的服务技能。

28日 北京动物园邮局在北京动物园内正式开业。

29日 北京双井邮电局喜获全国邮政营业旗舰店称号,成为邮政行业内过硬的邮电局。

10月

1日 首家少年儿童体验式邮局——北京市东区少年邮局正式开业,目的是推动书信文化、集邮文化的普及发展。

8日 中邮人寿保险公司北京分公司开业,公司宗旨是“服务基层、服务三农”,使政府满意、监管放心、百姓欢迎。

13日 京津冀地区快递服务发展规划出台,5年内实现5个提升,全力保障快递服务业务的迅速健康发展。

15日 在首都职工第八套广播体操比赛中,北京邮政代表队勇夺服务业第一名。

同日 党的十七届五中全会召开,北京邮政全力做好邮政服务工作,受到代表欢迎。

15日 北京市2011年度党报党刊发行工作会召开,副市长蔡赴朝讲话,提出邮政要提高收订质量,利用报刊亭做好零售。

19日 北京市邮政公司和邮储北京分行联合召开第四届“兄弟杯”劳动竞赛动员会,促进邮政金融稳健、持续地发展。

26日 北京报业集团与北京邮政公司签订战略合作协议,共同打造首都文化精品,在首都政治、经济和社会发展中发挥更大作用。

27日 北京邮政举行“保世博、迎亚运”邮路反恐安防演练。

同日 市邮政公司召开邮政代办渠道试点推进会,对17项试点工作进行了总结分析,要求加快推进邮政代办渠道建设。

11月

5日 北京国际邮电局与芬兰邮政首次合作,同步推出圣诞祝福系列邮品,为北京市民营造欢乐、美好的圣诞节日气氛。

18日 北京邮政召开战高峰函件业务推进会,为2011年函件业务发展奠定基础。

20日 北京市邮政公司召开综合邮件处理中心工程建设汇报会,总经理章干泉提出:要以安全为前提,加强全方位协调组织,相互支持尽早使北京邮政综合处理中心顺利投产。

25日 北京邮政投递局成立10周年,市公司总经理章干泉等参加庆祝会,提出投递局要站在新起点加大改革发展创新力度,为北京邮政事业又好又快发展作出新的更大贡献。

26日 北京市邮政公司开展新邮预订,企业年册营销活动,充分调动员工积极性,挖潜市场,抢占市场。

本月 北京市人民政府办公厅致信北京市邮政公司,对“北京邮政在第五届文博会上给予的大力支持和优质服务表示衷心感谢”。

12月

1日 北京邮政2010-2011年度“五节联送”专项营销活动全面启动,推动三项强力措施,产品创新增强吸引力,价格策略保证市场竞争力,组合宣传激发购买力。

5日 北京商务中心区邮政局开业(简称CBD局)。局址在建国路15号金地国际花园会所首层,是一个为高端客户提供个性化、全方位邮政服务的特色支局。

同日 在北京电视台举办的百姓爱心故事评选活动揭晓晚会上,北京门头沟邮政局大城涧邮政所投递员王自殿作为广大“爱心服务明星”之一上台领奖。

6日 交通部道路运输司与东四邮电局举办了“双学双促、创先争优”学习型党组织建设交流座谈会。

12日 2010年中央经济工作会议闭幕,北京邮政圆满完成会议的邮政服务保障工作,受到与会领导好评。

20日 北京市委书记刘淇、市长郭金龙等领导接见职业技能大赛获奖者和职工优秀技能人才代表。北京市邮政公司投递员冠军付永伟、分拣冠军申爱菊、北京市“十大”职工创新工作室沈智慧、职工技术创新成果优秀奖第一完成人武纪东等四人受市委领导接见。市领导观看了付永伟盖落地戳技能展示。

21日　中国邮政集团公司党组成员纪检组长马建中，监察局副局长贾江率领检查组深入北京邮政进行了4天的党风廉政建设检查考核。通过检查考核后，集团公司检查组组长贾江充分肯定北京邮政党风廉政建设工作。

22日　北京市邮政公司市场部和北京邮政周报联合举办“举案例,讲规范”北京邮政营业服务规范知识问答活动圆满结束,8000多名员工参加活动。

综　述

综　述

概　述

北京市邮政公司是中国邮政集团公司下属的邮政通信企业。承担着北京地区的普通邮政业务的经营、服务及相关设施、网络规划、建设、运行管理工作任务及邮政金融、邮政速递物流代理业务。实行中国邮政集团公司和北京市双重领导、以中国邮政集团公司为主的领导管理体制。

根据中国邮政集团公司关于经营体制改革的要求，中国邮储银行北京分行和北京市邮政速递物流公司分别于2007年11月28日和2008年12月30日挂牌成立。原由北京市邮政公司统一经营的邮政金融业务和邮政速递物流业务（包括国内快包和国际及港澳台包裹）及相关人员、资产开始逐步划归上述两个企业。2010年开始，北京市邮政公司、中国邮储银行北京分行、北京市邮政速递物流公司正式分业经营。邮政金融和邮政速递物流业务成为北京市邮政公司的代理业务。中邮人寿北京分公司于2010年10月8日开业运营。

北京市邮政公司和速递物流公司在全国邮政网中处于一级邮区中心局的位置，承担着繁重的邮件转运任务，是全国重要的枢纽和最大的报刊发行局。在国内，按邮区中心局体制和相关业务规定，与全国各级邮区中心局互封各类邮件报刊；在国际上，与境外各国际快递邮件、普通邮件开办国家、地区办理邮件互换。

北京市邮政公司经营和代理经营的业务包括：国内、国际函件（如信件、商函、印刷品等），国内、国际包裹，国内、国际特快专递，国内报刊订阅、零售，集邮业务及集邮品制作，邮送广告及商函制作，邮政电子商务，代理保险，邮政储蓄、邮政汇款以及以代销（如债券、基金）、代收（如水、电、燃气、电话费）、代发（如工资、退休金）为主的邮政金融中间业务。

北京市邮政公司内部实行三级管理：市公司；市公司下属的二级邮政通信经营、生产单位和非经营、生产单位（区、县邮电局或邮政局，专业局，专业公司）；二级单位下属的基层经营、生产单位（邮电或邮政支局、生产科、队等）。

2010年，北京市邮政公司下属二级邮政通信经营、生产单位包括四个城区邮电局、十个郊区区县邮政局、十一个专业局（公司）。城区邮电局是：东区邮电局、西区邮电局、南区邮电局和海淀区邮电局。郊区区（县）邮政局是：通州区邮政局、顺义区邮政局、平谷区邮政局、怀柔区邮政局、昌平区邮政局、门头沟区邮政局、房山区邮政局、大兴区邮政局、密云县邮政局和延庆县邮政局。专业局（公司）是：北京邮区中心局、北京邮政汽车运输局、北京报刊发行局、北京机要通信局、北京国际邮电局、北京邮政投递局、北京邮政商业信函局、北京邮政电子商务局、北京邮政保险代理局（中邮人寿北京分公司）、北京市邮票公司、北京市报刊零售公司。非邮政通信经营生产单位和直属二级单位是：北京邮政信息技术局、北京邮政科学研究设计院、北京邮政教育培训中心、北京邮政实业集团公司、北京邮政后勤中心、北京邮政文史中心、北京邮政宣传中心、北京市集邮协会、北京邮政职工艺术团。其中，北京邮政实业集团公司下辖六个自主经营独立核算的公司：北京邮政器材公司、北京邮政建筑工程公司、北京北邮物业公司、北京绿洲房地产开发公司、北京同力达通信服务有限公司、北京邮政旅游餐饮公司。

2010年，北京市邮政公司延续了“政企分开”改革后的管理机构设置。职能管理部门包括：办公室、市场经营部、网路运维部、计划财务部、企业发展与科技部、人力资源部、安全保卫部、审计部、监察室、党群工作部、纪委办公室、北京邮政工会、离退休管理部。

2010年末，北京市邮政公司共设置邮政通信经营局所773处，其中邮电（邮政）支局173处，邮电（邮政）所584处。信筒信箱6397个，邮政报刊亭2486个。农村村邮站3795个。全市平均每一局所服务面积21.23平方公里，服务半径2.6公里。因国际邮路和国内航空邮路划归北京市邮政速递物流公司统计管理,北京市邮政公司邮路减少,年末,邮路总条数876条,单程总长度7.3万公里。

2010年末,北京市邮政公司全部从业人员25467人,全员劳产率15.5万元。全年固定资产投资5.94亿元,其中:基建项目投资3.32亿元,技改项目投资2.62亿元。年末,固定资产原值34.47亿元。

2010年,北京市邮政公司领导班子成员:总经理兼党委副书记章干泉,党委书记兼副总经理丁前亮,副总经理郭荣寰、王小东、徐学明、王金波、杜福,纪委书记、工会主席王旭。

2010年,是北京市邮政公司"十一五"规划的收官之年,是正式实行邮政金融业务、邮政速递物流业务与邮务类业务分业经营的第一年。面对国内外复杂的经济环境和分业经营后更加困难的经营形势,北京市邮政公司在中国邮政集团公司和北京市政府领导下,继续深入贯彻落实科学发展观,讲求效益与质量的发展,讲求全面协调可持续发展。注意正确处理:速度与质量、规模与效益的关系,改革、发展、稳定的关系,社会效益、企业效益与职工利益的关系,邮政公司、邮储银行、速递物流公司共同发展的关系。以"提高北京邮政经济增长质量和效益"为核心,以"推进邮政经济发展方式转变和业务结构调整"为主线,以"效益为先,升位晋级,优秀升格,勇争第一"为目标,经过一年的艰苦努力,完成了预期的经营任务,实现了科学、健康、稳定发展。

企业经营和业务发展

一、2010年,北京市邮政公司共实现业务收入39.76亿元;收支差额总额-0.28亿元;邮政业务总量36.06亿元;劳产率15.62万元;全部从业人员人均收入增长9.5%,超过8%的预期目标。

二、2010年,北京市邮政公司的邮务类业务呈现较快发展态势,业务总量完成16.43亿元,占邮政业务总量45.6%,收入实现28.07亿元,占主营业务收入的72.3%。邮务类各项业务在全国同行中排名情况如下:函件业务量、业务收入分别排名第五和第三;集邮业务量和业务收入分别排名第一和第三;报刊订销业务量排名第八,收入排名第一;包裹业务量、业务收入均排名第一;机要专业业务量、业务收入排名第一。

三、分业经营后,北京市邮政公司的业务收入结构发生了变化。全年,邮务类业务收入28.07亿元,约占主营业务总收入的72.3%;代理速递结算收入4818万元,其他代理速物收入2830万元,合计7648万元,约占主营业务总收入的2%;代理储蓄、汇兑业务收入8.46亿元,代理保险收入6087万元,合计9.0687亿元,约占主营业务总收入的23.4%。此外,其他业务收入7873万元,同比增长63.1%。

四、在邮务类业务中,函件收入120643万元,同比增长17%;报刊发行收入67804万元,同比增长12.9%;集邮收入70030万元,同比增长8.2%;普通包裹收入6380万元,同比增长18.4%;代理国内快包结算收入967万元,同比下降20.8%;代理国际及港澳台包裹结算收入1156万元,同比增长6%。

服务设施和通信能力建设

2010年,北京市邮政公司以"优化结构、突出重点、注重效益,支撑发展"为指导思想,坚持"贴近市场,贴近业务,增强能力,改善服务"的投资原则,集中有限资金,统筹规划安排,加强服务设施和通信能力建设,提高了企业综合实力和核心竞争力。

一、北京邮件综合处理中心一期工程基本完工。

二、服务网点及设施建设。全年完成统建配套局所改造项目3个,场地改造项目16个,建设改造总面积63728平方米;接收统建配套局所9处,总面积5636平方米;改造营业台席126个,增加台席32个;改造储蓄台席186个,增加储蓄台席24个;新增、更新营业网点计算机、打印机等终端设备1800台套,购置商函专业设备9台套。营业网点的建设有效促进了业务发展和服务水平的提高。

三、信息化建设。围绕企业创新发展和生产经营的中心任务,加快信息化建设,开发或上线运行了一批新业务开发和经营管理急需项目。其中,中国邮政集团公司项目有:金融数据下载系统、金融会计稽核系统、邮政储蓄系统2.0版本改造工程二期、邮政个人网上银行系统、邮政集团客户现金管理系统、客户营销管理系统二期、普通邮件全程时限监控系统。市邮政公司的项目有:北京邮政航旅通机票信息系统、北京邮政报表系统、北京邮政安保信息管理系统、北

京邮政财务综合管理信息系统(统计模块)、北京邮政电子商务代收费及新业务开发、北京邮政综合网网络监控管理系统二期等。

2010年,共有各类计算机网络服务器679台。

四、邮运网路和专用设备。2010年,北京市邮政公司积极构建经营网运、精益网运、数字网运模式,实现了网运管理向生产经营型、科学精细化、降本增效转变的目标。优化市内邮路,对《内参选编》、出口《北京晚报》拉运进行了调整;休息日和法定节假日日报实行早、普合投;推进省际大宗函件预处理等流程优化;开展全程时限达标。一系列改进优化网运措施有效保障了全网运行畅通和运行效率、效益提高。

2010年,北京市邮政公司邮路总数876条,单程总长7.3万公里。其中:全国干线邮路32条,长度3.9万公里(铁路邮路16条,长度3万公里;自办汽车邮路16条,长度0.9万公里);市内邮路800条,3.1万公里;农村邮路44条,0.3万公里。

2010年,全公司拥有重点设备:汽车2106辆,其中:邮运专用1081辆,投递专用427辆,储蓄专用16辆,物流专用7辆,其他生产用车362辆。分拣设备:信息分拣机7套,印刷品分拣机一套,包裹分拣机3套,报刊分发流水线2条,计算机12819台,其中:营业窗口用4393台,内部生产用3553台,综合管理用4002台。

企业管理和改革

一、顺利成立了中邮人寿北京分公司,丰富了保险业务品种,拓宽了业务渠道。成立了代理业务专业管理部门,为邮政金融、邮政速递物流正式分业经营后,代理业务的发展管理及经营协调创造了有利条件,营造了分业经营后共享资源、共同发展的良好氛围。

二、"升位晋级"激励机制和绩效考核内容、办法进一步完善。对激发企业创新活力、加强企业管理、促进业务发展、提高经济效益起到了保证和推动作用。

三、实施经营型财务管理。形成以经营预算为源头,财务预算、固定资产投资预算和现金预算相配套的邮政企业预算管理体系。强化了成本集中管理、集中招标采购和固定资产全过程管理。逐步推进了损益核算深度、广度,完成了网点损益核算基础体系搭建。加强了量收系统和财务信息化建设。推进了邮银、邮速关联交易结算工作。

四、实施人力资源精益管理。实现了全体职工收入集中发改。积极稳妥推进薪酬制度改革,建立了岗位职级体系整体架构。加强了营销、营业、投递队伍建设,有效支撑了服务和业务发展。规范用工、劳动合同签订率达到100%。

继续加强职工培训和职业技能鉴定。共举办各类培训班80余期,累计培训2万人,全员培训率78%。其中:各类资格性培5800人次,适应性培训11000人次,提高性培训2200人次,远程培训9500人次。全年共组织14个工种11925人次参加职业技能鉴定考试。邮政通信特有职业持证率达到87.9%。

加强文明建设,构建和谐企业

2010年,北京市邮政公司坚持"以人为本"治企宗旨,努力使企业发展成果惠及职工,同时不断推进民主管理、局务公开,加强先进典型的培养、宣传,发挥先进典型的示范引领作用,精神文明建设和建设和谐企业取得新成果。

一、全部从业人员人均收入增幅达到9.5%,超过8%的预期目标。

二、在全公司开展了以"五大文明行动"为内容的"爱首都、讲文明、树新风——做文明有礼邮政人"活动,引导大家争当文明职工。

三、加强了对先进典型的选树工作,充分发挥先进典型的示范引领作用,在企业营造了"学先进、比奉献、促发展"的良好氛围。2010年,永安路投递部韩伟被授予全国劳动模范荣誉称号,东四邮电局陈兰颖等八名同志被授予北京市劳动模范荣誉称号,北太平庄邮电局、通州区梨园邮政支局投递部被授予北京市模范集体荣誉称号。深入开展了"劳模先进创新工作室"创建活动。全公司成立的以市级以上劳模、先进个人命名的创新工作室已达52个。

四、精神文明建设成果继续得到巩固。市公司、报刊发行局以及密云县邮政局顺利通过了首都精神文明建设委员会对全国文明单位及全国精神文明创建工作先进单位的复查。全公司29个单位继续保持了首都文明单位标兵和首都文明单位称号。东四邮电局被集团公司命名为全国邮政"文明服务模范窗口",百万庄邮电局获全国运输行业文明示范窗口。

经营服务与管理

邮政经营服务与管理

经营成果

【全面完成主要经营指标】2010 年，北京市邮政公司实现业务总收入 39.76 亿元，同比增长 14.55%。完成本公司年经营预算的 102.29%，完成集团公司下达经营预算的 114.08%。与 2009 年比，净增收入 5.05 亿元，是 2009 年净增收入规模的一倍以上。业务总收入超过了邮储北京分行和速递物流公司独立运营前的总收入规模。

【"升位晋级"不断取得进步】2010 年，北京市邮政公司多项全国收入规模排名指标取得进步：

1. 电子商务业务从全国第 21 名上升到第 19 名。代理金融业务从全国第 19 名上升到第 17 名。

2.国内函件业务、发行订销业务、包裹业务都上升 1 名：国内函件业务从全国第 4 名上升到全国第 3 名；发行订销业务从全国第 5 名上升到第 4 名；包裹业务从全国第 2 名上升到第 1 名。

3.机要业务全国第 1 名的领先优势得以扩大。

【多项重点工作走在全国邮政前列】

1.2011 年贺卡业务实现超常规发展，创收 3.25 亿元，收入增幅和收入规模在全国邮政位居第 1。

2.银企对账单业务步入正常发展轨道，为下一步业务放量打下了良好基础，全年共计签约客户 31 家，运行客户 19 个，涵盖五大国有银行，实现业务收入 462 万元，业务运行平稳，总的妥投率、回执率全国领先。

3."五节"、"端午"、"思乡"专项营销都创历史新高。"端午营销" 活动连续第二年实现跨越式发展，实现销售额 1757 万元，同比增长 61%。"思乡"营销活动销售额达到 1.28 亿元，同比增长 73%。2010—2011 年度"五节联送"活动共实现外部产品销售额 8743 万元，同比增长 61%。

4.2011 年度报刊收订流转额增幅居全国首位，实现"冲刺 7 个亿"目标，达到 7.08 亿元，增收流转额 1.12 亿元，增幅 18.79%，增幅居全国邮政首位。

5.全公司个人储蓄余额规模达到 524.8 亿元，超过分营前的邮银总体规模 483.6 亿元，全年累计净增 67 亿元，净增额及增幅全国排名与年初相比分别提高了 5 位和 6 位。

6. 航空客票销售量从上年的全国第 17 跃居全国邮政第 2。在集团公司组织的百日竞赛中，北京邮政排名全国邮政第 1。

【营销体系建设和网格化营销不断推进】2010 年，以"研究地域经济、深挖客户资源"为指导思想，推广"网格化"营销模式，即对目标市场、专业项目、服务区域实现网格细分，形成立体式网格营销推进模式，分区域有重点地开展营销工作。到 2010 年底，全公司营销岗位人员 2053 人，其中销售岗 1731 人，策划设计岗 322 人。专职客户经理，即销售岗(现职)人员达到 1040 人，占营销岗位人员总数的 50.65%。

专职营销人员业绩规模达到 5.9 亿元，增幅 15.26%，占全公司全部业务收入的 15%。营销收入超千万的团队 8 个，超百万的 133 个。

【专项营销和常规化营销项目创佳绩】2010 年市公司推出 50 余个策划方案，其中由市公司营销策划中心直接策划组织的项目 12 个，直接收益超过 1000 万元。常规化礼仪营销活动全年的销售总额超过 2 亿元，产生高效收入超过 6000 万元。较大营销项目有：全国首开先河的中秋贺卡项目；与市园林局碳汇基金会合作的"碳汇"明信片项目；满足客户个性化邮寄需求的给据邮件服务"寄往未来的信"项目；展示网络新技术的"邮乐趣"网络互动项目等。

【集邮专业经营成绩显著】

1.2010 年北京集邮专业实现收入 7 亿元，排名居全国领先位置。全专业实现收支差 1.2 亿元，高效收入率达到 42.99%。

2.发展低本高效业务。2010 年共制作个性化邮票 189.43 万版，完成计划进度的 111.43%。共制作企业年册 18.3 万册，实现收入 4200 万元。定向邮品实现收入1.68亿元，占专业收入的23.96%，达到“高效收入”指标的设置。预订2010年新邮实现收入7395万元，排名继续保持全国第一。

3.坚持创新发展。2010年，全年共策划研发132种产品，产值达到7213万元。在北京公司成功开设五家中国集邮专卖店后，又有16家专卖店正式投入运营，同时，在100个支局设100个集邮品销售专柜，做到“店柜”同步建设，使集邮品的销售链规范化，常态化，形成全网覆盖的发展态势。

经营领域拓展和服务管理

【市政府支持邮政发展】获得市委市政府支持，为北京邮政科学发展提供有力政策保障，市政府在通信生产、设施建设、资金支持等多个方面为北京邮政提供政策支持和措施保障，为企业长远发展创造更有利的环境。北京市农委、市农业局将北京邮政纳入北京市新型农资服务体系建设，为北京郊区邮政的进一步发展搭建了新平台。

【结合区域特点，拓展经营服务新领域】

1.融入金融街产业链，为CBD高端商务区提供一体化服务，与南城老字号深度合作，创新合作模式，实现互利共赢。

2.在全国邮政率先推出中邮阅读网这一全国邮政首个数字发行项目。

3.与京报集团签订《战略合作协议》，确保了北京邮政在首都地区党报党刊和重点报刊的发行权。

4.全公司179个亿元网点全部配备了专职理财经理，综合理财产品销售能力增强，总销量达到13.1亿元，比2009年全年总销量多完成5.6亿元。

【制订新《北京邮政营业服务规范(试行)》】2010年7月16日《北京邮政营业服务规范(试行)》颁布实施。新规范对原有服务规范中涉及营业窗口对外服务的内容进行了调整、细化和补充；汇集了原有《北京邮政文明行业四个标准》、《邮政服务规范》、《邮政服务礼仪》等规范标准，做到了一本在手尽在掌握，更便于邮政职工学习实践；融入了东四邮电局、百万庄邮电局、北太平庄邮电局、和平门等先进窗口单位的服务经验，进一步提升了北京邮政的整体服务标准；对营业窗口常见的特殊服务问题给出了统一规范的处理办法，使职工更易掌握、易操作，有利减少和规避服务投诉。

【贯彻新《邮政法》和《普遍服务标准》】深化营业网点建设和管理，动态调整和优化网点布局，全年新增邮政网点12个，撤销邮政网点16个，对175个营业网点的营业时间进行调整，每天共缩短营业时间167小时，延长营业时间36小时。推行邮政营业场所及营业基础管理标准化工作，包括：邮政局所名称牌及营业时间牌标准化、营业厅公示内容标准化、宣传品上报审批制度标准化、宣传架(框)及宣传品规格标准化和营业基础管理资料规范化。全市所有邮政局所名称统一为“××邮政支局”、“××邮政所”和“××邮政代办所”。

完成重点服务和专项工作

【圆满完成“两会”服务任务】2010年3月3日至14日，北京市邮政公司为全国“两会”代表、委员驻地投送报刊432万份，投递邮件11.25万件，收寄邮件21.74万件，出售“两会”纪念封99万枚，其他各类封、折、册12万枚、册，实现业务收入3461.9余万元，共收到来自驻地的表扬信65件，圆满完成了“两会”邮政服务任务。

【做好大学生包裹及复转军人包裹收寄服务】2010年6月至7月，北京市邮政公司开展了大学生包裹的收寄工作，共有30个支局，为54个大专院校的毕业生收寄了44758件包裹，实现收入173.87万元。

2010年12月初，北京市邮政公司开展了复转军人包裹的收寄工作，共有93个支局，为276个部队的退伍军人收寄了32084件包裹，实现收入154万元。

【完成“中国邮政客户营销管理系统”上线工作】4月7日“中国邮政客户营销管理系统”在北京正式上线，上线商务客户数17150户，上线专业涵盖函件、包裹、速递、集邮、发行、物流、电子商务，上线单位包括14个城郊区县局、6个专业局、1873个网点，系统操作员3099人，专、兼职营销人员2709人。

【开展国内给据邮件全名址信息录入工作】2010年9月16日北京公司电子化支局完成系统升级，9月17日开始国内给据邮件全名址信息录入。

【完成第二次报废邮资机实物销毁工作】2010年11月19日在集团公司函件处、全国邮资机管理中心、

市公司共同监督下，在邮政器材公司大兴仓库，对东区局、西区局、南区局、海淀区局、国际局、通州局、房山局、大兴局已报废的293台邮资机进行了实物销毁，这是市公司自2006年全国邮资机管理系统上线以来第二次进行邮资机实物销毁处理，至此，全公司所有符合报废条件的邮资机已全部销毁。

光 荣 榜

【2010年"营销创百优"劳动竞赛获奖单位和个人名单】

优秀营销团队：西区局金融街营销团队、西区局百万庄邮局先锋营销团队、东区局建内大街邮局奋进号一队营销团队、东区局安外邮局一队营销团队、西区局西长安街营销团队、海淀区局中关村邮电局科技服务营销团队、东区局双井邮局1队营销团队、东区局东四邮局一组营销团队、南区局东高地支局城南之星营销团队、顺义局扬帆营销团队、南区局邮票公司捷报营销团队、商函局市场部营销团队、邮票公司梁嘉先进创新工作室、发行局专项市场营销团队、国际局首都机场邮局鹰雁营销团队；

二十强营销员：周彤、陈媛媛、王磊、门桂菊、毛继香、马兰、成江峰、沈昺、刘慧剑、李玮祎、孙博、邢树彬、王振环、陈海如、沙莹、谢立成、杨洪武、袁明、柯美楠、何彦国。

【2010年度市公司亲情服务团队名单】东四邮电局、双井邮电局、王府井邮电局、建内大街邮电局、百万庄邮电局、金融街邮电局、新古城邮电局、和平门邮电局、牛街邮电局、丰台邮电局、北太平庄邮电局、清华大学邮电局、双榆树邮电局、通州局梨园邮政局、平谷局新平邮政局、顺义局新顺邮政局、怀柔局青春路邮政局、密云局太师屯邮政局、延庆局东外大街邮政局、昌平局阳坊邮政局、房山局交道邮政局、大兴局兴丰邮政局、门头沟局大峪邮政局、国际局建国门邮电局、机要局交通科、电商局11185客户服务中心、商函局市场部、汽运局二队、科研院情报计量站、邮票公司储运部、报刊发行局业务数据处理中心、投递局东四投递部、投递局西长安街投递部、投递局亚运村投递部、投递局方庄投递部、投递局永定路投递部、中心局西站干线运输处重件科、中心局信函分拣处平常出口科

【2010年度业务管理优胜单位名单】北京市西区邮电局、北京市南区邮电局、北京市海淀区邮电局、北京机要通信局、北京市顺义区邮政局、北京市房山区邮政局

（撰稿人：王艳敏）

网路运行

网 路 运 行

概　述

十一五期间,尤其是邮政公司化运营以来,网运工作面对社会经济形势、社会需求、经营环境的重大变化,注重科学发展,更新观念,锐意改革,以全新的理念,拓展思路,大胆创新,积极探索适应公司化运行的网运运营模式,推进网运发展方式的转变,在网运观念、运行机制、运营模式、管控手段等方面有所创新,取得了丰硕成果。

第一,实现了网运观念向生产经营型转变。在邮政公司化运行的不断推进,传统的网运管理模式和运行机制受到严重挑战的形势下,市公司总经理章干泉提出网运工作“十大理念”和“五个必须坚持”,为网运改革发展指明了方向。网运部门在“十大理念”的指导下,解放思想,更新观念,通过对社会发展、市场环境和自身能力的认真分析和研讨,确定了以“经营网运,创新发展”作为网运改革发展的指导思想,从传统网运观念的困惑和束缚中解放出来,步入了科学发展的轨道。逐步提出了“数字网运”和网运经营一体化的概念,通过对网路运行状况的“数据化”,科学客观地评价网运效益和效率,促进网运的精细管理。树立“营销网运”和主动服务的理念,以市场及客户的个性化需求为基点,建立多种快速生产作业组织模式,打造营销型个性化网运服务,提升了营收环节邮政产品创意水平,向着经营市场迈出了第一步。“数字网运”和“营销网运”理念的提出,进一步完善和丰富了“经营网运”的内涵,使之更加科学化、系统化,形成了网运改革发展的指导思想体系,实现了网运观念从生产服务型向生产经营型的转变。

第二,在经营理念基础上实现了运行机制的创新。网运部门坚持经营理念,把创新运行机制作为改革的重点,先后制定了《网路运行成本核算实施方案》、《内部处理分环节结算办法》、《内部运邮车辆有偿使用办法》、《机动车油料使用管理办法》等多项工作方案和管理办法,重点在制度层面推进经营网运。一是建立了内部运邮车辆有偿使用运行机制,在报刊零售体制改革中进行试点取得了很好的效果,并在全公司的特需邮运业务中推广运用。二是建立了网运成本节支奖励机制,并纳入市公司绩效考核办法。三是建立了干线邮路运费、车辆油料和维修费等持续成本的管控机制。市公司自2009年起对全公司所有机动车辆的油料实行集中采购、统一管理。

第三,在信息化基础上实现了管控手段的创新。网运部门加大了信息系统建设力度,完成了集团公司网运信息系统的上线运行,建成了北京邮政网运指挥调度综合信息系统,为丰富网运管控手段打下了良好基础。大力推进“数字网运”,构建了网运统计核算体系。加强网运成本统计核算分析,分步推出各类邮件网运成本牌价,实现了网运分环节结算。通过车辆信息管理系统对车辆油料消耗进行实时动态监控,有效地控制了车辆油料成本支出。建立了网运效益与效率关键指标评价体系(KPI),实现了网运效益和效率的科学分析和评价。

第四,在建设与优化相结合基础上实现了运营模式的创新。根据市场需求,不断优化整合网运资源,科学规划网路组织,创新网运运营模式。新建大郊亭市内东部报刊处理场地、速递陆路邮件处理中心、4个区局大宗邮件处理中心,提高了内部处理能力,有力支撑了竞争性业务的发展。在干线运输上开拓新型运邮方式和作业方式,降低运邮成本,采取邮航二频次运能包舱、扩充行邮专列运能、租用行包大列和行李车运邮、行邮专列动态配量等措施,使出口运能大幅提升。在市内运输上以“搭载、延长、辐射、衔接、交替、预期”的组织方式,打破专网的界限,将原有的封闭、固化的邮路结构改为开放、动态的网路平台。

经过几年来的改革创新和发展,北京邮政网运发生了巨大变化,形成了经营网运的运行和发展机制，网运资源配置不断趋向科学合理，信息化程度不断提高，网运效益与效率大幅提升，支撑能力持续增强。特别是经过抗冰雪、服务奥运、建国60年庆典等重大事件的锤炼和洗礼，前瞻预判能力、应急预警能力、快速反应能力得到了大幅提升，构建了适应市场变化和企业发展需要的多样、灵活、快速、高效的支撑平台，有力支撑了企业的经营工作，推动了企业的公司化转型进程。

2010年网运工作

2010年网运工作坚持科学发展，改革创新，贯彻落实集团公司网运工作部署和市公司领导“构建经营网运、精益网运、文明网运、先进网运，实现网运强企”的工作要求，紧紧围绕市公司发展工作目标，继续深化“经营网运”，持续完善“数字网运”，逐步推进“营销网运”。强化网运效益与效率的关键指标管理，全力构建经营型、集约化网运，保障了全网运行畅通，有力支撑了企业经营发展。

【整合资源，提高能力，支撑经营发展】2010年，网运部门积极优化生产流程和作业组织，有效整合邮运网路，提高了网运效率和能力，有力支撑了经营发展。

1.推进“流程优化”工程。大力推进集团公司部署的省际大宗函件预处理试点工作，简化大宗函件进口分拣流程，达到了集团公司省际大宗函件预处理的要求。完成了干线运输普通邮件封发清单无纸化改革，简化了给据邮件处理流程，实现了北京与23个中心局之间给据邮件封发清单无纸化，网上清单及时准确率达到了100%。推行大件包裹散件外走封发，降低了职工劳动强度，提高了邮件处理效率。拓展市内总包信息系统IC卡功能，优化作业流程，实现了市内普通邮件全部进口频次无纸化交接，加快了邮件处理时限。

2. 完成爱心包裹和“小版张”运输组织工作。2010年集团公司扩大爱心包裹的寄递范围，北京公司负责华北和东北地区的寄递组织工作，网运部门专项部署分拣封发、市内和干线运输等环节的具体工作，对处理流程进行了整体优化，根据邮件量，制定了直封总包和单独组织两套运输方案，确保了爱心包裹封发处理和运输安全顺畅。配合市场经营部门，积极组织集团公司邮票“小版张”寄递工作，按照邮件预处理工作要求进行分拣前置，圆满完成全部寄发工作。

3.优化整合市内邮路。根据专业化运输要求，对《内参选编》、研发邮路、出口晚报拉运等工作进行了优化调整，减少了生产车辆投入，进一步增强了市公司运力储备。实行了休息日和法定节假日日报的早、普合投，同时根据用户需求提供了个性化支撑服务，在确保服务质量的同时，有效降低了网运成本。

【启动邮件综合处理中心投产筹备工作】根据北京邮件综合处理中心建设进度，市公司2010年启动了投产筹备工作，成立了由公司党政主要领导挂帅的投产工作领导小组，组建了北京邮件综合处理中心投产办公室，明确了各职能部门和相关单位的职责。网运部协调相关部门和单位制定下发了《北京邮件综合处理中心网运组织工作实施意见》，对生产场地功能定位、内部生产作业组织、生产作业信息系统流程、市内运输、干线运输、生产管理架构、网运设备管理、网运信息化管理八个方面，提出了明确要求和指导意见。在充分进行调查研究和科学论证的基础上，运用统筹学原理制定了投产工作安排以及进度统筹图。按照生产作业实际需要，研究制定了生产管理、邮运网路组织和内部作业组织以及转场工作等各项实施方案和应急预案。各相关单位积极细化实施方案和落实各项具体筹备工作，为确保邮件综合处理中心顺利投产做好了充分准备。

【推进时限达标工作，提高服务水平】依据集团公司新的时限规定，网运部门以满足用户需求为标准，以网运资源共享为手段，对业务流程、邮运计划、作业组织反复研讨论证，拟定了北京公司时限达标活动工作方案。深入推进流程优化，充分利用现有人员、场地、车辆、设备等网运资源，对邮件内部处理作业组织、生产作业流程和邮运网路组织进行全环节调整。根据新作业时限频次的规定，结合“双定”工作要求，全面调整劳动作业组织和作业班次，重新制定市内邮运、内部分拣封发、投递等生产环节的作业计划，10月份实施以来，实现了分段作业时限清晰、生产作业组织严谨、上下环节衔接紧密。加快邮件传递速度的效果已经显现，内部处理环节和投递环节邮件无滞存现象，进出口邮件时限明显加快，本市互寄信件基本实现了次日递，进出口信函、包裹邮件时限

基本达到集团公司要求的时限标准，进一步提高了北京邮政服务水平。

【单车成本核算初显成效】2010年，网运部门依托网运信息化手段，开展了邮政车辆单车成本核算工作。根据车辆性能和实地测定以及科学分析，建立了单车成本核算指标体系。在完善邮政车辆管理信息系统的基础上，以清晰掌握单车运行成本，控制车辆百公里运行成本、万元收入运输成本、万袋件运输成本等关键指标为目的，对车辆运行情况和实际成本支出情况进行监测、统计、分析、控制。实行以来，总体工作运行顺畅平稳，数据采集准确，促进了各网运单位加大对车辆运行的管理力度，使运输生产组织更具科学性，有效控制了车辆运行成本。2010年，全公司车辆油料消耗总量同比下降3.11%，百公里油耗下降1.4%。

【建立网运效益与效率评价体系】建立并实施网运绩效指标（KPI）评价体系是结合邮政企业公司化运行、企业改革发展的实际，以效益最大化为宗旨，以降本增效为重点，实现网运精细化管理的一项重要措施。网运部门从信息系统数据和实际运行的角度，确定了网运生产质量管理关键控制点和百元资产收入、成本收入率、运能利用率、车辆里程利用率、运输时限达标率、总包破损率等23项KPI指标，建立了网路运行效益、质量、效率评价体系。制定了网运绩效指标评价实施方案，在下半年的试行过程中，进一步明确了评价指标数据的调取方式和途径，完善了网运绩效指标。各生产单位及时根据评价指标反馈情况，合理有效调整生产，实现了对网运生产运行效益、运能综合利用等情况的全过程评价，使网运检查从单一的质量控制，向提升网运“双效”转变，促进网路资源的最优化配置，保证网路运行整体效益和效率的持续提升。结合网运绩效指标评价体系的实施和集团公司部署，加大了网运检查力度，开展了多次总包规格质量、干线运输的专项整治及上海世博会和广州亚运会期间网运安全等专项检查工作，有效保障了网运生产的平稳运行。

【开展业务竞赛和培训，促进网运队伍建设】网运部门坚持以提升网运员工创新能力、管理水平、综合素质和生产技能为重点，采取多种方式，开展网运指挥调度、网运信息系统、车辆设备管理、交通安全管理等多项培训。在全公司开展了“创优争先”网运劳动竞赛和“平安邮政，文明交通”安全竞赛。9–10月份，开展了为期两个月的网运安全生产月活动，与《邮政周报》联合开设网运安全生产知识专栏。通过黑板报、征文、合理化建议和安全知识读本等多种形式，宣传普及安全生产教育，做到了全员知晓率100%、参与率100%。网运部与人力部、工会密切合作，共同承办了北京市职工职业技能大赛邮件分拣员比赛。这次大赛把技能竞赛与提升职工素质相结合，与技术创新相结合，与评优评先、奖励晋级相结合，提高了职工爱岗敬业、岗位成才的责任意识，达到了锻炼职工队伍、提高业务技能的目的，同时通过向社会广泛征集参赛活动，提升了北京邮政的整体形象和社会影响力。在北京市2010年度交通安全工作考核评比中，北京市邮政公司第十九次荣获市级交通安全优秀系统，有15个二级单位被评为市级交通安全先进单位。在2010年度全国邮政网路运行部门“创优争先”劳动竞赛活动中，北京邮区中心局被评为先进单位；中心局邮件转运处重件科、中心局行邮处邮件库房作业区、速物公司行邮集散处理中心、速物公司运输公司被评为先进集体；有4人被评为先进个人。通过组织培训和劳动竞赛，激发了广大网运员工积极进取意识以及做好网运工作的自觉性和主动性，提高了网运员工业务技能和综合素质，促进了网运队伍人才建设。

干线邮路情况

2010年，北京市邮政公司拥有干线邮路32条，邮路单程总长度3.9万公里。（由于统计口径调整，航空和国际邮路由速物公司统计）

1.北京市邮政公司铁路干线邮路

邮路起止地点	班期（班/日）	单程长度（公里）
北京—牡丹江	1	1603
北京—福州	1	2334
北京—银川	1	1335
包头—北京—汉口	1	2029
乌海—北京—天津	1	1315
北京—兰州	1	1803
北京—广州	1	2294

邮路起止地点	班期（班/日）	单程长度（公里）
北京—南宁	1	2566
北京—重庆	1	2087
北京—上海	1	1463
北京—广州	1	2290
北京—哈尔滨	1	1297
北京—乌鲁木齐	1	3352
北京—成都	1	2042
北京—武昌	1	1225
北京—西安	1	1200

2.北京市邮政公司全国干线汽车邮路

邮路起止地点	班期（班/日）	单程长度（公里）
北京—德州—沧州	1	390
北京—大连	1	990
北京—济南	1	550
北京—锦州	1	585
北京—廊坊	1	128
北京—洛阳	1	905
北京—秦皇岛	1	380
北京—青岛	1	890
北京—沈阳	2	885
北京—石家庄	1	320
北京—太原	2	600
北京—天津	2	215
北京—唐山	1	270
北京—新乡—安阳	1	690
北京—郑州	1	760
北京—三河	1	125

3.市内转趟及盘运邮路

序号	频次	邮路数（条）	长度（公里）
1	日报早投	47	1514
2	北京直送	23	1991
3	国际盘运	3	220
4	第二次进口	52	2953
5	第三次进口	57	4162
6	第四次进口	26	1340
7	11点出口	9	1135
8	15点出口	26	1530
9	20点出口	71	4070
10	大宗托盘专送	5	342
11	市内报厂拉运	45	1030
12	京版出口报盘运	39	1885
13	早邮件盘运	10	524
14	零售报刊配送	155	4488

交通安全工作

2010年，市公司交通安全管理工作围绕年度制定的工作目标，深入开展交通安全宣传动员，强化工作落实检查与隐患排查治理，注重交通事故防范工作。2010年市公司机动车拥有量为2007辆，安全年行驶5041万公里，圆满完成了北京市开展的“文明交通行动计划”和“交通安全整治活动”的管理目标。第19年被评为市级交通安全先进单位。

【落实交通安全例会制度，做好交通安全防范工作】 市公司落实交通安全季度例会制度。每季度对各单位交通安全工作开展情况以及交通事故、交通违法情况及时进行风险分析。查找安全隐患，评估安全状况，部署防范措施，从而指导各单位做好交通安全宣传教育、应急预案及交通事故预警工作，有效地预防了重大责任交通事故的发生。

【做好交通安全宣传教育培训，强化交通安全意识】 2010年，市公司以贯彻落实市安委会交通安全工作部署为主线，开展了交通安全宣传教育培训活动。

为使管理者适应当前的交通形势，市公司举办了两期专业知识培训班。聘请交管局警官和保险公司相关专业人士就如何在当前形势下开展交通安全工作及事故保险处理规范进行讲解，使全体管理干部的专业管理水平有了进一步的提高。

为广泛宣传优秀的交通安全管理经验和驾驶经验，在全公司范围内开展了交通安全征文活动。各单位积极组织，广大职工踊跃参加，上报各类优秀文章百余篇。从不同角度反映出广大干部职工对交通安全工作的理解，充分体现出确保出行安全的良好愿望。

市公司各单位积极开展宣传教育活动，落实驾驶员培训计划，以交通安全法律、法规、企业规章制度、驾驶技术、避险能力、维护技巧等为重点培训内容，提高员工安全责任意识，强化驾驶技能水平和应对突发险情的处理能力。汽运局为强化驾驶员的职业素质，在狠抓专业技能、交通法规、职业道德培训的同时，充分认识到不良心理给行车安全带来的严重危害，举办了驾驶员心理辅导讲座。对驾驶员进行心理干预，纠正驾驶员不良驾驶心态。投递局针对"两会"投递服务的特点，召开专题会议部署工作，落实管理责任。对参加服务的车辆逐车保养检查，对参加服务的人员进行重点培训，签订保安全责任书，确保"两会"投递服务安全准点。

【开展"平安邮政、文明交通"竞赛活动】根据市安委会"文明交通行动计划"工作部署，在全公司范围内开展了"平安邮政、文明交通"竞赛活动。在竞赛期间各单位精心组织，广泛开展交通安全宣传教育活动，动员广大员工积极参与，真正把自觉遵守交通法规的意识落实到日常的交通行为之中。经市公司竞赛领导小组评定，评选出先进单位8个，先进集体19个，优秀管理干部8名，先进个人44名。市公司对竞赛活动中先进单位、先进集体和个人进行了通报表彰。

【重点整治"严重交通违法行为"，落实管理责任】2010年市公司加大了对"严重交通违法行为"的整治力度，对多次发生严重交通违法行为的单位进行了重点督察，对发生严重交通违法行为的单位在市公司经营分析会议上进行通报，落实监管责任。要求责任单位对发生严重交通违法行为的当事人进行强化教育，从法律、法规到事故案例，从隐患危害到驾驶员技术，力争杜绝严重交通违法行为的发生。要求各单位针对交通违法行为的发生情况开展有针对性的安全教育，加大对交通违法行为的监控和处罚力度。对屡次发生交通违法行为的责任单位下发了限期整改通知书，加强对交通违法行为的日常管理考核工作。开展了安全驾驶文明行车大家谈活动，召开"安全驾驶每一天　文明行车我争先"报告会，举办了交通事故警示图片展。这些措施有效地遏制了交通违法行为的发生，为旺季生产提供了有力的安全保障。

【做好交通安全检查及专项整治工作】2010年，市公司落实交通安全工作会议精神，坚持按照二级单位查管理、三级单位查落实的检查原则，开展了经常性、专项性、定期性、季节性和临时性等不同形式的交通安全检查。对检查中发现的安全隐患责任单位提出了具体的整改意见，并根据整改情况进行复检。检查工作不走形式，不走过场，责任落实到人。

【强化事故预警及风险分析】2010年全公司车辆发生2000元以上交通事故119起，事故发生率0.02次/万公里。市公司根据事故统计情况，定期分析发生的成因，评估存在的风险，进行交通安全形势预警通报，制定防范措施和预案，并通过例会及通报等形式向全公司发布，指导各单位制定出相应的交通安全防范措施和工作预案。

（撰稿人：彭　鑫　杨步恩　冯长宇　回燕青）

企业管理

计划财务管理

概　述

2010年，北京邮政计财工作按照中国邮政集团公司、北京市邮政公司的统一部署，贯彻落实科学发展观，推进改革、支撑经营，及时调整工作思路，以“确保资源配置和计财政策为支撑，强化成本集中管理和固定资产管理，夯实管理基础”为目标，紧张有序、有条不紊地开展各项工作，有力地支撑了企业的经营发展，促进了企业运行质量稳步提升。

主要经济指标完成情况

北京邮政以提高经营发展质量和效益为核心，以推进邮政经济发展方式转变和业务结构调整为主线，以“效益为先，升位晋级，优秀升格，勇争第一”为目标，经过一年努力，实现了预期目标。从业务量来看，国际函件、订阅报刊、代理储蓄、代理国内汇票、机要业务量增幅都超过10%；从业务收入来看，函件、代理金融、报刊发行、代理和信息业务收入保持较快增长。

全年实现全部业务收入39.76亿元，同比增长14.55%；收支差额总额-0.28亿元，完成集团公司下达的年度计划；邮政业务总量36.06亿元，同比增长7.93%。

2010年末，全部从业人员25467人，比上年末减少152人；全员劳动生产率15.5万元，比上年增长15.03%。

全年实现邮政增加值25.26亿元，邮政增加值占北京地区生产总值的比重为0.18%。

固定资产投资5.94亿元，其中：基建项目投资3.32亿元，技术改造项目投资2.62亿元。年末固定资产原值34.47亿元。

截至2010年底，邮政局所达到773处，邮路总长度为7.28万公里。

主要业务发展情况

【邮务类业务】2010年，邮务类业务呈现较快发展态势。邮务类业务总量完成16.43亿元，同比增长7.3%，占邮政业务总量比重45.6%，高于上年15个百分点；邮务类业务收入实现28.07亿元，同比增长14%，占主营业务收入比重72.3%，比上年下降0.3个百分点。

大力发展高效业务，积极巩固传统业务，精心培育新型业务，为邮务类业务发展奠定了坚实基础。函件专业业务量、业务收入全国邮政排名保持与去年相同，分别列第5位和第3位；集邮专业业务量全国邮政排名第1、业务收入全国邮政排名第3；报刊发行专业订销业务量全国邮政排名第8位，收入全国邮政排名第1位；包裹和机要专业业务量、业务收入全国邮政排名均列第1位。

1.函件业务

函件总数实现67665万件，同比增长5.3%。其中：国内函件53035万件，同比增长7.7%；邮送广告10656万件，同比下降12.9%；国际及港澳台函件3974万件，同比增长43.8%。

函件收入完成120643万元，同比增长17%。

2.报刊发行业务

订销报刊业务量为8.2亿份，同比增长11.4%。其中：订销报纸7.68亿份，增长11.8%；订销杂志0.56亿份，增长6.6%。

发报刊业务量为20.4亿份，同比增长9.1%。其中：出口报纸量增长9.8%，出口杂志量增长2.5。

报刊发行收入完成67804万元，同比增长12.9%。

3.集邮业务

集邮邮票销售1.69亿枚，同比下降5.1%；集邮品册数销售526万册，同比下降19.1%；个性化邮票销售212万版，同比下降33.9%。

集邮收入实现70030万元,同比增长8.2%。

4.包裹业务

包裹业务量达到635万件,同比下降19.3%。其中:国内普通包裹442万件,同比下降0.4%;代理国内快递包裹178万件,同比下降45.9%;代理国际及港澳台包裹15万件,同比增长0.4%。

普通包裹收入实现6380万元,同比增长18.4%;代理国内快递包裹结算收入967万元,同比下降20.8%;代理国际及港澳台包裹结算收入1156万元,同比增长6%。

5.机要业务

机要邮件业务量537万件,同比增长12%;机要收入完成7467万元,同比增长5.7%。

【代理速递物流业务】2010年,是速递物流专业分业经营的第一年。根据集团公司《关于加强营业窗口代理速递物流工作的通知》精神,认真贯彻落实集团公司考核资费收入、实行按件奖励等措施。同时,北京邮政对营业窗口如何做好代理速递物流工作进行了研究、分析和布置,开展了首届"兄弟杯"劳动竞赛、"思乡月"等专项营销活动,取得了效果,逐渐扭转了代理速递物流业务发展的被动局面,使窗口代理速递物流业务下滑的趋势得到有效控制,同比降幅逐月减小,由上半年平均下降5%,到年末已减少到下降0.6%降幅减小4个百分点。

全年代理速递物流业务总量2.86亿元,占邮政业务总量比重7.9%,低于上年2个百分点。

2010年代理特快专递业务量790万件,同比下降0.6%。其中:代理国内同城特快专递112万件,增加3.4%;代理国内异地特快专递662万件,下降0.7%;代理国际及港澳台特快专递16万件,下降4.5%。代理国际特快专递市场占有率2.9%。

代理速递结算收入4818万元,同比减少0.8%,其他代理速递物流收入2830万元,同比增长26.5%。

【代理金融业务】2010年,在巩固代理金融基础业务地位、坚定不移地扩大代理储蓄余额规模的经营策略引领下,抓住低付息成本的有利时机,迅速巩固和扩大市场份额;继续高度重视存款结构调整,进一步优化储户结构,不断提高收益水平。与此同时,通过"冲余额、补欠产"等各种竞赛活动,以及围绕华瑞卡、拆迁补偿款代发、军人保障卡、养老金深度挖掘等重点营销项目的推进,促进了代理邮储余额稳步增长,达到525亿元的规模。

全年代理金融业务总量14.43亿元,同比增长7.9%;占邮政业务总量比重40%,高于上年12个百分点。

1.代理邮政储蓄业务

年末代理邮政储蓄余额524.8亿元,同比增长14.7%;全年净增余额67.1亿元,同比下降0.2%。年末二类和代理邮储网点点均余额12676万元/个,比上年增加1683万元/个。活期比例为38.9%,比上年减少0.5个百分点。市场占有率为3.2%,与上年持平。储蓄收益率1%,与上年持平。

代理储蓄业务收入7.6亿元,同比增长11.76%。

2.代理汇兑业务

代理国内汇兑业务发展势头较好。代理开发汇票业务量850万笔,同比增长13.9%;实现收入8519万元,同比增长8.6%。兑付汇票业务量463万笔。

代理国际及港澳台汇票业务呈下降趋势。代理国际及港澳台汇票业务量0.3万笔,同比下降41.3%;实现收入81万元,同比下降7%。

3.代理保险业务

代理保险业务继续保持发展态势。代理保险费16.5亿元,同比增长33%;代理保险收入6087万元,同比增长51.7%。

【其他业务】

邮政其他业务量2.3亿元;其他业务收入7873万元,同比增长63.1%。

邮件(报刊)处理量

2010年邮件(报刊)处理量为64.8亿件(份、张),同比增长10.6%。

规划管理

2010年,按照北京市邮政公司总体部署,完成了"十二五"规划编制、《促进首都邮政科学发展课题研究》等规划工作。

【完成"十二五"规划编制,明确北京邮政发展方向】按照集团公司"十二五"规划编制工作部署和要求,通过"十二五"规划编制工作启动、规划资料收集与调研、规划撰写与汇总、规划修订与完善、规划文本

的审核等阶段工作，最终于 11 月完成了北京邮政“十二五”规划的编制工作，规划文本已向集团公司报出。同时，向市政府发改委、交通委提供了北京邮政“十二五”时期邮政设施和邮车通行等规划建设的内容，为“十二五”时期北京邮政设施建设和网路运行规划纳入城市规划起到重要作用。

【做好《促进首都邮政科学发展课题研究》工作，为市府出台 4 号文件创造条件】 为配合北京市政府、市邮政管理局做好《促进首都邮政科学发展课题研究》工作，根据市邮政公司要求，在 2009 年完成分报告、总报告的调研、撰写工作基础上，2010 年继续参与了促请市政府出台支持首都邮政科学发展的政策文件(代拟稿)的研究修订工作，代拟稿在 11 月 11 日召开的市政府专题会议上获得了政府部门认可，会议明确“原则上同意”，提出“按会议意见修改完善后，以市政府文件(即 4 号文件)形式印发实施”。代拟稿在“邮政设施规划与建设、局所配套与征收”等 12 个方面，都达到了预期目标。为今后北京邮政的设施建设与提升普遍服务水平提供了政策保障。

【合理调整场地，优化资源使用】为配合机构体制改革，解决办公场所中存在的问题，合理利用场地资源，对汽运局、电商局和保险局等 5 个单位办公场地进行了调整；对双井邮局等 7 处局所场地，根据储蓄、投递、批销等生产经营需要进行了合理调整，使速递退回场地、区局到期的部分出租场地、配套局所资源得到了充分利用。

根据市邮政公司领导要求，紧密结合场地功能定位、场地改造建设、生产需求等情况，认真研究并完成了北京综合邮件处理中心投产后现有生产场地使用调整意见稿，为场地今后调整使用和领导决策提供了重要依据。

【积极推进拆迁还建工作】顺利完成了北京站南院邮件转运站拆迁还建相关工作，并通过努力向集团公司争取了对该项目投资额 90%(1035 万元)的投资；配合相关部门，积极参与了大兴区邮局拆迁谈判和协议起草、修订工作，为协议的完成和设施还建发挥重要作用；参与了市邮政公司邮政培训中心项目征地协议修订完善工作，为该项目实施发挥重要作用。

【落实农村空白乡镇邮政局所补建工作】根据国家发改委、市发改委和集团公司“关于农村空白乡镇邮政局所补建”工作总体要求，按照市邮政公司领导指示，计财部牵头，积极组织开展了空白局所乡镇数量的调研确认、补建项目可研报告的编制及上报、补建项目环境评价申报等前期工作。待市发改委正式下达可研批复、市环保局下达环评批复进入组织有关区县局开展补建局所的选址落实阶段。

【参与综合邮件处理中心可研报告的评审及修订】按照中国邮政集团公司要求，参与了北京综合邮件处理中心 2 号指挥调度楼和综合业务楼建设项目可研报告评审及修订工作。

计划、投资和招投标管理

【计划与投资】2010 年，北京邮政固定资产投资以“优化结构、突出重点、注重效益、支撑发展”为指导思想，坚持“贴近市场、贴近业务、增强能力、改善服务”的原则，保证了北京综合邮件处理中心建设、营投终端网点设备更新、专业局能力建设、信息化建设等生产经营和服务一线投入，使有限的资金集中用于重点工作、重点专业和核心能力建设。

2010 年完成固定资产投资 5.94 亿元，其中，基本建设投资 3.32 亿元，占总投资比重的 55.9%；技术改造投资 2.62 亿元，占总投资比重的 44.1%。

从资金来源看，中国邮政集团公司投入 2.98 亿元，占总投资比重的 50.2%；市公司自筹资金投入 2.96 亿元，占总投资比重的 49.8%。

从投资构成看，新建工程投资 30497 万元，占总投资比重的 51.4%；改扩建工程投资 1706 万元，占总投资比重的 2.9%；统建配套局所投资 933 万元，占总投资比重的 1.6%；各类业务、管理信息系统建设项目投资 183 万元，占总投资比重的 0.3%；邮件处理设备投资 19193 万元，占总投资比重的 32.2%；营业及投递设备投资 652 万元，占总投资比重的 1.1%；汽车设备投资 5224 万元，占总投资比重的 8.8%；计算机设备投资 36 万元，占总投资比重的 0.1%；其他设备投资 935 万元，占总投资比重的 1.6%。

【建立计划、招标、预算、资金协调联动机制，强化投资和资产的闭环管理】 为了进一步规范投资项目和专项费用的管理流程，2010 年下发了《北京市邮政公司项目计划、招标、预算、资金协调联动实施细则》。执行联动机制后，市邮政公司已对 48 个房屋装修改造项目在招标结束、签订合同后核增了成本预算,拨付资金2600万元,达到了加快项目执行速度、规范招标管理、保证项目经费专款专用的目的。

【招投标】

1.扩大集中采购范围,最大限度节约资金。2010年,集中采购范围已经扩大到35种,完成99个项目的招标,其中包括综合邮件处理中心内部处理设备、北太平庄支局和报刊零售公司装修改造等内容的招标。总体规模达到1.18亿元,节约资金约2076万元。

2.推进汽修改革工作,进一步加大成本集中管控力度。2010年计财部联合网运部、人力部等部门开展了汽修改革的相关工作,8月下发了《北京市邮政公司汽修改革实施方案》,年底前,实地考察,确定招标方式,招标采购等各阶段的招标工作已经完成。实施汽修体制改革,将大大促进车辆维修流程的优化,实现车辆维修成本有效控制。

统计管理

【提供统计信息服务】按照中国邮政集团公司、北京市统计局、北京市邮政公司统计报表制度的要求,以及根据北京邮政生产经营的需要,按时报送,各类邮政统计月报、季报和年报。

为了及时给各级领导及相关经营管理人员提供北京邮政统计信息,市公司计财部编发了《2009年北京邮政发展统计通报》、2009年度《邮政统计资料汇编》、为北京邮政文史中心编撰《2010年北京邮政年鉴》提供了计划财务管理章节,2010年各月的《邮政统计资料》。

【开展统计专项调查】

1.中国邮政集团公司组织的调查

根据中国邮政集团公司通知要求,开展了4次统计专项调查活动:《关于在北京等部分大中型城市开展零售报刊业务发展情况调研》、《关于开展邮件处理封发环节运营效率情况调研》、《数据库商函业务发展情况调查》、《关于开展邮政业务2010年不变单价测算调查》。这些调查,为企业经营管理和流程优化提供了更多有价值的信息。

2.北京市邮政公司组织的统计调查

为了掌握北京邮政营投网点台席、柜台及设备使用和资源配置情况,市公司继续组织开展营投网点台席、设备专项统计调查活动,利用三年连续数据,进行趋势分析,更为全面地反映企业资源配置情况。同时也为制定固定资产投资计划提供依据。

【加强统计基础工作】

1.统计检查工作

按照北京市统计局、国家统计局北京调查总队、北京市监察局、北京市司法局《关于开展统计法和统计违法违纪行为处分规定贯彻执行情况大检查的通知》和北京市邮政管理局《关于开展邮政行业统计检查的通知》文件要求,市公司组织开展了2010年度统计检查工作。市邮政公司重点抽查了8个二级单位所属的15支局、投递部、生产处。针对检查中的问题,市公司下发了统计检查通报,并提出整改要求。

2.统计专题分析活动

为加强北京邮政统计分析工作,提高综合统计人员撰写统计分析的能力和水平,市邮政公司组织了统计专题分析交流评比活动,并将10篇获奖分析文章编印成《2010年度统计专题分析汇编》,提供给市邮政公司、二级单位相关领导参阅,并发放给各级统计人员学习借鉴。向集团公司计财部推荐的1篇文章,刊登在集团公司计财部主办的《邮政经济信息》刊物上,并获得全国邮政经济信息优秀分析文章二等奖。

3.统计培训

(1)请北京市统计局进行培训

新修订的《统计法》自2010年1月1日起正式实施。为了帮助各级统计人员充分理解新《统计法》修订的背景,深入领会并掌握新《统计法》的基本精神,掌握新《统计法》对统计报表填报的要求,在统计工作中更好地依法统计,市邮政公司邀请北京市统计局法规处肖广义处长对二级单位及支局、科队统计人员进行新《统计法》培训,同时还发放了“新修订《统计法》学习宣传读本”。

(2)组织统计业务技术培训

组织二级单位及支局统计人员,分三批到邮政培训中心上机学习新统计软件操作方法;新统计系统各种查询方法及问题解答;《邮政统计工作管理制度》中,原始记录及台账、报表、统计检查、资料管理分项制度的讲解;统计报表、调查表填报中的问题。

【统计法规制度建设】为了完善北京邮政统计管理制度,约束在统计活动中的行为、保障统计数据质量,市公司出台了《北京市邮政公司邮政统计工作管理制度》。同时,将此文件编印成册,发放到各级统计人员手中学习。

【推进统计信息化建设】财务综合管理信息系统(统计模块),基本开发完成,各级统计人员、业务人员已使用该系统填报统计原始记录、报表、查询统计数据。该系统的上线运行,将进一步提高基层统计数据的质量,缩短数据采集的时限,提高管理效率及水平。

【量收管理系统建设与应用】

1.积极做好集邮业务系统接入量收管理系统准备工作。向中国邮政集团公司上报了《关于对集邮系统机打报表作为会计记账凭证进行验收的请示》,并通过了中国邮政集团公司的验收;对二级单位取消集邮手工日报单的情况进行了抽检,确保量收管理系统中集邮业务数据的完整性、准确性;每月进行集邮收入、成本、库存业财数据一致性的核对。

2.认真进行量收管理系统中函件、包裹、代理和信息业务与财务系统中相应业务收入的核对工作。发现量收系统采集数据有问题时,查找原因,及时与量收工作组、集团公司量收管理处沟通,反映情况、使问题得到尽快解决。

3.利用量收管理系统,加强对二级单位欠费管理与检查工作。

预算、绩效考核、损益核算与结算

【增加"高效收入"指标及配套考核机制,引导各单位提高收入质量】市邮政公司在2010年预算编制、预算执行及绩效考核办法中引入了"高效收入"概念,引导和激励各单位、各专业发挥对直接业务成本管控的主观能动性,进而达到提升收入质量的目的。这一政策推出后,大部分单位不仅完善了代办费审批管理流程,还对产品营销方案进行效益评估,在一定程度上扭转了业务营销人员偏重收入规模、忽视成本的局面。2010年,全公司高效收入实现32.6亿元,同比增加3.4亿元,高效收入率为82%。

【深入推进全面预算管理,加大运营成本管控力度】为加大基层单位预算管控力度,强化运营成本的管理,市邮政公司下发了《北京市邮政公司成本费用预算执行管控工作的指导意见》,要求各单位加强预算分解、执行、分析、监控以及考核工作。2010年,全公司运营成本累计完成9.5亿元,同比增幅为9.7%,低于收入增幅5个百分点,占全部成本比重仅为24%。

【推行积极财务政策,支撑业务发展】

1.年初,对认经营预算在四档和四档以上的单位,给予了收支差额补贴和直接成本等专项补贴4388万元,通过发挥财务政策杠杆作用,有效地调动了各单位认高档、完成高档经营预算的积极性,有力地支撑了企业的发展。

2. 根据函件业务结构特点制定了2010年贺卡的相关奖励政策,增加了贺卡代办费及函件专业直接成本预算4720万元;为支撑报刊专业发展制定了增量空间政策,专门投入900万元;为支持集邮专业的特色发展,在各区县局建设了14个集邮文化精品店,专项补贴95万元;为支撑代理信息专业发展,对机票业务追加成本预算40万元,支付国际航协保障金180万元。

【完善绩效考核办法,引领加快发展方式转变】在下发的《北京市邮政公司2010年绩效考核办法》和《北京邮政公司2010年绩效考核办法补充规定》的文件中,重点加大了高效收入、资金管理等企业运行质量方面的考核力度,为各单位发展高效业务、扩大现金收入规模,降低企业经营风险,提升北京邮政经济增长的质量和效益发挥了重要的引导和激励作用。

【实施网点损益核算,网点减亏取得初步成效】

1.顺利完成网点损益核算基础体系搭建。按照中国邮政集团公司要求和北京邮政实际情况制定了《北京市邮政公司营业网点损益核算实施方案》,网点损益核算范围由集团公司要求的10%扩大到100%。先后组织实施了历史数据及网点信息的采集和核对工作,完成了北京邮政财务综合管理信息系统中网点损益核算功能模块的开发及上线运行工作。

2.全面推进亏损网点的减亏工作。通过对全公司网点数量、收入规模、效益情况进行深入分析,从亏损网点的业务结构入手,重点解决和改善亏损网点的经营状况。先后下发了《关于对亏损租赁网点进行调整和改进的通知》和《关于落实亏损网点减亏提高网点经营效益的指导意见》,全面启动了亏损网点减亏的工作,取得了一定效果。2010年末全公司亏损网点已由9月份的202个降到75个,减少了127个。利润率由-25.3%提高到-18.2%,减亏了7个百分点,减亏金额约952万元。

【推进各类结算,促进邮银速协调发展】

1.开展与邮储银行、速物公司的关联交易结算。全年共从邮储银行结算回房屋租金等费用5555万元,市邮政公司将已结算的7个邮银交易项目全部清分到二级单位,提供了到网点的明细数据。与北京邮政速物公司就关联交易的结算事项进行沟通,组织实施营业环节结算和协调机制建设的相关工作。就争议较大的国际函件分拣结算项目多次向集团公司反映情况,最终争取到此项费用由集团公司和速物总公司之间进行结算,当年不再清分到省公司,为北京邮政节约了近4000万元的成本。

2.开展网运环节数据稽核工作。在中国邮政集团公司对一级干线运费结算系统调整结算量纲、功能升级后,计财部、网运部、中心局开展了干线运费数据核对和速物总包重量稽核工作。发现了速递总包重量偏低和266次邮车总包信息不全等问题,及时向集团公司进行了汇报。8至12月中心局共稽核出外省速递问题总包4.5万袋,重量偏差达206吨,为提高一级干线运费结算质量提供了有力支撑,并获得集团公司重量稽核奖励149万元。

资金资产管理

【做好速物改革后续工作】

1.做好注资土地和房产过户工作。按照集团公司下发的《关于划转速递物流业务重组改制出资资产的通知》的要求,对已经注资给速物公司的四宗土地和房产进行过户,对办理过程中涉及土地出让金等相关费用向中国邮政集团公司申请到了专项资金补贴6526万元,年底前已到账。同时,通过多方努力节约了土地出让金近4000万元,中国邮政集团公司为此奖励北京公司专项资金2000万元。经与宣武地税多次协商,速物公司已经取得其中三宗土地的土地增值税免税证明。

2.完成融资租赁黄标车三方协议。按中国邮政集团公司要求,与速物公司和环宇租赁公司签订了黄标车融资租赁主体变更协议。对协议中涉及的所有车辆的规格、车牌号码、已付款金额、未付款金额进行了认真核对。融资租赁主体的变更,为市公司节省了垫付资金。

【加大资金集中支付与资金管控力度】

1.加大资金集中支付力度。到2010年末,市邮政公司集中支付的大额成本已达到13项,占全部付现成本的比重达到53%。进一步减少了资金沉淀、提高了资金使用效率。同时,在确保企业生产经营必需的资金前提下,市公司通过购买银行理财产品、协议存款及邮储银行账户分成收入等资金运作,全年取得收益1400万元,大大提高了存量资金的效益。

2.加大资金管控力度。从8月开始,每月根据各单位上缴资金的情况核定月透支额度。实行支出账户零余额透支管理以后,全公司每月平均支付资金1.54亿元,比未执行前减少了1600万元,有效缓解了资金紧张的情况。10月,下发了《资金预算管理办法》,使各单位提前动手,综合现金流入和财务收支预算、投资预算等,对下一年度资金预算和月度资金预算进行统筹规划,为2011年全面推行资金预算管理做好准备。

【强化固定资产管理,提高存量资源效益】

1. 规范资产全过程管理,加大资源管控力度。2010年下发了《北京市邮政公司固定资产全过程管理办法》,对固定资产管理的流程进行了优化,明确了职能部门的责任和各环节的管理要求。计财部、网运部、企发部等部门密切配合,在全公司范围内共调拨资产514件(套),涉及原值3558万元,进一步理顺了资产调拨流程,解决了固定资产管理中账、卡、物不在同一单位、资产难以管理的问题。

2.组织开展了设备资产清查。这次设备资产清查历时近半年,34个二级单位参与清查,不仅摸清了全公司的设备资产家底,也发现了个别单位在设备管理中存在的资产调拨中实物与账务处理不同步、待报废资产清理不及时等问题。年底前,市公司全面清理了待报废资产,进一步提高了设备资产的周转速度。这次清查,也为加强设备的动态管理提供了翔实、可靠的资料。

房屋资产经营管理

【实施房屋资产集中管理,提高企业资产运营效益】

根据中国邮政集团公司房产经营管理要求,在市邮政公司领导的大力支持下,成立了房屋资产经营管理中心，对全公司所有房屋资产的出租、租入及盘活工作实行统一归口管理。房屋资产经营管理中心成立后，对14个单位60余个租赁项目进行了调研和实地勘察，下发了《北京市邮政公司房屋资产经营管理办法》，填补了市公司房产租赁管理制度上的空白。房屋资产经营管理中心、投递局还对所属场地中租金涨幅较大的3处场地进行调整，年节约租金40万元，五年租赁期内节约租金200万元。同时结合亏损网点调整和网点接收工作，将部分租赁场地的投递部迁至亏损网点或新接收网点，预计年节约成本83万元，续租期内节约249万元。

【加紧完成小汤山天野度假村盘活准备工作】按照中国邮政集团公司酒店盘活工作的整体部署，市公司房屋资产经营管理中心积极配合市邮政实业集团公司，完成了天野度假村与小汤山支局场地切分工作。同时，还组织了土地、房屋测绘和评估等相关工作，为顺利盘活该项目奠定基础。

财务会计管理

【加强检查，强化内控确保核算真实完整】2010年，组织完成了用户欠费管理、账外账小金库、长期股权投资、成本费用真实性、资金管理等五个专项检查，开展了车辆维修费管理的专项调研，配合纪委等部门开展了多项专门调查。对20个单位进行了现场检查。通过检查发现了各单位在业财衔接、业会对账、用户欠费管理等方面存在的问题，提出了具体的改进措施，进一步提高了会计基础工作规范的程度。

按照新《企业会计准则》的要求，完成了新旧会计制度的顺利衔接。对收入、成本以及部分往来科目的会计核算进行了规范，并按照财政部及集团公司的相关要求，重点对职工货币化补贴及职工福利费的会计核算进行了规范。

【加大存货管理力度，确保业财数据一致】联合业务部门及时理顺了普通邮资封片卡业务的管理流程，组织了封片卡实物的库存清查，共清理出系统外库存2032万元，及时纳入到了账内管理，进一步强化了函件产品的库存管理和数据稽核工作。

【加强信息化建设，提升财会管理手段】北京邮政物料管理系统，年内已确定系统总体需求方案，函件新产品、贺卡等销售类功能已经开发完成并于11月上线运行，市邮政公司已利用系统功能，实现了对2011年贺卡季的全程监控和管理。通过产品名录的统一归口维护，进一步提高了函件专业管理的严肃性和规范性。预计到2011年3月底，物料系统中2011年贺卡库存和销售数据将与财务NC系统和邮资封管理系统完全一致。

【加大培训力度，提高计财队伍综合素质】针对近年来企业经营管理内容、方式、手段的变化、各级计财人员变动频繁、业务素质良莠不齐的现状，组织了会计人员继续教育、会计核算、税务等内容的专项培训。通过培训，加强了财务队伍建设，提高了计财人员业务素质。

财务中心管理

【完成委派轮岗考察】按照财务负责人委派办法的规定，重点对十个郊区县局财务委派人员任职届满一年履职情况进行了综合考察；对2009年升格局中，考评优秀称职的财务委派人员报请人力资源部予以升格晋职；顺利完成了三个城区局财务委派人员的轮岗工作。

【加强机关成本管控，落实降本增效措施】通过与后勤中心、培训中心的反复沟通，将这两个单位公务用车全部安装了高速路速通卡(ETC)，办理了油料集中支付卡，强化了成本管控；加大了西站能源费的管理力度，每月将西站各项能源费按比例调整到指定单位，提高各使用单位节能意识；将机关各部室和财务中心分管的挂靠单位的预算指标进行细化分解，与各单位沟通确认后，将预算指标分别下达。

【完善修改制度规范，认真抓好基础工作】起草制定了财务中心内控制度及管理规定共计十三个，经与相关单位认真沟通讨论，达成一致意见，已下发执行；按新企业会计制度的要求进行了财务中心2010年NC财务会计系统的初始化工作，对核算项目、部门的设置等均按照新企业会计制度的规定进行了规范；随着医疗制度的改革和市邮政公司统管人员的增加，认真做好2010年医疗保险结算工作，汇总全年医药费自负部分的结算；按照市邮政公司的工作要求，为提高设备资产的使用率，对市邮政公司机关各部室及财务中心集中报账单位进行了一次比较全面彻底的固定资产清查。（撰稿人：林　涛）

人事、劳资、教育工作

概　述

2010年是“十一五”计划的期末之年，也是北京邮政向现代化邮政企业转型速度不断加快，经营效益不断提高，员工收入逐年递增，各方面工作取得长足进步的一年。2010年北京邮政人力资源工作始终将“以提高效益为前提，以科学发展为重点”作为工作的核心理念，紧密围绕北京市邮政公司经营发展目标和中心工作，在科学发展观的指导下创新管理方法，利用科学的管理方法激励员工干劲，在构建激励与约束机制，加强人工成本管理，提高员工收入水平，提升员工素质等方面，突出重点，创新管理，狠抓落实，较好地完成了2010年各项工作任务，为北京邮政的发展提供了坚强的人力保障和支撑。

截止到2010年末，北京市邮政公司各项人力资源指标完成情况良好。全员劳动生产率实现15.5万元，比2009年增加2.0万元，增长15.03%；全部从业人员为25467人，比2009年减少152人，下降0.6%；人工成本16.2亿元，全部从业人员人均收入增幅达到9.5%。

2010年北京市邮政公司共举办各类培训班820余期，累计培训20000余人，培训率达到78%。其中：各类资格性培训5800余人次，适应性培训11000余人次，提高性培训2200余人次，远程培训9500余人次。2010年培训鉴定6633人，生产人员持证率达到87.94%。同时，积极加大高技能人才培养力度，技师考评扩展到8个职业，新增技师77人。2010年北京市邮政公司的在岗员工和离退休人员社会保险统筹(养老保险、工伤保险、失业保险、生育保险)和基本医疗保险、补充医疗保险的参保率为100%。

注重企业长效机制建设

【概况】在2010年的人力资源工作中，北京市邮政公司以提高企业发展能力为出发点，不断完善考核激励机制、人工成本管控机制、用人机制，以机制建设增强企业活力，以机制完善提高企业竞争力，以机制的活力提高发展的能力，进一步完善了绩效管理机制、郊区升格机制、人工成本管控机制及监管机制，提高绩效水平，提高企业经济效益，为北京邮政可持续发展从机制建设上给予了保证。

【健全绩效管理考核机制】

一是建立高管人员考核评价机制，加强领导班子建设。2010年本着“全面考核、注重实绩，权责分明、奖罚并重，科学评价、促进发展”的原则，北京市邮政公司建立了高管人员绩效考核评价机制。结合高管人员分管工作细化考核内容，加大高管人员考核力度，促进了班子合理分工、协调配合，调动了班子成员的生产经营积极性。在考核中采取“工作述职”的方式，对专业经营发展相对落后的单位，实施专业工作述职，通过研讨和帮促，多数单位提高了认识，查找到不足，采取有效措施使落后专业摆脱困境、迎头赶上。通过实施高管人员考核评价机制，加强了各级领导班子建设，促进了班子整体水平的提高，推进了企业经营发展。

二是完善机关绩效考核管理，提高工作效能。2010年北京市邮政公司机关绩效考核管理工作更加全面，以“夯实基础，明确责任，量化目标，突出重点”为主线，以北京市邮政公司经营发展目标及机关部室工作为重点，制定并印发了《北京市邮政公司机关绩效考核管理办法(试行)》，进一步完善了机关绩效考核管理工作。通过提取关键绩效考核指标，确定了机关12个部室和184个岗位的关键绩效指标共1216条，平均每个部室关键绩效指标9条，每个岗位关键绩效指标6条，进一步明确了机关各部室和各岗位的工作职责。通过实施对机关部室及管理岗位的季度和年度关键绩效考核，将考核结果与薪酬发放、职级晋升结合，加大了管理人员的奖惩力度，激发了机关管理人员的积极性和创造性，促进了全年各项工作任务目标的完成。

【深化郊区升格机制建设】2010年,在首位升格和前两年优秀升格的基础上,北京市邮政公司进一步完善了郊区区县局激励机制,鼓励郊区区县局主动发展,继续保持较高的业务发展速度,郊区区县局业务收入平均增幅22.75%,高于全公司平均水平近8个百分点,高效收入增幅28.90%,高于全公司平均水平14个百分点;同时加大了对升格后领导人员的绩效管理力度,提高了对郊区各级管理者的管理水平,2010年27名北京市邮政公司委派的城郊跨区任职人员享受了补贴,鼓励了城郊干部交流。

【建立人工成本管控机制】

一是突出人工成本的激励作用。2010年北京市邮政公司以企业、员工共成长、同受益为目标,出台了《人工成本管理使用办法》,建立了人工成本总量调控机制,确定了人工成本投入总量;建立了与业务收入完成进度相匹配的人工成本使用进度调控机制,使人工成本的整体使用更加规范化、科学化,充分发挥了薪酬激励在提升企业管理和经济效益方面的作用,提高了人工成本投入、产出的效益;使员工收入与企业发展紧密联系,确保企业发展成果能更好地惠及全体员工,有助于提升员工的满意度和投入度,激发员工的积极性和创造性,让企业与员工共成长、同受益。

二是提高人工成本投入产出效率。2010年,北京市邮政公司出台了《人工成本同经济效益挂钩办法》,以"效益优先、重奖增量"为原则,加大"高效收入"、"收支差额"和"劳产率"的挂钩权重;以详细的人工成本挂钩办法来保证各单位人工成本使用的科学性;结合各单位的不同性质、情况,实施工资总额和劳务性支出与企业效益增长的挂钩办法,并根据各单位年初认档的业务收入预算目标核定全年人工成本计划,鼓励各单位认高档完成高档,促使各单位在关注规模的同时更加关注效益。

为实现企业、员工共成长、同受益的目标,为加快邮政各类业务协调、快速、高效发展,北京市邮政公司始终坚持以保障员工利益,激发员工积极性和创造性为出发点,有效调控人工成本,加强人工成本管控机制建设;始终坚持以提高企业经济效益为导向,不唯计划唯市场,使人工成本的增长与企业效益增长合理匹配。截至2010年底,全公司人工成本整体使用进度与全公司业务收入的完成进度基本匹配,人工成本使用进度低于企业业务收入完成进度,在满足员工生产、生活的基础上,有效保障了企业经验绩效的稳步发展。

【实现人工成本、员工收入审批前预警】北京市邮政公司在2010年全面加强监管机制建设,《员工薪酬发放系统》三期开发的圆满完成,使该套系统能更有效地发挥对各单位人工成本计划使用进度和每月员工收入情况的预警功能。该系统通过三条曲线即:人工成本计划使用进度曲线、员工收入水平曲线和业务收入曲线来分析、预警、监控各单位人工成本计划使用和员工收入分配情况。通过对各单位人工成本计划使用进度审批前实行预警机制,保障了员工收入按时、按标准发放,确保了人工成本的合理使用、均衡发放。该系统2010年被集团公司选定在全国邮政系统推广使用。

着力提高企业管理效能

【概况】2010年,北京市邮政公司立足发展,坚持管理出效益、管理出质量的原则,积极采取有效措施,从扎实推进"双定"、精细工时管理等方向入手,努力以较少的消耗换取最大的效益,确立优质低耗高效的企业管理新思路,推动了北京邮政健康发展。

【开展"双定"标准实施工作】北京市邮政公司高度重视集团公司提出的"双定"标准实施工作2010年年内完成的总体要求,2010年精心布置配套工作,扎实推进各项实施工作,完成了实施方案的制定,组织了标准实施工作的培训、开展了定员测算工作,做到方法到位、思想到位、工作到位,为全面、深入开展双定工作奠定了坚实基础。

一是制定"双定"标准实施方案。北京市邮政公司2010年全面部署"双定"标准实施工作,制定《北京市邮政公司推广"双定"标准工作实施方案》,明确指导思想、实施范围和目标、实施步骤和方法、实施进度,提出具体的工作要求,使开展"双定"标准实施工作有据可依。

二是加强"双定"培训。为确保"双定"标准实施工作按时完成,北京市邮政公司及时跟进相关配套工作,举办了"双定"标准实施工作培训班,讲解"双定"工作的基本知识,规范各项业务量的采集渠道,

明确“双定”标准实施步骤。同时,扎实细致做好基层单位的思想工作,帮助基层单位领导和广大员工正确认识和理解“双定”标准制定和实施的重要意义,树立管理精细化和降本增效的意识,为下一步开展“双定”标准实施工作储备了可用人才。

三是开展岗位测算工作。为确保“双定”标准测算数据的准确性和统一性,北京市邮政公司以“双定”标准为依据,统一工作文件和报表,明确数据采集方法和渠道,开展了营业、投递、内部处理和营销岗位的测算工作。历时两月完成了45万余条数据的采集和整理工作,从合理性和逻辑性出发对数据进行反复确认、修正,确保数据准确,反映问题真实可靠。并按照“双定”标准的计算方法和流程,生成近5万条测算数据,最终形成营业、投递、内部处理和营销四个岗位的定员结果,并对产生人员差异的原因进行了分析,明确了下一步标准实施的改进措施,为调整结构、整合资源,有效支撑业务发展奠定了基础。

【进一步精细工时管理】为提升重点岗位的制度工时饱满率和工时利用率水平,进一步完善工时管理制度和工作机制,北京市邮政公司2010年在总结工时管理典型经验的基础上,深入到110个支局,开展营业岗位写实测时工作,采集整理近20万条数据,对营业网点加强工时管理、推行梯形排班法的情况进行全面评估,分析得出全公司营业网点的工时利用率状况,并从优化营业网点布局和营业时间入手提出调整意见,有效提高营业岗位工时利用率和劳动生产率,使工时管理更加精细化。

优化配置人力资源

【概况】2010年,北京市邮政公司动态调控用工总量,严控人员规模,努力盘活人力资源,重点保障企业发展急需的人员需求,使北京邮政更好的降本增效,减员增效,走低耗高效的发展之路。

【动态调控用工总量】2010年,北京市邮政公司继续实施人员管控,坚持按效益动态配置人员。在营收单位根据收入规模和劳产率水平核定用工总量的基础上,增加高效收入指标,强调只有发展效益好、劳产率水平高才能加大人员调控的空间。内部处理单位继续执行多退少补的政策,通过推行业务外包等措施,将减员指标用于营收单位重点业务的增员需求,使各单位、各岗位间的人员依据经济效益目标有增有减。截止2010年末,全公司全部从业人员为25467人,从业人员连续两年实现负增长。

【严把人员入口关】根据业务结构调整的要求,北京市邮政公司在2010年及时调整劳动预备役和联合办学的培训内容,增加邮政储蓄、代理保险等经济效益高的内容,进一步加大了金融从业人员储备力度。劳动预备役培训范围实现了邮政营业、储蓄营业、内部处理和投递工种的全覆盖;联合办学培训进一步充实内容,培养邮政营业、储蓄“双证”学员,“校企联手、授课交流、实习跟踪”的培养机制获得集团公司认可,在全国树立了品牌。2010年共培养劳动预备役、联合办学及石邮院订单生共计431人,所有学员均通过了职鉴考试,其中53%的学员持有营业和储蓄两个工种的职鉴证书,满足了基层单位对储蓄人员的需求,为灵活配置人员打下良好的基础。

【盘活人员存量】北京市邮政公司从员工存量入手,多途径盘活,提高人力资源利用效率。一是出台《转岗培训工作实施细则》,规范转岗人员的培训流程、方法、考核标准,制定转岗员工享受职鉴津贴的标准,在待遇上给予保障。2010年共转岗275人,通过网上课程学习和岗位训练,共有179人取得了新岗位职鉴资格,通过内部盘活满足了人员需求。二是在发行局和中心局推行业务外包,实现减员80人,利用外包和退休减员指标积极支撑重点业务发展,为促进航空票业务超常规发展,建机构、配人员;为满足代理金融业务发展的需要,亿元以上网点全部配备专职理财经理,共197名。

强化教育培训

【概况】2010年北京市邮政公司围绕创建学习型企业的工作目标,不断完善培训考核机制,加大培训力度,分层次地组织落实各级人员的教育培训工作,使培训工作得到全面推进,实效突出。

【加大对各级管理人员的培训力度】为提升各级管理者的领导能力,使各级管理工作能更加有效支撑企业的经营发展,2010年针对各级管理人员开展了有针对性的、分层次的培训工作。通过与中国人民大学联办,举办了近年来北京市邮政公司规模最大、人员

最多的一次高管人员培训，教授、学者分期集中授课，约 190 人参加。培训内容紧密结合北京邮政经营发展实际，以拓展经营管理理念和方法为重点，培训的总体满意度为 99%。在机关组织了针对机关日常管理工作的绩效考核、公文写作等内容的培训，全年培训 775 人次，参训率达到了 96%，培训满意度达到了 97%。通过对机关管理人员的培训，使机关管理人员始终处于一种常态学习状态，有效提高了机关管理人员的经营理念、业务知识和管理水平。为贯彻落实集团公司"讲党性、重品行、作表率"活动号召，组织区县局与中心局积极参加集团公司组织的地市局人力部主任培训班，有效拓展了基层管理者的工作视野。通过培训与考核，着力提高了人力资源工作者的党性修养、政策水平、能力素质。组织 180 名支局长分两期进行了为期一周的脱产培训，培训内容突出业务发展和营销理念，通过培训扩展了基层领导者开发市场、发展业务的思路，提升了营销能力和经营管理水平。此外，还组织 345 名支局长参加了集团公司支局长远程培训，培训合格率 100%。

【认真实施各项专业培训】围绕企业重点业务市场拓展和结构调整的需要，指导业务部门组织专业公司开展了各项专业培训。按照中国邮政集团公司重点业务发展的要求，开展了市场营销、电子商务、金融理财等专项业务培训，有效支撑了重点业务的发展及重点工作的开展。按照信息化建设的要求，2010 年继续抓好三大业务板块信息系统应用培训，重点开展了营销管理系统、分销业务信息系统、客户管理系统、网路管理系统、收入发放系统等信息系统的应用培训，提升了信息化应用和管理水平。2010 年举办各类专业培训班共 850 余期，培训员工 29000 余人次。

【大力开展一线员工岗位培训】一是邮政贺卡专项培训。北京市邮政公司 2010 年组织不同层面人员参加了集团公司的管理人员、营销人员、内训师、封片卡业务报审人员、支局长、设计人员等 6 个贺卡培训班的学习，参培人员共计 397 人。二是开展代理金融网点人员培训，组织代理金融网点 2050 名员工参加培训。在利用网络学院学习的同时，辅以论文征集、知识竞赛、制度宣贯、示范网点观摩、案件警示教育等形式多样的活动，巩固和增强培训效果。三是开展了一线生产人员全脱产轮训，结合职业技能培训和鉴定以及新业务的推出和新技术的推广，有针对性地进行一线员工专业技能培训，完成员工年脱产培训平均不少于 24 学时的目标。2010 年，共组织实施了 18 个批次的职鉴考试，6298 人报名参加，合格 3966 人，合格率 63%。

【着力提升员工队伍文化素质】2010 年北京市邮政公司继续落实重点人群在职学历教育。继续与北京邮电大学合作，举办了经济管理专业（高中起点专科）和工商管理专业（专升本）在职学历教育，在 2010年秋季招生工作中，全公司共有 550 人被录取。在中国邮政集团公司的统一组织下，北京市邮政公司还参加了与北京邮电大学合作的投递管理人员及业务骨干在职大专学历培养，共有 48 人被录取。

【加强教育培训能力建设】

*落实培训效果监督考核机制。*为使员工培训收到实效，北京市邮政公司在 2010 年加强了培训效果的监督与考核。分别对 10 个职业、工种中的 1049 名员工进行了业务知识抽测，部分单位抽测合格率达到市公司要求。对 5 个单位平均成绩不达标、14 个出现个人成绩不达标的单位扣减了绩效分数，历次抽测个人成绩不合格人数共计 61 人，占全部参加抽测人数的比率为 5.82%。

*加强郊区内训师队伍建设。*北京市邮政公司在 2010 年举办了郊区内训师培训班，为郊区县局培养内训师，28 人参加了培训。培训结束后，教学实习和市公司人力部、培训中心、二级单位的综合考评，最终，有 24 名成绩符合标准者被聘为初级内训师。

*夯实教育培训基础管理。*2010 年，北京市邮政公司进一步加强对培训管理，建立了教育培训综合评估制度。以教育培训考核评估指标为指导，组织各二级单位对四大城区局教育培训工作的互学活动，督促和指导各单位开展好教育培训工作，强化了对各二级单位教育培训工作的组织领导、基础设施、培训管理、培训任务完成情况和教育经费使用等方面的规范管理，不断提高教育培训工作的精细化管理水平。

*加强培训软硬件设施建设。*一是按照中国邮政集团公司建设网络大学的工作要求，积极建设和发展远程教育培训网络，指导培训中心开展远程学习

培训管理、课件开发和制作以及日常运维管理等工作。二是在中国邮政集团公司开展的远程培训课件开发选题工作中,在2010年共申报开发18个项目,其中8项课题通过集团公司审核,确定为立项开发项目。三是在2010年继续加大了对各培训基地电脑、投影仪等电教设备的投入,加强了教育培训能力建设。

【职业技能鉴定工作迈上新台阶】2010年,北京邮政继续加强职鉴工作,在集团公司职业技能鉴定指导中心指导下,进一步明确了管理职责,理顺了相应的工作关系,形成了由市公司职鉴中心、五个鉴定站和二级单位构成的三级工作体系,为更好开展职鉴工作和全面开展技能人才评价工作提供了有效的组织保障。2010年,全年培训鉴定6633人,生产人员持证率达到87.94%。同时,积极加大高技能人才培养力度,技师考评扩展到8个职业,新增技师77人。职业技能培训和鉴定的有机结合,畅通了员工职业发展的通道,促进了基层员工职业技能的提升和高技能人才队伍建设。

推动企业和谐发展

【概况】北京市邮政公司在2010年继续坚持以人为本的科学发展观,在工作中始终不忘全心全意依靠员工办企业,努力为员工办实事,将企业发展成果更好的惠及广大员工,增强员工对企业的归属感,增强企业的凝聚力、向心力,推动企业和谐发展。

【稳步提高员工收入增长水平】在企业经济效益增长的同时,为确保企业发展成果为全体员工共享,在高效收入增幅不低于预算目标的前提下,2010年北京市邮政公司创新发展机制,克服生产经营中的困难,全力提高人工成本使用效率,全年共投入人工成本1.484亿元用于提高职工收入水平,人均增幅9.5%,超过年初预计的目标,有效保证了各项改革的顺利推进,使企业能够又好又快的发展。

【鼓励员工积极参加在职学历教育】2010年北京市邮政公司通过提高奖励比例,降低职工学习成本,鼓励职工积极参加在职学历教育,对一线生产人员自学取得学历,将奖励标准由学习期间所发生学费费用的50%提高到60%,激励职工通过学习提升自身能力,拓宽职业生涯发展渠道,有效提高了北京邮政职工队伍的整体素质。2010年自学取得学历的一线生产人员共计213人,奖励学习期间所发生的学费共计107万元。

北京市邮政公司为了鼓励职工积极学习业务知识,努力提高操作技能,提升服务水平,设立职业技能鉴定奖励基金50万元,对在职业技能鉴定中取得优异成绩的一线生产人员,给予一次性奖励。对在2010年职业技能鉴定考评中双项平均成绩85分以上的114名生产人员给予了一次性奖励,投入奖励资金13.83万元。

【继续办理补充医疗保险】2010年北京市邮政公司克服困难,千方百计筹措资金,投入保费2521万元,继续为在职和退休职工投保办理补充医疗保险,解除了职工看病医疗的后顾之忧。在职职工药费报销比例为87%,退休人员报销比例为92%,实现了补充医疗保险"保障全体,救助重病,帮助特殊"的目标。

(撰稿人:林　感)

行政综合管理

会议活动组织和文秘工作

【重要会议、活动的组织管理】2010年，北京市邮政公司（以下简称市公司）办公室严格各类会议的上报、审批程序及经费标准，强调会议效果，注重会议效果反馈。年内共主办、参与全公司工作会、总经理办公会、公司领导碰头会、生产经营分析会及全公司各种综合性会议100余次，各类活动200余次，均高质量地完成了会务及各方面的协调工作，确保了各次会议、活动圆满成功。

【秘书、信息工作】2010年，起草市公司年初职代会工作报告，起草市公司领导在2010年工作会、经营服务工作会、网路运行工作会、人力资源暨计划财务工作会、劳模表彰大会、廉政大会、企业发展研讨会上的发言等材料约20万字。努力增强文稿的指导性和针对性，注重提高文稿质量和水平。在落实中国邮政集团公司(以下简称集团公司)和市公司各项工作部署、推动实际工作、解决具体问题上下工夫。努力以新的思维方式、研究方法，提出解决问题的新思路、新办法，为市公司领导正确决策提供高质量服务。举办了100余人参加的公文写作培训班。对二级单位开展信息培训8次，全年编发各类信息刊物225期，995条。市公司领导在信息刊物上批示8条。集团公司采用市公司报送信息50条。在全国各省(区、市)邮政公司信息评比排名第六位。市公司被集团公司评为信息工作先进单位，赵思群同志被评为优秀信息员。强化北京邮政舆情管理工作，为营造良好舆论环境发挥了积极的作用。开展了全公司范围的舆情管理工作培训。全年共向市公司领导和集团公司报送舆情63期，255条。

【文书管理工作】进一步完善了中国邮政综合办公信息处理平台(以下简称OA系统)的运行和管理，制作发放了46份个人证书，并完成相关人员角色设置和调整。增加了一个机关部室和两个使用单位，分别为：职工住宅建设办公室、代理业务局、中邮人寿保险公司北京分公司。为零售公司增加了四个业务组和四个二级分公司的使用权限，其中：增加20个业务部门、为41个人授权业务角色，完成相关设置、关联相应流程。OA系统在北京邮政速递物流公司内得到深度推广和使用。共为其增加了45个分公司，为每个分公司设置一个综合部和若干营投部，实现了公文及工作通知在速物公司内部的正常流转。2010年收文（包括集团公司及各二级单位来文）4120件，签报289件，发文401件，印发各类文件、资料23万余张，比2009年减少9万余张。

行政管理工作

【值班工作】承担市公司行政值班和通信值班工作，严格执行夜间及节假日值班制度，确保值班电话、带班领导手机24小时畅通，明确值班职责，明确请示报告程序，明确一把手负总责制度。不定时抽查各单位值班情况，定期下发值班情况检查通报。做到上、下沟通迅速，传达贯彻领导指示迅速、准确，确保了政令畅通、指挥调度灵活和通信生产的正常进行。全年共接待各类咨询电话及来访近万次，均予以妥善答复、妥善处理。接收集团公司及二级单位传真电报300余份。编制市公司领导一周活动安排52期。组织召开电视电话会议215次；进一步规范使用办公自动化系统发送通知公告，共利用该渠道发布通知公告800余份，进一步提高了工作效率。围绕公司经营工作，继续做好三个服务：即为领导服务、为机关服务、为基层服务。搜集各类信息，为公司领导决策提供服务；为业务部室做好支撑；为二级单位排忧解难。圆满完成上级领导交办的各项任务。为全公司各项工作的正常运转提供强有力的保证，在上传下达、沟通左右、联络内外和协助处置重大紧急突发性事件等方面发挥了重要作用。

【信访、建议和提案办理工作】共处理人民来信287

件(重复信3件),与2009年同期相比下降52.56%。其中检举信25件,占来信的8.71%,待遇方面来信28件,占来信的9.76%,经营方面问题来信32件,占来信的11.15%;邮政服务问题来信62件,占来信的21.6%;金融方面问题来信8件,占来信的2.79%;集邮方面问题的来信3件,占来信的1.05%;其他问题来信129件(建议14件,表扬31件)占来信总数的44.94%。共接待职工和用户上访48人/次(含重复访18人/次),同比下降14.28%,其中待遇问题上访13人/次(重复访1人/次),占来访总数的27.08%;经营方面问题上访3人/次(重复访3人/次),占来访总数的6.25%;服务方面问题上访10人/次(重复访2人/次),占来访总数的20.83%,其他上访22人/次(重复访12人/次),占总上访人数45.83%。办理市人大代表建议14件,市政协委员提案4件,均按市政府要求办理完毕,办结率100%。

【外事往来】2010年,北京邮政外事工作严格按照有关法律法规,没有发生违反外事纪律的现象和情况,较好地完成组团出访、接待来访的工作。共计参团组团出访13个团组,41人,做到了出访前进行外事教育,出访后有考察报告,按规定时间及时交回护照;来访者有安排,有交流,共计接待外国来访团组12个,81人次。

【综合协调和督办】2010年,北京邮政行政综合部门紧紧围绕全局中心工作,以为领导服务、为机关服务和为基层服务为出发点,进一步加强了对外公关和对内协调,积极开展调查研究和督促查办工作。在认真搞好各项重大活动、会议的安排和组织工作的同时,积极跟踪市公司重大决策和重要会议议定事项的进展情况,共下发57份督办单,对各二级单位和机关各部室贯穿全年的100多项重点工作进行了督办,向市公司领导报送7期22份督办事项专报。及时反馈有关工作落实情况,为全面提高办公效率,保证全公司各项重点工作按计划圆满完成,较好地发挥了综合协调、检查督促作用。

【法制工作】合同管理:2010年,全公司共审查签订合同9658份,标的额15.13亿元,其中由市公司组织审核的重大合同204份,标的额9.46亿元,占全公司审签合同金额的63%。参与办理新邮校房地产转让项目、四路通、回龙观和红莲南里三块地集资建房项目、中心局南院投资及还建项目、大兴局局房拆迁补偿置换等重大项目的前期谈判、合同审查和签订。经审核的合同未发生因签订出现的法律诉讼,企业权益得到了较好维护。印发了《北京市邮政公司合同管理工作检查标准》,启动了“合同标准文本”专项编制工作。开展了全公司范围的法律工作检查,参加了45项招投标审查和开评标工作。诉与非诉案件:2010年全公司发生诉讼案件27件,其中:市公司接办或指导办理的诉讼案件13件,挽回直接经济损失517万元。会同北京邮政广告公司妥善解决了困扰市公司十年之久的红灯笼公司诉报刊亭广告合作纠纷案,以较低的代价调解结案,避免了可能发生的上千万元经济赔偿。为机关部室和二级单位顺利解决非诉争议案件提供法律指导。工商执照管理:组织制定了《北京市邮政公司工商执照登记使用管理办法》,确立了“内部管控”、“外部指导”的管理思路,对从请领执照前的审批、办理登记时的注意事项到领照后的保管使用等方面进行了规范。指导下属单位顺利完成2800多个执照的年检工作,指导和协助办理了近200个邮政网点的执照设立、变更和注销登记工作。尤其是在办理速物公司股改设立工作中,在集团公司股改办规定的期限前率先取得北京速物新公司执照,保证了北京邮政与全国邮政速物改制工作同步如期顺利进行。法制培训:2010年自办2期合同法律知识和执照管理使用法制专题培训班;组织法律事务工作人员60人次参加北京市组织的企业法律顾问继续教育学习;为支局长、青年团员、入职大学生、经营管理人员举办培训班共计120人次进行法律专题授课。

(撰稿人:边　靖)

安全保卫工作

概　述

2010年北京市邮政公司安全保卫工作，以建设长效安全管理机制为出发点，以维护稳定和安全为目标，继续深入开展了“平安邮政”建设活动，强化企业安全文化建设，创新安全管理，通过全公司广大干部职工的共同努力，完成了年度各项安全目标和工作任务。

一、维稳工作目标：未发生员工矛盾激化事件；未发生群体性上访和越级上访事件；内部矛盾排查率为100%。

二、安全生产工作目标：未发生安全生产事故，未发生因工伤亡责任事故，未发生特种设备安全责任事故。

三、消防安全工作目标：未发生重特大火灾事故；未发生爆炸事故。

四、内保安全工作目标：未发生重特大治安案件和邮件安全、资金安全案件；职工无违法犯罪；重点人员无失控失管情况。

主要工作

【继续深入开展“平安邮政”建设活动，维护企业稳定】重新修订了“平安邮政”建设活动的考核条件和考核指标，将安保工作的各项任务与平安邮政建设活动的要求紧密联系，与精神文明建设考核紧密联系，与绩效考核紧密联系，形成互为保证、共同促进的工作格局。

【完善安全责任体系】明确安全主体责任，实行党政一把手为安保和维稳工作的第一责任人、一级向一级负责。市公司与各单位签订了《2010年度安全稳定责任书》、与东区邮局等15家邮储业务单位签订了《金融资金安全责任书》。印发了《安全生产事故责任追究规定的通知》(京邮[2010]34号)，使安全责任体系进一步完善。

【加强企业安全管理工作】加大安全生产监督检查和隐患整改力度。印发了《关于开展北京市邮政公司安全生产大检查的通知》(京邮[2010]59号)。全年安排安全检查15次，发出隐患整改通知书32份，实现整改32项。

开展了以“安全在我身边”的企业安全文化建设活动。以“安全生产DV大赛”的活动为标志，将安全文化建设活动推向深入。全公司共制作DV片25部，南区邮电局《邮政金融——安全每一天》获“最佳作品奖”，北京邮区中心局、北京邮政汽车运输局、北京机要通信局分别获得“安全纪实片”、“安全教育片”、“安全警示片”一等奖。DV大赛活动充实了企业安全文化，达到了教育职工的目的。

全年举办了安全生产、金融资金安全等四个专业培训班，培训342人次，经考核全部达标。各单位张贴安全宣传画3000余张，设置学习园地230个，发放宣传材料4854份，媒体报导20条，市公司2万6千余人参加了安全知识答卷。

金融资金安全方面：重点落实金融资金安全管理的“三个规定”，建立了邮银安全例会制度，实现了金融资金安全，保证了邮政金融业务的健康发展。

消防安全方面：重点是消防安全知识的普及，开展了参观消防基地、预案演练、培训讲座等一系列形式多样的活动。“119”全国消防日期间将普及活动推向高潮。广大干部职工能够掌握初起火灾扑救、报警、自救、逃生等消防知识，增强了应对和处置火灾的能力。

内保安全方面：加强重点人管理。制定下发了《北京市邮政公司重点人管理办法》，对重点人进行了两次排查，重点人管控率100%。

邮件安全方面：启动了确保上海世博会、广州亚运会邮件安全预案演练，采取了邮件安检和收寄检查措施，进行了三次应急演练。

确保全国“两会”、全国劳模大会、十七届五中全会的上会服务人员政审，政审165人次，全部合格。

完成外来人口和出租房屋调查，进行了重点人口的复查登记；堵截电信诈骗4起，款额39万元；提供信息线索28条。

维稳工作方面：实行维稳工作“领导包案制”，启动了人民内部矛盾纠纷排查调处工作机制，采取了“预案在先、防范在先”的预警措施。接访的13件矛盾纠纷全部化解，化解率100%。未发生群体访和越级访事件。

【强化安防建设】安全生产技术措施改造项目。投入300万元，完成了39项安措改造项目，改善了职工的生产环境和劳动条件，维护了广大职工的切身利益。

实施了对南区邮电局机关及方庄邮局、西站枢纽消防工程改造工程。两项工程通过验收均已投入使用。在局所改造项目中，消防设施改造实现了同设计、同施工、同验收。

更新了监控设施1500路，配合基建改造300路。局所改造工程按GA38新标准执行，实现了升级达标。

制定了综合邮件处理中心安保方案并督办落实。参与了消防、安防、安全生产和特种设备的设计招标工作，保证了工程安全。

【实施安保工作创新】

一是开办了《安保工作信息》。全年共印发12期（一、二期为合刊）。《安保工作信息》的开办传递和沟通了信息，达到了共享资源，提高效能的目的。

二是开发了“安保信息管理系统”。系统的开发，使北京邮政安保管理工作实现了技术进步和管理升级，为安保工作科学化、系统化和规范化提供了支持。此项工作已列入2011年全国邮政推广项目。

开展了“邮政安全生产DV大赛”。大赛深化了企业安全文化，营造了安全文化氛围，规范了行为，传授了知识。中国邮政集团公司充分肯定此做法，并在行业内推广，开展了DV安全片的制作活动。

武装工作

【圆满完成年度征兵工作】市公司向人民解放军输送了3名政治、文化和身体素质全优的职工，其中北京邮区中心局的李晓雨、顺义区邮政局的宋远飞被特选为海军特种兵。

举办了领导干部“国防教育讲座”，全公司有260多名干部聆听授课。

【完成民兵整组工作，组建了交通战备应急分队】对适龄青年进行了兵役登记。开展了民兵军事训练。开展了春节、八·一建军节拥军优属、拥政爱民活动，对复、退、转军人落实了优抚政策。

护卫队工作

【开展护卫队整训工作】强化招聘、培训和日常管理；办好养老保险缴纳等工作，解除队员后顾之忧；建设护卫队员之家4处，让队员感受关怀；开展技能比赛，提高业务技能。通过系列活动，实现了队伍稳定，确保了护卫任务的完成。

【开展护卫队改制工作】成立了“恒城保安服务有限公司”，开始自主经营、自我管理、自负盈亏的市场化运营。2010年年底“恒城保安公司”已正式运营。

荣 誉 榜

平安邮政单位：东区局、中心局、科研院、昌平局等32个单位全部实现了“平安邮政”建设活动的考核指标。

集体三等功：市公司安保部

集体嘉奖：中心局安保部、南区局安保科、投递局安保科

个人三等功：李国臣

个人嘉奖：张鸣声、夏海会、杨朝晖、凌燕军

安全生产先进单位：东区局、汽运局、通州局等16单位。

安全生产先进个人：凌燕军、李峰、王新举等154人。

安全管理

为做好安保工作，各单位结合实际、因地制宜采取了很多有益的做法，创造了一些经验，值得推广和借鉴。

【安全教育培训】除例行教育外，东区局根据打击电信诈骗的形势对储蓄从业人员开办了“防诈骗学习

班”；南区局以DV大赛获奖作品为基本教材，在全局展播；发行局印制了9本安全知识读本；平谷局开办了《平邮安全专刊》；怀柔局抓岗前“一对一”培训等。

【创新管理】东区局根据网点布局特点，建立了五个安保共建区，实行基层单位互保联动机制；中心局建立了互助推动的班组互保体系；信息局划分安全责任区将安全责任落实到岗位、台席；通州局建立了联席会制度，将安全例会融入到联席会中，实现了安全与生产同管理同布置安排、同考核评比、同总结计划。

【基层基础工作】西区局设立“1311”工程，强化基层基础工作；海淀区局通过逐一指导支局、班组制定预案和进行演练，以规范基层安全管理。

发行局以西站邮政枢纽安全为己任，主动牵头与大院内的各单位建立联防共保机制，开展大院消防安全工作。中心局在上海“世博会”和广州“亚运会”、“残运会”期间，启动邮件安检程序，共检出15袋问题邮件并作出了妥善处置；投递局对发往中央机关的邮件，配合公安机关严格安检；顺义局强化邮件检查，成功堵截了500余件邪教出版物，为保证邮件安全做出了贡献。

各单位的做法推进了“平安邮政”建设活动的发展，强化了安全基础工作，为维护稳定安全提供了保证，形成了有益的管理经验，形成了企业特有的安全文化特征。

（撰稿人：李镇平）

审 计 工 作

概 述

2010年北京市邮政公司(以下简称“市公司”)审计部门贯彻落实中国邮政集团公司(以下简称“集团公司”)审计工作部署,围绕市公司经营管理重心,积极有效地履行审计职责,强化审计监督和服务职能,在促进企业加强管理、防范经营风险,提高经济效益等方面发挥了积极作用。

重要审计活动和审计结果

【审计工作基本情况】2010年审计部门认真开展各项审计工作,共计审计项目121个,完成年度审计项目计划183%。其中:财务收支审计12个;任期经济责任审计7个;专项审计调查4个;工程结(决)算审计38个;零星工程审签60个。共提出审计意见和建议55条,查处违规资金648.43万元。工程结(决)算审计金额3204.40万元,审减金额74.11万元,审减率为2.31%。

【财务收支审计】2010年共完成财务收支审计12个,其中市公司审计部项目7个,北京邮政实业集团(以下简称“实业集团”)项目5个。

根据市公司《关于印发北京市邮政公司2010年升位晋级奖励考核办法的通知》、《关于印发北京市邮政公司郊区区县局2010年优秀升格管理办法的通知》精神及市公司领导的指示精神,审计部对5个“升位晋级”和2个“升格”单位开展了收入和支出真实性、合规合法性的财务收支审计,提出了个别单位的收入、支出不实等问题,为市公司领导及管理部门绩效考核、“升位晋级”和“升格”决策提供了有关依据。

实业集团监察审计中心对所属5个单位2010年7至9月财务收支情况进行了审计。对个别单位明细科目使用不准确、营销收支配比不合理、财务与营销部门统计口径不统一及应收账款数额过大等问题,提出了审计意见和建议,对规范企业经营和会计核算、加强财务管理起到了促进作用。

【经济责任审计】2010年共完成任期经济责任审计7个,其中离任审计6个,任中审计1个。达到了离任审计100%及任中审计2-3年轮审一次的要求。

任期经济责任审计的重点内容是:资产、负债及所有者权益的真实性;财务收支的真实性、合法合规性、效益性;国有资产的完整和保值增值情况;重大投资、招投标等经营决策的民主性、科学性、效益性;内部控制制度的建立、健全及执行情况;企业生产建设和发展情况及生产能力的增长情况;上级下达的主要经营考核指标的完成情况等。

审计发现的主要问题是:未按权责发生制原则计列成本,造成成本不实;未按规定签订业务合同,相关业务缺少法律保障;银行存款存在长期未达账项,给企业资金带来潜在风险;往来款项未及时清理,形成长期挂账;长期股权投资无收益等。各被审计单位根据审计意见和建议进行了整改,取得了较好效果,对加强企业经营管理、领导人员正确履行经济职责,起到了积极作用。

【专项审计调查】2010年按照集团公司统一部署,组织开展了邮政印制费使用和管理情况、集邮票品和零售报刊存货抽样和监控情况、邮政业务代办费使用和管理情况、管理费管理及支出情况等4个专项的审计调查,调查覆盖面达到了100%。

通过开展邮政印制费使用和管理情况专项审计调查,了解掌握了邮政印制费的管理模式及核算情况,对印制费核算情况的真实性、规范性、合理性及印制费的增长趋势进行了分析,提出了“普通邮资封片业务信息管理系统”功能不完善,影响印制费及时记录、核对,以及印制费核算不规范、不利于该业务的精细化管理等方面存在的问题和审计建议,对促进企业印制费的规范管理,完善支付程序,降低不合理支出,起到了一定作用。

通过开展集邮票品和零售报刊存货抽样和监控情况专项审计调查,发现集邮品库存较大、库存期限较长等问题,提出了积极消减集邮品历史库存、严格控制新增库存的增长、加强库存时限管理、强化库存动态监督管理等四方面的审计建议。市公司领导对审计提出的审计问题和建议给予了充分肯定和高度重视,在经营分析会上,多次要求相关部门落实审计建议,改进管理;相关管理部门进一步完善了有关集邮品库存绩效考核办法,加快建立了集邮品库存动态调拨平台。此次审计调查取得很大成效,截止12月末,市公司集邮品库存数比审计调查日前减少了3000万元,为积极盘活和消减集邮品库存,规范集邮品库存管理,起到了促进作用。

通过开展邮政业务代办费使用和管理情况专项审计调查,审计部门提出了代办费管理办法已不能满足业务发展需要,代办费财务核算有待进一步规范,代理业务支付代办费不符合相关制度规定等方面问题,建议相关部门进一步完善代办费管理办法,理顺支付流程和规范财务核算管理。市公司领导对此作出重要批示,要求业务、财务等管理部门,根据审计结果研究规范代办费支出,并就个别单位存在的具体问题提出了重点要求,为下一步规范代办费管理起到了重要的促进作用。

通过开展管理费管理及支出情况专项审计调查,了解了管理费管理模式、审批手续及使用情况,分析了管理费用资金构成、增长因素及原因,提出了职工薪酬核算不准确等问题,以及从源头上强化管控,加强精细化管理,规范管理费明细核算,降低管理费用中非生产性开支等方面的审计建议,为促进企业管理费用的规范管理发挥了作用。

【工程项目审计】2010年参与了市公司相关项目可行性论证、招标、合同签订及工程验收工作,开展了工程项目审计和零星工程审签共计98项。全年审计金额3204.40万元,审减金额74.11万元,审减率为2.31%。审计中对个别建设单位不按市公司工程项目批复内容执行,擅自提高标准、增加施工内容及扩大施工范围;未按市公司规定组织工程项目招投标;开工建设时未签订施工合同等问题,提出了审计意见和建议,并与建设单位、施工单位相互沟通,督促审计意见的整改落实,为提高投资效益起到了促进作用。

【体制建设】2010年6月13日实业集团成立了监察审计中心。

(撰稿人:吕秀娥)

党群工作

党委工作

概述

2010年是北京邮政全面完成“十一五”规划任务的最后一年，是转变发展方式，深化机制体制改革，推动企业实现科学发展的关键之年。一年来，北京市邮政公司(以下简称公司)党委认真落实党的十七大和十七届四中、五中全会精神，深入贯彻落实科学发展观，紧密围绕企业改革发展和经营服务中心开展党的工作，深入开展创先争优活动，努力提高党建工作科学化水平，充分发挥了党委的政治核心作用、党支部的战斗堡垒作用和党员的先锋模范作用，为推进企业实现又好又快发展提供了组织保证和精神动力。

一、加强学习型党组织建设，努力提高党员、干部的思想理论素质和科学发展能力

以“学习、实践、创新、发展”为主题，加强了学习型党组织建设。制定了《北京市邮政公司学习型党组织建设工作方案》，明确了“两学两促两提高”的工作目标。创新学习方式，融合党建网、综合网和远程教育网三网教育资源，充分利用现代化手段为党员、干部搭建学习实践的平台。公司党委坚持理论学习制度，把中心组学习和干部理论学习作为加强领导班子和领导干部思想政治建设的重要措施，提高了各级领导班子运用科学理论解决实际问题的能力。完善了党员及党员领导干部培训制度，组织了不同层次的培训班。贯彻《加强和改进北京邮政党校工作的实施意见》，充分发挥了公司党校教育培训主渠道、主课堂和主阵地的作用。各基层党组织创新学习载体，拓宽了学习渠道。全公司形成了党员立足本职岗位学理论、学知识、学业务、学技能的高潮。

二、抓基层强基础、建机制促发展，深入开展创先争优活动，推动了领导班子和基层党组织建设

着力加强基层党组织建设。开展了北京邮政党组织建设和党员队伍思想状况调研，为进一步加强基层党组织建设、紧密围绕企业中心工作开展党的活动奠定了基础。加强领导班子建设，健全完善了领导班子和干部队伍管理考核体系。坚持民主集中制原则，提高了科学决策水平。践行“服务人民、造福职工”的企业宗旨，坚持深入基层，调查研究，提高了领导班子的整体合力。各基层党组织以“弘扬‘东四精神’，当先锋、促发展，党员立足岗位作贡献”为主题，开展主题实践活动，促进了党支部和党员群体的创先争优，使广大党员在推动企业发展中创出了优异成绩。

加强党员教育，增强了党员党性观念和创先争优意识。开展了北京邮政党支部品牌共建活动，推动了公司重点工作的落实。树立党员典型，壮大党员队伍。全公司100名党员被评为群众心目中的好党员，陈兰颖、路欣怡、王鸣宇被评为市国资委群众心目中的好党员。

利用网络手段推动党建工作方式方法创新。党建网影响面进一步扩大，成为北京邮政党的建设、精神文明建设、企业文化建设宣传的开放式平台和面向社会展示北京邮政形象的窗口。

三、弘扬东四精神，以促进服务规范的落实为重点加强精神文明创建工作，以人为本，凝心聚力，努力构建和谐企业

在全公司开展了“爱首都、讲文明、树新风——做文明有礼邮政人”活动，引导职工争当文明职工。推进了向东四局学习活动，促进了公司整体服务水平的提升。开展了《北京邮政营业服务规范》和服务规范教学示范片的学习宣贯活动。召开了北京邮政落实服务规范，加强行风建设，迎接全国文明单位复查动员大会，推出了邮政便民服务新举措。开展了邮政服务进社区、进商厦、进校园的志愿服务，深化了“城乡携手共建文明京郊行”活动，组织了上海世博会志愿服务。公司团委被团中央授予第八届中国青年志愿者工作优秀组织奖。

针对新形势新任务，开展了“热爱邮政、忠诚企

业、精心履职"主题教育活动,使职工坚定发展信心,明确发展目标。加强了新形势下职工思想政治工作的研究。开展了丰富多彩的岗位技能练功活动和形式多样的文体活动。深化法制宣传教育,领导干部依法决策、经营和管理的水平不断提高,员工的法律意识和法制观念明显提升。

加强先进典型的选树工作,充分发挥了劳模先进的示范引领作用。韩伟被授予全国劳动模范荣誉称号,陈兰颖等八名同志被授予北京市劳动模范荣誉称号,北太平庄邮电局和通州区梨园邮政支局投递部两个集体被授予北京市模范集体荣誉称号。深入开展了"劳模先进创新工作室"创建活动。北京市总工会在北京邮政召开现场会,推广了北京邮政劳模先进创新工作室的经验。

加大对外宣传的力度和声势,塑造了企业良好的社会形象。全年北京邮政在新闻媒体刊发稿件1万余篇。《北京日报》开设专版,以"文明邮政促和谐、亲情服务树品牌"为题,对北京邮政的精神文明创建工作进行了专题报道。

2010年,北京邮政精神文明建设成果继续得到巩固。市公司、报刊发行局以及密云局等单位顺利通过了全国文明单位及全国精神文明创建工作先进单位的复查。全公司29个单位继续保持了首都文明单位标兵和首都文明单位称号。东四局被集团公司命名为全国邮政"文明服务模范窗口",百万庄局荣获全国交通运输行业文明示范窗口。

以"服务人民、造福职工"的企业宗旨、"用户是亲人"的服务理念和"东四精神"引领、凝聚职工,努力构建和谐企业。加强党委对办实事工作的领导,推进了职工关心的难点、热点问题的解决。开展了困难职工的帮扶救助工作。完成了新一轮集体合同签订工作。推进局务公开民主管理,促进了和谐劳动关系建设。注重人文关怀与心理疏导,建立职工表达意愿,沟通信息的渠道。深入开展"平安邮政"建设活动,维护了企业安全稳定。

四、加强党风廉政建设,为北京邮政改革发展稳定保驾护航

坚持惩防并举、注重预防的方针,加强反腐倡廉建设。深入开展党性党风党纪教育,加强廉政文化建设,营造廉洁从业氛围。在试点基础上,全面推进廉政风险防范管理工作,推动了廉政风险防范管理工作朝着科学化、制度化、规范化方向发展。把廉政风险防范管理与党风廉政建设责任制紧密结合,增强了各级领导自觉履行"一岗双责"责任的意识,推进了廉政风险防范管理工作向领导班子和领导干部延伸,覆盖了企业经营管理的重点领域、关键岗位、难点问题及机关权力运行的重要过程。

认真组织开展治理整顿"小金库"、工程建设领域突出问题和商业贿赂工作,对违规违纪行为进行了严肃处理。认真做好信访工作。落实信访工作责任制,强化"第一责任人"意识,认真办理来信来访,充分发挥了信访举报工作在惩治和预防腐败体系中的职能作用。

2010年,在公司党委的领导下,工会、共青团组织围绕企业改革发展大局,发挥优势,履行职责,工作不断开拓发展,在调动职工积极性、激发职工创造力、促进青年成长成才、助推企业创新发展、促进和谐企业建设中做出了积极的贡献。

(撰稿人:张桂丽)

党建工作

【概况】2010年全公司共有基层党组织415个,其中基层党委18个(不含市公司党委),党总支16个,党支部381个。共有党员6396名,其中正式党员6021名,预备党员375名;在岗党员5812名,其中工人党员2738名,占党员总数的42.8%,管理和专业技术人员中的党员3074名,占党员总数的48.1%;离退休党员584名,占党员总数的9.1%;35岁以下党员1810名,占党员总数的28.3%;具有大学本、专科以上学历的党员4220名,占党员总数的66%。

【创先争优活动】按照北京市委和北京市国资委党委的统一部署,北京市邮政公司从2010年4月开始至2010年底,以党员主题实践活动和创建学习型党组织为主要载体,开展了创先争优活动。

各基层党组织以"弘扬'东四精神',当先锋、促发展,党员立足岗位作贡献"为主题,开展主题实践活动,动员组织党员立足岗位,开拓创新,担当发展先锋,破解发展难题,为提高发展质量和效益,促进企业发展作贡献。活动坚持做到了民主公开,从主题的确立、方案的设计到整个活动推进,坚持党员全程参与,坚持群众参加评议。以党组织和党员的创先争

优,影响、带动群众,推动了党的建设更好地服务企业中心工作,党员以模范行动影响和带动职工努力完成各项工作任务。通过主题实践活动,围绕生产经营、创新发展、亲情服务、损益核算、构建和谐等重点,促进党支部和党员群体的创先争优,使基层党组织在推动发展、服务群众、凝聚人心、促进和谐中增强了战斗力、凝聚力和创造力;使广大党员在推动企业发展中创出了优异成绩。在民主测评中,广大党员和群众对主题实践活动给予了较好评价。活动中涌现出了以东四邮电局党支部为代表的30个开展主题实践活动好支部和陈兰颖等108名参与主题实践活动好党员。

以纪念建党89周年为契机,加强党员教育,增强了党员党性观念和创先争优意识。各基层党组织广泛组织了重温入党誓词、参观爱国主义教育基地和党组织区域共建、党团共建、"党员作贡献展风采"党课学习报告会、"转场新枢纽当先锋"主题实践活动、评选"用户心中满意的邮政投递员"等党员教育和创争活动,使基层党组织和党员在促进企业中心工作中充分发挥了政治核心作用、战斗堡垒作用和先锋模范作用。东四局党支部与交通运输部道路运输司党支部开展了"双学双促"的创先争优共建活动,拓宽了创先争优活动的新视野,扩大了东四局的影响力,促进了支局的经营、服务和管理创新。

公司党群工作部党支部与东四局、百万庄局、和平门局、北太平庄局四个先进党支部以"创新发展,提升品牌,互学互促,共建共赢"为目标,联合开展了北京邮政党支部品牌共建活动。推广了东四局亲情服务的经验、金融街局和百万庄局营销团队建设的经验,推进了四个支局损益核算的应用和服务规范的落实,加强了基层党建工作。活动促进了机关和基层、支撑单位和窗口单位的联动共建,推动了公司重点工作的落实。

【党组织建设和党员队伍思想状况调研】落实党的十七届四中全会精神,着力加强基层党组织建设。采取深入基层、问卷调研、召开座谈会等方式,开展了北京邮政党组织建设和党员队伍思想状况调研。通过调研,反映了基层党员、干部对企业发展的信心、对企业科学发展、党的建设的建议,摸清底数,找准问题,为进一步加强基层党组织和党员队伍建设、紧密围绕企业中心工作开展党的活动奠定了基础。公司党委在组织开展企业党组织和党员队伍思想状况调研的基础上,就加强和改进新形势下北京邮政党的建设工作做出部署,提出意见。

【发展党员工作】2010年全公司共发展新党员375名,其中35岁以下253名,占当年发展党员总数的67.5%;大专以上学历233名,占当年发展党员总数的62.1%;发展生产一线党员331名,占当年发展党员总数的88.3%;推优入党76名,推优率保持100%。截止到2010年底,全公司共有3592人向党组织递交了入党申请书,其中当年递交入党申请中的有250名。333名预备党员转为正式党员;1名预备党员因暂不具备转正条件而延长预备期。

【民主评议党员工作】在市公司党委的指导下,各基层党组织开展了民主评议党员活动。各基层党组织通过广泛征求意见、开展谈心活动、认真开展批评和自我批评,进一步促进了党员队伍整体素质的提高。全公司共有370个党支部和6182名党员参加了民主评议。

【民主生活会】根据北京市国资委党委《关于开好2010年度企(事)业单位党员领导干部民主生活会的通知》和中国邮政集团公司《关于开展"党风廉政宣传教育月"活动的通知》精神,市公司领导班子经过充分的思想和组织准备,在广泛征求干部、党员和职工意见的基础上,以"贯彻落实党员领导干部廉洁从政若干准则,切实加强领导干部作风建设"、"强化制度建设,提高制度执行力"为主题,召开了专题民主生活会。会上领导班子成员围绕生活会主题,结合自己分管的工作,对照检查了落实上级党风廉政建设有关文件、规定,转变思想作风情况;结合建设中国特色世界城市,对照检查了落实"十一五"规划以及"十二五"规划制定对企业发展提出的功能定位情况;根据个人工作中存在的潜在风险点,对照检查了防控措施制定情况;对照检查了落实党风廉政建设责任制责任分工,全面加强党性修养,转变工作作风情况;认真开展了批评和自我批评;根据各基层单位和机关部室所提意见,研究提出五方面23条整改措施。各二级单位领导班子也召开了该主题的民主生活会。

【共产党员献爱心】甘肃省甘南藏族自治州舟曲县等地连续发生持续强降雨,引发泥石流灾害,造成重大人员伤亡和财产损失。为支援抢险救灾工作,市公司党委号召全体党员和干部职工向受灾群众伸出援助之手,奉献爱心,捐赠善款,帮助灾区人民渡过难关,重建家园。市公司8000余名党员、积极分子、职工参加了捐款活动,共捐善款50余万元。

(撰稿人:王　飞)

宣传工作、思想理论建设、普法教育

【宣传工作】2010年北京邮政对外新闻宣传工作在市公司党委统一领导下,坚持"三贴近"原则,紧紧围绕生产、经营、服务和改革发展工作,大力宣传北京邮政推出的新业务、新举措和先进模范人物的事迹,起到了聚人心、鼓士气,塑造形象,扩大北京邮政影响的作用。表现在以下五个方面:

一、注重宣传工作的策划,在工作中找准切入点,先期介入、全过程参与,使宣传工作与社会媒体的关注点相融合。

二、对外宣传成果显著。全年在中央电视台"新闻联播"刊播新闻4条;在中央电视台和北京电视台"北京新闻"、"首都经济报道" 等栏目播出节目300余条,在《中央电视台》、《人民日报》、《北京日报》和《北京晚报》等社会新闻媒体发稿10000余篇。宣传工作为北京邮政树立良好形象、凝聚职工队伍、推动业务发展,赢得社会理解做出了积极贡献。

三、对外宣传推动了邮政业务的发展,提高了企业知名度和美誉度。宣传工紧密围绕北京邮政经营发展和纪念建国六十周年服务工作展开,先后组织开展了"携手老字号,礼品传天下——北京邮政新春礼仪产品寄递"、"祝福祖国全国大型寄语活动最佳寄语颁奖仪式"、"爱心包裹灾区学生'六一'关爱行动"、"北京邮政贺卡旗舰店开业典礼暨世界杯竞猜明信片抽奖仪式"、"北京邮政思乡礼仪服务"、"圣诞邮局启动仪式"等专项宣传活动,取得了显著成效,仅这几项活动就在《中央电视台》、《中央人民广播电台》、《北京电视台》、《人民日报》、《经济日报》和《北京日报》等社会媒体发稿3000余篇。特别是"北京邮政　思乡礼仪服务"、"圣诞邮局启动仪式",被中央电视台等八十余家媒体报道。

四、北京邮政党建网作用发挥显著。北京邮政党建网由于信息量大、更新及时,在北京邮政党建和精神文明建设中的作用日益扩大,学网、用网已成为大家的自觉行动,截止到2010年10月29日,党建网的浏览量突破100万人次,拓宽了思想政治工作、精神文明建设工作和党建工作的渠道和空间。

为了进一步提高党建工作科学化水平,2010年5月28日,市公司党委利用综合网采用流媒体技术建立的北京邮政"党建网络课堂",北京邮政"党建网络课堂"目前开设有"中心组学习"、"大视野"、"党课报告"、"榜样力量"、"文明讲堂"、"红色经典"等六个栏目。其中"中心组学习"、"大视野"两个栏目中刊登的内容主要是供各级党委理论中心组成员学习参考。其他四个栏目刊登的课件供普通党员学习浏览。此系统的建立对于提高北京邮政党建工作科学化水平,丰富党员教育活动手段,更好地为基层党员服务将发挥重要作用。

为确保此系统的正常运行,市公司进行了精心的准备和测试。先后利用下班后综合网的闲暇时段组织各二级单位的局所网点进行了三次测试。测试情况表明,系统运行稳定,具备上线运行的条件。在系统承载能力和技术条件符合需求的基础上,市公司又对相关栏目进行了重新细化,确定开设"中心组学习"、"大视野"、"党课报告"、"榜样力量"、"文明讲堂"、"红色经典"等六个栏目。同时对上述栏目的内容进行了更新完善。

为了加强对北京邮政"党建网络课堂"的管理,确保系统运行安全,市公司先后制定下发了《关于北京邮政"党建网络课堂"上线运行的通知》、《北京邮政"党建管理办法"》,对使用该系统进行登录学习、课件的选取、审核、上传等提出了明确要求。

五、市公司内部报刊质量提高。2010年,北京邮政组织加强了内部媒体的指导,促进了内部媒体办报(刊)水平的提高;同时,还充分利用《邮政周报》,大力宣传市公司党委精神和基层党组织和共产党员的先进事迹,促进企业全面、协调、持续、健康发展的共同思想基础。

【思想理论建设】按照中央、北京市委和中国邮政集团公司党组的部署,市公司党委在全公司范围内开展了党的十七大、十七届四中全会精神学习。市公司党委共组织中心组学习11次,在今年的干部理论学习中,我们充分利用电视电话会议设备,扩大了干部理论学习的覆盖面,使学习人员覆盖到了基层党支部书记;编印刊载处级以上领导干部学习体会的《学习与实践》22 期。通过学习，干部职工统一了思想，提高了认识，增强了发展创新的责任感和主动性，坚持发展、改革不动摇。

【普法教育】完成了五五普法年度工作。2010 年按照北京市邮政公司五五普法规划和中国邮政集团公司、北京市的工作要求，完成了五五普法的检查验收工作；各基层党委结合本单位实际采取集中学习、自学和知识竞赛等多种形式深化法制宣传教育，全公司职工普法参与率达 100%，全公司各级领导干部依法决策、依法经营、依法行政、依法管理的水平明显提高，员工的法律意识和法制观念明显提升。

【企业文化建设】2010 年在企业文化建设工作中，以加强对"服务人民、造福职工"的企业宗旨、"用户是亲人"的服务理念和"人人是人才、人人能成才"的人才观进一步根植为抓手，推动企业文化建设工作。

【学习型党组织建设】党的十七届四中全会提出要把我们党建设成为学习型政党，"使各级党组织成为学习型党组织，各级领导班子成为学习型领导班子"。市公司围绕建设学习型党组织，扎实推进党员干部教育培训工作。2010 年，市公司党委先后印发了《关于做好入党积极分子培训工作的通知》、《关于转发北京市贯彻〈2009-2013 年全国党员教育培训工作规划〉的实施意见的通知》，对学习型党组织建设工作进行了全面部署和安排。

2010 年的党员教育培训工作，按照市公司党委"两学、两促、两提高"的要求，区分不同层次进行。一是对党委理论中心组成员进行集中学习培训，二是对党支部书记进行培训；三是对党员及党群干部的培训。培训采取集中培训、网上培训、学员自学、现场教学、实践体验等多种形式展开，在全公司掀起党员教育培训的热潮。

2010 年共组织党委理论中心组成员学习 12 次，培训 3000 余人次；举办党群工作部主任培训班 1 期(27 人)、党员培训示范班 1 期(51 人)、入党积极分子培训班 6 期（392 人），党支部书记培训班 1 期 240 人。

（撰稿人：奉常春）

加强保密宣传教育

2010 年 10 月 1 日起施行新修订的《中华人民共和国保守国家秘密法》。为进一步推动北京市邮政公司保密法律法规的普及工作，强化各级领导干部、各单位保密干部以及全员保密法律意识和保密法制观念，做好新形势下的保密工作，按照上级主管部门和公司党委的要求，全公司上下扎实开展了学习宣传保密法活动，并做到三个结合：

一是把保密法学习宣传工作与本单位的实际紧密结合。发挥广播电视、网络等各类媒体的舆论宣传作用，多渠道、多层次、多角度开展学习宣传新《保密法》活动。同时，充分利用党校等保密宣传教育的渠道和阵地，广泛深入地开展好保密法的学习宣传工作。

二是把保密法学习宣传工作与建立、修订、完善本单位保密规章制度紧密结合。

三是把保密法学习宣传工作与推动保密工作紧密结合。要求各单位以学习宣传保密法为契机，加深广大干部职工对修订颁布保密法的重要意义的理解，不断丰富保密知识，切实增强保密工作的前瞻性和主动性。

作为公司学习宣传保密法活动的一项重点内容，学习宣传保密法期间，专门邀请了市委办公厅机要交通处领导，就如何做好机要文件管理工作作了专题讲座，有效防止了文件丢失泄密行为的发生。通过培训，使机要人员进一步提高了对做好机要文件管理工作重要性的认识，不断提升了保密意识，增强了责任感和使命感。

5 月 20 日，由北京市国家保密局郭吉东副局长带队的检查组一行来到北京市邮政公司检查和指导保密工作。检查组一行听取了北京邮政保密法宣传教育工作的开展情况、涉密载体的清理情况和贯彻落实国家保密局《信息系统和信息设备使用保密管理规定》的情况汇报。随后，又深入到北京邮政保密要害部门机要局进行了实地检查。

郭吉东副局长对北京邮政的保密工作给予了充分肯定，希望北京邮政进一步加大对涉密人员的宣传教育和管理力度，努力提高职工的保密意识和素质，加强信息系统和信息设备、移动存储介质的保密管理工作，不断提高保密防范手段。

2010 年，北京邮政保密工作取得了显著成绩：保密工作取得了显著成绩：经过推荐评选，北京机要通信局获得 2008-2009 年"北京市保密工作系统先进集体"；卢云同志获得 2008-2009 北京市保密工

作系统先进个人。　　（撰稿人：卢　云）

精神文明创建工作

【概况】2010年，北京市邮政公司开展了以“五大文明行动”为内容的“爱首都、讲文明、树新风——做文明有礼邮政人”活动，引导职工争当文明职工。推进了向东四局学习活动，强化东四局的示范引领作用，在全公司范围内将“亲情服务”理念延伸推广，促进了公司整体服务水平的提升。建立了东四邮电局网站，全年东四局接待各行业参观交流近千人次，对于弘扬“东四精神”，树立邮政良好形象发挥了重要作用。开展了《北京邮政营业服务规范（试行）》和服务规范教学示范片的学习宣贯活动。通过编发班组学习材料、在邮政周报和党建网上开设专栏、组织开展“落实服务规范大家谈”活动，对职工进行服务规范和职业素养教育，对照《规范》，查找不文明行为。基层单位采取班前班后会学习、交流研讨、征文演讲、征集文明用语等形式，形成了学习宣传服务规范的高潮。

2010年，召开了北京邮政落实服务规范，加强行风建设，迎接全国文明单位复查动员大会，推出了邮政便民服务新举措。开展了邮政服务进社区、进商厦、进校园的志愿服务，深化了“城乡携手共建文明京郊行”活动。在44处地铁建设工地开通了邮政投递服务；在东四社区服务站建立了北京市首个社区“邮政代办点”；开展了“送先进文化，建最美乡村”报刊进农家共建活动；组织了上海世博会志愿服务，受到世博运行团队的肯定。

2010年，针对面临的新形势新任务，开展了“热爱邮政、忠诚企业、精心履职”主题教育活动。利用各类学习宣传阵地，向职工宣讲邮政面临的新形势新任务，使职工坚定发展信心，明确发展目标，正确认识企业发展与个人成长的相互关系，不断提升职工素质，开展丰富多彩的岗位技能练功活动，进一步提升了职工业务素质。推进了企业“职工书屋”建设，为职工提供了文化服务和知识支撑。积极开展形式多样的文体活动，以健康文化引导职工。

2010年，按照公司党委要求，北京市邮政公司党群工作部党支部与东四局、百万庄局、和平门局、北太平庄局四个先进党支部以“创新发展，提升品牌，互学互促，共建共赢”为目标，联合开展了北京邮政党支部品牌共建活动。推广了东四局亲情服务的经验、金融街局和百万庄局营销团队建设的经验，推进了四个支局损益核算的应用和服务规范的落实，加强了基层党建工作。活动促进了机关和基层、支撑单位和窗口单位的联动共建，推动了公司重点工作的落实。

2010年，北京邮政精神文明建设成果继续得到巩固。市公司、报刊发行局以及密云局等单位顺利通过了首都精神文明建设委员会对全国文明单位及全国精神文明创建工作先进单位的复查。全公司29个单位继续保持了首都文明单位标兵和首都文明单位称号。东四局被集团公司命名为全国邮政“文明服务模范窗口”，百万庄局荣获全国交通运输行业文明示范窗口。在市委宣传部、首都文明委组织的百姓爱心故事评选活动中，门头沟局投递员王自殿获得百姓爱心明星奖。公司所属29个单位积极参加了“城乡携手迎奥运，共建文明京郊行”活动。北京市邮政公司在“唱响国企之歌　展示劳动风采”北京市国资委系统企业之歌大赛中获得二等奖。

【思研会工作】2010年，思研会工作要以党的十七大和十七届四中全会精神及科学发展观为指导，围绕企业改革发展新形势，积极开展研究工作，为实现北京邮政各项事业新发展，积极开展研究工作，进行了思想政治工作征文活动。征文活动共收到了21个单位推荐的42篇优秀文章，文章紧紧围绕企业中心工作和干部职工的思想实际，以人为本地研究企业改革下职工的思想、行为规律；探索调动职工的积极性、创造性和挖掘、激发职工潜能的新方法、新形式，力争撰写出有深度、高水平的研究成果，为领导决策服务。活动共遴选出13篇优秀思想政治工作研究成果。其中东区局张云燕撰写的《以活动载体创新推进基层党建工作创新》；投递局史学智撰写的《浅议培养员工荣誉感增强企业凝聚力》；西区局王君撰写的《规范权力运行　控制邮政廉政风险》三篇文章获得一等奖。投递局袁喜撰写的《创新党员责任区建设　促进企业又好又快发展》等四篇文章获得二等奖。培训中心乔秋生撰写的《关于北京邮政创建学习型党组织的思考》等六篇文章获得三等奖。

北京市邮政公司党委丁前亮书记撰写的《关于开展党员主题实践活动的探索与思考》一文在中央

国家机关工委2010年度调研课题成果奖评比中获得三等奖。

北京市邮政公司于2009年向中国邮政政研会报送的4篇研究成果在2010年均获奖项，其中，投递局史学智撰写的《浅谈如何做好新形势下邮政投递职工思想政治工作》、汽运局赵世波撰写的《用心沟通是融洽干群关系和促进团队和谐的重要途径》两篇文章获研究论文类一等奖；东四邮电局张钰撰写的《构建压力疏导机制　探索员工减压途径》获调研报告类一等奖；商函局谭奇伟撰写的《注重职工"职业心态"调整是思想政治工作的着力点》获调研报告类二等奖。2010年，北京市邮政公司报送的东四局张钰撰写的《我的个性是超越》、北京站邮电局撰写的《你的优点我来说》、报刊发行局杨勇撰写的《开展恳谈活动，搭建阳光平台》三篇文章入选集团公司《职工思想政治工作创新案例》。

2010年，北京市邮政公司向北京市思研会报送的2篇文章获得奖项。西区局杨晓凤撰写的《加强党员营销团队建设的实践与思考》获得一等奖；商函局谭奇伟撰写的《注重职工"职业心态"调整是思想政治工作的着力点》获三等奖。（撰稿人：仉海朋）

机关党委工作

【概况】2010年，机关党委下辖党支部20个，离退休党总支一个，党员总数为634人，其中机关及直属单位在岗党员353人，离退休党员281人。机关及直属单位职工总数为576人，机关职能处室党支部12个，直属单位党支部8个。2010年北京邮政代理业务局组建后、经机关党委批准，于8月12日建立党支部。

【思想建设】

（一）开展读书活动、增强全员综合素质。按照公司党委着眼于解放思想、改革创新、推动发展、构建和谐、着力加强学习型党组织建设的要求，在全体党员干部中开展了读一本书活动，通过推荐学习书目、撰写读后感和开展学习体会交流活动，机关干部职工普遍把积极参加读书活动作为增强自身素质，实现自我进步的自觉行动。取得了干部职工紧密联系自身学习实际，撰写学习体会200余篇的学习成果。同时在干部职工中积极倡导根据岗位履职需要和员工个人发展需求，选学相关专业知识和现代管理理论，不断提高全体员工的管理水平和工作能力，达到紧密联系企业实际，学得懂、用得上、针对性强、有实际效果的学习目的。此外还组织机关党员干部参加市邮政公司组织的专题理论学习讲座6次，机关干部参加讲座的出勤率达到90%以上。

（二）继续深化向东四局学习活动。东四局的先进经验是北京邮政的宝贵财富，开展向东四局学习活动，是提高机关规范化水平和管理能力的需要，2010年，机关各部室结合自身实际普遍落实了学习实践活动。东四局的"五种精神"和"好、快、诚、细"的工作方法及用户是亲人的服务理念在机关得到了弘扬。

（三）结合实际、开展调研活动。2010年组织部室围绕企业中心工作和热点难点问题，开展了调研活动，各部室结合自身分管工作的实际，拟定调研课题、组织干部撰写调研报告15篇。有效地促进了理论成果、实践成果和制度成果的转化。

【组织建设】按照坚持标准、保证质量、改善结构、慎重发展组织的原则，认真做好新党员发展及预备党员转正工作。全年共发展新党员13名，预备党员转正12名。新发展的13名党员中，全部具有大专以上学历。其中有9人是市公司管理岗位的员工，4名是直属单位技术人员及一线生产骨干。

【作风建设】2010年机关各支部以加强党性休养，树立良好作风为重点，以《党章》、《论共产党员的休养》、《国有企业领导人员廉洁从业规定》等党内法规为教材，重点抓了以下三项工作。一是根据公司纪委的部署，重点抓好党风廉政教育宣传月的教育活动，教育机关党员认真遵守廉洁自律的有关规定，树立正确的人生观和价值观。并组织机关全体在职党员观看了影片《第一书记》，深入学习和弘扬了沈浩同志的崇高精神和优秀品德。二是广泛开展警示教育、通过组织党员参观法制教育展览、对反面典型案例进行剖析，使党员牢记宗旨，正确处理权利与责任的关系，筑牢思想防线。三是通过开展向新时代楷模学习活动、使党员树立正确的人生观，以饱满的精神状态和求真务实、锐意进取的工作态度，勤政为民的实际行动改进工作作风、推进机关党风廉政建设步入新台阶。

【组织党员献爱心活动】落实上级党委的工作部署、

开展了为玉树地震灾区、舟曲灾区和七一“共产党员献爱心”活动。(一)2010 年 4 月、青海玉树发生地震灾害后，以实际行动支持灾区群众抗震救灾，表达北京邮政公司机关干部职工对灾区群众的慰问之情，党委于 4 月 22 日。组织所属党支部全体党员、入党积极分子及职工群众开展了为灾区群众“献爱心”活动，机关有 302 人参加了捐款，捐助金额达 6.6 万余元，其中个人捐款达千元以上的有 17 人，捐款 500 元以上的有 12 人，人均捐款 219 元。(二)2010 年 8 月根据公司党委关于组织干部职工向舟曲等受灾地区捐款的通知精神，机关党委于 8 月 25 日–30 日在机关所属 20 个党支部中开展了捐助活动，共计捐款 4.4 万元。(三)“七一”前夕，根据市国资委党委关于组织开展好“共产党员献爱心”捐献活动的要求，组织机关 230 名党员和 35 名入党积极分子再次捐款 4.25 万元，机关全体在职党员、入党积极分子在三次捐助活动中共捐助善款 15 万余元。

【开展主题实践活动，弘扬东四精神】深入开展了“弘扬东四精神、当先锋、促发展、党员立足岗位做贡献”主题实践活动。机关 20 个党支部全部结合工作实实际制定了活动方案。“七一”前，在公司开展的“双好”评选活动中，机关党员队伍中涌现出市公司级“群众心目中的好党员”9 名，机关级好党员 11 名。工会党支部被评为市公司级好支部。

(撰稿人：陈铁城)

机关工会工作

公司机关工会所属 20 个单位，包括 12 个机关部室部门工会；后勤中心、文史中心、宣传中心、集邮协会、艺术团 5 个直属单位分工会和代理业务局、电子商务局、保险代理局 3 个二级单位分工会，共有 560 余名干部职工。

2010 年，机关工会在公司工会、机关党委的正确领导下，按照公司工会对 2010 年工会工作的总体部署和要求，从机关工会的自身实际出发，紧紧围绕企业中心工作，团结依靠广大员工，推进了机关工会工作的有序开展。

【工会工作】坚持以企业经营发展为中心，坚持履行职责、发挥特色，体现人文关怀，营造机关和谐氛围。通过组织会员开展合理化建议活动、充分调动了全体会员参与企业改革发展、生产经营的积极性。配合学习型党组织建设，在全体会员中开展了《落实责任无小事》读书活动，收到干部职工撰写的读书体会 200 余篇，评出优秀文章 80 篇。围绕企业工作实际、开展了合理化建议活动，同时还于上半年恢复了工间操活动及开展了羽毛球、乒乓球。和棋牌比赛等项文体活动，通过上述活动，不仅丰富了机关员工的业余文化生活，也充分调动了员工的生产积极性、主动性和创造性，营造了以邮为业、爱局如家的良好氛围。

【以全国劳模评比年为契机，大力开展弘扬劳模精神，弘扬“东四精神”的宣传教育活动】

一是按照公司工会的工作要求，大力开展弘扬劳模精神，弘扬“东四精神”的宣传教育活动。二是发动机关员工积极参加评选全国劳模的网上投票工作。努力营造“学习劳模、关心劳模、争当劳模”和“弘扬先进、争创一流”的氛围。三是按照公司工会“踏寻信使足迹，传承劳模精神”主题教育活动的工作部署，通过参加劳模表彰大会和报告会、学习《共和国信使风采录》等形式宣传劳模的先进事迹，开展向劳模先进学习。

【以送温暖为载体，关心职工生活，尽心尽力为广大员工办实事】

一是认真落实市总工会和公司工会对办理“京卡.互助服务卡”工作的要求，为 498 名会员集中办理了“京卡·互助服务卡”。

二是全面细致做好职工互助互济和女职工特殊疾病保险的摸底、续险、缴费等工作，顺利完成了 183 名女工安康保险会员关系的续转和新会员入会工作。

三是积极开展慰问病困职工活动。全年慰问病困职工 100 余人次；组织 201 名员工进行了身体健康检查、完成了疗休养工作；向员工发放生日卡、进行暑期慰问。

四是结合“安康杯”系列活动的开展，组织各单位参加了“全国职工安全卫生知识竞赛”活动。组织员工认真学习《全国职工职业安全卫生知识手册》、《安全生产知识手册》并顺利完成了 160 份试题答卷。

【大力开展劳动竞赛活动和职工读书活动】

一是认真贯彻落实市公司有关劳动竞赛管理办

法的规定,分别开展了"企业发展当先锋、节约创新增效益"、"比学习、促提高;增效益、促降耗;保安全、促廉洁"、"学习贯彻十七届五中全会精神,确保完成全年任务目标" 等主题劳动竞赛, 员工参与率达到100%。

二是在全体员工中开展了"创建学习型组织,争做知识型职工"活动,进一步增强干部职工学习的积极性,提高理论知识水平。活动中,根据机关特点,向大家推荐了《落实责任无小事》一书,要求员工阅读并撰写学习体会。

【认真贯彻落实《全民健身纲要》, 开展多样文体活动】2010 年,机关工会以各文体活动队为载体,开展了形式多样、健康有益的文化活动和健身活动,丰富了员工文化生活:

3 月份举办了机关羽毛球比赛并选拔选手组队参加市公司羽毛球大赛。在市公司羽毛球大赛中,机关代表队获得混合团体第八名、男子 35 岁以上组个人第七名的好成绩。

举行了玉渊潭环湖团体健身徒步比赛活动,积极倡导绿色环保、健康出行理念。

大力推广工间操活动。机关工会通过发放广播操光盘、举办了小教员训练班等方式学习广播体操并选出 50 名员工参加了 8 月 6 日公司组织的"千人广播操展示"活动。

举办了机关集体跳绳项目比赛。大院内各部门、单位共有 10 支代表队参加了比赛。

【完善工会财务制度,加强工会经费审查工作】机关工会按照公司工会的要求,2010 年全面实施了新《工会会计制度》和《工会预算管理办法》,进一步完善了机关工会财务制度。工作中严格执行工会财务制度,认真做到财务手续规范,严格按财会制度把好支出关、报销关,合理使用工会经费;坚持进行半年、全年机关工会财务的经审工作。

(撰稿人:卢　云)

纪检监察工作

概　述

2010年，北京市邮政公司(以下简称公司)纪检监察工作在中国邮政集团公司纪检组、监察局和北京市国资委纪委、市公司党委的领导下，认真落实第十七届中央纪委第五次全会精神，加强反腐倡廉制度建设，实施惩防体系工作规划，推进廉政风险防范管理工作，抓紧党风廉政建设责任制落实，深入开展专项治理，促进领导人员廉洁从业，为北京邮政改革发展稳定提供了有力保证。

重要会议

6月23日，北京邮政召开党风廉政建设电视电话会，深入贯彻胡锦涛总书记在第十七届中央纪委第五次全会上的重要讲话和全会精神，总结2009年党风廉政建设工作情况，部署2010年党风建设和反腐倡廉工作任务。全公司副科级以上领导人员及专兼职纪检监察干部参加了会议，中国邮政集团公司监察局副局长贾江、市国资委纪委副书记李国锐出席会议并讲话。会议由市公司总经理章干泉主持，纪委书记王旭在会上作了题为《深入推进党风建设和反腐倡廉工作为北京邮政转变发展方式　加快发展步伐　提供坚强保障》的工作报告。

会上，党委书记丁前亮与二级单位党委、总支书记代表签订《2010年度党风廉政建设责任书》(部分单位会后签)，并在讲话中强调：一要认真学习贯彻上级精神，扎实推进北京邮政反腐倡廉建设；二要以制度建设为主线，进一步做好治本抓源头工作；要进一步健全和落实反腐倡廉教育制度、监督制度、预防制度、问责制度和党风廉政建设责任制。三要认真开展专项治理，促进企业经营管理工作健康稳定发展；四要加强作风建设，建设一支廉洁奉公、积极有为的党员领导干部队伍。

市国资委纪委副书记李国锐在讲话中对北京邮政各项工作给予充分肯定的同时，结合市国有企业反腐倡廉工作实际，从建立健全惩防腐败体系、建立健全监督工作格局、落实党风廉政建设责任制和开展廉政风险防范管理工作几个方面，对开展党风建设和反腐倡廉工作提出了要求。

中国邮政集团公司监察局副局长贾江在讲话中充分肯定了北京邮政党风廉政建设工作和廉政风险防范管理工作的有效做法，希望北京公司的经验能在全国邮政系统进行宣传和推广。他同时强调推进党风建设和反腐倡廉工作要做到“五个立足于”：一要立足于建立和完善宣传教育机制；二要立足于落实党风廉政建设责任制；三要立足于建立和完善监督制约机制；四要立足于加强反腐倡廉制度建设；五要立足于提高纪检监察工作水平。

会议最后，市公司总经理章干泉就学习贯彻胡锦涛总书记讲话，从四个方面畅谈了《人以诚信为先　官以廉洁为首》的学习体会。他说：治国先治吏，这是古训；党员干部要遵循谨慎原则；党员干部要加强学习；党员干部要提升执行力。他同时强调党员干部要过好“四关”：一是过好“勤俭干事”关；二是过好“权力使用”关；三是过好“人情交往”关；四是过好“自我约束”关。

党风廉政教育

2010年，公司党委、纪委按照市纪委和中国邮政集团公司纪检组监察局的总体安排，将反腐倡廉教育纳入党的宣传教育总体部署，紧密结合工作实际，丰富教育内容，创新教育方式，拓展延伸教育覆盖面，教育引导各级领导人员进一步增强反腐倡廉的责任感和紧迫感。

【认真贯彻落实中纪委五次全会精神】公司党委理论中心组率先专题学习五次全会精神和胡锦涛总书记重要讲话，结合实际提出“逐步建设内容科学、程序

严密、配套完备、有效管用的反腐倡廉制度体系目标和营造为业清简、为官清廉、政治清明、员工亲近的良好环境的奋斗目标”，明确了反腐倡廉工作任务。公司纪委将贯彻落实中纪委五次全会精神，与学习胡锦涛总书记在全会上所作的重要讲话紧密结合，与制定反腐倡廉工作任务紧密结合，使反腐倡廉工作任务更加切合企业实际，更加明确具体，着力解决影响制约科学发展的突出问题和领导人员在党性党风党纪方面存在的突出问题。

【加强廉洁自律教育和廉洁从业教育】公司纪委以文件形式重申廉洁自律各项规定，明令禁止“两节”奢侈浪费行为及违反规定收受礼品、现金、有价证券和支付凭证、用公款相互送礼、宴请和高消费娱乐活动，对领导人员早打招呼早提醒，防范了节日期间易发的不正之风和奢侈浪费行为。各级领导深入基层帮助解决员工生产生活中的实际问题，大力开展送温暖活动，为员工办实事办好事，过一个廉洁、节俭、文明、祥和的节日。

公司纪委在各单位领导班子及领导人员中广泛开展专题理论学习活动，集中学习了《国有企业领导人员廉洁从业若干规定》、《中国共产党党员领导干部廉洁从政若干准则》、《党政领导干部选拔任用工作责任追究办法(试行)》等规章制度，并于2010年5月至7月开展了基层党政主要领导党风建设和反腐倡廉制度学习培训活动。本着经营学习“两不误、两促进”的原则，学习培训采取自学为主、集中培训为辅的形式进行。为检验学习效果，纪委从规定的学习内容中编写测试题，由基层党政主要领导本人填写“党风建设和反腐倡廉规章制度知识答卷”，通过OA网上办公系统进行收集，合格率100%。通过学习培训，使基层单位党政主要领导人员掌握反腐倡廉工作方针政策、制度规定，进一步提高做好反腐倡廉工作的自觉性，同时也提高了主要领导人员熟练运用政策制度的能力，从而更好地指导反腐倡廉工作深入开展。

【深化廉洁文化教育、示范教育和警示教育】公司纪委按照集团公司要求，广泛开展了“强化制度建设，提高制度执行力”为重点内容的宣传教育活动，并明确提出宣传教育普及性、创新性和实效性的要求。各单位结合实际，取多种形式，全方位、多层次地开展教育活动。廉政制度飞行测试、读书思廉、廉政短语警句征集、“重温本岗制度，确保制度有效执行”学习活动、领导人员撰写廉政感言，爱国主义传统教育，以及党委书记讲党课、专题讲座、编印《党风廉政宣传教育手册》等系列教育活动的开展，搭建了企业廉洁文化的舞台，增强了教育的覆盖面和渗透力。与此同时，各单位将示范教育与警示教育紧密结合，法制教育与制度教育紧密结合，廉洁从业教育与以德治企紧密结合。组织观看影片《第一书记》、评选“勤政廉洁好干部”、劳模讲党课活动，教育引导党员、领导人员以先进人物为榜样，立党为公、无私奉献。充分利用《邮政案例教育读本》开展警示教育。理论中心组、干部党员学习日和班前班后会，组织班子成员、管理人员和员工各有侧重选学，收到不同的教育效果。通过组织收看《人生败笔》、《海淀区区长周良洛受贿案》、《李培英贪污受贿案警示录》等廉政警示教育片；通过邮政运钞车现金被盗事件、擅自扣发《江西日报》副刊事件、邮储银行朱军持枪杀人等典型案例；通过参观警示教育基地、听取职务犯罪庭审等进行警示教育，全员思想深处进一步构筑了拒腐防变的思想道德防线。

【理论研究工作】认真搞好市公司的理论研讨活动。公司纪委重视理论研究工作，根据监察学会信息产业分会理论研究工作部署，按照集团公司纪检组监察局开展纪检监察工作交流和理论研讨活动安排，及早做出工作安排。各级纪检监察人员把科学发展观的理念、发展思路、发展方法贯穿于纪检监察理论研究的过程中，围绕组、局确立的论文命题进行研讨，深入研究廉政风险防范管理工作，深入破解影响邮政和谐发展需要解决的重点难点问题，全公司共征集32篇论文参加评选，从中优中选优，为参加全国邮政纪检监察理论研讨活动夯实了基础。精心组织好全国邮政纪检监察第一组的理论研讨活动。来自浙江省邮政公司和中国邮储银行等9个单位的纪检组长、监察室主任、纪检监察干部及部分论文作者，围绕“当前邮政企业领导人员廉洁从业工作的现状、存在问题及对策”、“规范权力运行，控制邮政廉政风险”、“加强对邮政企业领导人员有效监督”三个论文命题进行了认真研讨和论文评选，北京公司包揽了两个一等奖，为企业争得了荣誉。在全国邮政论文评选中，北京公司2篇论文分获二、三等奖；1篇论文被集团公司推荐参加信息产业分会评选。

【信息宣传工作】重视做好信息宣传工作，努力在提高信息质量上下工夫。及时总结提炼宣传北京邮政反腐倡廉工作做法和经验；对基层报送的信息及时沟通交流，从内容、角度、特点上提出报送要求。2010年，纪检监察信息被集团公司、市国资委纪检监察信息采用10余篇，信息水平和质量明显提高和改进。市公司廉政风险防范管理工作先后在《中国邮政报》、《邮政文汇》、《邮政周报》、《信息产业分会纪检监察理论研究与信息》等媒体报道，宣传和扩大了工作的影响力，推进了工作的深入开展。

党风廉政建设责任制

落实党风廉政建设责任制是做好反腐倡廉各项工作的有利保证。公司纪委以落实党风廉政建设责任制为龙头，以此深入推进企业惩防体系建设和反腐倡廉各项工作。

【明确工作目标和任务要求】公司纪委贯彻落实集团公司纪检监察和市国资委党风建设和反腐倡廉工作部署，全面落实党风廉政建设责任制，通过召开廉政大会，总结2009年工作，部署2010年工作任务；通过公司党委书记与二级单位责任人签订责任书，进一步明确了企业年度党风廉政建设工作目标和任务，同时对领导班子、领导人员转变发展方式、加快发展步伐、廉洁从业提出要求，为开展反腐倡廉工作开好头。结合年度反腐倡廉工作重点，公司纪委制定出市公司《2010年党风廉政建设和反腐倡廉主要任务分工》，按照各项工作内容，确定分管领导、牵头部门、协办部门、完成时限，分工明确，责任落实到人。分工共涉及党群部、办公室、后勤中心、人力部、审计部、计财部、企发部、市场部、工会、安保部、监察室11个相关部门，涵盖了反腐倡廉宣传教育、健全反腐倡廉制度、强化监督制约机制、深化体制机制制度改革、纠正损害群众利益的不正之风、保持反腐倡廉工作的强劲势头共六方面工作29项内容。

【加强责任体系建设】公司纪委紧紧围绕责任分解、责任考核、责任追究三个关键环节，在党委统一领导下，加大责任体系建设工作力度，调动部门各负其责的积极性，制定惩防体系《实施细则》和配套规定，明确职责任务，规范工作程序，加强了监督检查，完善了工作机制，增强了党风廉政建设责任制的可操作性和有效性。发挥党风廉政建设联席会的作用，研究细化责任内容，将任务责任分解到每位分管领导、责任部门和责任人，做到目标、人员、措施三到位，一级抓一级的责任体制得到有效的落实，确保了反腐倡廉任务如期完成。

【加强责任制工作的自查和检查】按照中国邮政集团公司纪检组监察局关于对2007年-2010年贯彻落实党风廉政建设责任制情况进行检查考核的部署，公司纪委依据《邮政企业落实党风廉政建设责任制实施办法(暂行)》和《邮政企业落实党风廉政建设责任制的检查考核和责任追究办法(试行)》规定，作出迎接工作检查考核安排。在二级单位自查的基础上，公司纪委以听取汇报、查阅资料等方式，对局处级重点单位进行了检查。通过检查表明，各单位能坚决贯彻上级反腐倡廉工作部署，切合实际制定党风廉政建设责任制工作任务，严格签订党风廉政责任书，扎实有序推进惩防体系建设，基础资料管理基本扎实，内部管理水平有所提高，党风廉政建设的工作成效明显。2010年两级纪委先后对283个单位进行了责任制工作检查考核，对重点单位进行了指导抽查。12月，北京公司以满分的成绩，圆满完成了集团公司党组对北京邮政公司2007年至2010年贯彻落实党风廉政建设责任制工作情况进行的检查考核，是全国10省(区、市)邮政企业中唯一的满分单位。

推进权力规范化运行

纪委以贯彻《中国共产党党员领导干部廉洁从政若干准则》为主线，积极营造和健全用制度规范行为、按制度办事、靠制度管人的治企氛围和工作机制。进一步梳理完善党风廉政建设的各项规定，推进权力科学化、规范化运行。

【严格落实廉洁从业各项规定】各单位进一步加强领导人员廉洁自律工作，贯彻落实《国有企业领导人员廉洁从业若干规定》、《邮政企业领导人员廉洁从业规定》、《邮政企业惩处失职渎职行为的暂行规定(试行)》，以落实《规定》促进廉洁从业。各级领导班子深入基层开展调研活动，通过召开座谈会、与员工交流、走访工作现场，发现了本单位生产经营以及工作中出现的问题，提出了解决的措施和方法，解决了员工关心的难点、热点问题。公司领导班子成员深入基

层单位调研135次，发现查找问题27处，提出了68条解决措施。31个基层单位围绕贯彻执行民主集中制和政治纪律、履行岗位职责、廉洁从业以及办实事办好事等项目，组织员工对领导班子及其成员进行民主评议，满意率达到95%以上。

【严格执行“三谈两述”、个人事项报告制度】各级纪检监察部门充分利用“三谈两述”制度，做好领导人员任前谈话、警示谈话、诫勉谈话及职代会述职述廉工作，要求领导人员自觉接受组织和员工的监督。2010年两级纪委负责人分别与下级党政负责人谈话659人次，任前廉政谈话432人次，诫勉谈话15人次，函询谈话8人次，职代会述职述廉791人次。各级领导人员贯彻执行报告个人有关事项规定，742名局、处、科领导人员如期报告个人有关事项。其中，报告住房情况426人，报告投资情况263人，报告配偶子女从业情况317人。

【严格执行“三重一大”制度】各级党政组织认真落实“三重一大”制度，涉及本单位、本部门的重大决策、重要干部任免、重要建设项目安排和大额度资金的使用，做到了领导班子集体讨论，科学决策。使党委议事规则、班子议事制度，不断完善。

专项治理工作

公司纪委按照集团公司开展专项治理工作要求，结合实际对治理“小金库”、工程建设领域突出问题和商业贿赂作出安排，成立领导小组加强工作领导，通过召开专项治理会推进工作深入开展。

【清理整顿“小金库”】所属32个二级单位、12个机关部室在自查基础上报送了一把手签署“无设立任何形式的账外账和小金库”的承诺书。专项检查小组重点对2008年至2010年的资金、资产进行了检查，对东区局、西区局、顺义局、通州局、报刊零售公司、培训中心等单位进行了现场抽查，对房屋出租收入、代办费、会议费、固定资产清理等科目进行了重点检查，对检查过程中发现的隐患问题提出整改意见。

【治理商业贿赂】各单位从经营、管理、服务等重要环节和关键岗位入手，查找自身治理的关键点，按时上报自查自纠报告。与此同时，检查组分别对东区局、西区局、南区局、海淀局、国际局等单位的自查自纠情况进行了检查抽查。重点对需要整治的15种表现形式进行了检查。通过检查抽查，大部分单位的“代办费”发放手续比较完备，基本符合规定要求。对检查中发现的问题提出了整改措施，并要求相关单位在限期内整改。

【治理工程建设领域突出问题】市公司专项检查小组重点对东区局和实业集团2008年至2010年工程项目进行了检查。对近两年工程建设的前期、招标、合同、施工等情况进行了全面检查，未发现规避、虚假招标、围标串标、违法转包、分包以及利用职权插手干预工程建设、以权谋私、索贿受贿等问题。开标过程中，纪委、法规、工会等部门现场监督，未发现违规违纪的问题。

廉政风险防范管理

公司纪委把廉政风险防范管理作为一项重中之重工作抓紧抓好，采取有力措施，扎实有效推进。制定下发《关于在北京市邮政公司全面推行廉政风险防范管理工作的意见》，组织召开廉政风险管理推进电视电话会，全面部署、周密安排廉政风险防范管理在全公司的推进工作。各单位精心制订方案，抓好工作落实。把廉政风险防范管理与落实党风廉政建设责任制紧密结合，使岗位职责、廉政职责、分管工作、牵头任务紧密相连，实施项目化管理，使工作目标、对策更切合实际。各单位共组织各类动员会、培训会、推进会、研讨会175次，召开领导班子专题会93次。党员干部对开展廉政风险防范管理工作的重视程度不断提高，参与廉政风险防范的意识不断增强，全公司共有173个支局、52个生产科队、114个投递部、230个机关管理部门、22个生产处全面推进廉政风险防范管理，3100名党员干部参与查找廉政风险点活动，共查找风险点5013个。建立健全有关廉政风险防范管理工作规章制度429项，构建“三道防线”制定防控措施4139条，完善业务流程572项，编制业务流程图、防控图表871份，最大限度地排除了安全隐患、化解了权力运行、经营管理中的风险。各级领导在实际工作中，带头学习和查找风险，带头完善和落实防控措施，带头抓好自身和分管部门廉政风险防范管理工作，促进了反腐倡廉工作要求在本单位落实。

廉政风险防范管理引入科技手段，《北京邮政廉政风险防范系统》紧密结合企业经营管理难点、热点问题,初步实现了工作流程化、动态化、预警化,覆盖了权力运行的重要过程、管理经营的重点部位、关键岗位及薄弱环节,为廉政建设提供了技术支撑,为经营管理提供了便捷帮助。系统在全公司上线以来,受到了基层的好评。北京市国资委对北京市邮政公司运用科技手段提升防控实效给予充分肯定。

来信来访和案件查处

公司纪委把做好信访作为维护企业改革发展稳定的头等大事抓好落实,不断加强对信访工作的领导,分门别类加大信访工作管理。依据集团公司组局和市国资委相关规定,制定下发了《纪检监察信访举报工作督查督办实施细则》,明确了纪检信访举报工作督查督办的方法步骤。2010 年,两级纪检监察共处理群众来信、来访、电话举报 147 件(次)。属检举控告类信访 109 件,批评建议类信访 38 件。在信访处理中,批评教育 25 件,整改 5 件,责任追究 7 件,调离和改任 3 件,执行回避制度 1 件,诫勉谈话 3 件,发建议书 2 件。各级纪检监察部门严肃查处、认真纠正、妥善处理了各类信访问题,在廉洁教育、化解矛盾、维护稳定方面发挥了重要作用。

效能监察

公司纪委对"清理废旧物资设备"效能监察工作及早安排,提出"制订方案、监督检查、统计资料'三认真'"要求。14 个区县局、12 个专业局、7 个直属单位及实业集团共计 34 个单位开展了清查工作,基本摸清了公司的家底以及设备使用状况、资产价值、数量等资源分布,真实地反映了企业资产现状。共清查固定资产原值 12.5 亿元,清查待报废资产残值约 398 万元。各单位在清查工作中,通过核查各类物资设备登记造册,进一步了明确设备管理的责任人、责任部门。同时,发动员工提合理化建议 236 条,设备管理制度 24 项,为提高设备管理水平提供了帮助。

纠风工作

针对用户反映强烈的热点难点问题,公司从加强服务和诚信体系建设,维护用户合法权益,提高邮政服务质量、服务效率和社会公信力的角度出发,围绕服务规范落实情况、邮件传递时限、邮件安全情况、邮件投递质量、营业厅环境、查询赔偿问题、营业窗口特别是金融窗口排长队问题、服务承诺落实情况 8 个方面开展了自查自纠和专项治理工作,切实维护了用户合法权益,提高了邮政服务质量、服务效率和社会公信力。

积极参与地方政府组织的行风建设活动,加强与地方纠风部门、消协和新闻媒体的联系和沟通,发挥社会监督员的作用。召开了北京邮政落实服务规范,加强行风建设,迎接全国文明单位复查动员大会,对迎接全国文明单位复查工作进行详细部署,动员全体干部职工迅速行动起来,认真落实服务规范,切实加强行风建设,全面提升邮政服务水平。会上北京邮政向社会郑重承诺:采取切实可行的有效措施,不断破解服务中的热点、难点问题。会议邀请市"纠风办"民主评议基层站所督导组的领导和北京邮政公司特约督导员及新闻媒体参加,主动接受社会监督、群众监督和舆论监督。

招投标工作

认真执行招投标和物资采购管理办法,纪检监察部门加强对招投标和物资采购工作的监督,按照工作程序和纪律要求开展工作,起到了源头防腐的作用。全年各级纪检监察部门共参与招投标和物资采购监督工作 69 次,为企业节减投资 1871.06 万元。

纪检监察干部队伍建设

截止到 2010 年 11 月,公司共设省、地两级纪检监察机构 16 个,纪委书记 16 人,专职纪检监察人员 31 人。2010 年,各级纪检监察部门在党委的领导下,认真履行职责,按照"政治坚强、公正清廉、纪律严明、业务精通、作风优良"的要求,坚持围绕企业中心工作,服务企业发展大局,纪检监察工作与通信生产、经营管理结合更加紧密,工作的切入点更加明确,经过公司全体纪监察人员的共同努力,北京邮政党风建设和反腐倡廉工作取得了新的成效,总体呈现出良好的发展态势。

(撰稿人:赵　烨)

工会工作

概　述

2010年，北京邮政各级工会组织和广大工会干部在市公司党委和上级工会的领导下，坚持树立和落实科学发展观，认真学习贯彻上级关于工会工作的一系列重要指示精神，认真落实“促进企业发展、维护职工权益”的企业工会工作原则，完善新形势下的维权机制，认真履行维护职工合法权益基本职责，积极开展建功立业劳动竞赛，努力提升职工队伍综合素质，不断提高增强工会组织凝聚力，北京邮政的工会工作得到不断开拓发展，展现了奋发向上的生机和活力。

工会组织建设

【北京市邮政工会召开十三届五次委员(扩大)会】4月1日，北京市邮政工会召开十三届五次委员（扩大)会。十三届工会委员会委员、经审委员会主任、副主任、基层工会主席、副主席、各郊区县局工会主席、市邮政工会专职干部参加了会议。市公司党委丁前亮书记出席会议并讲话，工会主席何培恩主持会议。

会议听取并审议了工会副主席李小燕所做的《围绕中心　务实开拓　服务职工　共创和谐　为促进北京邮政各项事业新发展作出新贡献》的工作报告；听取并审议了经审委员会主任王荣慧所做的《2009年工会经审工作情况和2010年工会经审工作要点的报告》；会上通报了2009年度基层工会考核情况；工会各部室就2010年重点工作分别进行了说明。

丁前亮书记在讲话中充分肯定了工会2009年在开展劳模先进创新工作室等重点工作中所取得的成绩，对2010年的工会工作提出了五点要求：一、进一步做好职工思想政治工作，在邮政体制改革中积极配合党政做好职工稳定工作，确保改革顺利进行。二、进一步做好“劳模先进创新工作室”创建工作，扩大此项活动在企业内部及社会上的影响力。三、进一步加强各级劳模先进的评选推荐工作，在企业内部营造“学习劳模、关心劳模、争当劳模”的良好氛围。四、进一步做好组织职工学习东四局先进经验工作，积极配合党委，加大学习力度，把学习活动推向高潮。五、进一步做好维护职工合法权益工作，在创新维护方式、提高维护能力方面下工夫。

【完成本级和各基层工会换届工作】北京市邮政工会圆满完成第十三届工会委员会、经审委员会届内调整工作。对已退休和调离工会工作岗位的委员进行了调整。选举王旭同志为第十三届工会委员会主席；马淑芳同志为第十三届经费审查委员会主任；殷芳同志为第十三届经费审查委员会副主任。

培训中心工会顺利换届，东区局、西区局、海淀区局、实业集团公司工会顺利进行届内调整。科研院召开工会第一届会员代表大会，成功选举了第一届工会委员会和经费审查委员会。

【北京市邮政工会召开十三届六次委员(扩大)会】7月27-28日，市邮政工会召开十三届六次委员(扩大)会。十三届工会委员会委员、经审委员会主任、副主任、各基层工会主席、副主席、各郊区县局工会主席、市邮政工会专职干部参加了会议。市公司纪委书记、工会主席王旭出席会议并做重要讲话。

会议听取并审议了工会副主席李小燕所做的《北京市邮政工会2010年上半年工作总结和下半年工作安排》的工作报告；中心局、汽运局、投递局分别就建立先进典型培树体系、深化“职工恳谈会”制度、开展职工小家特色活动做了经验交流。会上各基层单位工会汇报了上半年工作情况及下半年工作设想。

工会主席王旭在讲话中，充分肯定了各基层单位工会上半年的工作，指出在劳动竞赛组织、劳模选树宣传、帮扶工作拓展、职工素质提升等方面都开展了许多活动，效果良好，为全年工作的顺利进行奠定了坚实的基础，并就如何进一步做好工会工作提出了具体意见。

【深入开展职工之家建设】市邮政工会根据城区与郊区职工小家发展不平衡的现状坚持两步走战略。一是以城区支局为主体组织开展职工小家特色活动评比，鼓励基层单位以各职工小家为活动单位，从关爱职工生产生活、提高职工综合素质、活跃职工文化生活、关注心理健康、培养良好习惯等方面着手开展职工自主设计策划的小家活动，通过单位申述、互评、互访的形式共评选出“十佳小家特色活动”和“优秀小家特色活动”20名。二是深入10个郊区县局进行调研，充分了解郊区县局职工小家建设现状，拟写了《关于深入开展农村支局小家建设的意见》对农村支局小家的进一步发展建设进行指导，帮助郊区县局实现规范化管理。11月26日，市邮政工会组织平谷官庄支局李凤刚和延庆永宁支局高铁赴郑州参加全国邮政农村支局（所）职工小家示范点支局长座谈会，学习交流先进经验。

5月28日，西区邮电局荣获“全国模范职工之家”称号。

【选举北京市服务工会第一届委员会委员】1月15日，北京市邮政工会推荐何培恩、孙宝军为北京市服务工会第一届委员会委员，推荐李小燕为北京市服务工会第一届女职工委员会委员。

【加强工会干部队伍建设】市邮政工会组织基层50名新任工会主席、工会干部参加市总服务工会培训班，进行工会基础理论知识和贯彻十七届五中全会精神报告会学习。组织女工干部参加全国女性形象工程教育活动专家研讨会和市总2010年“职业女性话题十讲”首场示范课——于丹“构建和谐心灵”课程。

局务公开和民主管理

【召开一届三次职工代表大会】1月25-26日，市公司召开一届三次职工代表大会，章干泉总经理做题为《转变发展方式　加快发展步伐　为实现北京邮政各项事业新发展而努力奋斗》的工作报告。会议还听取审议了《2009年为职工办实事完成情况和2010年为职工办实事项目的报告》、《修改完善市公司2010年绩效考核办法》、《市公司2009年业务招待费使用情况的报告》、《2009年市公司工资总额、社会保险、劳动保护和教育培训经费使用情况的报告》、《市公司2009年廉政建设基本情况通报》和《市公司职工帮扶救助中心2009年资金使用情况的报告》。并通过了大会决议。

1月26日，市邮政工会根据《北京市邮政公司职工代表大会运行质量评估制度（试行）》(京邮联(2009)17号)文件精神，完成了对市公司一届三次职代会运行质量评估。统计分析显示，代表对十项评估内容的满意、较满意和基本满意率均达到95%以上。

3月15日，召开市公司一届三次职代会第一次代表组长联席会议。会上审议了《北京市邮政公司高管人员考核评价办法(试行)》和《北京市邮政公司机关绩效考核管理办法(试行)》。经审议，与会人员原则通过《北京市邮政公司高管人员考核评价办法(试行)》和《北京市邮政公司机关绩效考核管理办法(试行)》。相关部门根据会议提出的意见，修改完善后实施。同时，听取了《市公司一届三次职代会运行质量评估报告》。

【民主管理制度建设】7月15日，市邮政工会根据北京市厂务公开协调小组办公室《关于迎接第六次全国厂务公开民主管理工作调研检查的通知》精神，结合北京邮政工作实际，在全公司范围内开展局务公开民主管理自检自查工作，并提交了自检自查报告和职工问卷统计分析结果。

8月23日，印发《北京市邮政公司局务公开民主管理工作程序规定(试行)的通知》(京邮工[2010]20号)。进一步规范了职工代表大会工作程序、集体合同协商签订程序、基层局务公开民主管理工作程序等民主管理方面工作。加强了北京邮政基层民主政治建设，健全和完善了北京邮政局务公开民主管理工作制度，有效指导基层单位开展民主管理工作。

9月5日，市邮政工会组织基层工会专兼职干部参加北京市劳动争议调解员培训(取证)班。培训内容包括：劳动争议调解制度的基本规范及程序规则、如何制作调解文书、调解技巧等。共有76名基层工会干部通过考试，并取得了资格证书。

9月7日，市邮政工会在基层单位圆满完成新一轮集体合同签订工作的基础上，采取自查与抽查相结合的方式，对各单位集体合同工作的开展情况进行了检查验收。各单位在签订集体合同工作过程中严格履行了集体协商、职工代表大会审议、首席代表签字、劳动保障行政部门备案、公布告知等法定程序,保证了集体合同签订的合法性和科学性。

【职工队伍状况调查】12月16日，市邮政工会不断深化职工队伍状况季度分析报告制度和职工舆情调研监测机制,摸清掌握职工队伍状况的第一手材料。将调研结果和基层工会上报情况进行认真梳理和分析,就职工劳动关系状况、集体合同制度、收入分配情况、职工反映的有关热点难点问题等方面内容,形成了《北京市邮政公司2010年职工队伍状况分析报告》和《2010年职工生产生活难点热点问题报告》,并就此与行政协商确定了2011年为职工办实事项目。

工会经济工作

【劳动竞赛】2010年,北京邮政各项劳动竞赛活动紧紧围绕企业“加大经营结构调整，转变经济发展方式,提高发展质量和运行效益”的发展目标,以“职工最企盼、企业发展最急需、工会组织最能发挥作用”为切入点,以业务创新、管理创新、服务创新和技术创新为主要内容,以解决企业发展重点、难点及薄弱环节为主攻方向，不断创新工作思路、创新活动形式、创新活动载体,面向广大员工广泛深入地开展了“发展杯”、“效益杯”、“双创双优”、“营销创百优”、网运“创优争先”等一系列形式多样地群众性劳动竞赛活动。经统计,全公司开展各层各类竞赛活动达700余项,参与竞赛的班组数达到1300多个,员工参与率达到了100%,在企业内部呈现出浓厚的比发展,比贡献,比排名的竞赛氛围。

【合理化建议】北京市邮政工会还通过开展“合理化建议月”活动,汇集职工、班组和群体的智慧与创造力,推动企业实现管理创优、服务创佳、技术创先、业务创效,2010年全公司共征集合理化建议11981条,取得创新成果494项,其中有2982条合理化建议被采纳,1900多条已在基层一线得到推广实施。特别是“双创双优”竞赛活动,以争创“十佳岗位能手”、“十佳创新示范岗”为抓手,积极推树基层单位在市场开拓、增收创效、节支降耗、安全生产、服务规范等方面业绩突出的优秀班组和优秀员工;总结、归纳并提炼出以个人和集体命名的优秀(个人)操作法121项,先进(班组)管理法86项。

2010年,为进一步加强和规范市公司劳动竞赛管理工作,提高劳动竞赛质量,提升职工创收、创效能力,市公司印发了《北京市邮政公司劳动竞赛管理办法》,分别从竞赛的目的意义、竞赛的组织机构和工作职责、竞赛的项目设置和主要内容、竞赛的组织管理以及竞赛的评比奖励等五个方面提出了具体的工作要求,形成了工会牵头组织,各专业职能部门具体实施,党政工团齐抓共管的竞赛组织格局。

【劳模管理】2010年是劳模评选年,北京邮政以此为契机，严格按照北京市劳模和先进工作者评选委员会文件要求,在市公司党委的领导下,结合近年来我公司先进典型选树、培养等基础情况,根据考察有重点,典型有经验,推荐人选业绩突出、优中选优的原则,严格依据评选范围和条件,积极做好劳模先进的宣传选树工作。在基层推荐,二级单位把关,市邮政工会考核的基础上，由公司党委会研究确定了符合条件的推荐人选。经市总、全总审批,国务院授予投递局永安路投递部韩伟为全国劳动模范荣誉称号,北京市政府分别授予东区东四邮电局陈兰颖、西区百万庄邮电局路欣怡、南区牛街邮电局门桂菊、中心局邮件运输处押运一科郝贵平、汽运局五队王鸣宇、速递物流公司上地分公司夏伟、昌平局通信运营部徐亚丽、怀柔喇叭沟门邮政所于兴三等八名同志为北京市劳动模范荣誉称号，授予海淀区北太平庄邮电局和通州区梨园邮政支局投递部两个集体为北京市模范集体荣誉称号。

在做好推荐评选工作的同时，北京邮政加大宣传力度,积极营造“学习劳模、崇尚劳模、尊重劳模、争当劳模”的浓厚氛围,面向公司全体干部职工广泛开展了“四个一”专题活动,暨组织召开一次“劳模表彰暨十佳劳模先进创新工作室颁奖大会”,组织一次劳模先进事迹巡回演讲活动，在邮政周报开辟一个“劳模风采”专栏,开展一次“我心中的劳模”班组学习大讨论活动，进一步提高了劳模先进的知名度和影响力，充分发挥出劳模先进的示范引领和品牌效应，真正把职工群众的创造性劳动同劳模的先进性引领作用有机结合,共同为企业创新发展出谋划策,献计献力。

市邮政工会还组织在职劳模积极参加由北京市

政府组织的春节团拜会、《复兴之路》大型音乐舞蹈史诗演出活动，全市劳模2010年迎新春联欢会、义务植树、专题知识讲座、市国资委劳模先进事迹报告会、集团公司在职劳模培训班、全国劳模脱产大学学历教育班、国庆61周年人民英雄纪念碑敬献花圈等各类社会活动，并组织了劳模休养、两节慰问、劳模体检等关爱活动，进一步激发出劳模先进“立足岗位、争创一流、勇于进取、乐于奉献”的工作热情。

【劳模先进创新工作室】2010年，为积极响应市公司提出的做强做优劳模先进创新工作室的要求，市邮政工会面向各基层工会继续深入开展“劳模先进创新工作室”创建活动，通过充分发挥劳模先进的示范带动作用，明确提出了“四抓”的创建目标，即注重实效，抓好转化；突出管理，抓好深化；强化服务，抓好维护；营造氛围，抓好宣传。创建过程中各创新工作室紧紧围绕企业经营发展、安全生产、管理服务等方面的热点、难点及薄弱环节，充分发挥劳模先进示范带头作用，积极带领身边职工攻坚克难，为企业创新、创效。经统计，仅2010年新成立的市级以上劳模先进创新工作室15个，全公司成立的市级以上劳模、先进个人命名的创新工作室已达到52个，提出包括技术技能、服务管理、市场营销等方面的创新攻关课题近90项，且全部立项实施。并在年底推评出包括“沈智慧工作室”、“路欣怡工作室”等在内的“十佳劳模创新工作室”，以及包括“郭维祯工作室”、“梁嘉工作室”等六个优秀创新工作室，为促进北京邮政实现创新发展做出了积极地贡献。

2010年，市公司作为北京市职工创新工作室创建工作先进单位代表承办了北京市职工创新工作室推广交流现场会。在会上，王旭主席向大会做了经验汇报，全面介绍了北京邮政开展“劳模先进创新工作室”创建活动的背景、目的及实施“三步走”的创建过程，总结了“创建”活动开展以来所取得的初步成效。提出了进一步扩大“能人+名人”的创新效应和示范效应，“做强做优”创新工作室的年度创建工作总体安排，得到了与会北京市总工会领导及全市各级工会同仁的认可。沈智慧创新工作室还作为2009年度北京市首批授牌的10个职工创新工作室之一，在大会现场对《东四局查询实施细则》进行了宣传展台，并以宣传册、展板、日常工作记录等形式所取得的成果进行了展示，得到市总韩子荣副主席和霍连明副主席的高度评价和充分肯定，为参会单位开展创新活动提供了很好的借鉴作用。

【劳动保护监督】2010年，市邮政工会紧紧围绕“平安邮政”建设的总体目标，以加大工会安全生产监督参与力度为主线，以强化工会劳动保护自身建设和职工安全素质建设为基础，充分发挥工会在加强安全生产中的积极作用，面向全公司继续开展了以“加强班组安全建设，提高职工安康素质”为主题的“安康杯”竞赛活动。各参赛单位进一步贯彻落实“安全第一、预防为主、综合治理”的方针，通过积极参与“邮政安全文化DV作品大赛”、“全国职工职业安全卫生知识竞赛”等形式多样的活动，采取多种措施广泛开展“安康示范班组”典型推树、查找安全事故隐患、安全宣传教育等切合自身实际的竞赛内容，进一步增强了职工的安全防护技能，加强了班组安全文化建设，提高了班组的安全生产意识，提升了企业的安全管理水平，有效地预防了各类事故的发生，在公司内部形成了人人重安全、人人懂安全、人人讲安全的良好氛围。

【岗位练功】2010年，市邮政工会把提高一线职工队伍整体素质，广泛开展岗位练功、技能比武活动作为参与企业发展的重要抓手，积极营造“尊重劳动、尊重知识、尊重人才、尊重创造”的浓厚氛围，组织各基层工会广泛深入地开展了全员练功比武、岗位技能练兵活动，充分调动广大员工“在干中学、在学中练、在练中比、在比中创”的主动性和积极性，努力提高员工创新、创优、创效、创先的综合能力，从而加大北京邮政业务技能型人才的培养力度和高技能人才队伍的建设水平。经统计，2010年各基层工会组织开展各级各类练功比赛达1300余次，涉及岗位包括营业、营销、储蓄、发行、转运、分拣、投递等多个工种，其中有5312人次参加了职业技能鉴定考试，职鉴通过率达到73.7%，涌现出一大批优秀技术人才，业务能手和岗位标兵，为充分发挥一线高技能人才的骨干带头作用和典型示范效应，推动企业内部实现变一人之技为群体之技、变一人之长为众人之长，普遍提高职工队伍的整体技术技能水平奠定了坚实基础。在市公司承办的北京市职工职业技能竞赛邮件分拣员和邮政投递员工种比赛中，经过层层选拔，在参赛的6000多名队员中，历时近三个月，通过初赛、复赛和决赛三个阶段的激烈角逐，评选出分拣和投递两个工种比赛的前十名。比赛得到集团公司及市总工会领导的充分肯定。

2010年9月，市邮政工会还组织参加了由北京市服务工会组织的技能展示活动。选择有行业代表性的邮件分拣和报刊数报两个技能项目参加了现场的活动。其中报刊发行局的关伯芳、李粉霞、郝翠云三位同志分别表演了传统数报法、两指数报法和郝翠云五指数报法。邮区中心局的申爱菊、王东、和红岩作为北京市职工职业技能大赛邮件分拣员工种比赛前三名选手，在展示现场表演了单、双手分拣邮件的专业技能，娴熟的手法，精湛的技艺赢得了现场观众的一片喝彩和热烈掌声。北京市邮政工会被北京市服务工会评为优秀组织单位荣誉称号。

【职工技协】北京邮政职工技协组织基层技协分会积极参加各项技术交流活动，获得多项荣誉称号。

6月18日–20日，在福州市举办的第五届"海峡两岸职工创新成果展"中，由北京邮政职工技协、北京邮政报刊发行局技协分会选送的《中邮阅读网》项目从全市征集的170多项职工创新成果中脱颖而出，并代表北京市参加了第五届"海峡两岸职工创新成果展"。在展会期间，与来自全国14个省市的152个项目一起进行了展示、宣传和推介活动，并最终获得大会金奖。

10月，在北京市总工会组织的首都职工优秀技术创新成果评审和展示活动中，北京邮政职工技协获得多项殊荣，其中西区局技协分会参评的《邮政多语互译平台》项目获得"首都职工技术创新成果优秀奖"。邮政科研院技协分会参评的《个性化明信片制作系统》项目获得"首都职工技术创新成果创新奖"。南区局技协分会参评的《邮政金融业务查询机》项目、中心局技协分会参评的《内网系统管理软件》项目、发行局技协分会参评的《邮政公司医疗报销系统网络版》项目分别获得"首都职工技术创新成果提名奖"。

职工生活保障

【开展送温暖活动】1月4日–2月12日，市邮政工会根据市公司党委《关于做好2010年元旦、春节送温暖工作的通知》精神，密切结合当前邮政改革发展的形势和职工思想状况，认真组织实施以"心系基层、关爱职工、帮扶济困、温暖和谐"为主题的送温暖活动。市公司专门投入54万余元慰问资金，由公司领导亲自带队作为送温暖活动的带头人，分7组对46个生产单位和278名困难职工和重病伤残职工、劳动模范、离退休老同志进行慰问。市公司帮扶中心充分发挥救助平台的作用，随时加强沟通、联系和信息反馈，为两节期间寻求救助的职工提供快速、便捷、高效的服务。

【职工帮扶救助】北京市邮政公司帮扶中心根据《北京市邮政公司职工帮扶救助中心管理办法》开展了"一帮，二扶，三助"活动。除日常帮扶救助活动外，还进行了"两节送温暖、三八助单亲、六一关爱困难职工子女、九月金秋助学、重大节日对困难职工进行走访"等多种形式帮扶救助活动。实现了对"困难职工重点帮、临时困难及时帮、重病职工特殊帮、职工子女爱心帮"的工作目标。2010年，帮扶中心共救助职工936人次，支出救助金110.21万元，大大减轻了困难职工经济和精神上的压力。

北京邮政职工医疗保险互助基金会认真落实集团公司、国家邮政工会《关于进一步加强邮政企业员工生产生活工作的指导意见》文件精神。在坚持、完善、拓展传统帮扶项目的同时，进一步研究探索为员工解决实际问题的新途径。通过开展员工生产生活中难点热点问题调研活动，了解到高额医药费用是导致部分患重病员工生活困难的重要原因。为了有效减轻患重病员工的个人生活负担，在分析测算的基础上，2010年，北京邮政职工医疗互助保险基金会有针对性的进一步降低报销门槛，取消原规定中的29种大病的限制，并将此项工作列入了年度为员工办实事项目。经审批，共有255名患重病员工和退休人员获得救助，核拨救助金额240.09万元。其中，有17名患重大疾病的员工享受了4万元最高救助。有效缓解了患重病员工的经济负担，解决了患重病职工的生活负担。

【职工疗休养工作】3月9日，市邮政工会和市公司联合印发《关于认真做好2010年职工疗休养工作的通知》(京邮联[2010]14号)。继续安排全公司10%以上的职工参加疗休养，并将此项工作纳入2010年市公司为职工办实事项目。为确保职工疗休养工作顺利进行，市公司行政专门出资100万元，市邮政工会补贴20万元，给予资金支持。

【职工生产生活难点热点问题调研】11月1日–2

日，市邮政工会组织召开职工生产生活难点热点问题调研活动座谈会。市公司纪委书记、工会主席王旭与各基层单位工会主席就职工生活和企业经营管理中存在的难点、热点问题进行了座谈。会议由市邮政工会副主席李小燕主持。

在座谈会上，王旭主席对各单位开展调研活动所取得的成果给予了充分肯定，要求各级工会组织要明确自身定位，坚持为企业负责、为职工负责的原则，在促进企业发展、维护职工权益的工作中积极发挥作用。她指出：下一步工会工作要在传承发展创新中努力做好三个切实。一是切实加强职工思想政治工作，做到鼓干劲、聚人心。在帮助职工了解企业形势的教育工作中要注重讲大局、讲实际、讲方法。二是切实加强机制建设，确保工作落到实处。通过量化和考核等手段，不断提升工会工作质量和工作水平。三是切实关心职工生活，使工会组织作用有效发挥。多为职工着想、多为职工服务，将企业的需求和职工的愿望协调好，促进企业发展、职工受益。

【困难档案职工调查】11月6日，市邮政工会按市总工会《关于认真做2010年困难职工摸底调查工作的通知》精神，完成全公司困难档案职工调查统计工作。通过“三查一访”(查家庭户籍人口、查家庭总收入、查家庭致困原因及未办证原因；入户走访慰问)等方式，深入到每一个困难职工家庭，认真核实情况。对北京邮政家庭月人均收入低于731元的39名低收入职工，纳入市公司困难职工档案管理，作为今后一个时期的重点帮扶对象。

职工思想教育

【开展主题教育活动】为大力弘扬新时期的劳模精神，在企业中营造尊重劳模、热爱劳模、学习劳模、争当劳模的良好风尚，市邮政工会在全体职工中开展“踏寻信使足迹、传承劳模精神”主题教育活动。一是重点围绕“向谁学、为何学、怎么学、学什么”等问题，组织职工结合自身岗位，深入开展“我心中的劳模”讨论活动。二是认真组织职工学习《共和国信使风采录》中的先进事迹，通过多种方式广泛宣传以共和国信使为代表的劳动模范和先进工作者的先进事迹、优秀品质、高尚情操，教育和引导广大职工进一步增强为社会、为用户服务的意识，努力为用户提供优质的服务，履行好普遍服务的义务。三是设置“记忆中的劳模”、“我身边的劳模”、“劳模伴我成长”、“我心中的劳模”、“劳模与企业共成长”、“劳模心声”6个主题，开展劳模主题征文征集活动。征文活动共收到基层职工投稿588篇，评选出的优秀征文在邮政工会网站上进行了刊载，以专版形式在《邮政周报》刊登。

【推进职工书屋建设】市邮政工会为基层工会开列了涵盖业务素质类、管理营销类、健康生活类、文学文艺类等多达5000种书目的菜单，由各单位根据自身需要进行自主选配。2010年共为29个基层工会、郊区区县局配备了8615本、合计20万元的各类图书，进一步充实了各单位图书室(角)藏书。市邮政工会还向各基层工会发放了首都职工数字图书馆阅览卡，职工可在网上浏览多达3万种电子书报刊，满足了职工学习的多元化需求。2010年发行局、南区长辛店支局、中心局、中心局信函分拣处职工俱乐部4个基层职工书屋获市总“职工书屋示范点”称号。

女工工作

【开展女工优秀工作项目评比活动】在“三八”国际劳动妇女节到来之际，市邮政工会通过网上评选的方式，评出优秀业务发展类、优秀邮政服务支撑类、优秀管理类、服务女职工和女职工工作者类四大类20个优秀女职工工作项目，并对获奖的优秀女职工工作项目和29名优秀女职工工作者进行了表彰。同时，部分优秀女工代表获得了市级以上荣誉称号：西区金融街邮电局获北京市“三八”红旗集体称号，中心局关秀芳获北京市“三八”红旗奖章。北京邮政职工保险代办处被市总工会评为2010年先进代办处，洪霞、阎丽民、刘佳三名代办员分别获得“优秀个人”、“先进个人”称号。

【开办北京邮政女职工素质课堂活动】市邮政工会从关爱女职工生活出发，在女职工中发放了200张《职业女性职业、婚姻、家庭心理健康状况调查问卷》并进行了回收、汇总，特邀中国医师协会科普能力建设项目及生命文化研究项目张超主任，结合《问卷》中反映的心理健康问题，就如何缓解职场压力，为来自基层单位的200多名女性干部职工进行了主题为“构建内心和谐、成就阳光人生”的心理健康讲座，同时由讲师现场示范传授给女职工一些自我减压的按摩手法,受到女职工热烈欢迎。

市邮政工会还组织广大工会干部和女职工认真学习中国邮政报发表署名文章《弘扬"三八"精神,勇做时代先锋》,重温中国邮政女职工队伍的成长史、发展史,提高对进一步弘扬邮政女职工特有的"三八"精神的重要现实意义的认识

【开展公益实践活动】市邮政工会组织来自10个基层单位的21对新婚邮政青年职工到北京怀柔区神堂峪植树基地,通过开展主题为"同行公益路,共植爱情树"的公益植树活动,向青年职工灌输优质家庭生活理念。

【积极参与百年"三八"庆祝活动】三八节期间,市邮政工会从基层抽调60名一线女职工参加了北京市妇联与北京市文化局举办的"百年如歌 芳耀京华"——首都各界妇女纪念三八国际劳动妇女节100周年大会的合唱表演活动;组织劳模和女职工代表参加北京市总工会与北京市妇联联合举办的"光荣绽放半边天"——首都女职工纪念三八国际劳动妇女节100周年活动。

【组织女工特殊疾病保险培训】为更好维护女职工特殊权益,1月5日,市邮政工会举办女工特疾保险培训,邀请中国职工保险互助会北京办事处李凤华部长,为来自北京邮政30个基层工会、郊区各区县工会的26名基层代办员讲授关于《在职女职工特殊疾病互助保障计划》中新会员申请、批量续转、出险赔付等网上操作流程。

职工文体活动

【成功举办北京邮政职工羽毛球比赛】5月10日-13日,市邮政工会在职工文体中心举办北京市邮政职工羽毛球比赛。来自基层单位25支代表队的132名选手在比赛中充分发扬勇于拼搏的精神,赛出了风格、水平,充分展现了北京邮政职工的精神风貌。一批身体素质好、球技高超的职工选手脱颖而出,很多单位在赛后成立羽毛球俱乐部,继续开展训练活动,比赛为在企业中普及全民健身理念、引导职工积极参与全民健身活动、选拔职工体育人才奠定了良好基础,在职工中引起良好反响。

【广泛开展全民健身活动】市邮政工会要求各基层工会和体协分会有计划、有措施、有力度地执行北京市《健康北京人——全民健康促进十年行动规划》内容,积极鼓励引导职工从身边做起,努力恢复和坚持每天在工间时间组织大家做广播体操。为引起基层对此项工作的高度重视,不仅要求各单位制定工间操的时间安排、具体实施方案上报给市邮政体协,还将开展职工健身行动、工间操活动情况等将列入市邮政工会2010年度工作考核内容。8月6日,为迎接第二个全民健身日,市公司隆重举办"千人共做广播操"活动。来自北京邮政29个基层单位,共1000多名干部职工在2个主会场和22个分会场共做广播体操。由于在全民健身工作中的出色表现,2010年北京市邮政工会获评"全国亿万职工健身活动月先进单位",北京市邮政公司获评"全国亿万职工健身活动月先进单位"。

【参加市总广播操比赛】10月15日在地坛公园首届北京市职工健身健康博览会上,中心局代表市公司参加市总工会广播操比赛,获得服务工会第一名;在18日的决赛中,北京邮政代表队又代表服务工会,从93支参赛队伍中脱颖而出,获得北京市第一名的好成绩。

【参加北京移动乒乓球比赛】1月17日,在北京移动主办的"激情09国球盛典"——首届集团客户"动力100"俱乐部乒乓球团体赛决赛中,北京邮政代表队获总分第三名。

【参加集团公司羽毛球比赛】9月24日,市邮政工会组队参加在哈尔滨举办的全国通信职工羽毛球精英赛,获男子双打比赛第五名。

【进行职工健康普查】市邮政工会面向全公司职工发放了6000多份健康情况调查问卷,对全公司职工总数20%的不同年龄段、岗位的职工身体、心理健康现状和一些生活、饮食、锻炼的习惯进行排摸,汇总统计数据,形成调研报告,为以后相关工作的开展提供了依据。

综合工作

【工会信息工作】围绕服务于工会2010年重点工作,市邮政工会全面、及时地向上级工会、党政报送信息,全方位、多角度地宣传了各级工会组织的工作成绩和工作经验,重点报道了劳动竞赛、劳模先进创新

工作室、局务公开民主管理、职工素质工程、"送温暖"等工作，在为领导服务、为工会工作服务中发挥了积极作用。2010年共编发《工会工作专刊》113期，被市总工会、国家邮政工会和各新闻单位采用48篇。

【工会财务管理】7月7日-8日，市邮政工会在教育培训中心举办基层工会经审、财务人员培训班。邀请原全总工会财务部长刘庚业、新中大公司梁喜平为讲师，针对新《工会会计制度》的特点、工会会计报表、工会预算、经费收支管理、收支核算和计算机实际操作进行授课，基层工会75名财务、经审人员参加了培训。

7月26日，市邮政工会完成工会经费税务代收(试点辖区)费源筛选工作，并将市公司所属31个符合工会经费税务代收试点条件的单位信息进行了上报。

11月22-23日，市邮政工会组织了基层工会财务工作年度检查。由市邮政工会经审会对17个基层工会的2009年度财务工作进行了全面考评，并将考评结果纳入2010年度基层工会整体考核。

12月22日，市邮政工会印发《关于编报2010年度工会经费收支决算和2011年度工会经费收支预算的通知》(京邮工[2010]27号)。

【强化经审工作】2010年，市邮政工会开展了经审组织情况调研。各基层单位积极对照《北京市邮政基层工会经费审查工作规范化建设标准考核计分表》中所列指标进行逐项认真自查，上报了自查报告。下半年，市邮政工会开展了"小金库"专项治理工作。各单位均制定了具体工作方案，认真开展自查自纠，填写"小金库"举报受理与办理情况统计表、"小金库"问题处理处罚处分情况统计表、"小金库"问题情况统计表，并上交承诺书。经查所有单位均没有设立"小金库"情况。

市邮政工会委托本级经审委员会和会计师事务所对何培恩、李秀慧进行了离任经济责任审计工作。

【工会理论研究】2010年，北京邮政各级工会组织认真学习党的十七届四、五中全会精神，深入贯彻落实科学发展观，突出"两项重点推进"，注重"两个规范"，实施"三个强化"的工作思路。工作中，结合本单位实际，积极开展了工会理论研究工作，共征集到论文和调研报告38篇。经过初评和复评，有17篇文章获奖。

原东区局工会主席李秀慧《落实以职代会为主要形式的民主管理制度 畅通职工诉求表达渠道 促进企业和谐发展》和西区局工会主席王君《以人为本 深化局务公开民主管理是促进企业科学发展的有效途径》分别获得国家邮政工会理论研究论文二等奖；邮区中心局工会副主席王薇《创新管理模式 营造规模效应有效发挥劳模先进作用推进企业建设发展》获得三等奖。

【友好交流】9月14日-19日，以渡边广明书记次长为团长的日本邮政集团劳动组合东京地方本部代表团一行6人来华访问。15日，代表团访问北京邮政，市公司章干泉总经理会见了代表团成员。市邮政工会与日本代表团进行座谈交流，王旭主席主持，向代表团介绍了工会工作情况。当日，代表团还参观了商函局、建内大街邮电局、贺卡旗舰店。17日—19日，工会办公室主任陈建国陪同代表团到杭州、上海参观访问。

(撰稿人：毛劲松)

共青团工作

概述

2010年，北京市邮政公司(以下简称公司)各级团组织在公司党委和团市委的正确领导下，深入贯彻科学发展观，坚持服务企业发展和服务青年成长成才的工作方针，以“学习塑造未来、创新助力发展、创业成就人生”为主题，以促进青年成长成才、促进企业和谐发展为己任，努力做到“思想意识领先、岗位建功争先、培育青年优先、组织建设保先”，在企业发展中发挥了团组织生力军和突击队作用，涌现出了一批青年先进集体和个人，为企业建设做出了新贡献。

青年思想教育

【推进“爱祖国、爱企业、爱岗位”教育】(1)加强青年理想信念教育和爱岗敬业教育。继续推进“爱祖国、爱企业、爱岗位”教育，围绕党的政策、社会热点和企业焦点，开展了“创造新优势、服务促发展——解放思想大讨论”活动，引导青年与企业同发展、与企业同进步。活动中，团委紧密围绕发展意识、创新意识，在青年中推进企业形势任务宣讲工作，使大家认清形势、转变观念，正确理解企业所推出的各项工作举措；通过座谈会、参观学习、主题团日等，深化青年对“做文明有礼邮政人”的认识和理解，使爱岗敬业和文明礼仪体现在青年行为举止中，把青年参与团的活动的过程变为爱党、爱国、爱企、爱岗的教育过程。(2)利用网络快捷和共享优势，尝试建立适应时代发展的快速动员机制，“京邮青年驿站”“团干部飞信课堂”“一句话团课”等新载体，使企业和团的动态能够在第一时间送达基层，提高了工作效率。认真落实全市党群共建创先争优会议精神，在全市企业系统团组织率先启动共青团创先争优工作，“四争做四建设三带动”的举措得到团市委认可，并通过《北京团讯》和共青团手机报进行了全市推广。(3)切实推进80后青年职工、多种用工、外来务工青年群体的分类引导工作，把对这些青年群体从业观念的教育、典型培树、分层分类引导工作作为工作重点。

【青年岗位建功】(1) 以落实邮政窗口服务规范为重点，加强青年文明号建设。开展了“抓管理、促规范、提服务——青年文明号班组素质提升活动”。结合落实服务规范、争做文明有礼邮政人，以青年文明号班组长为重点，开展了“弘扬‘东四精神’、强化规章制度”落实服务规范大家谈，并将所提的好建议、好做法在《邮政周报》上进行了刊登。举办了青年文明号班组长培训班，将服务规范和商函、发行、电商等业务纳入了培训内容。重点对南区局、速递物流公司青年文明号结对共建和汽运局青年“优+”组合进行了工作指导，并加强了对百万庄共青团邮电局创建指导力度。抓管理交流——在迎接全国文明单位复查阶段，与市邮政公司市场部共同对市级以上青年文明号进行了服务和班组基础工作检查，并在部分青年文明号中开展了用户服务满意度调查。与上海邮政、新疆自治区青年文明号负责人开展了交流学习活动，并推荐2名全国青年文明号负责人参加了集团公司举办的培训班。现在，青年文明号工作已被基层纳入精神文明建设专项检查内容。(2)围绕企业重点业务推动青年创新创效。团委组织团员青年围绕邮务类业务发展、“五节联送”“贺卡战役”“金融发展”等工作，开展了形式多样的青年建功活动。按照公司团委部署，各基层团组织也发挥自身渠道作用，以为企业增收创效为目标，开展了青年营销沙龙、青年营销方案设计比赛等各具特色的创新创效活动。“绿衣信使助力首都建设、亲情服务共促和谐发展”共建活动，将邮政投递和邮政营业开进了地铁建设工地。“青年就业创业见习基地”的建立为开拓高校经济拓宽了道路。五四、六一、七一期间，团员青年成立青年突击队，深入高校、社区、企业宣传邮政业务；新年前夕，又打响了“2011年贺卡青年营销战役”，鼓励团员青年拓展营销渠道,创新营销思路,为完成全年工作做出贡献。(3)搭建青年实践平台,各基层团组将团的育人工作与劳模创新工作室、职业技能鉴定考试、首席员工评选等企业重点工作结合,开展了导师带徒、岗位练兵、技能比武和现场观摩等活动,激发了青年学知识、提素质、练技能的热情与干劲,营造了比、学、赶、超的良好氛围。从服务青年的事业、学业和家业入手,以两节送温暖、心理辅导、牵手联谊、文体活动等形式,丰富了业余文化生活,凝聚了青年队伍。

【青年志愿者活动】深化志愿服务宣传企业形象。在党委支持下,选派七名优秀青年参加上海世博会志愿服务,服务期间,成立了临时党支部和临时团支部,开设了志愿服务博客,组织了志愿者座谈会,志愿者优异表现获得世博运行团队肯定,宣传了北京邮政企业形象。五四青年节,与河南团省委共同举办"共青团关爱农民工子女志愿服务行动"。与首钢、公交、安利等共同开展了志愿服务工作交流。基层团组织也组织青年志愿者参与了改善城乡环境、共建文明交通、环境保护、服残助残等社会公益活动。近日,市邮政公司团委被团中央授予第八届中国青年志愿者工作优秀组织奖。

基层团组织建设

2010年,在公司党委领导下,努力加强团委会建设,落实团干部培训制度,组织2010年度团干部培训班,邀请团市委领导、企业领导和专家学者对青年骨干进行集中培训。建立了团干部集体学习制度,将现代管理知识、企业重点发展业务和社会学、心理学等作为培训内容,扩大了团干部知识面。落实党建带团建要求,扎实推进基层团组织建设。以"企业改革与共青团组织作用发挥"为主题,积极开展调研工作,加大了对基层团建工作的指导力度。编辑了《北京市邮政公司团建标准化管理手册》。

(撰稿人:李月明)

离退休管理工作

概 述

2010年，北京市邮政公司(以下简称市公司)离退休管理工作，坚持科学发展观，贯彻落实十七大会议精神，以维护企业稳定、和谐、发展为目标，全力做好离退休管理工作。

截至2010年年底，全公司共有离休干部231人；退休人员7608人；退职人员84人，以上共计7923人。

主要工作

【领导重视离退休工作】2010年，市公司各级领导从企业和社会的稳定、和谐、发展大局出发，重视做好离退休工作，认真贯彻落实市委离退休工作目标责任制，认真执行《情况通报制度》和《老干部联系制度》，定期召开例会讨论离退休工作事项，听取离退休工作情况汇报并给予具体指导，及时研究解决离退休工作中出现的各种热点、难点问题。3月份，离退休管理部召开了公司离退休工作会，中国邮政集团公司离退休管理处的邱铁华处长到会对市公司离退休工作提出要求并进行了指导。会上，市公司离退部主任总结了市公司2009年离退休工作情况和2010年春节送温暖工作情况，提出了2010年离退休工作任务和具体要求。各单位就当前工作提出了一些问题和建议。

【落实离退休干部的政治待遇】2010年，全公司离退休工作部门认真落实离退休干部政治待遇。坚持每月组织离退休人员政治学习，学习中共十七届五中全会精神；观看市公司宣传材料--《电视月刊》，学习相关文件，年初，组织部分离退休老同志参加了职代会。通过开展一系列的学习活动，使离退休人员及时了解企业的生产经营状况，思想上能够紧跟新形势发展要求。4月底，国际局等单位响应党委号召，组织离退休党员开展了自愿为玉树灾区捐款活动。七一前夕，按照机关党委要求，各单位组织离退休党员干部开展了参观学习活动。年底，各单位为离退休人员订阅《邮政周报》，定期寄发有关生产经营动态和健康保健等方面的学习资料；定期组织离退休人员举办理论学习班，学习国内、国际形势报告。另外，公司离退部还组织离退休老局长定期参加市住建委离退休干部处开展的各项活动。

【落实离退休干部的生活待遇】2010年，各单位为落实离退休人员的生活待遇做了大量的工作。能够及时为离休干部报销医药费，发放节日补助、各种补贴；及时为离休干部调整了护理费、特需经费、去世离休干部无工作配偶生活困难补助费；市公司从10月份起为离休干部按月发放了养老医疗补贴；为所有退休人员调整了养老金；为部分退休人员发放了医疗互助救助金；及时为去世离退休人员发放了丧葬费，为离休干部办理了急救呼叫器续办手续。积极做好退休人员的社保卡发放和宣传解释工作；做好日常及元旦、春节前夕的走访慰问工作。为全公司离退休人员送上节日慰问金和慰问品，部分单位则举办了团拜会、座谈会等联谊活动。各单位还经常慰问离退休老局长、老劳模、复转军人、重病号和困难户、已故老干部遗属。为纪念建党89周年，各单位开展了“走访慰问献爱心”活动。按照机关党委的要求，对建国前入党的老党员、患病党员、生活困难党员进行了家访慰问工作，表达了党组织和企业对离退休老同志的关怀和问候。11月5日–9日，市公司组织50名退休职工赴平谷参加了北京市劳动局举办的健康休养活动。定期组织了春游、秋游、祝寿、体检等项活动。各单位离退休工作部门还及时慰问了去世离退休人员家属，并协助办理了丧事。

【开展丰富多彩的老年文体活动】市公司老干部活动站及部分有活动条件的单位能够积极组织离退休人员开展丰富的老年文体活动，如打太极剑、太极拳、跳交谊舞、下象棋、集邮等。为进一步活跃离退休人员的晚年生活，为他们开展更丰富多彩的文体活动创造条件，年中，在公司领导的大力支持和帮助下，离退部协助科协成立了《快乐银雁俱乐部》。会上宣布了俱乐部的组织机构情况，通过了《俱乐部章程》，同时，市公司领导、相关处室领导及各活动小组组长均参会并在成立大会上发了言。领导们发表的热情洋溢的讲话既是对离退休工作的支持，又是对离退休人员积极参与老年文体活动的热情鼓励，赢得了老同志们发自内心的阵阵掌声。成立大会结束后，俱乐部积极策划，组织了多次活动，排练文艺节目，为配合企业的“三农”服务和生产经营任务，结合市老科总“科普进社区、科普下乡”活动，先后到广安门社区、东四奥林匹克社区、延庆、顺义、房山等地进行了邮政科普宣传活动，受到了当地群众、领导欢迎和市公司领导的好评，为促进企业发展作出了积极的贡献。10–11 月，市公司组队参加了由邮电老干部文体协会主办的“邮政杯”中国象棋锦标赛和“通信杯”离退休干部乒乓球锦标赛，市公司代表队取得了个人和团体的优异成绩。

【加强离退休工作队伍建设】 一是市公司始终重视提高离退休工作人员的各方面素质，组织全员积极参加党员主题实践活动、业务和理论学习等项活动。定期组织学习上级文件、政策及理论学习辅导资料，并及时座谈、讨论。特别是认真落实了《关于开展老干部工作政策业务知识竞赛活动的通知》文件精神，围绕中组部的《老干部工作政策业务知识问答》一书，组织全公司离退休工作人员开展了学习活动，这对提升我公司离退休工作管理水平，起到了积极的促进作用。二是重视加强工作作风建设，增强离退休工作人员服务意识，牢固树立“离退休工作无小事”和“视老同志为亲人”的理念。三是重视做好信访工作，及时解答和解决离退休人员提出困难和问题。

（撰稿人：赵莉平）

支撑系统

科 技 工 作

概 述

2010年是中国“十一五”发展规划收官之年，更是北京邮政站在新的起点，寻求新发展、实现新跨越的关键之年。一年来，在中国邮政集团公司和北京市邮政公司领导的带领下，北京邮政科技工作都取得了阶段性成果。

主要工作

【信息化建设稳步推进】

（一）发展急需项目，科技自主创新能力稳步增强

坚持以生产经营为中心，充分发挥市公司自主创新能力强的优势，开发了一批邮政业务发展急需的项目。全年新立科技项目15项，完成科技开发费投资600万元。主要完成了北京邮政市内结算系统、北京邮政电子商务代收费及新业务开发、北京邮政综合网网络监控管理系统二期、EMS速递进口邮件投递名址资料库、北京邮储中间业务网点服务器上收、综合网节点路由器信息采集及管理系统、北京邮政航旅通机票信息系统、北京邮政报表系统、北京邮政安保信息管理系统、北京邮政廉政风险防范管理系统、北京邮政图片资料管理系统、北京邮政党建网站改版等项目的开发工作并投入实际应用。为北京邮政开办新业务、增加业务收入、降低运行成本、提高运行效率，增强企业市场竞争能力，提高经营管理水平发挥了重要的支撑作用。

（二）按时完成集团公司统版项目

根据集团公司信息化建设的总体推进要求，组织全公司科技力量，按时完成中国邮政集团公司各项信息工程统版项目的建设工作。主要完成了邮政客户营销管理系统二期、普通邮件全程时限监控系统、金融数据下载系统、金融业务会计稽核系统、邮政储蓄系统2.0版本改造工程二期、邮政个人网上银行系统、中国邮政集团客户现金管理系统等7项中国邮政集团公司信息工程项目在北京的推广上线工作。

【加大生产设备投入和管理，通信生产能力进一步增强】

（一）加大设备投入

为一线生产单位更新及新增微机（含笔记本）202台套，打印机272台套，点钞机273台，存折补登机58台，利率屏50台，字符终端30台，储蓄用叫号机22台，条码阅读器70台。完成大修项目11个，大修邮资机13台、电梯15部，中央空调制冷机组1台、锅炉1台，洗车房设备1台套。这些新设备的投入及设备大修，确保了生产一线的经营工作，为企业发展提供了强有力的保障。

（二）设备管理，科技支撑水平显著提高

一是依托设备动态管理系统，组织各二级单位对使用系统情况进行自查，通过自查全面掌控了生产设备的各项情况，为设备更新提供了决策性的依据。二是完成了设备调拨、报废的审批和相关检查工作。三是完成了市发改委对老旧变压器的更新改造工作，共改造老旧变压器3台。四是在西站大院中央空调机房开展大功率电机的节电测试工作，为实施大功率电机节电改造工程提供了有力依据。

【适度超前，强化管理】

（一）战略规划

根据集团公司编制《北京市邮政公司“十二五”规划》的工作部署，完成了市公司“十二五”规划的编制工作。该“规划”的编制将对北京邮政创新经营，强化管理，提升服务，创建和谐，在新起点上推动北京邮政科学发展起到十分重要的意义。

（二）标准化、软科学、计量等工作辅助经营管理

一是完成了《北京邮政营业服务规范》并发布实施；开展了《北京邮政地理信息系统应用可行性研究》、《北京邮政邮运网络组织的研究》和《北京综合

邮件处理中心生产作业组织的研究》等软科学项目。二是加强邮政用品入网和质量检测工作，对入网的包装箱供货商资质进行了重新审查，并对合格的供货商在“北京邮政在线”网站实时公布。三是为保障邮政计量器具的准确、可靠，对从事维护邮政计量器工作人员实行资格确认制度。检定电子秤3000余台。四是按时出版《北京邮政科技》4期，《科技信息摘编》24期。召开了情报通讯员会议，组织三次情报活动。五是对机构代码数据库进行了19次维护，更新数据135条。

(三)品牌管理

为进一步提高北京邮政品牌的美誉度和社会影响力，完成了“北京邮政服务满意度”项目的研究。通过对其研究，了解了市场表现现状和品牌形象现状，及时发现了问题，为经营管理提供了改进性的策略性建议。

【创新管理，提升企业核心竞争力】创新工作作为市公司的一项重点工作，各单位都十分重视，能够成立相应的创新机构，利用各种宣传手段和有效形式，努力提高创新工作氛围，能够做到逐级动员，层层发动，全员知晓参与，利用企业创新争取经营管理工作的增收点和发展点。全年共上报创新项目148项。经过市公司各部室的综合评估通过立项69项。

针对创新管理工作举办了2010年北京邮政创新发展工作培训班，组织了全公司80余人，就企业创新管理的现状、模式及创新途径，北京市邮政公司创新发展工作管理办法，创新发展工作情况通报等内容进行了培训。此次培训班的开展丰富了创新管理人员对创新工作的认识和启发，提高了理论水平和管理水平，激发了创新工作的积极性和创造性。

2010年在机关部室、各二级单位充分发挥自主创新的能力，将企业创新贯穿到经营决策和经营管理的各个环节，提出并实施了一批优秀创新项目，有效促进北京邮政核心竞争力和经济效益的不断提升。根据“北京市邮政公司创新发展工作管理办法”对优秀的创新项目进行评选。通过市公司创新委员会成员就创新项目的创意、产生效果和效益、可推广性等指标，在单位、团队和个人三种形式中各推荐10个创新项目，并进行打分。最终根据委员会成员推荐项目的综合分数确定了2010年北京市邮政公司创新成果，单位奖10个、团队10个、个人4个。优秀创意奖36个。市公司将按照“创新发展管理办法”的奖励办法，将对这些优秀的创新项目进行表彰奖励。

(撰稿人：戴　勇)

基建工作

概述

2010年是中国“十一五”发展规划收官之年，更是北京邮政站在新的起点，寻求新发展、实现新跨越的关键之年。一年来，在中国邮政集团公司和北京市邮政公司的正确领导下，北京邮政基建工作取得了阶段性成果。

主要工作

【局所场地改造完成情况】2010年局所及生产场地改造计划为2000万元，改造重点以提高生产能力，扩大经营场地为主，同时兼顾部分存在安全隐患、设备老化以及安防达标等项目追加。金融网点局所改造计划1200万元，实际完成3200万元，共76个项目。固定资产投资完成936万元，共4个项目。代管其他部室批复165万元，共4个项目。由我部下达批复的项目共计84个，全年总投资为4302万元。改造营业台席115个，改造储蓄台席181个，增加储蓄台席72个。

【统建配套局所和局所拆迁还建工作】统建配套局所：2010年在各单位的积极配合下完成接收奥运中心区支局、雍景四季所、富燕新村所和慧中北里局等9处，超额完成全年接收8处局所的工作目标。

局所拆迁还建：在不断总结过去经验的基础上，2010年大兴区局实现了拆一还二，房屋资产翻番的好成绩，被拆支局不仅还建面积加倍，而且由一处变两处。被拆总面积5000余平方米，还建面积为1万余平方米。

【节能降耗，加强成本管控】为加强成本管控，减少浪费。从工程源头抓起，开展降本增效工作。根据北京市相关规定，结合建筑市场的实际情况，做到全公司统一标准，严把概算关。加强了对二级单位申报工程概算的审核力度。全年各单位上报投资为5421万元，经过严格审批，节约建设资金1119万元，审减率为26%。

【挖掘土地价值，启动工程项目规划】市公司很多办公生产场地位置优越，价值潜力较大，但由于规划建设年限久远，土地价值远未挖掘出来。与外省公司相比，北京公司有较大挖掘潜力。

2010年市公司启动永安路生产综合楼建设项目，经过深入调研筹备，已获得集团公司批准，进行重新规划建设，已委托专业规划设计公司进行规划设计，全力推进市政府规划程序，待获得批准后进行工程前期程序，力争早日开工建设。

【推进培训中心工程项目建设】根据市公司领导的指示精神及培训中心的实际需求，在全市范围内寻找适合培训中心的土地或房产。经总经理办公会决定，最终将程庄路71号院土地定为新校址。土地使用面11927.84平方米，房屋总建筑面积6796.5平方米，市政基础设施配套齐全。已签订《资产预转让协议》，各项后续手续正在逐步进行办理。

【积极筹备，利用自有土地集资建设职工住宅】

（一）建立机构，健全住宅建设机制

设立职工住宅建设办公室。主要负责职工集资建房项目的前期准备、各项审批手续的报审工作以及相关资料和数据的汇总与管理，并根据各个项目的进展情况适时调整工作职责。

（二）积极筹备，建设职工住宅

根据总经理办公会决定，并经集团公司同意，利用公司自有土地进行集资建房。已聘请代理公司对宣武区红莲南里、丰台区四路通、昌平回龙观三块集资房用地，全权负责集资建房项目的审批和建设工作。国务院机关事务管理局已经批准四路通地块可以进行集资建房。代理公司正在进行进一步的审批工作。

同时，市公司里仁街宿舍重新改造项目也在进一步洽谈之中。

（三）调查摸底，掌握全公司职工住房状况

为向国务院机关事务管理局报送公司职工住房的详细情况，对全公司30904名职工建立了住房档案,保证了各项数据的真实准确,为继续开展职工住宅建设工作提供了有力依据。

【开展工程建设专项治理工作】为全面贯彻落实集团公司和北京市纪委关于开展治理工程建设领域突出问题的有关要求，有效治理工程建设领域中存在的突出问题,确保工程建设领域规范运行,按照市公司纪委颁发的《北京市邮政公司关于开展专项治理工作安排的通知》(京邮党纪[2010]4号)文件的要求,成立了专项治理领导小组,下设工作组,在全公司范围内开展工程建设领域突出问题专项治理工作。重点查办2008年以来，工程建设项目中搞规避招标、虚假招标、围标串标、违法转包、分包等问题以及领导人员利用职权干预工程建设,以权谋私、索贿受贿等问题。在检查中没有发现违规违纪的问题出现,被检查单位都做了详细的汇报,自查工作十分认真,各种规章制度齐全,能够严格执行操作程序,各环节落实明确。

【"户箱工程"的进展情况】2010年市"户箱工程"虽受楼房产权单位无法落实资金的困扰，全年依然完成了更新补建住宅楼房信报箱1233栋。其中:顺义、平谷、房山、门头沟、丰台等5个区县已基本完成更新补建信报箱工作。

【北京综合邮件处理中心工程】

(一)土建工程进展情况

一期工程生产主体楼和指挥调度中心1号楼于2010年3月15日复工;6月开展了电梯、消防、规划、环境、资料等专项验收;9月开始办理竣工备案手续。

2010年11月底完成了场区内一期工程的市政道路、绿化和围墙施工,并配合车间内工艺设备的施工,对CRV、燃气采暖系统和工位空调系统进行移位和修复施工。

三期工程建筑面积21581平方米,2010年4月取得规划建设工程许可证,5月开工建设,9月中旬完成基础施工,11月中旬结构封顶并开展内外装修施工。

(二)工艺设备安装工程进展情况

2010年3月完成了推挂系统、现场管理系统、信盒输送系统及信函分拣机(国产、进口)、扁平件分拣机等信息系统和工艺设备的安装调试。

2010年6月根据集团公司有关批复上报了生产信息系统业务需求和综合管理信息系统方案修订文本,并于9月完成了信息系统设备招投标工作。11月完成生产信息系统方案审查。(撰稿人:戴　勇)

后勤保障工作

概 述

2010年,北京市邮政公司(以下简称市公司)后勤管理工作紧紧围绕企业经营发展,为职工办实事构建和谐企业为目标,树立创新驱动的精益管理新理念,为企业经营健康发展提升后勤支撑、保障作用。

主要工作

【房产管理】

1.以办理土地证、房产证为主要工作。2010年在办理房屋、土地产权确权过程中遇到许多困难,在已有资产资料不全的情况下,经多方努力,年底取得55宗土地确权和13宗房产确权工作。自启动办理土地确权工作以来共计办理145宗土地证,为企业的资产盘活打下重要基础。特别是永安路173号院的土地归属问题,由于历史遗留原因,产权不清(原房屋土地产权在新华社香港分社名下),在办理产权确权克服了很多困难,终将产权落户到北京市邮政公司名下,保证了国有资产没有流失。

2.为加快速递物流重组改制工作,多次到市建委、土地局等部门,办理划拨土地及转让土地不同性质的确权工作。速递物流重组所需4宗房屋及4宗土地资产必须是以出让形式报批,市公司已有房屋土地资产都是划拨形式资产。首先将划拨形式资产转成出让形式资产在市公司名下,再变更为北京邮政速递物流公司名下,历经繁杂的手续和各种渠道的攻关,2010年底取得土地证4宗、房产证2宗确权变更在北京邮政速递物流公司名下,为速递物流改制打下坚实基础。

3.接收鸿纳公司芳星园房产,已将鸿纳公司房产变更到北京市邮政公司名下。

4.为改善和解决职工住房困难问题,积极配合相关部门,优先办理丰台区四路通、宣武区红莲、昌平回龙观自有土地的土地使用权证,为职工集资建房奠定基础。

5.配合市政府拆迁工作,维护职工利益。市公司南苑和平街二号邮局宿舍在政府对棚户区改造的范围,涉及市公司土地所有权和21户职工的利益问题。经多次找拆迁办交涉,使其妥善安置了住户,职工利益得到了保障,并且为市公司争得59.9万元的经济补偿。

6. 超计划完成分配给职工公有住房的售房工作,共售房176套,令职工满意

【房屋维修】为了改善职工居住条件,合理利用市公司调拨的400万元资金对职工宿舍房屋、供暖、供电、供水设备进行大修改造。

1.根据雨季特点,对老旧危房做紧急预案,建立抢险队伍,及时处理突发事件。四月底开始实施的屋面防水项目,全年共完成楼房及平房防水11处,共计9000平方米,投入资金72万元,保证了职工居住安全。

2.为方便居民平安出行,室外地面翻修5处无障碍坡道1处共计4300平方米,投入资金30万元,解决了停车及年老体弱出行的老大难问题。

根据职工反应的冬季供暖和上下水问题,投入资金240万对宿舍上下水及供暖管线进行改造。

3.根据人民来信,及时解决防盗安全、生活急需问题,对华威、垂杨柳、正义路分别进行梯间防护窗、密封窗,公用部分粉刷共计4500平方米,使用资金20万元。

4.对市公司锅炉设备和附属设施管线阀门进行保养检修,及时排除隐患。对10处锅炉及热力站板式换热器进行更换,投入资金38万元,确保冬季供暖安全运行,并保证住户室内温度达到市政府相关规定。

【节能降耗管理】

1.完成了2009-2010年冬季燃油锅炉统一供油

工作,比2008年节油11万升。召开了2010年冬季供暖工作会,对相关单位提出了2010年冬供暖的注意事项和要求,11月初,对部分网点进行安全检查,为保证正常供暖打下了基础。

2.针对发改委下发的“关于做好节能管理检查工作的通知”精神,认真进行了自查,并按时上交了自查报告。

【物业管理】

1.完成对北邮物业和绿洲房地产公司的绩效考核。

2. 组织二级单位相关人员对市公司13个食堂的基础资料管理、餐饮人员管理、食品操作间卫生、库房管理、餐厅卫生、安全管理等六个方面进行了全面检查,对检查中出现的问题及时进行了指导,对管理中存在的薄弱环节进行了分析，达成了管理上的共识。并再次对食堂的餐具消毒、进货渠道、人员管理、菜品的制作等方面进行了重点检查。

3.对“大平面”物业前期进行了大量的准备工作,包括中心局食堂的建立、物业管理区域的划分、物业服务面积的核算、职工出行等工作,保证了大平面的按时进驻。

【计划生育、献血、绿化工作】

1.开展“走千家、交百友、送温暖、办实事”的活动.以不同的形式走访慰问病困、育龄职工、孕产妇、独生子女家庭、计生宣传员，送去节日礼品和补助款。2010年共走访慰问3894人，使用资金567995元,通过开展走访活动密切了干群关系,增强了企业的凝聚力。

2.六一儿童节前夕,市公司计生办对评为市三好生的独生子女家庭的50名孩子进行了慰问,并给她们送去了节日礼品,使用金额5000元。发放独生子女玩具费293800元。发放独生子女父母退休一次性奖励费415000元。

3.按照市计生委的工作要求,结合单位的实际情况，市公司参加了建国门街道、东成区举办的庆“7·11世界人口日”和“9·25公开信”发表30周年的文艺汇演活动。

4.完成市计生委布置的各项考核指标,被北京市计划生育委员会评为2010年度红旗单位光荣称号。

5.完成市政府下达的献血指标。

6.按照首都绿化委的要求,完成全年植树绿化任务。种植树木20000株,成活率95%以上。

【车辆管理】机关车队安全行驶60余万公里无事故,较好完成运输保障任务。使用ETC快速公路交费系统后,大大降低了车辆的出行成本,就快速公路一项费用比去年同期降低了33%。

（撰稿人:陈　虹）

协　会

集邮协会

概 述

2010年，北京市集邮协会(以下简称市邮协)下设区(县)级集邮协会、直属集邮协会及基层集邮团体集邮协会共33个，会员8000人。会长何培恩，秘书长王思源、王晓婕，监事长李益新。日常办事机构是秘书处。办公地址：北京市海淀区万寿路18号院。

市邮协按照2010年年初制订的工作计划，深入贯彻落实科学发展观，继续坚持普及与提高相结合，一般与重点相结合的原则，团结和带领全市各级集邮组织和广大会员、集邮爱好者，扎扎实实开展各种集邮活动，在集邮组织、宣传、邮展、学术研究、青少年集邮等方面均取得了一定的成绩，为首都邮政事业和集邮事业的和谐发展做出了积极努力。

重点会议活动和集邮组织

【召开市邮协会长会议】1月19日，何培恩会长主持召开市邮协会长会议，朱敏、李伯琴、李近朱、郑文胜副会长，王思源、王晓婕秘书长出席会议。会议对市邮协第七届会员代表大会通过的《章程》(修改草案)经市民政局审核认可并作局部修改的情况进行了通报；讨论通过了“关于增补第七届理事会理事提案”；讨论通过了邮展、学术、宣传、青少年、组织等五个集邮工作委员会的组成人选，决定由副会长担任各委员会主任职务。会议对经考核通过的新一批省级邮展评审员的聘任进行了讨论认定，对市邮协会士评定标准以及评定条例进行了讨论。会议决定设立市邮协奖励基金，对在邮展、学术等方面做出突出成绩的集邮者进行奖励。

【召开第30届全国佳邮评选座谈会】3月17日，市邮协召开第30届全国最佳邮票评选座谈会，各区、直属邮协的代表30余人出席。与会者一致认为，上一届佳邮评选增加了网络投票，从原来评选3套邮票改为只投1套邮票后，本届又有了新的举措，参与评选者不必为获取评选纪念张而跟风通气、互相“串联”，只需要在规定的时间里，用正确方法寄出你的选票，就有50%获取评选纪念张的可能。这样，投票人可以更好表达自己意愿，最佳邮票、优秀邮票的产生更公平公正。与会者认为，市邮协召开最佳邮票评选座谈会非常有意义。可以直接听到评选者的真实意见和对进一步改进最佳邮票评选工作的建议。

【《北京市集邮协会章程》生效执行】7月29日，市社团行政主管机关对《北京市集邮协会章程》(以下简称《章程》)核准批复，从即日起生效执行。核准的章程八章50条，包括“总则、业务范围、会员、组织机构、奖励、资产管理、终止程序、附则”等内容。

【举办“中国台北集邮代表团与北京市集邮家代表”座谈会】9月1日，市邮协举行“中国台北集邮代表团–北京市集邮家代表”座谈会。中华全国集邮联合会副会长兼秘书长刘佳维，市邮协会长何培恩等5人与中国台北集邮代表团一行12人以及北京集邮家代表出席了座谈会。何培恩会长在致辞中说，北京市集邮家代表与“中国台北集邮代表团”的朋友们欢聚一堂，就双方感兴趣的集邮研究课题进行探讨，必将对增进彼此了解、共同提高研究水平起到积极的作用。为双方进一步加强交流和合作打下了基础，北京市集邮协会将在全国集邮联合会的统一安排下为促进两岸集邮界友好交流合作做出积极努力。随后，何培恩会长和中国台北集邮联合会黄明芳理事长相互赠送了集邮刊物。座谈会上，李伯琴副会长介绍了市邮协集邮展览和青少年集邮等方面的情况。李近朱副会长介绍了市邮协学术、宣传方面的情况。中国台北集邮联合会学术委员会主任何辉庆从“邮会组织、邮学研究、邮票展览”三个部分介绍了台湾的集邮情况。

【召开民间集邮组织座谈会】11月20日，是“北京市第二届封片集邮展览”民间集邮组织交流日，市邮协在东城区文化馆召开民间集邮组织座谈会，20多个民间集邮组织的负责人参加座谈。会上，对市邮协今后的工作提出了许多好的建议。市邮协表示将把这些建议分类整理并落实，尽量满足集邮爱好者的愿望。市邮协会长何培恩等 3 人参加了座谈会。

【召开“快乐集邮健康长寿座谈会”】11 月 26 日，市邮协和市老年集邮会在市邮政管理局共同召开“快乐集邮健康长寿座谈会”，市老年集邮会的 40 位邮友带着快乐集邮、健康长寿的愉快心情参加了会议。市邮协会长何培恩讲话中指出，此次座谈会是老年邮友集邮历程的一次回顾，是大家共享集邮快乐的一次宣传，是办好老年集邮活动的一次小结，是继承和发展集邮文化的一次普及。北京集邮事业的发展离不开老、中、青、少年集邮者的积极参与。要特别重视发展好老年集邮活动，不断提升他们的集邮热情，认真总结他们的集邮经验，注意倾听他们的集邮要求。希望老年集邮会和北京市各集邮组织坚持科学发展观，与时俱进，贯彻落实党的十七届五中全会精神，把北京市集邮活动开展得更好。

集邮宣传工作

【市邮协召开新一届宣传工作委员会议】4 月 2 日，市邮协召开新一届宣传工作委员会议。市邮协副会长李近朱主持会议并通报了市邮协第二次会长办公会议“关于北京市集邮协会各专业委员会人员组成情况”。他指出：集邮宣传工作要注重导向、注重开拓、注重落实。“导向”包括既要坚持集邮活动的本质，又要坚持正面宣传，宣传集邮的生命力和魅力；“开拓”包括业内、外的开拓，注重业外媒体的宣传，扩大集邮在社会上的影响；“落实”包括载体的落实，宣传委员会成员以及通讯员素质的提高等内容。大家普遍认为，集邮宣传既要发挥各级集邮组织刊物的作用，又要加强民间集邮组织活动的报导，还要积极向全国集邮联提供信息，扩大北京集邮活动的影响。

【编辑出版会刊，坚持正确的舆论导向】市邮协坚持正确的舆论导向，2010 年，坚持每月出版一期会刊《北京集邮》，在宣传集邮大政方针、宣传普及邮政和集邮知识、倡导健康集邮和快乐集邮等方面，做出了积极努力，得到广大会员和兄弟省(区)市集邮者的肯定。

【办好网站，宣传集邮知识】2010 年，市邮协利用自己的网站平台，大力宣传集邮知识，宣传北京集邮动态，注重基础资料的收集和整理，及时更新网内容。网站已成为了解北京集邮活动的一个重要窗口。

集邮展览

【加强与兄弟省市邮协的交流】3 月 20 日，市邮协副会长朱敏的《新中国外交历程》邮集应邀参加在江苏常熟举办的《富春山居图》邮票首发和常熟第 24 届集邮展览，这是朱敏《新中国外交历程》邮集继 2008 年 10 月在南宁、2008 年 11 月在南京、2009 年 8 月在广州和 2009 年 11 月在武汉展出之后，在北京之外的第五次亮相。展品展出了各国政要外交系列 60 框，并配以相关背景资料和活动照片若干幅，见证了中外建交和中外友好往来，记录了新中国成立 60 周年的光辉外交历程。

10 月 25 日至 29 日，由中共湖北潜江市委、市政府主办的第二届中国(潜江)曹禺文化周“风雅潜江　百年曹禺”集邮展览在潜江举行。市邮协应邀携 10 部 24 框邮集参加了邮展。展览期间，邮展组委会安排专人为参观邮展的集邮爱好者讲解邮集，受到潜江集邮爱好者们的好评。

【《中国现代集邮》编写工作启动】4 月 13 日，市邮协召开《中国现代集邮》编委会第一次会议，决定修订《现代集邮指南》并更名为《中国现代集邮》。此次修订将侧重于邮集的编组与实践内容，增加各类别邮集的示范贴片展示，并辅以相关的文字介绍，使普通集邮者，特别是没有做过邮集的人在制作邮集方面也能够“无师自通”。此外，编委会根据近几年市邮协举办现代集邮展览的实践，以及各地读者对该书的意见和建议，将对原书的内容进行较大的修改、补充和完善，力求文字简洁、内容翔实、图文并茂、通俗易懂、可操作性强。

7 月 2 日至 4 日，市邮协举行《中国现代集邮》第三次编委会会议，市邮协会长何培恩出席并对该书的编写工作提出了具体要求。

9 月 17 日至 19 日，市邮协召开《中国现代集邮》第四次编委会会议。本次会议的主要内容是：讨论和修改第四章“现代集邮展品评审规则的解读”、第五章“现代集邮展品赏析”、第六章“现代集邮展览

的举办";同时,对前几章的部分内容和"附录"及配图等方面的问题进行商定。

12月29日,市邮协在人民邮电出版社召开《中国现代集邮》第五次编委会会议,对该书第五章"现代集邮展品赏析"的编写内容进行了认真、细致的讨论。《集邮》杂志主编刘劲主持会议,并就第五章的编写体例、配图要求等问题进行了强调和说明。

【选送展品在亚洲国际邮展上获得好成绩】8月4日至12日,第25届亚洲国际邮票展在泰国曼谷举行,市邮协选送的王潇的展品《杠杆是这样的……》(青少年C组)获得大镀金奖加特别奖、崔建平的《中国太空邮件》(航天类)获大银奖、集邮博览杂志社的《集邮博览(2009年合订本)》获(集邮文献类)大银奖。

10月27日至31日,南非2010第26届亚洲国际邮展在约翰内斯堡举行,市邮协会员郑城的《鱼》(专题类)展品获得大镀金奖。

【选送展品在世界邮展上获得好成绩】5月8日至15日,在伦敦2010世界邮展上,市邮协会员李知非的《中国大清邮资明信片》(邮政用品类、5框)获得金奖,蔡增辉的《中华人民共和国第一套印花税票国旗地球图(1949-1955)》(印花类、5框)获得大镀金奖

【举办"邮展课堂",提高会员邮集制作水平】由市邮协和东城邮协联合在东城文化馆举办的"邮展课堂"6月23日进行了第一期第一讲,由国家级邮展评审员吴刚主讲"规范邮集的制作技巧",包括邮集素材的包装处理,贴片打印、制作,文字的处理等方面内容。

7月7日进行了第一期第二讲,由省级邮展评审员吴书庆主讲"一框类集邮展品—传统、邮政历史类"。吴书庆以自己的一框传统邮集《第五版天安门图普通邮票》为例,结合评审则讲解了一框传统邮集在选题、素材、编组等方面应注意的问题;还讲述了一框传统邮集和一框邮政历史邮集在素材和研究方面不同特点。

8月4日进行了第一期第三讲,由省级邮展评审员刘大有就一框类专题集邮的内容进行授课。刘大有结合实例,讲解了一框类专题邮集在选题方面应注意的问题。

9月1日进行了第一期第四讲,由国家级邮展评审员客文达主讲"一框极限展品的编组"。客文达结合邮集和素材的实例,讲述了极限片的认定、一框类极限集邮展品的组集方式,以及编组一框类极限集邮展品需要注意的问题。

9月15日进行了第二期第一讲,由国家级邮展评审员王宏伟主讲"开放类集邮"。王宏伟介绍了开放类集邮的兴起和发展过程,并以自己的《1999世界邮展采访记》邮集和孔令金的《中国寿文化》邮集为例,讲解了开放类邮集在选题、选材、编组、制作等方面的知识。

10月26日进行了第二期第二讲,由国家级邮展评审员客文达主讲"生肖类集邮"。客文达回顾了北京市四届现代邮展参展的12部生肖类邮集概况,点评了大量的生肖集邮素材和邮集贴片。他强调,面对以本国和近期素材为主的现状,生肖类集邮要开阔思路,寻求创新。

11月10日进行了第二期第三讲,由省级邮展评审员刘大有主讲"图画明信片类集邮、首日封类集邮",并现场点评了《上海世博会邮票首日封》等两部一框邮集。

【修订现代集邮展品评审规则】7月30日,市邮协召开会议,对现代邮展展品评审规则进行了修订。市邮协邮展委员和《中国现代集邮》的编委参加了会议。本次修订的内容包括一框类集邮展品评审总规则,一框传统、邮政历史、邮政用品、航空、航天、专题、极限、税票等类集邮展品评审专用规则,以及开放(社会集邮)、节俭、图画明信片、首日封、生肖、原地、"灰姑娘"、自动化、地极、文献集邮等类集邮展品评审专用规则。修订后的规则在展品获奖奖级方面作了重大修改。这些奖级由低到高的顺序分别为:铜奖、镀银奖、银奖、大银奖、镀金奖大镀金奖、金奖。对原规则中有关展品的"定义、组成原则、评定标准、评分标准"等条款中存在的问题进行了修改,对所有规则的体例进行了规范,使之更具可操作性。新修订的规则于2010年9月1日起实行。

【遴选展品参加全国邮展】9月26日,市邮协召开邮展委员会会议,研究申报"2010全国邮展"参展展品等事宜。并对拟报展品名单中的一部邮集进行了会审。会议还通报了《中国现代集邮》的编写、北京市第二届封片邮展的筹备、市邮协关于推荐国家级邮展实习评审员和国际邮展实习评审员候选人等事宜。10月11日,市邮协邮展委员会对报名参加全国邮

展的部分邮集进行了会审提出了进一步修改意见。

【选送展品在全国邮展上获得好成绩】12月10日至13日,由中华全国集邮联合会主办的“杭州2010中华全国集邮展览”在杭州图书馆举行。市邮协选送20部86框邮集和9部集邮文献参展。魏钢的《中国蒙古邮政史(1854-1921)》(邮政历史,荣誉类)、李宏的《广告》(专题,评审员类)2部邮集参加了非竞赛性展出。竞赛性展品中,获得金奖的有:施铭的《人类飞向太空的努力》(航天,加特别奖)、王宏伟的《水》(专题,加特别奖)、吴书庆的《第五版天安门图普通邮票》(一框);获得大镀金奖的有:孙洪涛的《中国神舟飞船的发射与回收》(航天)、高路的《嘴》(专题,加特别奖)、周晓沪的《麦子》(专题)、蔡正钧的《法属印度支那首征及后续发行的印花(税票)(1894—1944)》(印花税票,加特别奖)、狄超英的《新中国邮资封片简目录》(集邮文献);获得镀金奖的有:何欣的《德国第一套电子邮票》(传统)、刘彦生的《探索世界文化遗产》(专题)、王育忠的《非洲印象》(极限)、胡春晓的《桥》(极限)、饶立新的《中华人民共和国印花税票图鉴》(集邮文献)、李乃山的《人像素描》(一框)、蔡正钧的《河南早期印花税票(1913-1934)》(一框);获得大银奖的有:沙定础的《19世纪欧洲绘画》(极限)、北京市集邮协会的《北京集邮史话》(集邮文献)、王泰来的《邮票图说奥林匹克》(集邮文献)、林轩的《趣味邮票》(集邮文献)、集邮博览杂志社的《集邮博览(2009年合订本)》(集邮文献);获得银奖的有:薛路的《新中国编号邮票》(传统)、郭冬、王泰来的《远去的大清帝国》(集邮文献)、阮铭的《中国“自1”邮票》(集邮文献)、王宏伟的《王者之好》(集邮文献)、刘鹿的《驯鹿》(一框);郭胜的《新中国之晨》获得开放类一等奖,孔令金的《中国寿文化》获得开放类二等奖。

【承办北京市第二届封片邮展】11月19日至21日,市邮协在东城区文化馆承办了由北京市邮政公司主办的“北京市第二届封片集邮展览”。市邮协名誉会长何鲁丽出席开幕式并宣布邮展开幕。

本届邮展展出了来自北京市19个区(县)、直属邮协和专业集邮组织选送的79部183框展品。通过观众投票和邮展评审员投票,分别选出本届邮展的10部“优秀展品”和10部“最佳展品”。获得“优秀展品”的是:韩国光的《京杭大运河片中游》、高道同的《新中国邮资已付日戳》、冯书贵的《中国塔》、胡大华的《走向深蓝的中国海军》、王祖法的《珍贵的签名封》、张延宽的《毛主席语录实寄封》、徐铁生的《世界濒危野生动物(WWF)极限片》、张树生的《京剧人与脸谱》、王宇的《桥梁》、客文达的《“长城”个性化专用邮票首日封》。获得“最佳展品”的是:张璞的《中国邮票设计家原创邮票手绘首日封》、胡志杰的《新中国第一套贺年(有奖)邮资明信片》、周良的《极地船舶邮政》、梅海涛的《中国国际集邮展览纪念封组外品(1978-1988)》、王自磐的《南极中山站纪念封荟萃》、孔令金的《曲阜孔庙》、孟宪利的《八达岭——关沟的北口》、罗贻声的《新中国的铁路建设》、王建华的《留住流逝的岁月》、周良的《俄罗斯(苏联)北极浮冰漂流站》。邮展组委会还从选票中抽出了10个幸运观众奖。

集邮学术研究工作

【举办“黑便士邮票发行170周年”研讨会】5月6日,市邮协在东城区文化馆举办“黑便士邮票发行170周年”集邮学术研讨会,主要内容包括:1.“黑便士”邮票的研究(邮票、实寄封、发行和使用、评价等);2. 早期世界邮票的研究;3. 当代世界邮票的研究;4.中外邮票选题、设计、印制的比较研究;5.邮票与集邮未来的探讨等。

【举办“解放区邮票发行80周年”研讨会】6月28日,市邮协在东城文化馆举办“解放区邮票发行80周年”集邮学术研讨会。研讨会的主要内容包括:中国解放区邮票、邮品与邮政历史的研究;中国解放区邮票80年的研究成果概述;国际集邮界对中国解放区邮票认同发展的研究;中国解放区邮票认定与辨伪的研究;对修订《中国解放区邮票目录》的具体意见。研讨会简要分析了中国解放区邮票在中国邮政史中的重要地位,并介绍了国际集邮界对中国解放区邮票逐步认同的过程。会议指出,维护和提高中国解放区邮票在国际集邮界的地位,还有许多工作要做。

【举办“邮文写作培训班”】8月18日,市邮协在东城文化馆举办“邮文写作培训班”,学习全国集邮联印发的《集邮学术论文评审规则》并对优秀集邮学术论文讲评。全国集邮联学术委员林轩就《集邮学术论文

评审规则》中“关于选题和论点、研究方法和论证过程、资料引用和写作规范、论文格式与表现”等方面的评审要求等进行了详细解读。全国集邮联学术委员王宏伟就集邮论文写作的基本要求、结构顺序,以关键词的形式等内容进行了讲解。部分区邮协秘书长、市学术委员和各区的集邮学术骨干40多人参加了培训。

【参加2010北方七省(市、区)集邮学术研讨会】10月9日至11日,2010北方七省(市、区)集邮学术研讨会在天津原长城宾馆召开。研讨内容是:中国革命根据地及解放区邮票的内容、特点、作用;当前集邮文化活动与发展集邮业务关系;当前民间集邮组织发展的特点和趋势;新中国邮票。北京、天津、河北、山西、山东、陕西、内蒙古等七个省(市、区)邮协共征集论文64篇,其中45篇汇编成册。分为集邮文化论坛、解放区区票邮品研究、传统集邮研究、邮政史集邮研究、邮政用品集邮研究、民间集邮组织论坛6个部分。与会者就论文中涉及的一些问题和拓宽学术研究的领域进行了研讨。论文呈现数量多和题材宽泛的特点,论文的视角不仅有集邮界普遍关心的问题,也延伸到集邮经营、民间组织与集邮协会的关系。

【举办“当代集邮热点问题”学术研讨会】12月21日,市邮协在东城区文化馆举办“当代集邮热点问题”集邮学术研讨会。内容包括:现代集邮的研究(包括各个类别的单独研究);集邮品与收藏品的研究;集邮进社区具体事例的分析、评述;网络集邮。研讨会通过对邮市的现状和集邮的发展及人数的变化分析,阐明目前邮市的布局不能满足集邮者的需求,从而提出网络邮市的概念,并借助网络集邮和网络邮市的发展情况,进一步论述网络邮市对集邮的促进作用。民间集邮组织是集邮爱好者自愿结合、自发成立、自筹经费、自行管理的群众性松散型的集邮组织。改革开放以来,我国民间集邮组织不断涌现,现在约有数百个之多。这类组织联系广大会员,以邮会友,交流邮识,研究邮学,举办邮展,交换邮品,活动灵活多样,有较强的吸引力和影响力,对集邮发展有一定的推动促进作用,是一支不可忽视的社会集邮力量。但民间集邮组织在发展过程中,存在着一些问题,如“资质”问题、“无政府状态”问题、“活动”问题、“会费”问题、“会刊”问题。此次研讨会共收到论文6篇,4位论文作者进行了主题发言,市邮协学术副主任林轩对每篇论文进行了点评,学术委员及会员在每一篇论文宣读后共同讨论,提出了许多宝贵意见。

青少年集邮工作

【举办“中国‘小公民’道德建设计划”集邮知识、集邮征文、纪念封设计竞赛活动】3月至6月,市邮协举办“中国‘小公民’道德建设计划”集邮知识、集邮征文、纪念封设计竞赛活动。本次活动共收到来自除港澳台及西藏以外的30多个省(区)、市的36896份答卷。经评委会认真评卷和抽奖,共产生一等奖6名、二等奖12名、三等奖18名、纪念奖100名。同时,产生了北京市西城区五路通小学、陕西省宝鸡集邮协会等16个单位为本次活动的优秀组织奖。6月28日,市邮协在海淀区少年宫举行颁奖大会,会上,北京市人民政府教育督导室副主任陈宏讲了话,市邮协秘书长王思源对活动进行了总结。

【参加“全国青少年集邮活动示范基地”检查复验工作】6月10日至21日,根据中华集邮联合会(2010)31号文件精神,并受其委托,北京、山西、河北、天津、河南五省市组成第二小组,市邮协秘书长王思源任组长,对江苏、福建两省“全国青少年集邮活动示范基地”进行了检查复验。

【组织暑期集邮夏令营活动】8月13日至15日,市邮协举办了“庆六·一”小公民道德建设集邮知识、集邮绘画、纪念封设计竞赛活动参赛获奖者暑期集邮夏令营活动,来自宁夏、陕西、天津、北京等省(区)市邮协和学校的20多名代表参加了这次活动。代表们先后到八达岭长城、奥运场馆、科技馆和邮票博物馆等地进行了参观游览。8月15日,夏令营代表在无明堂会所与北京集邮家进行了座谈和交流。全国集邮联副会长、市邮协副会长李近朱,市邮协副会长李伯琴,市邮协青少年工作委员会委员参加了座谈会。座谈会围绕小公民道德建设集邮知识竞赛和青少年集邮工作等话题进行了热烈讨论。

丰富多彩的基层集邮活动

【崇文邮协】4月16日,东花市街道办事处举办“三月三蟠桃宫庙会”，特邀崇文邮协参与，邮协会长鄂文江先生设计了一枚纪念戳，街道办事处还设计了一枚“老北京花市十景—蟠桃圣会”的纪念封，让人们重温了三百多年前的庙会盛景。庙会期间，崇文邮协工作人员向庙会游客宣传了集邮文化，传播了集邮知识，并提供了相应邮品。8 月 15 日，崇文邮协在“京奉铁路信号所”文化广场举办集邮讲座，由成志伟主讲“开放集邮”。成志伟采取了“启发式与听者互动”的方式讲课，收到了很好的效果，他与听者边讲边议，为集邮者开发了新的思路，给大家留下了广泛的想象空间。

【西城邮协】1 月 16 日，西城邮协在西城文化中心小礼堂举行第八次会员代表大会。会上宣读了关于对 5 个团体会员单位和 13 名个人先进会员表彰的决定，并颁发证书。岳宗武向大会介绍了新一届理事会组成的情况并介绍了理事推荐名单，大会就几个报告和理事会成员进行了表决，并一致通过。选举产生了常务理事及领导班子。3 月 13 日，西城邮协在全国总工会会议室召开第三十届全国最佳邮票研讨会，由郝圣武作中心发言，对 2009 年的邮票从发行目的、邮票选题、印刷版别、画面构思、印刷工厂、防伪方式、印刷版式、特征、邮票设计诸方面向大家做了介绍，并从邮票的鉴赏角度谈如何评选。5 月 29 日，西城邮协在西城文化中心召开“新中国邮票”集邮学术研讨会。9 位论文作者从不同方面阐述了对新中国邮票的研究，这些论文包括：《新中国发行的中国古代文学专题邮票》、《谈谈庚申年猴票的颜色美》、《楹联、题词和集邮》、《新中国邮票的价值初探》、《邮票选题的几点建议》等。最后，耿守忠针对目前 T46《庚申年》邮票价格一路飙升和市场上的新动态作了介绍。12 月 19 日，西城邮协召开八届三次常务理事会议，总结 2010 年工作，提出 2011 年计划。会议评出 2010 年度 5 个集邮先进集体和 10 名集邮先进个人。

【石景山邮协】1 月 26 日，石景山青少年邮协在区青少年活动中心举办 2010 年学生集邮冬令营，39 名小学生和部分家长、老师参加了这一活动。参营的每位小学生免费获得一本《课外、校外集邮活动读本》。由穆祥纲进行讲解集邮知识和写信的方法。还委派会员进行辅导，和同学们进行互动。经过评比，13 名同学设计的邮票和书写的信件获得一等奖。5 月 15 日，石景山邮协在区少儿图书馆报告厅举办邮集制作专题讲座。由徐铁生以自己的获奖邮集《眼睛》为例，从邮集的选题、前言目录的编写，及邮品的选择与编组技巧等方面为大家进行了详细的讲解。6 月，石景山区政府组织开展环保宣传月活动，石景山邮协组织了 8 个专题共 20 框邮集参加环保宣传月的各种活动。6 月 5 日，石景山邮协在八角北路社区多功能厅举办了“节能减排、保护环境”纪念邮票暨石景山环保宣传月纪念封首发仪式和邮展。6 月 15 日至 17 日，石景山邮协在石景山区图书馆举办了“节能减排、保护环境”书画、摄影、集邮大型展览和名人书墨笔会，将环保宣传推向高潮。7 月 8 日，石景山文学艺术界联合会第二次代表大会召开，石景山邮协 11 名代表参加了大会。区文联在工作总结中对区邮协近年来的工作给予充分肯定。

【丰台邮协】2 月 5 日，丰台邮协会员汤瑞华主编的《北京奥运邮记》举行首发式。该书通过大量的信封、明信片、邮简、邮戳等实寄邮品，以集邮者的独特视角，记录下北京奥运会从申办成功到举办成功的历史过程，较全面地再现了奥运会期间中国邮政在发行奥运会邮资票品、函件寄递等方面的服务情况，是一部知识性、史料性较强的奥运专著、集邮专著。春节前夕，万泉寺、东管头和万润三社区联合举办寒假青少年集邮与收藏知识的展示和讲座，丰富同学们的假期文化生活。娄惠清应邀讲授了集邮收藏在青少年健康成长中的作用。3 月 2 日，由丰台区委主办的“纪念学习雷锋活动 47 周年大型展览”在丰台区文化馆开幕，展出了由丰台邮协会员董兴喜提供的 5000 件展品。6 月，丰台邮协举行例会时邀请沈国荣为会员们讲解台湾邮票，同时解答了大家关心的一些问题。8 月 11 日，万泉寺社区举办以“用邮票讲述八一建军节的故事”为主题的集邮知识讲座。9 月 6 日，东高地邮局在营业大厅举办《百年荣光　辉煌航天》主题邮展，祝贺中国航天科技集团公司第一研究院 211 厂建厂百年华诞。展品由丰台邮协会员李菁之提供。12 月 4 日，来自 12 个单位，平均 74 岁的东高地集邮爱好者在东高地邮局会议室庆祝联谊活动九周年。大家用 9 年间经历的三件事作为这段时间的小结。其一：9 年坚持 108 次邮事活动。其二：每有邮展，不论何种级别，都有人积极参与，不求名次，只为学习经验。其三：宣传集邮，发挥集邮的社会功能有积极表现。

【东城邮协】3月4日，第97次北京集邮茶座“回顾澳门集邮行”在东城区文化馆举行。3月25日第98次北京集邮茶座在东城区文化馆举办，由林轩介绍集邮“3U”，即集邮、旅游、交友。邮友乘邮展等机会结伴集邮旅游；各地邮友同访邮票原地，实寄封片，制作极限明信片；还现场摄影，即时打印，制作“极限邮照”等。4月29日，第99次北京集邮茶座在东城文化馆举行，由王厚邦主讲“清代北京嵌地支字干支邮戳的研究”。5月27日，第100次北京集邮茶座在东城区文化馆举行，由王宏伟介绍中国极地邮局集邮之旅。6月24日，第101次北京集邮茶座在东城区文化馆举行，由李国庆主讲“邮票与实寄封的分级与价格评估”。7月29日，第102次北京集邮茶座在东城文化馆举行，由耿守忠主讲“邮票辨伪新趋势”，他在现场展示了多种版本的《庚申年》“猴票”伪品显微图，通过介绍不同印刷版别的各自特点，引导邮友首先从邮票的版纹印刷特征辨别真伪。8月26日，第103次北京集邮茶座在东城文化馆举行，由阮铭主讲“中国‘自1’邮票”。9月13月至15日，由古巴驻华使馆、中国年度外国最佳邮票评选活动组织委员会、东城文化馆、中国古巴邮票研究会主办的“中国—古巴建交50周年古巴集邮展览”在东城文化馆举行，展出了古巴革命胜利后发行的邮票精品。邮展期间还举办了“中古建交50周年中古友好集邮论坛”，向参加邮展青少年集邮日活动的方家胡同小学集邮爱好者赠送邮票等活动。9月27日，第104次北京集邮茶座在东城文化馆举行，由鄂文江主讲“生肖集邮促进邮政服务与发展”。在中国人民志愿军赴朝参战60周年之际，中国年度外国最佳邮票评选活动组织委员会、中国朝鲜邮票研究会、《震撼世界大较量》编辑委员会联合举办了一系列纪念活动，其中包括朝鲜邮票展览、集邮学术交流、组团赴朝鲜访问、制作系列纪念邮品等。应朝鲜有关方面的邀请，由鼓楼集邮研究会、中国朝鲜邮票研究会等单位组成“志愿军集邮文化交流访问团”一行16人于10月19日至23日赴朝访问。10月24日，由首都21家单位联合主办、抗美援朝纪念馆等单位承办的“永远铭记最可爱的人·纪念抗美援朝60周年”书画大展暨朝鲜集邮展览等系列活动在京隆重举行。展览共展出50框朝鲜邮票，分为8个专题，反映了几十年来朝鲜的建设成就和中朝友谊。朝鲜驻华使馆文化参赞崔庆、科技参赞李春万为朝鲜发行的《中国人民志愿军赴朝参战60周年》纪念邮票首发揭幕。“志愿军集邮文化交流访问团”团长朱祖威向出席活动的来宾介绍了访朝的见闻与感受。东四九条小学以“科学家中队”为核心，积极开展青少年集邮活动，把科技、环保、艺术教育融于方寸之间，借助邮票的文化功能对学生进行知识和品德教育，展现了学校的办学特色，并荣获“全国青少年集邮活动示范基地”称号。10月25日，在该校举行2010年科技节开幕仪式上，举行了市邮协向该校授牌仪式。10月28日，第105次北京集邮茶座在东城文化馆举行，由张明明主讲“原地集邮”。11月25日，第106次北京集邮茶座在东城文化馆举行，由王晋枫主讲“外国生肖邮票”。12月8日，朝鲜驻华大使池在龙在使馆举行转交朝鲜劳动党总书记、朝鲜民主主义人民共和国国防委员会委员长金正日向北京鼓楼集邮研究会和中国朝鲜邮票研究会赠送礼品的仪式。池在龙大使首先对志愿军集邮文化友好交流访问团对朝鲜成功访问表示祝贺，并转达了朝鲜最高领导人金正日对北京鼓楼集邮研究会、中国朝鲜邮票研究会在访问期间向他赠送礼品的谢意。他转交了金正日回赠的礼品万年画《金刚山》和壁挂工艺品《花与山雀》及印有金正日同志签名的礼品证书。朱祖威会长首先对对金正日将军第三次向两会赠送礼品表示感谢，介绍了和《集邮》杂志等单位合作开展志愿军赴朝60周年系列集邮活动，以及志愿军集邮文化友好交流访问团访朝感受和北京鼓楼集邮研究会、中国朝鲜邮票研究会与朝鲜邮政三十年合作的情况。12月16日，中国第九届外国最佳邮票评选颁奖大会及外邮节开幕式在东城文化馆隆重举办行。出席大会的有获奖国驻华大使馆的代表，评选组委会成员，以及北京各集邮协会的代表共300多人。有33个国家的邮票参加评选，其中有25个国家由邮政部门选送邮票参评。本届评选收到公众投票和网上投票34015张，选出投票数量最多者为最佳邮票奖和最佳小型张奖各3名。与颁奖大会同时开幕的还有3个主题的邮票展：中国第九届外国最佳邮票评选参评国2009年邮票展；中国古巴建交五十周年古巴邮票展；中国人民志愿军赴朝六十周年朝鲜邮票展。12月16日，第107次北京集邮茶座联合举办了中外集邮交流座谈会，由王玉先介绍古巴发行的中国题材邮票，以及在江西举办的纪念中国古巴建交五十周年中古友好集邮活动情况；林轩介绍了参加志愿军集邮文化友好交流访问团访朝情况。

【海淀邮协】由北太平庄集邮专卖店主办，海淀区邮协承办的“迎新春生肖民俗集邮展”1月28日北太平庄集邮专卖店开展，3月初结束。邮展展出了孔令金、客文达、曹大德提供的4部邮集。这些邮集从多个角度展示了中国的春节、生肖和吉祥福寿等民俗文化。2月6日，圆明园邮学研究会举行“双末例会”，由王厚邦主讲“北京邮戳研究的新进展”。4月17日，圆明园邮学研究会举行“双末例会”。曾孝濂还积极参与向青海玉树地震灾区人民奉献爱心活动，他捐赠了自己设计的《杜鹃花》邮票丝织封。6月19日，圆明园邮学研究会举行“双月例会”，内容包括：《圆明园邮学研究会会刊(2009年度)》出版座谈会和会员王攀作《与地质有关的中国邮票》专题报告。8月28日，为迎接国庆61周年，海淀邮协在北太平庄集邮专卖店举办第五期“店堂邮展”，展出了李国平的《国旗、国歌、国徽》、李永明的《庄严的庆典》、周俭的《中国花园》等10框展品。12月16日，海淀邮协与海淀区少年宫联合在民大附中举行第三期集邮知识讲座。海淀邮协还提供了6框专题邮集供同学们鉴赏。12月18日，圆明园邮学研究会举行“双末例会”，冯浩主讲“文革”前的中华人民共和国首日封(1957-1966)。

【朝阳邮协】1月24日，朝阳邮协、外交封爱好者联谊会联合举办新春联谊会，进行了抽奖和邮品义拍活动，同时还进行了4框一片邮集展，李凤锡在会上宣读了制作一片邮集的心得体会。1月27日，双井街道垂西社区邮协在青少年集邮活动中心举办寒假集邮讲座，由张洪荫讲解“中国传统生肖集邮文化”。3月2日至3日，双井街道垂西社区邮协在纪念毛泽东“向雷锋同志学习”发表47周年之际，组织会员进行学习雷锋座谈，并配合街道和社区在路边举办图片展览。3月14日，朝阳邮协组织2009年度最佳邮票评选活动，提高会员的鉴赏能力，同时还举行了“一片邮集”参观评议活动。4月11日，朝阳邮协在区文化馆举办讲座，由王晋枫主讲生肖集邮文化。王晋枫结合自己的获奖邮集，详细介绍了各个国家生肖邮票的发行情况。4月20日，垂西社区邮协党支部全体党员和群众会员踊跃为玉树地震灾区捐款，这是该邮协继3月30日为旱灾区孩子们捐款后的又一次捐款活动，体现了首都集邮者的关爱之心。5月8日，朝阳邮协协助红霞路社区邮协举办“红霞路社区、双井垂西社区邮协联合邮展”，吸引了很多居民驻足观看。5月8日，朝阳邮协与垂西社区邮协、红霞社区邮协联合举办的“2010年现代集邮巡回展”首站在酒仙桥街道举行。两社区组织居民前来观看，使大家受到一次集邮文化教育，使更多的人更关心社区集邮文化活动。7月22日，酒仙桥街道红霞社区邮协举办第二届青少年集邮大课堂讲座，由胡金桥主讲。胡金桥结合邮票实例，讲述了邮票的含义、构成邮票的三要素，以及新中国发行的邮票种类等。社区邮协负责人及部分老会员，社区书记和文体委员等参加了讲座。8月15日，是中国人民抗日战争胜利65周年纪念日。由朝阳邮协理事会策划，嵇立生设计、绘画，区邮协印制了纪念封，并于当日派会员一大早赶往卢沟桥邮局，为300多名邮友实寄，以此纪念抗日战争胜利65周年。11月14日，朝阳邮协与圆明园邮学研究会在朝阳区文化馆举办集邮讲座。12月5日，朝阳邮协召开理事扩大会议。会议评出垂西社区邮协等8个先进集体，黄鼎峙等30名先进个人；会议还制定出2011年活动计划和责任人。市邮协副会长朱敏参加了这次会议，他希望区邮协坚持集邮群众化、面向学校、社区、街道和政府部门，配合街道宣传大力举办集邮展览，以此进一步扩大集邮活动的影响力和凝聚力，为推动北京市集邮活动的健康发发做贡献。

【宣武邮协】2月3日，宣武邮协和广内大街东社区在宣武区文化馆小剧场举办迎新春联欢会，广内大街东社区居民表演了精彩的文艺节目。宣武邮协准备了大量邮品，安排谜语、知识问答和抽奖穿插其中，整个迎新春联欢会充满欢乐祥和的气氛。

【延庆邮协】2月6日，延庆县“我的延庆，我的家”2010年春节系列文化活动的启动仪式“微观巨现方寸乾坤”集邮展览在延庆博物馆开幕，这次集邮展览展出的均是县邮协会员孟宪利的个人藏品共16部53框。2月7日，孟宪利又在延庆博物馆的“妫川大讲堂”为不同行业不同层面的人进行了集邮知识讲座，听讲座的有80多人，为普及集邮知识起到了很好的效果。5月18日，为庆祝第34个“国际博物

馆日”,中国长城博物馆和北京市国土资源局延庆分局在中国长城博物馆联合举办“穿越时空 与历史对话”集邮展览,展出由县邮协会员孟宪利提供的包括“极限、一框、开放、首日封、图画明信片、集邮文献”等类别的63框展品。

【其他集邮组织的集邮活动】

老年集邮会 3月23日,老年集邮会生肖组在方寸斋邮市为该小组在2009年度参加各类邮展的邮集作者和发表邮文的作者颁奖。4月13日,老年集邮会爱好集邮文献会员一行30人前往通州,参观王世龙集邮文献收藏室。王世龙向大家详细地讲述了自己收藏集邮文献的历程和发生的故事;结合他几部获奖的文献集邮介绍了相关知识和研究、使用成果。4月17日,老年集邮会生肖组邀请参加苏州第四届全国生肖邮展获奖邮集作者梅海涛和李志,重点介绍了开拓生肖邮品素材的做法和经验。讲座激发了大家使用生肖邮品素材的新思路。4月22日,老年集邮会生肖组在方寸斋举行讲座,由柳承美讲“传统类生肖邮集的编组。”5月7日,老年集邮会在市邮政公司老干部活动中心举办集邮活动日,由石遐识主讲“集邮品的归类和整理方法”。讲课结束后,与会者还进行了邮品交流活动。5月25日,老年集邮会生肖组在方寸斋邮市举办活动日,请王晋枫讲“外国生肖邮票的发展”。6月18日,老年集邮会在市邮政公司老干部活动中心举办第二次集邮活动日,由庞守民讲述“收集现代集邮品的快乐”。会后,大家进行了邮品交流活动。9月18日至21日,老年集邮会在方寸斋邮市举办2010年集邮展览。展览分两次展出42部98框展品,其中,竞赛性展品33部79框。韩英的《组建中的国际空间站》、许美瑜的《我的异型票品》、杨秀兰的《花说》、胡代华的《硝烟飘过六十年—抗美援朝备忘录》、韩国光的《京杭大运河片中游》、冯一兵的《大家笑起来》、郜诚的《JP纪念邮资明信片》、刘汝宣的《中国航天》等展品或以邮识丰富,或以藏品珍罕,或以素材收集难度大,或以让人赏心悦目而被邮友们称赞。邮展期间,还进行了邮品交流活动。10月20日,老年集邮会生肖组在方寸斋邮市举行纪念中国生肖邮票发行30周年研讨会,以《全国首届生肖集邮学术研讨会》获奖论文作为本次会议的内容,进行了学习和研讨。会后,还进行了“首届(庚寅年)最佳世界生肖邮票评选”投票活动。11月23日,张荣源应邀到方寸斋邮市为老年集邮会生肖组进行生肖集邮讲座,畅谈生肖集邮的发展前景。

残疾人集邮联谊会 3月14日,联谊会在市残疾人活动中心举办沙龙活动,评选2009年最佳邮票。会员们经过两个多小时的交流,最后选出了《京杭大运河》、《唐诗300首》、《国庆60周年》等邮票为最佳。4月8日,联谊会在市残疾人活动中心举办了一次生动活泼的集邮交流会。会员们带来了2009年参加北京市第四届现代集邮展览的邮集请石遐识进行点评。石遐识认真观看每一部邮集的题目、素材和文字说明,并询问作者后再给予一一讲评。有的会员提出了不同的看法和意见,他都与会员进行探讨。6月27日,王宏伟应邀到联谊会进行授课,并以《拐杖》邮集为例,讲解了一框类集邮的基础知识。他还以自己的邮集为例,讲解了开放类集邮和有关现代集邮的概况。最后,他讲述了自己的中国极地之旅计划的落实情况。9月12日,联谊会举办集邮沙龙活动,邀请王宏伟再次为大家讲授集邮知识。王宏伟以他的中国极地邮局之旅的亲身经历,讲述了开放类邮集编组和制作方法,使大家开阔了眼界,得到了新的启发,获益匪浅。11月7日,联谊会在市残疾人活动中心举办集邮沙龙活动,由郭一心主讲邮政历史。郭一心从人类最早使用烟火作为信号传递,讲到现代电子时代的信息传递,所讲的故事引起了大家的极大兴趣。11月14日,联谊会在市残疾人活动中心举办集邮沙龙活动,由连增恩主讲专题集邮知识。讲述了怎样收集资料、选定主题,以及如何设计、制作贴片等体会。

航空集邮联谊会 1月24日,联谊会在301所会议室举行新春茶话会。与会者回顾了联谊会在过去的一年中所取得的成绩;联谊会还为在“回顾集邮历程,共迎60华诞”有奖征文活动中获奖的作者颁发了奖品。

华夏专题邮会 5月12日至19日,邮会组织会员赴伦敦参观“2010英国世界邮展”,在展场,还邀请几位国外专题展品的作者讲解、分析展品。在英国期间,会员还与国外邮友举行了联谊等活动。

生肖集邮研究会 2月27日,研究会在前门方寸斋召开例会,向在全国第四届生肖集邮展览上获奖的作者颁奖;王育忠、曹大德等介绍了该会发行的

《虎报》、虎简、虎封的情况；王晋枫结合首届全国生肖集邮学术研讨会对论文的选题和要求作了说明。3月14日，全国生肖集邮研究会会长周治华到研究会参加座谈，他充分肯定了北京生肖集邮研究会所做的工作；针对全国生肖集邮活动的形势，指出北京可以采取学校团体会员和老师个人入会等方式，积极发展青少年参加生肖集邮。3月27日，研究会在前门方寸斋邮市召开例会，邀请李伯琴主讲生肖集邮和专题集邮。李伯琴分析了我国集邮现状和存在的差距，倡导大家把生肖集邮和专题集邮结合起来，不断提高我国的集邮水平。4月24日，研究会在方寸斋召开例会，邀请焦晓光主讲世界邮展和中国邮展概况。全国集邮联主管学术和宣传工作的成冬青到会并讲话。5月29日，研究会在前门方寸斋召开例会，邀请画家李达谈创作十二生肖字画的体会。李达边展示自己创作的十二生肖画边讲解。6月26日，研究会在前门方寸斋邮市召开例会，邀请王宏伟主讲生肖集邮如何健康发展。7月31日，研究会在前门方寸斋召开例会，纪念中国生肖邮票发行30周年和世界生肖邮票发行60周年。会议首先由王宏伟介绍了他出席全国首届生肖集邮学术研讨会的盛况，同时阐发了对深入开展生肖集邮学术研讨活动的意见，并对如何撰写生肖集邮学术论文提出三点看法：一是要有集邮的基础、言之有物；二是选题要具体，不要空泛和过大；三是不要搞网上抄袭，要独立研讨、论之有据。全国首届生肖集邮学术研讨会征文活动中，王晋枫的《浅论外国生肖邮票》和张荣源的《生肖集邮大有作为——浅谈生肖集邮三十年》荣获纪念奖。9月25日，研究会在方寸斋邮市召开例会，邀请李近朱主讲“迎接全国邮展如何编好邮集”。8月28日，研究会和崇文邮协、宣武邮协联合在方寸斋邮市举行集邮知识讲座，由亚洲集邮联合会副主席、全国集邮联秘书长刘佳维主讲“迎接亚洲邮展，如何编好邮集”。10月30日，研究会在方寸斋邮市会召开成立四周年暨第二次会员大会，大会进行了换届选举。11月27日，研究会在前门方寸斋邮市召开例会，邀请林轩从“意在笔先、多看资料、大量收集、重视学习”等四个方面主讲了“如何写好生肖集邮论文”。12月25日，研究会在方寸斋邮市召开例会暨第五届生肖集邮学术研讨会，从生肖集邮的发展趋势、生肖邮品、生肖集邮组集等几个方面进行学术研讨。会上，王宏伟汇报了杭州2010全国邮展的概况和印象，并介绍了自己参展的专题邮集《水》在提高编组邮集水平方面的体会。狄超英介绍了自己主编《新中国邮资封片简目录(2011版)》的体会。

21世纪集藏联谊会　1月8日，联谊会在东城区市民中心集会，由张荣源宣讲生肖集邮体会，认为生肖收藏事在人为，生肖集邮大有可为，生肖文化大有作为。1月14日至2月底，联谊会在东城区市民中心举办《中国世界遗产巡礼》专集展览，展品内容为联合国教科文组织批准中国的38项世界遗产展出了文字简介、景点门券和景区照片等材素。2月5日，联谊会在东城区市民中心举办辞旧迎新茶话会，并为参加东区邮电局《生肖魂宝辞旧岁，福虎祥瑞贺新春》“邮”礼文化节的会员颁发了荣誉证书和奖品。6月5日，由东区邮电局与北京环保部门共同在奥林匹克森林公园南门广场举行了《节能减排　保护环境》特种邮票首发式，联谊会在现场举办了小型邮展，宣传节能减排，保护环境、保护大自然。10月10日，联谊会在东城区市民中心举办为期一个月的“庆国庆61周年北京21世纪集藏联谊会第六届集邮收藏展”，参展邮集以国庆为主题，内容丰富多彩。

文献集邮联谊会　3月13日，全国集邮联副会长兼秘书长刘佳维到王世龙集邮文献收藏室参观，并了解文献集邮活动情况。5月13日至14日，研究会一行14人赴河北沧州与当地文献邮友进行联谊活动，并展示了各自的文献集邮获奖展品，大家进行了观摩、探讨。两地邮友还互赠了集邮文献。

外交封集邮爱好者联谊会　1月30日，联谊会与西城邮协在红孩儿酒吧举办新春联谊会，并进行了交流，畅谈集邮大好形势。10月12日，联谊会和垂西社区邮协召开“外交封爱好者联谊会成立七周年”座谈会。与会者共叙了七年来，联谊会在开展收藏“外交封”活动中取得的成果。12月31日，联谊会召开理事会议。会议一致同意以举办报告会或巡回邮展等形式庆祝“中国共产党建党90周年”等重大活动。

四方(科技、影视、新闻、外邮)集邮联谊会　1月，联谊会先后举办了两次邮品交流会。交流会有邮品介绍、讲解和交流。两次交流活动，在“为会员服务，为会员搭桥，互利互助，双赢共荣”等方面起到了一定的促进作用。

(撰稿人：李志辉)

邮政企协

概　述

北京邮政企业管理协会(简称邮政企协),是由北京市邮政公司领导、在北京市民政局登记注册的社团法人。

邮政企协主要围绕北京市邮政公司中心工作,通过深入调查研究、企业管理创新工作,努力发挥"参谋助手、桥梁纽带"的作用,进一步提升企业的管理水平,促进业务经营发展。

企协的任务是:研究、传播、推广现代企业管理知识和国内外企业经营管理经验;组织开展行业、市场调研,以及有关经营管理方面的课题研究;负责北京邮政企业管理现代化创新成果的评审、推荐工作;负责与北京企业联合会的沟通工作,受上级企协委托或市公司的安排,开展企业内部调研工作。在相关部室的配合下开展全国用户满意企业的评选推荐工作。

主要工作

【推动现代邮政企业管理创新工作】 邮政企协努力做好对二级单位的管理创新调研指导工作,认真总结企业贯彻执行中国邮政集团公司中心工作中创新的做法。一是以评选推荐方式引导和激励企业管理者高度重视创新工作,促进企业持续快速协调健康发展;二是注重创新的实践性,把创新作为发展方式转变和结构调整的中心环节,坚持把管理创新和企业发展结合起来,在促进企业可持续发展中发挥应有作用;三是围绕企业发展的大局,不断总结企业管理创新工作的好经验好做法,加强企业管理创新成果材料的撰写培训、指导力度,并做好沟通协调和修改完善,确保北京市邮政公司申报的材料有条理、有深度、有水平;四是深入基层协助调查研究,为企业经营管理决策提供参考,努力推动企业管理创新工作再上新台阶。

【组织邮政企业管理创新成果的评选工作】根据中国邮政集团企协《关于推荐申报邮政企业管理创新成果的通知》精神,推荐9项成果参加全国邮政企业的评审,有3项获奖。其中海淀区局的《以爱心包裹开发搭建常态化捐赠平台》得到评委一致好评,经集团公司审核通过荣获得全国邮政企业管理创新一等奖;东区局申报的《基于感动人物评选的文化管理创新》被评为集团公司管理创新成果三等奖。

【做好《现代邮政》杂志的发行工作】《现代邮政》是集团公司主办, 邮政科学研究规划院和集团公司企协主办的会刊。该刊主要围绕集团公司的中心工作,以服务邮政企业,服务企业管理者为宗旨,及时宣传邮政企业管理创新的新成果、新办法、新举措,在推动企业管理创新中发挥了十分重要的作用。北京邮政企协积极开展《现代邮政》的发行征订工作,动员各单位通讯员踊跃投稿, 宣传北京邮政优秀企业管理创新做法,被集团公司企协评为2011年《现代邮政》发行优秀组织奖。

【做好全国邮政用户满意企业评选工作】继2009年向集团公司推荐延庆邮政局申报全国邮政用户满意企业后,企协与市场部又密切沟通配合,安排中国邮政集团公司企协到延庆县局实地考察,2010年,延庆邮政局被中国邮政集团公司评选为全国邮政用户满意企业。同时,邮政企协又推荐西区邮局、房山邮局申报参评2010年全国邮政用户满意企业。此外,根据中国邮政集团公司企协的要求,继续指导和督办延庆县局的持续创新和服务提升, 为参加2011年度全国通信行业用户满意企业评选活动做好前期准备。

【参与一系列的研究和调研工作】参与中国邮政集团公司企协牵头的流程优化调研工作, 积极收集整理调研材料,撰写调研报告,为配合推动企业管理的科学化和规范化,优化管理流程和生产流程做出努力。

【组织参加北京市科协组织的相关活动】组织各会员单位参加北京市科协系统"爱首都、讲文明、强体魄"科技工作者乒乓球大赛,取得第六名的好成绩。

(撰稿人:李庆仓)

直属单位

东区邮电局

概　述

北京市东区邮电局(以下简称东区局)是北京市邮政公司(以下简称市公司)直属二级通信企业,位于北京市朝阳区金台北街6号。承担北京市东城、朝阳两个行政区域505平方公里400余万人口的邮政通信服务工作。区局机关设局长办公室、党群工作部、人事教育部、计划财务部、通信运营部、市场部、安全保卫部、审计监察部、科技设备部、工会等10个职能机构;下设邮票公司、发行公司、商函分局、代理业务分局4个专业公司;另有宣传中心、账务中心、营销策划中心等支撑部门。经营和代办经营的主要业务包括:国内、国际函件(如信件、商函、印刷品等),国内、国际包裹,国内、国际特快专递,国内报刊订阅、零售,集邮业务及邮品制作,邮送广告及邮政商函制作、邮政物流、邮政电子商务、代理保险、邮政储蓄、邮政汇款及以代销(如基金、债券等)、代收(如水、电、燃气费等),代发(如退休金、工资等)为主的邮政金融业务。

2010年全局下辖32个邮政支局,149个邮政所,信筒信箱468个。辖区内每一邮电局所平均服务面积6.56平方公里,服务人口约为2.26万。

2010年全局全部从业人员2614人,同比减少65人,人均劳产率32.04万元。全局固定资产总额2.53亿元,资产净值1.14亿元。

2010年东区邮电局领导成员是:局长兼党委副书记宋平姣,党委书记兼副局长顾燕(1月-6月),党委书记兼副局长毕德(7月-12月),副局长兼纪委书记、工会主席侯占昆、副局长赵汝英,副局长齐涛。

回眸东区邮政“十一五”

2006-2010年是我国第十一个五年规划的发展时期,也是中国邮政深化改革、谋求更快发展的历史转折期。过去的五年,是东区局锐意进取、开拓创新、应对危机,推动经营工作不断进步的五年;是抓住机遇、适应改革、理顺体制,邮政体制变化最大的五年;是圆满完成北京第29届奥运盛会、国庆60年通信服务任务,各项管理建设工作取得进步的五年;是认真贯彻落实科学发展观,坚持以人为本,不断提高员工得利水平、综合素质的五年。五年来,在市公司的正确领导下,东区局干部员工直面挑战、团结一致、迎难而上、共克时艰,取得了精神文明和物质文明的双丰收,被中华全国总工会授予“全国五一劳动奖状”;连年被评为“首都文明单位标兵”,涌现出了一大批先进集体和个人。

【经济效益显著提高】五年来,东区局坚持“抓发展促效益”,整合各种资源,集聚各方力量,推动了企业的快速发展。2010年业务收入累计完成8.44亿元,同口径年均环比增长11.76%; 实现收支差额3.1亿元, 同口径年均环比增长13.5%; 累计上交资金21.81亿元;全员劳动生产率完成32.04万元,同口径年均环比增长15%。

【业务结构趋于合理】五年来,东区局坚持“抓业务调结构”,重点发展高效业务,“三大板块”协调发展。至2010年,邮务类、速物类、金融类业务占总收入的比重分别为74.56%、2.93%和21.64%。函件业务和集邮业务比重稳步上升, 占全部业务收入的64.02%,比2005年末上升了32.77个百分点。

【通信能力得到加强】五年来,东区局坚持“抓科技强能力”,加大投入力度,实现了网络规模和技术层次的全面提升。到2010年,全局共有邮电局、所181个,比2005年增加13处,联网率达到100%。实施了109项局所和生产场地改造项目, 增加场地面积1.04万平方米,增加柜台158个。新增设备类固定资产1358台(套)。完成了邮政收寄与封发、电子汇兑、储蓄、电子商务、营销管理等生产作业系统的统版、升级、改造工作。

【企业改革稳步推进】五年来,东区局坚持“抓改革增活力”,深化企业改革工作,管理体制、运行机制得到进一步完善。针对金融、速物专业独立运营的变化,成立了代理业务分局,重组了商函分局,理顺了管理体制。以提高企业效益为核心,制定完善了绩效考核、升位晋级等激励约束机制,提升了管理水平,激活、调动了基层单位和员工的生产积极性。

【队伍素质不断提高】五年来,东区局坚持“抓队伍提素质”,深入开展教育培训工作、职业技能鉴定和业务练功比赛活动,创新员工培养机制,搭建多渠道成长平台。截至2010年,45岁以下在岗员工大专以上学历的人员1357名,占全部从业人员的51.69%,员工职鉴持证率达到93.3%,比2005年提高了32.3%,取得中级职业资格证书及以上的员工1373人,占全部一线生产人员的66%;取得双证、多证员工522人,占比25%。

【服务质量全面提升】五年来,东区局坚持“抓服务上水平”,切实履行普遍服务义务,丰富服务品种,解决热点难点问题,提高服务质量。东四局“亲情服务”典型示范作用得到充分发挥,带动了全局整体服务水平的提高,用户满意度达到86分以上。圆满完成了北京第29届奥运会、第13届残奥会、国庆60年等重大活动的服务工作,兑现了“政治第一、服务一流、万无一失、不留遗憾”的服务承诺。

强化效益意识,加快业务发展,结构调整取得实效

2010年是东区邮政落实“十一五”规划的最后一年,是积极应对金融危机后续影响,深入贯彻落实科学发展观,努力加快发展的重要一年,是转变发展方式、调整业务结构、提高发展质量的奠基之年,同时也是坚持以人为本,构建和谐企业的奋进之年。一年来,全局紧紧围绕“调结构,重效益;树品牌,强能力”的工作方针,进一步解放思想、认清形势、转变观念、深化改革,坚持以加快发展为主线,以机制增活力,以创新促发展,企业经营管理水平和生产运营效率得到进一步提升,整体工作平稳较快发展,圆满完成了各项工作任务。在全局干部员工的共同努力下,年内实现业务收入8.44亿元,完成预算指标的102.57%;高效收入累计完成6.44亿元,完成年预算的100.59%,同比增长9.03%;收支差额完成3.1亿元,完成年预算的100%,同比增长5.37%;人均劳动生产率达到32.04万元,完成年度计划的105.8%。

【邮务类业务】邮务类业务总收入6.29亿元,完成预算指标的106.34%,同比增长14.08%,占总收入的比重达到74.56%。其中函件业务实现收入3.2亿元,同比增长16.14%。包裹业务完成收入1964万元。电子商务业务完成收入1224万元,同比增长76.44%。

集邮业务完成收入2.2亿元,同比增长9.22%。报刊业务实现收入5708万元,同比增长14.68%。

【代理速递物流业务】代理速递物流业务完成业务收入2471万元,完成全年预算指标的71.9%。“思乡月”实现收入1732万元,超额完成了市公司下达的经营指标。

【代理金融类业务】代理金融类业务完成收入1.83亿元,同比增长9.35%。其中代理储蓄收入1.39亿元,同比增长9.62%;代理保险收入896万元,同比增长34.65%;代理汇兑收入2185万元,同比增长3.93%。银行结算收入1277万元,同比增长年2.26%。

创新意识推动品牌建设,加快发展方式的转变

面对邮政储蓄、速递物流、中邮保险等业务相继独立运营的新形势,本着“创新发展”的理念,不断研究企业的发展方向,探索企业的发展之路,做了有益的尝试,取得了阶段性成果。

【创新企业品牌,跻身文化创意产业】自2009年成立天安门邮局以来,依托天安门邮局品牌,自主开发了35个系列、40余种、数十万册邮政文化产品,直接创收超亿元,初步形成了以天安门邮局为龙头的邮政文化创意产品研发、生产、销售链条,彰显了天安门邮局品牌效应。为推动企业品牌建设,在总结天安门品牌经营经验的基础上,大胆提出了“以邮政为主题,以创意为驱动,向文化创意产业进军”的工作目标,在整合地域资源,不断实现产业结构升级的过程中,形成了以自有品牌为依托的邮政文化创意产品研发、生产、销售链条,并在一定程度上实现了市场效应和品牌效应。东区局申报的“邮政文化创意研发平台”项目,经过上报、初审、复审、答辩等环节,最终从朝阳区160多家申报单位中脱颖而出,获得了

2010年北京市文化创意产业发展专项资金补贴252.75万元，成为中国邮政第一个获得文化创意产业发展专项资金补贴的经营单位，为邮政企业拓展发展空间进行了积极的探索。

【创新管理方法，推动CBD支局全营销模式】面对CBD区域高端客户林立、个性化需求鲜明的特点，为跻身高端市场竞争，形成企业发展新的增长点，本着边建设、边发展的思路，一方面抓紧CBD邮局实体的落地，一方面抓紧实施市场开发工作，全面落实网格化营销，实施大厦营销派驻制，并建立了自主开发与支撑地面局相协调的全营销模式，取得了初步成效。

【创造消费热点，组织开展重大营销活动】2010年，东区局增强市场意识，及时捕捉市场机遇，充分发挥"策划创意研发中心"的作用，组织了"盛世虎印"首发式、天安门邮局成立一周年暨天安门邮局网站开通仪式等多项重大营销活动，形成了创新产品、创造热点、创收增效的联动局面。

提升服务质量
圆满完成通信服务任务

【北京邮政第一封"寄往未来的信"从东区局寄出】2月10日起，北京邮政正式开通"寄往未来的信"服务，市民可以通过19个邮政网点寄出信件并规定未来几年、几十年内送达收信人的时间。业务开办当日，呼家楼邮电局受理了北京邮政第一笔"寄往未来的信"业务，市民徐先生幸运地成为了第一位来邮政办理这项业务的用户。

【春节黄金周首发北京朝阳国际风情节"爱的明信片"】春节期间，北京朝阳公园第八届风情节拉开序幕，东区局作为合作方在风情节设立了4个邮政销售亭，销售以朝阳区国际风情节个性化纪念邮品为主，并兼具中国邮政文化特色的集邮纪念品。为配合本届风情节"爱的明信片"主题活动，东区局特别在朝阳公园南门位置安放主宾国希腊特色的个性化信筒。游客填写好祝福语的明信片，可现场由来自希腊的朋友加盖爱琴海主题纪念戳后，投入个性化信筒中，为亲朋好友祈祷祝福。四个邮政服务网点六天内共计创收6万余元。

【全力做好全国"两会"邮政服务】东区局直接为北京饭店、贵宾楼、京东宾馆、北京会议中心、21世纪饭店、河南大厦、广西大厦等11处代表、委员驻地提供邮政服务。两会期间，共出动服务人员381人次，服务车辆51频次，行驶里程4628公里；收寄各类邮件销售集邮品（封、册、折等）29万件，制作个性化邮票4410版，累计创收1293.64万元，在比2009年减少一个驻会服务网点的情况下，依然增长199.39万元，同比增幅18.22%。为了确保两会服务工作与创收工作取得双丰收，策划了三大亮点营销活动，进一步提升天安门邮局品牌影响力。以天安门邮局和全国政协委员、著名画家刘宇一先生的名义，向入驻国际饭店的委员赠送了天安门邮局国庆邮品。梅葆玖、郁军剑、金铁林、刘兰芳等多名文艺界名人出席了赠送仪式，梅葆玖先生还在赠送仪式上为邮局题写"传邮万里，国脉所系"，《晨报》、《京华时报》、《新京报》等多家媒体争相报道了此次活动。在"三八"国际劳动妇女节一百周年之际，制作了《盛事芳华——纪念三八国际劳动妇女节一百周年》纪念邮折，赠送女代表、女委员，向她们致以节日的问候。《人民日报》、《中国邮政报》、《首都建设报》等媒体报道了此项活动。制定了面向中国人民解放军代表团的宣传方案，设计了专属的宣传单页及手提袋，并且分三次向入驻京西宾馆的每位军队代表赠送了天安门邮局出品的《盛世国典大阅兵》连体、双连体明信片。在宣传了天安门邮局品牌产品的同时，建立了与中国人民解放军各军、兵种长期的合作关系。

【东区邮票公司喜迁新址】3月16日，东区邮票公司正式迁往东城区和平里中街3号院新址营业，正式为广大市民办理各项集邮业务。成立于1988年的北京市东区邮票公司在首都及全国集邮界享有盛名，经营范围涵盖中外集邮邮票、各种封、片、卡、折、册、集邮礼品、集邮工具以及集邮邮票预订、零售等国家邮政开办的所有集邮业务，同时还可根据用户的需求在各类集邮产品的开发和个性化邮票策划制作等方面提供多项服务。公司成立22年来，一直以打造集邮爱好者乐园为己任，时刻秉承细致专业的服务理念，曾成功组织了90北京亚运会、香港回归、澳门回归、第二十九届奥运会、国庆五十周年、六十周年等重大事件的邮票销售、邮品开发和集邮活动，赢得了广大市民和集邮爱好者的广泛赞誉。

【心系玉树优先办理灾区捐助】4月14日，青海玉树县发生7.1级强烈地震。连日来，到邮局向灾区汇款寄物捐助的人们络绎不绝。东区邮电局全体员工也心系灾区，各支局前台自发地为向灾区捐助的人们提供优先服务，优先办理业务，优先做好后台封发出口，确保向灾区捐助的物资第一时间发往指定地点。

【东区局与中广传播集团建立战略合作伙伴关系】4月19日，北京中广传播手持电视运营启动仪式暨战略合作发布会在北京歌华开元大酒店国际会议厅隆重举行。东区邮电局积极创新业务发展和行业合作模式，借助北京邮政良好的行业和社会信誉，本着互利互惠、共同发展的原则，与中广传播达成合作协议，共同开拓移动多媒体广播市场，双方在互相提供产品服务、互相利用优势资源和合作开发、销售新产品等领域正式建立战略伙伴关系。共同为第三方客户提供更加便捷、优质的服务，提升双方在行业内的竞争力，实现双赢。

【牵手上海世博独家在京销售“盛世虎印”】5月13日，世博产品——“盛世虎印”在北京天安门邮局上市。为满足北京地区广大收藏者对世博产品的渴望，天安门邮局携手上海世博独家销售“盛世虎印”。

【“青少年邮驿站”成为小学生社会实践基地】5月19日，由东城区教委、北京报刊发行局和东区邮电局联合组织的蓝天工程“青少年邮驿站”活动在建内大街邮局正式启动。“青少年邮驿站”旨在利用北京邮政的网点优势为学校提供更加广泛的校外教育资源，使同学们在学习中了解丰富的邮政文化。

【《节能减排　保护环境》系列邮品首发】6月5日，世界环境日当天邮政部门《节能减排　保护环境》特种邮票，在北京奥林匹克森林公园园内南门广场首发。为配合此次环保宣传活动，东区局特别设计制作的两款主题邮品：《生态家园　绿色北京》纪念邮折和《北京奥林匹克公园》明信片也同期亮相，共同烘托低碳环保主题，宣传绿色生活理念。

【中国第一套邮资书签《少林功夫易筋经十二式》于文化遗产日首发】6月12日，《少林功夫易筋经十二式》邮资书签在王府井书店首发。书签全套十二枚，以少林功夫遗产之易筋经十二式每式一枚构成。以中国嵩山少林寺授权图片（山门、塔林）、古籍图谱、授权认证标志（三教九流图）为文化内容元素，结合中国邮政最小规格尺寸邮资明信片形式（125mm×78mm）创新而成，限量发行五万套。

【天安门邮局成立一周年】7月8日，天安门邮局周年庆当天，天安门邮局网站（网址为 www.tiananmenpost.com）正式上线运行，用户足不出户选购天安门邮局集邮产品、享受个性化邮政服务。天安门邮局首次推出以天安门为主图的个性化邮票《祖国更美好》，广大游客只需提供符合要求的个人肖像照片，就可以制作专属自己的天安门个性化邮票。

【“能挂起来的明信片”在金街销售】该款木制异型明信片集观赏、收藏、纪念于一体，图案分别为王府井牌匾、王府井天主教堂和大清邮筒三种，仅在“金街”邮政服务点和王府井邮电局销售，游人购买后，可免费加盖纪念戳，还可在王府井邮电局进行邮寄。

【顺利通过ISO9000质量管理认证资格】经过环通认证公司认证员认真评议，在2009年复评基础上，东区局质量管理工作持续改进，质量运行水平和实效性不断提高，顺利通过现场审核，获准延续ISO9001：2008认证资格。

【京城首家少年邮局开业】10月1日，设立在京城最大儿童体验式娱乐场所——比如世界的东区少年邮局正式营业，是专门为少年儿童设计的邮政文化体验式邮局，其目的是为推动“书信文化、集邮文化”等传统文化在少年儿童中的普及和发展。寓教于乐是少年邮局开办的宗旨。在这里，小朋友们将身穿邮政制服，体验、扮演邮政营业员、投递员等职业角色，并亲自参与邮寄信件、投递包裹、分拣报刊、加盖邮戳等多种邮政服务工作，从而全面了解邮政的业务服务流程，学习各种邮政文化及邮票知识。

【《寄语世博》纪念封在京首发】10月26日，天安门邮局与上海世博邮政支局共同发行的《寄语世博》纪念封在京首发。全套41枚，分别以上海世博会41个参展国家为主题，每枚纪念封的邮资附图和纪念戳为对应国家的世博场馆外景，并配以41位中国原驻外大使签名以及他们对世博会的祝福寄语，其中包括李肇星、周文重、武大伟、马灿荣等著名外交官。该套纪念封采取实寄方式，寄出日期选取了世博会开幕第100天，加盖“北京2010.08.08天安门邮局”字样的时点日戳和抵达上海的“上海世博邮政支局”的落地戳，使纪念封更加具有特别的纪念价值和收藏意义。

【工体局服务“2010北京国际邮票钱币博览会”】11月7日，“2010北京国际邮票钱币博览会”在中国国际贸易展览中心隆重举行，工体局在现场设立了临时邮局为此次博览会提供邮政服务。服务期间，工体局展出了世博会、天安门系列、生肖、奥运会亚运会、金银制品、传统文化等六个专题邮品，受到了集邮爱好者的青睐。

【CBD 邮政局开业】12 月 5 日，北京商务中心区邮政局(简称 CBD 局)开业。该局坐落在朝阳区建国路 15 号金地国际花园会所首层，是一个为高端客户提供个性化、全方位邮政服务的特殊支局。CBD 局以全营销模式运营，采取区域经理负责制和经理派驻制的方式直接为客户提供邮政服务，在满足 CBD 区商厦、写字楼日常用邮需求的同时，还根据高端客户需求提供一对一的管家式邮政服务。

【第二届"邮"礼文化节开幕】12 月 10 日北京东区邮电局第二届"邮"礼文化节在建内大街邮电局开幕，历时两个月，依然以生肖文化、集邮文化为主题，并举办生肖贺岁藏品展，为广大市民提供一个欣赏、交流各种生肖藏品的文化平台。天安门邮局此次推出的《中国生肖瑰宝》纪念邮册 D、E 册是继去年成功推出 A、B、C 三款后的"姊妹篇"，两款邮品皆以第一轮传世典藏生肖邮票为引领，涵盖新中国发行的全部生肖邮票。

强化营销意识，依托网格化模式，营销体系建设进一步完善

按照"纵向抓延伸、横向抓覆盖"的工作思路，本着精简、统一的原则，组建了"网格化"营销管理团队，研究地域经济，深挖客户资源，营销工作取得了显著成绩。2010 年，产生营销收入 2.32 亿元，占业务总收入的 27.49%，其中新增营销收入 1.61 亿元，占业务总收入的 19.08%，同比增长 35.18%。

【组建营销团队，强化队伍管理】按照老带新、强带弱、综合带专项的原则，组建了 76 个网格化营销团队，努力做到了专业全触及、客户全覆盖。编制了《支局营销管理手册》，推行了 KPI 绩效管理，开展了营销沙龙培训，提升了团队的管理水平。

【创新营销机制，提升团队能力】推出了团队竞赛机制、奖励考核机制、营销员退出机制以及培训互助机制，激发了团队工作热情，提升了团队营销业绩。全局有 10 个支局营销收入超过 1000 万元，8 个支局营销收入达到 500–1000 万元。

【强化项目管理，带动业务发展】进一步完善了区局、支局两级项目管理体制，理顺了项目管理业务流程，实施了重点营销项目监控制度，取得了优异成绩。全局 30 万元以上营销立项共计 281 个，成功项目 119 个，成功率达到 42%，共计创收 1.02 亿元。

【整合客户资源，实现效益创收】一方面依托网格化营销模式，进一步完善协议客户经理制，制定了客户分析模板，实现对客户的精准营销。全局协议客户共计产生收入达到 1.65 亿元，同比增长 39.3%。另一方面大力推进 BIU 团队建设，搭建了自有精品数据库，并实施了标准化管理，为业务发展提供全方位支撑。全年累计查询调阅集团公司名址库、北京局精品库、自有精品库数据总量为 1.6 亿条，下载使用 3374 万条，实现业务收入 1.36 亿元，同比增长 16.96%。

【获奖营销项目】东区局有 24 个项目获得了市公司市场开发成果奖及营销创新奖。

1.中国生肖瑰宝纪念册项目。《中国生肖瑰宝》大型纪念册集丰富的文化内涵和极具潜力的升值空间于一身，分三款产品，每款产品除典藏的从 1980 年至 2009 年三个轮次的全部生肖票共 29 套外，配以中国金币总公司定制的不同类型的金牌、银盘和明信片等各类纪念品。产品推出后反响热烈，在春节期间掀起销售高潮。

2.北京偶得企业形象设计有限公司(北京华丰集团)个性化邮册项目。为纪念中华人民共和国成立六十周年和 2010 年的到来，该公司需要特别制作集纪念意义和收藏价值于一体的邮品。建内大街邮局结合营销亮点和农历虎年的到来，抓住商机，精心挑选与国庆六十周年相关的珍藏邮票、有纪念意义的生肖纪念邮品向用户推介，实现创收 102 万元。

3.中国电信集团北京市电信有限公司制作世博会专题册项目。中国电信集团是上海世博会全球合作伙伴，亚运村局与其联系世博会专题册制作的业务，通过有针对性的营销，达成协议定制 1000 本世博会专题册，收入 20 万元。此外中国电信制作企业年册作为礼品赠送客户，亚运村局与客户的 11 个部门分别签定制作协议，3 月 30 号又补签协议制作 500 本，共制作 2700 本企业年册，收入 65 万元。

4.中国科学技术馆企业宣传礼品项目。中国科学技术馆新馆在北京国家奥林匹克公园内，是我国唯一的国家级综合性科技馆。亚运村局在中国科学技术馆建成后上门营销，向客户多方位推介各类集

邮品，打动客户，最终制作企业年册3000本、邮政贺卡6.5万枚，共计收入85万余元。

5.好利来企业投资管理有限公司数据库营销项目。好利来企业投资管理有限公司是好利来企业旗下的一家子公司，建内大街邮局通过上门走访，以数据库为载体，与好利来企业投资管理有限公司共同创意开发数据库商函业务。针对客户需求，精心策划营销方案，仅一个月时间内成功地为该公司挑选数据45万条，收入21.87万元。

6.中国人寿保险公司定制“幸运邮天下”明信片项目。中国人寿保险股份有限公司是国内最大的寿险公司，2010年中国人寿保险股份有限公司恰逢“分红保险”十周年，借此机会回馈客户和抢占市场。东区商函分局积极向客户介绍“幸运邮天下”明信片，并针对客户的回馈活动，建议客户可在现有抽奖形式的基础上增加自设奖项，加大对投保客户的回馈力度。此项目成功制作幸运邮天下邮资明信片28.5万枚，实现收入57万元。

7.北京爱克斯伦文化发展有限公司的数据库项目。北京爱克斯伦文化发展有限公司是双井邮局通过网格化走访开发的新户，该公司是一家专门从事礼品、收藏品服务的知名企业，双井局根据客户需求和特征为客户制作了数据库销售方案得到客户认可。最终客户每月固定使用数据库60万余条，收入24万余元。

8.北京东都工贸有限公司金融对公项目。中国邮储银行已经开始陆续走上全功能商业银行之路，网点对公业务的发展是基础。三源里邮局自2010年6月通过全员培训发现客户，团队营销开发客户，业务班组服务客户的方式，成功开发北京东都工贸有限公司客户，实现对公余额增长2500万元，为东区对公业务发展做出了积极贡献。

9.西门子(中国)有限公司销售世博会门票项目。西门子是全球最大的电气和电子公司之一。该公司想组织员工参观世博园，亚运村邮局得到消息后，以此为契机销售世博会门票，一次性销售世博会门票53万元。

10.北辰实业集团公司纪念银币项目。2010年是北辰集团成立二十周年，为回馈企业员工和老客户，进一步扩大企业知名度，北辰集团需特别制作一批有纪念意义的邮品。建内大街邮局为客户量身定做银币样本，不但使企业品牌效应更加突出，而且在产品形式上有所创新，成功实现收入128万元。

11.中国劳动与社会保障出版社成立三十周年纪念邮册项目。2010年12月，恰逢中国劳动与社会保障出版社成立30周年。慈云寺邮局为客户量身制定了将出版社30年与生肖邮票发行30年相结合的纪念邮册产品策划，选用二轮生肖票为此邮册亮点，寓意30年里生肖票和出版社从默默无闻到历经辉煌。此策划得到了该社全部社领导认可，将制作数量从最初的600册增加到2000册，创收近90万元。

12. 首都航天机械有限公司个性化纪念邮册项目。望京邮电局得知首都航天机械有限公司正在组织建厂100周年的大型庆典活动后，请专人为该公司精心设计了名为《百年荣光，辉煌航天》纪念珍藏邮册的个性化产品，得到该公司负责人认可，最终签订了包含个性化邮册、个性化纪念封、个性化明信片、个性化纯银纪念章等多项制作协议，实现收入约136万元。

13. 北京易金卡网络技术有限公司制作邮政贺卡的项目。和平里邮局积极的走访客户，得知北京易金卡网络技术有限公司正在代理中国石化寻找年底赠送用户的礼品，向客户推荐了中国邮政贺卡的业务，得到客户认可，最终制作贺卡4万枚，产生函件收入约44万元。

14.外交部中国形象及中国礼物邮册项目。集邮能联系社会各个阶层，成为人们之间增加交往、增进友谊的纽带。国际性邮展不仅能成为世界各国文化交流的使者，也能拓展国际文化交流的渠道。东区邮票公司与中国外交部取得联系，并向客户介绍了一些集邮产品，引起客户浓厚兴趣。客户最终制作《中国形象册》3000册，实现收入570万元。

15.CBD管委会十周年纪念邮册项目。2010年正值CBD管委会成立十周年之际，邮票公司及时捕捉客户需求，抓住了机遇，通过不懈努力，最终客户制作了1500本纪念邮册，实现收入975万元。

16. 一汽丰田汽车销售有限公司制作致歉贺卡项目。2010年丰田公司再次发生丰田汽车召回，工体北路邮局结合丰田汽车召回事件，创新思维模式，巧妙把贺卡变身致歉信，这一想法得到客户认可。丰田公司共制作4种车型图案的致歉贺卡共20万枚，创收36万元。

17.中川国际航空服务(北京)有限公司航空客票项目。2010年初,呼家楼邮局在走访客户过程中,与中川国际航空服务有限公司进行接触,这家公司为了能够拓展机票业务市场,也在寻求合作伙伴。呼家楼邮局成功开发了该公司航空客票项目,截止12月5日该客户成功订出机票14931张,金额1700余万元。

18.美中文化协会精装卡书邮册项目。美中文化协会是美国洛杉矶的一个非盈利团体。美中文化协会与邮票公司合作,制作精装卡书邮册3000册每册售价1300元。邮册内容新颖选票合理,整体提高了邮册的收藏价值及赠送友人的档次,邮册实物设计出后客户对我们的服务非常满意。

19.什刹海精装卡书邮册项目。什刹海风景区位于北京市西城区西北部,由于什刹海历史文化底蕴深厚,老北京风貌保存最为完好,故选用题材多以老北京文化特色的图片,以及什刹海独一无二的风景。使其不仅仅是一本高档邮册更是一本很好的介绍什刹海文化的"教科书",客户对创意的想法非常满意,实现创收318万元。

20.北京市公安局朝阳分局企业年册项目。CBD邮局了解到北京市公安局朝阳分局有意在年底为所有公安干警赠送礼品后,立即组织营销力量对此项目进行立项跟进。在洽谈过程中,朝阳分局负责人认为企业年册既能体现节日期间慰问干警的效果,又能达到宣传本年度政绩的目的,最终制作企业年册6000本,创收近155万元。

21. 北京市朝阳区职业介绍服务中心银企对账单项目。2010年1月,三源里邮局获悉朝阳职介中心将为灵活参保人员发放社保卡4.2万张,但朝阳职介缺乏有效的发放渠道。三源里邮局由此为客户提供综合解决方案,使朝阳职介中心在3月底前就完成发放社保卡42%的工作量。此项业务成功实现银企对账平台与为流动建档人员发放社保卡的完美"嫁接",运作模式获得客户好评,并在北京日报、北京晚报、北京电视台、朝阳有线等多家新闻媒体上进行报导,项目创收40万元。

22.少林功夫邮资书签项目。6月12日,在中国第五个文化遗产日之际,东四邮局抓住商机,主动与少林寺联系,成功开发邮资明信片60万枚,邮折8000套,共创收66万元。东四邮局对少林寺文化遗产的深度开发不仅丰富了佛教系列纪念品,为邮政开发宗教、文物古迹市场也提供了宝贵经验、拓宽了思路。

23.比如世界青少年邮局整体营销项目。北京市东区少年邮局设立在京城最大儿童体验式娱乐场所——比如世界,是专门为少年儿童设计的邮政文化体验式邮局。北京市东区少年邮局的设立不仅为望京邮局和该公司的长期合作打下了坚实的基础,创造收入104万元,并且促进了邮政事业在青少年间的宣传和发展。

24.环宇博泰广告公司手机挂饰贺卡项目。北京环宇博泰广告有限责任公司是中国电信的代理广告公司。邮政贺卡营销活动开始后,建内大街邮局向客户进行宣传和介绍,但客户提出了希望在贺卡上放置手机挂饰。为了满足客户需求,经多次与设计方商量改稿,最终在客户要求的时间内备齐所有产品,制作普卡3万枚、贺卡2万枚,实现创收约17万元。

强化改革意识,完善机制体制,
增强企业发展活力

抓经营,机制是关键。2010年,东区局坚持"机制活、全盘活"的思想,坚持用有效机制破解企业发展中的难题,企业经营效益显著提高。

【强化升位晋级机制】引导各单位建立区局到支局、支局到邮电所、营销团队到营销小组的分级、分类激励体系,提高企业营销能力、经营效果。以"下管一级、重奖增量、提高标准、加大考核"为核心原则,对原有的升位晋级奖励考核办法进行了补充,加大了奖励考核力度,增加了履职考核,充分考虑了效益贡献与奖励的挂钩,有效地促进了业务均衡发展。

【完善绩效考核办法】按照"速度、规模与质量、效益并重"的发展要求,增加业务结构、百元运营成本等效益指标,全面引导各单位在业务发展中加强对直接业务成本的管控,从收入源头提升质量。

【完善工效挂钩办法】按照"效益优先,兼顾公平"原则,加大了对"收支差额"和"劳动生产率"两项指标的考核比重,有效促进了企业经营效益的提高。

【改革干部考评制度】出台了《东区邮电局统管人员考核评价办法(试行)》,本着"谁主管,谁负责"原则对管理人员进行考核,提高了经营管理者效益意识、责任意识和大局观念。

【完善分配制度】制定了《东区邮电局奖励资金管控办法》,对经营单位各项奖励资金的发放渠道、发放时段和发放比例提出要求并进行及时督导,确保了员工得利水平的提高。

强化质量意识,创新管理手段,提高企业服务质量

为确保企业通信服务工作有序进行,东区局制定了“标准化”的管理模式提高企业服务质量。

【邮政服务更加规范】出台了《东区邮电局营业厅管理实施细则》、《营业厅规范》等制度,对局所网点进行标准化管理,对局容局貌、仪容仪表、邮政设施、定置码放、值班局长工作等进行统一规范,网点营业厅实现了整齐划一。

【规格质量稳步提高】开展了基础管理专项治理活动、组织了邮件质量规格标准展示活动,制定了《大宗邮件处理管理办法》,优化了管理流程,提高了大宗邮件的处理能力和服务质量。

【欠费管理得到改进】重新修订了《东区邮电局用户欠费管理办法》,明确了用户欠费管理的责任段落、监控办法、处理手续,用户欠费得到了有效控制,保证了企业上缴资金的落实。

【各项制度有效落实】对企业基本制度、重点制度、重要规定的落实,从源头上加强对员工的教育和培训,从过程中加大检查和督导力度,从结果上严格奖励与考核,确保责任到人,执行有力。

【两岗履职执行到位】修订完善了两岗履职管理办法,全面落实支局、专业公司管理岗对监控岗履职工作的检查,进一步明确管理岗人员的岗位职责、检查内容及频次,做到一级查一级,一级管一级,形成切实有效的闭环管理。

强化管理意识,夯实基础工作,提高企业运营水平

【深化全面预算管理,提高成本管控力度】按照“贴近市场、贴近业务、贴近经营”原则,考虑业务发展特点,优先保障生产性费用预算,压缩各项成本费用,严格控制非生产性开支。

【深化损益核算应用,提升财务管理水平】深入分析各类产品的边际利润,建立定制型产品的定价模型,将损益核算结果与产品开发、政策制定等经济活动结合起来;开展试点应用,帮助经营部门创收增效协调发展,加大对低本高效业务的支撑力度,促进经营效益的提高。

【加强基础设施建设,增强支撑能力】新建了CBD邮政局,完成了邮票公司、北苑局的迁址工作,实施了安外、酒仙桥等七个局所的装修改造方案,接收了慧忠北里、通惠家园两个局所。网点建设得到加强,局所环境得到改善。网点设备陆续更新,新增设备314台套,完成了天安门邮局名人堂、CBD邮局所需设备和线路的安装调试工作,完成了安外、酒仙桥、东四十条等网点装修过程中设备搬迁调试工作,为业务发展提供了有力支撑。

【加强人力资源精细化管理,促进企业降本增效】在巩固“梯形排班法”的基础上,进一步优化作业组织,调整营业时间,合并营业台席,强化综合台席功能,调配营业人员,减少员工超、欠工时,提高了台席的利用率,促进了企业降本增效,有效推动了“带薪年休假”制度落实。

【加强教育培训,提高员工队伍素质】强化基础管理,积极组织基层管理者培训,印制《东区邮电局基层单位基础管理工作指导手册》。认真开展员工职业技能鉴定、岗位练功和各项培训工作,组织员工职鉴申报880人次,考前培训3156人次、业务知识抽测1750人次。员工持证上岗率达到93.3%,比上年增长3.3个百分点。进一步深化了“首席员工”制度,评聘范围从邮政、储蓄两个工种扩展到全部六个工种,为更多员工搭建了成长、成才通道。

【加强效能监察,节支降耗效果显著】以“增收节支、降本增效”为主题,组织开展了“清理废旧物资设备”效能监察工作,清理报废物资设备572台(套);组织实施了帐外“小金库”、工程建设领域突出问题和商业贿赂的专项治理活动;开展了设备、基建项目和物资采购等内容的招投标18项,节约费用32.46万元。

【加强安全生产管理,确保企业安全运营】按照“安全第一,预防为主、综合治理”的工作方针,加强了对员工安全生产的教育培训,累计培训员工650人次;加大了对安全生产、金融安全、治安保卫以及消防安全的检查力度;进行了安全预案演练,有效提高了员工的安全意识和防范技能,全年未发生安全生产事故。东区邮局连续

五年荣获北京市交通安全先进单位称号。

强化精神文明建设，弘扬东四精神，创先争优促发展

【党委开展主题实践活动】结合创先争优工作，党委继续开展党员主题实践活动，以“学东四，树品牌，创新发展当先锋”为主题，组织广大党员破解企业经营发展中的难题，党建工作切入、参与中心工作更准确、更务实，涌现出了一批业绩突出、群众信服的“群众心目中的好党员”。

【加强学习型党组织建设】成功举办了东区局首届金点子杯创意大赛，评选出103个创新项目，其中多个项目经过论证实施，已经成功转化成产品，创造了效益，促进了发展。

【东区邮政爱心献玉树】为表达对灾区人民的慰问与支持，东区局全局范围内组织开展向玉树地震灾区献爱心捐款活动，为灾区人民送去温暖和希望，短短三天时间，共有2425名员工向灾区人民捐款，共筹集善款168705元。

【不断完善东四亲情服务】东四局牵头开展了北京邮政品牌共建活动及与交通运输部道路运输司的“双学双促”活动，完成了《东四服务标准》的归纳和论证，为市公司推出《北京邮政营业服务规范》提供了范本。

【“金点子”杯创意大赛】6月30日，为纪念建党89周年，隆重召开了纪念建党89周年暨“金点子”杯创意大赛发布会。此次创意大赛共征集创意方案百余件，共有17个最佳创意脱颖而出，其中涵盖了综合管理、品牌经营、市场开发、产品创新等各个方面内容。创意人通过PPT和视频等形式进行了现场发布，别出心裁地想法和精彩地解说赢得了现场阵阵掌声。

【新闻宣传工作成绩显著】天安门邮局与东四邮局网站双双上线，经营服务两大品牌进一步深入人心。全年各主流媒体共刊播新闻信息900余条，树立了东区邮政良好的社会形象。

【工会工作与企业中心工作同步】工会紧密围绕企业生产经营工作，深入推进群众性经济创新工程，开展了“发展杯”劳动竞赛、合理化建议、“双创双优”以及“劳模创新工作室”活动，充分发挥劳模先进的引领示范作用。建立的班务公开栏制度，局务公开工作，进一步巩固、规范、深化了民主管理的形式和内涵。全面落实了为员工办实事项目，组织全局员工进行了健康体检及疗休养活动，做好了员工医疗互助保险、帮扶救助保险的参保续保工作，营造了和谐稳定的企业良好氛围。

东四亲情服务再续辉煌

【交通运输部道路运输司党支部到东四局交流座谈】2月2日，交通运输部道路运输司司长、支部书记李刚带领支部党员一行12人到东四局参观交流。李刚司长一行参观了东四局营业大厅，亲身体验了东四局以值班局长和服务台为龙头，开展“好快诚细”特色亲情服务，对东四局不断突破自我，创新服务模式，引入现代技术手段提升服务的做法赞叹不已。李刚司长认为东四局最令人感动的是“用户是亲人”的服务精神和理念指引着几代职工几十年如一日以“好、快、诚、细”的特色服务，在行业中树立起了一面永不倒下的服务大旗，几十年来，东四邮局业务在变，环境在变，而亲情服务理念始终没有变。

【市纠风办民主评议督导组到东四邮电局检查指导工作】8月13日，市纠风办民主评议督导组组长周舜武、副组长李蓉到东四邮局视察并指导工作。在东四邮局营业大厅，督导组一行仔细察看了相关便民服务设施的配备情况，亲身体验了亲情服务系统设置的多功能便民服务项目，当得知该系统具有以视频方式向用户直观的介绍邮政业务办理流程、手续，宣传各种邮政新业务，展示企业文化，并采集用户建议等功能后，督导组的成员们纷纷对东四局紧扣时代发展需求，以科学发展和创新理念带动经营服务水平不断提升的做法予以高度肯定。周舜武组长表示，东四邮局60年如一日的坚持亲情服务，很难得也很令人钦佩，作为交通运输行业的一面旗帜，东四邮局要将这种宝贵的精神财富不断传承下去，发扬光大，通过加大品牌宣传力度，树立全行业的亲情服务理念，带动邮政行业整体服务管理水平的提升。

【东四邮电局网站正式上线运行】9月1日，东四邮电局网站正式上线运行。全新上线的东四邮电局网站网址为www.dongsipost.com.cn，网站的门户页将东四邮电局的logo、局名、外观及“首都银街上的亲情驿

站”完美融合，网站首页以红色为主基调，配合宫廷琉璃廊檐设计，彰显出东四邮电局百年历史积淀的古朴与庄重。首页共分为支局概况、企业文化、支部建设、员工风采、服务之窗和图说东四六大版块18个栏目，并配以相关特色专题的视频资料形式，鲜活而全面地再现了东四邮电局从成立至今的光荣历史和以党支部建设为龙头，通过党员模范作表率一代代传承下来的以数十载亲情服务为特色的企业文化积淀。为了更好地服务登录用户，在网站首页还添加了相应的邮编、邮件和邮政网站的查询功能，此外，用户还可以通过设置的便民邮箱对东四邮电局的服务和本人的个性化业务需求提出相关建议，进行咨询。

【东四局服务第十六届世界奥林匹克收藏博览会】10月15日，“第16届世界奥林匹克收藏博览会”在国家体育场(鸟巢)举行，东四局积极与承办方北京北奥有限责任公司洽谈合作，成功开发活动首日纪念封5000枚，并因优质的服务质量和精诚的合作精神，特邀参与此次博览会的服务工作。

荣 誉 榜

1.北京东四邮电局营业组、亚运村邮电局营业组获2008年度“全国青年文明号”称号

2. 东区邮电局团委在北京共青团2009年度达标创优竞赛活动中，被评为“北京市五四红旗团委”

3.东四邮电局值班局长陈兰颖被授予北京市劳动模范荣誉称号

4.东区邮电局代表北京邮政在市国资委系统企业之歌大赛中喜获二等奖

5.东区邮电局第六次蝉联首都文明单位标兵

6. 朝阳区精神文明委员会授予亚运村局值班局长蒋国敬同志2009年度朝阳区“百名文明之星”称号

7.东四邮电局被评为全国邮政唯一的文明服务模范窗口

(撰稿人：许姗姗)

东区邮电局机构设置图

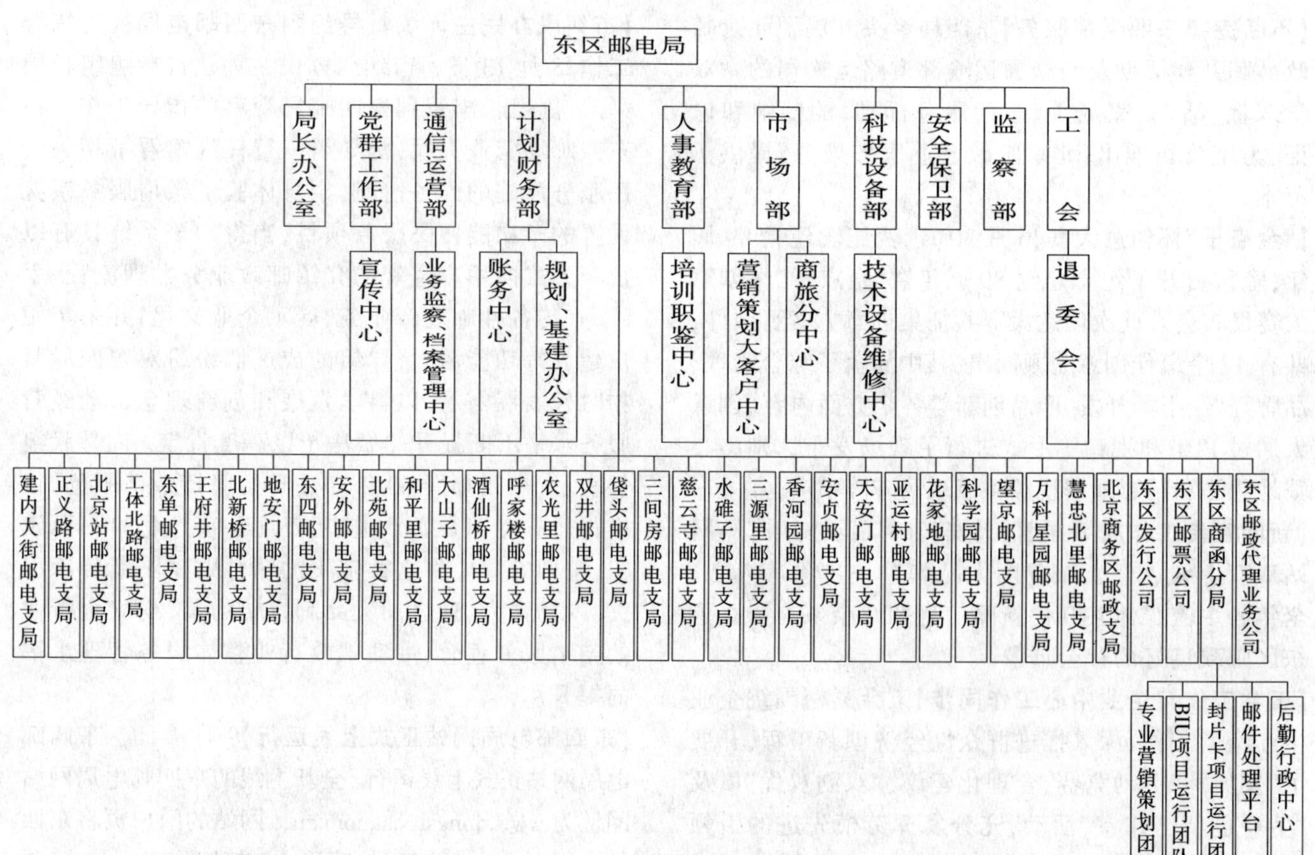

西区邮电局

概　述

北京市西区邮电局(以下简称西区局)是北京市邮政公司直属的二级通信企业，位于西城区南礼士路头条五号。服务范围东起天安门，西至石景山五里坨，南接莲花池北路，北到西直门北下关。服务区域包括西城区、石景山区、海淀区南部和丰台区部分行政区域，服务面积156平方公里，服务人口230余万人。承担着为党中央、国务院、全国人大、政协、中央军委、各军兵种司令部等重要的党政军机关，及金融街众多企业总部提供邮政通信服务的重要职责。区局机关设局长办公室、党群工作部、人事教育部、计财基建部、通信运营部、市场部、监察部、安全保卫部、科技设备部、工会10个职能部室；下设商函局、邮票公司、报刊公司、代理业务分局4个专业公司；全局下辖19个邮电支局、84个邮电所。经办国际国内函件、包裹、汇兑、报刊发行、电报、长话、传真和集邮等传统业务，以及国际国内特快专递、同城礼仪、邮政储蓄、物流、代发工资、代收电话费、代理保险、商业信函及企业明信片等业务。

截止2010年年底，全局职工总数2050人，其中劳务工784人。大专以上学历1080人。全局固定资产总额1.88亿元，固定资产净值0.93亿元。

局长、党委副书记陈智泉；党委书记、副局长黄春光；副局长苏宝珠、耿双喜、齐建华；工会主席、纪委书记王君。

团结协作　共谋发展
各项工作取得丰硕成果

2010年是中国邮政改革和发展进程中的重要之年，是积极应对金融危机后续影响，深入贯彻科学发展观，创新经营的发展之年，是转变发展方式、调整业务结构、提高发展质量的关键之年，同时也是坚持以人为本，构建和谐企业的奋进之年。这一年，西区局全面落实集团公司、市公司战略部署，按照“三个坚持”的总体工作思路，紧紧围绕“调结构，重效益；强营销，树品牌”的工作方针，进一步解放思想、转变观念、深化改革，重点突出地加强营销体系和一线指挥员队伍的建设，使干部员工的士气和能力普遍提高，企业核心竞争能力进一步增强，经营管理水平进一步提升，员工得利水平进一步提高，整体工作协调发展，圆满实现了全年各项工作目标，为西区邮政可持续发展奠定了良好的基础。

【主要经营指标全面完成】2010年西区局实现业务收入6.3亿元；收支差额完成2.36亿元；高效收入完成4.96亿元；人均劳产率完成30.52万元。

2010年西区局各专业以重点产品和项目为龙头，努力实现三大业务板块均衡发展。其中：邮务类业务完成收入4.7亿元，同比增长11%，邮务类占比为75.5%，比2009年上升了0.6个百分点，核心基础性业务地位进一步巩固。除代理金融专业外，所有专业都完成或超额完成收入指标。其中：集邮专业增收贡献突出；函件、速物、汇兑、电商专业在城区局增幅排名第一；全年在市公司季度升位晋级评比中，没有一个专业排名末位。重点产品和项目的良好发展势头为西区专业均衡发展奠定了良好的基础。

【函件业务扎实发展】2010年西区局函件收入全年累计完成2.7亿元，同比增幅16.3%。西区局通过强化区局、支局两级BIU团队建设，借助帮客户建库，发展广告代理企业等专项重点工作的开展，大宗商函收入完成1.48亿元，增幅达42%，其中使用邮政名址库制作商函，创收1953万元，同比增收905万元。数据库调用量、增量绝对值及喜从信来制作量均列四大城区局首位，有效拉动了函件业务的增长。同时积累了谷歌、搜狐等一批优质长效客户，金融街区域DM广告也形成了初步的市场影响力，为持续发展奠定了良好的基础；账单收入累计完成5050万元，同比增幅为12%；封片卡业务累计实现收入

3311万元，增幅 9%。

【集邮业务快速发展】2010 年西区局集邮业务累计完成 1.32 亿元，完成预算指标的 115.9%，对全局收入任务的完成作出了突出贡献。其中，个性化邮票完成 41.97 万版，完成计划进度 139.89%，在四大区局中排名第一。共成功开发出《燕京啤酒》、《中国残联-世博会生命阳光馆》、《缔造者》、《和谐社保》、《民生银行》等 5 个集邮品项目，每个项目收入均超百万元。

【发行业务创新发展】2010 年西区局发行业务累计完成 4900 万元，完成全年总目标的 100.4%，重点业务和重点市场取得突破。开发了 6 笔企业形象期刊业务，形成流转额 15 万元。通过开发第三方订阅市场，积极落实校园网格化营销项目，深挖金融街客户资源，开发区域性广印发项目、开展节日营销和中邮阅读卡竞赛等多项措施，共实现新增收入 400 万元。

【电商业务迅猛发展】2010 年西区局电商业务累计完成 800 万元，完成全年指标进度 119.7%，增幅 93.4%，其中：航空票共出票 5.25 万张，完成进度 142.6%；短信收入实现 300 万元，完成进度 122%。

【代理金融类业务克难求进】2010 年西区局代理金融类业务累计完成 1.32 亿元，完成年计划的 96.63%，同比增幅为 11%。其中储蓄收入(剔除关联交易)实现 9921 万元；汇兑收入实现 1323 万元；保险收入实现 710 万元。专业收入增幅名列城区局之首，储蓄余额增幅居城区局第二。

【代理速递类业务稳步发展】2010 年西区局在抓好窗口增收的同时，全力以赴抓好“端午”、“思乡”、“五节”等专项战役及快包“步步高”等竞赛，代理速物业务累计完成 1700 万元，完成进度在城区局排名第一。

【员工共享发展成果】2010 年西区局干部职工队伍经过一年的并肩战斗、顽强拼搏，大局观念得以增强，团结协作能力得以提高，经营工作水平得以提升，各方面都有了长足的进步。干部员工的综合能力提高较快，在市公司组织的支局长、客户经理抽测中，西区局荣获了第一名的好成绩。2010 年，一线员工人均收入实现了年初制定的员工收入增长 9%的目标。

【重点专项工作成效突出】“两会” 服务实现业务收入 2471万元，同比增长 800 余万元，收入规模和增幅均列市公司第一，创造了“两会”服务新的纪录；在全国劳模大会期间西区局将邮政服务和业务开发延伸到国有企业的各级工会组织，创收 410 万元；“端午”、“思乡”战役均超额完成认档指标，位居市公司首位。

【五大战役取得丰厚业绩】 由于专业部门提前策划、组织到位，加大了渠道创新和产品创新力度；西区各支局执行有力、全员发动、营销创新，全面完成了各项任务。2011 年，贺卡战役收入实现 4173 万元，超额完成了西区局在市公司认档指标；年终一次性报刊收订战役完成了冲刺 7 个亿的分解目标；超额完成了新邮预定和企业年册战役目标；金融一阶段战役中保险、网银完成良好，余额发展扎实有效。

【企业发展后劲逐步增强】营销体系建设成效显著，实现了营销同比增幅和营销收入占比两个 25%的工作目标。专业营销龙头作用不断增强，支局先后组建了业务素质良好、营销能力较强的营销团队。2010 年，西区局专职营销队伍扩充到 227 人（含理财经理 26 人)，成功开发营销项目 3068 项，同比增幅 36.54%，营销收入达 1.97 亿元，同比增幅 64.17%。

营销创新 管理创新
激发企业发展活力

创新是企业持续发展的动力和不竭源泉，是企业获得竞争优势的有效保证。2010 年，西区局正视企业发展面临的形势，积极探索创新营销机制、创新管理机制，成立了创新管理委员会及创新办公室。开展劳模先进创新工作室活动，评选出“五最佳”创新工作室。紧紧围绕企业经营发展的热点、难点、瓶颈问题扎实开展工作，发挥了示范引领作用，促进了创新成果的转化。

【创新营销机制，促进企业高效发展】西区局通过营销机制创新，把营销队伍建设作为管理工作最重要的着力点，把营销工作推进作为经营发展最重要的抓手，使营销体系建设成为增量创收的主渠道。2010 年，营销收入占全局收入比重达 29.35%，上升了近 11 个百分点。个人业绩超百万营销员共计 35 名，同比增加 12 人，营销工作取得了明显的成效。

【机制建设创新，促进队伍整体素质稳步提高】在“三加分一优先”机制的基础上，完善了培训效果、增量业绩和专项战役“加分”机制，以及千万营销团队及优秀客户经理奖励机制，鼓励营销团队均衡发展各板块业务。制定实施了客户经理注册准入、提素转化

和转岗退出机制，促进了营销队伍质量和活力；加强了专业公司与支局营销骨干的双向交流力度，培养业务全面的经营型"一线指挥员"后备力量，全年共有9名优秀主管被提拔到基层领导岗位。营销岗位正逐步成为"高素质、高贡献、高待遇、高成长"的岗位，激发了营销员增收、创收的内在动力。

【项目引领创新，促进项目带动战略顺利实施】西区局针对重点业务、重点市场，推出了"6+1"项目，实施"以项目为抓手，以专业部门龙头作用为引领，以专业融合、产品创新为手段，以提升服务、综合开发为目标"的项目带动战略，为支局提供营销工作的抓手，降低了营销难度。"6+1"项目不仅带动了重点业务的快速发展，有效扩大了西区局的收入规模，并且在提升团队开拓能力、产品研发能力等方面也取得显著成效，成为西区局对"研究地域经济、深挖客户资源"的一次成功探索。2010年，六大项目共实现收入1.2亿元，圆满完成了年初制定的工作目标。特别是中南海品牌策划与开发项目，充分利用"品牌宣传搭台，产品推广唱戏"这一营销模式，创收1176万元，双倍完成了项目增收目标。

【团队建设创新，促进团队发展后劲不断增强】借鉴金融街营销团队的成功经验，在支局推广了"能力互补、有序竞争、联合推进"式的营销团队模式，所有支局都设立两个以上营销小组，全局54个营销小组，实行业绩达标晋级机制，至年底形成了5个英雄团，23个先锋营和26个尖刀连。开展"争先夺旗"英雄团队评比活动，有8支营销团队超千万元。其中，百万庄营销团队和金融街营销团队营销收入均超过3000万元，营销占比达到支局总收入的50%以上，荣获"争先夺旗"活动的英雄团队称号，在全西区局发挥了示范带头作用。阜成门邮电局、西四邮电局、鲁谷邮电局、永定路邮电局、西长安街邮电局、新街口邮电局、万寿路邮电局、会城门邮电局等支局也实现了双25%的奋斗目标。

【营销支撑全面推进，确保统筹兼顾协调发展】西区局以经营发展为中心，形成了很好的企业发展合力。机关部室也积极投身于企业生产经营活动中，营造了营业与营销，专业与支局，机关与一线通力配合、团结协作、共同促进的良好氛围。

在营业班组开展的"两促进一推进"的竞赛活动中，促进营业窗口增量创收2200万元，同比增幅为21.92%。特别是在思乡月等专项战役活动中，营业窗口平均增幅达到136%，增幅最高的达到4.8倍。

在中南海品牌建设和宣传工作中，宣传部门与业务部门及时沟通、密切配合，取得了显著成效。其中，各媒体共发相关新闻稿件300余篇，有效提高了品牌知名度，促进了营销项目的开发。

【获奖营销项目】2010年西区局获得市公司创新成果奖的营销项目有7个，其中金融街vip专刊项目被评为最佳项目奖，谷歌中小企业激励计划（亚太区）直邮项目被评为优秀市场开拓奖。

1.《中国土木工程詹天佑奖》个性化邮品项目。中国土木工程詹天佑奖是一个评选全国最优秀建筑的奖项，每年举办一届。参选作品均为组委会聘请专家评选的优秀建筑项目，包括北京奥运工程、北京首都机场T3航站楼、北京电视台新址等。西区邮电局所辖西外大街支局营销员张艳在一次上门走访老客户的过程中，了解到客户正在为一位朋友制作礼品策划方案。正在为购买礼品犯愁，具有敏锐营销意识的张艳立刻探寻到了商机，她与中国土木工程詹天佑奖组委会迅速建立了联系。为了更好地了解客户的要求，主管局长亲自和她一起走访了中国土木工程詹天佑奖组委会，听取客户需求；既要体现非同一般又要经济实惠。为了体现卓越、高品质及物超所值的理念，张艳为客户精心设计了五种方案，并最终选出一个既能为客户省钱又能达到非同一般效果的样稿给了客户，客户非常满意，顺利的签署了制作合同。通过长期友好的合作，个性产品得到用户的认可，形成了长效稳定的业务，两次合作共实现收入107.2万元。

2.《燕京辉煌三十年》个性化专题册项目。西区邮电局所辖西四支局赵洪波局长在与朋友的聊天中得知燕京啤酒节将在顺义举办，在第一时间通过各种渠道进行了大量的资料收集，并马上成立了项目专项小组，并在西区邮票公司和西区商函局的全力配合下，准备详细的策划方案、PPT介绍以及产品样稿，由局长亲自带队，拜访用户，但是并未得到用户的肯定。营销团队并没有放弃，一方面与燕京啤酒集团负责人积极联系深挖客户需求，一方面继续调整策划方案。使设计的邮册，既体现企业文化内涵又巧妙的融入了西区特色的中南海品牌理念。得到客户的初步认可，经过对样稿进一步修改，最终用户表示十分满意，与西四支局签订了专题册制作协议。同时此单也是西区“6+1”项目中中南海经济第一大单。

3.《华丰集团》个性化邮票项目。西区邮电局所辖会城门支局营销员马艳经常利用聚会的机会，向朋友介绍邮政业务，在一次聊天中邮政的个性化邮票业务引起了一位朋友的兴趣。这位朋友说自己的广告公司有个大客户“华风集团”一直想制作一些品位独特并具有收藏价值的纪念品。马艳意识到这是一个很好的营销机会，回到家后连夜策划方案，第二天就带着样品和方案来到朋友的公司。通过详细的介绍，客户初步认可了方案。但对于纪念册的报价客户一直不认可，最后找到第三方制作邮册，马艳整日忙于联系印厂、讨论设计、与客户勾通，在她的不懈努力下终于签样定稿。精致的邮册得到客户的好评。这一项目，共为客户制作纪念册5000本，个性化邮票3万版，形成近百万元收入。在制作个性化邮票的同时，随着对客户不断加深了解，她又向客户推介了一些邮品，销售额达到20余万元。

4.北京市人力资源社会保障局社保卡工程个性化纪念邮册项目。2008年10月，作为北京市一项重大惠民利民举措，社保卡工程启动。北京银行出资全力支持该工程建设。2010年4月上旬，北京市社会保障卡开始下发。西区局所辖永定路支局抓住了这一社会热点，局长王跃华立即联系社保局，收集相关信息并寻求合作机会。在与社保局领导不断接洽中，得知社会保障卡工程建设表彰会即将召开。永定路支局意识到这是一个难得的合作机会，于是双管齐下，一方面王跃华局长会同社保局领导前往北京银行总行洽谈争取资金支持，一方面委派营销员郑宝生前往社保中心洽谈。做策划、出方案，经过三个多月的来往磋商协调，社保中心终于在获取北京银行资金支持的情况下，决定制作个性化纪念邮册用于对所有参与人员的表彰。

社保卡工程纪念邮册由社保局、北京银行、邮政三方合作开发，打造“政府授权、企业出资、邮政运作”的部委开发新模式。

专门设计“功臣榜”名单，同时将社保卡与纪念封、个性化邮票完美搭配，获得客户的肯定，为今后设计表彰型产品提供思路。

社保个性化邮册经过4个多月的设计，最终制作1450册，为支局创造收入70多万元。在营销员的积极营销下，客户又购买了60多万元的集邮品，总收入达130余万元。

5.北京天之涯假日旅行社航空机票项目。航空机票业务是2010市公司部署的重点工作，也是支局形成高效收入的支撑性业务。为此百万庄支局成立航空机票营销项目组，通过认真分析航空机票业务的市场需求和开发合作渠道，发现旅游市场是构成机票需求量的主要组成部分，而旅行社则是出游人群购买机票的唯一渠道，因此支局把寻找第三方旅行社作为开发主渠道，利用旅行社的客户资源开展合作，达到双赢的目的。确定目标市场后，百万庄支局制定并不断完善与旅行社合作的策划方案和服务流程，局长路欣怡和营销主管丁玉涛经过多方联系确定了北京天之涯假日旅行社这一目标客户，向该客户重点介绍北京邮政航空机票一级代理资格的优势及百年邮政的品牌信誉，并提交了具体的项目策划书和合作方案。通过多次公关营销，最终客户的信任与认可，该旅行社同意将一部分团体票转移到百万庄支局进行出票，并签订了航空机票协议合同。从2010年3月至年底，天之涯旅行社在百万庄支局已累计出票16876张，累计出票金额1860.3万元，出票量在西区局排名第一，在市公司排名位居前列；支局电商收入同比增幅、完成进度均列西区局第一，有效地拉动了支局高效收入的快速增长。

6.中国民生银行十五周年纪念邮册的项目。2011年的1月12日，中国民生银行将迎来15岁生日。作为他们的长期合作伙伴，北京西区金融街邮电局提前为其准备了一份贺礼——1.6万本民生银行成立15周年纪念邮册。成立于1996年的民生银行以翠竹作为企业文化的标志，因此，开发这项业务的西区金融街局营销主管马兰把客户喻为一片翠竹林，她和同事们也正是在这片翠竹林中找到了一条打动客户的营销蹊径。“翠竹作为民生银行的企业文化标志，代表着虚怀若谷、坚忍不拔、生生不息、节节高升的含义，象征着民生银行在各业务领域不断创新的精神，激励着民生银行创造一个又一个的业界成长奇迹。”在一次洽谈中，马兰这样一番开场白令客户频频点头，一番精彩的解说赢得了客户青睐。在马兰的整个策划中，用竹子由竹笋至竹叶、最终形成竹林的成长过程寓意民生银行15年走过的风雨历程。最后，这一以翠竹为主线的邮册设计得到了客户的高度赞同，邮册正式步入后期设计阶段。11月初，1万本邮册制作完成，客户

十分满意。11月26日,客户专程打电话给马兰,在感谢的同时加印邮册6000本。

7.谷歌中小企业激励计划(亚太区)直邮项目。2010年,西区局将谷歌直邮合作项目作为BIU团队专项客户的重点项目进行开发。通过多次与谷歌(中国)有限公司接触及洽谈,成功承揽了谷歌"中小企业激励计划"亚太区直邮项目,通过对谷歌的产品分析、市场定位,进而利用企业内外部数据资源,帮助客户建库,加强数据分析,运用探索型的直邮方法,不断完善谷歌直邮产品设计。先后为其设计了"Google日本"、"Google台湾"、"新年见Google"和"恭贺新禧,Google有礼"等多项直邮项目。在团队的共同努力下,该项目直邮回馈率高达12%,大大超过了谷歌公司的预期。在给谷歌公司带来丰厚回报的同时,该项目也为西区局带来310万的业务收入。

【管理机制创新,激发企业发展活力】2010年根据市公司的绩效考核办法和西区局的经营重点,对本局的绩效考核办法进行了修改完善。突出效益优先、量化考核原则,重奖增量;突出公平激励原则,使全体员工的薪酬与本单位的绩效结果有机结合。加大了对经营发展、经营效益的考核力度;加大了对代理信息和金融业务等低本高效业务的奖励力度。同时,注重加强干部员工队伍建设,规划员工职业生涯,为企业发展提供人才保障。

1.加强基层领导班子建设。一是重点从优化结构,提升专业发展能力的角度,加强对统管人员、基层单位领导班子的管理;二是制订了《2010年西区邮电局统管人员考核评价办法》,健全统管人员考核评价机制,用激励机制规范统管人员履职行为;三是实行了"首位奖励末位调整"和"专业管理主管同责"机制。一系列的机制办法规范了干部的履职考核奖惩,增强了领导干部的责任意识、进取意识,激发了学习工作热情,有效促进了班子整体水平和工作效果的提高。

2.实行了优秀班组长"三条战线复合提升"办法。从营业、营销、金融三条战线入手,对营业班长、营销主管和金融主管三个关键岗位的履职情况每季度进行通报,优秀者在支局和专业公司之间进行双向交流、复合培养,有计划地培养选拔适合企业经营发展需要的后备人才。

3.试行优秀员工职业提升计划。2010年西区局在职工中继续强化"人人是人才,人人能成才"的育人理念,从创新激励的角度全面启动职业提升工作。确立了"横、纵向职业通道"和9个岗位标准,率先在百万庄和金融街支局进行试点,通过基层调研、制订方案、试点推广等步骤,初步形成了职业生涯规划体系,畅通了员工职业发展途径。同时,借助首席员工岗位明星评聘机制以及职业技能大赛等形式为职工个人发展拓宽了渠道,增进了企业和谐发展,促进了员工快速成长。

4.强化成本管控,提高预算管理水平。提高成本管控的科学性是促进降本增效的关键。2010年,西区局根据成本费用支出属性和内容,按照各部门责任分工,将成本费用预算项目归口落实到各相关责任部门,切实加强了对成本费用的控制力度,促进了收支差目标的实现。

5.优化机构设置,提升专业经营管理水平。成立商旅分中心,组建代理业务分局,明确职责、充实人员,促进电商业务和代理业务的专业化经营管理,提升发展效果。为整合资源,强化支撑,提高方案策划水平,西区局重组策划中心。通过制订有针对性的营销策划方案,强化日常支撑;通过加大新产品的研发力度,拉动各专业收入的增长;通过项目策划,降低了支局的项目开发难度,提高了客户的开发成功率。策划中心成立半年以来,为支局、专业公司提供文案策划近310余项,项目形成收入1500余万元。

降本增效,提升企业发展质量
固本强基,增强企业综合实力

【深化损益核算应用,提升财务管理水平】2010年西区局将预算、损益核算、降本增效三项相辅相成的工作作为财务管理的重点,明确职责,划分范围,确认流程,强化了对经营单位的考核力度。通过提高责任中心利润率的考核力度,增加人均收支差额、各网点平均效益等指标,增强了支局效益优先的意识。

【加强人工成本管理,优化人力资源配置】发挥人工成本激励机制,工效挂钩办法进一步体现效益优先原则,提高了基层单位劳动生产率核算的力度,将高效收入指标纳入到季度追加奖励的核算中。加大了基层单位奖金发放进度的监控和考核力度,以确保员工的奖励能够及时兑现,确保员工收入增长与企

业效益提高相协调。

【强化用户欠费监控,确保企业运营安全】持续强化用户欠费管理工作的责任意识，从规范用户欠费管理流程、管理制度和管理职责入手,建立了一套完整的用户欠费管理体系，健全了对用户欠费的事前预防、事后控制和监督机制,将用户欠费控制在市公司核准额度之内。

【加强网点和基础设施建设】2010年西区局完成了远洋山水二期、雍景四季、杨庄大街三处邮政设施的配套接收工作;完成了金融街、老山东里、文兴街、新华社、鲁谷东路等局所、大宗生产场地和区局机关外立面的装修改造;完成了邮票公司、复外大街支局电力改造等维修项目;新开设了动物园邮局、长椿街邮电所和兔儿山临时邮局；圆满完成了大宗邮件处理中心搬迁工作,强化了基础设施、基础网点的建设布局工作,为企业经营发展提供了硬件保障。

【加大科技支撑力度】2010年西区局完成了中南海邮局门户网站建设方案的整体策划,网站已开始试运行。完成了《支局营业班组工时管理系统》的开发,根据作业量高低峰时段分步实施动态排班，降低了各班组排班及工时统计、休假管理的难度,促进了员工工时精细化管理。

【加强局所服务管理】2010年西区局继续认真贯彻市公司服务工作实施方案,学习东四亲情服务理念,积极有效推进《北京邮政营业服务规范》的落实。从改进服务环境、服务礼仪、服务管理工作入手,加大了各局(所)的规范力度,重点规范了营业员操作流程、着装标准及对外服务用语,总结提炼了“熊宗彪营业技能服务法”,并加以宣传推广。

同时,在保证对外服务的前提下,调整了中南海等23个网点营业时间,提高了工时有效率,降低了员工工作强度,为稳定服务水平提供了保障。

【强化企业安全工作】按照市公司总体部署,组织开展以“坚持安全发展,落实安全责任,服务世界城市建设”为主题的安全生产月活动,设立重大安全隐患立案、销案制度。上海世博会举办期间,西区局开展了支局质检员“周查实测”工作,加大了包裹封装验视检查力度,做到了邮件安全工作万无一失。2010年度西区邮电局被评为北京市交通安全先进单位。永定路邮电局、金顶街邮电局、西外大街邮电局等支局、西区邮电局安保部荣获北京市公安局2010年度集体嘉奖。

以人为本　凝聚力量
开创企业和谐未来

西区局坚持“以人为本”的治企宗旨,充分调动广大干部员工的积极性,不断改善员工生产、生活条件,尽全力将企业发展的成果惠及广大员工,注重教育培训,促进员工和企业的共同成长。

【加强培训,员工队伍素质显著提高】2010年西区局全面落实市公司24学时培训制度,共举办各类培训176期,共计2376人次。完成了一线员工职业鉴定工作,一线员工职鉴持证率达到97.55%，在城区局名列第一。27名优秀劳务工转为邮政聘用工,其中2名还走上了支局的领导岗位。强化支局班子能力建设,进一步提高基层领导班子的整体实力;继续执行优秀班组长“三条战线,复合提升”培养方案,提高班组长综合素质,储备后备人才;全面推广优秀员工职业提升计划,加快大学生培养步伐,为大学生提供多岗位锻炼机会。深化工时精细化管理工作,为支局设计不同工时的排班模版,引导支局长以量定岗,加强工时管理。

发挥劳模先进示范引领作用，紧密围绕转变经营方式和调整业务结构,促进经营、服务、管理热点、难点问题的解决,开展创先争优系列活动,充分发挥基层党支部战斗堡垒以及广大党员的先锋模范作用。持续发挥以路欣怡创新工作室等为代表的劳模先进创新工作室的作用,发挥好“首席员工”、“岗位明星”这支高技能人才队伍作用。深入挖掘和培树不同层面的先进。

【以办实事工程为载体，将企业发展成果惠及员工】西区局全面落实为员工办实事工程。其中将员工疗休比例由2009年的10%提高到15%，分7批组织343名职工到云台山、青岛进行疗休,并且组织开展了全局职工体检工作。工会被全总工会授予“全国模范职工之家”的光荣称号。

【深化局务公开和民主管理，推进和谐劳动关系】进一步完善职代会制度,提高了职代会的实效性,切实发挥好桥梁和纽带作用。在工作中做到坚持局务公开、民主管理与维护职工权益相结合,与调动职工积极性相结合,与推动党风廉政建设相结合,“三结合”方针取得了明显成效。全面履行集体合同,全面落实为员工办实事工程。进一步做好员工疗休养、带薪年休假和健康体检等工作；继续开展两节送温暖，夏季送凉爽活动，做好员工"减压"，落实"建家"升级工作，营造温馨和谐的企业氛围

【推进廉政风险防范管理，深化党风廉政建设】深入推进廉政风险防范管理工作，西区局各单位积极开展风险教育，制定措施，落实责任，制定并落实了五项运行保障制度。推进了"廉防"系统上线，使风险防控能力进一步增强，初步形成了"廉防"管理长效机制。2010年共对8位基层经营单位的行政一把手进行了离任审计，促进了基层经营管理工作的有效衔接。认真落实党风廉政建设责任制，围绕中心，服务大局，重点解决群众关心的难点热点问题。领导干部要加强自身修养，重视学习，提高能力素质，充分发挥好"领头羊"作用。严格执行国有企业廉洁从业制度，着力打造廉洁文化，努力构建廉政风险防范"棋盘式"管理模式，充分利用技防信息系统上线的契机，建立完善廉政监督网络，促进党风廉政建设深入开展，发挥保驾护航的作用。

光　荣　榜

1.西区邮电局百万庄共青团邮电局局长路欣怡被评为北京市劳动模范。

2.2010年度市公司先进单位：西区邮电局

3.2010年度市公司先进集体：中南海邮政局、金融街邮电局、西区商函分中心、西区邮票公司

4.2010年度市公司先进工作者：郭娜、谢晓清、孙秀英、冯涛、郑岫云、王跃华、郑向华、殷素杰、郭德关、白云、李嵘、张伟、苏楠、王立波、张帅、田家祥、刘敏、赵惠林

5.北京市国资委表彰的"群众心中的好党员"：百万庄邮电局路欣怡

6.市公司党委表彰的"群众心中的好党员"：西长安街局刘瑞红，金融街局孙秀英、成江峰，万寿路局黄同华，百万庄局李爱军，会城门局郑岫云，西外大街局李玉龙，西区商函局王立波

7.2010年度市公司优秀营销团队：金融街精英营销团队、百万庄先锋营销团队、西长安街局营销团队

8.市公司优秀营销员：马兰、成江峰、沈昺、丁玉涛、闫斌、尹尽智、夏京荣、高靖宇、高翠霞、郑岫云、谢晓清、吴彦芳、张艳、朱越、赵晖、陈虹、汪鑫、沙庆

9.市公司优秀营销项目：

最佳创意项目奖：西区局金融街VIP专刊项目

优秀市场开拓奖：西区局谷歌中小企业激励计划(亚太区)直邮项目

10.在2010年度市公司精神文明考核中，西区邮电局以102.42分的成绩名列城区组一等单位第一名。

(撰稿人：张桂霞)

西区邮电局机构设置图

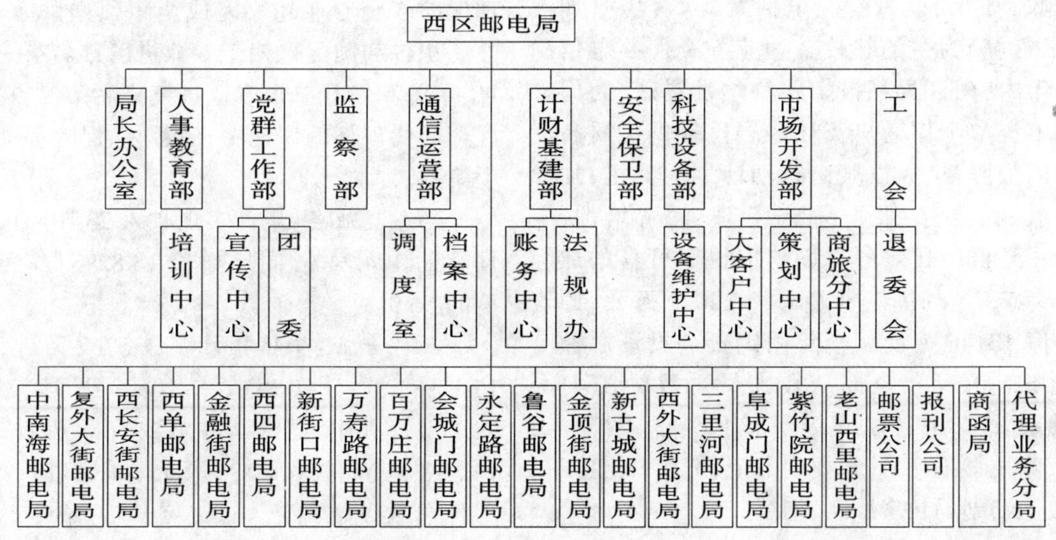

南区邮电局

概 述

北京市南区邮电局(以下简称南区局)是北京市邮政公司下属的二级通信企业，承担北京市东城(原崇文)、西城(原宣武)、丰台、朝阳、大兴部分行政区以及西站地区和北京经济技术开发区的通信服务工作，服务面积480平方公里，服务人口约400万人。南区局机关设办公室、计划财务科、人事教育科、党群工作部、工会、监察科、市场经营部、通信运营部、安全保卫科、科技设备科10个职能部室。全局下辖23个支局、77个邮电所，下设函件分局、邮票公司、报刊发行公司、代理业务分局、电子商务中心、计算机中心和后勤中心，员工1641人。经办主要业务：国内、国际函件(包括数据库商函，邮资封片、邮政贺卡、账单、DM广告等)；国内、国际包裹；国内报刊订阅、零售(包括企业形象期刊、报刊专用卡定制、中邮阅读卡等)；集邮业务(包括新邮预订、定制邮册、个性化邮票等)；邮政电子商务(包括代理机票、自邮一族、邮乐、短信等)；代理国内、国际特快专递，代理保险、邮政储蓄、邮政汇款及以代销(如基金、债券及各种理财产品)、代收(如水、电、燃气、电话费等)、代发(如退休金、工资等)为主的邮政金融业务及代办电信等业务。年内，南区局积极实践科学发展观，为周边企事业单位、个体商户及社区居民提供优质高效的普遍用邮服务，并以城南行动计划为契机，加快企业发展，在经营、服务、业务管理、教育培训、安全保障、党群工作等各方面均取得了可喜的成绩。2010年末，全局固定资产总额22041万元，固定资产净值13146万元，全年固定资产投资总额累计完成528万元。全部从业人员总数为1641人，其中多种用工639人，科级干部115人。

局长、党委书记徐丛，党委副书记、纪委书记、工会主席刘志云，副局长李继跃、刘莹。

经营发展出业绩
均衡发展效益为先

【主要指标完成情况】全年累计完成业务总量42979万元，占市公司全部业务总量的比重为11.92%。

全年累计实现业务收入41344万元，完成年计划的101.04%，同比增长10.44%，占市公司总收入的比重为10.40%。

全年累计实现高效收入35316万元，完成年计划的100.65%，同比增长13.02%。

全年累计实现收支差额14568万元，完成年计划的100.02%，比上年同期增长8.32%。

截至2010年末，全局从业人员为1641人，劳动生产率(人均业务收入)累计实现254114元/人，完成年计划的102.38%，比去年同期增长11.2%。

【邮政业务全面发展，各项专业成绩喜人】2010年，南区局在社会热点匮乏、经济增长点较少，拆迁改造等严峻的经营形势下，全局干部职工团结协作、锐意进取、攻坚克难，各专业发展均衡，圆满完成了全年目标。在市公司升位晋级排名中，南区局在城区组中排名第二。国际函件、报刊发行、集邮、代理信息、代理保险5个专业超额完成全年预算目标。储汇、保险、快包和国际包四个专业进度排名第一。代理信息、集邮和发行三个专业进度排名第二。在市公司发展杯和代理杯的评比中，储蓄杯、保险杯和电商杯三项第一。

邮务类业务：累计实现收入23510万元，完成年预算的104.24%，同比增长13.82%，占全局收入比重的56.9%。

函件专业：全年累计完成5762万件，同比增长15.17%，累计实现收入10603万元，同比增长15.17%。其中：国内函件总数5689万件，同比增长14.83%，实现收入9584万元，同比增长15%；国际函件总数73万件，同比增长50.68%，实现收入

1019万元,同比增长16.81%。

国内包裹业务:全年累计完成100万件,同比下降3.36%,实现收入1303万元,同比增长0.46%。

报刊专业:订销报纸累计份数为10814万份,同比增长19.87%,订销杂志累计份数为382万份,同比增长20.62%。累计实现收入3514万元,同比增长13.88%。

集邮专业:邮票销售1554万枚,同比增长123.2%;销售开发邮品39万册,同比增长62.2%。累计实现收入6912万元,同比增长9.73%。

代理信息专业:累计实现收入916万元,同比增长89.4%。其中,短信业务累计实现收入427.5万元,完成全年目标的116.8%,城区排名第二;航空客票累计出票42659张,完成必保指标的166.6%,城区排名第一。

代理速递物流类业务:累计实现收入1259万元,完成年预算的68.76%,同期对比增长19.62%,占全局收入比重的3%。

代理速递:累计完成特快专递121.8万件,同比减少4.07%,全年累计实现特快专递收入918万元,同比期增长14.85%。其中国内特快专递120.4万件,同比减少4.02%;国际特快专递1.4万件,同比减少8.39%。

代理国际包裹:累计出口国际包裹2万件,同比增长48.4%,累计实现业务收入158万元,同比增长58.6%。

代理快包:累计出口快递包裹36万件,同比减少6.33%,累计实现业务收入183万元,同比增长19.24%。

代理金融类业务:累计实现收入16489万元,完成年预算的98.58%,同比增长8.76%,占全局收入比重的39.9%。

代理储蓄:2010年末,全局邮储余额87.7亿元,年内净增余额累计完成11.6亿元,同比增长23.59%,完成全年目标的109%。全年累计实现储蓄收入13873万元,同比增长7.42%,其中利差收入11979万元。

代理汇兑:全年累计办理汇票业务161万张,累计实现业务收入1799万元,同比增长4.95%。

代理保险:全年累计实现业务收入817万元,同比增长53.38%。累计完成保额2.15亿元,完成进度100.7%,在四城区中排名第一。

【加强项目开发力度,创新成果不断展现】2010年,南区局市场开发效果显著,在2010年度“营销创新奖和市场开发成果奖”评选中,共有14个项目获得北京市邮政公司“市场开拓奖”,1个项目获得“营销创新奖”。15个获奖项目分别是:

【市红十字会配送项目调查问卷数据库、喜从信来、邮资明信片项目】该项目是针对市红十字会《急救手册–家庭版》配送活动的深度开发,通过复合营销,将数据库业务、喜从信来业务和邮资明信片业务进行整合,将“我们有的产品”变为“客户需要的产品”,满足市红十字会收集手册配送情况的调查需求,是对政府经济二次开发。

【伊利乳业世博会唯一指定产品宣传邮资明信片项目】该项目准确把握“世博会”召开的社会热点,锁定世博会指定产品服务商之一——伊利乳业进行目标客户开发,通过充分的前期准备,了解客户在产品设计、产品价格和产品流通等方面的需求,进行个性化邮资明信片设计,并结合数据库为客户提供专项市场宣传服务,最终获得客户认可。该项目的成功开发,对开发“世博经济”起到了良好的示范作用。

【职工补贴及住房款对公项目】此项目以解决客户支票转账时限需求为切入点,通过邮政与南区邮储银行进行沟通,采取电汇转账方式,解决了客户对支票转账时限必须在三日内完成的要求,赢得了客户信任,成功开发一次性代发职工补贴3000万元。在代发业务延伸服务过程中,向用户推荐开办公司业务账户,协助客户进行职工房款收取,实现累计余额2000万元。

【中国消防杂志社本市代征订项目】此项目通过分析协议客户邮件邮发地址,找准杂志社在北京订阅市场的空白,结合客户需求,通过方案营销明确邮政、杂志社、消防支队三方协作方式,实现发行专业年度收订流转额240万元。该项目是南区以报刊回归邮发的形式带动报刊发行专业发展的有力尝试,在年度大收订中做出了贡献。

【大兴瀛海镇拆迁补偿款金融项目】此项目成功把握城南改造商机,大力发展拆迁款项目。南区局与瀛海镇政府合作,巧打“服务牌”,提出了在瀛海邮电所设立拆迁绿色通道业务专门窗口、派专人驻点服务、提供驻点办公设备、免收一切手续费用的营销政策,为拆迁居民办理补偿款相关金融业务并提供保险、基金、理财等“一揽子”服务，使拆迁款有效沉淀率达到80%，实现余额净增1.02亿元，保险理财产品销售收入1000万余元，为南区金融业务收入增长起到有力支撑。

【国家行政学院建院15周年纪念邮册项目】南区局将定期走访与新业务推介相结合，在服务维护老客户的同时，及时关注客户重点活动动向，并迅速掌握客户需求，以客户周年庆典为契机，开发“庆典经济”，最终制作定向邮册2300本，实现收入120万元。

【白云观开光幸运封项目】此项目采取“复制营销”方式，成功借鉴“雍和宫开光幸运封”营销方式，对道界内著名宗教景点—白云观进行重点开发，在2010年春节之际为白云观庙会量身订制“吉祥如意”幸运封，实现营销收入15万元。

【阳光尚品“喜从信来”数据库营销项目】该项目是南区局针对网络市场进行数据库营销的一次成功尝试。营销人员锁定“化妆品”网购市场，通过DM+数据库+喜从信来“一站式”服务，为客户提供拓宽网络客户的营销渠道首批制作喜从信来30万份。

【伊利集团金融对公项目】营销人员在与客户财务部门交往中，得知伊利集团北京财务部门重组的信息，迅速采取行动，克服“对公业务”开户手续繁琐问题，在最短的时间内，为伊利集团内蒙古总公司办理北京对公账户。此项目实现账户余额7000万元。

【大兴姜场村拆迁补偿款金融项目】此项目成功借鉴“瀛海镇拆迁补偿款”项目开发经验，实现了对城南改造拆迁款项目的二次开发。该项目实现余额净增6000万元，保险、基金、理财等“一揽子”服务方案使余额沉淀率达到80%。

【北京市脐带血造血干细胞库邮资明明信片项目】此项目是南区局深度打造“总部经济”营销工程成果之一，同时也是南区局“高新技术市场”邮资明信片业务开发第一单。开发单位结合客户“会员制”管理模式，将邮资明信片融入情感元素与客户需求有效结合，最终成功开发邮资明信片11万元。此产品延续性强，具有客户锁定效应，项目延伸可形成长效收益。

【中国科学院建院60周年纪念邮册项目】该项目是邮政开发政府经济与庆典经济相结合的典范。开发单位敏锐采集客户信息，科学安排产品内容，利用集邮产品，最大限度体现客户想要表现的内容，完成中科院建院60周年纪念邮册实现集邮收入300万元。

【家有购物会员答谢生日卡邮资明信片项目】此项目成功复制脐带血库“生日卡”营销模式，针对中小企业市场会员制企业进行重点开发。将生日卡和数据库两种产品进行整合，产品设计中融入客户“诚信”、“感恩”理念，为客户解决了如何回馈会员的困扰。此项目极具推广性，为邮政进行商超、网购、高级会所等“会员制”企业深入开发奠定了基础。

【牧歌传媒国际特惠封制作项目】此项目把握会展机构节日用邮需求，以圣诞祝福为切入点，实现会展经济、节日经济复合开发。开发单位在客户走访过程中获悉牧歌传媒需要与多家国际会展组织进行联系，提供国际会展服务后，提出了“邮政贺卡+数据库，牧歌为您送上圣诞祝福”的主题营销方案，并提供全程跟踪服务。最终制作国际特惠封15万枚，实现收入82.5万元。

【“速递银行”金融项目】此项目为无金融网点商厦量身定制服务项目，提供金融流动服务，充分利用“地缘”、“人缘”优势，开拓金融市场，创新了对大厦的金融服务模式，具有可推广性，获得了市公司2010年度“营销创新奖”。

完善营销体系建设
增强经营发展动力

【多渠道充实营销队伍】通过薪酬激励、晋升机制、转岗培训等措施，多渠道充实营销队伍。将新入职人员纳入专职客户经理进行管理，增强专职营销队伍力量，为营销工作带来活力。截至2010年底，南区局共有专、兼职营销人员207名，实现营销收入9418万元，同比增长10.51%，营销折算业绩6123万元。

【强化团队营销能力】为锻炼支局和团队的协调能力，在南区局2011年贺卡认标中，首次采取了支局和营销团队“双认标”方式，制订了贺卡项目数和开发客户数双认标的内容。全局30个单位的65支营销团队共认标开发项目数1035个，认标总额达到3709万元，超出在市公司认标额629万元，认标收入和项目数量与上年比实现双翻番。

【加大营销管理，激励提升业绩】年内，通过参加市公司营销远程培训，重点项目专项培训，“送培训下支

局”活动，全面提高了营销员的综合素质。通过制定“营销创百优”活动的考评办法，调动广大营销员和营销团队的工作积极性。严格管理“客户营销管理系统”，真实全面的记录营销人员及营销团队的营销业绩，按月通报，按季评选，激励营销人员快速提升营销能力和业绩。促进全局各专业全面、均衡、快速、协调发展，顺利实现“升位晋级”的目标。

【制定项目管理办法，拉动全局收入增长】年内，南区局构建了项目立项、汇报和创新研讨的长效机制，制定了《南区邮电局项目管理办法(试行)》，对项目立项、项目推进、项目监控、项目通报及经验交流等多个方面进行系统、规范、科学的管理。截至2010年末，共实现项目立项4414个，成功开发项目1844个，项目开发实现收入4071万元，同比增长155%，项目的成功开发率为41.78%，其中100万以上的大项目3个。

【健全邮政大客户管理体系】年内，规范了《整付零寄用户用邮结账协议》申报及备案流程，开展非现费客户用邮自查工作，对“协议到期和续签日期”进行监控，定期公示预告，有效的规避经营风险。顺利完成集团公司客户营销管理系统上线工作，充分利用计算机客管系统、量收系统及大宗账务处理系统进行客户用邮信息的收集与分析，根据分析结果对现有客户实行分级管理，规范不同级别大客户的开发、维护、管理办法。依据市公司“网格化营销”的要求，组织支局对责任网格内客户进行走访，梳理客户资源，确定重点客户进行重点攻关。截至12月末，南区局百万以上白金级大客户达12户，50万以上黄金级大客户16户，万元以上贵宾级客户467户。

特色产品、特色活动助力经营发展

【打造“五大工程”】2010年南区局提出打造“五大工程”的工作思路，即全力提升商厦网点竞争力工程，实现由自然发展向专业化经营转变；启动老字号系列开发工程，实现由一次开发向深入开发转变；深入打造总部基地、亦庄经济开发区和南城京味文化为主的重点区域营销工程，深化“三位一体”营销格局，实现由能人创新向群体创新转变；实施营销体系建设工程，实现营销工作新转变；实施创新工程，将创新意识融入到日常工作中，使之成为解决经营发展中各种问题的“金钥匙”。通过“五大工程”打造，商厦金融网点逐步向专业化经营转变，老字号客户资源得到了深入开发，重点区域营销开发稳步推进，营销体系建设工程取得实效，创新工作已经融入经营发展、管理支撑、构建和谐等各项工作当中。

【以竞赛活动促进企业经营发展】年内，自主开展了个性化邮票“1+5工程”特色活动，即区局向每名职工赠送5版个性化邮票，职工以区局赠送的个性化邮折作为范本，积极展开营销，再创造出5个个性化邮折客户。此活动有效地推动了个性化邮票业务的发展，提高了企业的经济效益。丰富了职工的专业知识，拓宽了职工的营销层面，扩大了个性化邮折产品的社会知名度，为此类产品的再度发展提供了“滚雪球”效应，全年共制作个性化邮票23万版。开展了“树忧企之心，我思我想；扬兴企之责，我行我动”活动，进一步调动了全员的创收积极性，在全局营造了人人为企业做贡献的良好氛围。全年共有158名干部职工(不含统管人员)在活动中为企业创收1万元以上，共计创收9810.2万元。评选出优秀营销员30名，十佳营销员10名，优秀营销团队3个，优秀营销项目10个，对全局的经营发展起到了有效的助推作用。

【以邮政产品搭建公众参与公益事业的平台】汶川地震两周年之际，南区局配合中国青少年发展基金会“心灵火炬”公益项目，推出一套10枚的灾区儿童手绘明信片，义卖所得用于设立“心灵基金”，使该公益活动可以长期进行。与北京市林业碳汇工作办公室合作，推出全套4枚《绿色的祝福》碳汇贺卡。该套贺卡采用环保认证的材料制作，全套贺卡上下排列可组成一棵完整的树。贺卡销售的部分得所将用于捐助绿色碳基金，消费者购买全套产品捐赠的碳排放等同于捐赠一棵树。贺卡背面设置低碳知识点和附捐码刮层，将附捐码输入园林局网站，即可查到个人详细的捐助信息。个人消费者可通过此产品平台捐助碳汇事业。

【设立临时邮局】配合庚寅年生肖邮票首发，南区局设立了虎坊桥临时邮局，刻制了全市唯一带“虎”字的邮戳——“虎坊桥(临)”邮戳，并邀请著名集邮家鄂文江先生设计了11枚虎年纪念戳。自1月5日庚寅年生肖邮票首发至2月28日(庚寅年正月十五)，在虎坊桥周边的永安路、和平门、骡马市和牛街支局为广大邮迷提供加盖“虎坊桥(临)”字邮戳的服务。南区所属的23个邮政支局设置了“虎年寄出的祝福”临时邮箱。2月14日(庚寅年正月初一)当日,临时邮局共为集邮爱好者加盖日戳、纪念戳共计3万余次。在百年老店全聚德创建146周年之际,南区局与全聚德集团联手推出“畅游北京品美食,珍贵记忆邮回家”特色主题活动。配合此次活动,南区局在全聚德起源店——前门店内设立了“前门全聚德起源店临时邮局”。临时邮局自7月21日至8月31日在前门店营业,柜台设在餐厅内,为就餐顾客提供现场服务。临时邮局现场发售由南区邮票公司设计制作的全聚德个性化邮折,并提供真空烤鸭寄递、加盖全聚德纪念戳、特色邮品展卖等邮政服务以及出售北京地图、手机充值卡的便民服务。

强化企业管理,加强能力建设

【强化人力资源管理】进一步完善《统管人员绩效考核评价管理办法》,突出了权责权重、重奖重罚,强调了个人与团队应共同发展,旨在发挥绩效考核激励和约束作用,合理体现各单位和各级经营管理者的价值以及岗位贡献,提高企业经营管理水平。

进一步完善了《机关科室和生产支撑单位绩效考核管理办法》,突出了注重实效、效能优先、与相关责任单位同奖同罚的原则,全方位的对机关科室和生产支撑单位工作绩效进行综合评价,以调动干部及工作人员的工作积极性,客观公正地评价各部门工作绩效,提高工作效率,更好地为全局各生产单位提供有效的保障和支撑,推进重点工作。

科学合理的调配使用人才,重视对人才的培养,努力营造一种让“想干事”的有机会,“能干事”的有舞台,“干成事”的有发展的人才成长氛围。全年,对22个单位的领导班子进行调整,对代理分局、发行公司、电商中心的部分岗位进行公开竞聘,共有14名职工应聘成功。

【完善激励机制】本着效益优先原则,对《绩效考核办法》进行了修改和完善,引导各支局、专业公司重视收入质量和经营效益的提高。完善了《升位晋级考核奖励办法》,引入“高效收入”概念,将收入质量与效益纳入权重系数,对各支局升位晋级排名依据和奖励方式进行调整;加大对重点业务、高效业务、开发项目的奖励力度,重奖重罚,体现业绩。完善了《工效挂钩办法》,加大对高效收入和劳产率的挂钩比重,引导各经营单位更加注重收入的效益和质量,使一线职工收入与本单位经营业绩密切联系。有力地提高了各级经营者创新工作、加快发展的意识,调动了各级经营者的创收积极性,形成了良好发展氛围。

【加强教育培训】全年举办了各工种职业技能鉴定培训、营销员培训、财务统计员培训、通讯员写作培训、工会干部培训、技术培训、业务培训等多项培训,并组织营销员、支局长、从储人员的内部练功活动,通过举办练功比赛,发现人才,储备人才。积极备战市公司抽测,在市公司举办的邮政营业、五笔录入、营销、储蓄业务知识、支局长业务知识抽测比赛中取得了团体三个第一名,两个第二名的优异成绩。

【加强财务管理】细化预算管理,优先保障人工成本和生产性费用预算开支,大力压缩办公费、会议费等非生产性支出项目;压缩支局低耗品支出,安排好新开网点及改造网点低耗品预算。在做好预算编制与安排的基础上,加强对预算的执行分析与监控力度,严格控制预算外支出。强化资金管理,财务部门与业务部门配合加强用户欠费的管理,控制欠费规模,从源头控制欠费的发生,加大清欠力度;积极清理库存,增加现金流入,全局年底邮品存货规模比年初减少了515万元,有效缓解了资金压力。积极开展网点损益核算,做好资产清查,通过清查,摸清了家底,清晰了全局房产、设备现有状况,为下一步进行经营决策以及资源优化提供了依据。

【规范企业创新管理】年内,成立了一把手挂帅的“南区邮电局创新管理委员会”,设立了创新管理办公室,编发了《南区邮电局创新工作管理办法(试行)》。建立了创新发展的管理体系,广大干部职工广泛参与到创新工作当中,通过创新来解决经营发展和实际工作当中的问题和困难。使创新成为企业的常态和高效工作。全年共收到有效创新项目30余个,有5个被市公司正式立项。

【优化网点资源,提高网点效益】年内,完成了19个邮政支局、11个邮政所营业时间调整、2个邮政所营业工作日调整和6个邮政网点的装修改造工作、合并商厦邮政网点2个,迁移新址1个,对低效邮电所进行了网点资源整合,撤销1个邮电所。制定了《南区邮电局2010年亏损网点减亏方案》,通过丰富业务种类,扩大业务规模,加快发展高效业务等方式不断提高网点的盈利水平,租赁网点及亏损额在10万元以下网点全部实现扭亏。

【规范业务管理】年内，出台了《南区邮电局邮件收寄规格样书》、《南区邮电局营业班组考核办法》、《南区邮电局邮政网点开办或迁址申报及审批流程（试行）》、《营业网点停电或系统故障的处理流程》；修订了《用户欠费管理办法》；建立了“质量核查分析会制度”；加强了邮政信息质量指标、邮资机、量收稽核监控；规范了各类检查标准；规范了信筒信箱开取流程；规范了邮政业务档案管理，为强化班组管理提供了制度保证。

【加强服务管理】继续学习东四邮局“亲情服务”理念，认真组织学习新修订的《北京邮政服务规范》。坚持日检查月通报制度，定期召开“服务工作分析例会”，介绍好的服务经验，剖析服务中存在的问题，总结经验教训，提高营业人员服务技巧。坚持定期发放用户意见征询函，逐件处理反馈，重点问题重点分析解决，全年共发放征询函4600件，用户综合满意度测评得分94分，同比提高了3分。加强“两会”、上海世博会和广州亚运会期间邮件验视工作，从加强营业人员的业务学习入手，明确邮件验视标准，提高辨别危险品的能力，确保收寄环节的无缝隙连接，圆满完成“两会”服务工作任务，确保了“两会”、上海世博会及广州亚运会期间邮政通信安全万无一失。

【强化安全管理】坚持“预防为主、单位负责、突出重点、保障安全”的方针，全面加强和规范单位内部治安保卫工作，提高基层安全防范的能力和水平，为企业营造安全稳定的发展环境。一是，深入开展“平安邮政”的创建活动，切实落实各项安全保卫责任。二是，加强保卫基础工作管理，加强安全教育，提高了各单位处置突发事件的能力。三是，强化金融票款管理及监督检查工作，在营业网点多次组织反抢劫演练和反诈骗、反盗窃宣传教育工作。四是，优化了款车运行路线，所有储蓄网点均实行新的网点寄库作业，提高了邮储资金的安全和效益。五是，加大技防和物防设施的投入，完成了安保工作信息化、科学化管理工作。六是，加强防火安全基础工作，投资28万元完成了区局机关和方庄邮局的烟感设备改造，为安全生产提供了保障。七是，加强交通安全管理工作，全局109辆邮政车全年安全行驶186万公里，连续15年被评为北京市交通安全先进单位。

【加强能力建设】在局所接收改造方面，投资75万元完成了小马厂邮电所（142㎡）的接收工作；完成了蒲黄榆、六营门、龙湫、西马场、新发地、红居街邮电所及直复营销中心的装修改造工作；完成了光明楼、大都市街等5处局所安全防护设施的改造工作。在设备车辆管理方面，为经营单位购入计算机、存折打印机、点钞机、空调等设备共计310多台套，在一定程度上缓解了生产单位的设备压力；重新签订了车辆、计算机、复印机等13份设备维修合同，降低了维修成本，提高了维修质量。在科技研发方面，成功开发了多媒体金融业务查询机，并与北京市报刊发行局合作开发了中邮阅读体验机，得到试用单位的好评。年内，还完成五里店、鸭子桥、周庄、天宁寺、正阳大街、晓月苑6个邮电所专线上网线路改造工作，对海慧寺邮电所进行了专线升速，提高了数据联网的传输速度和支局前台各项业务办理的效率。

【开展效能监察工作】年内，南区局以“杜绝‘小金库’，提高收入质量”和“清理废旧物资设备，实现节支增效”作为效能监察立项课题，及时布置落实效能监察工作要求。在清理“小金库”工作中，按照“明确重点、统一部署、稳步推进、解决突出问题”和“谁主管、谁负责”的原则，进行了责任分工，明确了各部门的职责，形成合力。支局“一把手”以承诺书的形式确认自己的管理责任，加强日常管理和检查，杜绝“小金库”问题。在清理废旧物资设备，实现节支增效的效能监察工作中，南区局结合生产经营实际，把物资设备的使用管理作为“一把手”工程，进一步规范了物资设备管理程序，强化设备调配管理，提高设备利用率，通过集中招标处理废旧设备，增加了残值收入，减少了职工信访。

加强党建工作
巩固创建文明行业成果

【开展主题实践活动，推动精神文明建设】组织基层党支部书记学习了市公司党委下发的《弘扬“东四精神”，当先锋、促发展，党员立足岗位做贡献党员主题实践活动材料选编》，结合南区特点，进行了主题实践活动成果交流。经过基层单位评选，择优向市公司申报了5个主题实践活动好支部和7名主题实践活动好党员。开展了“当先锋、促发展、党员亮剑”活动，“学习东四、打造品牌、突出创新、助推发展”党员主题实践活动，把广大党员的思想统一到为南区邮政的经营发展贡献力量上来。

【开展创建学习型党组织活动】制定出台了创建学习型党组织活动五年实施方案，明确了学习内容、途径和要求，建立了学习制度和考核制度，推出“一把手”工程，成立了以党委书记为组长的领导小组，形成了指导推进学习型党组织活动有效开展的良性机制。将创建学习型党组织与发挥国有企业党组织的政治核心作用有机结合，充分利用企业内部和外部的资源，积极探索、创新党课教育形式和内容，推出了“党课大讲堂”，通过“解读理论专家讲，结合实际自身讲，学习先进典型讲”三个层面，进一步丰富了党课内容，保证了党课质量，提升了党建工作的科学化水平。为进一步增长知识，拓宽学习途径，党委中心组成员还多次参加了丰台区委组织的2010年处级领导干部周末大讲堂的学习。本着相互借鉴，取长补短，共同提高的主旨，与北京首华公司党委开展了跨行业党建工作交流，双方党委领导和基层党支部书记就党建工作、创建学习型党组织、开展党员主题实践活动、企业文化建设等进行了交流座谈，这种立体有效的跨行业党建工作研讨形式，受到了双方的欢迎。

【加强党风廉政建设】加强领导人员的党性修养和作风建设，认真开展廉政风险防范管理工作，扎实推进党风廉政建设，提高预防腐败的能力。将廉政建设融入经营管理工作之中，与基层单位领导共同分析经营管理工作中存在的不足与隐患；利用“南邮党务通”网站，开展示范教育、警示教育、岗位廉政教育和廉政警句征集活动；制定开展廉政风险防范管理工作实施方案，明确职责与任务，并签订责任书和承诺书；召开党风廉政建设大会，强化领导人员的廉洁自律意识、党纪观念、大局意识，提高执行力。加强对主要领导人员、人财物管理使用和关键岗位的监督，紧紧抓住思想道德、岗位职责、业务流程、制度机制和外部环境五方面，查找廉政风险点。充分发挥党风廉政和局务公开民主管理监督员作用，及时反馈支局经营管理、民主管理情况，做好对基层领导的民主监督工作。做好信访举报的调查处理发现带有倾向性的信息，及时提示，对不稳定因素和苗头性的问题“抓早、抓小”，将矛盾解决在萌芽状态。为南区邮政和谐发展提供政治保障。

【打造企业“文化人”，实现企业精神人格化】将企业文化建设不断引向深入，以典型示范作引领，打造企业“文化人”，实现企业精神人格化，营造了“学先进、比奉献、促发展”的良好氛围。和平门局经过反复征集、整理、提炼，推出了《亲情服务日记》，提出了《亲情服务100个怎么办？》，并拍摄、制作了一部落实服务规范的教学片，供全局员工学习。通过开展劳模创新工作室创建等项活动，为劳模发挥作用搭建了平台，使先进典型形成的高尚文化成为企业的优良资产。以北京邮政品牌支局共建活动为契机，在市公司“落实规范当先锋，业务技能打擂台”品牌共建活动中，和平门局获得了知识竞赛第一名和汉字录入第三名的好成绩。

【共建友好支局】年内，和平门局与天津河西区“五星级”东楼邮局开展了学习交流活动，结为共建友好支局，通过友好支局结对子的形式广泛开展富有成效的合作与交流，创新服务理念、破解服务难题，传播掌握先进的经营、服务、业务技能，建立长期合作、携手创新、取长补短、促进发展的共建格局。

【扎实推进“爱讲树”主题活动】为营造人人争当文明人，人人争做文明事的良好氛围，南区局以“一讨论一比赛三深化”活动为抓手，扎实推进“爱首都讲文明树新风——做文明有礼邮政人”主题活动。“一讨论”：即以《城南邮讯》内部刊物为载体，开设“如何做文明有礼的邮政人”大家谈、大家评栏目，开展群众性大讨论活动；“一比赛”：即开展“树先锋形象，促创新发展”主题演讲比赛，激发职工热爱首都建设首都的热情。“三深化”：即以“东四邮局精神”为引领，深化企业精神、职业道德和企业形势任务的教育，使职工坚定发展信心，明确发展目标，正确认识企业发展与个人成长的关系，激发职工热爱邮政奉献邮政热情。以北京邮政品牌共建活动为载体，深化学习进程，鼎力打造和平邮电局企业文化品牌，借助品牌的力量，建更多精品窗口，创更多优质服务，助推企业发展。深化“节能环保从我做起”宣传教育活动，增强职工节能降耗、降本增效意识，积极落实网点损益核算制度，倡导低碳工作和生活。

构建和谐发展企业氛围
树立良好邮政企业形象

【落实“民心工程”，为职工办实事办好事】年内，圆满完成了两节送温暖和夏季送凉爽工作，共走访慰问劳

模、生病困难职工及离退休老职工166人。为44名职工及时地提供了帮扶救助。投资2万余元,充实了职工小药箱。再次向1600余名职工赠送了百元报刊订阅卡。圆满完成了近1000名职工的体检工作和160名职工的疗休养工作。完成了1491名职工带薪休假工作。共投资197854元,为26个邮电局、所、中心更新空调52台,配置微波炉9台,电冰箱10台,解决了一线职工午餐存放问题,使职工生产生活条件和工作环境得以显著改善。

【加强职工小家建设,丰富职工文体活动】健全了职工小家各项制度,提出了建家标准及要求,在规范“职工小家”基础管理资料的基础上,召开了规范建家经验展示交流会,达到了相互学习、互相促进的目的。组织了第一届职工春节联欢晚会,精彩纷呈的演出博得全局职工的称赞。开展了“四球一泳两队”(即:羽毛球、足球、台球、乒乓球;游泳;职工文艺队和夕阳红舞蹈队)比赛活动,丰富了职工业余文化生活,受到了全局职工的普遍欢迎。出资4万余元,为27个部门工会的“职工书屋”配备图书2300余册。长辛店局被北京市总工会授予“职工书屋”示范点称号。

【深化劳模先进培树工作】对2009年度各项先进进行了评选和表彰;组织开展“踏寻信使足迹,传承劳模精神”主题教育活动,全局职工围绕“我心中的劳模”展开了形式多样的大讨论。举办劳模先进座谈会,来自全局的劳模和部分服务标兵、岗位能手、十佳营销员等50余人,围绕立足岗位,为企业发展做贡献进行了座谈。进一步深化“劳模先进创新工作室”创建活动,提出了创建“八有”标准(即有冠名、有组织机构、有独立活动场所、有创新课题、有过程管理、有检查机制、有成果推广、有调查研究)。门桂菊同志作为南区局劳模先进的代表,成为市公司劳模先进事迹巡回报告团成员,参加了在市公司范围内进行的巡回演讲。

【开展群众性创新活动】年内,以推出5个创新单位、6个创新示范岗、40名创新标兵为目标,开展了贯穿全年的“夺杯创优争当创新集体和标兵”及“营销创百优”劳动竞赛活动。开展了“合理化建议月”活动,将合理化建议与创新工作结合起来纳入经常化。以创新示范岗、创新成果冠名和班组创新风采展示为主要内容,开展了“双创双优”活动。在市公司组织的安全DV大赛中,南区局拍摄制作的安全教育片《金融安全-安全每一天》荣获大赛最佳作品奖。小品《汇款》荣获大赛二等奖,南区局荣获大赛组织奖。

【参与志愿服务行动】3月,南区局青年志愿者参与到原宣武区团区委组织的便民服务活动中,在宣外大街沃尔玛超市广场,为群众提供邮政知识咨询服务。5月4日,组织团员青年参与到共青团北京市委员会与共青团河南省委员会共同举办的“共青团关爱农民工子女志愿服务行动”中,为活动提供“绿色邮路”服务,为获赠励志书籍的农民工提供免费邮寄包裹、邮寄家书服务,提供明信片为农民工及其子女与家人亲情交流使用,南区邮政青年的优质服务得到了团中央书记处书记卢雍政的高度肯定。9月19日,南区局的干部职工在位于六里桥南公交枢纽附近的北京地铁10号线2期施工现场对首都地铁建设者进行中秋慰问,为首都地铁的建设者们送去了书籍、报刊、月饼等慰问品,并在现场提供寄送包裹、信件、汇款等邮政服务,受到地铁建设者们的欢迎。

【做好宣传工作】南区局注重企业形象的宣传策划,取得了可喜的成果。2010年,南区局共编发《城南邮讯》12期、《南区工作信息》73期、《南邮局情》2期、《工会工作简讯》26期、《党群专刊》13期。全年,南区局在《邮政周报》及社会新闻媒体上稿737篇,在北京邮政社会好新闻评选中获得新闻宣传优秀单位称号,侯玉璞、王秀玲、刘素玲分获北京邮政社会好新闻一二三等奖。

光　荣　榜

【北京市级】

1.北京市学习型班组:计算机中心

2.北京市五四红旗团委:南区邮电局团委

3.市公安局个人三等功:南区安保科李国臣

4.市公安局集体嘉奖:南区安保科

5.北京市无偿献血先进单位:北京市南区邮电局

6.北京市人口计划生育工作先进工作者:王子午

【北京市邮政公司级】

1.2010年发展杯劳动竞赛第一名:南区邮电局

2.2010年效益杯劳动竞赛第一名:南区邮电局

3.2010年电子商务奖第一名:南区邮电局

4.2010年代理杯第一名:南区邮电局

5.2010年代理金融业务奖第一名:南区邮电局

6.北京市邮政公司2010年先进单位:南区邮电局

7.北京市邮政公司2010年先进集体：牛街邮电局、东高地邮电局、南区邮票公司

8. 北京市邮政公司2010年先进工作者：杨静文、刘慧剑、冯振萍、张杰、陈莹、谷旭发、王楠、王伟、尹忠、张跃、闫之栩、戴侠、陈晶、陶春霞

9.2010年十佳劳模先进创新工作室：门桂菊聚才(财)工作室

10.平安邮政文明交通竞赛先进单位：南区邮电局

11.平安邮政文明交通竞赛先进集体：南区局邮政函件分局

12.平安邮政文明交通竞赛先进个人：孙京

13.市公司开展主题实践活动好支部：和平门邮局、石榴庄邮局

14.邮政周报优秀通讯员、好新闻评比一等奖、党群信息优秀个人:侯玉璞

15.市公司党委表彰的“群众心目中的好党员”：杨滨、师颖、康英、张雷、张跃、梁拓荒、马颖

16.北京市邮政公司先进团支部：丰台邮电局团支部、角门邮电局团支部、东花市南里邮电局团支部

17.北京市邮政公司优秀团干部、共青团员：杨静文、张长江、杨倩、孙兰兰

18.市公司安全生产先进单位、个人：牛街局蒋强、马连道局王俊香、西站局李建平、角门局任东、长辛店局许立华、云岗局贾铁军、木樨园局祁宝昆、方庄局倪福禄、后勤中心王子午、南区安保科王新举

19.市公司平安邮政单位、安全生产单位：南区邮电局

20.2010年北京市邮政公司开展的固定资产设备清查工作一等奖：南区邮电局

(撰稿人：步安娜)

2010年收入构成情况

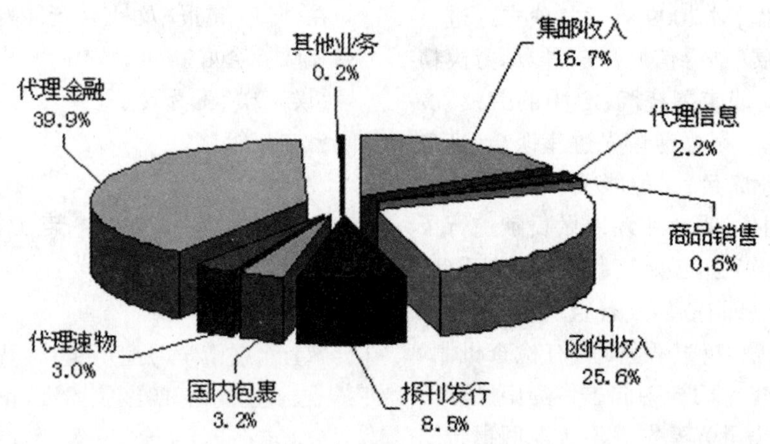

北京南区邮电局机构设置图

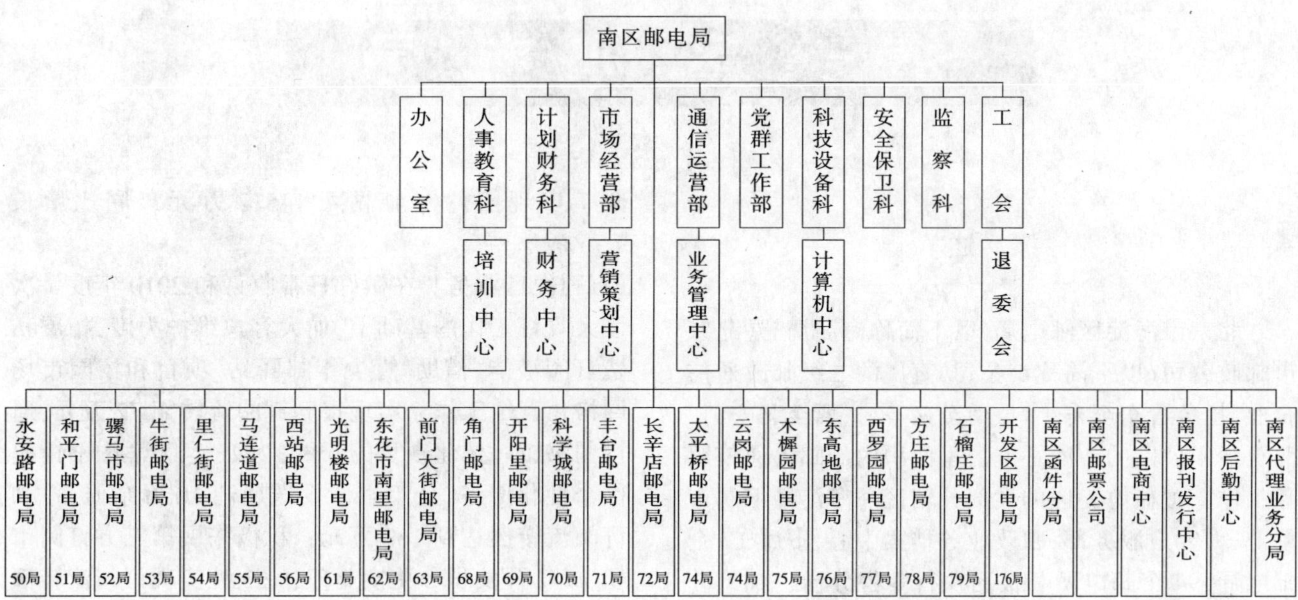

海淀区邮电局

概　述

北京市海淀区邮电局(以下简称海淀局)是北京市邮政公司(以下简称市公司)直属的二级邮政通信企业,担负着东至东小口,南至又一村,西至北安河,北至沙阳公路的404平方公里面积内的邮政通信服务工作,覆盖海淀区的大部分辖区。海淀局下属市场部、大客户服务部、邮政业务档案中心,下属17个邮电局、94个邮电所和报刊发行零售分局、邮票公司、商函局等专业经营部门。

2010年,面对严峻的经营形势和激烈的市场竞争,全局干部员工解放思想,团结一致,克服困难,奋勇拼搏,采取以"保存量,创新发展促增量"的发展战略较好地完成了全年各项经营任务指标。取得了可喜的成绩,全局共实现业务收入43046万元,完成年计划的100.63%,与上年同期相比增长9.4%;实现高效收入35284万元,高效收入率达到81.97%,与去上年同期相比增长10.64%;实现邮政业务成本费用29824万元,完成年计划的100.39%,与上年同期相比增长10.13%;实现收支差额12728万元,完成年计划的100.05%,与上年同期相比增长16.79%。

优化结构　促进业务全面发展

【函件业务】以创新发展为突破口和着力点,精心策划设计了一系列创新项目和产品,在与索贝国际广告有限公司合作"我的2020年梦想"项目后,隆重推出了"未来信"贺年卡,还成功开发了工商银企对账单和基金对账单业务。通过加强BIU团队建设,在区局和支局两层面组建了双级BIU营销团队,重点加强了客户走访和维护力度,做好客户回流工作,有效拉动了函件业务发展。同时,积极组织了海淀区邮电局直邮知识竞赛,并选派优秀营销员组成海淀直邮营销团队赢得了市公司直邮知识竞赛的冠军。全年实现函件专业收入14512万元,同比增长9.56%。

【报刊发行业务】在做好日常收订和2010年度一次性大收订工作的基础上,加大客户维护力度,拓展私费订阅潜能,借助"青少年邮驿站"项目和校园市场网格化营销工作,实现报刊订阅流转额72万元;通过图书馆一体化项目的开展,为18家大学图书馆提供个性化服务,全年累计投送期刊10万余册,报刊订阅流转额达到160万元;积极拓展第三方订阅市场,成功开发积分兑换业务,一次性实现订阅流转额40万元;中标国家图书馆2011年度报刊采购项目,标的额达120万元。全年实现报刊发行专业收入3501万元,完成预算的100%,同比增长13.98%。

【包裹业务】依托"爱心包裹"项目的常态发展,重点加强了对北京包裹、家乡包裹、大学生包裹和退伍军人包裹等市场的开发力度,实现了包裹业务的稳定发展。全年实现国内普通包裹专业收入1801万元,同比增长6.63%。

【集邮业务】以专业项目拉增长促发展为工作核心,认真分析市场结构及需求,通过生肖贺岁、后国庆经济和各类节日主题营销活动,制订完善的项目营销方案,寻求业务发展的新增长点。借助"两会"服务、上海世博会和广州亚运会,发展"会展经济";针对青少年邮驿站和高校内各类社团、新生入学、老生毕业等群体,以校园个性化业务为突破口,发展"校园经济";以集团消费群体为重点公关对象,针对党政机关、军队院校大力推进集邮定制型社会文化产品、公关礼品的开发,实现"军队市场"的突破,先后开发制作了《缔造者》、《江山如画》等邮票纪念册,得到客户的充分肯定和赞扬。全年实现集邮专业收入9222万元,完成预算的143.98%。

【电子商务业务】在全市率先成功筹建了便民服务站,并在国际关系学院组织召开了"邮政服务进社区"座谈会,提高社会公众对邮政服务及各类业务的认识。同时,重点加强了机票业务协议客户的开发力度，在市公司开展的暑期“师生特价机票”活动中，销售机票238张，全市排名第一；推出了六款具有海淀特色的自邮一族产品，全年发展自邮一族会员3725户和加盟商104户。短信业务已成为海淀局电商专业收入的重要来源和主要增长点，全年实现收入304.5万元，完成预算的116%，在市公司电商的短信业务竞赛中，前三个季度综合得分均列小组第二；全年销售世博会门票51725张，占全市销量的30%，销量排名全市第一；全年实现电子商务专业收入725万元，完成预算的105.88%，同比增长75.8%。

【金融业务】围绕“调结构，促发展；带队伍，促经营”的工作思路，组织并参加各类专业竞赛活动，做到季季有竞赛，季季有考核，并拨出专项营销奖励，促进各支局对金融项目的深度挖掘与开发。同时，创新管理方式，强化员工责任心。一方面引入保险公司先进理念，丰富培训内容，组织开展了五期保险业务特训营及大规模保险业务培训；另一方面改变理财经理固有工作模式，设置区域综合柜员，使其最多管理2-3个网点，提高了网点的现场管理能力和窗口营销能力。全年实现金融专业收入11120万元，同比增长6.65%，其中，大理财业务完成23860万元，完成预算的158%，完成进度列四城区第一位；保险业务保费完成16187万元，同比增长59.71%，保险收入完成650.17万元，同比增长87%，增幅列四城区第一位，获得了保险代理局二季度专业经营管理评比二等奖，创造了海淀邮政历史最好成绩；累计办理入账汇款业务44.8万笔，实现业务收入463.78万元，同比增长9%。

【速递物流业务】结合速物专业自身发展特点，制定了相关管理和奖励考核办法，开展了阶段性竞赛活动，从政策上对支局业务发展进行引导和支持。同时，注重抓好中关村西区和校园两大关键市场，大力开发协议客户，努力发展“E邮宝”和“经济类速递”等新业务，寻求速物专业发展上的新增长点。在各专项礼仪营销活动中，建立了定时通报制度、协调机制和培训机制，全力解决营销过程中遇到的各种问题，提高员工的综合素质和业务能力，发挥人脉关系及固有大客户资源优势，做到窗口营销与大客户营销双管齐下。全年实现代理速物专业收入1260万元，按可比口径计划，同比增长4.64%。

加强基础设施建设

【加快网点建设，改善用邮环境】通过与开发商进行艰苦谈判，以每平方米3000多元的价格成功接收了金尚嘉园(150平方米)，颐慧佳园(150平方米)，西二旗领袖新硅谷(250平方米)三处统建配套局所，为企业节省了大量资金；同时，对北太平庄局等9个邮电局所进行了装修改造，改造面积6328平方米，总投资为890万元，大大改善了员工的工作环境，优化了顾客的用邮环境，提高了邮政的对外形象，为企业更好、更快的发展提供了保障。

【科学管理设备，做好企业支撑】顺利完成了2010年度资产清查和邮用衡器检定工作，报废处理了635台达到报废标准的设备，上缴资金5.5万元，并以先进的技术和管理做好了“我的2020年梦想”项目、“爱心包裹”项目及大学生包裹收寄设备的配备协调工作。同时，利用互联网试用了视频会议网络系统，提高了办公效率，降低了人员及时间上的浪费，为全局通信生产经营工作的顺利进行提供了新的技术手段。

【提高法律意识，防范经营风险】围绕《海淀区邮电局2010年法制宣传教育工作要点》，加大了法制教育培训力度，完成了“五五”普法测试工作及总结上报工作，并加强了与律师的沟通与合作，严格审批合同，全年共签订合同308份，标的额达到1540余万元；海淀局作为市公司法制管理优秀单位，参与了集团公司对市公司合同检查，受到了各级领导的肯定和赞扬。

夯实基础　提升管理水平

【规范财务管理，突出效益优先】加强成本费用管控，提高企业抗风险能力。将全部成本费用予以细化、分解，做到每项成本费用都有具体的责任部门和责任人，建立了成本费用审批制度，对各单位成本费用使用及预算执行情况进行严格监控、分析，提出整改的措施。同时，还加大了对成本费用考核力度，按季度对各单位完成收支差额进度进行考核，从整体上提高企业的抗风险能力。

【完善损益核算工作，提升企业运行质量和效益】制定了营业网点损益核算实施方案，通过引用损益核算对网点开办和迁址等进行效益评估，保证营业网点损益核算工作可以实际操作。根据绩效考核办法对各单位损益核算各项工作的落实情况进行监督与考核，并分别采取引导发展高效、有现金流的业务及创新人员配备、作业工时排班等方法解决企业资金压力大、固定成本高等实际问题，有效提高了企业的效益。

【动态管理，实现员工与企业共同发展】强化管理岗位执行力，完善《管理岗位人员考核办法》。对全局所有管理人员按照岗位和工作职责的不同，分别制定了考核标准。各支局、专业公司、市场部等部门的领导以本单位收入完成情况、升位晋级情况等量化指标作为考核依据；机关科室部门领导和一般管理人员根据岗位职责由直属领导和基层单位进行评分，作为考核依据。同时，还加大了管理岗位人员奖励考核力度，对绩效考核不达标的人员适时进行述职，实行末位淘汰制，予以调整岗位。

【完善人工成本调控机制，为企业发展提供有力支撑】修订并完善了人工成本挂钩管理办法，采取不同挂钩指标比例，将本单位劳动生产率完成进度等指标与人工成本挂钩，充分发挥了人工成本的激励作用；同时，结合各专业发展制订了低本高效业务发展奖励办法，引导支局重点发展低本高效类业务，促进企业整体经营工作良性发展。

【优化人力资源配置，试行跨支局备员制】结合市公司双定工作，深入各支局开展调查研究，全面掌握各经营单位业务量和台席忙闲规律，并根据不同情况动态调整劳动力资源配置，尝试建立跨支局备员制，解决各单位临时性缺员问题。

【抓好岗位交流和后备人才培养工作】进一步建立后备人才和青年人才选拔机制，把好后备人才入口关，加快人才培养，有计划地安排他们在多个岗位锻炼步伐。同时，开展了员工职业生涯规划工作，加强对员工职业生涯管理，让员工掌握职业生涯发展规律，激发员工的自我激励能力，促进企业和员工共同发展。

【吸纳高新技术人才】为配合邮文化创意工作室的建立，通过智联招聘等人才网站招收社会各界优秀人才，现已招聘北大、人大等著名高校4名全日制研究生参与到项目的营销策划和设计中，为企业的经营发展发挥了重要作用。

【加强安全管理，确保企业稳定发展】全年完成22个部门共计1700具消防器材的维修保养工作，投入5万余元对中关村支局、学院路支局、北太平庄支局、上地支局的消防系统进行改造；组织全局34处局所与护卫员协同进行金融安全防抢预案演练，建立了护卫员之家；开展了各类安全和特种设备的检查活动，检查局所200余次，下发安全隐患整改通知书21份，保证了全局各项工作的安全进行。全面落实交通安全责任制，签订了交通安全管理目标责任书，加大了对车辆安全的监控和管理力度，确保了邮运车辆的运行安全。

规范管理　提升服务水平

【整合网点资源，提升网点形象】调整部分支局、所营业时间，规范统一了各网点的局所名称牌、营业时间牌、营业厅需公示的七种宣传品及四种公众服务用品，有效提升了邮政网点对外服务形象。

【创新管理模式，提高通信质量】全面推行了模块管理工作。即，按模块管理、按模块规范、按模块检查，使各级管理人员全面掌握邮政业务知识及相关管理规定。同时，规范了班组管理工作，强化了“两岗”履职内容，开展了班组互查及交流活动，要求各级管理人员必须按规定的内容落实监督检查和管理工作，规范填写相关报告书并及时上报，提升各级管理人员的能力，保证各营业网点通信生产逐步实现规范化、标准化。

全年市公司检查海淀局各类出口邮件共计238220件，合格235908件，综合合格率为99.01%，来验有责验单共计185件，同比减少了253件。

【发挥导向作用，推进品牌建设】进一步深化“外学东四，内学北太平庄”活动，广泛开展了各类业务及服务专项评比工作，并通过互查、交流等活动在各单位间形成比、学、赶、帮、超的良好氛围，有效促进整体服务和管理水平的提高。全年共收到“11185”转来的表扬236件，同比增加75件，服务满意度达到90.17分，同比提高0.22分，全年无重大投诉和媒体曝光现象的发生。

【精心筹备，全面协调，完成“两会”服务】对“两会”服务工作从网点的布局到集邮品的供应都做了精心的策划和设计，制作了“两会”邮品目录、致“两会”代表的一封信和“‘两会’专供邮品”腰封。“两会”服务期间海淀局共收寄各类邮件33034件，销售各类纪念封、邮折、邮册78890枚/册，流动服务198人次/129车次，实现业务收入307万元。

加强营销团队建设 推动“项目”营销发展

【强化营销体系建设，提高市场拓展能力】全面组建营销团队，逐步推进网格化营销工作。以“研究地域经济、深挖客户资源”为指导思想，在对目标市场和目标客户进行细分的基础上，将服务区域划分成网格，以网格作为市场开发的重点区域，以营销团队为单位，对市场营销工作进行推进。成立了中关村西区、大客户中心、大宗邮件处理中心和机关四大营销团队及支局层面47个营销团队，所有营销团队的全面组建，开启了全员营销的新局面，提升了市场竞争力，深度挖掘了企业的市场潜能，提高了企业运营效益，加快了良性发展步伐。四大营销团队全年实现业绩2880.64万元；支局层面47个营销团队，全年实现业绩7948.22万元。

【加强大客户管理，提高企业营销能力】在区局和支局两个层面建立了客户管理平台，通过实行对客户的分等、分级、分层梳理，形成客户等级管理机制，有效对客户相关信息及管理情况进行监控，形成了各单位协调运作的整体局面，杜绝了客户流失，提高客户稳定率。在现有的413户协议客户中，有1户500万元以上钻石级客户、7户100万元以上白金级客户、8户50万元以上黄金级客户、240户1万元以上贵宾级客户。

【创建邮文化创新工作室】创建邮文化创意工作室，三大主题营销项目成效显著。坚定地走创新发展道路，创新体制、机制，选拔优秀人才，成立了中国邮文化创意工作室，成功组建“动漫邮局”、“未来邮局”、“卡酷邮局”、“太空邮局”、“开心邮局”等主题邮局，及时抓住市场热点，融合社会各类活动，将文化创意内涵引入传统邮政产品，创新、创意策划了一系列项目，得到了社会各界的广泛认可和高度评价。

【“我的2020年梦想”主题书信文化活动】及时抓住市场热点，融合上海世博会相关主题，创新、创意策划了“我的2020年梦想”主题书信文化活动，并成功创建“未来邮局”及设置101010专属邮政编码，得到了社会各界的广泛认可和高度评价。该活动通过邮政网点销售、企事业单位定制方式，面向社会各行各业、全国公众提供无限专题的邮政服务，通过与索贝国际广告有限公司合作，已实现业务收入1500万元。

【卡酷“愿望真豆”贺卡项目】根据卡酷动画春晚的“爆豆”主题与卡酷动画卫视强强联合推出了卡酷“愿望真豆”贺卡，该产品内容包括：春晚新年贺卡信封、密码拼图贺卡内件、愿望真豆豆种、卡酷动画春晚个性化明信片和中国航天基金会赠送的太空豆种。卡酷愿望真豆贺卡包含“三大互动、三次抽奖、三重大奖”，且该贺卡为2011年卡酷动画春晚唯一互动渠道，卡酷愿望真豆贺卡配合卡酷动画卫视的强大宣传，具有很大的市场空间，已实现全国销售，成绩喜人。

【“熊猫潘迪大礼包”项目】海淀局代表中国邮政与北京卡酷动画传媒有限公司及北京亿商传媒投资有限公司三方共同达成战略合作协议，依托卡酷邮局，结合3D动画影片《熊猫总动员》推出了“熊猫潘迪大礼包”项目，其设计内容涵盖了中国邮政三大板块的多种业务，整合了中国邮政全网资源进行运作，创建了三大板块联动、新型合作模式；同时，该项目通过“邮乐中国”电子商务平台进行跨地区综合销售，满足世界各地“熊猫潘迪迷”的礼品需求。

【“青少年邮驿站”项目】与市报刊发行局和海淀区教委共同策划了青少年邮驿站项目。这一项目将邮局多种业务以组织活动的方式融入到校园中，最大限度的抢占中小学校园市场。成功进驻24所中小学校，开展了丰富多彩的校外活动，得到了广大师生的高度关注、认可和好评，实现集邮专业收入3.2万元，函件专业收入2.4万元，报刊流转额72万元，代发工资代发额48万元。

【“北邮校园一卡通”项目】是将在校师生的各类证件、餐卡、钱包、存折等归集于一卡的校园服务新模式，它将为广大师生员工的工作、学习、生活提供方便，进一步规范学校的管理模式。海淀局酝酿协同市公司代理业务局、信息技术局、邮储银行北京分行共同与北京邮电大学达成战略合作，经市公司出资后，进行此项目的启动、开发、设备采购、平台搭建等工作。

【创新引领进步,项目拉动发展】深入研究市场变化,不断开发庆典经济、节日经济、政府经济及中小企业等专项市场,积极开展网络营销、事件营销和品牌营销活动,各大项目获得了诸多赞誉及好评,促进了企业的快速发展。

“我的2020年梦想”主题书信文化活动荣获市公司2010年度“营销创新奖”;中国西电装备电力定向邮品项目、石景山区政府礼品项目、中关村邮局代理保险项目、长城人寿保险股份有限公司纪念邮册项目、二炮航空机票项目、海淀区委第三方订阅项目、爱协林幸运封项目、北京邮电大学企业年册项目和二炮《铸就辉煌》邮册项目分别获得市公司2010年度“市场开发成果奖”。

精神文明建设 以人为本 凝心聚力 构筑企业和谐氛围

【强化培训力度,提高队伍素质】以注重实际、实效和实用为培训工作策略,积极转变工作思路,主动创新工作方法,着力寻求新的突破口,形成培训方式多样化、培训手段信息化、培训管理规范化的发展趋势,调动员工学习业务知识、提高综合素质和技能水平的积极性。在市公司组织的各类抽测考试中,荣获邮政营业员业务知识抽测第三名、客户经理业务知识抽测第二名、支局长和储蓄业务员抽测第四名,为企业发展提供人力资源保障。

【加强党性修养,抓好反腐倡廉工作】以加强企业党风廉政建设为中心,贯彻落实“三重一大”制度,进行了治理账外账“小金库”和清理废旧物资设备等工作的效能监察;深入开展廉政风险防范管理工作,查找出风险点219个,制定了防范措施219条,并对基层离任和新任领导干部进行了离任监察和集体廉政谈话。同时,开展了廉政教育月活动,为各级领导赠送了廉政电子贺卡,建立了廉洁文化宣传园地,在全局营造了倡新风、树正气、构和谐、作表率的廉洁文化氛围。

【创新工会工作,助推企业发展】围绕企业中心工作,开展三大杯赛竞赛活动。开展了“发展杯”、“创新杯”和“安康杯”三大劳动竞赛活动,投入16万元作为奖励,极大的调动了广大干部员工的积极性。同时,评聘出了第二届9名首席员工,开展了以“爱岗敬业,勇于创新、超越自我,追求卓越”为主题的班组创新风采展示活动,为支局搭建了展示技术、创新成果、特色管理理念的平台,极大激发了员工的创新激情和潜能,为完成企业生产任务建功立业。

【开展特色活动,构建健康和谐特色小家】以“廉洁文化进小家”为主题深入开展了“让爱住我家”特色小家建设活动,使广大干部员工在愉悦、轻松的生活工作环境中深受廉政文化的熏陶。有步骤地为职工小家硬件设施进行升级,职工小家满意度达到了95.94%的新高,极大地增强了职工之家的凝聚力。

【关心困难职工维护员工利益】组织195名员工分四批赴外地进行休养;同时,通过对员工的调查摸底、分类,根据员工不同的困难程度,及时调整并完善了困难员工档案,通过工会组织帮扶,集体结对帮助,全年慰问困难员工694人,发放慰问品24.58万元。

【重视员工业余文化生活,营造良好企业文化氛围】以群众喜闻乐见的文化活动为载体,举办了自救互救初级急救员培训班、员工乒乓球大赛和羽毛球比赛等,开展了“全民健身日”和“巾帼志愿点燃豪情,海邮女工绽放光彩”的志愿者服务活动,并在“三八妇女节”100周年之际,组织全体女员工参观中国电影博物馆活动,创造了历年参与“三八妇女节”活动人数最多的纪录,丰富了员工业余生活,增强企业的向心力。

【围绕中心抓宣传,营造氛围促发展】围绕企业经营、服务、管理等工作为中心,重点对各大经营活动、创新项目、先进典型及推出的新举措、新措施和取得的成绩等利用《海邮快讯》、《党委工作信息》、《海邮信息》、OA管理系统开展了宣传工作,为推动全局各项工作不断向前发展营造良好的舆论氛围。全年,社会各新闻媒体共刊发关于海淀局各方面稿件300余篇,树立了海淀邮政的良好企业形象。

(撰稿人:郝建秀)

北京海淀区邮电局机构设置图

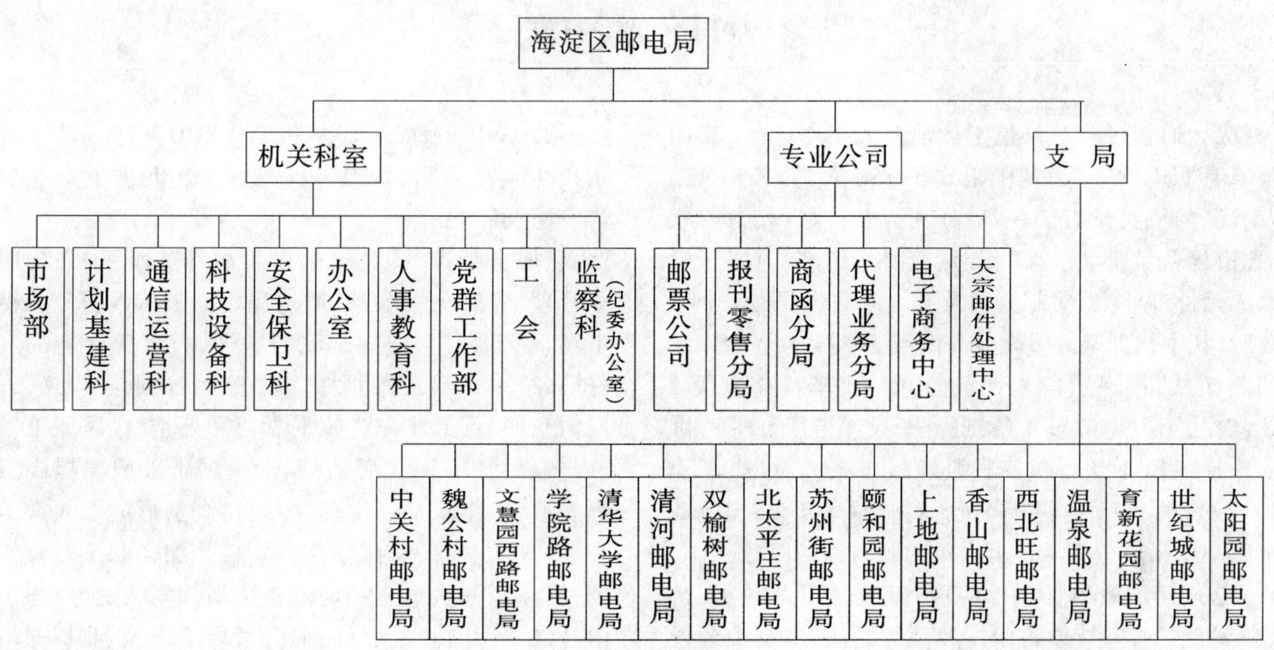

通州区邮政局

【概况】 通州区邮政局位于运河西大街174号,2010年末有职工575人,其中正式工150人,劳务工425人。区局机关设五部一室,分别为办公室、人力资源部、市场营销部、党群工作部、计财基建部、通信运营部。函件专业局、集邮公司及9个邮政支局,24个邮政所(其中代理邮政金融业务网点24个)。全局共设邮路7条,投递道段110条(其中,汽车投递道段7条,摩托车投递道段4条,自行车投递道段97条,机要投递道段1条, 包裹直投道段1条)。投递里程4012公里。信筒信箱250处。村邮站484个,担负着全区907平方公里155万人口的邮政通信服务工作。

2010年通州邮局在北京市邮政公司及区委、区政府领导下,坚持以科学发展观为导向,围绕市公司经营发展思路,以加快发展为第一要务,以“升位晋级”为目标,以深化营销体系建设为重点,强化各专业经营工作,结合实际,有针对性地调整、制定经营、奖励政策。通过深化改革、强化经营、提升素质,各项工作取得新进展。

党委书记、局长刘国军,副局长兰芳、董宗悦。

【经营成果】邮政业务总量完成13720.68万元;邮政通信总量完成8057.82万元; 邮政业务收入完成8517.61万元,完成预算8496万元的100.25%。成本费用支出6344.04万元,完成预算的98.99%。收支差额:预算2029万元,实际完成2079万元,完成预算的102.44%。

全员劳动生产率实现16.17万元/人。

【加强营销队伍建设,提升营销整体实力】加强营销体系建设, 扩大专职营销员队伍。一是对营销人员进行了公开招聘,在各支局建立了专兼职营销员,把营销人才充实到营销岗位, 进一步强化了市场开发和专业营销能力。二是健全完善了营销配套制度,制定了营销部工作职责、营销主任岗位职责和《2010年营销项目奖励办法》、《2010年营销体系建设实施办法》。三是着重在营销环节上建立灵活的营销用人、薪酬机制,完善了营销人员的绩效考核办法,实行营销人员的动态管理,建立起了“靠用人机制吸引人、靠薪酬机制激励人”的机制。2010年来成功开发用户154户,营销业绩434.12万元,促进了企业经营快速发展。

【强化服务管理,提高通信质量和服务水平】强化服务管理,确保优质服务。通州局始终坚持以服务赢得市场、赢得客户,树立邮政服务通州、服务社会的良好形象。一是深入贯彻“用户是亲人”的服务理念,开展向东四、百万庄先进邮局学习和评选“优秀职工”、“服务标兵”等评优活动,调动全局干部职工提高服务质量、工作水平的主动性和自觉性,形成了人人争当窗口服务标兵的良好氛围。二是加强职工教育培训,提高服务水平。制定全年培训计划,在全局职工中开展了岗前基础培训、综合素质培训、职业技能培训、专项业务培训、安全生产培训。全年对窗口营业员进行四次计算机汉字录入测试, 有效提高了全员汉字录入水平、工作效率和服务质量。2010年全局参加职业技能鉴定职工共有283人次, 持证率达到76.16%,完成市公司下达的75%的持证目标,同比2009年增加了十七个百分点。三是认真落实三项基本制度,确保优质服务。加强两岗履职工作,充分发挥监控岗和综合管理岗的作用, 按照两岗履职工作的要求,注重检查范围、检查频次、检查质量和事后处理,通过检查发现服务方面存在的问题,制定改进措施,堵塞漏洞。四是抓服务促质量管理,严格按要求做好各类投诉、建议的处理工作, 做到条条有记录、事事有落实、件件有回音。每月对受理的投诉信息进行综合分析, 充分发挥投诉信息对服务质量和服务管理的推动作用。五是重点加强对投递服务的管理,采取专职检查员跟班检查、走访用户(小区楼房用户)、发放征询意见函等形式,检查投递质量及服务水平,全年共检查1465次,对查出的问题每月通报,认真整改,严格复查,并按规定对责任人进行考核,促进了服务水平不断提高。

【强化预算管理,提高企业经营效益】加强全面预算及损益核算的管控力度, 压缩各项成本费用, 将支局、专业公司“收支差额”完成情况与各单位人工成

本进行挂钩，注重网点的减亏、扭亏工作，以“一局一策”为原则，由减亏工作领导小组与相关支局共同制定，各网点减亏方案及目标，并认真落实，提高了基层单位的成本管控意识。进一步细化成本项目管理，结合本局实际情况，紧紧围绕降本增效的原则，加强了对人工成本、业务用品、设备的有效利用率等方面的管控，强化了资金管理、成本费用集中管理、招投标管理，使损益核算与生产经营紧密结合，实现了收入与效益协调发展。

【加强培训，提高营销队伍素质】强化营销员培训力度，建立作风过硬的营销队伍。通州区邮政局加大对支局长、营销员的培训工作，对支局长进行了全面系统的管理知识、管理方法、工作思路的培训，利用周末组织商函和集邮专项业务培训和营销知识培训，引导支局长学业务、学方法、找感觉、促效果。加强内部营销人员的培训力度，培养内训师，采取送出去、请进来等多种培训方式，快速提高内训师素质。在营销员方面，对营销员灌输营销知识，举办“2010年营销知识大赛”等各种活动，共开展各种形式的培训、竞赛8次，集中进行了4次考试。通过强化培训，提高了营销员的专业素质、营销技能和产品开发的能力。

【抓大项目积极开展营销，加快储蓄余额发展】适时调整发展方向，及时调整储蓄结构，坚持以发展谋突破，紧抓储蓄业务不放松，集中优势开发大型项目。通州区为实现国际新城规划建设目标，在新城规划核心建设区有五处改造地块面临拆迁，拆迁规模大，涉及拆迁款数额大，通州邮局领导高度重视，抓住最佳时机，与市场营销部制定专项营销策划方案，带领相关支局营销员分别在拆迁现场设置临时服务点，派发宣传单，大力宣传邮储业务，并通过高层营销、全员营销、亲情营销等多种方式开展营销工作，此营销项目共吸储5398.37万元，保险200万元。

【加强民主管理，增强企业的凝聚力】做好民主管理工作，增强企业凝聚力，促进企业改革发展。一是坚持每年召开两次职代会。认真落实局务公开工作，组织职工代表对领导班子成员进行民主测评，并对相关局务公开内容进行了审议、表决，从而保障了职工代表依法正确行使民主权利和参政议政权利，强化了对领导权力运行的监督检查。二是根据升位晋级奖励考核办法，根据奖励机制的实施，对各支局奖金的发放及对人员任免进行公示，从而对全局各项工作的顺利开展发挥了有效的保障作用。三是调动职工参与管理的积极性。征集到合理化建议共79条，行政领导与工会组织认真研究了各项意见和建议，对于好的建议予以采纳和实施。

【积极推进和谐企业建设】坚持以人为本，积极推进和谐劳动关系的建设，维护职工的合法权益。以办实事为载体，使企业发展成果惠及职工。一是开展“送温暖”两节慰问活动，对离退休人员、退休困难老职工、病休职工、离退休干部遗属、在职困难职工等，以慰问金和慰问品的形式进行了节日走访慰问。二是发挥职工帮扶救助中心作用，以解决职工最关心、最直接、最现实的困难为重点，积极为职工排忧解难。对全局患病职工及家属救助12人，发放救济金45051.41元；发放金秋助学金24000元；按照帮扶条例，救助家属直系亲属死亡等共计4000元。

【积极推进村邮站建设】按照市邮政公司及区政府文件精神，紧紧围绕“村村建站、户户通邮”的目标，以服务“三农”为主线，狠抓各项任务的落实，推动了通州区新型村邮站建设工作的开展，解决了最后一公里的服务问题。一是建立了10个三农服务站，1个旗舰店。二是积极组织职工对通州区各销售市场进行走访、调研，并制定分销产品销售计划，取得了明显效果。

【加强局所建设，提升服务能力】2010年按照建设工程规划，对五个局所进行了装修改造，完成了新华大街、翠屏南里、张家湾、台湖、马驹桥邮政局所的装修改造工程，解决了生产场地狭窄问题，为全局今后的经营发展创造了条件。

【强化安全工作，提高安全保障水平】按照“安全第一、预防为主、综合治理“的方针，强化安全管理，落实重点制度，进一步加强了安全防范设施建设和对重点部位、重点环节的安全检查。一是严格遵照市邮政公司的要求，对各类邮件严格执行收寄验视制度，严把收寄关，确保了世博会期间寄递物品的安全。二是加强了对网点资金安全、管理岗履职情况的监督与检查，进一步落实邮政资金防盗、防抢等规章制度，组织了金融风险“百日大排查”活动。三是加强教育培训，增强安全意识。组织职工进行防抢、防盗、消防知识演练及教育培训，自编讲义教材，组织消防知识答卷活动。四是开展了“安全生产月”、“安康杯知识竞赛”、“平安邮政建设”、安全生产图片展等活动，做到全员参与、人人皆知，切实提高各级管理干部及职工的安全生产意识，全面实现了“平安邮政”工作目标。

【精神文明建设再上新台阶】 深入开展争优创先活动。在营业、投递及司机人员中分别开展了“文明服务示范岗”、“文明标兵”、“优秀投递班组”、“服务质量标兵”、“营销能手”等评选活动，在全局上下营造了“学东四精神，培树先进典型，提升服务水平”的良好氛围，对内对外服务意识增强，服务水平明显提高。通过创建工作的开展，发动职工以良好的精神面貌投身到企业经营发展中去，并组织开展了“迎七一、党员、团员齐献礼”劳动竞赛、“学东四、学梨园投递部，加强作风建设，优化发展环境”暨践行三个心系(即：心系发展只争朝夕建新城；心系效能，发展环境显优化；心系群众真诚服务解民忧。)主题实践等活动，丰富了企业文化建设内涵。2010 年荣获“全国精神文明建设先进单位”称号，荣获北京市邮政公司“安全生产先进单位”称号，自 1995 年至 2010 年连续 16 年荣获北京市“交通安全工作先进单位”称号。梨园支局投递部荣获北京市“模范集体“称号。

（撰稿人：张素霞）

门头沟区邮政局

【概况】北京市门头沟区邮政局位于门头沟区河滩路2号。机构设置为人力资源部、计财基建部、通信运营部、党群工作、市场经营部、代理业务部、办公室、函件局、发投公司,其中代理业务部为年内新增部室。下辖5个支局9个邮政所。全局共有职工230人,其中正式工92人(含聘用工16人),劳务工138人。全局共有邮路46条,其中汽车邮路3条,自行车邮路43条,邮路总长1616.6公里。

局长、党委书记姬金明。

【完成指标情况】邮政业务总量5611万元;通信总量4574万元;全年业务收入4231万元,完成年计划指标109.79%;收支差额958万元,完成年预算进度的100%。

【市邮政公司领导来局调研】2月3日,市公司总经理章干泉等到门头沟局调研,提出要求。一是对该局制定的各项奖励考核机制给予认可,要求将其具体措施落实在工作中,确实抓出实效;二是要求在年度工作中继续抓住重点,突出特色,充分利用地域特点和旅游资源做好经营工作;三是做好村邮站建设工作,利用好各项政策,调动积极因素,力争成为新的业务增长点;四是要做好减员增效工作,提高员工队伍素质,有效控制人工成本,不断提高劳产率;五是做好节日期间安全工作,确保安全工作不出问题。

7月27日,市公司总经理章干泉等到门头沟局慰问。对投递人员表示慰问并嘱咐大家要注意暑期和汛期安全,特别是要注意人身安全。要求领导班子要解决职工士气和心气问题,必须关心员工,关注一线指挥员,切实发挥全体职工的作用。解决好本局的突出问题,不等不靠,只有加快发展,才能弥补不足。

6月2日,市公司副总经理王金波到门头沟局调研。对该局储蓄业务发展提出要求:一是领导班子要转变经营观念,统一思想,重点高效业务做大做强,有效整合人力资源,不等不靠,主动解决客观存在的问题。要注重理财队伍建设,抓好多层次的培训,做好理财产品营销,开拓思路,深入研究农村市场,根据地域特点找出适合自己发展的道路。

【机构变化】市场经营部增加了职能岗位,增加了产品设计、市场策划、产品推介、宣传、市场营销等功能;函件局增加了市场支撑功能;成立了发投公司。增加了投递管理,发行管理、业务指导职能;成立了代理业务部。

【制度、机制完善】年初制定了《升位晋级考核办法》《绩效考核办法》《管理人员考核办法》《员工奖惩考核细则》《重点业务奖励办法》《营销体系建设推进方案》等。

【召开保险推介会】年内召开推介会10场,签订保单50余份,实现保费350万元。

【爱心包裹业务】5月4日,到门头沟区易家地产交易中心宣传爱心包裹业务,该中心总经理表示支持,动员十几名员工来到门头沟大峪支局营业厅捐赠爱心包裹,此次共捐赠爱心包裹133个,学校型包裹3个。

【世博会邮品预订】“魅力首都·精彩世博”珍藏邮册预订121册,完成市邮票公司分配数量的177.94%;光栅明信片预订数量为82册,完成分配数量的120.59%;邮折预订84个,完成分配数量的123.53%;完成指标的167.57%。

【教育培训】年内,先后对入局的新员工进行岗前培训,由相关部门讲课,讲解岗前常规业务、服务规范、安全生产等。定期组织员工业务抽测,对抽测不合格人员及所属单位进行考核;

【业务练功】年内开展了职工业务练功比赛活动,上半年在工会的协助下组织全局投递、营业、储蓄三个工种的职业技能比赛。

【理财经理队伍建设】上半年对8个局所配备了专职理财经理。

【损益核算工作】年内对支局、专业局进行“分专业高效收入指标解释”培训,使经营单位能够理解高效收入的含义及收入利润率的计算,引导经营单位正确创收,并将损益核算应用到邮政所、专业公司,将成本、费用,包括水电取暖、人工成本、劳务费、累计折旧、油料费,修理费、税金、从库存转出的业务材料用品、低值易耗品等和收入按照各单位实际使用数进行分摊,保证数据的真实性和完整性。

【安全工作】

两会期间,与营业员、投递员签订了全国两会安全服务责任书。

上海世世博会期间，与营业员签订邮件安全责任书。

转发了市公司《北京邮政生产系统突发事件应急预案》。

汛期制定了《门头沟局关于做好2010年度防汛、防暑工作的通知》

交通安全工作被市安委会授予“交通安全先进单位“。

【组织防爆演练】6月2日，在王平村支局组织了一次防爆演练,演练结束后区公安分局内保处警官对邮政金融防范工作提出几点要求和建议：

一是落实好突发事件应急预案，遇有突发事件时不可盲目行动,记住犯罪分子的体貌特征,为侦破案件提供有力证据。

二是在与歹徒谈话的方式方面应更加委婉并多人与其交涉,以便拖延时间,谈话方式再多一点再自然一点,注意控制歹徒的情绪,分散注意力,防止其情绪激动做出过激行为。

三是在报警设备和报警方式上要注意日常维护,报警时既要果断又要隐蔽,增强自我防范意识,把人身安全放在首要位置，同时加强日常安全检查和安全知识的培训，确保人身和通信生产的安全。

四是根据当前治安状况及犯罪手段的不断翻新,不能放松警惕,要克服麻痹思想,必须增强从储人员的防抢意识及处理突发事件的能力，在保证人身安全的前提下最大程度的避免财产受到损害。

【组织建党89周年纪念活动】6月30日，组织党员和积极分子到抗日战争纪念馆接受爱国主义教育。由党委书记姬金明为全体党员、积极分子上党课,以“诚实做人、实在处事、高调做事”为主题教育党员干部模范带头作用,为企业发展贡献力量。

【投递员王自殿获得“百姓爱心明星奖”】11月17日,由市委宣传部,首都文明办、北京市委讲师团、北京人民广告电台、《大学生》杂志社共同主办的百姓爱心故事评选活动揭晓，大峪支局投递员郝鑫演讲的《心灵的投递》主人公王自殿获得“百姓爱心明星奖”。

（撰稿人：谭文贤）

门头沟区邮政局支局、所概况

单位名称	地　址	邮　编	备　注
大峪支局	门头沟河滩路6号	102300	
西辛房所	门头沟路77路	102300	大峪支局管辖
三家店所	三家店水闸路11号	102300	大峪支局管辖
军庄所	门头沟军庄镇	102300	大峪支局管辖
王平村支局	王平镇西村	102301	
大台所	大台矿内	102303	王平村支局管辖
木城涧所	木城涧玉皇庙	102304	王平村支局管辖
斋堂支局	斋堂镇西斋堂	102309	
清水所	清水镇上清水	102311	斋堂支局管辖
雁翅支局	雁翅镇雁翅村	102305	斋堂支局管辖
石龙支局	门头沟石龙北路62号	102308	
承泽苑所	滨河居住区承泽苑2号楼一层	102308	石龙支局管辖
双峪路所	门头沟大峪南路2号	102300	石龙支局管辖
潭柘寺所	潭柘寺镇	102308	石龙支局管辖

房山区邮政局

【概况】房山区邮政局(以下简称房山局)位于房山区良乡西路11号。服务面积为2019平方公里,承担着全区党政机关、企事业单位以及20个乡镇,4个街道、1个地区、461个行政村的邮政通信任务。全局在职职工525人,区局机关设办公室、人力资源部、计财基建部、市场经营部、通信运营部、党群工作部六个职能部室,下设一个函件专业局。房山局下辖8个支局,33个邮政所。设投递道段110条、步班邮路7条、汽车邮路11条、机要专投1条、机要兼投4条。

局长、党委书记张余海;副局长王希利、炼永生;副局长、工会主席翟耀。

2010年房山局坚持以十七届四中、五中全会精神为指导,在企业经营发展过程中,坚持科学发展,以加快转变经济发展方式为主线,探索业务发展新格局。在邮储、速物体制改革的现实环境下,全体干部职工统一思想,创新思路,求真务实,以踏实肯干的工作作风,积极应对各种挑战和压力,密切结合区内地域、经济、文化等特点,进一步推进网格化营销模式。经过努力,各项业务呈现良好发展趋势,圆满实现了升位晋级目标。

【主要经济指标完成情况】通信业务收入实现7892.76万元,完成年计划的106.81%,同比增幅26.95%,超出部分,有效弥补了因历史原因造成的335万元的挂账;企业收支差额完成1363.86万元,完成年计划的100%;业务成本费用开支完成6461.46万元,完成年计划的108.1%,同比增幅22.73%。

【金融专业良性发展拉动收入增长】代理金融业务共计完成4455.72万元(含关联交易),完成全年任务指标(3925万元)的113.48%,增幅27.81%。其中,储蓄业务收入累计完成3830.29万元,完成任务指标的115.65%,增幅29.46%;保险收入累计完成288.35万元,完成任务指标的116.28%,增幅51.13%;汇兑收入累计完成234.99万元,完成任务指标的89.35%,增幅0.75%。全局储蓄余额规模达到30.18亿元,全年累计净增4.43亿元,完成全年余额净增指标的105.57%。全年新增公司客户32户,累计达到64户,公司余额达到1.44亿元,年日均存款余额达到1.01亿元,完成年日均存款余额任务指标(6700万元)的151%。由此带来201.19万元的公司收入,占储蓄收入的5.26%。综合理财产品销售量达到5867.36万元,完成全年任务指标的195.57%,其中,理财产品销售2896.6万元,基金产品销售233.34万元,国债共销售2737.42万元,有效拉动了储蓄中间业务的快速增长。代收保费8105.52万元,完成全年任务指标的104.9%,增幅44.35%。2010年6月个人网上银行开办以来,房山局以个人电子银行竞赛活动为契机,共加办电话银行7954户,完成指标的132.57%,加办网上银行8423户,完成指标的140.38%,均达到市公司的进度要求,为进一步稳固大客户、吸引新客户开辟了新的渠道。

【发挥金融专业支撑作用】分季度开展了一系列的储汇专业劳动竞赛活动,同时开展个人电子银行、基金等专项竞赛活动。期间,根据业务发展情况,穿插开展短程竞赛。2010年初,成立代理业务部,同时原来由同级支行管理的汇检岗位也划归代理业务部管理,房山局代理金融业务步入专人专业化管理的正轨。制订《房山区邮政局代理金融业务管理考核办法》,从储蓄柜员绩效管理、业务差错管理、业务练功管理、资格认证考试、服务等方面做出详细规定,特别是从储人员的绩效管理方面,改变了以往干多干少奖金相同的状况,员工奖励分配由定性改为定量的绩效考核,按量按效取酬,超额奖励,年度评价。在业务练功方面,通过强化培训、组织练功比赛、测试及考试,全面提高从储人员整体素质。举行业务练功8场,200余人次参加,进一步提高从储人员操作水平,为更好地服务用户打下基础;在各项考试中,45人通过统版证书考试,10人通过基金业务销售资格考试,9人通过保险代理证书考试。2010年初,制定《金融专管员管理考核办法》,明确金融专管员的职责范围,加强培训,定期召开金融例会,强化金融专管员责任意识。通过严格的管理考核，使金融专管员队伍走向正规化、专业化。在理财经理队伍建设方面，新配备10名理财经理，到2010年底，全局有理财经理19名。制定《理财经理管理考核办法》，通过考核和激励机制，最大限度地发挥理财经理的作用。加大培训力度，做到全面、详细了解新业务，及时做出市场分析和市场定位，根据目标客户的具体情况做出准确判断，加强与客户间的沟通。与中国人寿公司、中法保险公司联合举办保险特训营，通过培训，提高了理财经理和柜员的营销技巧，在工作中以点带面，互帮互学，积极宣传，形成良好的销售势头。业绩优秀的理财经理不断涌现，窦店邮政所理财经理樊金光全年理财业绩632.62万元，房山城内邮政所张红梅业绩481.2万元，韩村河邮政所晋军业绩247.5万元，三人以优秀的业绩有效带动了理财经理队伍的良性发展。

2010年全局新装POS机四台；南尚乐邮政所改造后增加VIP台席一个，安装ATM自动取款机一台；良乡理工大学安装存取款一体机一台，这些服务设施的增加，不但方便了用户改善了服务，也有力促进了业务发展和收入增加。

【均衡发展邮务类业务】1.函件专业：业务收入共完成1390.6万元，完成年计划的100.91%。主要通过开展函件杯劳动竞赛、“大战90天冲刺900万”、“创新增活力、项目促发展”等劳动竞赛，广泛调动全局干部职工不唯指标唯市场的主动性和积极性，深入挖掘函件市场潜能，深度开发“五个经济、六大市场”。以竞赛为契机，努力寻找邮政与市场需求的结合点，促进新型业务发展，成功开发了《北京之源-琉璃河》邮资明信片，创收2.4万元；首都博物馆馆藏明信片，创收14万元等项目；在“世界杯有奖竞猜明信片”营销活动中，成功开发房山联通公司定制型明信片3000枚，填补了房山局定制型幸运邮天下明信片三年来的空白。2. 集邮专业：全年累计完成880.27万元，完成计划的100.6%，同比增幅9.89%。共策划制作定向邮品项目七个，合计创收89.34万元。重点邮品《书魂画韵》累计销售470本，实现收入140.06万元。3.报刊专业：发行收入完成608.15万元，完成年计划的100.03%，同比增幅13.55%，收订情况良好。在报刊发行方面积极营销重点报刊、畅销报刊以及都市类报刊，拓宽私费订阅渠道，主攻中小学校园市场，重点推行中邮阅读卡，大力开发图书馆市场，特别是采取揽收报刊当时兑现奖励的措施，极大地调动了员工揽收积极性。通过努力，燕化公司资料室的期刊订阅回归邮局，从而形成收订流转额77万元。借力教师节，一次性销售中邮阅读卡230张，实现流转额2.76万元。

【大力发展电商业务，小专业实现大作为】2010年电商业务收入实现180.57万元，完成年计划的112.85%，同比增幅72.65%，收入比重达到2.29%，较去年提高0.9个百分点。为加快电子商务这一低本高效业务的发展步伐以及拓展业务规模，优化专业收入结构，全年以短信业务作为电商业务收入的重要支撑，随时关注加办率；将航空机票业务作为新业务发展的重中之重，以代理票务业务作为收入增长点；积极发展“自邮一族”会员，扩大会员规模，最大限度地挖掘高效收入的贡献率。2010年短信业务创收94.56万元，同比增长129%，专业占比增至52%。航空机票累计出票4939张，完成五档奋斗目标(4800张)的103%，月均出票量达到412张。开发自邮一族会员351户，形成收入7.02万元，完成全年奋斗目标。

【加强邮政服务三农工作，开辟服务三农新渠道】在2009年全面完成房山区466个村邮站建设的基础上，以此为平台，2010年着力加强邮政服务三农具体工作的落实。结合实际，制订计划，对基层单位服务三农管理人员进行分销品、农资、家电下乡等业务的专题培训。为进入农村农资配送市场，与农田大镇韩村河曹章村多次洽谈，最终达成共识，以农技讲座的形式推广配送的农资品牌产品，市公司三农办大力支持，组织市邮政老年文艺宣传队到该村进行表演，房山局以“科学种植、技术先行”为宣传口号进行农技讲座。讲座结束后现场订购复合肥4吨，取得了良好的效果。按照市公司建设三农服务站的要求全年共建三农服务示范站10处，旗舰站1处。真正使村邮站变成农民的服务站，邮政业务的宣传站，促进各项业务的发展。

【结合区域特点，推进网格化营销】营销体系建设工作坚持创新管理、深挖市场、注重实效的原则，在全局范围内推行“网格化”营销，力求在各专业的市场开发工作中见成效。在制度管理上，修订了《房山区邮政局专职营销员管理考核办法》和《支局、专业局

营销团队工作管理办法》，针对各项营销活动，制定专项奖励政策，通过加大奖励考核力度激发专职营销员及营销团队人员的业务开发热情，取得更好的营销效果。在组织管理上，实行专职营销员队伍及支局、专业局营销团队的双重管理模式，除组建各支局的营销团队外，还组建两只跨支局管理的专职营销团队，分别为房邮开拓队和房邮创新队。两队分别由部分优秀专职营销人员及兼职营销人员组成。营销团队在良性竞争环境下，优秀的营销员脱颖而出，良乡邮政支局陈海如、许曙光营销业绩分别为121.52万元和93.22万元，交道邮政支局董大强营销业绩91.11万。其他营销员业绩也较往年有较大提高，营销员鞠俊荣、沙莹以突出表现获得市公司先进个人荣誉称号。针对房山区地域经济特点，结合市公司提出的“五个经济、六大市场”，在市场开发过程中，着重以政府经济、旅游经济为主，节日经济、总部经济、会展经济为有效补充，策划主题营销项目，在实施中不断摸索，以业务创新为基点，拓宽邮政市场新领域。通过营销团队的努力，成功开发了《北京之源——琉璃河》邮册1000册、以DM广告为载体的防震减灾知识有奖答卷6.5万份、中国房山世界地质公园博物馆邮册1000册、首都博物馆本册式明信片1.2万套(此项目荣获市公司二季度“市场开发成果奖”)、长阳名人高尔夫邀请赛纪念邮册800册等项目。

【强化基础管理，以管理促经营】出口邮件合格率达到99.7%，高于市公司出口邮件合格率96%以上的要求。按照两岗履职工作要求，对所辖支局、所共检查450次，其中：针对营业、分拣共检查106次，投递检查234次，报刊发行检查86次，机要专项检查24次。对进口验单及11185服务投诉进行汇总并及时处理。对各网点进行了为期80天的安全检查；组织防抢演练8次；检测避雷设备56处；签订各种责任书580余份。组织驾驶员参加区专业运输系统“2010欧曼—双龙”杯驾驶员技能比武大赛，房山局驾驶员李德明获得专业运输系统“优秀驾驶员标兵”称号。全年全局机动车安全行驶136万公里，未出现甲方责任事故，交通违法率无超标。

【做好重点时期通信生产工作】为保证“两会”、上海世博会、广州亚运会期间通信生产正常运行，确保邮件收寄安全和服务万无一失，制定邮政收寄安全考核办法，逐级签订安全责任书，加大了对营业员的培训力度，并通过正常邮寄的方式对所有网点进行了暗查，重点针对邮件收寄是否严格执行验视和复重制度、服务是否规范展开检查，发现问题立即整改，并下发通报纳入考核。

【切实推进降本增效工作】1. 科学调整营业时间，实现网点效益最大化。经过实际调研、精细化测算，并结合用户用邮需求，对山区偏远局所全部改为半营半投所，将农村地区的邮政所改为周六、周日休息，解决了人工成本的浪费，为做好对外服务，提前一周对外张贴公告，并要求投递员对有需求的用户进行揽收。2.优化生产作业环节，减少人工、车辆运行成本。将交道邮政支局投递部与窦店邮政所投递部合并，减下人员充实到营销岗位；合理利用生产车辆，减少区局邮运趟车往返局所次数，通过努力，区局邮运趟车每日行驶里程减少20公里，每年节约油耗成本7000余元。3.开展亏损网点减亏工作。从2010年1–8月房山局网点损益核算运行情况看，41个营业网点中共有17个网点处于亏损状态，占全部网点比重的41%，亏损金额共计164万元，其中12个网点收入规模在10万元以下，大多数网点以传统业务为主、没有储蓄业务或是与一类银行合署办公。9月16日下发制定亏损网点整改方案的通知，成立领导小组，明确职责，对各亏损网点进行全面摸底和分析研讨，根据实际情况，分类制定改进措施及优化方案，按月对全部营业网点效益情况进行通报，加强实时监控，分别在作业计划调整、人员整合、完善营销奖励政策、邮路改革等方面展开大量工作，强化全员减亏增效意识。通过努力，网点减亏工作初见成效，到2010年底，房山局亏损网点下降到9个，累计亏损金额103万元，亏损额下降了61万元，8个网点实现扭亏，其中10万元以下网点扭亏7个。

【投递管理】2010年共抽查信筒信箱64次，更新信筒信箱10处，撤销1处；对信报箱插箱投递情况进行5次专项检查，平常函件投递质量检查323次，投递进口银企对账单1.59万件，投递《急救手册——家庭版》36.4万份，妥投率均为100%。针对投递员流动较大的情况，重点加强了对邮件外部投递质量的检查力度，及时发现，解决问题，避免发生重大投诉和问题隐患，同时加强投递部管理，首先提高投递部主任管理水平和自身素质，以此带动投递人员整体业务素质及投递服务水平。

【人力资源管理】制定2010年绩效考核办法、中层干部管理考核办法、中层干部收入统管办法。全年组织各种培训31期,1605人次参加，组织24学时脱产培训9期,317人参加;组织练功比赛4期,291人参加;圆满完成了营业、投递、储蓄、营销人员和支局长的抽测工作。组织188名职工参加职业技能鉴定考试,全局持证率85.52%,达到市公司85%持证上岗率的要求。及时发放社保卡，全局在职职工及退休职工的社保卡共计630张全部发放到位。面向全体职工公开招聘代理业务部人员，共9人报名参加应聘,通过公开竞聘,实现人力资源的优化配置,也为优秀人才脱颖而出创造条件。

【强化财务管理】2010年积极完善各项管理机制,继续倡导财务创新、科学管理,加大对基层的服务支撑力度;积极推进营业网点损益核算工作,做好亏损网点整改,结合实际制定减亏方案,督促方案的落实;加强对基层领导效益意识和成本筹划意识的宣贯,关注收入质量,不断提高高效收入比重,逐步提升低效网点的效益水平；加强经营单位兼职报账员队伍的建设,强化培训与指导,提高基层基础工作质量,发挥兼职报账员的基层管理职能，做好基层领导的助手;规范经营行为,细化财务基础工作,加强对重点营销项目的效益分析,严控成本总量,加强预算管理，杜绝成本支出随意性，有效控制直接业务费增长;强化资金资产管理,减少企业资金占用,加快资金周转速度;努力实现发展速度与质量效益的有效统一；克服自身困难，彻底解决历史甩账问题,为2011年经营工作打下更加坚实的基础。

【以人为本,推进暖民心工程,促进企业和谐发展】坚持"以人为本"的治企宗旨,形成了尊重职工、关心职工、惠及职工和职工热爱企业、关心企业、奉献企业的和谐发展环境。建立了充满活力的机制体系,极大地激发了职工的潜能,形成了人人想干事、人人能干事、人人干成事的氛围,全局竞争意识明显增强。持续开展各类救助工作。通过帮扶救助、医疗互助机制,为困难职工及符合帮扶条件的职工申请帮扶救助款,解决职工燃眉之急。全年共31人次申请帮扶救助金4.11万元。积极开展走访慰问活动,全面落实办实事项目。节日期间由党政工主要领导亲自带队积极走访慰问困难职工、患病职工及离退休职工,送去慰问金、慰问品;酷暑季节,开展"送凉爽"活动,为一线员工送去消暑食品以及防暑药品。完成5批共50名职工疗休养以及135名职工体检工作。推进"职工之家"、"职工小家"建设,丰富职工文体活动。在克服资金紧张的情况下,对职工之家、部分职工小家进行了改造,为各基层单位配齐数码照相机，部分支局添置了家用电器、健身器材、棋牌桌椅等,购买图书丰富区局图书馆。举办全局2010年春节团拜会。先后组织开展了春季健身登山活动、"我锻炼、我健康、我快乐"为主题的跳绳等项目比赛、"踏寻信使足迹、传承劳模精神"主题征文活动以及2010年乒乓球比赛。组织职工开展"奉献一份爱心,温暖职工家庭"、"春雨抗旱救灾，积极捐赠"、"支援青海玉树抗震救灾"等一系列捐款活动。

【加强党建工作,深化精神文明建设】坚持贯彻落实党的十七届四中、五中全会精神,深入学习实践科学发展观,进一步加强党的组织建设和思想建设,开展党员主题实践活动，努力健全干部选拔作用监督机制,注重加强后备干部队伍建设,坚持党委理论中心组学习制度,提高政治理论水平;认真贯彻落实党风廉政建设责任制,与各基层单位签订《党风廉政责任书》和《精神文明建设责任书》;根据市公司要求,在全局范围开展了账外"小金库"专项治理活动。

【局领导任免情况】3月8日，任命张余海同志为区邮政局局长，免去朱家康同志区邮政局局局长职务(京邮任[2010]11号);5月31日任命张余海同志为区邮政局党委书记，免去朱家康同志区邮政局党委书记职务(京邮党任[2010]20号)。

【先进集体和个人】

1.房山局荣获市公司2010年度"平安邮政"单位称号。

2. 房山局荣获市公司2010年度 "安全生产先进"单位称号。

3. 房山局荣获2010年度市级交通安全先进单位称号。

4. 房山局荣获市公司2010年度发展杯和效益杯劳动竞赛B组代理金融业务奖第一名。

5.房山局荣获市公司2010年度"业务管理优胜单位"称号。

6.房山局良乡邮政支局投递组、迎风邮政支局投递组、西路邮政支局投递组荣获市公司2010年度

“业务管理优胜班组”称号。

7.房山局窦店邮政所荣获2010年度“亲情服务团队”称号。

8.房山局鞠俊荣、魏红霞、沙莹荣获市公司2010年度先进工作者称号。

9.房山局王晓艳、王志新、李瑾荣获市公司2010年度“亲情服务明星”称号。

10.房山局陈海如、沙莹荣获市公司2010年度“二十强营销员”称号。

11.房山局朱静荣获市公司2010年度优秀营销员称号。

12.房山局徐宗祥荣获市公司2010年度“双创双优”活动经济技术创新标兵称号。

（撰稿人：刘　玮）

平谷区邮政局

【概况】平谷区邮政局位于平谷区旧城街16号。共有职工250人,其中正式职工92人,同力达职工158人。机关设五部一室一局,即:人力资源部、计财基建部、通信运营部、市场部、党群工作部、办公室、函件局。市场部下设集邮公司、金融中心(代理业务部)和电商中心。分支机构设有4个支局,16个邮政所,11个报刊亭。服务面积1075平方公里,服务人口42万。全局设汽车邮路2条,全长148公里;自行车道段40条,全长1080公里。

2010年,平谷区邮政局以"效益为先,升位晋级,优秀升格,勇争第一"为中心,紧紧围绕企业发展,集中精力转变经济增长方式,深化企业机制体制改革,深入落实科学发展观,经营收入连创新高,通过全体干部员工的共同努力,三大板块业务协调发展,各方面工作取得了长足的进步,实现了解放思想、改革创新、推动发展、构建和谐的工作目标。

经营业务包括:邮政储蓄、汇兑、发行、函件、包裹、集邮、电商、短信、DM广告等业务。

局长、党组书记李和;副局长朱秀起、贾小燕;

副局长、工会主席张玉萍。

【业务发展和经营成果】2010年全部业务收入实现3229万元,完成年计划101%,同比增幅17%。高效收入完成2625万元,完成计划98%,同期增幅20%;成本费用累计完成3137万元,完成年计划的101%,同比增幅为14%;收支差额累计实现近60万元,完成年计划的100%。全年总体收入、收支差额均已完成市公司下达的预算目标,支出增幅小于收入增幅。

1.代理金融类业务实现收入1629万元,占总收入50%。

储蓄业务实现收入1416万元,完成年计划的104%,同比增长242万元,增幅为21%。

代理保险实现收入167万元,完成年计划的112%,同比增幅39%。

2.邮务类业务实现收入1508万元,占业务总收入的47%。

函件业务完成业务收入589万元,完成年计划107%。比去年同期增加211万元,增幅56%。

集邮业务实现收入532万元,完成年计划的102%。

快包业务实现收入14万元,完成年计划124%,同比增幅48%。

3.代理速递物流类业务实现收入43万元,完成年度计划的43%,同比增幅174%。

"思乡月"活动,月饼完成销售额133万元,完成认档指标58%,同期增幅5%。

【市公司领导慰问】2月4日,市公司副总经理王小东一行到平谷局慰问生产一线的干部职工,并看望了患病职工施刚。

【科级干部竞聘】4月21日,通过公开、公平、公正的竞聘原则,对机关五部一室、函件局和代理业务部的正、副主任职务进行公开竞聘,共有10人参加全部竞聘上岗。

【党员大会】7月2日召开党员大会,通过投票表决,预备党员马疆怡、吴静、张建民、纪顺利转为正式党员;王凤芸、高进、张喜东被接收为中共预备党员。

【世界邮政日】10月9日世界邮政日开展宣传活动。在平谷区邮政局楼前设立宣传站,悬挂宣传横幅宣传邮政业务,解答用户疑难问题,共发放各种宣传材料2000余份。2010年中国世界邮政日的主题是:中国邮政——情系万家,信达天下。

【军包收寄】本年安排6个小组分别到平谷区安固、东高村、山东庄、峪口四个部队收寄包裹,共收寄军包593件,销售集邮产品896元

【市公司领导调研】11月8日,市公司副总经理王小东到平谷局调研。对平谷局的工作提出五点要求:1.因地制宜,迎难而上,创新发展,确保完成函件任务指标。2.要充分利用好政策,调动职工积极性,制定切实可行的办法,找准突破点、亮点拉动贺卡业务的发展。让职工真正得益。3.领导亲自挂帅,带动全体员工,积极发展高效业务。4.加强业务培训,转变营销观念,从被动营销到主动营销。5.加强与政府的密

切联系和沟通,找准切入点,提高营销力度,积极开发政府经济,推动各项业务的发展。

12月7日，市公司总经理章干泉到平谷局调研。在听取了平谷局李和局长的工作报告后，提出四点要求:1、营销体系建设方面：加强营销体系建设,形成营销团队,避免单兵作战,要有明确分工,认真分析客户的需求,研究客户心理,争取开发新的大客户。2、损益核算方面:加强损益核算工作,调整人员结构,合理分配,实现亏损网点赢利。3、营销团队建设方面:发挥营销团队作用,充分调动营销员的积极性。4、机制问题方面:创新体制机制,利用升格局的优势和契机,调动中层干部的积极性,利用本地区的地源优势,激发职工的工作热情,减少人工成本支出。

【荣誉】2010年平谷邮政局获得荣誉称号是:北京市"三八"红旗集体;北京市2010年交通安全管理先进单位;北京市邮政公司2010年度平安邮政文明交通竞赛先进单位;平谷区人民政府"2009年度人口和计划生育工作先进单位"。

(撰稿人:陈荣花)

顺义区邮政局

【概况】顺义区位于北京东北郊，东邻平谷，北连怀柔、密云，西傍昌平、朝阳区，南界通州区、河北三河市，距北京市区30公里，总面积1021平方公里。

顺义区邮政局（以下简称顺义局）位于新顺南大街7号，机构设置为5部1室1分局，下设8个邮政支局，26个邮政所，5个投递部，全局共有投递道段82条，邮路总长2896公里。2010年末，全局有职工452人，其中正式工101人，聘用工29人，劳务工322人。

顺义局局长兼党组书记马文良；副局长齐代青、齐震；局长助理罗继光。

【业务发展和经营成果】2010年，顺义局累计完成业务收入7827.17万元，完成年计划的108.08%，比上年同期增长1731.11万元，增幅达28.40%；实现收支差额2350.69万元，为年计划指标的100.01%；实现成本费用5396.66万元，为年计划指标的111.31%。

1.以项目营销为切入点，带动各项业务健康快速发展。一是抓住第十一届北京国际汽车展览会良好商机，为其制作个性化邮品5000册，共实现收入14万元。同时提供邮品销售及邮政寄递服务，期间共创收7.8万元。二是积极与市药监局、药学会沟通合作，为其提供全市100万条家庭名址信息，开发了《首都市民安全用药知识手册》投送项目，为城八区及10个郊区县的1152个小区，100万家庭投送《首都市民安全用药知识手册》，实现收入40余万元。三是抓住北京市顺义区政协第三届委员会第五次代表大会召开和政协即将换届的契机。为参会委员每人制作五版带有委员头像照的个性化纪念邮折1000册，实现业务收入7.4万元。四是与北京国际鲜花港建立良好的双赢模式，为郁金香文化节制作个性化邮品2000册，实现收入10万元，同时成功开发了首届北京·顺义精品年宵花展销会DM广告项目，共计制作DM广告28万份，实现收入10.68万元。

2.集邮、函件专业发展良好，重点业务齐头并进。2011年，顺义局以政府经济为纽带，紧抓企事业单位周年纪念庆典活动、社会热点契机，深度开发会展经济，占领礼仪市场、高端市场、大客户市场。集邮业务全年累计实现收入1156.52万元，同比增长72.28%；在函件业务发展上，开展了“数据库”、“喜从信来”等各项业务的培训，全年共计完成喜从信来业务14.3万件，同比增长16.08%，形成8.9万元的收入，数据库共计使用22万条，同比增长10%。为打好跨年度战役，成立了贺卡专项营销小组，共计实现贺卡收入574.85万元。其中销售型共计50.05万元，定制型共计524.8万元。与上年相比增长62%，定制型成功开发80户，与上年相比增长60%，邮政贺卡和封片卡收入的大幅度增长为2011年函件业务收入的完成打下了坚实的基础。

3.电子商务专业逐年呈跨越式增长。全年共计销售航空客票5522张，完成年计划4800张任务指标的115.04%，并签署协议客户13家，协议客户出票量2360张，荣获2010年“航空票业务贡献奖”。同时，新顺支局以郊区组排名第一进入了郊县六强。短信业务作为电子商务专业的最大增长点，2010年储蓄短信加办率为87%、汇兑短信加办率为67%；速递短信加办率为83%。三项短信均达到了市公司进度要求。

4.以礼仪营销活动为抓手，拉动速递物流类业务发展。在“端午节”、“思乡月”专项营销活动中，做到早宣传，早动手，以抓大客户、多创收为目标，“端午节”营销活动全局共实现销售额60.03万元，完成总体任务指标的120%，同比增长318.04%。在10个郊区县中实现增幅第一。“思乡月”专项营销活动总销售额达269.28万元，完成总指标的109%，与上年相比同比增幅达62%。

5.不遗余力发展代理金融业务。一是精心组织了金融类业务劳动竞赛活动，建立了有效的信息通报和沟通机制，每日通报各网点竞赛完成情况，同时确保奖励政策到位。二是健全金融管理机构，成立了代理业务部，增设了两名金融业务管理员，充实了两名理财经理，对《顺义区理财经理管理办法》进行了修订,对理财经理的业绩进行通报,切实发挥理财经理的作用。

【加强营销体系建设,健全营销机制】通过出台各项专职营销员管理办法及加强营销员业务培训等方式,进一步完善营销体制、机制办法,有效保障营销能力的提升,营造多头并进的经营环境。对专职营销员采用区局、支局"双层管理"模式。与此同时,成立营销中心,负责全局营销策划支撑及重点业务推广工作,出台了《顺义区邮政局营销项目管理办法》,为全局项目开发提供一个公平、合理、完善的平台。

【加强通信管理,不断提高全局服务水平】一是不断强化通信业务管理,把精细化管理理念落到实处。加强了对营业及投递服务质量的监督检查。在支局全面推行统一的营业班组基础资料,加强了对邮件收寄质量、邮编名址匹配率、邮件全名址录入合格率及资费的管理、管控与稽核,严格落实《函件、报刊投递质量监督检查办法》、《邮政投递服务规范》,重点强化了对住宅楼房投递质量的检查。对新顺投递部、后沙峪投递部等12条邮路进行了调整,确保邮件报刊投递时限。

【加强财务管理,强化成本管控】一是将成本预算按项目明细分解到各网点、部室,制订各网点、部室的预算目标。二是加强了考核与监控,将预算的执行及重点成本的管控纳入到绩效考核办法中,对每月的成本预算执行情况进行核算,及时掌握各网点在预算执行过程中存在的问题,加强管控;三是为确保收入、成本的同步核算,采取了以收定支的结算办法,有效控制了资金的支付流程;四是开展了网点损益核算工作,将所有收入、成本明细项目细化到各网点,使损益数据全面、真实、准确;五是将收支差额指标、成本费用指标、损益核算指标纳入到绩效考核办法中,建立起了企业经营规模和效益协调发展的综合绩效管理体系。同时加大了对高效业务规模的奖励力度,使整体收入规模及业务结构不断优化,低本高效业务比重不断加大。

【加强干部队伍建设,建立干部考核新机制】对一般管理岗位实行公开竞聘,有2名营业人员通过竞聘走上了管理岗位。在机关管理岗位全面推行关键绩效指标(KPI)管理考核办法。通过推行KPI,将管理人员的管理指标与全局工作紧密联系起来,破除以往管理人员工作情况难以界定的认识误区,督促管理人员尽职尽责,将管理人员的奖励与实际贡献挂钩。

(撰稿人:田秀丽)

怀柔区邮政局

【概况】怀柔区邮政局(以下简称怀柔局)是北京市邮政公司下属二级通信企业，位于怀柔区北大街16号。2010年末全局在册职工214人,其中正式工80人,聘用工20人,劳务工114人。区局机关下设五部一室:党群工作部、人力资源部、计财基建部、通信运营部、市场部、办公室。经营单位包括函件局和5个邮政支局,17个邮政所。信筒(箱)323个,报刊亭14个,村邮站284个,邮路总里程2007公里。

领导班子成员:局长、书记方爱群,副局长、工会主席彭光耀、副局长窦宪奎、副局长孙琦。

【业务收入创新高】2010年全部业务收入完成3300万元,完成年度计划的104%,同比增加502万元,增幅17.94%;成本费用完成3097万元,收支差额完成162万元,完成年度计划的100%。

1.邮务类业务实现收入1736万元,占业务总收入的52%。

(1)函件业务2010年完成526万元,完成年度计划100%，比去年同期增加93万元，增幅21%。2010年在做好常规业务营销的基础上，制定新业务的宣传方案，着力推进新业务的开展。开办了信息联播网业务。

(2)包裹业务在稳步发展。完成37万元,完成年度计划的64%,增幅21%。除做好日常收寄工作以外,重点挖掘和抢占区域内军包、学生包裹市场。7月份抓住辖区内装备指挥技术学院学员毕业的时机,提早对学校进行联系,制定周密的收寄方案,通过方案竞争,成为唯一一个进入部队收寄军包的企业,使该校学员的包裹全部在怀柔局交寄。

(3)报刊发行营销常态化思路贯穿全年。完成收入291万元,完成年度计划的89%,比去年同期增加24万元,增幅9%。

(4)集邮业务靠项目开发带动全局业务发展。完成收入759万元,完成年度计划的128%,比去年同期增加130万元,增幅20%。在集邮发展研讨会上,怀柔局及时调整营销思路,转变方式,用项目带动整体发展,开发了怀柔区雁栖镇纪念邮册,实现收入9万元,开发怀柔区第五中学十五周年校庆邮册,实现收入5.1万元,开发走进怀柔纪念邮册,实现收入92万元。在做好项目开发的同时,9月份组织了集邮劳动竞赛，在为期20天的竞赛活动中，共营销邮品214.7万元,为完成市公司全年指标奠定了基础。

(5)电子商务创收成效显著,收入完成61万元,完成年度计划的115%，比去年同期增加26万元，增幅70%。

2.代理速递物流类业务实现收入88万元,完成年度计划的52%,同比增加30万元,增幅50%。其中“五节”劳动竞赛实现营销额126万元;“端午节”劳动竞赛实现营销额20万元;“两节”实现营销额256.3万元。

3.代理金融类业务。储蓄业务收入完成1196万元,完成年度计划的102%,比去年同期增加148万元,增幅14%。代办保险业务收入完成103万元,完成年度计划的104%,同比增加24万元,增幅29%。

【提升队伍建设水平】

1.管理岗公开竞聘。怀柔局对33个管理岗位进行公开竞聘，破除用工形式的限制，吸引全局有能力、有思想的员工参与到企业管理中来。经过报名、资格审查、面试、聘用人选确定、考察、公示、聘用等程序,使一批想干事、能干事、干好事的年轻员工走上管理岗位，最终有2名同力达员工走上支局长岗位,5名走上管理岗位。

2.进一步巩固营销队伍建设。2010年怀柔局在不断完善和巩固营销队伍建设上下工夫，在全局人员总数不变的情况下,克服困难,通过内部调整和资源合理配置,固定营销队伍的人员数量。在全局范围内选拔出业务好、经验丰富的人员加入营销队伍,提高队伍的整体素质和质量。

3.为4个支局配备了理财经理。承担着综合管理,网点日常管理,并在展业台开展理财产品宣传营销工作,随着时间的推移业绩效果将显现出来。

【多种渠道降本增效,企业成本逐步降低】

1.通过合理安排人力资源,降低企业运营成本。

一是由人力资源部和通信运营部联合，对每个网点、每个岗位的工作时间进行分析，在保证普遍服务的情况下，适当调整营业时间和员工上班时间，解决了员工每天工作超时的问题，保证了员工的正常休假和带薪年假；二是非核心业务实行对外承包。对食堂和大宗函件实行外包，既能减少了企业在这两方面管理上的精力投入，也节省出8名员工，降低了人工成本。根据工作需要，怀柔局把8名员工补充到其他的工作岗位中，提高了创效能力。

2.通过加强财务管理，推进网点损益核算工作。一是通过经营分析会向支局、部室通报网点核算结果，每季度下发季度分析材料，并制定了怀柔局亏损网点减亏方案，使减亏有方法，前进有方向。二是全面预算管理工作在怀柔局进一步推进，使怀柔局各项经营指标、成本费用指标形成了一套清晰的管理思路，对降本增效起到了推动作用。

3.加强集邮品库存的监控力度。一是针对库存邮品种类，认真分类，使能出售的尽快出售，避免由热销品搁置成滞销品，对于其他邮品，创新思路，寻找与市场的结合点，在本区内制造热点出售，回笼资金；二是把好集品征订关。集邮管理者充分了解市场，适时适量征订邮品，为企业集邮业务发展把好关，减少了资金的占用。

【树立安全责任意识，完善安全防范体系】

1.加强安全教育。

一是每月在管理层召开安全生产例会，通报安全生产情况和工作重点，加强同各单位的沟通；二是开展了系列安全教育，采用了答题、竞赛、培训等多种形式对职工进行安全教育，组织了防火演练、防抢演习、"安康杯"安全生产知识竞赛等活动，并有针对性的对新入局职工进行培训。通过坚持长期教育，确保全年安全生产工作目标的实现。

2.加强安全管理。

继续坚持"安全第一、预防为主、综合治理"的工作方针，进一步建立和完善了各项安全制度和工作预案。层层签订了治安、防火、交通安全管理责任书，巩固了三级安全管理体系建设。通过员工的努力，全年安全工作没有发生问题，机动车行驶68万公里无事故。

3.加强安全生产人防、技防、物防建设。

一是三月份对全局14个储蓄网点147个摄像头进行远程联网，实现了对重点防范部位的实时监控。为每个网点款车停放位置加装一个摄像头，保证款车交接过程中全部在视线范围内，提高了安全保障。二是为了加强区局大院安全保卫工作，将门卫值班人员由原来社区下岗人员统一更换为保安公司人员，保卫质量明显提升，人员数量也由原来的3人增加到5人，实行昼夜值班，加强了对大院的安全防范。

【加强工会工作，建设和谐企业】

1.工会工作逐步向服务型转变，强化工会职能，深入推行局务公开、民主评议企业领导制度；

2.围绕企业中心工作，组织员工积极开展"两杯"劳动竞赛和合理化建议活动；

3.加强职工小家建设，为职工创造温馨和谐的工余环竟；

4.履行监督职能，促使企业认真履行集体合同并圆满完成为职工办实事项目，对促进和调动职工积极性起到了重要作用。

【开展精神文明创建活动】组织两期首都职工素质教育学习，把员工自我提升统一到企业整体提升中来，增加员工对企业的信任度和忠诚度；积极参加市公司和区内组织的送温暖、献爱心及各类捐款活动，弘扬中华民族传统美德；深入开展了五五普法学习等工作，提高了干部员工的法制意识和经营管理能力。

【荣誉】

1.被首都精神文明建设委员会授予"首都精神文明单位标兵"称号

2.被创建学习型怀柔领导小组办公室评为"创建学习型组织先进单位"

3.被怀柔区总工会评为"工会工作先进单位"

4.被北京市交通安全委员会评为"北京市2010年度交通安全先进单位"

5.被评为市公司"平安邮政文明交通"竞赛先进集体

6.喇叭沟门所投递员于兴三同志长期在深山区工作，爱岗敬业，2010年被北京市总工会授予"北京市劳动模范"的光荣称号　（撰稿人：钟艳慧）

密云县邮政局

【概况】密云县邮政局位于密云县鼓楼东大街38号。2010年年底共有职工260人。机构设置为:办公室、党群工作部、计财基建部、人力资源部、市场部、通信运营部6个职能部室、投递部、函件局、零售公司、集邮公司及5个支局。书记、局长张进宇(2010年1–5月)、卢金榜(2010年6月调任),副局长侯继革、王少杰,工会主席李祥英。

【业务发展和经营成果】2010年,密云县邮政局按照北京市邮政公司着力转变经济发展方式的总体要求,紧紧围绕"效益优先,升位晋级,优秀升格,勇争第一"的企业发展目标,努力加快业务结构调整,加快提升自主创新能力,加快网格化营销体系建设,强化损益核算管理,严格规章制度,落实安全管理,圆满完成市公司下达的各项经营任务,全年始终排郊区二组第一名。全年业务收入4418万元,完成年度计划的100.14%。

【完善营销立项制度】年初,确定重点营销项目,以营销立项的形式责成专业部门、专职人员对项目进行精准营销。

【发展高效业务】年内,采取第三方合作的方式,成功开发了"红十字会"宣传预防甲流贺卡、组织部慰问党员贺卡等几大单业务;围绕县委、县政府提出的打造国际生态休闲之都总体要求,着力开发政策宣传、公益宣传,慰问型、请柬型和自创型的邮政贺卡。集邮业务以开发定制型产品为主,采取营销立项的形式,借助集邮专卖店平台,积极组织货源,销售各类集邮产品,取得较好的效果。积极组织储蓄专项劳动竞赛活动,全力开展营销工作,以做好代发工资、商易通、POS机布放等业务为重点,充分发挥理财经理的专业化营销作用,大力销售综合类理财产品,优化存款结构。利用本局DM广告大力宣传代售世博会门票、代售彩票、代理机票等电子商务业务,全力打造"邮政票务专家"品牌,被评为市公司"航空客票百日营销优胜单位"。全力开发第三方报刊订阅市场,年内为16所幼儿园的私费用户提供报刊上门订阅服务,为学校图书馆提供馆配图书业务。配合县委完成党报党刊的收订工作,年内报刊收订流转额完成计划目标的104%,列郊区十区县局第一名。发展节日营销,同时也拓展了名特优产品的销售渠道,精选多种地方产品,纳入节日产品销售目录,实现了农民增收、企业受益。

【依托村邮站建设平台,开展农资配送和代办电信业务】2010年,在总结蔡家洼村邮站旗舰店经验的基础上,经认真调研选取10个村邮站建成示范站,在村邮站全面开展代办、代缴、代理、代销、代收话费、代售充值卡、代售卡号等业务。农资分销产品已全部配送到位。

【完善基础设施建设】2010年,对宾阳邮政所进行迁址扩建、高岭所装修改造,增加营业厅面积、增设台席,有效缓解了用户办业务排队问题;在新中街繁华地带新建郊区首家集邮旗舰店,有效地推动了集邮业务的发展,全面提升对外服务形象。

【注重人才培养】健全青年人才培养机制,建立大学生岗位跟踪档案。将近两年入局的大学生安排到基层岗位工作,既满足了一线生产发展的需要,也为大学生全面了解企业、锤炼自我、实现价值开辟了有效途径。制定出台《密云县邮政局"首席员工、岗位明星"评聘办法》,建立首席员工制度,为一线员工职业生涯设计提供平台,让员工看到企业发展的前景和自己的美好未来。

【完善教育培训制度】在加大职工业务培训的同时,修改完善了《密云县邮政局在职工员工提升学历奖励办法》,激励全体员工利用业余时间参加大专及本科学历教育,不断提高自身文化素质。

【加大成本管控力度】按市公司工作部署,完成了物资及印制费、代办费使用情况调查审计工作;完善制定下发了成本费用支出审批管理办法和会议费、招待费管理办法;完成了帐外"小金库"专项治理工作;完成了固定资产设备清查工作;完成了"十二五"规划编制;完成了税务师事务所对密云县邮政局进行的审计工作,日常财务管理的基础工作逐步得到加强,邮资机管理及各项收支制度得到较好贯彻。

【总结科学发展观学习成果】2月，学习实践科学发展观活动圆满结束。3月，局党委召开"创建全国文明单位暨教育培训年活动动员大会"，提出利用三年时间，力争成功创建"全国文明单位"称号。会上局党委向全体干部、员工分别赠送了《把责任落实到位》和《成功——从优秀员工做起》两本书，并开展读书演讲比赛活动，拉开了创建学习型党组织、争做"四优"党员活动序幕。在基层党组织中积极开展"创先争优"活动；在共产党员中间开展"四优"共产党员评选活动。

【全面提升对外服务质量】制定服务工作方案，对全年的服务工作提出具体要求、措施和目标。确定了加强视察检查管理工作，规范检查人员日常管理，完善检查员例会制度，把管理责任落实到人，将日常检查与市公司重点检查相结合，促进密云县邮政局管理水平不断提升。在全局广泛开展学习北京市东四邮政局亲情服务活动，以《服务管理实施细则》、《服务礼仪规范》、《务实型班前会》、《沈智慧值班局长工作法》为基本标准，召开社会监督员座谈会，建立社会监督检查机制。强化基础管理，落实班前会制度，定期缮发征询意见函，用户满意度达到98.2分。增加邮政便民服务设施，全面提升了对外服务质量。

（撰稿人：郭　莉）

延庆县邮政局

【概况】延庆县地处北京西北部，东临怀柔，西与河北怀来接壤，南与昌平相连，北与河北赤城接界。全县辖15个乡镇，1个城镇办事处，376个行政村，常住人口27.8万，其中农业人口17.6万，占人口总数的63.3%。地域总面积为1993.75平方公里，其中山区面积占72.8%。延庆县是一个比较小的山区县，县域发展定位为生态涵养宜居城市，县内没有大、中型企业，全县2009年财政收入实现6.35亿元，延庆县的主导产业是旅游，有世界文明的八达岭长城、国内外驰名的山水名胜龙庆峡、具有民族特色的京都第一大草原康西草原以及国家级自然保护区松山等旅游景点。

延庆县邮政局2010年年末在册职工197人，其中正式工75人、同力达职工111人、聘用工11人、内退1人，离退休人员58名，其中：离休3人。

机关设6部（通信运营部、人力资源部、党群工作部、计财基建部、市场部、代理业务部）、1室（办公室）；有1个函件局、1个电子商务中心、4个邮政支局，辖16个邮政所、2个代办所、15个报刊亭、12个储蓄网点。服务面积为1992.5平方公里，服务人口27.6万人。全局设汽车邮路5条，全长518公里；道段46条，其中普邮自行车道段42条，开筒自行车段1条，汽车特快专递段、汽车包裹直投段和汽车机要段各1条，全长1497公里；设信筒、信箱55个、村邮站376个。主要设备有汽车21辆，摩托车6辆；自有房屋面积14350平方米，固定资产总值2874.18万元。

延庆县邮政局领导班子由书记、局长史震涛，副局长赵慧卿、副局长夏文新、副局长兼工会主席刘汉武四人组成。

2010年，延庆县邮政局在市公司及县委、县政府的领导下，坚持以科学发展观为导向，突出解放思想抓建设促经营、以人为本抓管理促和谐的理念，通过深化改革、强化经营、提升素质，使企业实现了又好又快的发展，使各项工作取得新进展。

业务收入完成2501万元，完成年计划指标2435万元的101.96%，同比增长18.16%，其中：邮务类完成业务收入1241万元，完成年计划指标的100.39%，同比增幅13.68%；代理速物完成业务收入63万元，完成年计划指标的57.36%，同比增幅95.45%；金融类完成业务收入1141万元，完成年计划指标的107.83%，同比增幅25.05%。

【协助警方破获一起刑事案件】3月11日晚7时许，公安局内保科通知，在县辖区内发生一起刑事案件，需到本局高塔路邮政所调取监控录像资料。及时向公安部门提供了相关监控录像，按规定办理相关手续后并及时调来保安人员对犯罪嫌疑人使用的交通工具进行确认。12日，公安局内保科告知本局，犯罪嫌疑人现已被抓获归案。

【设立“职工心声”信箱】5月，在县局和三个支局安装了“职工心声”信箱，职工可通过在信箱中投放不署名信件，将不愿与领导面对面提出的问题和对企业在经营方面的希望或建设性意见改为信箱留言，县局相关部门每周定期查阅留言，及时汇总上报主管局长或工会主席进行研究解决。“职工心声”信箱体现了“以人为本”的企业管理理念，推动对职工的关爱的落实。

【高考录取通知书】7月16日至8月25日，全局共投递高考录取通知书2695件。投递里程达12000多公里，妥投率100%。

【市邮政公司领导慰问一线职工】7月20日，市公司副总经理郭荣寰一行四人到永宁支局对一线职工进行暑期慰问，并送上清凉饮品。对汛期安全工作郭副总经理提出三点要求：一是加强交通安全管理，提高驾驶员、投递员的安全意识；二是全体干部职工要高度重视防汛工作，加大防汛知识的宣传教育；三是结合全局特点，特别是山区、半山区局所，遇有暴雨天气、洪水、泥石流等险情，及时调整作业时间，确保人身安全。

【整合营销体系，设立营销中心】为推进营销体系建设，于7月份通过对原有营销体系进行整合，成立了营销中心，中心下设2个营销团队，每个团队配备了

3名有一定营销经验的营销人员。

【邮政知识送下乡　服务三农到百姓】10月13日，县邮政局联合北京市邮政公司离退休管理部邮政老科协在旧县镇团山村举办“邮政伴您生活，科普服务三农”活动，宣传邮政科普知识，邮政服务三农的优势以及邮政在文化、经济和社会发展中的重要作用，活动中举办了农业科技知识讲座、邮政科普知识巡展有奖知识问答、邮政老科协精彩丰富的文艺演出受到热烈欢迎。

【市邮政公司领导调研】11月9日，市公司总经理章干泉到本局调研，针对年末重点工作提出5点要求。1.要进一步解放思想、改变观念，不要背负贫穷、落后、没有市场的包袱，要与我国中西部县市相比较、找差距，利用延庆县丰富的旅游资源发展业务；2.要注意专业与专业之间、高效业务与整体收入之间的比重，使其协调发展；3.重视负激励机制，做到正激励与负激励机制的调配，调动职工营销积极性，保证职工队伍的和谐稳定；4.要全力以赴，抓好“五大战役”，不要有惯性思想，要做到早关注、早动手；5.要树立信心，充分调动全员积极性，只要思路对、措施得力、办法可行，就一定能克服困难。

【军包收寄】本年的军包收寄工作各支局提早动手，积极与各部队联系进行收寄，并根据收寄的军包数量与汽运局及时沟通拉运，保证了军包的出口时限，12月4日最后一个部队的收寄任务完成。共收寄军包1298件，收入达100764.8元，全部为快递包裹。

【被评为全国邮政用户满意企业】中国邮政集团公司组织开展的2009年全国邮政用户满意企业评选活动，经过省公司自荐申报，集团公司组织资格审查、现场调研、实地抽查、综合评审延庆县邮政局被集团公司授予“2009年度全国邮政用户满意企业”称号。全国共有47个邮政企业获此殊荣。

【开发八达岭门票贺卡】利用贺卡型门票独有的祝福、开奖等功能特点，得到了八达岭特区的认可。由于贺卡型门票比较大，与现有的门禁闸机设备不配套，经过多次与八达岭业务部门协调，并邀请印制局工程师亲临技术指导，在八达岭门票闸机技术上取得突破，一举解决了制约八达岭贺卡门票的瓶颈，成功开发八达岭贺卡门票40万张，创收72万元。

【成立邮政代理业务部】将原金融业务管理中心、速递物流业务管理中心进行整合，成立邮政代理业务部，负责邮政代理金融业务及速递物流业务的经营及管理工作。

【先进集体】

1.北京市邮政公司先进集体：通信运营部

2.北京市邮政公司文明交通先进集体：通信运营部

3.北京市总工会“安康杯”竞赛优秀班组：永宁支局

4.北京市邮政公司安康杯示范班组：康庄支局

5.延庆县交通安全先进单位：延庆县邮政局

【先进个人】

1.北京市邮政公司先进工作者：姜亦君、张秋丽

2.北京市邮政公司安全生产先进个人：李会源

3.北京市邮政公司文明交通先进个人：贾伟利

4.北京市邮政公司先进营销员：杨立功

5.延庆县交通安全优秀管理干部：陈建忠

6.延庆县县级交通安全先进驾驶员：赵占领、王亚军、李宝玉、贾伟利、王莹

（撰稿人：鲁晓寅）

昌平区邮政局

【概况】昌平区邮政局隶属北京市邮政公司领导，位于昌平区政府街25号，主要职责是对昌平地区提供邮政通信服务。服务范围覆盖全区17个镇(街道办事处)，304个自然村，服务面积1352平方公里，服务人口132.6万人，具有典型的普遍服务特征。昌平区邮政局机关设八个职能部门，即行政办公室、市场部、通信运营部、人力资源部、计划财务部、党群工作部、代理业务部、机关事务中心。下设邮政函件局，下辖13个邮政支局，22个邮政所，六个投递部，其中邮政储蓄网点22个；信箱信筒213个；全局共有投递道段137条，总里程5253公里。年末职工人数652名。主要经营有国内国际邮件寄递业务；集邮、报刊订阅业务；电子商务业务；特快专递、鲜花礼仪、邮政广告、专用邮政信箱的出租、电子汇兑业务；农资品配送业务；本外币存取款、代发工资、代收水费、电费、电话费、歌华有线电视费等代收代付类业务、代理保险等金融业务。

局长兼党委书记：李敬生；副局长：刘德荣、王克武、孙淑霞

2010年，昌平局坚持以科学发展观为指导，以改革创新为动力，以机制创新为切入口，以降本增效、提升能力、创新经营、强化管理为手段，以营销体系建设、理财经理队伍建设以及劳动竞赛活动为抓手，拓宽经营思路，立足昌平，深挖市场，在全局干部职工的共同努力下，取得了较好成绩。

【经营成果】邮政业务总量完成18320.11万元；邮政通信总量完成14034.36万元；邮政业务收入完成12192.71万元，完成年计划11679万元的104.4%，同比增长19.78%；收支差额完成3993万元，完成年计划3992.62万元的100.01%，同比增长75.59%；全员劳动生产率实现19.25万元/人。函、包、汇、发、金融等各专项业务均实现了较好发展。

【创新机制　强化管理】修订完善了《职工绩效管理考核办法》、《经营责任者绩效管理考核办法》，出台了《升位排名奖励考核办法》、《专职理财经理管理办法》和《员工综合积分考核办法》，使企业管理制度更加规范化、制度化，极大带动了业务收入的增长。

【调整机构设置】增设了代理业务部，负责金融业务的经营和管理工作；将原天通苑支局拆分为两个支局，加强管理力量，增强市场营销力度，提高对外服务水平；对投递部进行改革，将投递管理从支局管理中剥离出来，实行独立运行，主要负责报刊发行和分销商品业务，实现了资源利用最大化。

【规范营销体系建设】明确网格化营销管理和客户管理目标，制定了网格化营销工作推进方案和奖励评比机制，按照“五大经济、六大市场”，确立了14个营销项目，成立了29个项目营销团队，为企业的经营发展做出了贡献。组建了理财经理队伍，为全局22个金融网点配备了专职理财经理。

【加强局所建设】先后完成了天通东苑支局、政府街支局、西街邮政所、风雅园支局装修改造工程。完成了北航邮政所和九华所的开业工作。在优化网点建设方面，撤销了北大邮政所，西峰山邮政所改为半营半投模式，将十三陵投递组合并至政府街投递部，实现了资源的有效整合。

【传统业务营销工作取得突破】成功开发《黑龙江工商银行》和《武广铁路》项目，实现收入220万元。以“第七届小汤山温泉文化节”为契机，与区旅游局合作开发的“畅游昌平”绿卡通产品，实现了邮政与旅游企业的共赢。

【成功开发十三陵特区门禁系统】开发的《居庸关长城门禁系统项目》于11月12日正式启用，同时使用《居庸关长城》专用邮资图首批制作门票达8万枚，为函件业务健康稳步发展夯实了基础。

【爱心包裹为灾区儿童献爱心】积极开展“爱心包裹”劝募活动，共劝募学生型爱心包裹749个、学校型爱心包裹6个，劝募总额达到了8.09万元，为灾区儿童献上了邮政人的一份爱心。

【强化上海世博会、广州亚运会期间邮件安全收寄验视工作】认真落实重大活动期间的邮件安全工作，重点关注验视环节，封发、运输环节严格执行三项基本制度及封闭作业制度。做好非法出版物的查堵工作，

确保了邮政服务安全、寄递物品安全、用户用邮安全。

【强化员工责任　优化员工队伍】为加强员工队伍管理力度，实施了《员工综合积分考评管理办法》，依照此办法，5名员工因长期病假不再续签劳动合同，9名员工因旷工等违规违纪行为解除了劳动合同，进一步优化了员工队伍。

【完成网点损益核算体系建设】对全局38个网点从服务范围、房屋性质、经营种类进行了全方位的分析梳理，在"打破平均，按收（量）取酬"的绩效考核办法基础上增加"百元运营成本"、"收支差额"考核指标，使支局增强了效益观念，责任中心利润率提高了12个百分点，收支差额同比增幅75.59%。

【荣誉】2010年昌平局荣获市公司"平安邮政"单位，市公司"发展杯"劳动竞赛第一名、"效益杯"劳动竞赛第一名、"邮务杯"劳动竞赛第一名、"代理杯"劳动竞赛第一名、"邮务杯"发行奖第一名，荣获昌平区献血工作先进单位、昌平区第二届职工运动会广播操比赛三等奖。

（撰稿人：魏京宇）

大兴区邮政局

【概况】大兴区邮政局位于黄村卫星城兴丰大街(三段)88号,占地总面积为6700多平方米,建筑面积4300平方米。全局服务面积948平方公里,服务人口74.5万人;年末职工人数436人(其中在岗职工87人,聘用工32人,劳务工317人);下设5部1室,1个专业局,1个拓展部,4个投递部,4个邮政支局,21个邮政所,其中邮政储蓄网点20个。现有邮运路线4条,运行里程235公里;投递道段87条,投递里程3603公里,年投递报刊1248万份,邮件448万件;信筒信箱86个;机动车35辆。

局长兼党委书记:袁喜;副局长兼工会主席:赵杰;副局长:李广信、负新。

【主要计划指标完成情况】邮电业务收入实现7462万元,完成年计划的105.64%,同比增长25.97%;收支差额实现2303万元,完成年计划的102.61%,同比增长41.92%;储蓄余额累计净增4.86亿元,完成任务指标的108%;用户满意度达到了96分,满意率为96%,邮件规格合格率为97.1%;在"升位晋级"列小组第二位。

【重点发展邮务类业务】贺卡收入是带动全局函件收入进度的关键因素。大兴局结合区域特点,细分市场,主攻定制,消灭定制型贺卡开发空白支局所,提出一镇一封、一校一卡等发展思路。在抓住关键业务的同时,积极落实"畅游京郊"项目,得到了当地政府的认可、商户的肯定,为以后业务发展打下了基础。

大兴局以短信和航空客票业务为龙头,大力发展电商业务。三项短信加办率均在市公司的要求之上,在三、四季度短信竞赛中,均排名本组第一,其中自邮一族实现收入5万元,航空客票销售4566张,均提前完成了全年必保指标。各分项业务的完成,确保电商专业超进度要求近20个百分点,这是大兴局开办电商业务以来的最好成绩。

集邮业务在重点做好世博会邮票销售工作的基础上,抓住地方经济、旅游文化资源、重大节日庆典、重大活动等有利时机,突出抓好定向邮品、个性化邮品开发工作。

在全面完成市公司下达的服务三农各项任务指标的基础上,完成了1个旗舰店村邮站和10个示范村邮站的建设任务;配合市公司完成了市农委、市农业局对农资产品销售渠道的调研工作;根据服务三农工作的要求,组织近300人开展了科技下乡知识培训活动,提高了邮政服务三农的知名度。

【大力发展代理业务】2010年共完成保费1.18亿元,实现收入459.78万元,完成指标的194.7%。年内,按季度开展了保险业务竞赛活动;制定了营销策略和奖励政策;组织大客户召开推介会、答谢会;同时抓住发放占地款时机发展保险业务;与太平洋、生命等保险公司联合组织开展了保险特训营活动,保险讲师以专业化的指导和互动式现场表演,在营销话术、营销技巧等方面给柜员很大的启发和帮助。

2010年大兴局速物专业累计完成全资费业务收入953万元,在小组中排名第一。在半年工作会后,预测由于客户流失等因素造成的速物专业欠产在120万元左右。局领导决定以思乡月营销活动为抓手,弥补速物欠产。采取调整奖励政策、调整支局计收方式等措施充分调动各经营单位积极性,确保速物专业较好完成了收入计划。

迎难而上发展储汇业务。一是组织全员在全局范围内开展"冲余额、补欠产"专项竞赛活动,动员全体干部职工积极行动起来,通过此活动增加储蓄余额3000万元;二是积极营销拆迁补偿款,通过利用各种人脉关系和大量的宣传,营销拆迁款7000万元;三是成功开发各种代发款项,共计代发各类款项1.6亿元。

【完善内部管理,提高企业运行效益】为了适应企业经营发展,进一步加强一线领导人员队伍建设,年初对全局7个邮政支局的机构和领导班子进行了调整,着重加强了基层经营单位的管理力度。同时,为了充分调动一线领导人员工作积极性,提高经营管理水平,确保年度指标圆满完成,还制定了一线领导人员考核评价体系,运用正负激励手段,加大了对一

线领导人员的考核力度，做到日常考核与季度考核相结合、业绩考核与能力素质考核相结合，强化了考核结果的运用。

补充完善了绩效考核办法，对经营单位继续实行分档挂钩，鼓励各经营单位认高档、完成高档，使职工在绩效奖励上得到更多收益。

为了使函件专业进一步扩大发展方式和经营开发项目，年初将集邮公司划归函件局管理，为了加强实物与账务管理，为函件局配备1名专职账务库管员。

为进一步加强营销队伍建设，有利于新业务、大客户的开发与维护，并且更好地发挥营销团队在企业经营发展中的重要作用，2月份成立业务拓展部，组建了一支由6名营销人员组成的既年轻又有活力的专业营销新团队，全面开展项目营销，取得显著效果。另外为了加强支局营销力量，为四个支局分别配备了一至两名营销员，有力地推进了营销队伍建设的步伐，与市公司下半年推出的成立BIU营销团队做好了有机的衔接。

加强业务管理，提高服务水平。一是继续学习东四邮电局的“365亲情服务”工程和全员亲情服务文化，使其在所有通信生产环节和生产工序得到全面复制；二是学习东四邮电局的精细化管理。推广东四邮电局《沈智慧值班局长工作法》等一系列基础管理制度，堵塞漏洞，夯实管理基础；三是组织窗口营业员开展了“落实服务规范，提高服务质量大家谈”活动，提高一线人员的服务意识和服务水平；四是开展“业务管理优胜班组”、“亲情服务团队”、“亲情服务明星”和每月一次的“金融服务明星”评选活动，公布了评比条件，随时通报服务工作中的问题，通过开展一系列活动，进一步增强了职工的服务意识，提高了服务质量。五是明确了岗位职责，加大了监督检查的力度，在全局范围内开展专项检查活动，对检查出的问题进行整改，有效地提高了防控能力。

层层签订了各类安全生产责任书1200份；开展多种形式的安全教育活动60余次；组织召开专题会24次。组织开展邮政金融“百日风险大排查”等检查工作40余次。（撰稿人：刘　静）

北京邮区中心局

概　述

北京邮区中心局(以下简称中心局)是北京邮政的邮件处理中心和总包经转中心，也是全国业务量最大的国内邮件内部处理专业局，承担北京邮区进出和经转的信函、包裹、印刷品、报纸、期刊、特快、机要等各类邮件的大部分分拣、封发、经转和运输任务。2010 年,中心局在册从业人员 3650 人,共有 9 个职能部室,分别为办公室、党群工作部、计财基建部、人事教育部、生产指挥调度中心、安全保卫部、科技设备部、监察部和工会;生产及直属单位 9 个,分别为:信函分拣处、包刷分拣处、邮件转运处、邮件运输处、汽车运输处、西站干线运输处、行邮转运处、设备维修中心、绿洲实业公司。

2010年,中心局严格落实集团公司、市公司统一部署，增强做好网运工作的紧迫感、责任感和使命感,以提升企业核心竞争力为目标,转变观念,创新发展,强化经营理念,提升服务水平,提高支撑能力,推动“经营型网运、服务型网运、支撑型网运”建设取得新的进步。

2010年，结算收入完成 32795.2 万元, 同比下降 12%(若速物参与结算,结算收入将同比增长 7.17%)。

邮件处理量分别为:总包 3291 万袋,同比下降 2.1%;平常信函 8.9 亿件,同比下降 8.5%;挂号信函 3493.9 万件,同比增长 3.5%;平常印刷品 4.1 亿件,同比增长 11.1%;挂号印刷品 856.7 万件,同比下降 1.3%;包件 984 万件,同比下降 10.1%。

中心局领导班子成员:局长兼党委副书记赵赳,党委书记兼副局长柯阳，副局长陶嘉忠，副局长隆进,纪委书记兼工会主席包强。

通信生产和通信能力建设

2010 年北京邮政网运工作加快了专业化支撑、集约化运作和科学化管理的推进步伐，主动配合经营业务结构调整,全面支撑经营发展。中心局坚决落实市公司改革部署,探索自我经营道路,建立健全内部经营运行机制和激励机制，科学有效地整合网运资源,优化作业流程,提高运行双效,增强科学发展的活力。

【健全机制优化流程，持续推动经营型网运建设】一是转变经营管理方式,降本增效取得实效。实施财务部整体管控和网运部归口负责的运输成本预算管理新机制，加强各邮路运行成本和结算收入的损益核算,使邮运方式的调整与成本的有效使用紧密契合,为降本增效健全了机制。在邮件处理量与去年基本持平的情况下,全局汽车运费下降 615 万元,挂回一级干线结算运费 2182 万元。完成单位运输成本每袋 11.56 元，低于市公司目标值，全年节省运输成本 255 万元。

配合新机制的运行,通过多种方式动态调配,提高邮件处理效率，提高自有运能满载率和车辆利用率。春节行邮专列停运期间,行邮处继续接发、处理进出口邮件,有效减轻了东、西站转运作业压力;三大长假期间,减发、停运运量不饱满的汽车邮路,节省运输成本;调整信函报刊发运计划,提高北京始发邮车邮件装载率;积极开展服务承诺示范站活动,向外省市单位争量创收，努力增加返程运量；面对 1461 次、6095 次邮政车的临时摘挂，充分挖掘自身运能,以较低成本实现了邮件有序疏运。

二是打破传统作业模式,推进流程优化工程。扩大“成品交邮”效益空间,将本局出口机分快包和机分包裹纳入“成品交邮”范畴,进一步减少了转运库房处理量与市内车辆的重复拉运，降低了生产运行成本,提高了行邮专列和行邮集散汽车运能利用率,出口邮件处理和赶发时限提速 24 小时。

顺利完成集团公司取消省际给据邮件纸质封发清单改革,提高了网运信息化作业水平。启动北京、上海、广州、深圳四城市间省际大宗函件直封到投递局试点工作，出台“省际大宗预处理试行方案”，落实工作流程及作业标准，与商函局密切协作，建立省际直封关系，预处理流程更加顺畅。

【顾全大局攻克难关，支撑大网确保畅通】为全面落实集团公司《关于加强邮件全程时限管理有关工作的通知》精神，确保邮件传递时限稳定达标，进一步提升服务质量。中心局克服人员、设备、场地紧张等困难，启动新的生产流程和作业组织方案，大面积调整局站间运邮计划，调整进、出(转)口赶发车次，增设夜班处理包裹、信函、印刷品，加快邮件处理时限。为使新计划取得实效，对计划执行情况进行全程监督检查，强化信息沟通与反馈，并针对运行初期出现的问题，顾全大局，再度调整作业计划，加大白班处理量，减轻运输、投递环节的压力，与兄弟单位积极协作，推进时限达标任务的落实。出转口邮件传递时限均完成集团公司要求，并达到全国最好水平。

【强化生产质量监控，提高网运服务水平】建立“网运动态检查体系”，加大业务与两岗履职的检查力度。围绕总包邮件封装质量、干线火车转运质量、行邮专列安全质量等内容开展了10项专项检查以及“总包封发规格质量月”活动，现场出检120天，开具《纠正和预防措施处理通知单》2次，下发《协查通知》28次，跟踪落实整改，准确、有效地把握住生产管理的隐患和薄弱点。搭建KPI指标评价体系。在深入掌握、领会集团公司KPI指标体系构架的基础上，先期对“总包扫描勾核率”、“总包信息发送及时率”、“网上清单及时准确率”等指标开展监控、分析，使管理层及操作层人员准确把握本单位网运生产作业环节的生产责任和控制重点，促进网运生产质量的保持和提高。

在全局上下的共同努力下，全局主要质量指标完成情况较好，全部控制在指标值范围之内，总包邮件扫描勾核率100%，信息发送准时率100%，信息发送正确率100%，网上清单及时准确率100%，服务满意度95.61分，生产质量保持平稳。

【全力推进邮件综合处理中心投产筹备工作】按照市公司投产工作要求，中心局成立投产指挥部，强化组织管理，细化责任分工，着力推进工艺流程优化设计，突出做好生产流程方案研究，扎实跟进综合设施配套建设，努力实现处理中心投产筹备各项工作协调发展。

一是开展风险防范管理，规避工艺设备建设风险。围绕工艺设备系统质量形成的关键环节，以合同与技术规范书为依据，确定风险防范重点与风险级别。配合设计部门、市公司管理部门和集成商，进一步优化工艺设备实施方案；实地调研、主动跟进设备的生产进展，开展项目实验，编写设备验收文档，将不确定性风险转化为可控的设备技术应用；设备安装阶段，派驻小组先期进场跟踪学习，及时沟通解决问题，有效规避建设风险。

二是优化生产运行设计，为投产运行做好准备。开展软科学项目研究，对邮件综合处理中心内部作业组织结构及作业方式进行有益的探索。测算处理中心的总体生产效率，分析人员设备的匹配情况，形成效率分析方案。全过程模拟生产运行情况，结合工艺设备运行效率及流程标准化要求拟定总体生产流程。优化、整合信息系统设计，实现了子系统间的数据互换、集中管控，为确保处理中心信息系统的顺畅运行奠定了基础。认真编制作业计划，制定了劳动作业组织方案，为提升总体运行效率及生产管理水平奠定基础。

三是开展后勤、安防保障，筹备工作全面推进。逐步落实房屋分配、职工用餐、家具采购等后勤保障方案；设计了职工通勤方式并上报市公司；细化现场安全标识配置；圆满完成了固定资产清查和在建工程清理工作；开展企业文化标识设计，利用各种媒介全面、客观地报道处理中心建设进展，使员工及时了解未来的生产、生活全貌。在投产指挥部的统一领导下，处理中心生产作业系统、组织管理系统、安全监控系统、后勤辅助系统及企业文化建设全面启动，有序推进。

此外，中心局北京站南院场地还建工作取得新进展。在大幅节省建设投资的基础上，增加了邮政专用地道、生活用热水、热力等新设施，完善了场地使用功能。

企业管理

【健全管理机制，提升人力资源配置使用效率】补充完善了《中心局人工成本管理办法》，建立了以完成定员控制数及劳产率指标相结合的人力资源优化配置机制，进一步增强各生产单位减员增效的主动性。出台《中心局工时管理办法》、《考勤管理办法》、《梯形排班实施办法》,规范工时、考勤管理,引导各单位合理安排作业班次,优化作业组织,提高工时利用率。继续实行劳动力动态管理机制,统筹调配劳务用工,严格控制人员增长。分拣环节部分业务尝试外包作业,有效降低成本支出,为减员增效探索出新途径。通过多渠道调控,全局从业人员减少131人。

深化人事制度改革,规范和完善统管人员和一般管理人员考核制度。制定了《中心局统管人员考核评价办法》和《中心局一般管理人员年度考核办法》,并组织了2010年度一般管理人员季度及年度考核,促进统管和一般管理人员切实履行工作职责,提高工作效率。

【加强成本控制与损益核算应用,提高资金资产使用效率】落实全面预算管理责任,严格执行专项费用审批规定,杜绝了局内成本费用开支的随意性。制定了《中心局业务材料用品管理办法》,加大业务材料用品管控力度,加强成本费用集中采购管理,节约资金20余万,提高了资金使用效益。通过对现有场地生产、生活设备的调研,提出了邮件综合处理中心办公家具、厨具、生产用具等符合实际的开办需求,为处理中心的投产做好准备。

推进损益核算应用工作。按照简便、易操作的原则重新测算各环节、各邮件种类的人工结算单价,促进各责任中心加强经营管理,积极降本增收。

【认清形势,强化监控,筑牢安全稳定防线】2010年,是中心局安全工作形势较为复杂的一年。邮件综合处理中心进入投产筹备阶段,日益临近的转场搬迁使部分员工思想浮动,安全意识有所松懈,而且全局基础设施、生产设备濒临老化,进入故障多发期,为做好安全工作增添了新的困难。

为此,中心局加强安全宣传教育,广泛开展"安全生产月"、"法制宣传教育月"、"安康杯"竞赛活动,组织安全特色文化展示及文艺汇演,增强职工参与积极性,提高安全防范意识。狠抓安全生产责任制落实,强化考核,构建严密责任体系。多次深入生产现场、停车场、库房开展消防安全专项检查,进行车辆档案维护和车容车貌、车辆维保等车辆设备巡检工作,对邮政车和牵引车等特种车辆进行了重点整治,确保了车辆设备外观完好、性能安全。全力配合上海世博会、广州亚运会完成进沪、进穗邮件安检工作,共堵截危险邮件(含管制刀具)15件,确保了发往上述地区邮件的安全。全年共计开展安全日查、夜查21次,排查各类隐患15起,对隐患问题全过程跟踪和严格把关,隐患整改率达100%。

通过干部、职工共同努力,2010年,全局安全生产形势总体平稳,未发生重大安全生产事故、火灾事故以及其他对社会造成严重影响的恶性事故;全年交通安全行驶里程1139万公里,未发生甲方重特大责任事故,基本实现了年度交通安全、生产安全及消防安全的工作目标。连续十七次被东城区交通安委会推荐为北京市交通安全先进单位。

党建、精神文明建设和企业文化建设

【强化竞赛激励机制,激发员工创新活力】完善"创新杯"竞赛办法,设立"局定研发项目",引导管理层围绕企业核心工作创新实践。加强劳动竞赛的统一管理、统一评定,实现主体竞赛做精做实、特色竞赛亮点纷呈。开展劳模事迹宣讲和劳模先进互访经验交流,提升了先进群体素质和互促提高的工作热情;吸纳业务精英和新劳模加入"创新工作室",引导先进群体进一步拓展攻关领域。以争当"创新示范岗"、"创新标兵"和推出"优秀个人操作法"、"优秀班组管理工作法"为目标,"双创双优"活动带动了基层创新热潮,形成了比学赶超、共同提高的热烈氛围。

【健全机制突出重点,大力提升员工素质】制定了《职工职业生涯导航实施方案》,开辟专题系列讲堂对职工进行职业导航。修订了《中心局教育培训考核办法》,完善了教育培训管理的规章制度;调整了学历教育奖励办法,劳务工与正式工享受同等待遇,鼓励全员努力提高文化水平。成功承办北京市职工职业技能邮件分拣员大赛,中心局选手囊括了决赛前三名,为北京邮政赢得了最高荣誉,职工整体业务水平也得到了提高,有力地促进高技能人才队伍建设,促进内部生产运行质量和效率的提升。

【推进和谐企业建设,营造健康向上氛围】实施"员工帮助计划",增加了职工体检项目,开办心理健康讲座,关爱职工身心健康。建立"处长恳谈会"民主管理新模式,开展职工代表处理中心视察、劳动保护调研、合理化建议征集和问卷调查活动,了解职工思想动态,畅通参政议政渠道,为转场处理中心打下维稳基础。组织全局13%的职工疗休养,开展了个性化困难职工帮扶救助,提高送温暖、办实事工作水平。企业发展成果惠及职工,全年正式工收入增长10.67%,多种用工增长12.62%,确保了职工得利水平。开展职工喜闻乐见的文艺、体育比赛,推广工间操,培养了优秀文体人才,收获了喜人成果。在北京邮政职工羽毛球比赛中,中心局获得了团体第一名和两项单打冠军的好成绩;在北京市广播操大赛中,中心局代表市公司参赛,夺取总成绩第一的优异成绩。

先进事迹

【郝贵平】郝贵平从1999年开始管理京兰(嘉)K43/44次邮政车队以来,经过10年的不懈努力,京兰(嘉)车队连续7年荣获"全国干线文明单位"称号,并且先后获得全国邮政"四保两提高"竞赛先进集体、荣获全国邮政"创优争先"竞赛先进集体(连续两次)、"全国邮政系统先进集体"等荣誉称号。而郝贵平本人也一步步从邮件运输处先进工作者;中心局先进工作者;北京邮政先进工作者、十佳创新能手、优秀共产党员,北京市经济技术创新标兵、首都劳动奖章获得者,2010年荣获北京市劳动模范光荣称号,是北京邮政运输战线的先进楷模。

【申爱菊】申爱菊是北京邮区中心局西站干线运输处平刷出口科分拣员,自1997年进入北京邮政工作以来,连续多年在中心局"业务标兵、业务状元"竞赛活动中获得业务标兵、业务状元称号,2006年被评为西站地区来京务工人员"文明之星",2007年西站地区流动人口先进个人。2008年被聘为北京邮区中心局聘用工。在2009年第二届全国邮政通信特有职业技能竞赛中取得个人全能第二名,理论知识第二名,平信分拣第二名,挂信开拆第三名的好成绩。2009、2010年,被评为北京市邮政公司先进工作者,2010年,被评为全国技术能手。在2010年北京市职工职业技能大赛邮件分拣员比赛中夺取冠军。十多年的分拣工作,培养了她热情、无私奉献的品质,磨砺了她拼搏进取的性格,使她成为首都邮政网络运行战线上立足岗位、建功成才的优秀楷模。

【曹玉胜】曹玉胜是中心局一名火车邮件押运员,凭着一股永争第一的精神,在"第二届全国邮政通信特有职业技能竞赛"上取得团体比赛第三名和个人全能第三名的佳绩,2010年,被评为全国技术能手。

(撰稿人:孙晓辉)

北京市邮政公司汽车运输局

概述

北京市邮政公司汽车运输局（以下简称“汽运局”）是北京市邮政公司直属二级通信生产单位。主要担负北京市各邮政支局(所)、投递部各类进出口邮件、报刊及京版出口报纸站间的拉运任务。

汽运局机关设置有办公室、人事教育科、计划财务科、通信运营科、安全保卫科、科技设备科、党群工作部、工会等管理机构及实业公司,其中党群工作部与纪委办公室、行政监察室、团委合署办公。汽运局下辖5个车队以及物流公司、调度发运总站、职业技能培训中心、综合加工厂9个基层单位。2010年末,汽运局共有员工总数1186人(含劳务工700人);车辆347部,邮路262条,邮路单程总长2.08万公里;全局固定资产规模9984万元。

汽运局领导班子成员:局长、党委书记黄宗吾,副局长、党委副书记金艇,副局长王旭,工会主席、纪委书记白立宗。

主要指标和工作完成情况

经营任务和工作指标完成情况:2010年汽运局累计完成业务量2274.63万袋,网运结算收入实现1.2亿元,结算后利润率为6.74%;成本费用支出共计1.19亿元,同比减少1.75%;车辆“两耗”节约工作成效明显,燃油消耗195.69万升,低于市公司指标1.99%;维修费支出512.73万元,低于市公司指标1.21%;一线员工人均年收入增长9.43%。

安全形势:全年未发生重大交通事故、交通死亡事故和安全生产事故。

服务水平:汽运局服务满意度得分为95.19分,未发生服务质量投诉问题。

车辆管理:全局现有车辆347部,年行驶里程945.05万公里;燃油消耗195.69万升,平均百公里油耗20.71升;维修费支出512.73万元,平均百公里维修费54.25元。车辆完好率和利用率分别为96.4%和71.95%。

邮运生产和经营工作

【实施邮运资源整合】2010年3月16日实施了邮运作业组织优化和邮运资源重组，调整邮路36条、人员137人、车辆66部。重点是根据拉运邮件的种类,对各车队的功能进行了重新定位,为“大平面”建成投产做好准备。同时,通过调整业务结构使各车队每天的作业时间平均缩短了近3个小时，使整体邮运支撑服务水平和能力增强和提升。同时,在一定程度上降低了车队的管理难度，减少了企业管理成本投入;增加了结合使用车辆的数量,提高了车辆的利用率,压缩了邮运成本。在市公司相关职能部室大力支持下,本市期报拉运业务正式纳入邮运作业计划,新增了2条报纸盘运邮路，一定程度上扩大了报纸邮运范围,提升了运营能力。

【积极落实市公司邮件时限达标工作】在市公司的统一指挥下,2010年10月11日实施了新的邮运时限作业计划。其调整内容主要是:早报邮路进口带运邮件的种类由原来的本市互寄函件、快包邮件两类,扩大至中心局15点齐格后处理的各类进口邮件。由于此次时限达标工作涉及邮件传递各个环节,为此,汽运局高度重视，在运能紧张的情况下，通过自我挖潜,新增了4条盘运邮路。新的邮运时限作业计划实施后,随早报邮路带运的普邮邮件,以及普邮邮运时限得到了相应提前，使邮件全程传递速度进一步加快,为北京邮政全面落实“时限达标”工作,进一步提高市场竞争力做出了贡献。

【合理组织假日邮运,节约运邮费用】从2010年5月1日起,实施了双休日和法定节假日早普合投,在早普合投期间每天可减少邮路15条,预计每年可缩短邮运里程17万公里,节约邮运成本近40万元。

根据历年来节假日期间邮运量下降的情况，科学预测各邮运网点业务量，在确保邮运时限的前提下，通过合并减少邮路，合理调整车型，减少人员投入等手段，全年节约邮运成本37万余元。

【强化服务质量管理】制定《汽运局2010年服务工作实施方案》，明确服务工作的目标和要求，提出了加强支撑服务的主要措施，强化了对各车队邮运服务工作的指导；重新修订了《汽运局“两岗履职”工作评定考核办法》，完善了考评内容和项目，为检查、考评各车队的“两岗履职”工作提供了依据，促进了质量管理岗、质量监控岗两岗职能的有效发挥。

【开展“服务质量月”活动】汽运局“服务质量月”活动主要包含四方面内容：一是强化员工学习企业生产、服务、时限和质量等方面的规章制度，增强员工执行力；二是加强服务技能培训，提高全员服务技能水平；三是开展专项检查，排查服务质量隐患；四是围绕如何“提高服务质量、提升服务水平”开展大讨论及征文活动，提高员工对生产服务的认识，征集员工对生产意见和建议。活动期间共排除容易引起服务质量问题的隐患13处，提出服务改进措施15项，通过活动，全员服务意识不断增强，邮运服务质量明显提高。2010年，收到东四、百万庄等支局的锦旗十面、表扬信数十封，受到了用户的广泛好评。

【推出个性化支撑服务新举措】针对西区大宗邮件处理中心转场后部分支局大宗邮件出口量激增并长期保持高位的情况，汽运局通过调整邮路，专门为百万庄邮局配备了一条大宗邮件拉运邮路，有效缓解了百万庄、阜成门等西区局下属部分支局的出口压力。

【发展代理业务，加强经营管理】全年除一般性业务有所增加外，圆满完成了“五节”、端午、思乡月、贺卡等礼仪营销高额认档任务，加强了代理业务的开发和管理，成功开发了北医药配送等年收入超百万元的新业务。

代理业务管理体制改革得到稳步落实。通过整合烟草市内三级配送业务项目及配套资源，成立了专项业务运营实体，专业化步伐进一步推进。

加大了成本管控力度，调整了成本核算政策，完善了成本申报审批制度；重新调整了业务及成本结构，进一步降低了运营成本，增强了价格优势，提高了市场竞争力。全年核算利润率提高了12个百分点，运营质量得到较大改善。

交通安全、车辆管理工作

【出台安全事故问责办法】为促进安全工作良性健康发展，提高干部职工的安全责任意识，完善安全生产责任追究制度，汽运局出台了安全事故问责办法。对因管理人员工作失职，不履行或者未正确履行职责而在其工作范围内给所管辖的部门造成的安全责任事故，对其进行责任问责考核。该办法的出台有效提升了管理者对安全工作的重视程度，有效强化了各级领导者和安全管理人员的责任感与事业心。

【摄制《驾驶员行车操作规范》教学片】大力开展驾驶员安全培训教育，摄制了《驾驶员行车操作规范》教学片，并组织全员进行收看学习，引导驾驶员安全行车，文明驾驶。

【搭建安全警示短信平台】搭建了安全警示短信平台，每逢重大节日、重点活动和重要事件，企业都会为所有职工发送以安全警示为内容的手机短信，及时提高员工的安全意识，使安全管理做到了随时随地。

【强化车辆管理】按照市邮政公司单车成本核算试点工作要求，推行单车成本核算。建立了较完备的车辆管理基础资料，重点强化了车辆运行基础数据的统计维护工作，确保单车成本核算工作扎实推进。加强维修质量检验和维修费支出的监控，实行了车辆运行费用逐月核对制度，及时查处了多项不合理支出；建立了“降本增效”奖励机制，根据车队、班组、驾驶员和修理工的“两耗”实绩情况按月兑现奖励，激发了各车队和广大员工的积极性；进一步完善了汽修配件管理工作，建立了配件库，实施配件集中采购、统一管理，确保配件质优价廉和规范使用，有效压缩了配件采购费用。

企业基础管理

【加强成本管控】深入细致摸清局、队及所属各支撑单位成本底数，精打细算全年成本支出，合理编制成本费用预算指标，并分解到车队、班组和单车，强化了各级管理人员和全体员工的成本意识、效益意识；根据全年预算执行和企业定员指标，对车队实行“增员不增资、减员不减资”的人工成本核算政策，有效加强了人工成本的管控力度。

【强化损益核算工作】重点对各车队进行了收支核算标准的核定、资源配比评估和邮路损益分析，实施了损益核算与绩效奖励挂钩的奖罚机制，努力引导各车队算好账、算细账，有效促进了各车队立足自身实际，进一步优化资源配置，提高生产效益和效率。

【开展干部岗位交流】加强了干部队伍建设，开展了干部岗位交流，全年共任用、调整助理以上干部31名，调整机关管理岗位22人，主要内容为：一是将部分机关与基层的干部进行了对调，扩大了干部的知识面，同时便于干部换位思考，使机关与基层工作联系更加紧密；二是优化了干部的岗位配备，做到人尽其才，才尽其用；三是优化了干部的年龄结构，提职任用多个年轻干部，推进干部梯队建设；四是增加了生产车队的管理干部数量，增强了基层尤其是邮运车队的管理力量。干部岗位交流工作的实施为进一步支撑企业经营发展提供了强有力的人才保障。

【进一步完善奖金分配办法】本着“效益优先、倾斜车队、统一标准、逐步增加”的原则，对奖金分配办法进行了完善，调整了各岗位的奖金分配标准，适度提高了员工的得利水平，强化了薪酬分配在企业经营发展中的激励作用。

【深入开展“首席员工”评聘工作】开展了第二届“首席员工”评聘工作，共有六名职工被聘为“首席员工”。修订和完善了评聘管理办法，扩大了评聘比例，加大了奖励额度由每月300元提高到500元。

【启动折叠式集装箱研制】根据市公司部署，积极启动了可折叠式集装箱的开发研究和试制工作，设计、制作了集装箱样品并结合实际进行了完善，为加快实现邮件集装化运输的应用和推广做了各项必要的前期准备工作。

【开展“职工恳谈会”活动】开展了“职工恳谈会”活动，确定了生产科、队和汽运局两级“职工恳谈会”体系，将每年的4月定为“职工恳谈月”，根据形势任务的需要确定“恳谈会”活动的主题。

【扩大办公面积，改善工作条件】局机关新增办公室16间、多功能厅1个，办公面积扩大了近千平方米，有效缓解了机关各科室办公拥挤的状况；建成了职工健身活动室、机关职工食堂，对部分基层单位办公用房和生产场地进行了修缮，进一步改善了员工的生产生活条件。

党建和精神文明建设

【开展“做五好党员，当改革先锋”党员主题实践活动】2010年汽运局党委将党员主题实践活动的主题确定为：“做五好党员，当改革先锋”。五好即：学习实践好；工作业绩好；文明服务好；降耗增效好；职工评价好。当改革先锋即：带头宣传改革，支持改革，投身改革。各党支部围绕活动主题，结合本单位实际，制定了具体活动方案，努力充实活动内涵，丰富活动手段，创新活动载体，每名党员都制定了践行计划，工作中身先士卒，勇挑重担。通过主题实践活动的开展，充分展现了汽运局党员的先进性，有效促进了企业生产、经营、服务、降本增效等工作。

【深入开展劳模先进创新工作室活动】为深化“劳模先进创新工作室”创建活动，创建了5个以先进人物命名的“创新工作小组”，加强对攻关课题的立项、实施等过程指导和督促，召开创新成果展示会，一队和五队两个创新成果课题获得优秀创新成果。

【开展“双创双优”评比活动】局工会以班组建设为抓手，以提高一线职工队伍综合素质为中心，积极组织、广泛发动、扎实推进“双创双优”活动。全局共推出32项管理工作法和操作法。经评比2个班组获2010年创新示范岗，6项操作法获优秀奖。还精选16项操作法制作成宣传展板和学习手册，在全局职工中进行推广。

【实施青年“优+”组合成效明显】在“学东四”，落实服务规范活动中，团委开展“青年文明号”品牌建设，将汽运局“市级青年文明号”车组配备到服务东四邮局、百万庄邮局等一些优秀支局的邮运线路上，携手上下环节共同打造精品服务邮路，有力地推进了向先进单位学习，提升规范化服务水平在内部环节的成果转化。特别是在实施“优+”组合过程中，推出了上下环节团支部共建活动。与百万庄邮局共同启动了“青春共同奋进，岗位携手建功”主题活动。通过一年来的共建实践活动，“优+”组合取得了显著效果，“青年文明号”车组的优质高效服务得到了用户的认可和满意。分别接到了东四邮局、东四投递部、百万庄邮局等先进单位“青年文明号”服务对象的表扬信和锦旗。

【创作企业歌曲“汽运之歌”】《汽运之歌》由汽运局局

长、党委书记黄宗吾作词，职工谱曲，歌词简明生动，旋律激昂奋进，集中反映了汽运局的工作内容、生产场景、发展状况和企业精神，展现了汽运人忠诚使命、敬业爱岗、不畏困难、团结拼搏的精神品质和勇往直前、迎接挑战、追求卓越、走向辉煌的信心与决心。与此同时汽运局还举办了以“聚人心、鼓士气，展风采”为主题的《汽运之歌》演唱比赛，近百名职工走上舞台，参加了演唱。

各类先进及荣誉

【先进单位及先进集体】

汽运局荣获北京市交通安全管理先进单位

汽运局荣获北京市人口计划生育工作先进集体

汽运局荣获北京市无偿献血先进单位

汽运局荣获北京市邮政公司交通安全车辆管理先进单位

汽运局荣获北京市邮政公司“平安邮政建设”先进单位

汽运局荣获北京邮政新闻宣传优秀单位

汽运局荣获北京市邮政公司2010年安全文化DV大赛一等奖

【先进个人】

汽运局王鸣宇同志获得北京市劳动模范荣誉称号

汽运局王鸣宇同志获得北京市国资委系统“群众心目中好党员”荣誉称号

汽运局张嘉芳同志荣获北京市人口计划生育工作先进工作者

汽运局张嘉芳同志荣获2010年度北京市无偿献血先进组织者

汽运局赵世波同志荣获中国邮政职工思想政治工作研究论文类一等奖

（撰稿人：孙亚南　王冬川）

汽运局机构设置图

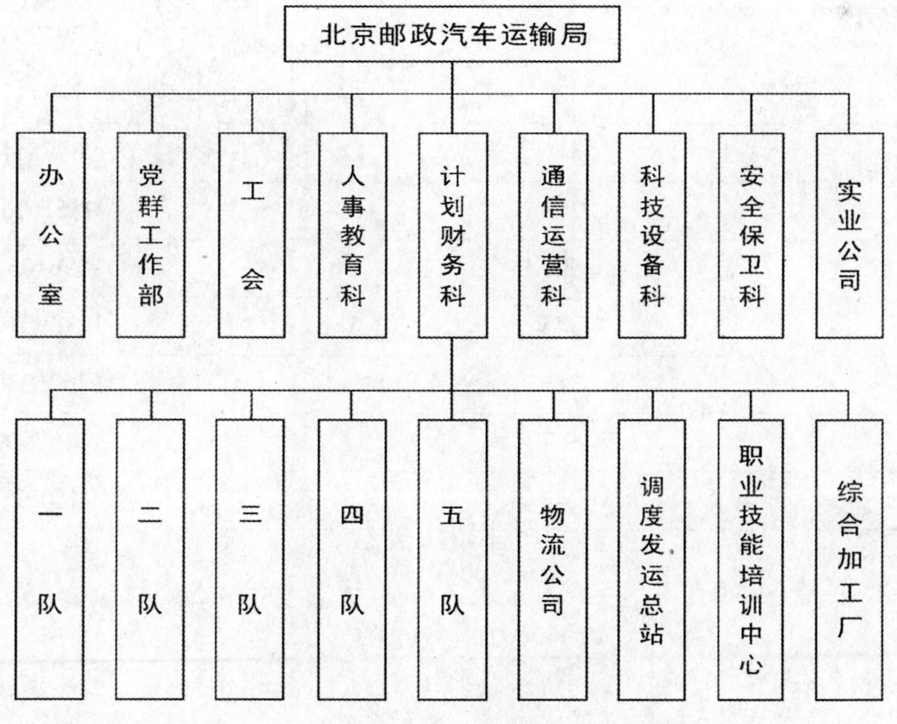

注：党群工作部与纪委办公室、行政监察室、团委合署办公。

2001年-2010 年邮路、路长及交换量一览表

年份	邮路车班数量(条)	邮路单程长度(公里)	交换量(袋)
2001	246	22461	27584792
2002	275	24528	27177973
2003	255	23047	28453378
2004	241	23611	28515086
2005	253	21650	32474102
2006	243	21650	30298378
2007	260	23497	34632071
2008	312	29079	40232966
2009	255	22434	29245344
2010	262	20799	22746275

2001年-2010 年邮运车辆、行驶里程一览表

年份	车辆(部)	行驶里程(公里)
2001	304	8128552
2002	310	8297293
2003	320	9747717
2004	316	9848861
2005	298	9361673
2006	305	10561051
2007	345	12109910
2008	386	12626230
2009	367	11107502
2010	247	9450511

北京报刊发行局

概　述

北京报刊发行局(以下简称“发行局”)是北京市邮政公司下属的二级通信单位和报刊发行业务的专业管理部门，承担着京版邮发报刊向全国各地的发行工作及全国各地报刊在北京市的发行工作，集专业管理、本市订销和发报刊三种职能于一体的全国最大的发报刊局，是全国报刊发行行业中业务功能全、经营能力最强的报刊发行企业之一。2010年报刊分发总量约28.6亿份(册)。

发行局下设7个生产经营单位，分别是报纸分发一科、报纸分发二科、报纸分发三科、市内发行科、业务数据处理中心、期刊科、技术服务站。生产场地主要集中在北京西站邮件处理中心。报纸分发一科、报纸分发二科、报纸分发三科、市内发行科分别在人民日报社、工人日报社、中国青年报社、解放军报社、光明日报社、经济日报社、北京日报社等9个报社印厂设立了分发点，并拥有大郊亭和天桥两个自有分发场地。局机关设业务管理部、市场部、生产指挥调度中心、办公室、党群工作部、人事教育科、计划财务科、科技设备科、安全保卫科、工会，办公地址位于北京市丰台区莲花池东路126号。2010年，全局固定资产原值累计3599万元。

截止2010年底，全局职工总数929人，其中在岗正式职工651人，多种用工245人;共有管理人员87人，其中科级领导干部36人，大专以上学历干部31人，占科级领导干部的86.1%。

局领导班子情况：局长、党委书记周天勇、党委副书记颜廷秀、副局长王东红、副局长陈岩、工会主席刘继红。

专业经营成果

2010年，北京邮政报刊发行经受了严峻的考验。在困难和压力面前，发行局全体干部职工坚持以科学发展观为统领，以效益为中心，以“升位晋级、勇破纪录”为目标，不畏艰难，顽强拼搏，使企业的各项工作在困难中奋力前行，较好地完成了市公司下达的各项经营指标。

【经营责任制、业务收入、收支差和劳产率完成情况】2010年，报刊发行专业收入累计实现67804万元，同比增长12.93%，收入规模继续保持全国第1;高效收入实现66009万元。其中，按集团公司调整后的零售计收口径，订销收入实现37939万元，全国排名第4;订销收入增幅14.21%，在全国排名第5。

发行局业务收入实现32461万元，完成预算的100%，同比增长8.23%；高效收入累计实现32205万元，完成预算的100%;实现收支差额19430.4万元，完成预算的100%，同比增长18.67%;实现劳产率362288元，完成预算的102.69%，同比增长11.97%;时限、服务、质量、安全等考核指标均达到市公司要求，用户满意度达到91.82分。

【发行报刊种类、数量】2010年，发行本外埠报刊共计10959种，其中：报纸2429种，杂志8530种。接办京版报刊3199种，其中：报纸326种，杂志2873种，外埠在京分印、区域代理报纸35种，杂志91种。

【源头营销拉动收入增长】加强源头市场营销，加大重点报刊市场监控力度，拉动专业经营发展。一是集中力量与1000余家报刊社就提高本市发行费率进行商洽，积极争取并得到报刊社的理解和支持，全部重新签订了邮发合同，自2011年起每年新增收入700余万元;二是对3000余份邮发合同及相关结算文件重新进行梳理，进一步严格报刊发行费有关政策，加强收入稽核，直接拉动收入增长800余万元;三是采取有效措施，将有效益的非邮发报刊纳入邮发，争取外埠报刊来京主发或区域代理发行，以市场化手段解决邮发报刊多渠道发行问题，成功开展数据库营销，全年新增收入近800万元;四是适应文化体制改革，深化战略合作，围绕京报集团所属报刊制订了三年发展目标和个性化的服务方案，赢得了报社的充分信任和高度肯定，成功签订了战略合作协议，进一步密切了邮报合作关系，掌握了市场主动权，对稳定首都报刊市场具有十分重要的现实意义和战略意义。

【重点市场开发取得规模效益】 全面加大项目营销、精益营销的推进力度，深入挖掘市场潜力，有效推动了专业营销。一是经过精心策划，深入公关，20多年来一直从社会渠道进货的市妇联大众读书会报刊，全部回归邮发，通过市场化运作，成功将45种报刊纳入读书会订阅品种，增加流转额323万元；二是新开发图书馆21家，新增流转额335万元，其中国家图书馆10多年来首次组织期刊招标，经过不懈努力，最终成功中标，实现流转额110万元；三是全面推行校园市场网络化营销，共组建202个校园市场营销团队，对全市1698所中小学、幼儿园实行"全覆盖"营销，成功开发各类学校260所，实现流转额712万元；四是成功将报刊订阅纳入民政局养老（助残）券的使用范畴，并将《参考消息》、《环球时报》等畅销报刊作为指定订阅品种，扩大了畅销报刊增量市场；五是突出高端品牌报刊及畅销报刊的发行，2011年度报刊收订流转额实现70785.7万元，增幅18.79%，增幅居全国第一，全面超额完成了"冲刺7个亿"的目标。

【数字发行初现规模】 一是加强网站建设，与306家报刊签订了电子报刊版权合作协议，逐步扩大了电子期刊的版权拥有量；开通电子期刊、图书和有声阅读的体验区，增加书刊内容的导读栏目，丰富了网站内容；推出短信虚拟卡、网络充值等新的产品形式，适应了分众营销的需要。年内，网站的周点击量已超过20万次，累计访问量超过500万次，访问用户遍布国内30个省（区、市）以及英、美等国，市场认知度不断提高；二是深入全国16个省（市）推广中邮阅读卡，河南、河北等主要省（市）相继要货6.5万张，预计销售额近800万元；积极公关集团公司邮务局，成功将中邮阅读卡列为邮政定制型贺卡大客户专用礼品，实现销售额近500万元，并将中邮阅读卡列入有奖贺年卡三等奖兑奖产品；同时，还与集团公司电子商务局达成合作协议，利用"自邮一族"平台推广中邮阅读网项目；对重点大客户进行重点营销公关，相继在电信、银行等领域实现突破，全年中邮阅读卡实现销售15万张，收入突破1000万元。2010年，中邮阅读网项目得到集团公司、市公司领导的高度重视，集团公司领导多次听取专题汇报，并将其确定为2011年重点推广项目，为加快数字发行的发展提供了良好的内部条件。

服务管理工作

【全局增收节支成效显著】 一是修订了绩效考核、升位晋级等考核管理办法，增加了"高效收入"和"结算后收支差额"指标，加大了对成本管控和发行局重点经营工作的奖惩力度，调动了员工增收节支的积极性，促进了业务的较快发展；二是广泛开展"我为企业发展做贡献"竞赛活动，增设员工营销大单奖、销售积分奖励和事业激励政策，增加了对员工实际创收业绩的奖励，进一步激发了全员增量创收的主动性和创造性，发行局各单位迎难而上，积极认标，全方位宣传动员；广大干部职工主动参与各项营销活动，以饱满的精神、昂扬的斗志，想方设法寻找销售渠道，千方百计开展营销公关，发行局经营创收实现724.34万元，同比增长39.51%；中邮阅读卡和礼仪营销实现销售673.3万元，其中，"思乡月"营销完成认挡指标的172.77%，被市公司授予"快马奖"；三是扎实推进损益核算，采取有效措施，优化作业流程、改进作业方式，调整19种报纸的封装规格，混发报件实行合并封装，本市节假日早普投报纸全部集中分发，减少了出口袋件量，有效控制了盘驳成本，降低网运成本约310万元；在保证质量的前提下，全面推广使用无纺布报皮，全年节约生产成本420万元；各生产单位加强对生产用料、生产工具的精细化管理，减少成本支出约45万元。通过以上措施，2010年，在各单位的共同努力下，发行局降本增效、增收节支工作取得了显著成效。

【强化服务】 广泛开展学东四、落实服务规范大家谈等主题活动，制定了发行局服务礼仪规范，有重点地解决了一些质量、时限、服务、管理中的实际问题，为报刊发行全网经营提供了有力保障。一是强化11185对外服务窗口的综合业务培训，有效提高了业务处理水平，11185接听率达到96.64%，创历史新高；二是狠抓质量管理和查验管理，发现问题实时分析，迅速整改，全局报刊短缺率、延误率同比下降

9.15%和 4.95%，报刊规格合格率达到 99.98%，图书馆、校园等专项市场短缺报刊的补发率达到 100%；三是加大对早投报纸的时限监控，早投报纸正点交邮率达到 96.2%，同比上升 8.4 个百分点；四是整合资源，充分利用统版系统功能，实现各报点分发单据的实时打印，减少了内部盘驳环节，使出口报纸处理时限提前近 1.5 个小时；五是优化流程，实施零售报纸零头按局混封，取消了分拣环节，分发时限提前 30–40 分钟，为零售业务经营发展提供了支撑；六是自主开发校园个性化服务处理系统，使校园报刊订阅业务实现了全过程的信息化处理，大幅压缩了内部处理时间，提升了校园个性化服务水平。

【创新人力资源管理】发行局注重加强领导班子和干部队伍建设，修订了科级领导干部考核评价办法和机关绩效考核管理办法，树立“重能力、重业绩、重贡献”的工作导向，促进了各级管理干部转变工作作风，提高工作效率；完善了用人机制，制定了员工竞聘管理岗位规定，通过竞聘上岗实现人力资源的优化配置；本着规模、效益并重的原则，制定了营销人员奖励考核办法，调整了营销业绩奖励政策，进一步调动了营销人员的积极性，对于开拓营销工作新局面起到推动作用；创新用工方式，在保证质量、安全和时限的前提下，对生产经营中的非核心业务、非核心生产环节采取业务外包的用工方式，逐步调整人员结构，减少了人力投入，全年减少从业人员 35 人，实现了减员增效。

【精神文明建设取得新成绩】广泛开展“爱首都，讲文明，树新风——争做文明有礼邮政人”、城乡共建、警民共建等群众性精神文明创建活动，提升了企业的文明形象，顺利通过了首都文明办对发行局“全国文明单位”的复验；深入推进“劳模先进创新工作室”活动，建立了 12 个以先进个人命名的创新工作室，孙沂创新工作室被评为市公司“十佳劳模创新工作室”；积极开展“双创双优”创建活动，进一步挖掘员工创新潜能，总结推广了《郝翠云五指数报法》等一批先进工作法，并通过劳模先进事迹巡回演讲等形式，使先进经验在实际生产中得到广泛推广和应用，郝翠云等三名职工凭借数报技能在北京市服务工会举办的技能竞赛中获得好评；健全教育培训机制，先后制定了员工教育培训管理工作实施细则、员工教育培训工作考核评估办法，设立了职业技能鉴定奖励基金 10 万元，加大了员工职业技能培训的激励力度，调动了广大员工钻研技术、提高技能的积极性；组建发行局内训师队伍，制定内训师管理办法，发挥了内训师在企业培训体系中的核心作用；加大培训力度，全年共举办各类培训班 70 期，培训员工 1402 人次，提高了职工的业务技能和综合素质；健全集体合同制度，制定了集体合同监督检查办法，更好地维护员工的合法权益，促进了企业和谐劳动关系的建设。

先进、模范单位、个人

【先进单位、先进集体】发行局荣获的奖项包括：

全国文明单位；

2010 年度北京市无偿献血先进单位；

北京市邮政公司 2010 年先进单位；

北京市邮政公司 2010 年安全生产先进单位；

发行局报纸分发三科、市内发行科获得“北京市邮政公司 2010 年先进集体”称号；

发行局报纸分发一科人民日报早报班获得市公司 2010 年双创双优活动“十佳创新示范岗”称号；

发行局专项市场营销团队获得“北京邮政优秀营销团队”称号；

发行局专项市场营销团队获得市公司四季度网格化营销“团队擂主”称号；

发行局报纸三科党支部获得市公司“参加主题实践活动好支部”称号；

发行局报纸分发一科工会获得市公司“2009–2010 年度市公司先进部门工会”称号；

【先进个人】

李粉霞创新工作室获得“市公司 2010 年十佳劳模先进工作室”。

周天勇获得“首都精神文明建设奖”、“2010 年度北京市无偿献血先进组织者”称号；

周天勇获得“市公司 2010 年优秀工会职工之友”称号；

刘继红获得“市公司 2010 年优秀工会干部”称号；

陈长礼获得“2010 年度北京市人口和计划生育工作先进工作者”称号；

何彦国获得“全国邮政系统职工素质建设工程知识型职工标兵”、“市公司 2010 年二十强营销员”

称号；

温洪达、姜昕萍、郭云清、黄芳、何彦国、张鹏、关萍获得“北京市邮政公司2010年先进工作者”称号；

夏海会获得北京市公安局个人嘉奖、西站地区2010年“消防安全先进个人”称号

郝翠云获得市公司2010年双创双优活动“十佳岗位能手”及“经济技术标兵”称号；

何彦国、丁翠英、孙沂获得市公司“群众心目中的好党员”称号。

（撰稿人：吴叙红）

北京市报刊零售公司

概　述

北京市报刊零售公司(简称零售公司)是北京市邮政公司下属的经营报刊零售业务的二级邮政通信企业。成立于2005年1月1日,经北京市邮政公司授权,负责北京城区和六个郊区区(县)的报刊亭经营和管理工作,是北京邮政支局所报刊角及郊区县局的零售供货商,向全国近300个地市局批销报刊。

报刊零售公司总经理王海林,副总经理孙国庆、张锡南、于川。

报刊零售公司的经营范围包括:销售公开发行的国内版图书、期刊、报纸,公开发行的国内版电子出版物,零售国家正式出版的音像制品。

报刊零售公司积极探索实行报刊亭连锁经营方式,严格落实"统一规划、统一建设、统一经营、统一管理、统一供货"的基本原则,坚持便民、利民、为民的服务宗旨,以"品牌服务、奉献社会"作为公司的经营理念,做到真诚为读者和大众服务,竭诚为刊社和客户服务,热情为报刊亭业务代办人员服务。

报刊零售公司按分环节核算的经营思路,调整部门设置,确立了六个职能部室:综合办(含党群)、人力部、计财部、业务部、市场部、亭管部,以及四个生产经营部门:电信业务组、地铁组、超市组、DM广告组。

报刊零售公司经营生产机构设三个中心、10个分公司:信息数据处理中心、物流配送中心、大户批销中心;东区分公司、西区分公司、南区分公司、海淀分公司、昌平分公司、大兴分公司、通州分公司、顺义分公司、房山分公司、门头沟分公司,分公司在公司统一领导下,负责相关城区报刊亭的经营和管理。10个分公司下设49个报刊批销中心,主要负责全市报刊亭的要数、结账、核算、分发、配送等报刊发行及零售工作。

全市报刊亭现状

【报刊亭的建设和分布情况】邮政报刊亭是根据《中华人民共和国邮政法》、《中华人民共和国邮政法实施细则》、《北京市邮政通信条例》及相关法律、法规,由北京市人民政府批准的专门从事报刊零售业务、提供邮政相关业务和其他项目的邮政基础设施。2010年,制定实行新建报刊亭奖励政策,优化经营网点布局,促进报刊零售业务发展,新建报刊亭60个。北京市共有报刊亭2409个,由零售公司下属分公司进行属地管理,具体分布情况如下:东区分公司695个、西区分公司489个、南区分公司493个、海淀分公司312个、昌平分公司151个、大兴分公司51个、通州分公司75个、顺义分公司62个、门头沟分公司19个、房山分公司62个

【报刊亭业务代办人员的构成】在报刊亭业务代办人员中,大都来自下岗职工、残疾、待业人员以及原散摊售报人员等。报刊亭的建设为社会提供了一个良好的再就业机会,使这些家庭得到了基本生活保障。

【经营状况】2010年,报刊零售公司广大干部、职工和报刊亭经营人,同心同德、扎实工作、开拓进取,出色地完成了各项任务。全年完成报刊流转额3.865亿元;完成业务收入2.51亿元,同比增长11.68%;完成了市公司下达的收支差额和各项服务安全指标,员工人均收入水平的增长达到市公司的要求,增幅达到8%。

2010年北京邮政报刊零售收入规模和增幅连续四个季度保持全国第一,至12月底,与第二名的差距扩大到3180万元,累计零售收入为全国平均水平的3.97倍,同比增长为全国平均水平的2.21倍。

2010年经营状况

【搭建适应市场需求的经营架构】市场部负责经营管

理,业务部负责生产管理;将经营主体调整为报刊亭市场和亭外市场,促进北京报刊零售市场全面发展。报刊亭渠道为10个分公司,亭外市场包括大户批销中心及从市场部分离出来成为独立生产经营部门的地铁组、超市组、电信组、DM广告组;根据经营管理需要,将数据中心的职责进行分解,其设备管理等职能转入业务部,其业务数据处理等职责分别划入市场部和物流配送中心。从而进一步划清了职能与生产的关系,理顺了生产经营的流程。

【重奖超收】下达经营指标与奖励、激励机制相结合,贯彻市公司"重奖增量",结合报刊零售公司的实际情况,激励各经营单位大胆发展、完成流转额指标,减少行政命令的方式进行企业内部管控,发挥经济杠杆对生产经营的导向作用。继续实施重点报刊营销政策,在充分了解市场占有率及发展空间的前提下,鼓励各经营单位积极有效地完成重点报刊的增量,确保流转额的完成。

【完善升位晋级末位轮岗机制】针对各分公司全年流转额计划指标,制定"升位晋级"考核奖励办法,建立"升位、晋级"的奖惩机制,对升位、降级单位分别进行奖罚,以推动各分公司转变经营观念,创新经营方式,加快发展速度,不断提高经营管理水平。完善分公司的升位晋级机制,建立到班组一级的升位晋级机制。49个批销中心按业务规模分组开展升位晋级,末位轮岗;建立批销中心零售管理员后备队伍,通过升位晋级,竞争上岗,谁能干谁干,谁干得好谁干,能者上、平者让、庸者下。

【加快畅销报刊接办和单品营销】把市场畅销、"冲货"现象严重的报刊作为重点,一方面严查私自进货,一方面洽谈接办,增加公司畅销报刊的经营品种,淘汰销售量低的品种;协调报刊社,制定详细的营销方案,采取预约零售、加放代销、特殊代办费政策、赠品促销、活动促销、组织竞赛等方式,促进报刊亭单品报刊销售量增长。

【加快发展报刊"总发"业务】发挥主渠道优势,全力争取畅销报刊总发经营,制定个性化的总发接转方案,使终端覆盖与报刊亭增量相结合,努力实现市场总量的提高。拟定转总发报刊目录,加紧推进工作进程,逐步取得多种畅销报刊的总发经营,有效拉动了报刊流转额的增长。

【大力发展报刊批销业务】把散摊当做自有终端经营,开创报刊亭销售和对散摊批销双轨并行的经营模式。已建成遍布市区及通州、大兴、顺义等报刊发行站点,覆盖北京多个亭外零售终端,使批销品种随着转总发报刊增多而不断丰富。此外,利用社会物流渠道,发展向外埠的报刊批销业务,提高北京邮政报刊发行服务的整体水平。

【大力发展报刊亭增值业务】创新报刊展示推介模式,增加报刊悬挂展板业务,规范业务管理,提高报刊推介业务的运营水平和经济效益;代办电信业务发展迅速,通过完善市场价格采集分析定价机制,提高了移动电子充值卡业务的收益水平。

【全力开拓报刊亭以外的零售终端】一是继续与好邻居、物美、快客、华润等公司合作,在超市和便利店中设立了报刊销售区,共进驻超市、便利店共计328家;二是继续推进与京港地铁公司合作经营北京地铁四号线报刊零售项目,在重点站点开通14辆报刊零售车;三是调动市区经营单位的积极性,继续在社区、院校、大客户预约零售等方面加大营销力度,加快零售业务发展步伐。

重视科技教育,增强发展后劲

【盘活人力资源、支撑重点业务发展】2010年5月地铁报刊零售正式开业,9月,为配合渠道部门成立刊物配送队,零售公司为渠道部门配备了小时工,保证了配送队工作的正常运行。减员重点放在减少非生产岗位和非重点岗位上。根据市公司"控制总量、调整结构、减员增效"的要求,零售公司减少了广告维护人员、时限监控人员。通过减员为重点岗位解决了增员压力。结合零售公司经营管理实际情况,开始分三步开展精简管理岗位人员工作,将精简下来的管理人员全部充实到一线营销队伍中去,增加了一线营销力量,调动了大家的工作积极性,同时也提高了现有管理人员的工作效率。加强内部挖潜,实现重要岗位补员。公司从提高报刊零售管理能力和公司营销人员营销能力入手,培养零售管理员后备,在二级配送人员中选拔合格的人员对报刊零售管理员岗位进行了补充,营销人员补员主要是通过从管理岗向营销转岗方式来补充。

【强化教育培训,提高员工整体素质】全面落实职业技能鉴定工作,制定出台各种奖励、激励政策,通过

组织考前培训、模拟考试，超额完成持证上岗率计划；通过开展业务练功比赛，提高生产人员的业务素质和实际操作技能；推动营销体系建设，组织专职营销人员参加中国邮政集团公司营销远程培训，建立素质优良的专职营销队伍；抓好干部队伍建设，组织科级干部培训，培养青年后备人才。做好青年后备的培养选拔工作，把年轻干部充实到一线经营及市场营销单位中去。邀请营销专家，在北京大学百年讲堂，报刊亭经营人，进行了最基础的报刊销售知识培训。加强了对重点岗位人员的培训及效果追踪：一是零售管理员培训。对零售公司所属批销中心管理员开展了集中培训，并对参培人员在培训前、后的工作情况进行评估、对比，培训后经过一段时间的工作再次对参培人员进行评估，对比培训前、后的问题情况是否得到改善与解决，以确保培训效果。二是班组(基层)管理人员培训。2010年针对公司基层管理人员综合素质薄弱的情况，开展了班组(基层)管理人员培训班。从石家庄邮校专门请来专业讲师围绕高效沟通、团队建设、班组管理三方面课程内容进行了全面培训。通过此次培训，为提高报刊零售公司基层管理水平打下了良好的基础。三是转岗人员及后备人员培训。根据公司生产经营及管理需要，每年都会产生一些转岗人员，同时推荐和招聘部分重要岗位的后备人员，报刊零售公司对这类人员采取跟踪岗前培训的方式，要求相关单位对培训单独进行记录，以确保对这两类人员的培训率达到100%。四是抽测人员培训。配合市公司对零售公司全年教育培训工作效果的抽测评估，高度重视抽测工作，先后参加过市公司组织的“奥运备战之年”的邮政职业道德抽测、机关工作人员微机应用水平抽测，且均取得较好成绩，达到了市公司的合格率要求。五是加强对机关一般管理人员的培训。机关一般管理人员的培训工作一直以来是个盲区，光靠年初制定指标和计划大纲是很难落实到位的。为此，人力资源部对机关全体人员进行了一次培训需求调查，通过调查了解这一岗位员工真正需求，科学地编制培训内容，并把培训材料落实到细处，布置统一培训内容有效解决“不知学什么”的问题。为机关一般管理人员制定了“职业道德”、“法律法规”、“计算机应用知识”及“行政公文写作”等综合素质方面知识的培训内容。

做好办实事项目和宣传工作

【认真落实为职工办实事项目】组织开展了批销中心生产现场环境卫生流动红旗评比活动，落实了职工体检、疗休、帮助救助困难职工等办实事项目。工会行政出资补贴，开办物流配送中心职工小食堂，购置生活文体设施用品，努力改善职工最多、工作最辛苦的一线司驾人员的生产条件。

【加强对外宣传工作】与北京晨报社合作，每周设置报刊亭专版，投入45个版面，开展“BKT”风云榜——2010年读者喜爱报刊文章评选推荐活动，推进全民报刊阅读文化，打造权威媒体推广平台，提升对报刊社和读者的服务水平，树立了邮政报刊零售的品牌形象。

2010年对外宣传工作成绩突出，全年在社会新闻媒体发稿469篇，在中央电视台和北京电视台发片10部，在北京邮政好新闻评比中，夺得2010年度北京邮政新闻宣传优秀杯，荣获优秀单位称号。

（撰稿人：祖　堃）

北京机要通信局

概　述

北京机要通信局(以下简称机要局)是北京市邮政公司下属的二级通信企业，承担在京党政军机关以及企事业单位机要文件的传递任务。

机要局与全国30个省(自治区、直辖市)的机要文件直封局建立了直封关系，年业务量490万件，占全国机要业务总量的三分之一，年收入约为7000万元，占全国机要业务收入30%，是全国邮政机要通信的龙头和枢纽。拥有城区和郊区汽车投递道段28条，投递网覆盖全北京市18个区县，接发车次45趟次，局站间运输邮路2条，郊区邮路3条，生产用车47部。

机要局机关设有办公室、人事保卫科、计划财务科、通信管理科、科技设备科、党群工作部、工会7个职能管理部门，设有总务供应科，负责全局后勤服务工作。北京机要通信局下设四个通信生产单位，分别为收发科、交通科、转运科、代发科，负责全局机要文件的收寄、分拣、封发、投递及进、出、转口文件的接发。

全局在职职工总人数为305人，党员141人，占职工总数的46%，团员49人。

局领导班子成员为：局长兼党委书记王毅坚，纪委书记冀小济，副局长刘越，副局长白春林。

2010年，机要局在市公司的正确领导下，以科学发展观为统领，以“重创新”为主题，坚持质量安全和经营发展两手抓、两手都要硬的工作方针，牢牢把握质量安全生命线，开创专业经营的新局面，强化干部职工队伍建设，促进降本增效和精益管理，企业发展迈出了新的步伐。

质量安全方面，杜绝了机要通信失密丢损事故，实现了质量安全21年无事故的目标，荣获集团公司机要通信质量奖一等奖。

安全方面，杜绝了重大安全事故、刑事案件和交通安全甲方责任事故，各项安全工作进一步得到完善和维护，连续24年被北京市交通安全委员会评为“市级交通安全先进单位”。在市保密工作专项检查中，机要局各项保密安全防范措施获得好评。

生产经营方面，全年实现业务收入7456万元，同比增长6.12%；实现收支差额3361万元，同比增长5%；员工收入比去年增长8%以上，确保了企业发展与员工收入同步增长的目标。

对外服务方面，杜绝了媒体曝光和用户有理由申告，用户满意度达95分以上，居市公司前列。

2010年，机要局被首都精神文明建设委员会命名为“首都文明单位标兵”，被评为北京市人口计划生育工作先进集体，荣获2010年度全国“安康杯”竞赛优胜企业称号，荣获2010年度新华社内参发行工作一等奖，被市公司评为2010年度先进单位、网运系统创优争先劳动竞赛先进单位、业务管理优胜单位。

质量管理水平迈上新台阶

【贯彻20年无事故表彰大会精神】3月27日，召开了质量20年无事故表彰大会，对北京机要专业做出突出贡献的质量先进个人及质量信得过班组进行了表彰，新华社鲁炜副社长、北京市国家保密局陈静局长、中国邮政集团公司李国华副总经理及市公司主要领导给予了高度重视，亲自参加了会议，对机要局的工作成绩给予了高度评价和充分肯定。行内机关报刊、保密杂志及高层内参，对机要局这一成绩进行了着力宣传。中办机要交通局郭旭明副局长一行还专门到机要局调研交流，传达了中央领导令计划同志对机要局取得20年无事故成绩的慰勉，极大激发了机要员工的责任感和使命感。

【开展“质量全红月”活动】强势启动了“质量全红月”活动，在全局营造了浓厚的质量安全氛围。规范了通信监察专职人员日常检查内容，加大了科班日常检查频次，组织了由主管领导带队，生产科长、业务指

导及专职质检人员组成的全局性通信生产联合大检查，加大重点环节、重点部位、重点时段的检查力度。特别是对外勤作业环节实行了专人定时检查，同时加强了生产现场封闭作业制度的检查。从制度入手，深化机要通信质量监察体系建设，实行扣分乘2的考核制度，强化了各项规章制度执行的自觉性，全年共实施专职质检检查共计480余次，在郊区区县和北京邮区中心局专业检查10次，杜绝了机要通信失密丢损及延误事故的发生，同时堵住外省局质量差错6起6件。

【落实机要通信管理达标活动】深入落实集团公司机要通信管理达标活动的部署和市公司工作要求，制订达标活动方案，将达标活动分为动员部署、自查整改、检查验收三个阶段进行，时间跨度从2010年11月起至2011年年底。达标工作范围为机要局、中心局和各郊区区县局。同时，对照《达标评分表》，就安全管理、场地规划、设备投入、人员管理、信息化建设等问题进行了初步自查，提出进一步加强机要通信工作管理，强化通信保障能力，提出北京机要在全国专业达到"一流"工作标准的目标。

各项安全管理取得新成绩

【强化安全生产主体责任】坚持"预防为主"的方针，强化安全生产主体责任，完善了《隐患排查治理制度》、《突发公共事件应急预案》及各项生产组织预案。结合不同时期安全工作重点召开安全例会，加强日常检查的频次和范围，对关键部位和重点环节加强了检查和防范，使安全生产隐患排查与整改工作实现了经常化、规范化、制度化。紧紧抓住安全月主题活动的契机，通过在职工中组织安全晨讲、伤害救助、安全演练以及安全文化作品展等多种形式的宣传交流活动，着力营造良好的安全文化氛围，强化了职工安全意识。全年共开展各类隐患排查15次，共查出安全方面5类19条隐患，整改率达到100%，保障了生产安全。出台了《生产、办公网安全使用管理办法》和《设备三级维护管理办法》，确保了涉密信息和生产办公网络的安全与正常运行，在北京市保密工作专项检查中，网络安全软硬件措施获得市国家保密局领导的好评。

【实施"文明交通行动计划"】以交通安全万里行活动为主线，以"开安全车、开文明车、开环保车"为中心，实施"文明交通行动计划"，将"六大倡导"、"六大摒弃"、"六大抵制"制作成展板、车内饰贴、名片等宣传品，强化驾驶员安全、文明和首都意识，在全体驾驶员中营造了遵章守纪、确保文明安全行车的良好氛围，为交通安全目标的顺利实现提供了思想舆论保障。全年累计安全行驶80余万公里，杜绝了甲方责任事故。

机要专业营销实现新增长

【开发机要"代"字服务牌拉动业务增长】在传统文件量不断下降、邮票发运量锐减等不利形势下，机要局在筑牢质量安全根基的基础上，面向市场寻求新的业务增长点，实现全年业务收入既定工作目标。完善营销策划和售后服务工作，继续开发机要"代"字号服务，加大计划、交寄、封装、发运等环节的"代"字号延伸服务力度，全年代包装业务量达14万件，实现业务收入172.84万元；先后接办了新华社《内参选编》拉运工作、北京市邮政管理局速递类考卷发运传递任务和北京邮储银行业务凭证传递工作；紧抓机要发件部门和印厂两大特行市场业务源头，营销开发了国家保密局、总参保密局等单位发运书籍资料及考卷等6个业务项目，实现新业务创收360余万元，既满足了机关单位日益增长的个性化服务需求，也有效带动了潜在业务的增长。

【提高机要服务能力】强化了国务院交换站营业网点的服务工作，通过实时电话专线督导，提高了国务院交换站本市内参征订流转额，同比增幅达12%，在为160余家大型企业提供了高效的服务的同时，总结了局外驻点服务的宝贵经验。由于制定并落实了"转变增长方式，三早、三比、三优先"的具体征订措施，实现了2011年度征订内参流转额1600余万元和集团公司下达的新华社四刊份数征订指标。

企业精益管理实现新突破

【全面加强成本管控】将损益核算与机要局单位成本控制相结合，把成本管理融入到经营管理和生产作业中，协调各部门按照各自的分工，开展降本增效工作。为实现粗放型管理向精细化管理的转变，加强了对企业运行质量和效益分析，针对4个生产科及专业管理部门的重点环节、重点项目，开展各阶段的运行情况专题分析，从中挖掘出企业降本增效的潜力和亮点。

【积极推进创新挖潜】在提高网运精益化运作理念的倡导下，全局和各生产科克服人员紧张困难，深入挖掘内部工作潜力，调整劳动组织，优化作业流程，从而最大限度地发挥了人力资源的效能，高效出色地完成了各项工作任务。收发科实行了粗分7个外埠台席对应封发7个段位的一对一交接模式，解决了粗分各岗位忙闲不均、封发拿信等候时间长等问题，进一步提高了内部处理速度和时限；交通科在大学毕业生档案和研究生考卷传递业务高峰中，充分利用场地改造后的硬件条件和设备优势，通过合理的人员调配，精细的作业组织，形成忙而不乱、协调有序的局面。

【优化人员结构】坚持提高精益化管理水平，以人力资源整合为重点，加快企业集约化、精益化建设步伐。为建设精干高效的干部队伍，进行了科级领导干部评议考察，实施机关职能管理岗位竞聘上岗，完善各岗位工作标准，职能管理在岗人数连续两年递减5%，形成高效快捷的管理机制；加大复合型员工的培养力度，出台了《双岗多能岗位能手奖励办法》，加强业务培训、岗位轮换、班组交流和业务互动，推出11名“双岗多能”岗位能手，充分发挥各类人才潜在效益，间接降低了人工成本。

【大力强化降本增效】强化设备应用降本增效，实施“车辆单车成本核算”，出台了《机动车燃油和维修费使用标准》，并认真进行对照核算，从而在车辆行驶里程与去年持平的情况下，燃油消耗同比减少2%，维修费用同比下降4%，实现了单车成本的整体把控；制定了《节能降耗目标责任及考核项目》、《节能降耗检查管理办法》等制度，开展了“节能环保从我做起”宣传教育和节能降耗警示语征集活动，层层签订《节能降耗责任书》，使全局节能指标控制在市公司考核范围内。

北京机要展现新形象

【稳步推进廉政风险防范工作】稳步推进廉政风险防范工作，完善实施了《机要局党建工作目标责任及精神文明建设责任考核办法》，出台了《廉政风险防范管理工作实施方案》，研究制订了《物资设备采购管理办法》、《落实党风廉政建设责任制的检查考核及责任追究办法》，应用了“北京市邮政公司廉政风险防范管理系统”。在《党建与精神文明建设考核办法》中，新增了风险防范方面的考核内容，把构建防控机制融入经营管理的全过程。

【积极推进三个创新】围绕促进企业创新常态化、持久化、系统化目标，出台了《推进创新发展实施办法》，围绕制度创新、技能创新、业务创新大力开展攻关活动，最大限度地激发全体干部职工的创新激情和创新潜能。全局各科室提出制度、技能、业务创新立项15项，获得市公司2项创新立项，促进了企业创新工作常态化、持久化、系统化。推进“劳模、好党员创新工作室”创建活动，举办了以“鼓舞干劲、再创佳绩”为主题的“劳模创新工作室”最佳活动日，以“课题攻关、团队展示、拜师学艺、成果交流”等活动为载体，营造了劳模先进发挥示范引领作用的创新发展氛围。在总结两个劳模工作室成功经验基础上，又连续创建了6个好党员创新工作室，掀起了员工爱岗敬业、崇尚先进、奋进向上的热潮。

【丰富的文体活动】质量20年无事故系列活动的开展和局房改造后整洁的环境，完善的设施，初步形成了“机要是我家、我靠家生存、家靠我发展”的和谐氛围。职工工作生活实现了“三上三去”，即操作标准上墙、科务公开上榜、局情动态上网、看电视新闻去餐厅、读书看报去书屋、打球唱歌去俱乐部。工会共青团组织积极开展的职工新春游艺、职工健身达标、羽毛球比赛、乒乓球比赛、庆祝“三八”妇女节100周年系列活动、以“热爱生活、关注健康、快乐工作”为内容的职工健康知识讲座、以“我工作、我快乐、心系机要”为主题的职工卡拉OK”比赛，给职工集体过生日等活动，使职工的业余生活更加丰富了，心理压力释放了、精神状态放松了、文明行为增多了、企业忠诚度增强了。

圆满完成重点机要通信任务

【圆满完成研究生考卷传递任务】经过连续的艰苦奋战，机要局累计处理研考卷7.5万余件，业务总量同比增长4%。妥投率100%，用户满意率100%，考卷传递实现了质量全红。

随着“考研热”的逐年升温，2010年的研考卷高峰呈现出以下特点：1.业务量集中。大量考卷进

京时间集中在1月15-17日，最高峰值出现在1月17日，进口单日文件处理量创历史新高，达到3万件，较去年增长15%。2.高峰持续时间短。由上年的10天缩短为8天。针对上述特点，机要局采取了一系列措施并充分利用场地扩大，处理手续简化等有利条件，圆满完成了任务。生产场地扩大减少了重复劳动，新版《机要通信业务处理规则》去除了进口文件的盖戳环节，简化了操作手续。减轻了劳动强度。进口环节配备了蓝牙无线扫描枪，方便了文件条码录入。利用俱乐部作为临时生产场地，减少了文件的来回搬运。3.进口环节调整作业安排，三班制改为一班制，集中人员处理考卷。设置研考卷专门处理道段和投递道段，针对清华等名校成立专线专人负责，确保账目清楚，传递及时准确。提前与各院校用户联系，根据业务量大小和用户要求制定考卷投送时间表，缓解时间冲突和业务量集中问题。4.做好车辆、微机等各种设备的检查、维护，确保运行稳定。5.组织机关突击队全力支援一线收寄工作。

【出色完成大学毕业生档案传递】在为期一个月的大学毕业生档案传递高峰中，进口文件处理总量达31万件，比去年增长6%。整个高峰持续了近50天，日平均处理量比平时增长3倍。营业环节共收寄大学生档案7.4万件，其中上门收寄达到5.1万余件，占全部收寄量的69%。

针对今年大档高峰的特点，机要局制定了以下措施应对高峰：1.更新数据库。走访各高校和各大人才交流中心搜取大量单位的信息，更新机要局大学毕业生人才资料库，便于疑难信件的查询和处理。2.做好计划收寄。提前与用户联系，确定大档交寄的日期、数量，安排好上门收寄工作，做到计划收寄。3.调整作业组织安排。调整进口环节作业组织，采取提前上班，延长工作时间，确保高峰档案的及时开拆和处理；设置大档投递专线、增加投递频次；营业环节抽调精干力量组成上门收寄队伍，协调安排上门收寄时间；机关科室由业务娴熟人员组成高峰应急突击队，随时支援一线生产。

先进集体、个人事迹简介

【徐永红劳模创新工作室】机要局徐永红劳模先进创新工作室成立于2009年4月，是响应市公司、“劳模先进创新工作室”活动精神，充分发挥典型引领作用而创建的企业劳模创新团队组织。工作室以北京市劳动模范徐永红同志的名字命名，共有成员13名，徐永红为工作室创新带头人。

工作室自成立以来紧紧围绕企业中心任务，结合收发科生产、经营、管理实际情况积极开展创新研发工作。充分发挥徐永红业务指导员的特长，在连续两年有效开展职工业务素质培训工作的基础上，2010年工作室乘势而上，推出了《强化教育培训、提升员工素质、立足岗位成才》的创新课题，进一步提升收发科全体职工的业务素质，为企业培养复合型人才。

【市公司先进生产者武建军】武建军1985年参加工作，2006年调入机要局收发科，2010年任粗分班党小组长，工作中，他始终兢兢业业，认真负责，严格执行规章制度和操作规程，工作质量保持稳定。生产中他积极做好协作工作，无私奉献，不怕吃苦，充分体现了一名共产党员讲党性、作表率的优良作风，得到了全科干部职工的一致认可，被评为北京市邮政公司先进生产者。

在上半年四六级考卷集中收寄的时间里，收发科职工平均每天都处理近千袋考卷，加之其他用户单位的大量文件，全科职工劳动强度可想而知。但是，就是在这样持续的劳动作业下，武建军提前近2小时来到单位，自己一个人把头天已经卸车但尚未处理的400余袋考卷全部分拣完毕，以便班组职工上班后可以直接处理。没有人要求他这样做，但他有着多年磨砺出来的对机要工作的高度责任心，有着无私奉献的忘我精神，凭借自己老黄牛一样的宝贵品质忠诚地履行着一名共产党员的神圣职责。

2010年，在机要局召开质量20年无事故表彰大会的前一天，武建军的儿子突然因急性阑尾被老师送进了医院，身为父亲的他心急如焚，但他却毅然地找到科长说：“科长您放心，明天无论如何我都不会缺席。”他身上浓缩了一个在全局利益面前牺牲小我、顾全大局的优秀共产党员的形象。同样，在交通科多次为灾区捐款捐物和共产党员献爱心的过程中，武建军总是踊跃参加，200元、300元、500元……一次次的捐款，他始终是全体党员的表率，每一次都成为收发科捐款最多的党。（撰稿人：王媛媛）

北京国际邮电局

概 述

北京国际邮电局(以下简称“国际局”)是北京市邮政公司直属二级单位,是北京邮政国际业务的专业管理局。主要负责北京国际函件业务的经营管理以及国际商函数据名址库的建设和管理工作。同时,作为北京邮政涉外服务窗口,还担负150个国家驻华大使馆、130家外国通讯社、15个国际组织、60栋外交公寓及首都机场地区邮政营业和投递服务工作。2010年年底拥有全部资产5033万元,拥有邮政生产车辆59辆。

国际局机关位于西站地区,设局长办公室、党群工作部、人事教育科、计财基建科、通信运营科、市场科、科技设备科、工会、安全保卫科、总务科等10个职能部门并下辖两个支局和一个国际邮件收寄处理中心。建国门邮电局位于建国门,地处使馆区和CBD商务区核心区域,是北京邮政业务功能最为齐全的涉外营业窗口之一,也是海关驻关邮局,受理各类国际国内邮政业务。首都机场邮电局地处机场,被誉为“国门第一局”,为机场民航工作区和生活区提供邮政服务,在机场宿舍区、二、三号航站楼均设有邮政所,为过往的旅客提供用邮服务。国际邮件收寄处理中心位于望京地区,承担着北京地区大宗国际邮件的收寄和处理工作。2010年底,全局共有职工359名,其中正式工(合同用工A类)213人,邮政聘用工(合同用工B类)25人,劳务用工121人。

国际局领导班子成员:局长李连民,党委书记孟宪友,副局长兼纪委书记、工会主席索英,副局长王虹。

经营服务

2010年是“十一五”规划胜利完成的最后一年,也是北京邮政深化改革、企业发展实现转型的关键之年。在这一年里,国际局在市公司的正确领导下,团结带领全体干部职工,明确工作目标,突出工作重点,强化工作措施,完善工作机制,创新工作方法,集中精力抓发展,全力以赴促增长,较好地完成了全年各项工作任务。

【2010年总体思路】以党的十七大和十七届三中、四中全会精神为指导,深入贯彻落实科学发展观,以“效益为先,升位晋级,优秀升格,勇争第一”为目标,全局上下统一思想,坚定信心,集中精力抓发展,全力以赴促增长,为确保完成全年各项工作任务,实现又好又快发展而努力奋斗。

【各项指标完成情况】国际函件专业累计实现业务收入20580万元,完成计划指标的105%,与09年同期相比增长3261.31万元,增幅达18.83%。全国排名第二位。国际局实现收入12528万元,高效收入累计实现10741万元,为年计划的100%,实现收支差额5565万元,为年计划的100%。

国际函件专业

作为国际函件发展的专业局,国际局进一步转变经营发展思路,以拓展国际外包商函业务为抓手,以提升专业支撑、丰富专业产品为保障,创新经营,确保经营收入和高效收入双丰收。

【项目营销促发展】按照“项目营销”的经营思路,年初全专业确立了四个主题营销项目,引领专业经营工作,取得了较好的成绩。“祈福庚寅、和谐盛世”主题营销项目,实现收入60万元;“共享足球饕餮,珍藏南非回音”世界杯足球赛项目,开拓了与国外邮政合作的新尝试,累计实现业务收入150万元;与芬兰邮政联合推出富有芬兰圣诞特色的“圣诞祝福”邮政系列产品,满足了人们在圣诞前夜许下美好祝愿、互送新年祝福、互赠精美礼品的情感需求,结合首家跨国合作“圣诞邮局”的设立,开拓了新的市场领域,形成收入100万元。

【国际商函业务拓展显成效】随着国际函件业务结构的变化,国际小包、制作类商函以及跨境交寄业务更符合市场的需求。制作类外包商函业务初步形成规模,已经成为国际函件专业最为主要的增长点,年收入达到6000万元。传统国际小包业务随着电子商务的发展,业务量猛增,实现收入1300万元,该项业务对收入的增长起到了有力的拉动作用。跨境交寄业务的发展加快了北京国际函件业务与国际接轨的步伐,2010年成功开发了欧洲、北美等多个国家的跨境交寄业务。

企业基础管理

【加强财务管理】重点对邮资封片卡、出售品、邮资票品等库存、销售情况进行了检查,确保量收、邮资封片卡等系统与财务系统数据一致。对全局设备进行了清点、整理、贴签,确保账、卡、实相符,使清产核资工作初见成效。完善全面预算管理,适度调整预算结构,将成本预算指标全部分解到基层,使成本预算与业务发展相配套,做好业务支撑。对基层财务人员进行了招聘,并对部分财务人员岗位进行了轮岗,提高财务人员工作能力。

【规范邮资机日常管理】严格执行《邮资机使用管理暂行标准》,加强了对邮资机基础资料的检查、联网情况的管理、收入的稽核与管控,以查代改,层层落实。对全局54台在用和库存邮资机进行实物和账面清点核实,完成了13台邮资机的报废工作。

【加强欠费管理】严格审批手续,对逾期未签署协议及统版系统长期未使用的协议客户坚决予以取缔,通过认真梳理,全局133户协议客户全部达标。加强对协议客户资费下浮的监控。通过对用户欠款总额打印清单、电子化支局营业日报、包裹、速递清单及用邮协议的稽核,确保达到市公司的要求。

【严格三项基本制度及各项操作规范】加强对邮政规章制度落实情况的检查,全年共开展综合、专项、日常检查200余次。落实国际局、营业支局、金融网点邮政代理金融三级监督检查管理体系,明确各自管理检查职责,加强考核管理。

【加强科级干部管理】坚持"结构合理、素质优良、专业配套、优势互补"的原则,对8个科级领导岗位进行了调整,9名正副科级领导干部进行了岗位交流,新提拔了2名科长助理,为做好干部人才队伍的储备奠定了基础。按照市公司要求,完成了国际局处、科两级后备领导干部和优秀青年人才的推荐工作。开展了对科级干部民主评议,评议优秀率达到了50%。

【严格落实服务规范】制定了《国际局服务工作实施方案》,认真落实市公司《营业厅规范》要求,对局所、网点进行标准化管理,对局容局貌、仪容仪表、邮政设施、定置码放等进行统一要求,网点营业厅实现了整齐划一。值班局长现场巡视,为营业厅规范化管理提供了保障。

【全力做好安全工作】加大对特殊时期、重点时期、节假日等期间的安全工作检查力度,做到全方位、无死角检查治理,为国际局生产经营工作提供良好的安全工作环境。结合安全生产月,开展了安全生产宣传教育,消防演练、应急事件演练等活动,提高了职工安全意识和防抢实战技能。制作了安全教育片《使命》,并荣获北京邮政安全文化DV作品大赛二等奖。进一步加强交通安全管理。制定了《北京国际邮电局交通违章、事故处罚办法》,办法的实施有效地杜绝了严重违章,减少了一般违章行为。全局未发生安全责任及重大交通责任事故。

降本增效

【加大人工成本管控力度】将劳动生产率和人员控制数纳入绩效考核和奖金分配办法。共实现减员27人,为顺利完成全年的降本增效工作奠定了基础。

【损益核算工作进一步细化】按照市公司要求,对基层单位收入、成本进行细分,将损益核算工作落实到邮电所。以消灭亏损网点为目标,提高网点利润率,制定了亏损网点扭亏方案。

【邮政车辆管理】利用科学化的管理手段,合理使用车辆的维修费用,有效管控车辆燃料消耗,降低车辆运行成本,提高车辆运行效率和效益。

【细节工作落实到位】机场邮局职工浴室电热水器严重老化,存在安全隐患的同时也造成用电量过高,经过调研测算,将机场邮局职工浴室电热水器更换为太阳能热水器,大大降低了用电量,节能效果明显。对机场邮局夏季中央空调供冷维护进行重新招标,仅此一项节约维护费用与运行消耗资金达20%。将机关办公楼热水器加装了温控设备，节约了能耗。为缓解资金流转压力，对各单位办公用低值易耗品库存量进行严格控制，使每月的库存金额比2009年节省近一半，大大提高了资金的使用率。

机制创新

【完善绩效考核办法】加大了对集邮库存率、用户欠费的考核力度，健全了考核指标体系，增加了直接成本率等指标的考核，有效地引导经营单位处理好速度与质量、规模与效益的关系，提高企业的经济效益。加强了机关的绩效考核工作，重新修改制定了《国际局机关职能科室绩效考核实施细则》，充分调动机关工作人员的积极性、主动性和创造性，全面提高机关职能管理水平。

【健全领导干部考核评价机制】按照"全面考核、注重实绩，权责分明、奖罚并重，科学评价、促进发展"的原则，制定了《北京国际邮电局关于对经营单位主管领导进行绩效考核的实施办法》，充分发挥了考核的导向、激励与监督作用，各级领导责任意识明显增强。

【完善科级以上领导干部考核制度】进一步强化对经营管理者的激励和约束机制，发挥政策导向作用，重新修订了《北京国际邮电局统管人员收入统一考核管理办法》，充分调动了经营管理者加快发展和提高企业经营管理水平的积极性。

【修订完善业务发展奖励挂钩办法】使员工收入水平的增长同企业经济效益相联系，更好的激发了各单位及全体员工生产经营的积极性。

【人才选拔机制】为鼓励劳务人员立足本岗、建功立业，按照"总量控制、择优招用、突出重点、重在激励"的选拔原则，对全局生产一线的129名劳务工进行了优秀劳务人才的选拔，将5名表现突出的劳务工转聘为合同用工。

【首席员工评选】为进一步调动广大员工学习技术、钻研业务的积极性，在全局各工种中开展了首席员工的评选工作。制定了《北京国际邮电局首席员工评选管理办法》，共有4名员工被评选为国际局2010年度的首席员工。

【员工培训】全年开展各项培训918人次，专项培训696人次，一线生产人员脱产轮训达到24学时。为做好职业技能鉴定考试前的培训工作，坚持做到"送培训到基层"，通过外聘教师讲课、与兄弟局联合办学等形式，使职业技能鉴定工作取得了较好的效果，通信生产人员职业技能鉴定持证上岗率达到95%，在参加市公司组织的投递大赛比赛中参赛选手获得决赛第17名的好成绩。组织专职营销员参加了远程教育培训、支局领导参加了全国邮政支局长金融业务知识远程培训。做好职工在职学历教育，2010年国际局共有25名职工参加了北京邮电网络学院的学习。

构建和谐，为企业发展保驾护航

【加强党建工作】加强学习型党组织建设，坚持党委中心理论组和干部理论学习，中心组学习达到29次。探索党建创新，开展了技术党课教育。开展了"弘扬'东四精神'，当先峰、促发展，党员立足岗位作贡献"主题实践活动以及"群众心目中的好党员"评选。组织了纪念建党89周年系列活动。开展了"凝聚爱心，温暖玉树"、"情系舟曲，奉献爱心"捐款活动。组织党员观看了电影《第一书记》，并开展了全局大讨论活动。加强精神文明建设，与怀柔区渤海镇北沟村签订了共建协议，开展了"城乡结对，共建文明"精神文明建设活动。顺利召开了国际局第八次党员大会，圆满完成了党委和纪委的换届改选工作。

【加强党风廉政建设】认真落实党风廉政建设责任制和反腐倡廉工作，签订了党风廉政建设责任书，坚持"三谈两述"和干部任免公示等制度的落实。认真开展了党风廉政宣传月活动，组织领导干部到东城区法院参加职务犯罪有关案例现场庭审，增强了领导干部拒腐防变的能力。认真做好效能监察工作，对招标项目进行了有效监控。认真落实市公司风险防范系统的上线工作，制定了《国际局党风廉政风险防范管理工作实施方案》，实现了重点岗位的全过程监控。

【切实做好工会工作】加强局务公开，关注民生，着力落实为职工办实事项目。认真开展了送温暖工程。补充完善了国际局互帮互助基金使用管理办法。共有27名职工受到了互帮互助基金的救助。走访慰问了劳模、患病职工、困难职工等百余人次，发放慰问金和慰问品近5万元。深入开展建小家活动，再次投入资金,为小家添置健身器械、图书、健康知识讲座光盘、小药箱常用药等小家设施。召开了"沟通筑和谐"两级民主恳谈会,共征集了意见和建议90件,逐步加以落实和解决。组织了职工疗休、女工体检、为过生日的职工送生日蛋糕等活动。

【活动促文明】开展了"踏寻信使足迹、传承劳模精神"主题教育活动。组织开展了国际局"岗位练兵、技能提素"劳动竞赛,使员工的技能水平普遍得到提升。参加了市公司组织的羽毛球比赛,获得了女子青年甲组冠军,为国际局争得了荣誉。

先进模范集体、个人

【先进集体、个人】

2010年市公司先进集体:收寄中心

2010年市公司先进工作者:徐昆、牛璐璐、曹征

2010年市公司十佳创新示范岗:建国门邮电支局投递班

2010年市公司经济技术创新标兵:王鑫

(撰稿人:裴伟娜)

2010年国际邮电局组织机构图

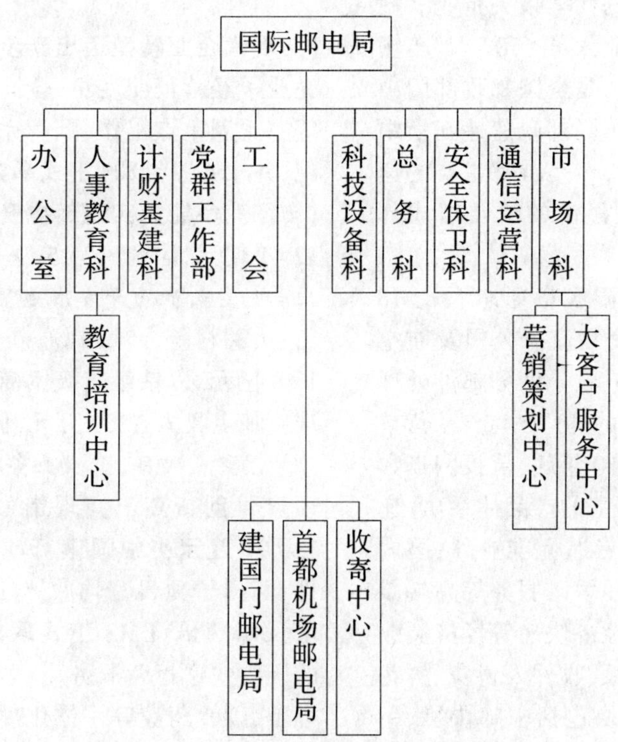

北京市邮政速递物流有限公司

概　述

北京市邮政速递物流有限公司成立于2010年6月17日(以下简称速物公司),由原北京邮政速递局等北京邮政下属九个单位合并后改制而成，是中国邮政速递物流股份有限公司的全资子公司。速物公司是首批获得国际快递、国内快递经营许可证的企业之一，同时是经海关批准的代客报关企业。截至2010年底,速物公司共有从业人员5587人,车辆1193部,固定资产净值5.1亿元,是全国邮政部门中经转量最大的物流集散中心、国际邮政速递互换中心和国内邮政速递业务处理中心，是首都主要的速递物流服务供应商和首都国民经济的重要组成部分。

速物公司总部坐落在朝阳区阜通东大街18号;下辖28个速递分公司、1个物流分公司及航空邮件交换站、国际邮件处理中心、电子商务邮件处理中心等五大专业处理中心在内的40个生产经营单位,服务网络遍布京城。截至2010年底,营投网点数量达到了176个,拥有一整套丰富的产品体系。速递产品包括国际、国内、同城特快专递标准业务;国内承诺服务、次晨达、限时递和国际承诺服务等高端服务以及国际、国内电子商务、经济快递等经济类业务;同时提供代客报关、代收货款、收件人付费、鲜花礼仪速递等增值服务。物流板块包括中邮快货、一体化物流、绿色快车和精品快线等产品,能够为不同需求的客户提供物流解决方案。

速物公司继承百年邮政优良传统，秉承中国邮政速递物流“全心、全速、全球”的理念,以“追求卓越,只争朝夕”的企业精神,不断提高服务水平,多次在国际、国内重大赛会及国庆庆典等活动中担纲物流服务重任,赢得了广泛赞誉,企业形象深入人心。

2010年,速物公司全体干部员工“解放思想,二次创业”,通过实施“三项改革”、“五大工程”,强化了管理、提升了能力、改善了运行质量,超额完成了专业总部下达给北京公司的利润考核指标，经营发展的质量和效益不断提高，员工人均收入增长了15.95%,企业凝聚力、向心力和战斗力显著增强。

速物公司党委书记、总经理杜福;副总经理孙宝军、刘玮、刘君。

经营、管理和能力建设

【向现代企业转型迈出新步伐】速物公司在全国率先完成了经营证照变更、合同主体变更、公司印章刻制等一系列重点工作,顺利完成了33个分公司注册登记,并于6月29日正式举办挂牌仪式。

【市场竞争能力实现新提升】全年累计完成业务收入12.41亿元,居全国第5位,发展态势逐步向好。

1.重点市场开发成效显现。重点开发CBD、金融街、中关村等专项市场,新增客户617家,实现收入1.68亿元。以钻级冠级网商为重点,电子商务市场实现e邮宝收入3209万元,同比增长47.94%。

2.重点项目、重点业务取得突破。2010年思乡月项目再创新高，实现销售额1.2亿元，寄递收入120.97万元；中国银行项目日均发货量超过2500件;西门子项目月均收入15万元,较项目运作之初增长了两倍,EMS正式取代DHL成为西门子公司的国内快递运营服务商;索爱项目扩大合作;新开发奔驰、以岭药业等一体化项目。标准类快递业务、同城业务、代收货款业务和电子商务业务作为拉动业务发展的四大支柱,稳步提升市场份额,累计完成收入38733万元。其中国内异地业务收入34894万元,同比增长4.18%,自2008年奥运会之后实现了恢复性增长。

【加大投入,基础能力建设取得新突破】围绕提升服务水平,速物公司全面推进揽投网、陆路网、同城网三网建设，应用先进信息技术不断优化专业发展平台，为北京邮政速递物流可持续发展奠定坚实的能力基础。

1.开展达标工程，夯实服务基础。共投入5141.16万元用于营投部点改造新建。全年建成营投部点42处，新增投递段道347条，配置电动自行车815辆，PDA1340台，抽调107名能力强业务精的员工建立个性化专投队伍，对法院专递、劳动仲裁专递、代收货款、苹果项目邮件和收件人付费等特殊邮件实行专投，提高了高价值邮件的运行质量和服务品质。除个别偏远地区，公司176个营投部点基本实现三频次投递，成为全国率先完成揽投网建设的省市之一。

2.开展正点工程，提高网络运行质量。严控收寄、运输、处理、发运四个责任段落，全程时限准时率达到90.99%，全国排名上升至第11位；京沪专线、京沪穗深专线运行质量大幅提升；圆满完成2010年"思乡"生产任务；国际邮件处理中心依靠内部流程优化，大幅提高员工工时利用率，在未增一人的情况下，顺利战胜了业务量增长40%的旺季高峰，有力支撑了国际函件业务的发展。

3.核心能力建设实现历史性突破。顺义邮件处理中心项目顺利纳入股份公司募投计划。信息化建设贯穿能力建设全过程，速递、物流两大综合信息平台优化升级；新装100台GPS系统助力干线车辆科学管理；打造全新系统助推同城业务发展。

【效益优先，基础管理稳步提升】"预算分立、分账核算"带动公司上下迅速转换角色，强化执行，突出效益，基础管理工作不断夯实。

1.加强财务管理。深入推进全面预算管理和全环节损益核算，引导各单位持续调整收入结构、优化作业流程、强化成本管控、提升利润水平，将通过有效管控节约的2000余万元成本费用全部用于生产能力的再投入和员工的福利待遇。

2.加强业务管理。进一步完善公司质量检查体系，设立两级质检机构，成立百人质检队伍；引进第三方咨询公司开展"神秘客户"行动，实现对公司通信生产全业务、全过程、全网络的管理和运行的监控、检查及指导。

3.加强网运管控。成立总调度室，建立指挥调度体系，初步实现了动态监测、动态预警、动态调控的运行质量管理模式。完成了全程时限编制、秋冬季航空改点工作。大力推进陆运网建设，开通了多条省际专线邮路。

4.规范经营秩序。颁布了《十二条禁令》，加强邮件抽查和实寄测试，加大惩治力度，有效遏止了虚加重量、骗取优惠等违规行为。部分客户开始主动回流，揽投员自主开发积极性和客户质量显著提高，公司经营行为步入良性发展轨道。

5.加强内控管理。按照"决策、执行、监督、反馈"的内控要求，先后补充完善制度50个；严格执行"告知、培训、检查、考核、通报、分析"六步走的工作要求加强各环节的监督检查工作，公司执行力显著提升。

6.引入"神秘客户"测试模式。为持续不断地改善速物公司服务水平，从而达到提升整体客户满意度的目的，速物公司引入第三方"神秘客户"测试模式检验各速物分公司所属营投部、点服务标准的执行情况，对速物公司整体运行质量、经营发展情况及对外服务水平进行检测，同时根据检测结果有针对性地进行改善服务质量的指导。

7.保护环境，节能降耗。速物公司为响应北京市政府建设"绿色北京"的号召，共计投入了近100万元对241辆投递用车进行节油装置整体改造，并购置了593辆电动自行车、400辆电动三轮车替换了约60辆机动车，节约了275万元汽油耗能。还实施了浴室节能改造和节能灯具改造，节约了水电费20余万元，共计节约成本费用约300万元。

【圆满完成玉树灾区救援物资运送任务】速物公司协同中华社会救助基金会、北京市美丹食品有限公司，承担了向青海玉树县运送30吨、总值50万元食品的任务。速物公司周密部署运输方案，派出三辆邮政运输车专程运送，经过两天两夜的奔波，安全抵达青海省西宁市，将救灾食品安全交给青海省民政厅。此外，速物公司还向灾区捐款10万元，以帮助受灾群众早日渡过难关。

以人为本，建设和谐企业

坚持"以人为本"的治企宗旨，着力加强员工培训，加强企业文化建设，落实为员工办实事项目，尽全力改善员工生产、生活条件，员工素质、精神风貌及企业形象有了重大转变。

【以素质工程为载体，专业队伍建设初见成效】全年共举办营投部主任培训、青年骨干培训、内训师培训等各类培训近百次，万余人次参加了培训。全年累计申报职鉴考试1128人次，通信生产岗位职工职业资格鉴定持证率达到74.23%，较08年底提高了40.53%。通过与传媒学院、石家庄邮政专科学院联合办学、智联招聘等方式拓宽了人才引进渠道，招聘应届大学毕业生190人，充实了投揽、分拣和营销队伍，一线人员占比达40.45%。

【以人心工程为载体，企业发展成果惠及员工】速物公司投入3475万元，圆满完成了7件为员工办实事项目把员工最关心、最直接的热点问题作为办实事的重点，认真落实2010年为员工办实事的7项具体工作，最大限度将企业发展成果惠及员工。一是继续稳步提高员工收入增长水平，确保全公司员工的人均收入增幅不低于8%；二是进一步改善员工生产和生活条件；三是严格执行公司带薪休假制度，确保员工带薪休假制度落实到位；四是切实强化员工业务知识、岗位技能培训，不断提升员工队伍综合素质，打造职业生涯晋升通道。通信生产一线员工年脱产培训不少于24小时；五是继续安排员工参加疗休疗养；六是继续做好女员工妇科防癌普查以及45岁以上女员工、50岁以上男员工体检工作；七是对有条件的单位加大“职工小家”建设投入，逐步有计划地配备微波炉、电冰箱等生活用品。其中：直接用于提高员工收入水平的人工成本2369万元；用于改善员工生产生活条件、提高员工素质投入1106万元，大部分揽投员薪酬已提高到3000元，员工得利水平整体增长了15.95%。进一步规范了集体合同续签工作，落实了518人的疗休养工作和3294人的体检工作，投入了23万余元用于职工小家建设，组织了“全民共做广播操”，成立了“文体宣传社”开展下基层慰问演出等多种文体活动。出台了《绩效考核办法》、《星级员工评选管理办法》和《员工职业生涯管理办法》等20余个管理办法，打通了劳务用工录用、聘用晋升渠道，12名优秀劳务工转为合同用工，448名劳务外包员工转为劳务工。

【以文化工程为载体，赋予精神文明建设新内涵】紧密围绕企业中心工作加强全员思想政治教育，通过开展“解放思想、二次创业”大讨论、“诚信教育月”和“普法宣传教育月”活动，深入持续宣传速物公司倡导的文化理念，涌现出以北京市劳动模范、上地分公司投递员夏伟为代表的一大批先进人物，速物公司荣获了首都文明单位和北京市优秀诚信企业称号。速物公司在2010年通过了质量管理、职业健康安全管理、环境管理三项体系的认证。三项体系认证的通过，标志着速物公司按照国际管理标准建立了管理体系，形成闭环管理、人文企业和低碳运行的现代企业运作模式，将进一步促进速物公司各项管理的制度化、标准化、规范化建设，为速物公司更好地参与市场竞争打下基础。（撰稿人：王圣光）

中国邮政储蓄银行北京分行

概　述

2010年，是中国邮政储蓄银行北京分行(以下简称邮储银行北京分行)深入探索邮储银行在中心城市发展新路径的重要一年，也是加快推进邮储银行北京分行向全功能商业银行转型的关键一年。

截至2010年年末，邮储银行北京分行资产总额达1151.2亿元，其中零售信贷放款结余58.47亿元；负债总额1151.2亿元，其中存款总额1125.49亿元。所属支行及代理网点共522家，其中一级支行(区县局支行)15个、二级支行(网点支行)259个、邮政代理网点248个。员工总计2969人，比上年末增加239人，同比增长8.75%，其中分行机关管理人员287人，比上年末增加67人，同比增长30%。

中国邮政储蓄银行北京分行行长徐学明，副行长周毅明、刘志军(女)、褚建平、李静姝(女)，总审计师刘贞菊(女)。

业务发展

【个人金融业务】2010年，邮储银行北京分行个人金融业务实现了快速发展。客户结构不断优化，业务发展进入快车道，营销转型工作稳步推进，队伍建设初见成效，管理工作不断加强，不断提升了个金业务综合服务能力和市场竞争力。一是客户结构不断优化，客户贡献度和高价值客户有所提升。截至2010年年末，邮储银行北京分行个人客户规模达12221万户，其中VIP客户达51万户，年新增9.6万户；二是业务发展进入快车道。截至2010年年末，全市人民币储蓄存款余额为830亿元，年新增115.66亿元；结算业务规模不断扩大，信用卡、网上银行等新业务规模快速增长，其中信用卡结存卡量4.06万户，网银客户数达65.6万户。综合理财业务年销量达亿元98.73亿元；三是营销转型工作稳步推进。创立了“玩转都市，畅游乡村”活动品牌，推广了三个系列的“祝福产品”，产品创新能力不断增强；四是加强了理财经理、产品经理和业务经理三支队伍的建设。

【零售信贷业务】2010年，邮储银行北京分行继续秉承“服务三农、服务中小企业、服务百姓”的经营理念，全年发放零售贷款1.34万笔、金额46亿元，同比增长64%；新增批发类资产业务185亿元，专项融资类资产业务11亿元。2010年推出了贴近农户需求的现代化农业小额贷款和专为满足北京市居民个人消费需求的个人综合消费贷款，受到广大京郊农户和城镇居民的欢迎。

2010年，邮储银行北京分行与市农委、私个协深入开展了“送贷下乡”、“贷进年检”等活动，有效缓解了农户、中小企业和个体工商户的融资需求。2010年3月，邮储银行北京分行与市团委在全市启动了“贷动青春”活动，承诺三年内扶持10000名青年实现贷款创业。

【公司业务】2010年，北京分行公司业务坚持以“客户为中心”，以项目营销、方案营销、联动营销为抓手，实施“争优、抓大、促小”的营销策略，夯实公司业务发展基础。截至2010年12月31日，实现对公存款余额306.71亿元，年日均余额127.45亿元。

【票据业务】2010年5月，邮储银行北京分行成立资金同业部，全面负责票据转贴现和再贴现业务、代理托管业务、同业存放业务、银团贷款、信贷资产转让、同业机构理财等资金同业业务的管理和运营工作，并取得明显成效。自转贴现业务开办以来，截至2010年12月31日，该行票据转贴现余额44.62亿元，累计票据交易量达到1534.48亿元。批发类资产业务位居全国前列。

风控管理

【建立风控管理网络】2010年，邮储银行北京分行风险合规管理工作以“服务业务发展，做实风险管理”

为中心，进一步完善全面风险管理架构，强化风险管理委员会职能，提升一级支行信用风险与操作风险的识别与管控能力，初步搭建起横向以各部门风险联络员为抓手、纵向由一级支行总稽核牵头、风险稽查部支撑的风控管理网络。

【提升风控管理能力】以风险信息的共享、分析、决策，风险指标的监测为切入点，着力提升全行风控管理水平；通过前、中、后台协调联动，识别业务潜在风险，提高信贷业务决策能力，突出"高风险、高监控"原则，将风险管理工作置于各项业务发展之中，形成全行风控合力。

【突破授权管理】率先开展基本授权、差别授权、岗位授权等相关工作，授权管理取得突破。

【巩固资产保全工作】建立起全行资产保全工作体系，不良贷款清收工作取得实效。

【开展合规活动】扎实推进"业务行为规范年"各项活动，开展全员警示教育，为营造"全员合规、主动合规，合规创造价值"企业氛围夯实了基础。

能力建设

【网点及自助服务渠道建设】邮储银行北京分行以抓好网点建设为根本，以提升服务水平为手段，以提高营销能力为目的，建立健全规章制度，不断改进工作流程，提高工作效率，全面推进物理渠道、自助渠道的建设和客户服务的提升工作，促进网点转型，为分行各项业务的持续健康发展提供有力支撑。全市提供金融服务的网点合计达到522家。在网点新建及改扩建的同时，优化网点布局，引入现代银行的先进理念，对不同功能进行分区，力求满足不同层次客户的需求。一般网点分为咨询引导区、个人现金区、VIP现金区、对公业务区、理财区、自助服务区和辅助办公区，实现客户分区服务。ATM投放量已经达到833台，自助银行42家。电话银行、网上银行业务相继上线，提高服务水平。

【金融信息化建设】2010年，邮储银行北京分行不断加大金融信息化建设步伐，3月1日对公国际业务系统顺利通过现场验收，;6月1日，正式开通个人网上银行业务，全面完成转账汇款、外汇通、投资理财、信用卡、网上支付、个人贷款、查询挂失七大服务功能。7月20日国际结算系统正式在京试点上线，率先在全国开办外汇公司业务；9月17日集团客户现金管理系统上线，进一步提升服务总部(集团)型大客户能力等等。金融信息建设使邮储银行北京分行金融服务水平不断提升，服务领域进一步拓宽。

2010年亮点工作

【《焦点访谈》专题报道邮储银行员工行为规范】自银监会发布《银行业金融机构从业人员职业操守指引》以来，邮储银行北京分行将从业人员行为准则与人力资源管理、风险合规管理、审计稽查、专业队伍建设、对外服务、党风廉政建设、企业宣传及党建工作相结合，有效实现了"八个融入"，得到银监会、北京银监局的充分肯定。

2010年10月13日，央视《焦点访谈》栏目播出金融业从业人员自律专题报道，邮储银行代表中国银行业金融机构走进《焦点访谈》，邮储银行北京分行基层信贷员认真学习、严格执行从业人员行为准则的做法在全国范围内得到了广泛传播。

【建立大学生"村官"引进培养长效机制】自2009年起，北京分行率先搭建就业"绿色通道"，启动招聘卸任大学生"村官"工作。两年来，邮储银行北京分行已录用大学生"村官"近200名，成为北京市第一个大规模招聘"村官"且招收人数最多的企业，为大学生"村官"转岗流动做出突出贡献。2010年11月9日，邮储银行北京分行与北京市人力资源和社会保障局等单位联合举办了北京市首届大学生"村官"论坛。北京分行引进、培养大学生"村官"并助其成功转岗的有效做法，受到社会各界广泛关注和高度评价。

【公众教育服务活动荣获"最佳银行奖"】2010年，中国银监会在全国范围内发起银行业公众教育服务日活动。活动中，北京分行共发动5000多名员工参与，专题策划了邮寄公益纪念封、自行车流动宣传小分队、绿色金融共承诺和电话银行献爱心"四大特色活动"，以及进社区、进商厦、进校园、进乡村"四进工程"，把金融知识送到市民百姓身边。邮储银行宣教员还应邀走进央视《对话》栏目，介绍北京分行公众教育特色活动情况。在首都公众教育服务日活动总结表彰大会上，北京分行荣获"最佳银行奖"称号，成为28家参与银行中的佼佼者。

【“贷动青春”助万名青年实现创业梦想】2010年3月17日,北京团市委、邮储银行北京分行召开“贷动青春”青年创业小额贷款活动对接会,共同签署了《“贷动青春”北京市青年小额贷款工作邮储项目协议书》,承诺三年内扶持1万名青年实现贷款创业,并以创业带动就业。

该项目面向全市城镇个体工商户、微型和小型私营企业以及农村经营户,以邮储银行“好借好还”小额贷款产品为主,并可拓展其他相关产品,其中:小额贷款最高额度可达20万元,个人商务贷款最高额度可达500万元。

【市政府为邮储银行颁发全市首个服务三农“信贷专营机构”】在2010年初举行的北京市新型农村金融机构授(揭)牌仪式上,邮储银行北京分行获得北京服务三农“信贷专营机构”资格,市领导亲自为邮储大兴庞各庄支行揭牌,这是北京市设立的首家,也是目前唯一一家服务三农“信贷专营机构”。

【理财规划师登上全国榜单】北京分行员工任爽在理财规划师协会主办的全国理财规划师比赛中,以全场最高分摘取桂冠,荣获“全国十佳理财师”称号。邮储银行北京分行荣获首届国家理财规划师年会组委会颁发的“2010·中国理财行业突出贡献奖”。

2010年11月25日,由北京市金融工会主办的理财规划师总决赛在北京电视台演播厅举办,邮储北京分行参赛选手刘瑾表现出色,荣获“北京市2010年度十佳理财规划师”荣誉称号,北京分行共有33名选手荣获“北京市理财规划能手”称号。

在日前北京银监局组织的辖内银行业金融机构基层人员“三个办法一个指引”监管政策水平测试中,北京分行荣获总分第二名。

【三家支行获银行业“百佳示范单位”称号】2010年12月28日,在北京市银行业文明规范服务“百佳示范单位”颁奖典礼暨首都银行业服务年会上,邮储银行北京分行直属支行、西区阜成门支行、房山支行直属营业部3家支行从全市19家中外资银行营业网点中脱颖而出,获得北京市银行业“文明规范服务百佳示范单位”荣誉称号,也成为分行首批获此殊荣的单位。

【邮储银行北京分行存款余额突破千亿元大关】邮储银行北京分行挂牌后,全行广大干部员工创新进取,知难不畏难,业务发展步入快车道。2010年新增存款近300亿元,截至年底,全行存款规模突破千亿元大关,达到1140亿元。

【“六大集中”加快邮储银行转型步伐】邮储银行北京分行挂牌成立三年来,以提高效益为目标,着眼于推行“扁平化”管理和建设流程银行,根据中心城市分行的运营特点,在加快企业经营发展的同时,相继推出人力资源、财务、现金管理、会计稽核、审贷、公司账户管理等“六大集中”管理模式,为分行加快向全功能商业银行转型奠定了坚实基础。目前又在积极筹划会计核算、ATM集中管理,推动企业转型步伐不断加快。

【开展全员风险警示教育,打造合规文化】邮储银行北京分行组建后,积极在全行打造良好的合规文化,形成了一系列深入人心的合规文化理念:“全员合规,主动合规,合规创造价值”,“银行经营走得稳,才能走得快,才能走得远”,“规规矩矩办银行”,“算好廉洁从业‘七本账’”等等。

2010年12月24日,邮储银行北京分行与北京市反腐倡廉警示教育基地签署共建协议,进一步增强员工风险警示教育,提高员工思想道德水平,有效防范道德风险。

大　事　记

1月1日　邮储银行北京分行正式开办对公结售汇业务,进一步拓宽金融服务范畴。

1月1日至6月30日　邮储银行北京分行与市工商局、市私个协共同开展了“贷进年检”活动,为广大个体工商户和中小企业主提供便捷金融服务。

1月10日　邮储银行北京分行与农发行正式签署S1线区域组团新农村建设综合改造项目协议。

1月中旬　邮储银行北京分行再次启动大学生“村官”招聘工作,共有99名大学生“村官”新聘入行,进一步为大学生“村官”提供发展舞台。

2月1日　邮储银行北京分行荣获2009年度北京地区“银联卡受理市场重点行业发展成长奖”。

3月1日　邮储银行北京分行对公国际业务系统顺利通过现场验收,标志着邮储银行北京分行正式取得对公结售汇资格。

3月17日 共青团北京市委员会与邮储银行北京分行共同启动“贷动青春”青年创业小额贷款活动,承诺三年内扶持10000名青年实现贷款创业。

3月23日 邮储银行北京分行成功办理邮储银行首笔对公资本项下国际业务，标志着邮储银行北京分行正式涉水对公国际业务,开辟邮储银行对公国际业务的新篇章。

3月25日 北京海淀区政府与邮储银行、民生银行、华夏银行共同签署银政战略合作协议,邮储银行将全力支持中关村国家自主创新示范区核心区建设。

6月1日 邮储银行北京分行正式开通个人网上银行业务,全面完成转账汇款、外汇通、投资理财、信用卡、网上支付、个人贷款、查询挂失七大服务功能。

6月1日 邮储银行北京分行国际业务部正式组建成立,率先实现了邮储银行公司、个人外汇业务全面整合。

7月1日 邮储银行北京分行获得全面开办工商注册验资业务资质。

7月12日 邮储银行北京分行面向京郊农村地区客户推出了现代化农业小额贷款，更加贴近处于现代化农业生产活动中农户资金需求。

7月19日 邮储银行北京分行开办个人综合消费贷款,进一步丰富金融产品。

7月20日 邮储银行北京分行国际结算系统正式试点上线,率先在全国开办外汇公司业务。

8月27日、29日,9月7日 北京电视台《北京新闻》黄金时段连续报道邮储银行北京分行改革创新成果,社会各界对邮储银行服务中小企业、服务“三农”及大学生“村官”招聘使用工作给予高度关注、反响强烈。

9月6日 邮储银行北京分行在全行范围内组织开展案件警示教育和风险排查活动。

9月8日 邮储银行北京分行成功办理服务贸易项下首笔收、结汇业务。

9月17日 邮储银行集团客户现金管理系统上线,进一步提升服务总部(集团)型大客户能力。

9月21日 邮储银行北京分行获得北京外汇管理部批复,正式获批运行外汇账户管理信息系统。

10月13日 邮储银行北京新华里支行作为银行业代表亮相央视《焦点访谈》栏目,反映了邮储银行一线员工认真学习、严格执行从业人员行为准则的做法,树立了邮储银行、中国邮政和首都银行业金融机构良好的社会形象,引起了广泛关注,反响十分强烈。

10月18日 邮储银行北京分行金融大街支行正式开业,标志着邮储银行全新亮相北京金融街,进一步提升社会影响力。

11月7日 邮储银行北京分行荣获第六届北京国际金融博览会展会“最受客户欢迎银行奖”、“最佳组织策划奖”和“优秀主题活动方案奖”,成为展会中获奖数量最多的银行，进一步提高了社会各界对邮储银行的认知度和关注度。

11月9日 邮储银行北京分行承办首届北京市大学生“村官”论坛,邮储银行北京分行培养卸任大学生“村官”并助其成功转岗的有效做法受到了与会者的高度评价。

11月23日 邮储银行北京分行与农发行北京分行签署战略合作协议，共同探索政策性银行与商业银行合作的全新模式。

11月25日 邮储银行北京分行选手刘瑾获北京职工职业技能大赛“北京市2010年度十佳理财师”荣誉称号,33名选手荣获“北京市理财规划能手”称号,3名选手获“北京市2010年度优秀理财规划师”荣誉称号。

11月27日 邮储银行北京分行选手任爽荣获全国理财规划师大赛冠军，邮储银行理财经理队伍素质进一步提升。

11月28日 邮储银行北京分行在全市522个网点、6个宣教点以及西单文化广场同步启动了最大规模的金融知识宣传活动。

12月8日 邮储银行北京分行正式开办欧元等多币种银邮汇款业务。

12月24日 邮储银行北京分行与北京市反腐倡廉警示教育基地签署共建协议，建立起警示教育长效机制。

12月28日 邮储银行北京直属支行荣获“2010年度中国银行业文明规范服务千家示范单位”;分行3家网点获得“2010年度北京市银行业文明规范服务百佳示范单位”荣誉称号。北京分行荣获“2010年·中国理财行业突出贡献奖”。

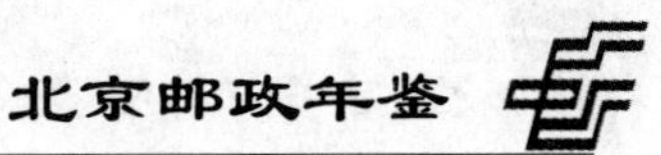

12 月 31 日 邮储银行北京分行获得了“2010 年度北京地区银联业务发展合作奖”。

12 月 31 日 邮储银行北京分行荣获“2010 年全国邮政金融计算机系统安全运行劳动竞赛跨行交易成功率优秀奖”。

（撰稿人：洪秀玲）

中国邮政储蓄银行北京分行分支机构名录

机构名称	地 址	邮编
分行直属支行	朝阳区建国门北大街东侧	100600
东区支行	朝阳区望京西园一区 120 楼	100102
东城区建内大街支行	东城区站西路 2 号	100001
朝阳区工体东路支行	朝阳区工人体育场东路甲 2 号 1 层 101	100004
朝阳区大山子支行	朝阳区酒仙桥路 13 号	100015
朝阳区双井支行	朝阳区广渠东路 48 号楼	100022
朝阳区垈头支行	朝阳区垈头一区 4 号楼东	100023
朝阳区三间房支行	朝阳区三间房 223 号	100024
朝阳区十里河支行	朝阳区东三环南路 19 号嘉多丽园 A 座京门综合楼(联合国际大厦)地层底商	100021
朝阳区水碓子支行	朝阳区金台北街 6 号楼	100026
朝阳区香河园支行	朝阳区西坝河中里 35 号楼	100028
朝阳区亚运村支行	朝阳区安慧里 2 区 11 号楼	100101
朝阳区花家地支行	朝阳区花家地北里 1 号楼	100102
朝阳区双龙南里支行	朝阳区双龙南里 204 号楼	100021
朝阳区万科星园支行	朝阳区仰山路万科星园甲 7 号	100012
朝阳区农光里支行	朝阳区农光里 102 与楼	100021
朝阳区吉庆里支行	朝阳区吉庆里 6 号楼 102 号 A 部分	100020
东城区交道口东大街支行	东城区交道口东大街 10 号楼低商 B	100007
朝阳区姚家园路支行	朝阳区姚家园路甲一号活力东方奥特莱斯购物广场首层	100123
朝阳区西大望路支行	朝阳区西大望路 59 号甲 3 号楼	100102
西区支行	西城区阜成门北大街 19 号	100037
西城区西四支行	西城区西四南大街 16 号	100034
西城区新街口支行	西城区西内大街 32 号	100035
西城区西外大街支行	西城区西外大街德宝新园甲 22 号	100044
西城区三里河支行	西城区月坛南街 65 号	100045
西城区新华里支行	西城区新华里 16 号楼 2 号楼商业 02 号	100044

机构名称	地　址	邮编
西城区金融大街支行	西城区金融大街 3 号 A 座一层二层	100034
石景山区鲁谷支行	石景山区鲁谷路 39 号	100040
石景山区新古城支行	石景山区古城南里 2-3 号楼	100043
石景山区重兴园支行	石景山区重兴园甲一号	100040
石景山区杨庄支行	石景山区琅山苗圃南园子金辉苑小区 C3 配套服务楼底商	100043
石景山区金顶街支行	石景山区金顶街二区甲 2 栋	100041
南区支行	丰台区西罗园一区 15 号楼	100077
宣武区永安路支行	宣武区虎坊路 21-7、21-8 号	100050
宣武区牛街支行	宣武区牛街 4 号	100053
宣武区南滨河路支行	宣武区南滨河路 27 号	100053
宣武区宣武门东支行	宣武区宣武门东 2 号	100051
崇文区百荣支行	崇文区永外大街 101 号	100077
崇文区崇文支行	崇文区崇文门外大街 11 号-7 和 11 号-212	100062
丰台区嘉园支行	丰台区马家堡西路嘉园一里 26 号楼	100068
丰台区科学城支行	丰台区帝京路 5 号	100070
丰台区丰台大街支行	丰台区西四环南路 94 号	100071
丰台区长辛店支行	丰台区长辛店大街 1 号	100072
丰台区云岗支行	丰台区云岗南里 2 号	100074
丰台区东高地支行	丰台区东京地斜街 13 号	100076
丰台区大红门服装城支行	丰台区南苑路 15 号大红门服装商贸城四层	100077
丰台区京温服装市场支行	丰台区高庄 60 号京温服装市场大厦地下一层	100077
丰台区方庄支行	丰台区蒲方路 22 号	100078
丰台区开阳里支行	丰台区开阳里五区三号楼	100068
丰台区角门支行	丰台区马家堡路 120 号	100069
丰台区彩虹城支行	丰台区光彩路 66 号院 5 号楼一层 103 号	100079
经济技术开发区支行	大兴区经济技术开发区隆庆街 4 号	100176
海淀支行	海淀区圆明园西路骚子营小区内	100091
海淀区万寿路支行	海淀区万寿路 7 号	100036
海淀区会城门支行	海淀区北蜂窝 1 号	100038
海淀区永定路支行	海淀区永定路甲 88 号	100039
海淀区阜玉路支行	海淀区玉泉路六号院玉阜嘉园 1 号楼 1 层 10 底商	100041

机构名称	地　址	邮编
海淀区首体南路支行	海淀区首体南路9号主评语家园17号楼底商9-12号	100044
海淀区晋元庄支行	海淀区建西苑晋元庄小区33号楼商业9号	100043
海淀区中关村支行	海淀区海淀路87号	100080
海淀区魏公村支行	海淀区中关村南大街17号	100081
海淀区学院路支行	海淀区成府路17号	100083
海淀区清河镇支行	海淀区清河三街	100085
海淀区北太平庄支行	海淀区马甸村1号	100088
海淀区苏州街支行	海淀区厂洼2号楼	100089
海淀区太阳园支行	海淀区大钟寺东路9号	100098
海淀区上地信息产业开发区支行	海淀区上地信息产业开发区综合楼	100092
海淀区育新花园支行	海淀区西三旗东路育新花园小区	100096
昌平区昌平路支行	昌平区昌平路380号院一号楼底商	100096
海淀区文慧园西路支行	海淀区文慧园小区15、16号楼底商A段一层	100088
海淀区世纪城支行	海淀区世纪城小区烟树园1号楼	100097
海淀区香山支行	海淀区北辛村5号	100093
海淀区紫竹院路支行	海淀区紫竹院路116号嘉豪国际中心B、E座首层	100097
海淀区海淀南路支行	海淀区海淀南路34号艾瑟顿大厦一层	100080
海淀区上地东二路支行	海淀区信息产业基地内地上地东二路上地佳园45号底商	100085
海淀区德政路支行	海淀区西北旺德政路南百旺茉莉园底商	100094
海淀区知春路支行	海淀区知春路1号	100083
通州区支行	通州区运河东大街64号	101100
通州区新华支行	通州区新华大街169号	101100
通州区马驹桥支行	通州区马驹桥镇兴华西大街南侧潼关三区底商(22-23)	101100
通州区中仓支行	通州区中仓小区	101100
大兴区支行	大兴区兴丰大街22号	102600
大兴区兴华路支行	大兴区黄村镇兴华路二段六号院	102627
大兴区埝坛支行	大兴区天河西路19号	102629
房山区支行	房山区良乡镇良乡西路11号	102488
房山区城关支行	房山区兴房大街19号	102400
房山区良乡支行	房山区良乡昊天大街47号	102401
房山区迎风街支街	房山区燕山迎风街43号	102500

机构名称	地　　址	邮编
门头沟区支行	门头沟区河滩路2号	102300
门头沟区滨河路支行	门头沟区滨河西区皓月园6号楼底商11-3	102300
顺义区支行	顺义区新顺南大街	101300
顺义区杨各庄支行	顺义区杨镇地区办事处政府街8号	101309
顺义区后沙峪支行	顺义区后沙峪地区办事处	101318
顺义区石园支行	顺义区石园小区	101300
顺义区东兴路支行	顺义区绿港家园1区9号楼120、125、126号	101300
密云县支行	密云县果鼓楼东大街	101500
密云县果园西路支行	密云县果园西路42、44号	101500
延庆县支行	延庆县城关东门外大街42号	102100
平谷区支行	平谷县旧城街16号	101200
昌平区支行	昌平区政府街	102200
昌平区龙水路支行	昌平区畅春阁小区龙水路22号院1号楼一层101	102200
昌平区沙河支行	昌平区沙河镇	102206
昌平区天通北苑支行	昌平区天通北苑二区甲11号楼1门	102218
昌平区龙锦苑支行	昌平区回龙观龙锦苑五区	102208
昌平区昌崔路支行	昌平区昌崔路201号大厦一层	102200
怀柔区支行	怀柔区青春路18号	101400

北京市邮政公司投递局

概　述

北京市邮政公司投递局是市邮政公司所属的全民所有制公用通信企业，承担北京城六区（即东城区、西城区、朝阳区、海淀区、石景山区、丰台区）及大兴区少数地区的邮件、报刊普遍服务及实物类投送业务。

北京市邮政公司投递局机构设置市、区局两级管理。生产单位包括8个区投递局，108个投递部及速达递送中心。服务面积约1366.19平方公里，服务人口1633万，投递平均服务半径2.03公里；进口台席209个，报刊分发台席141个；投递道段2608条，其中：自行车道段2409条，机车投递段199条；各类委办代投点801个；机动车260辆，自行车3639辆。全局从业人员4788人，其中：管理人员170人，生产人员4618人(合同A类员工894人、合同B类员工195人、社会劳务用工3699人)。

局长兼党委书记史学智，党委副书记、纪委书记、工会主席袁喜，副局长李征、栾金星。

生产任务完成情况

2010年全年实现邮政业务收入1776万元；收支差额-26963万元。报刊投递结算量80477万份，同比增长13.73%，其中投递报纸78924万份，杂志1553万份。函件投递结算量43479万件，同比增长8.08%，其中投递给据函件1711万件，平常函件41768万件。

重大投递服务工作完成情况

【"两会"服务】全国人大全国政协会议是每年投递服务工作的重点，投递局成立"两会"专投小组，同时针对会期时间延长的情况提出明确要求，克服麻痹思想。会议期间为28个"两会"代表、委员驻地投递报刊1138890份，邮件93194件，邮件安检率100%，妥投率100%，圆满完成了"两会"投递服务任务，并赢得了代表、委员及驻地工作人员的好评。

【完成特殊服务】投递局成立了政府类、特殊需求类账单兼职投递队伍，提供个性化投递服务，圆满完成了社会保险金对账单、住房公积金账单、市政府三种卫生手册、商务类报刊、银企对账单等投递任务，满足了高端用户对邮政投递深度的服务需求，为邮政业务发展提供了有力的支撑。

【延伸投递服务】2010年，投递局团委与北京市轨道交通建设管理有限公司团委共同开展"绿衣信使助力首都建设，亲情服务共促和谐发展"的系列志愿活动，投递局积极参与首都城市建设，为44处地铁建设工地开通了邮政投递服务，延伸了投递服务范围。

【楼房通邮工作】2010年，投递局新通邮楼房961幢，新建住宅楼房信报箱安装率、通邮率均达到100%。"户箱工程"完成314幢，20856户，信报箱安装率已达到88.59%。

2010年投递局制定了"进一步推进住宅楼房信报箱更新补建工作的方案"，并由各区投递局按照北京市新划分的行政区将户箱工程数据提交给各区政府主管部门，推进信报箱更新补建工作。

【村邮站建设】2010年，投递局积极与服务范围的政府相关部门密切配合，为加强农村邮政基础设施建设，解决农村邮政投递最后一公里，建设村邮站306个。同时，根据北京市邮政管理局、北京市农村工作委员会相关文件精神，结合自身实际制定《北京邮政投递局新型村邮站管理办法(试行)》，强化新型村邮站的监督、管理和指导，确保村邮站管护员培训率和持证上岗率达到100%，提升农村邮政普遍服务水平。

投递作业组织管理与运行

【实行节假日、休息日早、普合并投递工作】2010年5月1日，根据市公司优化市内邮运网路，合理安排劳动作业组织的精神，实施休息日和法定节假日早、普合并投递。

【优化道段，加快投递时限】2010年，投递局针对部分投递部新建楼房急增等情况，对部分投递部的投递道段进行优化，核定增加了22条道段，缩短了道段里程，加快了投递时限。

【进口无纸化交接】2010年4月30日起，投递进口频次，汽运局趟车交换员在投递进口终端全部实现IC卡交接。

【集团公司统版邮件容器信息系统上线】2010年9月1日起，市内邮件容器请领、调拨、清退、库存上报等工作全部通过集团公司统版邮件容器信息系统完成。

【实施新邮件作业计划】2010年，投递局根据新的邮件分段作业时限，本着“环环相扣、紧密衔接、优化网络、降本增效”的原则，调整劳动作业组织，优化作业流程、规范作业计划、落实定额定员和工时精细化管理，合理安排接车人员，邮件时限达标工作基本实现。

【试点安装平常邮件全程时限监控系统(RFID)】2010年10月29日投递局所属9个投递部(西罗园投递部、700机关段投递部、800机关段投递部、望京投递部、百万庄投递部、万寿路投递部、颐和园投递部、清河投递部、双井投递部)安装了平常邮件全程时限监控系统(RFID)，并接受市公司专项小组的现场设备测试，均运转正常。

服务监督检查

【服务满意度测评】2010年度市公司测评投递局投递服务满意度为91.33分，投递局测评本局投递服务满意度为95.42分，全年度未发生负面媒体报道及重大通信事故，达到了邮政服务工作的标准。

【热线及提案受理情况】2010年度，投递局共接听受理11185、本局热线、人民来信等962件，较比2009年同期1762件减少800件，降幅达到45.4%，有责申诉为2件；处理结案率达到100%，用户满意率达到100%。收到用户来信来电表扬249件，充分得到了社会和用户的肯定。

【监督检查工作】2010年度，投递局共检查监控岗108个，走访机关单位、社会委代办、村邮站等426处，居民住宅楼房411幢，27792个格口，检查函件、报刊31580件，检查管理岗、监控岗覆盖率达到了100%，进一步促进了投递服务质量的稳步提升。

2010年，投递局汇同市公司针对“钻石级客户账单”、“社保账单”投递情况进行了专项检查，处理合格率、妥投率均达到指标要求。

【扩大“邮品护邮袋”使用范围】2010年，邮品护邮袋在西长安街等19个投递部推广使用，共有15913户集邮用户34302件集邮品受益，并得到广大用户特别是集邮爱好者的好评。

【增加用户诉求信息新途径效果显著】2010年，投递局向社会公布了市、区、投递部服务监督电话，实现了“用户反馈问题信息一个小时满意答复”的目标，全局108个投递部中6个投递部实现了“各类服务监督零查询、零投诉”，32个投递部实现了“11185零查询、零投诉”。

【加强业务培训，提升检查成效】2010年，投递局组织专职检查人员业务培训的同时，对全局108个投递部兼职检查人员利用以查代培等形式，进行应用培训。检查人员树立了“三劲”精神。一有“钻劲”，要认真钻研业务，提高解决新问题、新情况的能力；二有“韧劲”，发现问题、难题，要迎难而上；三有“盯劲”，对查出的问题、线索，要紧盯不放，制定措施并落实整改。

【开展“争星创优”活动，促进规范服务】2010年，投递局积极组织了贯穿全年的“争星创优”评选活动，设置了30万元服务专项奖励基金，激发职工创新创优服务的积极性。全局共涌现出了近800人/次服务先进标兵，20个亲情服务先进团队。

企业管理

【安全生产管理】2010年，投递局260辆机动车安全行驶439.7万公里，近4000辆自行车，均未发生重大甲方责任交通事故。

【加强宣传，做好技术支撑】2010年，投递局根据点多面广的特点，充分利用局内自编科技小刊物，向设备管理人员和投递部综合管理员宣传普及科技设备专业知识以及日常维护技巧等，为一线生产做好技术支撑。

【实行绩效问责制】2010年，投递局明确岗位职责，

细化考核内容，对各单位科级领导人员实行绩效问责，年度绩效考核排名最后一名，根据考核扣分内容,由主管领导向投递局领导述职,班子正职一同参加。

【推进投递部升位晋级工作】2010年,投递局通过对全局108个投递部2009年服务质量、报刊专业发展、经营效益、综合管理等考核指标进行综合评分,西长安街等十个投递部升位晋级,进一步提高了一线管理人员和职工的工作积极性。

【完善教育培训制度】2010年,投递局按照市公司教育培训工作考核评估要求,出台了《北京邮政投递局员工教育培训管理办法》、《北京邮政投递局员工教育培训工作考核评估办法》、《北京邮政投递局内训师管理暂行办法》、《北京邮政投递局员工培训抽测和职鉴奖励考核办法》等一系列培训制度,使员工教育培训工作更加规范化、制度化和精细化。

【加强职工职鉴培训成效显著】2010年,投递局重点抓好职鉴培训及重点岗位人员培训,通过职鉴考试取得了相应的职业资格证书初级工407人，中级工253人,高级工162人,员工持证率达到82.44%。

【扩大管理岗位竞聘范围】2010年,投递局打破区投递局在本区范围内开展岗位竞聘的格局,实现全局范围内的岗位竞聘,促进人才合理流动,进一步优化人力资源配置。

【提高劳务工收入水平，稳定员工队伍】2010年,投递局核发社会劳务工外勤补贴每人每天4元，截止12月底共核拨156万元外勤补贴;调整“十一”节日奖励政策,根据劳务人员在邮政企业的服务年限分档奖励，工作满4年的劳务人员奖励标准与在岗职工相同，缩小劳务人员节日奖励水平与在岗职工差距。

【加强劳务用工管理,促进劳务人员岗位成才】投递局通过优秀劳务人才选拔机制，鼓励劳务人员在生产、服务、经营、管理等方面取得突出成绩,激发劳务人员的工作热情。2010年,104名优秀劳务人员转为邮政聘用工,为历年来转聘人数最多的一年。

【积极推进成本费用预算管控工作】2010年度,投递局下达了年度各项成本费用预算目标,实施了全面预算管理。通过“分散权力,集中监督”的财务管控方式,建立了预算、控制、协调的指标管控系统。

【做好固定资产设备清查工作】2010年，投递局成立了设备清查领导小组和清查办公室，召开专题工作布置会,实地抽查了8个区投递局机关及所属72个投递部、速达递送中心及5个设备库房,抽查覆盖面达到70%。

【为职工办实事】2010年,投递局提高外勤人员自行车维修费;为外勤人员增发工作裤T恤各一件。改善部分投递部现场作业条件，为王府井投递部和石榴庄投递部进行通风改造；百万庄等3个投递部配置电开水炉；首次将523名在企业工作三年以上劳务工纳入到体检范围。

经营工作

【报刊收订】2010年在“365天日常报刊收订”中,投递局通过政策激励实现日常收订流转额1800.63万元,与2009年相比增长了84.11%。

2011年度大收订,投递局早策划、早启动、早落实,认真制定年度报刊收订方案,从2010年8月份开始,全局干部职工发扬不怕苦、不怕累,连续作战的作风与社会公司展开了激烈的竞争，实现报刊收订流转额2.28亿元，完成计划指标2.2亿元的103.76%,完成奋斗目标2.4亿元的95.11%。

【经营任务完成情况】2010年,投递局实现业务收入1776万元,完成全年计划的101.68%,其中直投广告收入1110万元,占总收入的62.51%,占函件业务收入的73.46%。

【常规化礼仪营销】2010年,投递局“五节联送”实现销售额174.16万元，完成市公司下达指标的112.36%，与2009年同期相比增长59%;“端午节”营销实现销售额39.95万元，完成任务指标的121%。“思乡月”销售额328.19万元,完成计划的116%,较2009年销售额增长了87%。2011年邮政贺卡收入447.73万元,完成计划的104.12%,同比增长46%。

【新业务开发】2010年,投递局石景山区邮政投递局专职营销员闻玉强开发出信息联播网精华学校业务,创收3.3万元,实现了北京邮政在信息联播网业务教育类中零的突破。

【健全专职营销员管理制度，调动营销员创收积极性】一方面按照“以岗定薪”的原则,调整专职营销岗位薪酬构成,加大创收奖励力度,激发职工的创收激情。另一方面市投递局每半年对专兼职营销员认定考评一次，建立营销员动态资料库，加强对营销员的管理和监控。

党建和精神文明工作

【建设学习型党组织】2010年，投递局积极建设学习型党组织，针对科级干部、市区投递局机关管理人员、一线党员和投递部主任的不同层面，开展了"一季一主题"等学习活动，不断提高党员干部的学习质量和效果。全年共组织中心组理论学习22次，组织助理以上干部学习11次，党委书记为党员干部上形势课3次，为党员讲专题党课2次。

【党员发展工作】2010年，投递局共发展党员39人，其中25人来自一线，同力达职工12人。无党员投递部的比例由28.7%下降到19.4%。

【党员主题实践活动】2010年，投递局结合新形势和新任务，在广泛征求党员意见的基础上，设计了具有可操作性的党员主题实践活动方案，各党支部突出特色、精心组织，力求实效，在实施过程中，党委时时关注，及时指导。朝阳区第二邮政投递局党支部获得市公司级"党员主题实践活动好支部"称号；夏传龙、王恩来、肖永忠、王莉、蔡艳红、常伟辉六名同志被评为市公司党员主题实践活动好党员。

【开展向全国劳动模范韩伟同志学习活动】2010年，韩伟获得全国劳动模范光荣称号，投递局以此为契机，召开了"学东四、学韩伟，创优质投递服务品牌誓师大会"，编写《投递劳模先进事迹汇编》等宣传手册，积极开展韩伟创新工作室建设，更好地发挥了典型的示范带动作用。

【开展"用户心中满意的邮政投递员"评比活动】2010年，投递局创新评比模式，首次采取"职工参与，用户评比"的方式，通过填写选票、网上投票、电话投票等多种形式，开展"用户心中满意的邮政投递员"评比活动，拉近了邮政投递与用户之间的距离，引起社会广泛关注，提升了用户对邮政投递服务的认知度，扩大了邮政投递品牌影响力，100名邮政投递员获得此项荣誉。

【开展"庆祝投递局成立10周年系列活动"】2010年是投递局成立十周年，投递局组织了贯穿全年的局庆系列活动，开展了主题征文、演讲比赛、十周年标识设计比赛，编辑印制了10周年纪念画册、纪念邮折，制作了《十年辉煌　十年跨越》电视回顾短片，隆重召开了"庆祝投递局成立10周年纪念大会"，系列活动得到了基层职工的积极响应，在全局营造了"我与企业同成长，我与企业共奋斗"的良好氛围。

【共建活动】2010年，投递局与天桥街道永安路社区推进"投递和谐、爱在社区"主题共建，组织投递青年志愿者走进社区敬老院；邀请社区居民与投递员一起出班，体验投递工作的辛苦；在天桥文化广场举办了大型的"报刊订阅进社区"宣传活动为居民订阅报刊提供了方便。坚持到大兴区再城营二村，开展助学、帮扶和慰问等活动进行城乡共建。

纪检监察工作

【加强党风廉政建设，推进惩防体系建设】2010年，投递局党委、纪委认真落实市公司党风廉政建设的有关规定，制定下发了贯彻落实《建立健全惩治和预防腐败体系2008-2012年工作规划》实施办法，明确了工作目标、工作内容、责任单位、具体要求和年度责任分工，确保各项工作稳步推进。

【全面落实廉政风险防范管理】2010年，投递局全面启动了廉政风险防范管理工作，采取多种形式在全局广泛宣传廉政风险防范管理的目的、意义、工作内容及要求。研究、制订了《投递局廉政风险防范管理工作实施方案》，成立了干部选拔任用管理、招投标管理、报刊收订管理和机关职能管理四个专项组。紧密结合投递局实际，各个岗位运用"五种方法"，针对"五类风险"，认真查找廉政风险点，并有针对性地制定了防控措施，形成覆盖市、区投递局、投递部三级运行的廉政风险防范工作网络。

【加强党风廉政宣传教育】积极开展了党风廉政宣传教育活动，全年组织助理以上干部廉政学习8次。6月至8月，开展了以"强化制度建设，提高廉政意识"为主题的党风廉政宣传教育月系列活动，通过上廉政党课、开展"勤政廉洁好干部"评选表彰活动、召开市、区投递局两级领导班子成员民主生活会、纪检监察工作论文征集评比等活动，增强了党员干部党性修养和廉洁从业意识。

【畅通职工诉求渠道，落实民主监督】2010年初，市、区投递局重新确定公布了局长接待日安排并将接待日安排及时在各投递部公示，由专人负责开取设在投递部的“局长信箱”，每天浏览“局长邮箱”。加强对基层管理人员的民主监督，坚持民主监督测评制度，定期对区投递局机关各部室和投递部正、副主任进行测评。各党支部根据测评结果，及时发现问题、解决问题，指导基层管理人员改进工作。

【加强监督，积极开展效能监察和专项治理工作】2010年，根据“增收节支、降本增效”的原则，按照市公司纪委的建议并结合投递局工作实际，将“清理账外账‘小金库’和清理废旧物资设备”两项工作作为2010年效能监察工作立项，全年监督落实。同时按照市公司纪委开展专项治理工作的总体部署，认真开展了治理账外账“小金库”和商业贿赂专项治理活动。

共青团工作

【探索劳务派遣工团员青年管理工作】2010年，投递局针对劳务用工多、青年人多、职工流动性大的特点，开展了“北京邮政投递局劳务派遣青年投递员情况调查”的活动，摸清投递局劳务派遣团员青年的情况。在工作和活动中注意吸收劳务派遣青年参加，使劳务派遣青年在企业中找到组织，更加安心地工作在投递岗位上。

工会工作

【为职工送温暖】2010年，投递局春节期间开展多层次慰问和送温暖活动：对困难职工进行慰问，为1700多名外来务工投递员送饺子；组织干部职工为老家受灾的外地务工投递员捐爱心款；为45名家中有上小学的先进职工子女发放了金秋助学款共计9000元；认真落实职工帮扶救助和职工医疗互助保险工作，共为130名职工办理帮扶救助，共发放救助款131500元，困难补助65人发放慰问金6500元。

【小家建设】2010年，投递局明确小家建设目标、内容、申报程序和评比标准，并根据职工小家特色活动开展情况和职工满意率评选优秀职工小家，得到了干部职工的积极响应，其中亚运村投递部职工小家开展的“投递一家亲，真情暖人心”活动被市公司评为十佳职工小家特色活动。

【创新工作室建设】2010年，投递局积极把创新工作室的先进经验和做法进行推广：印制韩伟创新工作室推出的创新成果——《报刊订阅简明目录》发到一线外勤投递员手中，方便投递员对热门报刊和重点报刊进行查询；将朝阳区第一邮政投递局亚运村投递部孔凡木创新工作室推出的创新成果——《投递驾驶员实用手册》，印制成册在投递局进行推广，发放到每名司机手中。

【开展特色活动】2010年，投递局启动投递师徒结对“传帮带”特色活动。全局共有365对师傅与新入局职工结对子，签订了师徒协议，年终根据徒弟工作成绩评选出10对“最佳师徒组合”，帮助新员工尽快适应投递工作环境，增强了他们的企业归属感。

光　荣　榜

北京市邮政公司投递局被评为2010年度北京市安康杯竞赛优胜单位；2010年北京市交通安全先进单位；安保部荣获北京市公安局内保工作“集体嘉奖”；荣获北京市邮政公司2010年“平安邮政文明交通”先进单位及“安全生产先进”单位。

韩伟荣获全国劳动模范称号。

北京市职工职业技能大赛邮政投递员比赛前十六名均为投递局职工获得，其中付永伟、张久明、李晶宏分列冠、亚、季军。

北京市邮政公司2010年度业务管理优胜单位优胜班组：王府井投递部、东四投递部、农光里投递部、西长安街投递部、万寿路投递部、里仁街投递部、方庄投递部、颐和园投递部、亚运村投递部、苏家坨投递部

北京市邮政公司2010年度平安邮政文明交通竞赛先进集体：海淀区投递局、石景山区投递局；优秀管理干部：马国铮；先进个人：张明、卢明、罗继承、孔凡木、张小平

北京市邮政公司2010收订先进个人：马彦红、张骏晨、杜来平、刘亚军、赵亮、李鹏、秦国周、秦世华、崔钲雨、侯凤银

北京市邮政公司2010年度先进集体：东四投递部、西长安街投递部、里仁街投递部、亚运村投递部、农光里投递部、颐和园投递部、温泉投递部、东高地投递部、万寿路投递部

北京市邮政公司2010年度先进工作者：张旭、高立青、刘洋、王鹏、侯昆、田俊彪、韩忠全、武海林、赵政、程会清、梅洪军、刘玉超、张喜营、房继东、刘斌、季锐江、王志杰、汪为忠、王双刚、夏传龙、王武、司永庆、佟立萍、韩志涛、李春燕、王立国、李克、李军、宗涛、李保忠

北京市邮政公司2010年双创双优活动十佳创新示范岗：百万庄投递部

北京市邮政公司2010年双创双优活动十佳岗位能手：东四投递部姚平

北京市邮政公司2010年双创双优活动经济技术创新标兵：姚平、李晶宏

北京市邮政公司2010年十佳创新工作室：徐丽娜创新工作室

2010年度北京市邮政公司“安康杯”竞赛优秀工会劳动保护监督检查员：马晓意

2010年度北京市邮政公司“安康杯”竞赛优秀工会小组劳动保护监督检查员：史春芳、李惠莲

2010年度北京市邮政公司安全生产先进个人：谢玉娟、戴文芳、南虹、黄捷平、马晓意、周敬阳、王庆伟、刘俊义、曹惠平、侯桂霞、王霞、曹晓智、王世海、初星华、许富祥、王志国、张继胜、李志林、刘建新、陈雅丽、刘建新、王卫东、王飞、李君、赵景春

（撰稿人：王　静）

北京邮政投递局组织机构图

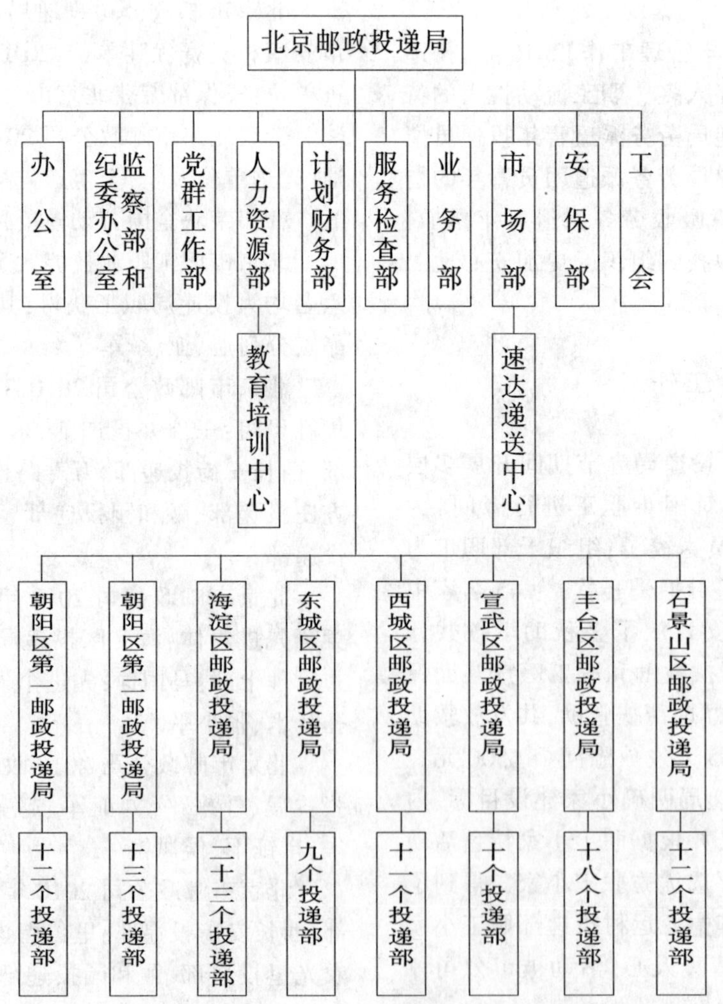

北京邮政投递局及下属生产单位分布表

序号	单位名称	地　址	邮政编码
1	**北京邮政投递局**	宣武区永安路173号	100050
2	**东城区投递局**	东城区东直门北大街乙4号	100028
3	东单投递部	前门东大街7号	100005
4	王府井投递部	东城区王府井大街88号	100006
5	北新桥投递部	东城区东四北大街12号	100007
6	地安门投递部	东城区张自忠10号华人一品大厦-1至一层1-107号	100009
7	东四投递部	东城区东四北大街553号	100010
8	安外投递部	东城区安外大街181号	100011
9	和平里投递部	东城区和平里6区6楼	100013
10	六铺炕投递部	东城区鼓楼外大街52号	100120
11	700投递部	朝阳区水碓子东里22-3	100700
12	**西城区投递局**	西城区西外大街德宝新园甲22号	100044
13	府右街投递部	西城区府右街乙27号	100017
14	西长安街投递部	西城区新半壁街8号	100031
15	西单投递部	西单北大街100号	100032
16	西四投递部	西城区西安门大街130号	100034
17	新街口投递部	西城区西直门内大街32号	100035
18	百万庄投递部	西城区阜外大街甲41号	100037
19	西外投递部	西城区西外大街德宝新园甲22号	100044
20	三里河投递部	西城区月坛南街65号	100045
21	西站投递部	北蜂窝路15号	100017
22	800投递部	西城区阜成门北大街19号	100800
23	紫竹院投递部	海淀区西三环北路50号豪柏大厦一层C1-101/106	100048
24	**宣武区投递局**	崇文区体育馆路7号	100061
25	永安路投递部	宣武区永安路173号	100050
26	和平门投递部	宣武区前门西大街12号	100051
27	骡马市投递部	宣武区北纬路甲75号	100052
28	牛街投递部	宣武区牛街4号	100053
29	里仁街投递部	宣武区里仁街14号	100054
30	马连道投递部	宣武区广安门外大街411号	100055

序号	单位名称	地址	邮政编码
31	光明楼投递部	崇文区体育馆路7号	100061
32	东花市南里投递部	富贵园2区1号楼底商	100062
33	开阳里投递部	翠林三里8号楼	100069
34	红莲投递部	莲花河东侧路9号	100055
35	**朝阳区第一投递局**	朝阳区安贞里2区18号楼	100029
36	北苑投递部	朝阳区北苑村1号	100012
37	大山子投递部	朝阳区高家园5区1楼	100015
38	酒仙桥投递部	朝阳区酒仙桥路43号	100016
39	楼梓庄投递部	朝阳区楼梓庄大街1号	100018
40	三源里投递部	朝阳区三源里27号楼	100027
41	香河园投递部	朝阳区西坝河中里35号	100028
42	安贞投递部	安贞西里5区1楼	100029
43	亚运村投递部	朝阳区惠新北里17号楼	1000101
44	花家地投递部	朝阳区花家地北里1号楼	100102
45	科学园投递部	科学园南路4号	1000105
46	望京投递部	望京西园120楼	100106
47	万科星园投递部	朝阳区仰山路万科星园甲7号	100107
48	**朝阳区第二投递局**	朝阳区泓燕路十八里店乡周庄新村B区第A8座09号	100122
49	呼家楼投递部	朝阳区关东店大街9号	100020
50	农光里投递部	垂杨柳西区8号	100021
51	双井投递部	朝阳区广渠路48号	100022
52	垡头投递部	朝阳区垡头西里2号楼	100023
53	三间房投递部	朝阳区三间房村223号	100024
54	慈云寺投递部	朝阳区八里庄东里1号	100025
55	水碓子投递部	朝阳区金台北街6号	100026
56	黑庄户投递部	朝阳区豆各庄乡于家园南甲58号	100121
57	周庄投递部	朝阳区泓燕路十八里店乡周庄新村B区第A8座09号	100122
58	青年路投递部	朝阳区雅城一里10号楼06号	100123
59	百子湾投递部	朝阳区广渠路21号	100124
60	麦子店投递部	朝阳公园西路15号	100125
61	向军里投递部	朝阳区向军南里二巷5号	100126

序号	单位名称	地　　址	邮政编码
62	**海淀区投递局**	海淀区城阜路 17 号	100083
63	中关村投递部	海淀区万泉河路 54–3 号	100080
64	魏公村投递部	海淀区中关村南大街 17 号	100081
65	文慧园投递部	文慧园 15 楼地下室	100082
66	学院路投递部	海淀区成府路 17 号	100083
67	清华大学投递部	海淀区清华大学校内	100084
68	清河投递部	海淀区清河三街 90 号	100085
69	双榆树投递部	海淀区双榆树东里 37 号	100086
70	北太平庄投递部	海淀区北三环中路 35 号	100088
71	苏州街投递部	海淀区八沟南路 35 号 C 座	100089
72	颐和园投递部	海淀区圆明园西路 49 号	100091
73	香山投递部	海淀区北辛村 55 号	100093
74	西北旺投递部	海淀区颐温路西北旺付家窑 36 号	100094
75	温泉投递部	海淀区温泉镇温泉村 96 号	100095
76	育新花园投递部	建材城西路 1 号程远商务会馆	100096
77	世纪城投递部	板井路 77 号	100097
78	太阳园投递部	海淀区大钟寺 168 号	100098
79	保福寺投递部	海淀区紫金数码园 4 号楼一层 0103 号	100190
80	蓟门里投递部	海淀区龙翔路 30 号	100191
81	宝盛里投递部	海淀区宝盛里小区 7 号楼	100192
82	农大南路投递部	海淀区厢黄旗 1 号楼 D07 号	100193
83	苏家坨投递部	海淀区苏家索镇西小营村	100194
84	四季青投递部	海淀区闵庄天香颐中里 7 号楼	100195
85	塔院投递部	海淀区塔院迎春园 1 号楼一层	100191
86	**丰台区投递局**	丰台区芳星园 3 区 4 号楼	100078
87	角门投递部	丰台区马家堡路 120 号	100068
88	科学城投递部	丰台区桥南科学城帝京路 5 号	100070
89	新发地投递部	丰台区花乡黄土岗宜兰园小区 G3 楼 01 单元	100160
90	丰台投递部	西四环南路 94 号	100071
91	五里店投递部	丰台区五里店 275 号	100166

序号	单位名称	地　址	邮政编码
92	长辛店投递部	丰台区长辛店大街1号	100072
93	宛平投递部	丰台区卢沟桥南里10号	100165
94	太平桥投递部	太平桥制香厂大院	100073
95	云岗投递部	丰台区云岗南区云岗餐厅	100074
96	木樨园投递部	丰台区西木樨园8楼一层东门	100075
97	东高地投递部	南苑北里二区5号楼	100076
98	西红门投递部	大兴区西红门镇宏旭路74号	100162
99	西罗园投递部	丰台区西罗园一区15楼	100077
100	方庄投递部	丰台区蒲芳路22号	100078
101	成寿寺投递部	朝阳区成寿寺路108号院	100164
102	石榴庄投递部	石榴庄北里小区44号	100079
103	亦庄投递部	亦庄开发区隆庆街4号	100176
104	小井投递部	广安路北50米丰台区小井汽车队	100161
105	**石景山区投递局**	锦绣大地物流港东八层E区	100043
106	万寿路投递部	海淀区万寿路18号	100036
107	会城门投递部	海淀区北蜂窝路1号	100038
108	永定路投递部	海淀区永定路甲88号	100039
109	五芳园投递部	石景山区五芳园15号楼首层	100040
110	石景山投递部	石景山区金顶街金安桥南	100041
111	高井投递部	石景山区高井甲32号院	100042
112	新古城投递部	石景山区石景山路52号	100043
113	老山西里投递部	石景山区老山西里甲7号楼	100049
114	青塔投递部	丰台区西四环中路蒋家坟392号C座	100141
115	恩济庄投递部	海淀区阜外亮甲店1号恩济庄西园10号楼	100142
116	田村投递部	海淀区半壁店59号运通科技大厦	100143
117	八大处投递部	石景山区八大处路35号	100144

北京市邮票公司

概　述

北京市邮票公司(以下简称公司)是隶属于北京市邮政公司，负责全市集邮业务经营与管理的专业公司。公司办公地址位于东城区东黄城根南街66号;公司营业部地址位于西城区北礼士路62号。

公司拥有专业的邮品开发、设计人员及完整的产品体系,邮品开发达数百种,并系列发行邮票首日封、邮折等常规邮品。公司在全市已形成了以4个区集邮公司、近100个集邮服务窗口和16家集邮专卖店的邮品营销网络;同时,公司邮品还销往全国各省,在十余个国家和地区有订户。公司除从事邮票、封、折、卡、册等集邮品及集邮用具的经营,同时还办理首日封实寄和各类集邮票品的函购及信托业务,为企事业单位制作定向邮品、企业形象宣传年册,提供邮票个性化服务业务。

2010年，北京集邮专业收入从2005年2.13亿元,到2010年实现7亿元,占比达到17.61%,业务收入翻了3.28倍。

截止2010年末,公司共有职工118人。公司机构设置为八个部室:综合部、计划财务部、业务管理部、市场经营部、经营拓展部、营业部、行政技术部、储运部。

公司经理张进宇,党总支书记王晓婕,副经理马勇、孙涛;助理调研员李建春。

强化经营,拓展市场
再次实现跨越式发展

【经营再创佳绩】2010年,公司抓住机遇,强化经营,坚持“不唯指标唯市场”的经营方针,深入推进业务结构优化调整,强势发展低本高效业务。年末,全专业累计实现收入7亿元,完成预算进度的116.36%,提前三个月完成全年任务指标。全专业实现收支差额1.2亿元,完成年度计划的143.57%,责任中心毛利率达到18.22%。实现高效收入3.01亿元,高效收入率达到42.99%。公司现业实现收支差额1766万元,完成全年计划的100.04%,实现高效收入4643万元,高效收入率达到45.87%。,收入规模继续扩大,效益不断攀升,运行质量稳步提升,继续保持良性发展势头。

【“四项低本高效业务”得到快速发展】在2010年年初提出的“高效收入”的经营思路指导下,公司进一步优化业务发展结构,制定了引导高效业务发展的激励政策,全力拓展低本高效业务发展。全专业制作个性化邮票189.43万版,完成计划进度的111.43%。公司全年制作个性化邮票31.4万版；全专业共制作企业年册18.3万册,实现收入4200万元。公司制作企业年册2.68万册,实现收入616万元;在此基础上,公司加强对定向邮品的开发和监控,实现收入1.68亿元,占专业收入的23.96%,达到“高效收入”指标的设置,使得专业业务结构进一步优化。同时,2010年新邮预订实现收入7395万元,排名继续保持全国第一。

【策划“十大”主题营销项目】2010年,公司认真落实市公司布置的“网格化营销工作”,根据“五大经济六个市场”的不同特点,发挥专业局的策划优势,经过缜密的市场分析和精心的项目、产品策划,结合集邮业务特点,2010年,通过主题营销策划,以项目拉动收入增长。公司抓住邮票重点题材和社会热点,策划了“福虎添意,生肖贺岁”、“两会”、“魅力首都,精彩世博”、“低碳减排，绿色环保”、“第十六届亚洲运动会”、“两节邮礼，尊贵之礼”、“快乐童年　邮你相伴”、“吃喝玩乐邮北京”、“四季旖旎　君子风范——儒家文化”和“中医养生”十大主题营销项目,共创收9000余万元,拉动了专业整体发展。

强化职能,科学管控
专业化管理能力进一步增强

【加强制度建设】一是按照集团公司要求出台了北京集邮专业库存产品管控办法，做到控制新产品库存和消减以前年度库存并举，在加大库存新增管控力度的同时，为各单位消减以前年度库存给予了政策保障。二是出台了外销产品业务系统管理办法（试行），为加大外销业务发展规模，强化外销产品管理奠定了基础。三是拟定了北京集邮专卖店管理服务规范。通过连锁店的管理模式，确保集邮专卖店运行质量，凸现专卖店的作用。四是完善了年度服务工作实施方案。2010年是北京邮政深入贯彻落实集团公司“统筹协调邮政经济发展质量与效益的关系，加快邮政经济发展方式转变”的关键之年，也是市纠风办按照国务院纠风办部署，狠抓与百姓生活密切相关的社会公共服务行业服务质量的重要之年。为此，出台了2010年服务工作实施方案，将不断提升的对外服务水平，作为全面提高专业综合竞争力和抗风险能力的重要手段，作为不断树立北京集邮品牌形象的根本举措，在各集邮经营单位和窗口起到了良好的作用。

【坚持产品创新】公司坚持走精品化的产品开发道路，通过整合资源，多角度多渠道创新开发产品。在生肖、妇女节等产品中，将集邮品赋予更多实用功能，取得良好的效果；在世博、香格里拉、孔子邮品中使用新工艺，使产品耳目一新；启动了“tw”、“btf”两个纪念封系列，丰富了北京集邮品牌产品。2010年，全年共策划研发132种产品，产值达到7213万元。在此基础上，我们共安排全市各单位征订总公司和市公司产品共计209种，调拨产品成本金额达到1.6亿余元，调拨笔数达4000余笔，为各单位集邮业务发展，提供了强有力的产品支撑。

【有效提升专业运行质量】2010年下半年，按照集团公司关于加强库存管控工作的通知精神，集邮专业制定了消减以前年度库存成本3000万元的任务指标。在消减工作中，公司利用网络优势，对各经营单位的库存结构进行了数据分析，并将结果及时反馈给各单位。同时，根据新邮发行情况组织各单位开展消减库存主题营销活动。专门增设了库存产品横向调拨平台，共为各单位成功调拨38次，组织主题销售8次，消减库存3300多万，超额完成任务，为集邮专业健康持续发展起到了积极的促进作用。在此基础上，通过集邮品周转天数、集邮品毛利率、库存率等效益监控指标和专业损益核算结果，加大了对专业效益的分析和对专业经营决策的指导，支撑各区县局有针对性地拓展市场，调整产品结构，不断扩大低本高效收入规模，有效地推进了专业效益更趋科学性、合理性。同时，公司以“两岗履职”工作为抓手，组织了各类检查20余次，起到了以检查促经营，规范经营的目的。

【开设集邮专卖店】公司以“大集邮”的全新发展理念，把准集邮业务发展的客观规律，积极调整经营策略，加强经营渠道建设，发挥出集邮专业是文化产业的特点，把集邮业务融入到国家文化产业发展的大环境中，在成功开设五家中国集邮专卖店后，提出在2010年，进一步整合资源、优化网点布局，在城区、郊区集邮网点中再建成14家集邮专卖店的目标，以此全面拓宽北京集邮经营渠道，推广集邮文化、扩大集邮市场、提升服务质量、促进经济效益增加，树立北京集邮整体品牌形象。截至2010年，已有16家专卖店正式投入运营，形成收入达2000余万元，收入占比明显提高。

【新型优质业务实现新突破】外部产品销售以其无成本投入、产品贴近市场、种类齐全等优势，越来越受到各单位的重视。2010年，全专业高度重视外部产品销售业务发展，出台了外部产品销售业务系统管理办法（试行），从源头抓起，重新梳理了业务运营管理办法，启用了业务支撑系统，更新丰富了产品供应类别，创新了产品培训模式。全年外部产品供应种类达200余种，共创收近3000万元，使外部产品销售业务实现了新突破。

完善制度，健全机制
内部管理基础进一步夯实

【制定集邮窗口服务规范，提升对外服务水平】为贯彻落实好《北京邮政营业服务规范》，集邮专业率先制定完成了《北京集邮窗口服务规范》，为集邮全专业做好对外服务确定了服务标准，使北京集邮窗口服务有了统一的窗口服务规范，提高了对外服务水平。

【创新员工培训教育，打造积极向上员工队伍】2010年，公司结合自身特点，配合生产经营工作，制定了2010年活力集邮队伍建设年教育培训方案，专门针

对青年党团员的“长江计划”,组织青年员工参观印制局、邮票博物馆等单位,培养青年人作为邮政员工的企业自豪感。全年共组织员工培训20余次。公司全体员工脱产学习达到24学时,干部脱产学习达到48学时,高管人员培训也已达标,均已提前完成了年初的计划目标。还组织相关人员参加了集团公司远程营销客户经理培训，营销员抽测和职业技能鉴定考试,取得了一线营销员抽测专业组第一、职业技能鉴定考试100%通过的好成绩，在公司员工中形成了“人人讲学习,人人能学习,人人会学习”的良好氛围。同时，公司结合业务开展组织了多次劳动竞赛和岗位技能练兵比武,激发了员工的工作干劲,为公司圆满完成经营任务起到了推进作用。

【员工得利水平稳步提升】公司高度重视工会工作,把依靠员工、发挥工会作用作为推进公司经营发展,建设和谐企业的重要保证。2010年公司坚持“服务社会,造福员工”的企业宗旨,为员工办好实事。保证了员工得利水平不低于企业发展平均水平。完成了第五轮集体合同的签订工作，为实现企业与员工的共同发展提供了有力保证。同时，市邮票公司还提高了公司员工参与经营发展工作的奖励标准;加大了办公环境改善的投入,公司各部门相继更新了办公设备,改善了办公环境,提高了员工节日福利水平。一年来,干部员工队伍稳定,思想积极向上,有力推动了集邮业务发展与和谐企业建设。

【安全工作全面达标】公司高度重视安全工作,坚持预防为主,严格执行各项制度,按照市公司的部署,认真开展安全大检查,发现问题及时整改,特别对数亿元的邮票库房,实施科学有效管理,确保了资产安全和资金安全。2010年,公司没有发生一起安全事故,安全工作全面达标。

党建工作取得新进展
精神文明建设取得新成果

【党建工作与企业发展同步推进】通过实施《公司2010年学习型党组织建设工作方案》和“活力集邮队伍建设年”培训计划,着力增强全体党员加强学习型党组织建设的政治理论水平，增强全体党员干部员工队伍的知识力、工作力、执行力和创新力。制定了《党建工作目标责任及精神文明建设责任考核办法》和《公司贯彻落实市公司建立健全惩治和预防腐败体系2008—2012年工作规划实施办法》将公司党建工作与企业发展环环相扣,紧密相连,思路、精力、工作三到位,实现了与企业发展目标同步推进。

【健全、强化党建工作运行机制】健全了党组织参与决策机制、党建工作考核机制和基层组织规范化建设机制。坚持开好领导班子民主生活会,用好党政联席会议制度,对企业经营发展的重大问题进行研究,确保党的路线、方针、政策在企业全面贯彻落实。加强党支部的目标管理，认真落实和执行好党员教育管理和党员民主评议等各项规章制度，开展党员责任区活动，建立健全了支部建设和党员责任区开展情况考核制度,确保了党总支各项工作的有序进行。

【搞好创先争优和党员主题实践活动】一是深入开展好创先争优活动。2010年,公司以纪念建党八十九周年为契机,公司总支在全体员工中开展“群众心目中的好党员”评选表彰活动,对四名得到群众广泛认可的优秀党员行了表彰。其中经营拓展部梁嘉同志荣获市公司群众心目中好党员光荣称号。以梁嘉命名的“梁嘉劳模创新工作室”被集团公司评为全国邮政系统“营销创百优”十佳营销团队。二是努力提升党员主题实践活动效果。2010年,公司以“迎七一、学先进、当先锋、立足岗位做贡献”、“爱首都讲文明树新风——做文明有礼集邮人”和“弘扬‘东四精神’,当先锋,促发展”三大主题内容为主线,开展了多层次、多角度、全方位、有特色、见实效的系列主题实践活动，使党支部成为推进公司各项工作深入开展的营地,使党员成为各个岗位上的排头兵。在市公司党委开展的基层党支部主题实践活动的评比中,公司营业支部的“党员带头减标准，规范服务促发展”,得到了好评。

【党风廉政建设和反腐倡廉】制定下发了《2010年党风廉政建设和反腐倡廉主要任务分工方案》,明确了各主管领导和部室负责人抓党风廉政建设工作的职责,形成了坚持党政一把手负总责、亲自抓,领导班子成员按分工负责,纪检监察部门具体抓,相关部门各负其责，党员干部积极参与的反腐倡廉的工作体系。对“账外账”、“小金库”、商业贿赂等进行了专项治理,并对重点岗位、重点环节的人员加强了教育,建立健全了防范措施和管理制度。

同时，结合公司作为管理集邮专业经营发展的专业局特点，全面细致地查找出了风险点，组织各级领导干部、党员和员工进行分层学习，组织领导班子成员与分管部门座谈，对部门职权行使的主要环节、关键部位可能存在的风险进行自查自省，梳理出了重点部门和领导干部风险点一览表和防控表，完成了北京邮政廉政风险防范系统上线工作，形成覆盖公司各个部门和重点领域的廉政风险防范管理网络和廉政风险防范的长效机制。（撰稿人：陈　珊）

北京邮政商业信函局

概　述

北京邮政商业信函局(以下简称商函局)是北京市邮政公司所属的从事函件专业管理的二级专业局，对各城区商函分局和郊区县局的函件工作进行专业指导。商函局与北京邮政广告有限责任公司为两个建制单位,同一套组织机构与人员。2010年共有正式职工120人,同力达职工及其他劳务职工99人。设有“一室四部两中心”7个科级部门,即:办公室、经营管理部、财务部、市场部、质量检查部、商函制作中心、名址数据中心。管理职能为:负责北京邮政国内函件业务的专业经营管理；负责全局广告业务的经营与管理;负责北京邮政账单、商函制作支撑服务工作；负责全局名址信息库的建设、维护工作等。工商注册业务范围为:邮政基础业务、邮政增值业务、邮政附属业务、商业信函的开发、制作;商函名址库的管理与开发。

领导班子成员:局长兼党总支书记:李俊;党总支副书记:王怀娟;副局长:周二菊、白涛;总工程师:傅京民

北京邮政广告有限责任公司为北京邮政所属独立法人二级通信企业，企业性质为股份制有限责任公司，是主要面向北京地区广告市场的综合性广告公司,也是北京邮政系统唯一由工商行政管理部门核准的具有广告经营资质的广告经营单位。注册资金150万元。法定代表人:李俊。工商注册经营范围为:设计、制作、代理、发布国内及外商来华广告，承办展览展示活动,通过邮政渠道发布印刷品广告等。公司设有综合办公室、财务部及市场开发部,其中市场开发部下设客户、设计和媒介三个专业组。

专业发展情况

【国内函件业务】2010年国内函件专业累计完成收入10.08亿元，占市邮政公司全部业务收入的25.35%。完成集团公司预算的107%,，同比增长17.5%。高效收入完成7.71亿元。从全国排名看,北京商函局国内函件收入规模和增幅排名均为全国第三,收入规模较2009年上升一位,成功实现升位晋级。增幅超过5.9%的全国平均增幅11.6个百分点,保持了强劲的发展势头。经营情况为近年来最好。

【重点业务情况】

(一)账单业务遭受重创

2010年度账单业务完成10448万元,同比减少22.22%。其中银企对账单已经完成中、农、工、建、交五大国有银行银企对账单业务“破零”的工作目标，全年共计实现业务收入462万元。

(二)数据库商函降幅明显

2010年度数据库商函完成4.96亿元,同比增长5.91%。收入规模在集团公司排名第一,占全国数据库商函收入比重17.7%，同比增幅高于全国平均水平6.66个百分点。全年使用邮政名址数据库制作商函9003万件,完成年度指标的100.04%,同比增长33%,其中“喜从信来”制作1481万件。

(三)邮资封片卡业务异军突起

2010年度邮资封片卡业务完成2.14亿元,同比增长35.34%。其中贺卡收入1.74亿元，同比增长6758万元,增幅63.5%。

【现业经营情况】实现现业收入16036万元,完成全年计划指标的104.1%;收支差额完成1604万元,完成年计划100%;高效收入完成7494万元,完成年计划102.3%。各项指标均达到市邮政公司的进度要求。其中完成贺卡收入7703.43万元。随着商函局现业的不断发展,到2010年现业收入已占到全专业收入的15%。2011年贺卡启动会上,商函局首当其冲认标7000万元,带动贺卡认标标准整体上涨,商函局取得贺卡认标3.06亿的好成绩,大大超过集团公司的指标任务,获得“专业先锋奖”。到2010年12月30日,商函局全面完成7000万元贺卡指标,为2010

年画上一个圆满的句号。

在完成现业工作的同时，积极做好市邮政公司布置的多项临时性工作，圆满完成思乡月营销任务。2010年五节营销工作的认标会上，勇夺标王称号。

专业支撑能力

【2010年名址数据库建设与维护工作】

1.2010年，北京地区组织机构名址30万条；百万精英个人库354万条；集邮爱好者名址库208万条；楼盘库378万条；

2.组织机构专项维护数量40万条；

3.楼盘录入整合数量238万条；

4.2010年北京地区学校班级名址数据库专项采集量2.5万条；

5.在集团公司布置的"帮客户建库"专项活动中，共开发客户15097家；

6.完善北京商函局基础地址库准确率检查标准及要求并下发。

【为客户开展服务支撑】

1.退信维护量共计284.25万件，大客户137.35万件，喜从信来142.05件；

2.维护住房公积金退信30万件（含在退信维护总量里）；

3. 维护社保退信14万件（含在退信维护总量里）；

4.银企回执及退信处理量28.06万件；

5. 为约50个客户做名址数据清洗，共计175笔，312万条；

6. 全年总话务量125723条，其中外呼105889条，接听19834条；同时受理9家银企外呼业务；

7. 受理平安预订生日咨询电话4304条，订购10388件，合计话务量14692条。

【为各兄弟单位开展服务支撑】

1.编写"直邮广告代理服务方案"、"城南行动数据库商函服务方案"、"异业联盟数据库商函服务方案"下发并推广；

2.2010年2月，围绕银企账单业务开发情况与东区营销主管开展交流培训活动；

3.2010年3月围绕数据库商函业务开发情况与东区支局开展交流活动；

4.2010年5月，对南区邮电局的营销员做BIU知识培训；

5.组织北京商函局帮客户建库软件操作培训；

6.召开2010年全国邮政名址库质量管理、组织机构库专项维护及郊区县楼盘采集培训班；

7.数据查询量2450万条,其中为区局查询数量648万条。

【商函制作基础设施建设】商函制作中心承担全专业的商函制作支撑服务。中心占地4000平方米的专用场地和30多台套大型现代化进口的专用信函制作设备。设七条打印流水线，是亚洲规模最大，设备最先进的商函制作中心之一。根据生产流程顺序，中心分为：调度室、打印区、封装区、过资区、出口区、手工区等专门区域，并采用色标差别进行区分。实行定置管理，优化作业流程，中心生产制作能力不断提高，制作产能可达到日产100万件以上。

【直邮服务能力建设】商函局办公生产实现了场地集中，共占用空间面积8400平方米，建成集商函制作中心、名址数据中心、直复营销旗舰店、呼叫中心为一体的函件综合服务平台，初步完成了现代直复营销的平台搭建。对外提供业务展示、商务洽谈、名址打印、商函封装、邮寄、退信处理、名址维护的一条龙专业化服务。2010年的新成就。

（一）建成名址数据多极服务体系。制定基础地址及组织机构地址质量检查制度，推进北京邮政数据资源动态维护，不断解决数据库资源的有效性问题；制定数据调用管理制度，下放全国邮政数据查询打印权限，解决了数据库使用终端的便捷问题；开发MAPGIS地图二期系统项目，促进了立体式数据查询平台功能的强大；成功开发和运用"名址数据处理系统"，解决了数据清洗服务中的技术障碍。以上工作的完成标志着商函局为客户提供数据查询、数据清洗、数据核对等一系列数据分层服务体系正式建成。

（二）搭建银企账单综合服务平台。银企对账单是邮政账单业务中一项优质的本土业务，由于受投递能力的制约，北京的银企对账单服务仅仅对外提供单程投递，而回执业务未能涉及，发展一直没有起色。2010年商函局牵头整合资源，制定银企对账单的标准化服务流程，按照"综合营销，集中运行；统一服务，专网投递；按量结算，按率考核"的思路建立起全新的运作机

制，实现银企对账单服务从单程到双程的转变，商函局特别成立项目组支撑全网银企账单的运行，为银企账单的市场拓展搭建了综合服务平台。

（三）完善商函制作流程控制。严格按照ISO国际质量安全和信息安全认证工作要求，商函制作生产现场通过分区管理、标识管理、色彩管理，进一步提高了邮件生产全流程的规范化与制度化。2010年商函制作中心制作账单8082万件、数据库商函4134万件。邮件过资14016万件，过资中包含6937万件只邮邮件。制作类过资件数与2009年基本持平，只邮类过资件数比2009增加39.7%。全年无重大商函制作质量事故发生，达到了ISO质量管理的要求。2010年商函局规范出口邮件的管理，按照市邮政公司的要求，对出口邮件实行IC卡交接和车门铅封制度，保证了邮件的交接安全。

【“幸运邮天下”重点项目服务支撑】“幸运邮天下”已走过了第四年，商函局负责对全国各地寄向中央电视台二套节目组的幸运卡进行数据扫描处理，提供央视邮寄人相关数据供节目抽奖使用，由于幸运邮的特殊时限性，要保证每周二的央视抽奖，商函局成立专门的幸运卡项目组，通过扫描识别、人工纠错、后期数据整理，按时保质向央视提供数据。截止到2010年年底，共完成幸运邮卡片扫描量408.42万枚；校对量348.07万枚；录入北京数据3.09万条；为央视提供中奖数据48期，1920条；处理世界杯明信片竞猜卡40万张。

专业管理

【策划2011年北京邮政贺卡认标大会】2010年9月15日下午北京邮政贺卡认标大会在市邮政公司三楼会议室召开，最终认标金额突破了3亿元，创历史新高。

【召开函件专业主题营销项目推进会】5月12日，策划中心与其他几部门一起在市邮政公司组织召开函件专业主题营销项目推进会，对18个项目进行重点推介并部署具体工作，促进项目在区县局落地。各经营单位对18个项目给予了高度评价，会后专门成立由主管局长牵头的项目执行小组，并组织多次项目培训与研讨，根据本区地域特征和客户资源，从中挑选适合自身开发和拓展的主题营销项目，并利用自身区域特色自主开发区域项目。

【召开2011年北京贺卡培训会】10月15日在市公司三楼会议室隆重召开“2010年北京邮政贺卡营销培训会”，30个参战团队的贺卡主管局长，市场部主任，业务主管等近300人参加培训，现场发放《邮政贺卡推介手册》800本。

会上市场部都恩培主任就2011年贺卡总体形势、行业分析以及重点营销提示等做了主题为“我手写我心、贺卡寄真情”的贺卡营销培训。对重点开发行业与方向进行重点提示，帮助营销人员准确掌握贺卡营销相关知识，当堂消化培训内容，取得较好效果。

【做好上传下达，培训促进函件发展】商函局全力支撑、服务、指导全市函件业务发展，将各级营销政策、领导重要指示精神以培训会的形式第一时间传达给各经营单位，通过培训使各经营单位学习外省市成功经验、复制成功模式、推广函件营销的积极性得到提升。2010年累计培训20余场，共培训1800余人。

【完善《设计工作服务承诺》，全力做好贺卡季设计工作】进入贺卡季，设计工作应接不暇，为充分发挥专业局服务支撑一线作用，为14家专业公司提供周到、热情、完善的服务，保障2011年邮政贺卡设计工作的顺畅，商函局将《设计工作服务承诺》进行了补充、完善和细化。严格工作单制度，客户务必先详细填写设计工作单。设计师按照工作单填写时间安排设计进度，并在工作单上标明稿件完成时间。同时设立设计稿件三级审核程序，对每个设计流程明确第一责任人，即按照职责对设计内容实行逐级复核监督的工作管理模式。截至2010年12月30日，共完成设计稿件400余件，无客户有理由投诉事件发生，顺利推进贺卡季的各项工作。

【邮政物料管理系统上线】邮政物料管理系统是依托邮政综合网，实施网络化系统运行管理，把请领、发货、收货、销售、使用等与供应商的结算结合起来，使相关业务处理信息化、一体化，减轻了营业员、会计员、库管员的工作量，提高业财对账效率。商函局参与了开发前期的需求分析，系统上线后商函局负责维护定制型、销售型名录，审批请领及调拨的信息，协助各经营单位做好物料系统的出入库管理工作，十四个非经营单位由商函局代操作。

【加强专业知识学习，做好业务支撑】按照集团公司的要求,2010年普通邮资封片业务管理信息系统改进优化版本已于9月初完成开发与测试工作,为确保该系统的推广与应用,集团公司于2010年9月更新该系统,申报、审批、结算、出入库、查询统计等功能模块。为了做好支撑服务工作,帮助各区、县商函分局报审人员做好业务支撑工作,商函局市场部于2010年9月14日在北京邮政科研所组织了普通邮资封片管理信息系统的升级培训。北京各区、县商函分局的报审员和库管员参加了此次培训,加强了各单位操作人员对报审知识的学习和对报审系统的操作。

【规范DM流程,加强DM广告业务发展】为进一步加强DM广告业务管理,确保DM广告业务健康有序发展,商函局于2010年10月初对DM邮政广告的审批流程做了进一步的规范,并下发了新的DM管理办法。管理办法中更新了DM审批表格,规范了DM邮政广告的审批手续。DM审批流程规定:各区、县局将客户的审批稿交至商函局进行审批;商函局通过初审、终审将最终稿交给印厂打样;经客户确认后开始印刷;最后根据客户要求进行投递,投递范围城八区或郊区。每一环节商函局都进行了严格的规范,为各区县局提供便利服务的同时规范了DM邮政广告的业务发展。

市场策划与开拓

【项目策划引入资源,强化能力】一方面是进一步加强与社会有实力公司的强强合作,借助外脑,提高专业策划水准,拓宽市场销售渠道。另一方面倾心打造专业策划团队,在市场部成立策划中心,名址中心建立BIU团队,为全专业营销提供市场调研、方案策划、效果评估等工作。

【市场开发突出示范,扩大影响】

1.贺卡大礼包:贺卡大礼包是商函局于2010年年底推出的一款产品,该产品具有内件丰富,设计典雅大方,集合了中国的传统元素,具有表达爱心、沟通感情、收藏、兑奖等多种功能。共计开发贺卡大礼包6.2万套,为完成函件收入做出了重要贡献。

2.“猜世界杯,中猴票”世界杯竞猜明信片:从3月份起,策划中心就着手策划世界杯项目,不断完善方案。竞猜明信片将幸运邮天下明信片与足球竞猜活动有机结合,一张明信片四次中奖机会,史无前例,让参与者的生活充满了无限期待。5月26日“幸运邮天下足球世界杯竞猜明信片”正式对外发布,猜对者最高可获价值极高的1980版首轮生肖“猴票”。8月3日,北京邮政对首次中奖的明信片进行二次抽奖。整个项目历时5个多月,得到了市邮政公司和局领导大力支持,销售明信片94.5万枚,实现收入189万元。这次成功推出“世界杯竞猜明信片”为贺卡指标的完成打下了坚实的基础。

3.打造北京邮政首家贺卡旗舰店:贺卡旗舰店不仅是贺卡展示厅,更是大家交流学习的空间,为了提升旗舰店的功能性与便捷性,商函局将店内划分成了参观区、洽谈区、创意空间和培训区等四个不同功能的区域。经过一个多月的选址、设计、装修、装饰,2010年8月3日,坐落于建内大街北京邮政枢纽大厦一层营业东厅的北京邮政首家贺卡旗舰店正式揭牌成立。6大类300余个品种的贺卡各类贺卡给来访者带来耳目一新的感觉。

4.策划推出18个主题营销项目:商函局基于对北京地区特色及函件业务发展状况的分析与归纳,结合市邮政公司“五个经济、六大市场”的网格化管理模式,组织策划、设计人员深入区县局营销一线调研,了解客户需求、市场运作模式以及市场营销动态,发挥团队合作精神,取长补短,经过一个多月的精心策划推出了具有北京地域特色的18个主题营销项目,将项目策划方案编辑成册分发到各经营单位手中,并对项目进展情况进行跟踪指导。

5.公益募捐明信片项目落地:公益募捐明信片抓住近几年国内自然灾害时有发生,爱心募捐活动频繁的时机,结合邮政明信片传递真情、抚慰心灵的功能,推出的创新项目。从项目的策划初始,王怀娟局长、傅京民总工程师和都恩培主任不断的走访客户,积极沟通,终于使客户有了合作意向。随即与慈善机构一同前往贫困地区收集孤老孤残儿童的资料与授权,以用做产品的设计。经过不断的修改,不断的推敲,与中华社会救助基金会联合发行的“爱心明信片”于9月21日首次发售,当天销售1万余枚。

6.“畅游昌平”绿卡通明信片:18个主题营销项目一经推出便得到了各区县局积极应用与推广。“畅游昌平”绿卡通明信片打折卡就是“畅游京郊”商函服务项目结出的第一个硕果。5月26日,商函局与昌平局、昌平旅游局在龙脉温泉隆重举行“畅游京郊”系列主题活动启动仪式暨“畅游昌平”绿卡通邮政明信片首发式活动。

企业管理

【通过2010年度质量/信息安全管理体系审核】2010年12月，北京华夏认证中心对北京邮政商业信函局质量/信息安全管理体系进行了2010年度审核。质量检查部作为两个体系的推进部门，全程参与了本次审核。本次受审部门有制作中心、市场部、办公室、安保部、物资采购部。本次审核的准则：GB/T19001-2008和ISO/IEC27001:2005。审核目的：确认受审核方是否具备认证审核条件，为策划商函局场地搬迁文件编写获取充分信息。审核范围：邮政商业信函的产品开发、设计、制作及售后服务。华夏认证中心通过对商函局生产流程、现场管理、产品质量抽检、顾客满意度、合格供方评价等方面的审核。对商函局质量/信息安全管理体系的推进与运行给予了高度评价，使商函局顺利通过了2010年度质量/信息安全管理体系的审核。

【安全管理】2010年6月结合市邮政公司“安康杯”工作的开展，商函局开展了“北京邮政商业信函局安全生产‘合理化建议月’活动”，此项活动员工参与率100%，共收集到205份建议，此项活动的开展，对安全生产大检查和安全月活动的开展起到了推动作用。

2010年11月22日至24日商函局安保部组织开展了消防安全知识竞赛活动，并签订了消防安全责任书。此次培训全局200多人参加，培训以四个能力建设为主题“检查消除火灾隐患能力、扑救初起火灾能力、组织疏散逃生能力、消防宣传教育能力”通过四个能力，建立防火墙，提高员工的防火意识，自救意识。这次活动职工不但增加了防火知识，还起到了让员工了解消防，增强了对消防工作的认识确保邮政生产安全。

【党务工作】一、加强思想建设，提高党员干部的政治理论水平；二、加强党组织自身建设，增强党组织的凝聚力、战斗力；三、结合创建工作，深化精神文明建设；四、创新机制，推进党建工作；五、重视效能监察工作，继续推动商函局规范化管理上新水平；六、认真总结经验，确保“五五”普法教育工作验收合格；七、深入开展党风廉政建设，全面启动廉政建设风险防范工作。

【工会工作】2010年，商函局工会积极响应市邮政公司工会将举行“羽毛球”大赛的号召，为在大赛中取得好成绩，于3月15日成功举办了商函局羽毛球选拔赛；商函局领导倡议全局职工发展体育事业，参与全民健身，追求文明健康新风尚，以充沛的精力和健康的体魄，促进商函局发展、为构建和谐企业做出贡献。组织举办了第九套广播操比赛和趣味运动会比赛。全局职工踊跃参加，参与率均超过了80%。

光 荣 榜

1.员工聂天舒、王建莲、市场部贺卡支撑服务小组被评为2010年度北京市邮政公司亲情服务明星及亲情服务团队；

2. 商函制作中心获得市邮政公司2010年度先进集体；

3.商函制作中心党支部获得市邮政公司党员主题实践活动优秀党支部荣誉称号；

4.商函制作中心荣获北京市“青年文明号”荣誉称号；

5.商函制作中心马敬超荣获市邮政公司先进工作者荣誉称号；

6.商函制作中心王建莲荣获市邮政公司亲情服务明星荣誉称号；

7.商函局名址中心被市邮政公司党委确立为党员主题实践活动基地；

8. 商函局安保部董杰同志荣获北京邮政公司2010年“安全生产先进个人”；

9. 商函局荣获北京邮政公司2010年度安全生产先进单位；

10.商函局荣获北京邮政公司2010年度“平安邮政”单位。

（撰稿人：常琦玮）

北京邮政科学研究设计院

概　述

2010年，北京邮政科学研究设计院（以下简称"科研院"）在北京市邮政公司的领导下，认真落实"加快创新,引领业务发展;优质服务,支撑业务发展;做好规划,稳步发展科研队伍"的工作要求,各项工作稳步推进。

科研院隶属北京市邮政公司，位于北京市丰台区南三环东路25号,注册资金500万元,下设10个部门,分别是综合管理部、计划财务部、科技管理部、市场开发部、计算机系统工程部、机电技术工程部、建筑设计部、软科学及体制标准研究中心、工程监理部、北京邮政情报计量站。

截止到2010年底，科研院在册职工共111人，具有大学本科、硕士研究生学历的员工占76%,各类专业技术人员占94%,中高级职称技术人员占57%。

2010年,科研院实现各类收入2465.46万元,其中科技开发收入788.81万元,产品销售收入225.19万元,建筑设计收入153.76万元,上级拨付资金收入1273.7万元,其他收入24万元。

全年共计完成35项科技开发任务,运行维护的信息系统近40个,完成软科学研究课题16项,建筑场地装修改造方案42项，计量检定电子秤3300台次;完成科研院"十二五"发展规划的编制;获得了工程咨询资格(丙级)证书;安全生产、交通安全、治安保卫工作重大责任事故为零；全体员工收入水平增长达到8%以上。

科研院的领导班子成员为：院长兼党总支书记庄肃海、党总支副书记郭胜、副院长张建辉、副院长郑广顺。

提升设计研发能力，做好技术支撑和技术服务

2010年,科研院通过承担各种项目进一步提升了设计研发能力、创新管理能力、市场开拓能力,认真做好市公司和集团公司的相关技术支撑工作,以集团公司和市公司的业务需求为导向，努力用科技手段支持并引领邮政业务发展，科技开发工作成效显著。主要工作成果包括：

【封片卡信息系统(二期)】承担并完成了中国邮政集团公司的"封片卡信息系统"(二期)研发任务。

【爱心包裹信息系统(二期)】承担并完成了集团公司的"爱心包裹信息系统"(二期)任务,为社会慈善捐赠活动作技术支撑。

【邮政职工收入集中发放系统】科研院开发的"邮政职工收入集中发放系统" 被中国邮政集团公司选定并推荐给部分省邮政公司使用,已对安徽等九个省、自治区进行了系统使用培训，为集团公司的薪酬发放提供技术支撑。

【北京邮政廉政风险防范系统】承担并完成了"北京邮政廉政风险防范系统"项目。运用现代科技监控手段,结合邮政经营管理实际,为市邮政公司的反腐倡廉工作做技术保障。

【北京市邮政公司安保信息管理系统】承担并完成了"北京市邮政公司安保信息管理系统"。全面整合安保信息资源，使市邮政公司的安保管理工作迈上了新台阶。

【报刊发行手持终端及管理系统】承担并完成了"报刊发行手持终端及管理系统"。采用报刊发行手持终端,实现报刊收订全信息化处理,降低了劳动强度,提高了服务质量。

【居庸关长城景点门票售检系统】完成"居庸关长城景点门票售检系统"安装工作,提高了景点门票售检工作的安全性和方便性。

【"大平面"工艺设备安装监理】积极有效地开展北京邮件综合处理中心(大平面)的"工艺设备安装监理"工作，为大平面早日投入使用、实现邮件处理规模化、集约化生产做出了贡献。

【财务综合管理信息系统】为市邮政公司计财部所做的财务综合管理信息系统能处理复杂的业务数据，为市公司领导和相关部室提供了有效的数据信息。

【北京邮政网路运输地理信息系统】北京邮政网路运输地理信息系统构建了一个统一的地理信息平台，将公众服务、网路运输及市场经营三个系统集合。系统一期实现了网路运输系统的车辆管理、指挥调度和邮路监管目标。

【中国邮政储蓄银行北京分行员工薪酬管理信息系统】中国邮政储蓄银行北京分行员工薪酬管理信息系统2010年4月投入使用，实现了对北京邮储银行员工的工资集中管理、发放和保险的缴纳；还具有人力成本分析、辅助规划、网点效益核算的功能。

【北京邮政物料管理系统】北京邮政物料管理系统实现了低值易耗品从供应商到邮政网点的信息化管理，取代了手工、分散式的管理模式，集生产、监控、分析为一体，提高了成本管控能力。该系统中的销售类产品管理模块已经上线。

增强服务意识做好系统运行维护工作

系统运行维护是技术支撑的核心工作，也是科研院要长期经营的服务工作。科研院将“确保各项生产正常进行、业务工作顺利开展、经营工作畅通无阻”作为指导思想，对中国邮政集团公司封片卡、市邮政公司职工收入发放等40个信息系统提供运维服务。

采用对服务器及数据库进行监控、做日志、电话支持、QQ群在线问答及传真文件、现场技术解答等多种方式，全年解答技术问题30000余个；公布了值班电话，建立了节假日及班后的值班制度，保证全天候的技术支持响应与服务，有效保证了系统平稳运行以及各项经营业务顺利开展。

在应用系统上线之前，机电部认真编写应用说明书和维护说明书，做好上线准备工作。科研院全年对各种信息系统项目举办培训44次，现场技术支持14次，中心升级工作121次，部署业务系统31个，为市邮政公司业务部门进行人员注册及IP绑定900余人次，为市邮政公司及专业局提供各类统计数据600余次。

在运维工作中，加强内部管理，将技术资料做好归档工作，建立资料档案库，供技术人员共享使用。不断积累运维数据，分析业务运行结果和发展趋势，提高运维工作水平。

建筑设计、工程监理、软科学研究及情报计量工作

【建筑设计】建筑设计部2010年共计完成装修改造及场地调整37个项目的方案设计，完成了邮储银行5个营业场地及办公场地的设计任务，同时完成各方案的设计施工图、工程项目的投资预算。

【工程监理】工程监理部2010年7月经市邮政公司同意正式成立，自成立以来，积极开展工作，建章立制，做好培训。承担了北京综合邮件处理中心工艺设备安装的监理工作，对邮件进出口推挂系统等5个处理系统的设备安装实施具体监理工作。按照国家规范和市公司的规定，协调各单位，认真监控工程质量、进度、资金，管理好档案和信息。为邮件处理早日实现规模化、集约化的现代物流型生产做出了贡献。

【软科学研究】软科学研究工作一年来采取“共同研究、专业分工、合作完成”的模式，本着科学严谨的态度，引入市场调研方法，利用统计分析方法，加强与邮政行业外部合作，不断提升研究水平，完成贴近邮政实际的课题，为领导决策提供准确及时的科学依据。2010年共计完成16项软科学研究课题。其中：

《零售公司及档案馆办公场地改造可行性研究报告》得到批复实施。

《北京市空白乡镇邮政局所补建项目建议书(代可行性研究报告)》项目得到北京市发改委的正式批复，对实现邮政普遍服务、填补邮政空白、提高农村邮政覆盖率具有重要意义。

《北京邮政特快专递(EMS)品牌研究》的项目通过验收，对提高北京邮政特快专递(EMS)的市场竞争力和经济效益提供了有利的科学依据。

制订《北京邮政营业服务规范》，对提高邮政营业服务水平起到了良好的推动作用。

【科技情报】情报计量工作不断创新工作方法，2010年出版《北京邮政科技》4期、《科技信息摘编》24期，并在市公司党建网上刊登了电子版，取得了良好效果。通过组织通讯员活动、召开座谈会、专访二级单位主管领导等多种方式提升办刊水平，提高了刊物

质量。

【计量工作】 认真完成强检计量器具的检定任务，对15个二级单位的3130台计量衡器进行了周期检定，随机抽检313台计量衡器，检验结果按要求报送至市技术监督局。为落实市公司科技工作会提出的“计量器具维护资质准入制”，计量站为东区邮电局举办了计量人员培训班，通过授课和考核，为16名合格者办理了“计量培训合格证书”，使市公司有了首批持证(从事邮政计量器具维护工作上岗证书)上岗人员，提高了计量工作水平。

加强企业管理和资质建设，提高自主创新能力

2010年科研院加强企业管理、科技项目管理、设备管理、加快资质建设以促进科研院的可持续发展。

【科技管理】体制机制创新，推进科技项目管理工作。随着邮储银行、速递物流公司、中国人寿保险公司的相继成立，各项业务实现了专业化经营。科研院不断投入力量，先后承担了集团公司、邮储、速物和市公司的多项信息系统建设和建筑设计项目；同时为推动科研院的自主研发工作，解决立项开发及资金问题，制订了《科研院自定项目管理办法》，激发了各部门自主研发的积极性、创造性。

【资质建设】 资质证书是重要的技术市场准入条件，要增强市场竞争力，就必须具备相关资质。一年来科研院积极开展资质建设，安排教育培训，制定了关于取得执业资格的培养办法和奖励办法，资质建设初见成效。

(1)获得国家发改委颁发的《工程咨询资格资质证书(丙级)》。

(2)重点开始实施ISO9000质量体系认证工作。

(3)积极开展建筑设计的相关资质建设工作。

【设备管理】落实责任，做好设备管理工作。一年来，科研院注意做好科技、办公设备的管理，坚持“据实登记、责任到人、规范流程、分级管理”的原则，落实责任，确保了固定资产的有效使用，保证了科研工作的有序进行。

【增收节支、降本增效】科研院确定了“增收节支、降本增效”为2010年效能监察工作课题，成立了效能监察领导小组，制定了“增收节支、降本增效”效能监察实施方案。在专项治理工作中，科研院在账外账“小金库”治理、工程建设领域突出问题和商业贿赂问题等三个方面进行了详细地检查，未发现违反专项治理要求的问题。

在“降低能耗”工作中，科研院加强水电基础设施改造，做好节水、节电工作。严格控制会议费、招待费用支出，禁止浪费。

【网络安全】加强网络环境建设，提供科研工作安全平台。一年来，科研院积极做好网络维护工作，投入财力和物力，制定具体措施，规范全院计算机使用、提高防计算机病毒能力，确保院内OA、综合网、互联网的正常使用，保障科研工作的安全运行。

加强人才培养和队伍建设

科研院重视人才培养和队伍建设，鼓励、奖励员工取得执业资格证书和更高学历，使员工个人职业生涯和企业发展紧密结合；关心职工的工作和生活，执行院务公开制度，加强企业科研队伍建设，

科研院把队伍建设和能力建设提升到战略的高度，鼓励员工取得相关资格资质，制定了《关于鼓励员工获得执业资格的培养办法》，启动人才培养计划，全面促进科研院的可持续发展。在技术人员中开展在职学历教育和执业技能教育，2010年科研院共有在职攻读硕士学位人员11人，毕业1人。

制定《关于相关专业获得职业资格人员的奖励办法》，对已经取得建筑、工程咨询、工程监理、计量检定执业资格的人员进行了奖励，以此推动全院员工积极报考执业资格，加强科研院学科建设和队伍建设。

积极开展教育培训，在院内开展微软office 2007的培训和ISO9000的质量体系培训。

【精神文明建设】以人为本，增强凝聚力，加强精神文明建设，推进和谐企业建设。2010年科研院开展了“爱首都讲文明树新风-做文明有礼邮政人”活动。

做好五五普法工作，推进企业在安全协调环境中发展。开展了《保密法》宣传学习活动。组织内保人员、机要人员进行了保密工作的学习和知识答卷活动，参与率达到100%。对科研院安全、法制人员进行重点培训，邀请北京市丰台公安分局内保处的

警官进行了专题培训。

科研院工会全年共组织了具有自己特色活动12次。大力弘扬劳模精神，重新整理了科研院郑广顺、周廷富两位劳模的事迹材料。开展了“我身边的劳模”科室学习讨论活动。

团支部创建“知识型”团支部，组织了“我的低碳小窍门”、为青海玉树灾区献爱心等活动。在院里设立了“读书角”，向团员青年们提供励志、科普、文学、财经等方面可读性高的书籍。

【建设和谐企业】科研院加强企业文化建设，增加院务工作透明度，努力构建和谐氛围。2010年的主要工作包括：

1.奖励为科研院资质建设做出成绩的部门和员工，通过奖励，激发员工爱岗敬业的精神。

2.在部门负责人中开展读书活动，发放书籍《学会选择　学会放弃》，倡导辩证看问题、关注员工利益、提高个人修养及管理能力，通过座谈会畅谈心得体会，取得了良好的效果。

3.2010年科研院继续发放购书卡和报刊订阅卡，支持员工自行购买书籍、订阅报刊。

4.组织员工集体参观世博会，体验各国风情和科技成果，活动结束后，工会组织了世博摄影展。

5.在安全保卫、车辆管理、计划生育、法制建设等方面取得新进展，荣获北京市公安局”颁发的集体三等功及个人三等功、“北京市交通安全先进单位”和“市公司计划生育先进单位”等多项称号。

6.坚持以人为本，把让企业经营收益更多地用惠及员工，进一步提高了员工收入，使员工与企业共同发展。

（撰稿人：冯冬艳）

北京邮政信息技术局

概　述

北京邮政信息技术局(以下简称信息局)是北京市邮政公司的二级通信企业，也是包括北京市邮政公司、中国邮政储蓄银行北京分行和北京市邮政速递物流公司在内的北京邮政的计算机信息技术系统的技术支撑单位。2010年末，有职工119人，下设五个职能部门和五个生产部门，其中31人具有高级技术职称，大专以上学历113人。作为北京市邮政公司生产经营的技术支撑单位，信息局肩负着北京邮政金融、邮务、政务、客户服务等全部信息化系统的运行维护工作。

信息局省市中心机房占地面积800余平方米，主要分为邮务类、电子政务/商务类、金融类三大区域。向全市600余个储蓄网点、近750台ATM机、北京邮区中心局等多个专业局及邮政局所提供24小时运行维护服务。经过多年发展，信息局负责运行维护的系统，已近六十套，服务器二百余台，业务涵盖金融、邮务、电子商务，并自主开发了包括动力、系统、网络等方面的自动化监控系统，完善了技术监控手段，丰富了报警渠道，有效保证了机房的安全和系统运行的稳定。也有力支撑了邮政业务的高速发展。

北京邮政信息技术局局长、书记张朝胜，副书记谭奇伟，副局长陈斌、戴莉玲。

强化运行维护，搞好主动服务

确保系统安全、信息安全是信息局工作中的重中之重。为此，信息局在全年工作中，狠抓制度落实，责任落实，坚持严谨认真的工作态度，加强运维保障能力建设，全面提升运行维护中心的科学化管理水平和技术服务支撑能力。

【机房改造扩建进展顺利】信息局对主机房进行了配电和网络线路改造，实现了机柜内双路供电和弱电上走线方式，彻底消除了配电和网络布线的安全隐患。

市公司立项的辅助机房扩建工程“十一”后全面启动。

【提高运维管理水平】为提升在全国邮政信息网安全运维竞赛中的成绩，在2010年，通过实施一系列行之有效的改进措施后，北京跨行交易成功率由年初的99.89%，提高到99.97%。在全国排名第二。ATM机完好率也由年初的87.5%提高到目前的98.2%，与上年同期相比提高了8位。

【构建“主动服务型”技术支撑模式】作为技术支撑单位，信息局在2010年构建了“主动服务型”技术支撑模式。

首先，全面启用了由信息局技术人员自主开发的网点报障信息系统，将网络监控系统、前置服务器监控系统、ATM机监控系统全部纳入平台管理，形成一个高效、统一的技术服务响应中心，使信息局、区县局、营业网点形成有效的联动，建设了快速响应机制，为网点提供高效服务。

截止到2010年底，，信息局完成金融系统和邮政统版系统升级71次，处理作业申请8347次，转播电视电话会议208次。接到报修电话9875起，处理故障7810起；电子汇兑、对公、保险等前置服务器升级共95次。外勤工程师有效出勤1015次，解决各类故障900余次。

2010年，信息局主动对107个金融网点终端设备进行了巡检，实行预防性维护，受到生产单位欢迎。

2010年，中国邮政集团公司特委派信息局技术人员完成了广西、新疆、西藏等15省的加密机上线推广工作，受到了中国邮政集团公司金融信息化领导小组的表彰。

【高效的技术研发中心，为业务发展提供有力支撑】2010年，信息局科技项目开发工作以主动服务邮政生产为出发点，以提升技术人员工作能力为抓手，加大技术培训力度,不断提高技术支撑水平。

(一)不断丰富中间业务平台代办业务种类,增加邮政高效收益

2010年,信息局完成了"北京邮储代收电力抄表结算用户电费系统"、"北京邮储代收联通话费系统改造"、"代扣报刊款业务系统"等项目的开发工作。通过各类代收付中间业务,有效拉动余额增长,大量活期存款的沉淀进一步促进结构优化,推动公司业务的发展。

(二)不断加大自主研发力度,提升企业核心竞争力

信息局自主研发的"北京邮储中间业务网点服务器上收"项目被列为2010年市公司降本增效重点项目。项目推广后,将取消营业网点服务器,实现集中管理统一维护,从而降低维护成本,减少故障节点,降低故障概率,同时为北京市邮政公司节省设备更新投资近300万元。

信息局开发上线的代发工资加密系统为有效防范金融风险,保证企业资金安全提供了技术保障。信息局2010年还开发了金融网点维保人员安全认证系统,解决了无法核实维保人员身份、信息更新不及时,权限责任不明确等问题,有力地保障了金融网点的安全运营。

(三)全力以赴做好北京邮政代办渠道平台建设工作

年内北京市邮政公司领导提出要全力做好邮政业务代办渠道的拓展和建设工作。信息局积极响应并提出Epos解决方案,及时组织技术力量进行技术研究和软件开发。7月EPOS平台试点上线,安装了15台终端,分布在报刊亭、社区服务站、村邮站、便利店等。实现了移动、联通、电信和水费、燃气费的代收费业务。

(四)利用前沿技术,拓宽网络服务领域

2010年7月1日新版"北京邮政党建网"正式上线运行。新版"北京邮政党建网"在整体页面风格上进行了大幅改动,并对栏目布局进行了合理的规划调整,增加了网上交流互动栏目。信息局还充分利用专线资源,采用流媒体技术,在综合网开通了"党建网络课堂",为进一步提高广大党员的理论知识水平提供了新的平台。有效地解决了支局上网不方便、集中学习难等实际问题,得到市邮政公司党委的充分肯定。

【建立业内领先的数据分析中心】信息局利用邮政和金融的数据资源,设立课题进行分析,为市邮政公司领导提供生产、经营的决策依据。

年内,信息局完成了有关储蓄业务的多角度统计,如储蓄余额发展情况等。正在为"邮搏杯"竞赛做关于储蓄、基金、电话银行、网上银行等方面的数据统计分析,为业务部门全面掌握竞赛效果及阶段性成绩,提供及时、准确的数据依据。

按北京市邮政公司计财部的要求,对ATM机的综合收益进行了统计,筛选出北京邮政高效、低效ATM机数量及占比,对ATM机的布放及运营管理提供及时、准确、完整的数据信息及分析结果。

信息局还根据业务发展的需要,对重点业务进行多维度主题分析。北京市邮政公司正在大力发展个人网上银行、电话银行业务。信息局配合代理业务局,对个人网银客户信息进行了分析,统计出北京邮政所属个人网银客户的总资产及结构占比情况,为业务部门制定业务发展方向,兑现奖励政策提供数据依据。

【建立全方位的网络培训中心】为快速提升企业综合竞争力,提高企业员工素质,创建学习型企业。信息局配合北京市邮政公司市场部、人力资源部、代理业务局等部门,利用综合网网络优势,为一线人员提供便捷、灵活、及时的学习条件。

同时积极整理、编辑和总结多年来各种储蓄设备的维护维修经验,编写培训教材,为区县维护中心提供维护培训和技术咨询。

【加强企业管理,狠抓落实,实现信息局良性运转】

(一)以人为本,关爱员工,构建和谐企业

2010年是信息局发展的关键时期,为此信息局着重加强形势任务教育,引导职工以积极心态应对,增强信心,把个人的热情和智慧投入到信息局建设发展中。

(二)大力开展营销工作,确保完成市邮政公司下达的各项指标

信息局作为技术支撑单位,为邮政业务的发展做一份贡献是义不容辞的责任。通过精心策划,全局动员,信息局干部职工热情高涨,积极参与,勇于争先。超额197%完成"思乡月"营销认档指标,受到市公司的表彰。

(三)开展降本增效工作，节约企业资金，提高企业效益

2010年，信息局积极通过利旧、技术改造、创新管理等措施降本增效，同时，积极开展招投标活动，2010年，信息局实施各类招投标项目13项，交易额189万余元，节约资金约54万余元，资金节约率为28.6%。

(四)加强绩效考核，促进各项基础管理工作

2010年，信息局围绕在发展中提高能力建设，促进技术人员队伍向技术熟、懂业务、会管理的复合型人才队伍发展的工作重点，积极开展各项工作，开拓思路，不断提高管理水平。

(五)企业内部管理不断规范化，实现信息局良性运转

交通安全工作是企业的生命线，2010年，信息局始终对安全工作狠抓不放，并取得了显著的成绩。全年信息局没有发生一起交通事故和违章罚单。

在市邮政公司合同法规和档案工作检查中，信息局也取得了优异的成绩，获得了市邮政公司相关部室的表扬。

2010年，信息局对《京邮信息技术通讯》进行了全面改版，丰富了内容，活跃了版面，受到各方好评。信息局还积极参与北京市邮政公司办公室及《邮政周报》的投稿，今年，经信息局的努力，《邮政周报》对信息局的系统部、终端部两大生产部门进行了专版报道，企业形象得到了很好的弘扬。

【加强党政工团建设，开拓精神文明党建工作渠道】

(一)加强思想理论建设，进一步增强领导干部对科学发展观的认识，为推动信息局发展提供精神动力

2010年，信息局在科级以上干部中开展了“解放思想、转变观念、创新发展”学习讨论活动，分析了当前的现状和面临的问题，进一步增强了领导干部对科学发展观的认识。

信息局还不断加强了党建工作信息化建设，充分利用科技手段做好党建工作和宣传工作。通过北京邮政综合网运用流媒体技术组织党员在线学习形式，开设了“信息局党建网络课堂”。这一创新举措得到了北京市邮政公司党委的充分认可，并将成果推广至市邮政公司所有党支部，解决了支局、所特别是远郊区县集中学习难的实际问题。此外，还圆满完成对北京邮政党建网改版及东四邮局网站合作开发工作，拓宽了思想政治工作、精神文明建设和党建工作的渠道和空间。

(二)发挥党政工团职能，使信息局和谐发展

2010年，信息局开展了“安康杯”、“我为安全生产献计献策”专项合理化建议等活动。加强班组安全制度建设、安全文化建设，加强工会群众监督检查。组织全局职工开展了“全国职工安全卫生知识竞赛”活动。

在“合理化建议月”活动中，广大职工以优化工作流程、提高服务质量、提高自主研发能力、降本增效等方面为主要内容，共提出合理化建议42条。

2010年“送温暖”活动中，为22名女职工办理了《女职工特殊疾病互助保障保险》续保。共组织25名职工参加疗休，达到了职工总数的22%。信息局疗休工作得到了职工的认可和好评，起到了聚人心、促和谐、鼓干劲的良好作用。此外，信息局还为全体职工安排了体检，圆满完成了年初制定的办实事项目。

为了认真落实市邮政公司团委对共青团工作提出的新要求，建设“学习型·管理型·品牌型·服务型”团组织，由软件、183联合团支部发起，局团委组织的以“漂流书香、传递信任”为主题的“图书漂流”活动于6月1日正式启动。通过该活动一方面可以培养职工，尤其是团员，团青年的奉献精神，建立职工之间的互信，另一方面也可以方便职工工作学习，丰富职工业余生活。（撰稿人：王国蕾）

北京邮政保险代理局

概　述

北京邮政保险代理局(以下简称保险局)是北京市邮政公司直属二级通信企业，在业务管理上接受市邮政公司市场经营部的指导，并接受北京保监局的监管。

保险局机构设置为一室两部,即综合办公室、业务管理部、市场开发部。2010年底,保险局共有职工20人,其中在岗职工19人(男职工9人、女职工10人)、同力达职工1人(男),管理人员16人,营销人员4人。职工中具有大专以上学历的19人,占95%。保险局由张伟健同志任局长兼党支部书记,李捷、阎飞同志任副局长。主要职责如下：

一、负责北京市邮政公司代理保险业务的专业管理工作。

二、贯彻执行国家邮政集团公司发展保险业务的总体部署和方针政策,按照与各保险公司的协议,制定北京邮政代理保险业务的发展目标和规划,并组织实施。

三、制定代理保险业务营销策划方案,组织全公司代理保险业务的营销活动。

四、制定代理保险业务相关规章制度、业务流程，并组织实施。负责全公司代理保险业务经营计划和指标的分解、考核工作。负责对各经营单位的保险业务监督、检查和指导。

五、负责组织从事代理保险业务人员的技术业务培训和保险代理人资格考试。

六、负责与中国邮政集团公司、中国邮政储蓄银行、各保险公司对口部门的业务联系。

经营管理工作

2010年是北京邮政“十一五”规划最后一年,保险专业在市公司的正确领导下,以“三个代表”重要思想为指导,全面贯彻落实科学发展观,发扬“升位晋级,勇争第一”的开拓精神,以经营效益为中心,以市场为导向,创新经营、科学管理,有效整合内外资源,全力开拓市场,实现了北京市邮政公司代理保险业务持续、健康、快速发展。同时,随着筹建工作圆满完成，中邮人寿北京分公司于2010年10月8日开业运营,标志着北京邮政迈入代理、自营保险业务同步发展阶段!

【经营业绩】

1.代收保费

2010年北京邮银共代收保费24.74亿元（含期缴折算），首次突破20亿元大关，与上年同比增长49%。其中邮政完成16.53亿元,同比增长42.5%,占比达到66.8%；中国邮政储蓄银行北京分行完成8.21亿元,同比增长64.2%,占比为33.2%。

2.业务收入

2010年，北京邮银共实现保险业务收入9435万元,同比增长60%,提前2个月完成全年收入目标,超计划收入近1400万元。在全国邮政排名继续保持第15位。

3.保险业务收益率

2010年,保险业务平均收益率达到4.5%(保费未折算),高效特征明显。

【创新经营,加快代理保险业务发展步伐】

1.紧紧围绕经营重点,大力开展专业营销活动。

2010年,保险专业通过组织开门红、灭零单、拉长短板、高收益产品等各类专项竞赛活动,以竞赛为抓手、以激励促经营,极大地调动了各经营单位的积极性,促进了保费增长。

一季度开展“开门红、促保费”竞赛活动;四季度围绕冲刺全年各项经营目标开展“战高峰,冲刺全年保费目标”等专项竞赛活动;二、三季度结合市公司“思乡月”等专项营销活动开展客户回馈促销活动,确保淡季不淡。2010年保险专业共组织11项营销活动,时间覆盖全年。

在竞赛奖项设置上，奖励重心向一线经营管理者倾斜，针对支局长、储蓄柜员、理财经理制定科学合理的竞赛指标及多样化的奖励政策，如：竞赛完成奖、产能增效奖、奋勇争先奖、保险明星奖等，采用“培训+旅游”的双重奖励形式，既调动大家发展保险业务的积极性，同时通过培训提升了一线人员的专业能力。极大地调动了各级人员发展保险业务的热情，形成你追我赶、勇争一流的发展氛围。

2.走出柜台拓市场，客户推介会效果初显。

随着北京城市化和国际大都市建设加快，城乡地区拆迁项目增多，政府向拆迁户发放的巨额拆迁补偿款为金融业带来新的商机。保险专业紧抓机遇，以客户推介会为抓手，积极拼抢市场。2010年保险专业共牵头举办了三场大型客户推介会，起到了很好的示范作用，同时从会前客户甄选、会中安排和会后跟踪三方面对经营单位进行指导；各经营单位积极推进，认真组织，成为保险业务发展新的增长点。

3.加大投入力度，助力一线业务发展。

2010年，保险专业协调保险公司，继续加大对硬件设施的投入力度，为理财经理配备笔记本电脑22台、新安装Logo墙105块，为客户营造专业的理财环境；通过电台、地铁灯箱广告、街面广告牌、网点海报、易拉宝等媒体或方式，发起立体式的宣传攻势；制作多款美观实用的礼品，为各单位召开客户推介会提供签单礼品。

【强化专业管理，确保代理保险业务健康发展】

1.建立有效机制，优化内外管理促发展。

(1)对内实行优化管理，业务品质稳步提高。

一是制定代理保险专业经营管理考核奖励办法，按季度对经营单位评比打分，通过对经营项目和管理项目两方面的考核强化业务管理工作；二是加大检查力度，做到日常检查常态化、专项检查精细化。对检查中发现的问题及时通报、限期整改，使检查不流于形式；三是制定《应急预案》，及时排除风险隐患，实现售前、售中、售后全程风险管控。保险专业通过季度考核、自查、互查等方式切实做到防微杜渐，有效地防范了金融风险，确保代理保险业务稳健发展。

(2)对外建立有效机制，促进业务合规健康发展。

为加强对保险公司的管理，保险专业出台邮政渠道经营管理考核办法，完善网点调整机制、建立产品退出机制和公司年度退出机制，从保费规模、网均产能、服务支撑、销售规范等方面对保险公司进行考核，将经营不利、违规销售的公司清除出邮政渠道，有效利用网点资源，为各公司提供公平、公正、规范的业务发展平台。

2.整合网点资源，提高效益促产能。

保险专业按照“相对集中、区域合作、重点突出、分级管理”的原则，根据各保险公司对邮政渠道的保费贡献、网均产能，经营单位与保险公司双向选择情况，合理调整网点资源，使保险公司力量相对集中。2010年，保险专业出台《2010年邮政渠道保险公司经营管理考核办法》(京邮保险[2010]1号)，完善了网点调整机制、产品退出机制和公司年度退出机制。改变了网点与保险公司“一对多”的合作模式，实行每个网点只代理两家公司产品，合作保险公司由09年的13家减少为10家，网点资源得到合理配置，网点效能逐步提高。2010年底，邮政渠道网均产能达到43万元。

【加大专业培训力度，提高金融从业人员素质，打造邮政保险营销精英团队】

1.讲师人才迅速成长

2010年保险专业从内部挖潜，通过笔试、面试、上机操作等环节，层层选拔，精选出精英保险讲师77人(邮政49人、银行28人)，并组织赴湖南保险院校接受专业培训，学习先进的营销理念和技巧，讲师们培训回来后再迅速对网点营销人员进行“转培训”，在普及营销知识的同时，锻炼了他们的授课能力。

2.分层培训效果明显

从2010年开始，保险专业从管理层、培训层、操作层三个层次开展分层培训，根据各层级人员的特点，实施差异化的培训方案，累计培训人次达到3000余人次。

对管理层，通过召开业务启动会、电视电话会议等形式，提高“一线指挥员”的重视程度；对培训层，组织赴湖南保险院校接受专业培训，回来后再迅速对网点营销人员进行“转培训”；对操作层，通过组织“培训-实战-经验总结-再实践”的特训营，提高操作层实战能力，确保业务培训“横向到边、纵向到底”，全面提高一线人员保险营销技能。

保险专业还鼓励基层骨干积极参加“寿险管理

师”、“寿险理财规划师”、“员工福利规划师” 等资格考试,给予通过人员报销学费的奖励。截至2010年10月,已有30人取得了资格证书。

【完成中邮人寿北京分公司筹建工作】8月16日,中国保险监督管理委员会正式批准中邮人寿筹建北京分公司,保险局原班人马承担起中邮北分筹建工作。为确保分公司顺利开业,保险局在《中邮人寿分支机构筹建指南》的指引下,经过夜以继日的连续奋战,完成了各项筹备工作,实现了办公场地、机构人员、系统搭建、规章制度、员工培训“五个到位”,于8月27日通过中邮人寿总公司内部验收,9月6日通过北京保监局监管验收,9月8日取得《经营保险业务许可证》和《营业执照》,北京分公司从正式批筹到批准开业仅历时23天。10月8日,中邮人寿北京分公司举行开业仪式,10月19日分公司数据成功切换,北京分公司正式投入运营。

精神文明和党组织建设

【加强政治理论学习】保险局年初制订了全年理论学习计划,建立了理论学习制度,每两周组织理论学习一次,全年学习25个半天,出勤率为95%;中心组理论学习每月组织学习两次,全年学习26个半天,出勤率为100%;处级领导干部参加市公司组织学习的出勤率为100%。2010年保险局理论学习的主要内容是:十七届四中全会精神、全国两会精神及《政府工作报告》、《科学发展观读本》、胡锦涛总书记在《人民日报》上的几篇重要讲话、廉政建设及治理商业贿赂相关文件等。形式主要是有针对性地选学重点文章通读、看录像、听报告、讲党课等,然后局领导结合实际情况进行分析,从而达到理论联系实际的作用。通过一年来的学习,提高了干部职工的思想认识,增强了解决和处理好日常工作中出现问题的能力,促进了各项工作的管理到位和落实。

【加强党风廉政教育】

1.加强制度建设,强化廉政责任。

为推进党风廉政建设,保险局注重从制度建设入手,领导干部亲自抓党风廉政建设,抓党风廉政建设的落实。年初,保险局制定了党风廉政建设工作计划,成立了党风廉政建设领导小组,并对党风廉政建设责任制进行了具体的责任分解,做到有目标、有措施、有考核。为了把工作落到实处,局领导与各部门领导签订了《党风廉政建设责任书》,明确了全年党风廉政建设的目标与任务,增强了各层领导工作的主动性和自觉性,使每级领导干部心中有压力、工作有责任,切实形成了上下齐抓共管的局面。

2.加强党风廉政思想教育,提高全体干部职工的自身素质。

2010年,保险局通过理论知识学习和开展“党风廉政宣传月”活动,进行廉政学习和警示教育,认真组织全体党员干部学习了十七届四中全会精神、《三个条例》和《严格禁止利用职务上的便利谋取不正当利益的若干规定》等文件,开展了“加强领导干部作风”为主题的活动,使广大党员干部进一步提高了自身素质和廉洁从业的自觉性。

【加强企业文化建设,创建高效团队】在代理保险业务快速发展的同时,保险局以开展主题教育活动为抓手,形成了自己特有的文化。2010年保险局开展了“积极稳妥抓筹建　开拓创新促发展”和“促代理保险快速发展　乘风扬帆推中邮人寿开创新篇”主题教育活动,通过组织员工学习业务知识、开展演讲比赛、摄影大赛、PPT制作展示大赛、研讨成果展示评比等丰富多彩的学习实践活动,促进了个人素质的提升和团队成长,为圆满完成各项经营目标做出了贡献。

(撰稿人:李　金)

北京市邮政教育培训中心

概　述

北京市邮政教育培训中心（以下简称培训中心），兼具邮政教育培训中心、邮政学校、党校、邮政职业技能培训学校四块牌子的职能。主要承担市邮政公司各级领导和管理人员培训、操作岗位职工培训和抽测及统版考试、新职工入职培训(联合办学及劳动预备制培训)、职业技能鉴定培训及考试、党校教育等培训。同时，还承担市邮政公司举办的各种职业、技能大赛等活动。作为中国邮政网络培训学院北京二级中心，承担邮政远程教育培训工作。培训中心具备一定的教学、培训、食宿能力。“十一五”期间共培训10.6万人，比“十五”期间增长59%。

教学设施包括多媒体教室10个，其中有3个可容纳80人左右的培训教室；拥有多媒体机房2个、邮政营业实训机房1个、邮政储蓄实训机房1个；新建营业、储蓄、投递和分拣等4个实训教室；生活服务设施可以同时接待300人就餐和200人住宿。

培训中心下设办公室、人事财务科、培训运行部、职业技能鉴定站、党校工作部、培训服务部和基建办公室七个科室。职工总数90人，其中包括劳务用工21人，专职教师11人；具有高级职称人员21人。

培训中心领导班子成员：主任、党委书记、邮政学校校长郭庆春，副主任、邮政学校副校长王立凯，副主任、纪委书记、工会主席刘胜利。

2010年是“十一五”收官之年，是北京邮政转变发展方式，提高发展质量的关键一年，是培训中心实施“三步走”发展战略的第二年。培训中心认真贯彻落实市邮政公司的各项部署，积极应对环境变化带来的诸多问题，创新发展理念、破解发展难题、营造发展环境，拓展培训空间、提升办学能力，改善服务质量，推动校园和谐，各项工作迈上新的台阶。2010年，培训中心完成各类培训149期，培训1.3万人。

站在新起点，提升新高度，推动培训中心科学发展

【联合办学】培训中心联合办学所学专业涉及邮政金融、邮政营业、邮政营销和计算机应用；劳动预备役培训实行常态化，涉及邮政营业、邮政储蓄、发行和投递4个专业。

2010年联合办学和劳动预备役学生职鉴考试首次取得双证，解决了用人单位持证率和人员调配问题，为企业盘活人力资源创造了条件，联合办学工作对培训中心整体工作的支撑和引领作用明显增强。

【劳动预备役培训】实行学校录取、企业录用、费用共同承担的办学模式。发挥北京邮政职业技能培训学校的功能，转换培训形式，变企业独家承担为个人、企业共同承担，既为企业补充技能人才，又节约开支；既提高了企业劳动者素质，又为社会提供了就业岗位，此举得到市教委、市人力资源部和社会保障局的高度评价和充分认可。

【职工培训】全面完成各项培训任务。特别是成功开发郊区局内训师培训，将学、讲、用融为一体，组成了培训知识、计算机知识、示范培训和模拟培训四大教学模块；重点抓好了培训调研、课程设置和教学实施三个重要环节，弥补了郊区培训场地的不足，充实了各区县局的业务培训师资力量。

【职业技能鉴定】将规范管理作为核心，提升职鉴管理水平。加强与市邮政公司职鉴中心和二级单位人力部门的沟通和联系，认真梳理规范职鉴工作流程，编制《职鉴理论考试工作手册》。形成了一整套从鉴定申报、理论考试组织、技能考核管理，到阅卷、成绩登统各个环节的规范化流程。受市邮政公司职鉴中心委托，教育培训中心职鉴站代表市邮政公司赴山西公司组织和指导职鉴考务工作，促进了省际的交流与合作。

培训中心完成了技师、业务师职鉴考评工作。来自11个单位、8个专业共145名员工申报，78人合

格,合格率达54%。组织参加了考核、评聘工作的全过程,积累了经验。

【党校教育】党校教育实行"三统一"。对全公司400多名入党积极分子实行了统一培训、统一考核、统一发证,为市公司学习型党组织建设创造了基础条件。

认真贯彻落实《党校工作条例》和市邮政公司党委《关于加强和改进北京邮政党校工作的实施意见》精神,积极探索党建工作培训的特点和规律。2010年配合市邮政公司党群部完成了党群部主任、团干部、普法、入党积极分子和党员示范班的培训任务,参培人员近800人,支部书记242人参加远程培训。同时,积极发挥教研优势,为市邮政公司党建网络课堂制作22门教学课件,充分发挥了主阵地、主渠道、主课堂作用。

【比赛集训、抽测、统版考试】培训中心参与了由北京市总工会主办、北京市邮政公司承办的北京市职工职业技能大赛邮政投递员、邮件分拣员两个工种的比赛工作。为确保大赛顺利进行,培训中心积极参与提供好服务保障。

在培训中心各部门的支持下,圆满完成了市邮政公司全年9期的抽测任务,共1053人;组织进行了12场统版考试,参与人员1171人。

【远程培训】发挥中国邮政网络培训学院北京二级中心的作用,对网络学习培训进行网上组织管理、实时监控、督促指导、服务支撑。全公司参加网络培训学院学习的共有网银、贺卡、邮政金融、营销员等14个远程培训班约2700人。

为营销员远程培训提供支撑。按照"面授困难远程补"的要求,新增二级中心学习点37个,为每个学习点设置管理员,制定学习点管理办法,明确职责,统计在线时长。制作了针对初级营销员的职鉴考前辅导课件,共计420分钟。既解决了工学矛盾,又对其他专业的复习题册编写起到了示范作用,合格率也由往年的21.8%提高到61.04%。

远程培训课题组开发的《如何开好班前会》、《邮政营业服务技巧》课件,被中国邮政网络学院选为教学课程,供全国邮政职工学习使用。

创新教学培训模式 适应企业发展需求

【创新教学方式】培训中心在教学方式上进行改革创新,初步建立了工作行动导向课程教学体系。成立了以党员、积极分子和骨干教师为核心的"邮政营业"、"邮政储蓄"等多支教学改革创新团队,将学习成果应用于"工作导向"教学实践。各团队的研究创新成果已在联合办学、劳动预备役培训、郊区内训师等培训项目中广泛应用,使学生明确了学习方向,让学生在训练中学习知识,做到"先行后知,行中学知"。

【研发培训项目】培训中心不断强化在职培训创新能力,积极开展培训项目研究。班组长、科队长和营销员培训形成体系,成功开发郊区局内训师培训和学习型组织团队培训,形成了以邮政业务技术、经营管理和师资培训为重点的培训项目体系。由教育培训中心推出的《学习型组织理论与实践》一课受到企业各二级单位的一致好评。

【师资队伍建设】培训中心根据教学、培训工作的新任务、新要求,把教师队伍建设放在了突出位置。按照注重师德、提升能力、拓展视野、适应教学的总体要求,年内组织了世博会参观考察、职教学会进修,深入区县局调研等活动。

【教学研讨活动】为将"交通不便课堂补"落到实处,将工作重点放在构筑高效课堂和提高教学质量上,强化教师队伍的专业能力素质和创业进取精神,培训中心中心开展了一系列的教学研讨活动。

召开教学质量分析会。结合课件评估、教学反馈,教师们对教学质量进行全面分析;召开集体备课会。各课题组分别从讨论教学计划、授课内容、教学进度以及教学中的难点和重点出发,制定有针对性的教学方案;召开论文发布会。组织教师及教辅人员结合教学和管理工作积极开展论文研讨活动,并将优秀论文编辑成《教学论文集萃》;召开新课程开发研讨会。在教与学、学与用等方面进行广泛研讨,初步形成课程开发的脉络和总体思路。

提升管理水平 为教学培训工作提供保障

【人力资源管理】培训中心在人员紧张、结构不尽合理,工作任务十分繁重的情况下,年内调整了13个岗位,合并4个岗位,最大限度地盘活了人力,挖掘了潜力,为全面完成工作任务提供了保障。

【服务工作】培训中心落实“四补”方针，完善管理制度，优化工作流程，加强成本控制，降低能源消耗，有效地提高服务保障能力。在设备设施不完善，条件十分简陋的情况下，勇于克服困难，艰苦创业，最大限度地提升服务的人性化、专业化和科学化水平，为全体师生提供了优质的后勤服务和保障。2010年，培训中心服务部门为各类培训班近4万人次提供餐饮服务，为近6000人提供住宿服务。

【安全工作】培训中心组织“平安邮政建设竞赛活动”，层层签订安全责任书；修订安全管理办法，编制《安全制度汇编》；开展安全生产月活动，组织学习宣传、安全检查和隐患整改、读书征文和安全知识答题系列活动；组织职工消防知识学习和技能演练，增强防火应急处置能力；加强技防措施，新增十路监控探头；开展交通安全竞赛，加强对司驾人员的交通安全教育和管理。

加强精神文明建设
增强核心竞争力

【学业务，钻技能，提能力】培训中心连续第8年组织全员培训，开展了计算机技能比赛和服务部门技能练功比赛，在教师中开展了优质课评比活动，全校营造了“学习业务、钻研技能、提高能力”的良好氛围。

【学习服务规范】培训中心组织开展《服务规范》的学习宣贯活动。举办《服务规范》学习讲座，将《服务规范》纳入教学课程，召开学生主题班会，组织服务规范知识竞赛和大家谈等活动；在《邮培月报》上开设服务规范大家谈专栏。在培训中心形成了学习宣传落实规范的高潮，提高了教职工文明工作、规范服务、规范教学、规范管理的意识和水平。

【校园文化建设】培训中心通过组织职工运动会、郊游参观、教师节活动、工间操、读书征文、演讲、联欢会、技能比赛等特色活动，进一步推进和谐校园文化建设，增强了培训中心的凝聚力。

在丰富教职工文化生活方面，成立了职工俱乐部，开展登山、摄影、和棋牌等有益于职工身心健康的活动。组织了讲座、比赛，登山等12项活动。

【风险防范工作】培训中心制定《教育培训中心开展廉政风险防范管理工作的实施安排》。《安排》是对《廉政风险防范工作方案》的细化，对各阶段、各环节工作进行详细的布置和指导，突出实效性。制定《风险认知书》和《风险承诺书》，将“风险点”作为“警示墙”，将“监控点”作为“防火墙”，突出警示性。

【党群工作】培训中心制定了《北京市邮政教育培训中心学习型党组织建设实施方案》。明确了以“学习、实践、创新、发展”为主题，以“两学、两提高、两促进”为目标，深入开展学习型党组织建设活动。

充分发挥共建基地作用，组织开展了金秋助学、好党员及文明村民评选、捐赠图书、困难党员慰问、党建交流等共建活动，进一步丰富共建活动的内涵，促进了双方精神文明建设水平的提升。

在深入推进“三进工程”的基础上，培训中心党委到东四党支部调研交流，将东四党支部党建工作的好经验好做法引入到党校培训教学中；教师多次深入到东四局调研、收集案例、拍摄教学资料片和宣传片相关内容；请沈智慧为学生讲课；使东四局实训基地的作用得以进一步发挥，也促进了中心党建工作水平的提高，进一步弘扬了东四精神的真谛。

（撰稿人：杜　军　梁彩文）

北京邮政宣传中心

概　述

2010年是北京邮政落实“十一五”规划的最后一年,是加快科学发展、转变发展方式、改善服务质量、促进企业和谐的关键之年。宣传中心认真学习和落实市公司职代会、工作会、政工会的精神,把握宣传导向,拓展宣传渠道,发挥资源优势,打造宣传品牌,发挥宣传工作在企业经营发展中的舆论支持作用,推动北京邮政各项事业迈上新台阶。2010年,宣传中心共有正式职工24人,宣传中心主任兼党支部书记陈建坤,副主任薛筠。宣传中心定期出版《邮政周报》;完成《北京邮政电视月刊》和《邮政与百姓生活》栏目的定期播出计划。

以企业发展为中心
完成宣传工作任务

【概况】2010年,按期完成《邮政周报》、《北京邮政电视月刊》、《邮政与百姓生活》栏目的出版播出计划。《邮政周报》正常出版50期,配合市邮政公司各项业务活动开展推出了专版、专刊40个。《北京邮政电视月刊》制作节目12期,累计播发新闻300余条,专题节目20余个。《邮政与百姓生活》栏目完成50期节目制作,播出邮政业务信息80余条次。配合市邮政公司及专业局、处室制作电视专题片12部。中国邮政报驻京邮记者站在《中国邮政报》刊登稿件500余篇,平均每期3篇,其中,一版上稿数量有明显增加,特别是两会期间,每期都有北京邮政的宣传报道。

【抓重点工作、策划主题宣传】按照市邮政公司对宣传工作的总体要求,完成各项宣传工作任务。加强对新闻宣传工作的研究,强调工作落实和执行力,在保证日常宣传报道工作的同时,突出抓好重大选题的策划与实施,推出了学习劳动模范、邮政服务规范、职业技能大赛、两会邮政服务、爱心包裹、邮政服务三农等10余个主题宣传活动。两个记者站每月深入基层科队、班组进行读者阅读、收视调查,职工知晓率和满意率有了进一步的提高。未发生出版违规违纪的现象。

【完善制度,增强责任意识,完成报道任务】完成了宣传中心部门领导的调整,进一步完善了相关制度。组织开展了责任意识、法律安全意识的教育,增强职工履行岗位责任、遵纪守法的自觉性。信息工作在信息的采集及上稿量上有了一定的提高,荣获中国邮政集团公司先进个人,受到市邮政公司的表彰。中心整体的工作效率、工作秩序、工作环境等有了一定的改善,有效地保证了各项工作任务的顺利完成。

宣传工作注重实效
做好重点宣传报道

【注重新闻时效,组织好两会邮政服务的宣传报道】宣传中心对参与两会服务的邮政人员进行了捕捉新闻亮点、撰写信息技巧等知识的培训,通过与一线服务人员进行最大程度沟通,成功报道了两会代表、委员建言邮政发展的系列访谈,同时,深入邮政服务一线,报道了两会邮政服务台前幕后的情况,开设“两会服务日记”专栏,让两会报道更加贴近职工。

【运用多种宣传形式,做好劳动模范的宣传工作】2010年是全国劳动模范评选年,北京邮政在全公司开展了向劳动模范学习的活动。宣传中心及时对北京邮政参加全国劳模评选候选人韩伟进行了重点宣传,制作了题为《情系邮路,投递和谐》的电视专题片,《邮政周报》和《北京邮政电视月刊》设置了劳动模范的宣传专栏,对北京邮政宣传劳模、学习劳模的情况进行了充分报道。配合劳模宣传月活动,编辑出版了“五一专版”、“劳模宣传月专版”,设计制作了《劳模风采——今日之星》系列展示墙,向广大职工详细、系统地介绍和集中展示劳动模范的先进事迹和风采。宣传中心还把市邮政公司工会组织开展劳模创新工作室活动作为宣传重点，拍摄、制作了北京邮政十佳劳模创新工作室、十佳创新示范岗专题画册和系列电视专题片。在劳模宣传工作中，宣传中心运用多种宣传形式，充分发挥宣传资源优势，形成立体宣传效果，推动北京邮政学习劳模的活动向深入发展。

【发挥专题宣传作用，做好深度报道】2010年，宣传中心组织了对"村邮站"工作的跟踪报道，配合"村邮站"画册的出版，进行了前期拍摄工作；全程跟踪报道了北京市职工职业技能大赛；对《北京邮政营业服务规范》发布实施进行了相关报道，推出了"落实《规范》大家谈"、"举案例，讲规范"栏目，拍摄了《北京邮政营业服务规范》电视专题片；组织了北京邮政机要专业连续20年无通信事故相关宣传报道；为投递局成立10周年，推出北京邮政投递局成立十周年专版和画册；配合市公司业务宣传，制作了北京邮政电子商务局代理机票业务、端午节思乡月、国庆产品、报刊发行等业务专刊。对于专题报道和专刊的出版，宣传中心从策划到实施过程加以研究，力求使宣传更加全面和深入。同时，利用《邮政周报》的"特别关注"和《北京邮政电视月刊》"营销访谈"栏目，对企业经营发展工作中具有启发和指导意义的工作经验和做法，进行了深入宣传报道，增强宣传的实际效果。

探索创新宣传报道工作新思路

【创新宣传工作，做到"三贴近"】2010年，《邮政周报》在版面和内容上进行了部分调整，以增强新闻版的导读性、"京邮时空"的贴近性、业内邮讯的启发性、营销平台的互动性、"特别关注"的生动性为基本思路，开设了新栏目"本周视点"，将更多基层信息集合在同一主题下进行综合报道，"他山之石"栏目介绍业外先进经验，给企业的经营发展提供更多启发，增加了专业指导性栏目"营销大讲堂"以及融入营销团队宣传的"营销之星"，"特别关注"将宣传重点放在"村邮站"、速递物流体制改革等全公司、全行业重大选题的宣传报道上，关注企业经营发展的重大事件和信息。工作思路的不断创新，使栏目的设置、作品的内容和形式更加新颖，具有较强的可读性。

【电视宣传工作力求出新，展示邮政新形象】《北京邮政电视月刊》2010年调整了节目重点，加大了对北京邮政经营、服务、新观念、新经验、新举措的报道力度，"邮政话营销"以营销人员利用案例现身说法的专题类型，有策划、有方法、有技巧，非常适合一线营销人员借鉴和学习。随着中国邮政集团公司视频网站的开通，新闻科积极开展邮政行业内的电视宣传，共送交电视新闻及各类专题片50余个，在集团公司和全国邮政同行面前多方位地展示了北京邮政的新形象。加大报道力度和深度、探索新的渠道和方式是《邮政与百姓生活》节目的发展方向，以邮政与社会需求的结合点为主要内容，刊播了《精彩世博世界珍藏邮票》、《春节速递京城老字号》、《祝福祖国寄语墙》、《爱心包裹》、《邮政服务"三农"》等多项邮政新业务和新举措，配合邮政业务推广，宣传和树立北京邮政服务市民、创新发展的企业形象。

【创建学习型团队，提高宣传工作水平】逐步建立一支主动创新，善于学习型高素质宣传团队，是宣传中心2010年的一项重要工作，提倡学习与思考相结合，学习与工作相结合，以学习的态度投入工作，在学中干，干中学，善于在工作中思考，归纳、总结优秀的实践经验。《邮政周报》坚持评报制度，把评报作为办报人员学习与实践的过程，学习和推广优秀作品的报道经验。《北京邮政电视月刊》把每次审片当做学习、研讨的机会，完善节目设置，提高制作能力。2010年，宣传中心业务学习培训工作进行了新尝试，采取由编辑主讲、现场互动、实操与基础文字测试相结合的方法，面对面学习交流，重大选题采访编辑记者与当事单位通讯员共同研讨、撰写文章，收到了较好的培训效果。

发挥党组织战斗堡垒作用
为宣传工作提供组织保障

【党支部工作】按照学习型党组织建设的要求，党支部研究和制定了符合实际工作的学习计划，明确学习要达到的目标和具体要求，丰富党员学习实践方式，为党员提供学习、参观、交流、实践的平台，各党小组之间、各部门之间开展互动式、研讨式学习的方式，把学习引向深入。以"弘扬东四精神、当先锋、促发展、党员立足岗位作贡献"为主题，深入开展党员在宣传工作争优创先的主题实践活动，把主题实践活动与学习型党组织建设的学习、实践相结合，搭建

党员在促进企业发展中发挥作用的平台。宣传中心党支部教育、引导党员发挥先锋模范作用,带领职工完成好宣传工作任务。

【工会工作】宣传中心工会工作以关心员工身心健康为重点,体现人文关怀,营造和谐工作生活环境。围绕宣传中心工作,认真履行职能,充分发挥工会组织在推进文明、和谐、创新、竞赛、服务等项工作中的作用。宣传中心组织全体职工积极参加劳动竞赛和合理化建议活动,开展了看望困难职工,送温暖活动,为全体职工安排了体验,组织和参与中国邮政《传邮万里》书法、绘画、摄影大赛,举办摄影采风和书法讲座活动,丰富了职工生活,为巩固发展和谐环境、建立良好工作秩序起到了较好的作用。

(撰稿人:吴胜利)

北京邮政文史中心

概　述

北京邮政文史中心(以下简称文史中心)是北京市邮政公司直属单位。其主要职责是:1.负责收集整理北京邮政的史料,并汇编成册或编辑成书;2.负责《北京邮政志》及《北京邮政大事记》的编写;3.负责按年度编辑出版《北京邮政年鉴》,并负责向《北京年鉴》和《中国邮政年鉴》供稿;4.负责北京市邮政公司机关各部室各类档案的收集、整理、归档和查阅利用等工作,同时在市公司办公室的业务指导下负责全公司档案工作制度的修订和对二级单位档案工作的指导检查;5.负责按期编辑出版发行《邮政文汇》月刊;6.负责完成中国邮政集团公司、北京市地方志办公室、北京市档案局和北京市文物局及有关部门交办的各项任务。

文史中心内设综合组、地方志组、年鉴组、档案馆、《邮政文汇》编辑部。至2010年底文史中心共有在职职工13人。文史中心主任吴江,副主任阎嘉。

2010年是北京邮政落实"十一五"规划的最后一年,是贯彻落实科学发展观,努力加快发展的重要一年,同时也是坚持以人为本,构建和谐企业之年。文史中心按照市公司的要求,明确工作目标,强化工作措施,创新工作方法,团结合作全面完成了各项工作,推进北京邮政事业迈上新台阶。

行政管理工作

【防患未然强化安全管理】2010年,文史中心坚持"以人为本,安全发展"的科学理念和"安全第一、预防为主、综合治理"的工作方针,以"坚持安全发展,落实安全责任,服务世界城市建设"为主题,开展了一系列安全教育活动,组织了安全知识的学习、知识问答和消防演练,强化了安全意识。与各部门领导签订了安全责任书,将安全管理责任落实到位,在重大节日和特殊时期加强安全检查,及时查找隐患,督促部门领导加强安全管理,防患于未然,保证了文史中心安全无事故。

【开展节能降耗低碳节约活动】教育干部职工节约能源、建设节约型企业,将节能降耗、降本增效的理念落实到行动上。文史中心一是在常用的水、电器具上张贴标语、警示,随时提醒职工注意节约,班后加强检查,杜绝长明灯、昼夜灯、长流水和电器设备带电长时间等待等现象。二是在节约办公用品、办公经费上下工夫,号召职工纸张要正反用,加强电器设备的维修维护,减少办公设备损耗,延长办公设备寿命,避免办公用品使用上的浪费。三是提倡多乘公交车出行,自驾车的员工,每月少开几次车,为首都低碳和环保做贡献。

文史编研工作

【做好北京邮政修志工作】1.按照市志办的工作进度要求,做好篇目设计工作。主要是根据北京邮政20年的发展变化以及所查档案资料进行篇目设计,和上一轮志书的篇目相比,增加了计划财务、法制建设、企业文化建设和基本建设等章节。经过反复修改和讨论,确定了北京邮政志篇目初稿,尽可能全面细致地体现北京邮政的发展全貌。2.文史中心查阅了1991年至2006年共16年的7194卷档案资料,并且把5337份、23257页档案资料用扫描仪制成电子版,刻成光盘发给修志人员,为编写志书做准备。

【编辑出版《北京邮政年鉴·2010》】自2010年3月开始下发通知,至12月正式出版发行,全书共计40余万字,彩图93幅,系统汇集了北京市邮政公司2009年各项工作和各方面重要信息。

【举办《北京邮政年鉴》编纂培训班】对全公司各二级单位、机关各部室的年鉴撰稿人员就年鉴基本知识、

年鉴编撰框架、条目选材及分类、年鉴中照片的运用及分类等进行了培训。对编纂《北京邮政年鉴》提出了具体要求，促进《北京邮政年鉴》越办越好。

【完成《汶川特大地震抗震救灾志》资料收集和报送工作】按照中国邮政集团公司的要求，做好《汶川特大地震抗震救灾志》资料收集和报送工作，共上交档案资料48份，图片206张。

【完成上级年鉴供稿任务】完成了为市政府北京年鉴社编写的《北京年鉴》和中国邮政集团公司文史中心编写的《中国邮政年鉴》共提供7000余字稿件。

《邮政文汇》工作

【《邮政文汇》按期出版发行】2010年度《邮政文汇》按期出版发行12期。根据北京邮政经营发展的需要，在新《邮政法》解读和邮政经营管理、企业精神文明建设等方面加大了宣传力度，特别是宣传东四邮电局先进经验方面，使用了较大的篇幅，得到了读者的欢迎。在邮政支持三农村邮站建设，邮政改革等方面进行了深入的理论研究。

【召开《邮政文汇》工作研讨会】2010年12月8日，文史中心召开了《邮政文汇》编者作者工作研讨会，对《邮政文汇》的办刊方向、栏目编排、邮政理论研究探讨等问题进行了较为深入的研究，在邮政法制建设、邮政融入地方建设、邮政经营管理、市场营销等方面取得了共识。

档案管理工作

【举办企业档案管理工作培训班】为进一步加强北京邮政企业档案管理工作，尽快适应北京市邮政公司运营和信息化建设的要求，文史中心对全公司二级单位档案室专(兼)职档案员举办了培训班。从企业档案规范、档案管理规范与整改、档案安全管理等方面进行了培训，并进行了档案业务交流，巩固了档案管理的理论知识，交换了各单位在档案管理中的经验与做法，取得了良好效果，推进了北京邮政企业档案管理规范化进程。

【强化档案管理、进行档案检查】文史中心对北京市邮政公司所属30个单位进行了档案检查，检查内容包括：档案法律和管理学习情况；单位档案制度建设情况；人员和设备配备情况；2009年收档情况；室藏档案的管理情况；档案的利用工作；档案的安全保管情况等七大项十九小项内容。通过这次全面细致的检查，发现了一些问题和不足，文史中心对检查结果发了通报，对报刊发行局等10个档案管理比较好的单位提出了表扬，对3个单位发了整改通知书，限期整改，对17个单位提出了指导性意见。通过检查指导，强化了北京邮政档案管理工作，规范了档案管理程序，发挥了文史中心档案检查指导的职能。

【做好工程档案移交、验收工作】1.按照中国邮政集团公司的要求，将北京行邮包集散中心工程档案向中国邮政集团公司档案馆进行移交，共100卷。其中文字资料4500页、图纸复制500张。2.对综合邮件处理中心(大平面)等10个工程项目进行了前期指导和预验，以确保终审验收工作的顺利进行。

【建章建制】为适应中国邮政综合办公信息处理平台全面推广上线，加强全公司电子文件及电子档案的管理，起草拟定了《北京市邮政公司电子档案管理办法(试行)》，共七章三十五条。

【查询利用】文史中心档案馆、机关档案室共接待260人次借阅档案，共借阅档案7756卷次。主要涉及房产管理、产权转移、工作参考、编史修志等。

(撰稿人：吴　江)

北京邮政实业集团公司

概 述

2010年是北京邮政实业集团公司（以下简称实业集团）在困境中求发展、在发展中求转变的不平凡一年，面对金融危机的持续影响、邮政行业体制改革的不断深化等多重困难，实业集团坚持科学发展观，以满足职工收入增长需求和企业发展需求为工作目标，按照“转变发展方式，提高收入质量和效益水平，调整市场结构和业务结构”的工作思路，努力提高企业收入质量，增强创效能力；努力提高服务质量，开发社会市场；通过经营创新、机制创新，企业效益稳步提升，管理能力进一步增强，员工得利水平不断提高，较好地完成了2010年的各项工作目标，实现了企业平稳较快发展。

2010年实业集团实现业务收入11.46亿元，增长23.5%；完成效益指数2145万元，企业效益投入375万元，解决历史欠账177万元；职工收入增长9.6%。全年安全生产无责任事故；用户满意率达到85%以上。

2010年实业集团领导班子由六人组成。党委书记、总经理王宏伟、副总经理张新巧(2011年3月任命)、副总经理燕京、副总经理李颖生(2011年3月任命)、工会主席王宝林。下设总经理办公室、经营管理部、计划财务部、人力资源部、党群工作部与工会六个职能部门。

2010年实业集团所属六个二级公司，北京邮政器材公司、北邮物业公司、北京邮政建筑工程公司(于2010年7月撤销)、绿洲房地产开发公司、北京邮件综合处理中心物业管理公司（于2011年1月成立)、北京邮政旅游餐饮公司、同力达通信服务有限公司，并由这六家二级公司分管着37家三级公司。

主要工作

【定位先行，铺筑企业转变发展之路】2010年，面对后金融危机的冲击以及邮政三业分营带来的新环境、新情况，实业集团深入分析、积极应对，在准确把握形势的基础上，坚持把满足职工收入增长和企业发展的需求作为工作目标，确立了“转变发展方式、提高收入质量和效益水平、调整市场结构和业务结构”的工作任务，力争实现企业发展由规模驱动型向效益拉动型转变，进而确保企业的平稳较快发展。要切实做到转变和调整，必须明确企业的定位方向，实业集团从指导思想入手，以调整市场结构和业务结构为指引，全力提高收入质量和效益水平，确保企业在转变调整中实现新发展。

——*积极开发市场全力调整市场结构*。进一步加大了市场开发力度，围绕总部经济、政府经济等重点题材，市场开发成绩显著。其中：器材公司信报箱分公司中标“大兴居民住宅楼房信报箱补建更新工程”，承接内蒙古呼和浩特市报刊投递箱项目；中鸿公司开发开窗封项目，承揽了社会商函封套30万件。北邮物业公司按照开发精品物业的思路，以中国邮政集团大厦物业项目为突破点，逐步扩大外部市场的开发。绿洲公司通过“龙福源”系列产品，开发农副产品深加工业务，走“三农经济”发展之路。旅游餐饮公司通过提高自身软硬件水平，以政府采购定点服务单位为依托，实现增收创效，同时，尝试突破国际旅游市场，策划了5条国际线路，有效地拓展了社会市场。同力达公司利用各区县的再就业奖励政策，实现企业效益。

——*优先发展低本高效业务调整业务结构*。通过强化专业分析，掌握专业收入和效益进度，2010年实业集团将优先发展低本高效业务放在重要位置，强调在增收的同时实现效益的增加，进而实现业务结构的逐步调整。

用品用具专业在包装箱等产品增量的拉动下，全年增收214万元；物业专业通过尝试走高端市场，实现增收289万元；资产盘活专业在有效整合资源的基础上，采取公开招租的方式，确保效益最大化，增收733万元。

【机制保障，为企业持续发展提供永动力】2010年实业集团突破制约和影响科学发展的体制、机制障碍，建立科学有效的发展机制，为企业提供了持续的活力与动力。

——完善激励体系建设。在认真总结往年经验的基础上，实业集团根据市公司精神，结合企业自身实际，对升位晋级机制进行了调整和完善。以三年来企业经营实际完成进度和预算完成进度相结合，调整了规定进度；以突出效益优先原则，引入了"效益总额增幅"的考核指标。重新确定的2010年"绩效考核"和"升位晋级"奖励办法，加大了奖励考核力度，为各二级公司增收创效、勇破纪录创造了政策空间，营造了奋勇争先、创新发展的经营氛围。2010年，各二级公司累计实现效益指数2145万元，实现效益总额9296万元，确保了企业发展的需求。

为激励三级公司增收创效的主动性和创造性，实业集团还深入落实了超收超效奖励机制，将企业创收成果惠及到全体员工，激发广大员工进一步创收创效的积极性。2010年，三级公司实现收支差额8822万元，实现积累186万元，同比增长分别为5.7%和21.6%，其中收支差额增长超过8%的三级公司有14个，占比达到45%，确保了职工收入增长的需求。

机制的进一步完善激发了全体员工争优创先、升位晋级、勇破纪录的积极性，推动了企业的健康持续发展。

——落实营销体系建设。2010年，实业集团进一步调整和完善了营销员业绩等级管理体系，提高了礼仪常规化营销和社会市场营销的折算系数，加大了对营销员的奖励力度，充分调动各单位专、兼职营销员的热情，为做好营销和市场开发奠定了政策基础。开展了营销员岗位职级认定工作，认定专职营销员33人，兼职营销员155人。通过岗位成才和岗位激励等行之有效的机制政策，充分调动了各单位专、兼职营销员的积极性。

【服务支撑，助推企业提质升级】

——制定规范标准，提升服务水平。2010年，实业集团以全面推进管理机制建设为平台，围绕服务质量管理，各级公司深入贯彻落实各项服务规范，在不断提高服务水平的过程中推动企业提质占领高端市场。

高质量的服务需要严格规范的标准，提升服务质量更需要标准的有效运行。2010年初，实业集团专门成立服务质量工作领导小组，由各重点专业的业务骨干组成服务质量管理委员会，修订和完善了《实业集团重点专业服务质量管理机制》并印制成册。手册详细梳理了用品用具、办公物业、宿舍物业、旅游餐饮、劳务派遣等六大重点专业的服务标准，实现了重点专业服务质量标准的升级。通过强化检查、评估和考核，将日查、周查、月查、季查和抽查有机结合，规范管理，提升服务水平。全年组织对重点专业服务质量检查113人次，下发整改意见95条，发出客户满意度调查函328份，重点专业的客户满意度测评得分88.1分。坚持用标准化、规范化，持续提高服务水准，用精细化、特色化持续提高服务品质，为企业向高端市场进军打下了坚实基础。

——落实服务规范，实现定位高端。为有效促进各项服务标准的落实，实现以管理促服务水平的提高，以服务水平的提升助推企业提质定位高端的目标，各单位加大服务创新的力度，坚持以服务为核心的经营观，一手抓经营，一手抓服务。

北邮物业公司出台了"星级服务单位评比办法"，按月对所属各三级公司在服务质量、基础管理等各方面的工作进行全方位的考核评比。每个三级公司悬挂"星级服务评比"展板，按月公示考评结果，根据考评分数评定星级，星级直接与三级公司经理收入挂钩，极大地提升了各公司、各班组管理工作的效果，促进了服务质量的不断提高。2010年，北邮物业公司以"业主是亲人"、"搞好服务不讲价钱"的理念，成功开发了中国邮政集团金融街办公楼物业项目和中国邮政储蓄银行丰台机房物业项目。高端物业项目的开发和运行开始由尝试摸索阶段逐步向实践推进。

各二级公司在提质定位高端市场方面实现了新突破。器材公司为区局、专业局提供贴心式的服务，建立定期走访和电话回访制度，加强信息反馈，提高办事效率，成功入围东区、西区、速递公司打印耗材招标项目；绿洲公司努力打造广安门"宿舍物业样板工程"，开通24小时服务热线，努力提供全方位的便民优质服务，切实为职工提供和谐的居住环境；旅游餐饮公司根据不同客户制定个性化方案，增加特色服务内容和精品旅游路线，提供了多元化的会议、旅游和餐饮服务；同力达公司立足邮政主业用工市场，印制了《同力达员工规范管理与服务指南》手册一万余份，为主业提供了优质的用工服务。

【经营创新，提速企业加快发展引擎】在明确发展方向的基础上，在各项机制的保驾护航下，实业集团的经营发展呈现出百花齐放、百舸争流的良好局面。

——*以“三大板块”业务立足市场加快发展。*主营业务在提高服务质量的基础上吸引客户、打开高端市场、开发社会市场，收入增速29.9%；重点辅营业务针对市场变化、用户需求创新新产品，实现规模发展、快速增长，全年实现收入增速2.5%；全员发动，积极创收，实现增速8%。三大板块齐头并进，效果明显。

——*以项目策划为载体拉动发展。*坚持企业引导、广泛参与、市场运作的方式，通过项目旬报跟踪、季度汇报、加强分析，强化动态监控和推进，切实把项目策划和实施作为推动“转变、提高、调整”的有效抓手。围绕市场定位，通过项目创新引领发展方式转变和结构调整，达到提高收入质量和效益水平的目的。全年实施项目119个，实现收入7216万元，实现毛利1122万元，成为企业增收的主渠道。

在抓好营销项目落实的同时，各公司全力推进大项目的策划和落实，定期公布和分析大项目推进情况。在全年策划的项目中，收入超过50万元的项目有26个，实现收入5065万元；超过100万元的项目共计19个，大项目实现收入占全部策划收入的70%，毛利占策划毛利的60%。重点项目的成功策划和落实，为企业增收创效任务的完成起到了重要的推动作用，也为企业完成全年各项指标奠定了坚实基础。

——*以礼仪常规化营销为突破点推动发展。*以节日营销和专项营销为载体，重点围绕产品创新、渠道创新和机制创新全力开展礼仪营销工作。一是在营销产品创新上，建立产品开发三级责任制，通过给予思路积极引导、强化效果分析宣传、竞赛评优选先等措施，围绕“新奇特”的产品开发理念，结合市场特点，逐步提高产品质量和档次，仅“五节营销”活动中，就有五种新产品创收分别在百万元以上，成为各单位礼仪营销收入增长的主动力。其中，北邮物业公司与社会知名品牌合作，成功开发金凤成祥糕点储值卡；器材公司吴裕泰茶叶卡、绿洲公司海鲜产品等均实现了收入百万元以上，有效地促进了礼仪常规化营销目标的顺利实现。二是在营销渠道创新上，通过领导重视、加强组织沟通、强化渠道效果分析等，进一步加大了11185大网销售渠道的开发力度，大网占有率从2009年的12%提高到2010年的22%，大网销售渠道已成为实业集团营销专业快速发展的突破口和平台。三是在营销机制创新上，通过营销任务摘牌认档、加大营销奖励力度，将营销任务完成情况与个人收益挂钩的创新机制，最大限度地激发班组及员工的营销热情和能量，形成了人人营销、事事营销、时时营销的良好氛围。永安路食堂班组创新激励政策，充分调动员工的创收积极性，通过窗口售卖、养老助残券、外卖糕点等方式实现收入110万元，同比增长了10%，为基层班组营销起到了较好的示范带头作用。

企业全年礼仪常规化营销收入较2009年同期分别增长49%。礼仪营销专业在规模增长的同时有力地带动了企业经营工作的快速发展。

——*以降本增效为手段提高效益水平。*根据业务成本和人工成本所占比重较大的情况，实业集团进一步扩大降本空间，延伸降本触角，在企业内部形成节约成本文化，做到人人参与降本，人人监督降本。一是落实项目降本。2010年全年共策划降本项目48个，实现节支202万元。各公司在降本工作中明确目标，注重过程控制，因地制宜，做到有保有压，坚持优化配置，确保增收创效。其中，管理费用一项就节支近65万元。二是开展招标降本。各公司严格执行《实业集团公司招标管理办法》的相关规定，落实成本招标工作，扩大降本效果，根据各自经营业务的性质和经营规模制定招标采购额度。如器材公司的邮袋坯布采购项目，节支近60万元，有效降低了采购成本；大平面物业公司的消防器材招标项目，降低采购金额5万元，降幅达到35%。通过规范招标管理工作，完善日常检查制度，重点监控招标工作的执行情况，全年完成招标项目18个，涉及招标金额3375万元，节约成本194.5万元，增收141万元。三是实行技术降本。通过广泛开展“创争”活动和利用职工技术创新、技能比武等行之有效的载体，激发广大职工技术创新的热情，有效地解决了企业经营中的难点问题。餐饮公司利用对锅炉循环泵管线的技术改造，每月用电成本支出减少近6000元。海慧寺物业水箱和电改项目、宋家庄宿舍电改项目等也为企业节约资金近60余万元。

——以开展劳动竞赛的形式促进经营发展。积极推进"创新杯"劳动竞赛,开展了争创文明企业和十强先进集体评选活动,围绕企业经营重点,适时组织开展阶段性营销竞赛活动,促进了专项营销活动的开展。通过开展广泛深入的劳动竞赛,充分调动了广大职工参与的热情,对完成全年经营工作起到了较好的推动作用。

【夯实基础,提高企业运行质量和效率】

——深化财务管理。充分发挥财务工作在企业发展中的重要作用,逐步实现"从管理型财务向经营型财务的转变"。完善以效益为重点的评价体系,引入效益总额增幅指标,充实健康指数指标,加大效益和收入运行质量指标的考核权重,减少收入考核比重;增加效益增幅考核内容,更加科学地评价各公司综合经营成果,以达到调整业务结构,增强企业创效能力的目的。紧密结合企业经营管理中的热点和重点问题,进行了应收账款清查、固定资产调查、长期投资股权清理等工作,针对检查中出现的问题,及时提出整改意见。制订并下发了《实业集团公司固定资产全过程管理办法》。为企业的经营管理提供了准确、翔实的数据。

——加强人力资源管理。为有效发挥人工成本对企业发展的激励作用,完善了工效挂钩机制,优化了工资总额与经济效益挂钩办法,加大了对人工成本的管控力度,确保实现企业效益与职工收入均衡增长的目标。制定了《实业集团公司劳务工引进暂行办法》等制度,规范了劳务用工管理,激发了劳务人员的工作热情,促进了劳务人员的岗位培训和岗位成才。出台了《实业集团公司机关绩效考核管理办法》,明确了工作重点,确保了各项管理目标在岗位工作中得到体现和落实。

——强化局务公开民主管理。为切实发挥好职工代表参政议政的主人翁意识,进一步规范了基层的局务公开民主管理工作。同时,积极做好调研,了解基层的意见和建议,适时加以调整,进一步促进了局务公开民主管理工作的深入开展。

——落实安全管理工作。成立了实业集团安保中心,将安全生产、消防安全、内保安全、交通安全等各项安全工作归口管理,加大了安全管理工作的力度。坚持每月一次的安全例会制度,实现了安全管理工作的纵横双向交流,对基层出现的安全问题能够及时地进行指导和纠正,提高了主管安全的领导和专、兼职人员的管理水平。全面落实了市公司下达的安全生产大检查工作,整改隐患14项,确保了企业全年安全生产无责任事故。

【强化素质,推进企业健康发展】以"不唯学历看能力、不唯职称看技术、不唯资历看业绩、不唯身份看素质"的用人导向,形成"合理用人、才尽其能"的用人机制,通过理论联系实际,将教育、培训有机结合,努力营造员工与企业和谐发展的良好氛围。

——开展了经常性的培训工作。为进一步加强教育培训,不断提高员工队伍素质,适应企业发展需要,2010年,实业集团通过外请专家与企业内训师相结合,理论知识与企业实际相结合,有计划、有内容、有针对性地开展了以经营管理和各专业管理为主要内容的培训;各公司围绕工作重点,进行了机制、管理、营销等方面的培训,全年共举办各类教育培训班165期,培训12783人次,编发教育培训专刊12期。此外,制定出台了《实业集团公司建设学习型企业完善教育培训考核机制管理办法》,使企业的培训制度得以具体落实。全方位、多层次的培训不仅开阔了经营思路,提升了管理水平,提高了公司的整体运营能力,也为员工个人提供了发展的机会和自我实现的平台,确保了企业健康持续发展。

——加强了经营管理者队伍建设。制定了《实业集团公司高管人员考核评价办法》,对高管人员实行领导述职制度,2010年有3个单位4人次进行了述职。严格按照市公司岗位任职和后备人才条件,对各单位中、高级后备管理人员进行优化和梳理,对能力突出的人才给予重点关注和培养。

——实施了岗位竞聘试点工作。制订了《实业集团公司员工竞聘管理岗位实施办法》,引入竞争机制,拓宽人才选拔渠道,并在建筑公司和汽修专业人员分流安置中开展了全员竞聘上岗的试点工作,努力探索竞争上岗,择优用人的新机制。

【加强党建,为企业发展保驾护航】

——创建学习型党组织,推动党的理论建设。实业集团及时制订工作方案,明确开展活动的主要原则、学习内容和工作措施。通过一年来的工作实践,使企业各级党员领导干部的理论素养、工作能力和党员队伍的综合素质得到了显著提高；干部队伍的精神面貌和工作作风得到了有效转变；企业的经营、管理、服务工作水平和创新创效能力得到了显著加强。

——以创先争优活动，促进党的组织建设。实业集团以纪念建党89周年为契机，以创先争优和党员主题实践活动为重点，积极组织党员开展党课培训、理想信念教育和爱心捐助等系列活动，提高了党员的先进意识，发挥了在企业生产经营活动中的先锋模范作用。同时，狠抓了“三会一课”、党风廉政建设、民主评议、党员教育及党员责任区等工作制度的落实，使基层党组织工作走上了规范化、制度化的轨道。全年共发展新党员10名，并对36名入党积极分子进行了培训。

——以廉政教育月活动，促进党风廉政建设。严格执行管理考核和责任追究制度，逐级签订党风廉政建设责任书，确保了党风廉政建设责任制落实到位。实业集团以党风廉政教育月为契机，组织开展针对各级领导人员的学习教育活动，并组织领导任前谈话18人次，戒勉谈话7人次。积极开展了廉政风险防范管理工作，建立了廉政风险防范网络管理系统，规范了“三重一大”等事项的实施。

——以“爱、讲、树”活动，促进精神文明建设。为进一步深化群众性精神文明创建活动，实业集团在2010年深入开展了“爱首都讲文明树新风——做文明有礼邮政人”主题活动。积极打造高素质的员工队伍，为促进企业平稳较快发展服务。同时，开展了“学习东四”精神、文明礼仪知识普及和普法宣传教育等活动，不断深化文明单位创建工作，2010年获得了市公司文明单位称号。

【立足员工，促进企业和谐发展】

——积极为员工办实事。以着力解决职工群众最关心、最直接、最现实的利益问题为目标，把做好职工队伍稳定工作放在首要位置，深入实施送温暖工程。筹措慰问资金总额19.7万元，慰问基层单位27个，慰问职工总计1113人，其中慰问困难职工365人。通过开展送温暖和帮扶救助工作，解决了部分员工的生活困难，维护了企业稳定。

——努力创建和谐团队。广大干部员工积极主动融入企业发展的洪流中，动脑筋、想办法，为企业“转变、提高、调整”献计献策。2010年共提出合理化建议242件，已实施65件，已实施合理化建议产生效益419.2万元。同时，各公司因地制宜开展“职工小家”建设，鼓励职工开展形式多样的创建活动，充分发挥工会根植基层、贴近职工的特点，促进企业的改革、发展和稳定。

实业集团器材公司

【概况】北京市邮政器材公司位于昌平区回龙观西大街育知路一号，共有正式职工408人，多种用工374人。其中公司领导4人，中层干部37人，党员141人。

【认档摘牌，激发创收活力】2010年公司绩效考核办法改为认档摘牌，以满足企业基本需求为必保指标，分别设定了基本档、一档、二档和自认档。新的考核办法将职工和管理者的收入挂钩。每高认一档，职工月奖人均增加200元，突出了重奖增量，突出了由“让我干到我要干”的转变，促使各三级公司积极创收，效果显著。

【营销体系建设，推动营销工作进步】2010年着力建设专业营销员、资源营销员、兼职营销员三支营销队伍。加大营销员的业绩考核力度，明确了营销员业绩等级划分标准，政策上向社会市场开发、局内计划外市场开发和礼仪常规化营销上倾斜。

【预算管量体系，确保目标实现】2010年公司重点强调预算的执行力，将预算执行情况纳入绩效考核。在原材料持续上涨，销售价格不变的情况下，通过材料成本核算，保证了效益提高。以毛利核算为依托，监控下级公司收入、利润状况，及时发现亏损单位和盈利水平过低的专业，保证了企业经营目标的实现。

【全面落实项目策划，带动增效创收】2010年公司上下共策划52个经营项目，实施率100%，实现收入3671万元。其中策划的大项目有：

1.信报箱业务：内蒙古邮政局报刊投递箱6千户；大兴政府户箱工程中标。

2.市公司各单位冬季锅炉燃油统一配送。

3.新邮袋制作业务。

4.成功入围东区、西区、速递局的打印耗材招标。

5.购进商函开窗封机。

【局内业务挖潜，社会市场开拓】2010年实现社会市场收入9055万，比2009年增长10.7%。

【礼仪营销创出新成绩】2010年礼仪营销实现收入

3451万。比2009年增长了28%。下级公司先后开发了荣昌洗衣卡、八喜冰淇淋蛋糕卡、世博茶叶卡、宫廷御点年糕、绵春贡酒等产品,同时超额完成了报刊订阅、贺卡销售、节日营销等各项任务指标。

【千方百计促降本】2010年公司明确提出了大额采购全部实行招标,压缩各种管理费用,特别是要降低材料成本的要求。全年费用下降11%。其中办公费同比下降5%、业务招待费同比下降28%。

【加大采购招标力度】2010年公司采购组织招标10大项,节约采购成本161.8万。

【制度管理促降本】 为了加大降本力度,公司下发了《关于加强器材公司会计核算相关规定的通知》。其中再次明确了招标办法、收入成本核算办法、存货管理制度、合同管理办法和材料成本审计监督管理办法。同时下发了"产品原材料成本计算表"等7个表格。

【投资建设、增强企业发展后劲】全年固定资产投入412万,主要用于:1.添置公务车3辆;2.购置开窗封机;3.购置小型胶印机;4.房屋建设;5.更新油罐车。

【汽修专业平稳顺利实现整合】2010年根据上级的指示,汽修专业进行了全面整合,成立了新的汽修公司。在这个过程中,公司做了大量工作。以保证职工利益为前提,多次修改整合方案,并提交职代会讨论通过。多次下基层调研,与实业集团和市公司沟通。先后召开不同层面的汽修职工座谈会,妥善安排了105名正式工,与63名多种用工解除了劳动合同。经过近半年的积极努作,汽修专业平稳顺利完成了整合。

【加强财务管理】重点加强了材料成本核算管理。补充完善了《器材公司招标采购管理办法》、《器材公司收入、成本、费用核算办法》、《器材公司存货管理办法》。强化资金管理,加大应收账款催缴力度,收回欠款8442万。

【加强人力资源管理】制定了《器材公司中级管理人员考核评价办法》;对营销员业绩统计进行薪酬调整,并对业绩下滑人员给予心理疏导;制定了汽修整合方案,组织汽修公司经营管理者及员工竞聘上岗工作,妥善完成汽修人员分流和劳务工合同续签。

【加强服务质量管理】对用品用具专业及仓储配送的服务标准进行了修改、完善,加强监督检查,降低了出错率,提高了供给和配送能力和客户满意度,进一步强化3化6S服务体系。

【加强安全生产管理】 建立了安全考核指标体系,每月对三级公司考核;抓住安全月、11.9消防宣传日等时机,开展全员安全教育,对锅炉、压力容器以及基础资料实行建档管理。在安全生产、交通安全、防火防盗,防汛及维稳等方面严格检查,实现全年无安全责任事故。

【抓三支队伍建设,促队伍素质整体提高】2010年公司共举办各类培训34期,参加培训8700人次。通过培训,提高了领导干部的管理能力、职工的专业技术水平和操作能力、营销员的营销拓展能力。

【加强思想理论建设】 党委把加强干部思想理论建设放在首位。认真组织了党的十七届五中全会精神、实践科学发展观的学习活动,公司坚持每周中心组理论学习制度,积极开展党支部主题实践教育活动。

【加强党风廉政建设】 认真学习中纪委相关精神,落实党风廉政建设和反腐倡廉工作责任制。开展党风廉政建设宣传月教育活动和查找廉政风险点工作,开展了以降本为中心的效能监察和清理小金库活动,组织召开了公司领导班子廉洁自律民主生活会,促进了党员领导干部作风的转变和廉洁从业意识的增强。

【以人为本,积极为职工办实事】组织全体职工体检;为外勤人员配备了保温壶;为全体职工发放了"京卡互助服务卡";为200多名女职工办理了女工安康保险的续保和投保;为职工小家添置了必要的生活用品。发挥职工各种互助基金会的作用,为25名遇到困难的职工申办了帮扶救助4万元;为14名重病职工申办了14万医疗救助;为34名职工办理了9600元的公司互助互济救助。

【加强企业文化建设】着力建设学习型班组。组织职工学习普法;组织"七一"共产党员献爱心捐款和全体职工向玉树灾民捐款活动;组织了形式多样、内容高尚的文体娱乐活动;为各基层单位发放了温馨提示牌;以企业精神和先进的理念积极引导职工。公司上下呈现出团结、和谐的良好氛围。

实业集团北邮物业公司

【概况】

2010年公司领导班子组成人员:李颖生任北邮物业公司总经理,王闯任党委书记,张俊岭、庞荣海任公司副总经理，关伟任工会主席。刘东平，吴国生任总经理助理。张秀芳副处巡视员。

2010年公司机构设置：公司管理层设置四部二室，即经理办公室、工会办公室、党群工作部、退委会办公室、计划财务部（报账中心）、人力资源部、经营管理部。2010 年公司在职职工 349 人（含内退职工 56 人），机关职能人员 36 人。

【开发金鼎大厦，项目进展顺利】2010 年 5 月 29 日，金鼎大厦业主开始全面进驻，标志着中邮集团新址物业开发项目顺利完成。12 月 1 日，北邮物业金鼎大厦分公司成立，分管金鼎大厦中邮集团的保洁、客服（前台和会服）、餐饮和整个大厦安保、车场服务。其中会议服务上档次，高水平；安保服务未发生一起上访影响办公的事件，为大厦提供了从未有过的安全环境，荣获了北京市 2010 年度内保系统集体嘉奖；保洁及绿化租摆服务使大厦内环境优美，一尘不染；餐饮服务更是贴心满意。中邮集团和邮储银行对北邮物业公司提供的高品质专业服务表示满意和首肯，市公司领导对金鼎大厦项目为北京邮政争得的荣誉也给予了认可。

【开展服务质量年建设，服务品质得到全面提升】

——修订制度，出台标准。修订了绩效考核体系，使经营者薪酬与经营业绩、服务质量实现双挂钩，从机制上加大提高服务品质的奖惩激励力度。一方面全面推行《星级服务单位评比办法》，开发并应用了“服务检查问题统计系统”；完善了客户服务系统和工作流程；定制并悬挂了“星级服务评比”展板，按月公示考评结果。组织了以客服和会服为主题的练功比赛；全年服务质量检查 358 频次；下发整改 685 份；收到表扬信 17 封，服务创新 2 项，公司服务满意度平均得分 98.8 分。截至年底，有 8 个三级公司达到了四星级以上。

——落实星级服务，彰显服务特色。在服务质量年的建设中，各个三级公司深入细致地落实《3 化 6S 管理标准》中规定的服务规范、工作流程和岗位职责，在环境卫生、院内秩序、服务礼仪、统一着装、设备设施维护等服务的软件建设上取得了显著的提高，并彰显了各自的服务特色：东站、建国门银行物业部围绕高端客户在会服、餐饮方面开展 vip 服务；西站、丰台管理部围绕管理需求开发引进物业管理信息系统，丰台物业部荣获了“邮政金融系统 2010 年世博会暨亚运会安全保障工作最佳支撑伙伴”荣誉称号；永安路物业部强化了对客户日常水电维修和空调的维保服务，在养老助残服务方面进行了有效的创新；天桥在资金紧张的情况下，对院内的浴室和卫生间进行了改造；卫生科大力开展人文体检；科技公司积极开发远程维修监控服务系统；大学生物业部全面完成三路居集体宿舍拆迁工作；同时设备公司、大学生物业部、保洁公司、机关职能对金鼎项目和大平面项目的设备运行、员工住宿、保洁及绿植租摆、规范服务等方面起到了突出的服务支撑作用，做出了积极的贡献。

【全力开展营销，经营效益得到有效保证】

——项目策划，全面完成。全年申报营销策划项目 37 项，完成策划收入 1713 万元推出了金凤呈祥糕点卡、雀巢冰激凌月饼、中老年人急救手机、防尾随联动门等食品、通信、科技类的新产品。科技公司中标北京邮储银行“两区九郊”范围内银行网点的防尾随联动门的安装项目；此外盒饭、外卖、设备代维、工程维护等项目的市场范围进一步得到拓展。

——大型外部物业项目，顺利推进。12 月下旬，公司就金鼎项目与中邮集团正式签订了物业服务合同；广安门银行项目在施工建设中，中国邮政银行科技园总部项目已经进入前期跟进阶段。

【强化职能管理，公司经营发展得到有力支撑】

——财务管理更加精细。夯实各项财务基础工作，荣获纳税信用等级 A 级企业；开展了清理“小金库”工作，三级公司中未发现有违规行为；加强了预算的分析和反馈工作，提高了资金的管控和运行效率；实施 11 个降本项目，降本 12.36 万元。积极协调物业费、转制政策性补偿等资金，确保了公司的资金运转。

——人力培养更加专业。举办各类培训 56 期，参训 1700 人次。外聘管理型人才 8 人，技术型人员 30 人，服务型人员 40 人，及时为金鼎、丰台等项目补充和输送了专业人才。共提拔、任命、交流干部 24 人，形成老中青相结合、取长补短的经营管理者梯队。

——市场经营更加有力。完成西站消防、天桥锅炉等 3 项设备改造工程，组织了礼仪培训、营销培训，任标大会，推动经营服务同步发展。加入北京市物业管理行业协会，策划并组织公司参展首届中国品牌物业峰会，在对外展示，扩大视野，行业沟通方面起到了积极作用。

——安全工作更加扎实。成立全互查组，对邮政生产大院的重点部位进行隐患排查，整改各类隐患20于处，劳保投入43万元。举办大型应急预案演练3次，答卷活动参加人数310人。组织全公司经理和安全员进行了“119消防安全”、“交通安全知识”培训。

【合同管理更加规范】 加强了对合同管理员的培训，进一步规范了基层单位合同上报审批程序；全年共计审核备案合同135份，包括房屋租赁和10万元以上的重大合同30份，收付款总标的额达到4000余万元。

此外，2010年公司注册资金已经增资至300万元，物业管理资质升级工作进展有序，极大提升了公司的资信能力和业内信誉。

【深化企业文化建设，人心工程得到深入推进】

——党委工作卓有成效：开展了“弘扬‘东四精神’，当先锋、谋创新、促发展，党员立足岗位作贡献”主题实践活动。建立了涉及组织人事权、财务审批权、药品、器械、基建、采购、招投标等管理事项的岗位和人员的惩防体系。为职工发放了中邮阅读卡。永安路食堂成为“宣武区养老(助残)餐桌”服务定点单位，荣获北京市居家养老先进单位；西站大院成为地区第一批垃圾分类试点单位和示范单位。近1000多名党员、干部、职工为“4.14”青海玉树、甘肃舟曲受灾人员捐款4万多元。

——工会工作深入人心：工会在消防、电工、医务人员现场急救、计算机知识、月饼配料技术、餐饮红、白案、客服、会服等各个专业广泛开展技术练功活动。办理各种保险续转1161人次，完成321名职工的“京卡.互助卡”的申报发放工作。为27名职工办理了各种互助互济申请，发放救助金8.85万元。举办了“女职工养生健康保健讲座”，组织198名职工分别赴大连、山西两地疗休；组织220名职工体检。

——退委会工作细致入微：退委会全年慰问离休干部、病困职工、劳模38人次；完成了600名退休、内退人员社保卡发放工作；组织了老干部体检；重阳节组织30余名老干部进行了交流座谈；组织全体退休职工到平谷碧海山庄北京退休职工修养基地参观；同时完成了市公司368名大学生、研究生的户口接纳和管理工作。

实业集团绿洲房地产开发公司

【概况】北京市绿洲房地产开发公司(以下简称“绿洲公司”)是北京邮政实业集团公司所属的国有企业，下设两部一室及四个分公司。共有职工173名，其中正式职工99名，多种用工80名。2010年绿洲公司完成收入指标6131万元，完成预算110%，与09年同期相比增长11%，职工收入同比增长8.5%。

【做好局内物业服务工作，确保局内物业收入的全面完成】绿洲公司所属两个物业公司克服了点多面广，物业状态参差不齐的困难，完成了7000余户业主的日常需要；积极协调地方政府关系，合理利用政策，完成了多个临街住宅楼的外粉刷项目，为主业节约了资金，也赢得了住户的好评。

【新接管40万平方米宿舍物业的日常管理】随着后勤体制改革的不断深入，绿洲公司的物业管理专业也有了长足进步，面对新接管的40万平方米宿舍物业的日常管理，绿洲公司始终坚持服务第一的理念，推行规范化管理，在重点区域引入智能维护系统，把服务和质量提升到更高层。

【建筑维修专业打破单一局面】绿洲公司的建筑维修专业收入稳步增长。专业收入从过去单一局内市场，转为局内外两个市场，且局外市场占比超过局内市场。运行模式由承发包转变为独立承包、承发包和分包三种。

【组建营销队伍，开展多渠道营销】绿洲公司始终将营销机制创新放在首位，加强营销队伍建设，提高营销人员策划水平和营销能力。2010年绿洲公司的各类营销产品从无到多元化，渠道和方法也在向多元化迈进，专兼职营销队伍在逐步成熟壮大，产品营销从节日营销转化为常规化营销，从参与活动转化为自我需求，很好地推动了公司的发展。

【狠抓服务提高质量确保物业费收入】绿洲公司作为物业管理型企业，主要的业务就是搞好物业服务，确保物业有良好的秩序、整洁的环境和及时周到的服务。绿洲公司从执行规范入手，抓整改抓落实，在各个环节强化标准，最终实现标准化运行。服务方面引入智能管理，如：报修时自动显示业主信息，自动打印维修单据等。对于绿洲公司掌握服务状况、工作量检查和归类统计等等方面更加全面翔实。

实业集团综合邮件处理中心物业管理公司

【概况】北京综合邮件处理中心物业管理公司是北京邮政实业集团公司于2010年建立的一家二级公司，有职工79人，其中正式职工37人，聘用劳务工42人。主要承担北京综合邮件处理中心大院的物业管理工作，主要业务包括设备运行、绿化保洁、车场管理、餐厅服务、安全防范等各个方面。北京综合邮件处理中心是中邮集团投资建设的重点工程，是亚洲最大的综合邮件处理中心，也是一座充分展示中国邮政信息化、自动化和现代化水平的处理中心。

依据市邮政公司《关于启动北京综合邮件处理中心投产工作的通知》[京邮(2010)91号]和《关于成立北京综合邮件处理中心物业管理公司的批复》[京邮机编（2010)15号]文件精神，实业集团公司于2010年8月16日启动了物业项目的筹备工作，成立了“北京综合邮件处理中心物业项目筹备委员会”，并分设项目保障、客服管理、工程设备管理、安全管理和综合办公管理等五个工作小组，。

物业项目筹备委员会的主要工作任务，就是做到两个“确保”，即：为确保市邮政公司综合邮件处理中心的顺利转产和投产，提供可靠的物业保证和服务支撑；确保邮政建筑公司建制撤销以后和邮政器材公司汽修专业整合以后，富余人员的分流、安置工作顺利进行。并在此基础上，顺利成立综合邮件处理中心物业管理公司。

【筹备工作小组进入大平面，筹备工作正式启动】2010年8月17日，邮中物业公司筹备委员会召开第一次筹备工作会，明确各工作小组人员配置和工作任务。8月24日，工作小组正式进入大平面(邮件处理中心)，筹备工作正式启动。

【做好财务测算，搭好机构框架】依据市公司《关于各单位与实业集团公司进行物业费结算的通知》和《关于核定实业集团物业费、维修费等费用标准的通知》文件的精神，并根据邮件处理中心的实际情况，邮中物业公司筹备工作小组按照正向推测和反向核算的两种方式，反复进行了物业费和维修费的核算。初步预测了中心大院每年物业费和设备维修费，做到了心中有数。在此基础上，加强了与市公司后勤中心、财务处以及各业主单位的沟通和联系，在物业费的核定方面，就比照其他生产大院新增的中水系统、太阳能热水系统、视频监控系统和CRV热辐射系统的分布、用途、性能情况向市公司有关部门做了详细的说明，争取到了最大的支持。

同时，根据业务预测和收入预测情况，核定了公司的岗位人员配置，搭建了公司管理和经营框架，确定公司机关设两部一室，即：计划财务部、市场经营部和综合办公室。下设“工程设备中心”和“客户服务中心”两个三级公司。

【落实分流安置，做好人员招聘】根据实业集团公司的安排，邮中物业公司的成立将接纳一部分邮建公司和汽修公司分流的人员，协助大家做好转岗安置工作。为此，在汽修公司进行了两次公开招聘，在邮建公司进行了一次公开招聘，共聘用各工种人员28人。目前，这些同志被安排在公司管理、业务和操作岗位上，发挥了积极的、骨干的作用。同时，为确保物业项目筹备工作的正常开展，按照接收工作要求，分阶段做好各类人员的招聘和配备工作。为此，公司采取参加人才市场招聘会、利用网络招聘和直接与学校挂钩等多种形式，进行了人员的招聘。共接收应聘资料100多份，接收网络投档信息300多份，经过筛选并经过面试、笔试和技能测试，录用办公室文员、报账员、客服人员、电工、锅炉工、维修工等多种用工40多人，接纳了4名应届毕业生到公司实习。

【编制操作规范，打好管理基础】为规范企业管理，做好基础工作，邮中物业公司筹备工作小组通过学习其他物业公司的先进管理经验，并根据北京综合邮件处理中心的实际情况，组织编制了《北京综合邮件处理中心操作规范》(试行版)。该规范包括各部门的操作流程，工作内容、工作标准、岗位职责、现场管理要求、礼仪规范和各种应急预案，使得各岗位人员，工作有标准，行为有规范，为进一步完善各项管理工作，打下了基础。同时，还认真编制了北京综合邮件处理中心《业主手册》，详细介绍了物业公司的基本情况和服务内容，为用户提供服务导航，为主业的顺利转场，提供必要的保障。

【勤俭节约起步，做好后勤保障】面对筹建初期，开办费不落实，经费紧张的困难，筹备工作小组在有关部门的支持下，充分利用建筑公司的闲置资源，开通了班车，解决了办公桌椅和电脑等必备用品，用最节约的方式满足了公司筹建的办公需求。

在重点办的支持下，开设了临时食堂，为市公司重点办、工程监理人员、物业及保安人员共一百多人提供就餐服务。

【安保工作先行，确保大院平安】筹备后期，综合邮件处理中心大院人员进出比较复杂，车间内各种大型设备的工艺安装正在进行，任何精密仪器的损坏和零件的丢失，都将直接影响邮件处理中心的正常投产。为保证安全工作的落实，物业筹备工作小组，制定了各阶段的安全工作计划，并认真组织落实；签订了各岗位的安全责任书，制定了安防值班制度和安全巡查制度，落实了安防值班工作，确定保安公司，开展生产场地的安全保卫工作。10月25日，保安正式上岗执勤。

【做好系统摸底，完成设备交接】邮中物业公司筹备小组组织相关工程人员，认真做好设备系统摸底工作，逐步完成了配电系统的交验(西配楼配电室因增容施工除外)；完成了1#指挥楼和东西辅楼的房屋和公共部分的交验；完成了锅炉系统、太阳能热水系统、车间CRV热辐射系统、电梯系统的交验、完成了静态空调等系统的交验等，11月15日，邮件处理中心正式供暖。12月24日，各项设备设施验收工作基本结束。

【落实开荒保洁，迎接主业进场】保洁工作是物业的窗口，是企业形成品牌和树立形象的重要基础，邮中物业公司筹备小组根据工程进度需要，克服了地冻天寒的自然影响，于12月底以前，完成了外墙1.2万平方米玻璃墙面的开荒工作，使整个建筑焕然一新，随时迎接主业入驻。

【加强基础管理，搞好经营创收】

1.完成了消防器材的采购招标工作。通过招标降低了采购金额5万元。

2.规范了劳务用工管理，落实了冠华英才劳动服务公司实施劳务派遣，建立了员工档案，目前已与所有上岗的劳务人员签订了劳务合同，签约率为100%。

3.关心职工生活，积极开展送温暖活动。相关领导走访了6位职工家庭，并对一位出现家庭变故的职工进行了慰问，对生活困难的职工发放了慰问金。

4. 为商函局制定了物业延伸服务总体方案，包括生产现场保洁和零维修服务，会议服务、室内窗帘设计安装等项目，策划收入将达到200万元，毛利近30万元。对中心局的会议服务和入室保洁等服务策划项目，也已制定完成。

作为迈向市场的第一步尝试，邮中物业公司积极开发开发快餐业务，对中邮速递183服务中心进行送餐服务，该项目预计全年创收50万元。

实业集团旅游餐饮公司

【概况】北京邮政旅游餐饮公司是一家以旅游、会议、餐饮为主的专业化公司，下设北京鸿雁苑宾馆、北京市邮政公司公寓、北京首邮旅行社和北京天野温泉度假村4个分公司及项目开发和营销中心。共有员工93人，其中正式职工49人，多种用工44人。职工队伍稳定、安全工作良好，班子、机关、基层干部职工聚精会神谋发展、一心一意抓经营，上下形成团结、积极向上的良好氛围。

【落实科学发展观，坚持发展不动摇】2010年，旅游餐饮公司发展思路清晰、措施得力：深入贯彻实业集团“3+1”发展战略，以“转变、提高、调整”的总体工作思路为指导，以“三大板块”业务为发力点，以“营销策划”、“礼仪常规化营销”、“项目开发” 和 “降本增效”为抓手，使企业目标清楚、措施得力，职工队伍稳定，形成了团结向上的和谐氛围。

【围绕“转变、提高、调整”，坚持企业效益求发展】

1.成立的以各级主管为主和各级班子成员、资源营销员为辅的营销工作突击队；成立的以我和经营部主任为主，以三级公司班子、经营部为辅的产品、销售渠道、项目开发的研发队。成立的以公司副总、财务部、综合办为主，以三级公司班子为辅的降本增效核算队，三支队伍各负其责，抓重点，作用十分明显。领导干部能够沉下心来率先垂范、努力学习、亲力亲为、带头营销、带头开发产品、带头开发项目。

2.礼仪营销活动创收取得了良好成绩。一季度礼仪商品营销完成计划的105.25%；二季度完成计划的110.08%；三季度完成计划的118.65%，全年礼仪营销均超额完成计划；

3.项目开发12项，实现收入490万元；其中，鸿雁苑宾馆政府会议采购一项实现收入80万元。

4.降本增效项目完成7项，实现降本17.71万。

【围绕机制建设，落实管理措施求发展】

1.推进公司精细化管理方式，管理方式由指挥型调整为现场指导型，提升企业工作执行力。公司每月深入基层工作时间由过去1次，增加到每周一次，解决了基层众多管理问题、经营问题，为基层办实事。

2.加强日常奖励考核力度，用制度建设引导企业平稳发展。降低收入考核比重，加大效益总额、增幅考核，科学地评价各三级公司综合经营成果，达到调整业务结构，增强企业创效能力的目的。在对个人考核上，月奖不固定，奖金不封顶、充分运用调节激励政策使员工在经营工作中动起来。

3.强化预算和核算体系建设。预算突出总量控制，量入管理，以收定支，尽力避免亏损。按照认档指标、规定进度考核，与工资总额和奖励挂钩，用预算拉动经营工作。进一步完善效益指数核算，规范三级公司收支差额核算，强化产品毛利核算，规范欠费认定，实行欠费考核，及时准确完整反映企业经营情况，保障企业健康发展。

【最大限度地争取到并利用好上级的政策支持和扶持】

一是怀柔装修改造工程在实业集团公司领导的大力支持下，后续工作得到了圆满解决；

二是经过多次与市公司协调，市公司疗休工作由旅游餐饮公司承办。

三是市公司机关会议定点鸿雁苑宾馆召开。

【大事记】

1.市公司领导视察北京鸿雁苑宾馆装修工作。1月7日，市公司王金波副总经理在实业集团有关领导的陪同下到鸿雁苑宾馆视察装修工作；

2.北京市邮政公司落实6095/6096次火车押运员住宿工作。1月19日，根据新的火车运行图的调整情况，邮政公寓落实了6095/6096次火车太原押运员的日常住宿工作；

3.北京市邮政公司领导看望旅游餐饮公司重病职工。1月27日，市公司党委常委杜福、工会李小燕副主席、市场部马文良经理一行看望鸿雁苑宾馆身患癌症职工付佑书；

4. 旅游餐饮公司开展对管理人员民主测评工作；

5. 北京邮政旅游餐饮公司2010年工作会暨培训会于3月10日召开；

6. 北京邮政旅游餐饮公司疗休服务协调会于3月27日召开，为期两天。各二级局工会主席及相关人员参加了协调会议。

7. 北京市邮政公司工程验收组于4月16日对鸿雁苑宾馆装修改造工程进行验收；

8. 北京邮政旅游餐饮公司于4月23日组织职工积极为玉树灾区捐款5400元；

9. 国家邮政工会副主席张继政于4月29日慰问北京市邮政公司公寓全体职工；

10.北京首邮旅行社于5月20日召开了“迎疗休会战，大干100天”的动员会，就疗休服务工作进行了部署，旅行社全体员工参加了会议；

11.北京邮政旅游餐饮公司“安全生产月”活动于6月1日拉开了帷幕；

12.北京邮政旅游餐饮公司于6月27日完成了服务标准汇编和制度汇编印制工作；

13. 北京邮政旅游餐饮公司党总支组织全体党员及积极分子于7月16日到焦庄户地道战遗址纪念馆开展党日活动；

14.北京邮政旅游餐饮公司2010年年中工作会于8月16日在鸿雁苑宾馆召开；

15. 北京邮政旅游餐饮公司于10月13日召开“思乡月”礼仪营销总结表彰暨经营推进会；

16.北京邮政旅游餐饮公司于11月9日在鸿雁苑宾馆开展了“11.9”消防日系列活动；

17.北京邮政旅游餐饮公司于12月6日召开了2011年务虚会。

实业集团同力达通信服务有限公司

【概况】北京同力达通信服务有限公司(以下简称同力达)是服务于北京邮政系统的劳务派遣公司，已有10余年为北京邮政派遣劳务人员的历史，在北京市范围内是派遣规模最大的公司之一，同力达机关有员工18名，内设机构为三部一室，即：综合业务部、社会保险部、计划财务部和综合办公室，公司总经理王建秋，副总经理郝春秋和赵武。

同力达主营业务是为北京邮政各用工单位派遣劳务人员，为北京邮政的经营与发展提供人力资源支撑。截止到2010年年末共有10000多名劳务派遣人员输出到各个用工单位，其中为市公司各用工单位派遣的人数为7300多人，为邮政储蓄银行北京分

行派遣1200多人，为北京邮政速递物流公司派遣1400多人，为国家邮政局和中国邮政集团公司在京单位派遣60余人。截止到2010年年末已与包括国家邮政局在内的邮政系统50余个用工单位建立了良好的合作关系，其中市公司所属单位40多个，国家邮政局和中国邮政集团公司所属在京单位9个。

2010年同力达在实业集团公司的领导下，深入开展“两讲、两议、一促进”活动，紧紧把握“定位与方向、创新与发展”的主线，积极推进“一个转变、两个提高、两个调整”等项工作，经营方面实现了平稳较快发展，服务方面取得了新进展。

【经营工作】同力达以劳务派遣这一主营业务为基础，在以主营业务支撑完成全年经营目标的同时，积极做好礼仪营销和节日营销工作，及通过营销策划开发低本高效业务，使他们成为提高经营收入的业务增长点，形成了总部经济、节日经济和政府经济三大业务板块，完成年计划的121.07%，增幅为40.94%。在完成主营业务的同时，同力达积极开展增收创效活动，礼仪常规化营销和节日营销收入是上年的3倍。在开展营销策划活动中，通过项目策划，深入挖掘低本高效业务，利用政府奖励政策，挖掘政府经济，全年创收增幅为14%。

【服务工作】同力达以服务促经营，坚持服务宗旨，在企业经营发展上收到了实效。在服务上提出了服务就是为用工单位解决实际问题的口号，通过服务促进构建和谐劳动关系，努力实现用工单位、劳务人员双方都满意。2010年面向企业和同力达员工做了几方面服务工作。

一是于6月11-12日，召开劳务派遣工作研讨培训会。此次会议是近几年规模最大的、由全局各用工单位劳资部门负责人和负责同力达员工管理人员参加的会议，市公司人力资源部的贾军林副经理和主管用工的曹立冬参加了会议并做指示。会上将近几年派遣工作中出现的问题进行梳理、归纳，针对近几年出现的劳动争议典型案件进行了分析和讲解。为各用工单位搭建了相互交流、相互沟通、相互借鉴、相互学习的平台，收到了良好的效果。

二是深入工作一线，解决实际问题。在提高服务质量、提升服务水平、改进工作作风上下工夫，把工作重点放在学习东四邮局的亲情服务经验、“用户是亲人”的服务理念、“好、快、诚、细”的工作方法上。针对基层单位在劳务用工中存在的实际问题，先后到昌平、房山、顺义、怀柔等区邮政局现场办公。同力达与用工单位密切协调，做好劳动争议的调解、仲裁、诉讼等处理工作。全年处理劳动争议20多起。

三是用了半年多的时间，几经修改，归纳汇总了100多个问题，编写印刷了《同力达员工规范管理与服务指南》手册，小册子的印发，面对基层单位和各用工单位的劳资部门这一层面起到规范管理的作用，面对同力达员工这个层面起到了服务指南的作用。2010年11月将1万余册《服务指南》发放到了基层管理单位的生产科、(队)用工单位劳资部门及同力达员工中。

此外为员工办理发放社保卡9000余张，为3000多人次续签了劳动合同，与500余人签订了《劳动合同》，为近700人办理了终止和解除《劳动合同》手续，开具各类证明近1000人次，接收员工档案近500份，转出员工档案近660份。协调解决劳动争议纠纷18起，出庭参加劳动争议12起，为各单位办理工伤申报45起，审核评残鉴定28人次，为员工办理因病和非因公负伤劳动能力鉴定26起。

【配合市公司实行劳务费差额纳税调整结算模式做好准备工作】市公司12月下发文件通知自12月起实行劳务费差额纳税，为使此工作顺利衔接，同力达分别组织各用工单位召开会议，对此项工作进行布置，就差额纳税和结算模式调整等问题与用工单位签订了劳务派遣补充协议，调整了劳务费结算表，下发了加强“五险一金”核算的通知，为实行差额纳税作了充分的准备，使此项政策的实施与各用工单位实现顺利对接。

实业集团建筑工程公司

2010年7月13日，北京市住房和城乡建设委员会下发《关于撤回北京市邮政建筑工程公司建筑业企业资质的决定》(京建发[2010]404号)，撤回公司房屋建筑施工总承包二级、建筑装修装饰工程专业承包二级、金属门窗工程专业承包三级资质。

2010年7月26日，北京市邮政公司下发《关于撤销邮政建筑工程公司的批复》(京邮机编[2010]14号)，同意撤销北京市邮政建筑工程公司。

(撰稿人：李志红　刘学智)

北京邮政电子商务局

概　述

北京邮政电子商务局(以下简称电商局)是隶属于北京市邮政公司的二级专业单位，下设三个职能部门，分别是：综合办公室、市场经营部、业务管理部；3个生产部门分别是：商旅中心、运行结算部、11185客服中心。截止2010年底，电商局共有职工154人，其中正式工61人，劳务工93人。办公地址位于丰台区莲花池东路126号邮政信息大厦。主要职责是：贯彻执行中国邮政集团公司和市邮政公司发展电子商务和代理信息业务的总体部署和方针政策；负责市邮政公司电子商务和代理信息业务的经营管理；负责研究制定电子商务和代理信息业务发展规划和目标；负责推广电子商务和代理信息业务产品和服务；负责制定电子商务和代理信息业务相关的规章制度和工作流程并负责对执行情况检查考核；负责11185邮政客服业务的咨询、查询、投诉受理工作。

2010年电商局领导班子成员是：局长兼党支部书记梁洪涛、副局长马挺、副局长赵蓉。

经营情况

2010年，电商局紧紧围绕中国邮政集团公司、市邮政公司的整体部署，以创新增效为宗旨，以规模发展为目标，扩大优势业务规模，积极培育新型业务，拓展代理代办渠道，实现电子商务业务的快速发展。

2010年实现收入7236万元，完成年计划的111%，同比净增3145万元，增幅为77%。全国排名14位，比2009年底上升7位。专业边际利润为3997万元，从2009年底的78%上升到80%；责任中心利润率从2009年底的-15.52%上升到2.94%。

【稳定发展短信业务】2010年，在全市开展了短信业务竞赛。通过加大业务宣传、提高营销能力，强化奖励考核等措施，实现收入2615万元，完成奋斗目标114%，同比增幅126%，净增1460万元，占专业收入增量的50%。短信业务的长效性、高效性得到了充分的体现。从各项短信业务的收入情况看，储蓄短信实现收入1600万元，占短信收入61%，增幅173%，净增1013万元，是短信收入的主要来源和增长点；速递短信收入511万元，占短信收入20%，增幅145%，净增302万元；汇兑短信收入367万元，占短信收入14%，增幅215%，净增251万元。

【快速推进航空票业务发展】2010年，电商局积极落实中国邮政集团公司对航空票业务的发展要求，以电子商务平台为依托，引入了优质的代理人资源和航空公司产品，充分利用好的奖励政策，组织多项营销竞赛和营销活动，取得突破发展。航空机票销售24.1万张，完成16万张必保目标和24万奋斗目标，累计销售量全国排名第二；累计实现收入870万元，增幅1511%，净增816万元，占收入增量的11.3%。

【稳步发展代理代办业务】2010年，“代理代办”业务实现收入3027.24万元，同比增长22%。其中，代收费业务实现收入743.49万元，较2009年同期比下降9.16%，代售卡业务由于增加了代售联通、移动产品，报刊亭渠道增加了联通、电信产品的销售，实现收入1837.01万元，同比增幅49.6%。2010年通过加快与各运营商攻关，在电商平台上陆续开办了代收运营商话费业务，在全市邮政网点及报刊亭开通了销售联通、电信、移动公司号卡、充值卡的业务，并在全市报刊亭上线了联通、电信公司电子充值产品，使北京邮政可代理销售三大运营商的全部基础性产品。

【大力发展自邮一族业务】2010年“自邮一族”项目被中国邮政集团公司列为重点推广的项目之一，电商局通过市场调研发现车主的潜在需求，开发了与车主日常消费息息相关的加油优惠服务。借助邮政运输车辆在中石化加油的契机与其进行协商及洽谈，为自邮一族会员争取了加油返还2%的优惠政

策。同时,还通过外学先进省经验,深挖内部资源优势,通过多次研讨明确了开发加盟商户、增加网点代办车务手续、一站式保险理赔服务等核心服务的业务发展的新思路。通过将更具有竞争力的新开发服务全面整合,给自邮一族产品附上新的生命力。2010年会员数共计1.9万户,实现收入达367.85万元。

【开展便民服务站试点】发展便民服务站是拓宽邮政业务渠道的重要工作。2010年,电商局结合中国邮政集团公司发展思路和兄弟省便民服务站发展经验,明确了发展思路,加快了系统建设步伐,开展了试点工作。先后在各城区局、部分郊区县局及报刊亭公司开展了终端和EPOS模式共52个试点。通过试点,在开办流程、业务管理、技术服务等方面都积累了经验,为推广工作奠定了基础。

【世博门票代理业务完美收关】上海世博会门票是2010年最具市场开发潜力的票务代理业务,电商局全力做好世博会门票的业务管理及营销的支撑工作,2010年全市邮政共销售门票16.93万张,销售额达2685.32万元,创收271.45万元,在全国邮政系统排名第五。

专业管理工作

【提高支撑能力,保障航空票代理业务快速发展】2010年,电商局加快系统建设工作,为业务发展铺设高速公路。首先,在全国率先实现电商平台上航空机票的自动出票,并实现网点现场打印行程单,方便了网点人员出票,减少后台的支撑压力。其次,开发北京机票平台,充分发挥航空票代理一级资质的作用,满足了北京邮政针对商旅分中心、分销渠道、大客户等多渠道发展的需要,满足个性化差旅管理需求,提升邮政航空票代理业务整体服务水平和支撑能力。

【加强培训和检查,提高业务受理水平】2011年,电商局将基础管理建设作为工作重点和基石,加强专业管理,提高专业支撑水平,保障电子商务各项业务的顺利开展。通过集中培训、召开电视电话会、深入区县局、营业网点座谈等多种方式进行电商业务培训,共计350余人次,培训合格率达到87%以上。通过培训,提高了基层人员的业务技能和营销技巧,帮助其解决了各类实际工作中遇到问题,对新业务和重点业务的发展起到了积极的推动作用。根据市邮政公司进一步加强了对各单位两岗履职工作的要求,电商局及时完善修订了电商专业和电商局内部的两岗履职检查文件。新文件进一步明确了质量管理岗和质量监控岗的职责、检查内容、出检频次,增加了各单位上报情况、电商局调审各单位资料、对各单位进行现场检查相结合的综合考核评价办法,对加强专业管理监控能力、规范各项业务流程、促进业务快速发展起到推动作用。

【提高客服中心服务水平】按照市邮政公司要求,结合实际工作情况,电商局对客户服务中心部分班组进行调整,使得客服中心在业务功能、范围及职责上更加明确,易岗易薪的薪酬机制进一步体现。2010年客服中心呼入量330.5万次,电话接通率89.24%。11185非邮类业务累计销售额为1058.2万元,世博会门票销售额为781万元,机票销售额为181.8万元,演出票销售额为79.8万元,鲜花销售额为10.6万元,代售商品5万元。

精神文明建设

【深化精神文明建设活动】电商局积极参加西站地区组织的各项公益宣传和志愿服务活动,在活动中,涌现出了一批在精神文明建设中做好突出贡献的先进集体和先进个人,受到了西站地区精神文明建设指导委员会授予的各项荣誉称号。同时电商局还积极参加西站地区组织的各项活动:参加了"践行'做文明有礼北京人'活动",起到了维护车站秩序,倡导文明乘车的宣传作用。参加了垃圾分类处理宣传活动,为社会良好的环境做出了贡献。

【围绕工作实际,提高业务技能】电商局认真按照《关于2010年开展"双创双优"活动的通知》要求,在全局范围开展了"双创双优"活动。成立了由局长挂帅,各部门主任为成员的领导小组,并利用各种会议、信息简讯、宣传专栏等各种形式全面传达、广泛宣传此项工作。同时,还组织一线人员深度学习邮政业务知识与客服话务技巧,整体提高综合素质。组织客服中心员工定期到邮政标杆局实习观摩,鼓励员工带着问题下支局,揣着经验回客服。在职工中组建"一帮一"、"名师带徒"互助小组,推行先进工作法,快速提高业务技能。通过深入扎实的开展"双创双优"活动,最大限度地激发职工的创新热情,形成了“比学赶帮超”的良好氛围。

【安全生产常抓不懈】一是加强教育培训。组织各部门人员进行培训,就消防、防火进行知识教育,组织消防知识答卷活动。二是组织部门进行隐患排查,加强了职工消防意识。三是拓宽宣传途径,积极创新活动形式。组织开展“安全生产月”、安康杯知识竞赛活动、安全生产图片展、安全生产知识竞赛等多种方式的宣传活动。四是狠抓资金安全、职工生产安全、交通安全等工作。

【加强党风廉政建设,促进企业健康发展】2010年电商局党支部认真抓好党风廉政建设,充分发挥权力运行制约监督作用。党支部书记与各部门主任签订了党风廉政建设责任书,进一步明确“一岗双责”任务。按照党风廉政建设责任制的要求,明确了2010年电商局党风廉政建设和反腐倡廉主要任务分工。深入开展党性党风党纪教育,加强廉政文化建设,增强反腐倡廉意识。强化了“两节”廉洁自律教育。组织领导干部认真学习了《中国共产党党员领导干部廉洁从政若干准则》解读。根据市公司工作部署,开展了账外“小金库”和商业贿赂专项治理工作。

扎实推进廉政风险防控工作。电商局召开了廉政风险防范管理动员会及推进会,对廉政风险防范管理工作进行了部署。在推进过程中,重点抓好三方面工作:一是抓好廉政风险防范排查机制。制作了具有电商局特色的廉政风险防范管理工作的示意图及流程图,增强了廉政风险防范排查工作的指导性和可操作性。二是抓好廉政风险防范监督管理机制。针对重点人员、重点科室、重点岗位、重点环节和不同类型的廉政风险,对廉政风险点实行动态监控管理,使反腐倡廉各项制度贯彻执行更加认真有力。

【积极参加爱心捐赠工作】电商局党支部积极参加市邮政公司组织的向舟曲等灾区人民献爱心活动,号召全体党员积极参加向灾区人民募捐的活动,把活动作为履行党员职责、提升形象的一次主题教育,做到全体党员、干部、入党积极分子参与率达到三个百分之百。在党支部的带领下,众多团员与群众也积极参与到募捐活动中。两次共捐款8147元。

先进集体、个人

11185客户服务中心被市邮政公司评为2010年先进集体;

王悦荣获2010年市邮政公司先进工作者称号;

李萌、曹法艳荣获2010年市邮政公司“亲情服务明星”;

苏宁、杨焕翾荣获2010年“群众心目中的好党员”称号;

田小梅荣获2010年度市邮政公司计划生育先进个人。

(撰稿人:田小梅)

北京邮政艺术团

概　述

北京市邮政公司北京邮政艺术团成立于1990年12月，市公司直属单位，代管市公司职工文体活动中心。团长以下设两个综合管理岗；声乐队、舞蹈队、曲艺队三个队；2010年在册人员30人，半数以上为同力达职工。建团二十年来，承办市公司、国家邮政局、北京市、全总以及社会各类大小型演出近千场；代表市公司参加过第七届全运会、第六届远南运动会开幕式演出，以及建国六十年大庆天安门广场晚会庆典演出等社会活动；近十年间，每年均举行两节期间慰问职工演出活动及接待公司各种外事演出活动。

团长安邦潭。

主要工作

【参加北京电视台“三八节”晚会录制工作】2010年3月初，艺术团歌舞队演员参加了由北京市总工会主办的北京电视台“庆祝三八节”晚会节目的录制工作，同时还为晚会录制现场的拉拉队提供小教员训练任务。该节目于三八节前夕在北京电视台播放。

【参加中国通信体协《健美操、排舞》训练班】2010年3月，艺术团两名舞蹈演员代表北京邮政体协作为小教员前往杭州，参加中国通信体协举办的《健美操、排舞》训练班学习。

【代表公司参加市计生系统演出选拔活动】2010年4月至6月期间，艺术团代表公司计生办参加了北京市《计生公开信发表三十周年专场晚会》演出选拔活动，为此次活动专门创作的快板《计生新歌》受到市区有关领导的好评。

【代表平谷邮政参加当地慰问演出活动】2010年4月下旬，应平谷区邮政局邀请，艺术团大部分演员代表当地邮政部门参加了由平谷区工会组织的劳模表彰大会慰问演出。

【为市职工技能大赛(邮政赛区)提供服务】2010年6至8月间，艺术团文体中心作为北京市职工技能大赛(邮政赛区)主赛场，为在此举行的大赛提供了场地及安全保卫、卫生清洁等各项服务，保障了赛事的顺利进行。

【为市专项会议提供场地服务】2010年9月15日，在艺术团文体中心大厅召开了“北京市职工创新工作室推广交流现场会”，作为场地提供单位艺术团做好了卫生清洁、安全保卫等各项工作，保障了大会的圆满召开。

【参加“2011邮政贺卡认标大会”助演】2010年9月15日，艺术团歌舞队演员参加了市公司举办的“2011年邮政贺卡认标大会”活动，并为大会提供助兴演出。

(撰稿人：董雁军)

北京邮政代理业务局

概　述

为促进北京邮政金融、速递物流业务持续、平稳、健康发展，建立健全邮政代理业务的组织架构，2010年3月，北京邮政代理业务局（以下简称代理局）正式成立。代理局是北京市邮政公司的直属二级单位(专业局)，下设三个职能部门分别是：综合办公室、金融业务部、速递物流业务部。2010年底，代理局共有职工21人。办公地址位于北京市建内大街甲18号。主要职责：代表市邮政公司与相关企业商定并签署代理业务合作协议；制定代理业务的发展规划、年度计划、经营预算目标、业务发展考核奖励政策，并组织实施；制定代理业务的营销策略和方案，并组织实施；制定并落实各项代理业务管理办法，贯彻执行代理业务的相关规章制度，并进行监督、检查和考核；制定代理业务的人员培训和宣传计划，并组织实施；掌握代理业务发展动态，做好代理业务的业务统计和经营分析；负责与邮储银行、速递物流公司等单位日常管理工作的沟通协调。

代理金融业务

2010年代理金融业务收入达到9.09亿元，顺利完成全年任务指标，完成收入进度100.97%，增幅达13.42%。其中储蓄业务收入完成7.6亿元，汇兑业务收入完成8617万元，保险业务收入完成6087万元。截止到年底，全公司储蓄余额达到525亿元，超过了分营前的水平，年累计净增全国排名提高10位，活期占比达到38.89%。综合理财产品总销量达到13亿元，比2009年全年总销量多完成5.5亿元，全公司179个亿元网点全部配备了专职理财经理。

【管理模式】代理局员工平均年龄32岁，全部为大专以上学历。专业管理实行自上而下，每个岗位与区县局人员对接的垂直管理模式，将每个人与1-2个区县局建立对口联系，全面协调解决对口单位的经营发展问题。

【奖励机制创新】为推动储汇专业发展目标的实现，最大限度地发挥奖励政策的导向和激励作用，代理局紧密围绕2010年专业发展目标，制定了科学、合理的专业奖励考核办法，突出体现“快发展、早发展-多收益”的原则，调动了各单位专业发展的主观能动性，增强了专业发展的活力与动力。具体包括九个方面的内容：一是发展速度决定奖励标准的总思路；二是“有发展——才收益”的奖励前提；三是“快发展——多收益”的奖励原则；四是“早发展——多收益”的奖励原则；五是“慢发展——受考核”的负激励机制；六是考核指标注重发展质量；七是考核指标引入邮银占比；八是经营与管理兼顾；九是补发条款彰显人性化。

【竞赛推动发展】引入竞赛机制，根据业务发展需要，全年共开展综合类竞赛、专项业务竞赛7个(不含保险专业的竞赛)，涉及余额、理财、电子银行、对公等几项重点发展的业务，对专业发展起到了积极的拉动和促进作用。通过“邮搏杯”竞赛引入了对抗竞技理念，打破地域归属，激发了参赛网点的发展热情；通过电子银行专项竞赛，有效调动了一线员工的发展积极性，截至12月底，北京邮政代理金融共加办网上银行业务30.20万户，邮银占比达到46%，全国排名第2位；通过“冲余额，补欠产”专项竞赛，仅三个月实现余额净增28亿元，一举扭转了一季度余额发展不利的被动局面；通过“转思路、重效益、保增收”基金销售竞赛，引导各单位有重点、有策略地进行基金销售，拉动月均销量增长绝对值2700万元，取得了预期成效。通过四季度“余额大冲刺”竞赛活动，实现全年储蓄余额净增67亿，为下年度利差收入增长打下坚实的基础。

【项目拉动增长】2010年，代理金融专业围绕拆迁款、军人保障卡和华瑞卡等项目，出台了行之有效的项目策划方案，以项目为抓手，紧紧抓住北京国际新

城建设、军人保障卡系统上线和消费市场蓬勃发展的有利机遇，积极推进代理金融业务快速发展。到2010年底，拆迁款项目营销拉动全公司储蓄余额增长10.22亿元，其中南区、大兴、东区、顺义和房山5个单位项目余额均超过1亿元；军保卡业务共申报项目59个，其中12个项目已经与邮政储蓄签订了合作意向书，共成功制卡785张。

【协调机制顺畅】2010年，邮银双方协调沟通的渠道更加顺畅，解决问题的效果更加明显。一是通过市邮政公司与分行定期召开的邮银协调会，共同研究制定了双方在项目开发、ATM合规布放等方面的规范性文件，以规范内部经营秩序，保护邮银双方的共同利益；二是协调解决了养老金汇费收入的划转问题，为市公司多增加了207万元的汇费收入，并针对未来新增养老金客户的分配办法联合下发了《关于做好社保资金代发工作的通知》，明确新增客户5:5的分配原则，为邮政代理金融业务持续、稳步增长铺设了道路；三是共同签署下发《北京邮政金融专业大客户和营销项目管理办法》，规范化、系统化地管理邮银双方各自的客户资源，有效化解了业务发展中因客户归属争议造成矛盾。

【专业素质培训】代理局紧紧围绕“经营发展，培训先行”的理念，在市邮政公司人力部、培训中心的大力协助下，与北京分行紧密配合，强化专业培训工作。全年共组织一线员工培训6033人次；专业管理人员培训1690人次。按照集团公司的要求，强化理财经理集中培训工作，受训的87人全部通过了结业考试，受到集团公司好评。在集团公司举办的“强化邮政代理金融网点管理”专项活动网上考试中，市邮政公司共有1914人参加考试，通过率99.90%，位列全国第五。

【网点调整、建设】自分营以来，北京邮政代理金融专业共对15个低效网点进行了迁址调整，对34个网点进行原址改造，新增储蓄台席94个，新增ATM机24台，将东区管庄邮电所打造成为全公司第一家代理金融网点的旗舰店。此外，还制定了低效ATM评定标准及调整方案，共调整了3台低效ATM。为解决基层单位行外ATM机布放后日常维护断层的难点问题，北京邮政代理金融专业还进行了行外ATM布放试点工作，在通州局建立了行外ATM配钞中心，为基层加强自助设备营销力度提供了有力的专业支撑与保障。

【风险合规管理】代理局以规范管理、防控风险、合规经营为前提，为经营发展提供保障。通过邮银双方紧密配合，对二类和代理网点执行资金安全制度情况开展全面、专业、系统的检查，并强化落实整改，为确保合规经营、规避各类金融运营风险保驾护航。从下半年起，北京邮政以集团公司“强化邮政代理金融网点管理”专项活动为契机，以抓制度落实和各类岗位人员履职为核心，努力提升代理网点人员金融法规、规章制度的执行力和风险防控意识，促进代理金融管理工作提升。在8月份银监局加大对“高息揽储”行为的监管、惩处力度的情况下，各级金融管理部门通过采取本单位自查、兄弟单位互查、代理局抽查的检查方式，进行了全覆盖的检查工作，最终确保414个网点均未出现问题，共同维护了邮政储蓄良好的从业形象。

代理速递物流业务

2010年，邮政速递物流在继2008年速递物流一体化专业改革后，又迎来了股份制改革、分账核算、预算分立的第一年，即邮政速递物流改革第二步走阶段。面对改革的进一步深化，中国邮政集团公司又一次明确强调了“共举邮政大旗、共享全网资源、共创美好未来”的工作要求。在中国邮政集团公司工作精神的指引下，北京市邮政公司深刻领会全面贯彻实施，充分发挥了邮政窗口综合营销平台的作用，利用协调机制的杠杆作用，全方位、多层面的进行市场开拓，确保代理速递物流业务思路不变、力度不减、全力推动企业整体战略转型。

【加强组织机构建设，充分发挥各级管理机制作用】为扎实推动速物业务的发展，形成规范的速物专业管理体系，北京邮政于2010年3月在全国率先成立了代理业务局，组建了速递物流业务部，并在各二级单位相应的成立了代理业务分局。机构的建立，奠定了代理速物专业稳定发展的基础，抑制了速递物流改革第二步走阶段初期，业务急速下滑的态势。

为进一步推进邮政速递物流改革的进程，加快发展步伐，下半年市邮政公司又成立了以章干泉为组长，王小东，王金波、速物公司杜福为副组长，市场部、财务部、人力资源部、代理局、市速递物流公司参加的代理速递物流工作推进领导小组。共同研究代理速物政策，调动各方积极性；共同研究市场开发、营销渠道建设和业务管理等工作，分工合作，齐心协力开拓市场，进一步加强了代理速物专业的管理力度。

【加强政策引导，加快发展进程】为进一步推动代理速物专业的发展扭转下滑局面，北京市邮政公司于2010年下半年在绩效考核办法中，增加了营业环节代理速递物流专业资费考核目标，增加了对代理局的考核指标。同时，为加快代理速物专业中快递包裹业务发展速度，尽快地扭负为正，市公司章干泉总经理，提出了不再考核普通包裹业务收入的政策，全力支持邮政速递物流专业改革。在这一系列的政策引导下，2010年底代理速物专业终于走出了低谷，实现了代理速物专业止跌回升的目标。

【抓窗口营销，发展快包】窗口作为代理速物专业发展的主阵地，2010年市邮政公司在不断强调加大窗口营销力度的基础上，全面落实中国邮政集团公司出台的窗口收寄快包0.5元/件的奖励政策，并以快递包裹专项竞赛的形式加大考核奖励力度，出台配套奖励政策，大力推进窗口快包业务快速健康发展。

【建机制，邮速发展创共赢】邮速双方的协调发展机制模式的建立，加强了双方的业务合作和优势互补，推动了EMS品牌在北京速递市场的整体竞争力的提升。协调机制模式充分发挥了邮政公司营销团队的力量，实现了邮速双方资源互补，2010年北京速递物流专业共产生协调机制收入1713.4万元。“兄弟杯”竞赛的出台，加强了邮速双方经营单位之间的合作共赢，促进了专业发展。邮速双方合作推出的E邮宝、经济快递业务，为代理速物发展提供了新的增长点，同时解决了速物公司现有的揽收网络对零星网络商户上门服务力度不够的问题，提升了EMS品牌整体的市场占有率。

【定方向，多种举措促发展】在市邮政公司领导下，代理局通过经营分析会，向各经营单位明确了窗口代理速物业务的发展方向是：确保窗口收寄的是业务发展的主阵地，推出新产品是速物专业经营的突破口，协调发展机制政策是对速物专业的有益补充，大力发展礼仪业务是拉动速物专业收入的增长点。围绕总体方向，代理局陆续推出了多种举措，推动专业发展。

【分阶段开展竞赛活动，调动各层面人员积极性】为了调动经营单位、一线员工的积极性，代理局每季度针对专业阶段性发展特点，陆续开展了速物专业专项竞赛。

面对2、3月份结算收入下滑，专业预算完成进度缺口严重的情况，出台了二季度“补欠产保进度竞赛”。经过各单位的共同努力，二季度结算收入比一季度绝对值增加了1734万元，剔除礼仪收入1613万元，绝对值增加了121万元。

三季度为继续弥补欠产，推出了‘加快发展、赶超进度’专项竞赛，竞赛结束累计完成资费收入8670万元，三季度累计收入高于一季度435万元，高于二季度680万元。

四季度是确保全面完成代理速递物流专业指标的冲刺阶段，为落实集团公司《关于加强营业窗口代理速递物流工作的通知》精神，开展了‘步步高’专项竞赛，截止到11月20日快递包裹业务收入当月累计实现393.51万元，环比上月同期增长125.96万元，增幅为47.08%，快包业务占国内包裹整体业务的比重为56.25%，超出12月底的预期目标值8.25个百分点。

【加强速物专业营销队伍的建设】针对市邮政公司正在推进的“网格化营销”的工作，同时结合BIU团队建设，提出了在目前的专职营销员队伍中组建专门从事速物业务的营销小组，并根据营销员业绩统计，评选“十佳”营销员，以推动速物专业整体的业务管理和营销水平。

【紧抓业务培训，为新业务发展报价护航】9月份在市邮政公司领导的高度重视下，E邮宝业务得以快速试行并推出。为确保新业务营销工作顺利展开，代理局在8月底、9月初分别对城区局、郊区局各层面骨干人员进行了新业务及经济类业务的培训，同时完成了E邮宝客户的注册工作，为新业务的推广营销奠定了专业基础。

（撰稿人：丁　临　康笑月　王　卓）

附　录

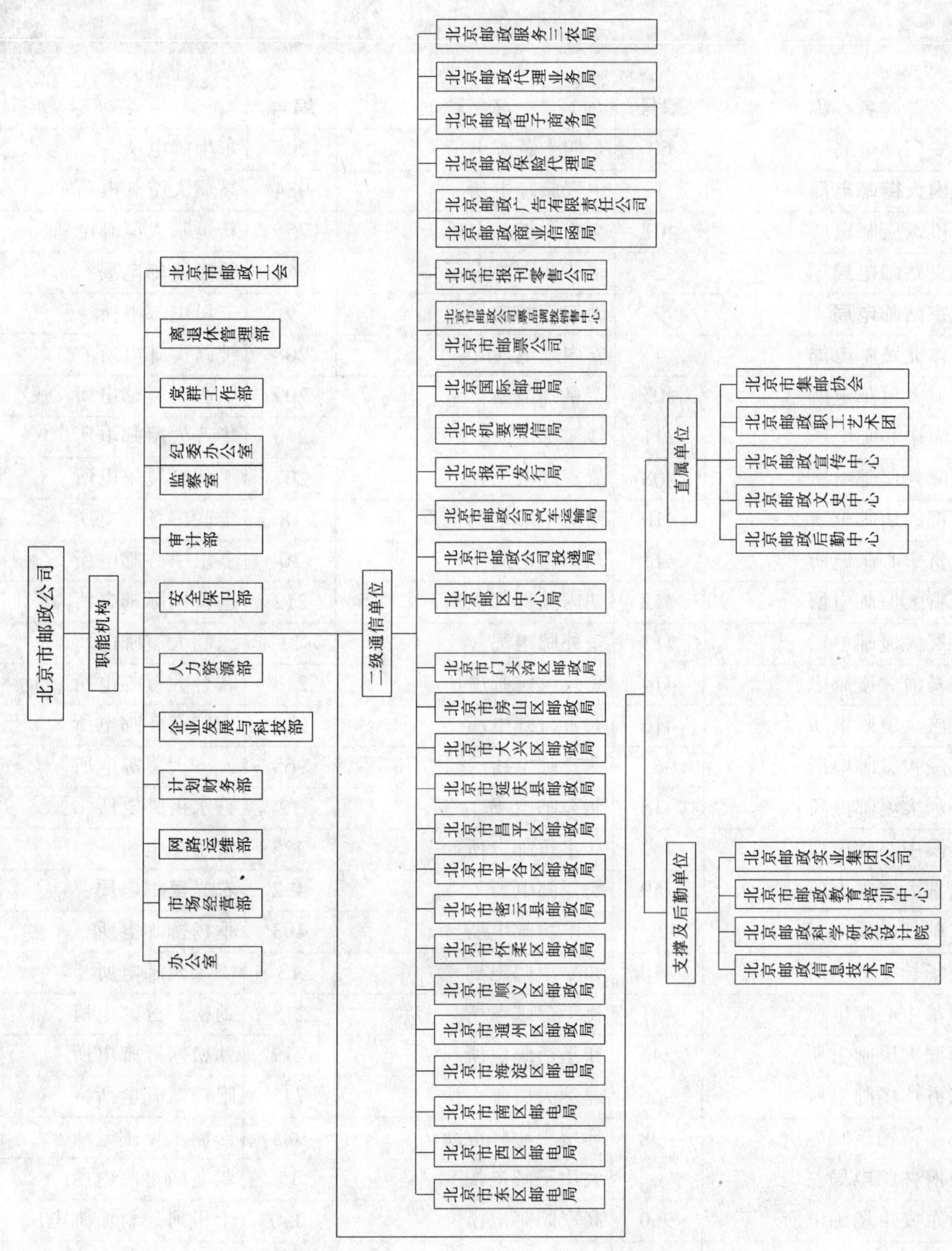
北京市邮政公司机构设置图
北京市邮政公司
职能机构
办公室
市场经营部
网路运维部
计划财务部
企业发展与科技部
人力资源部
安全保卫部
审计部
监察室
纪委办公室
党群工作部
离退休管理部
北京市邮政工会
二级通信单位
北京市东区邮电局
北京市西区邮电局
北京市南区邮电局
北京市海淀区邮电局
北京市通州区邮政局
北京市顺义区邮政局
北京市怀柔区邮政局
北京市密云县邮政局
北京市平谷区邮政局
北京市昌平区邮政局
北京市延庆县邮政局
北京市大兴区邮政局
北京市房山区邮政局
北京市门头沟区邮政局
北京邮区中心局
北京市邮政公司投递局
北京市邮政公司汽车运输局
北京报刊发行局
北京机要通信局
北京国际邮电局
北京市邮票公司
北京市邮政公司票品调拨销售中心
北京市报刊零售公司
北京邮政商业信函局
北京邮政广告有限责任公司
北京邮政保险代理局
北京邮政电子商务局
北京邮政代理业务局
北京邮政服务三农局
直属单位
北京市集邮协会
北京邮政职工艺术团
北京邮政宣传中心
北京邮政文史中心
北京邮政后勤中心
支撑及后勤单位
北京邮政实业集团公司
北京市邮政教育培训中心
北京邮政科学研究设计院
北京邮政信息技术局

北京市邮政公司营业局所一览表

名　称	编号	名　称	编号	名　称	编号
天安门邮电局	60	东四十条邮电所	206	东坝邮电所	963
建内大街邮电局	1	中青旅邮电所	984	高斓大厦邮电所	953
新侨饭店邮电所	401	交南大街邮电所	756	新恒基大厦邮电所	435
正义路邮电局	2	华普花园邮电所	969	**呼家楼邮电局**	20
北京站邮电局	3	**地安门邮电局**	9	三里屯邮电所	226
工体北路邮电局	4	安内邮电所	208	神路街邮电所	227
京城大厦邮电所	405	定阜邮电所	209	中服大厦邮电所	441
东海中心邮电所	211	沙滩邮电所	210	华普大厦邮电所	449
国际大厦邮电所	408	故宫邮电所	207	凯威大厦邮电所	957
丽都饭店邮电所	410	**商务中心区邮电局**	18	丰联广场邮电所	433
国贸中心邮电所	411	**东四邮电局**	10	嘉里中心邮电所	427
赛特大厦邮电所	412	朝内大街邮电所	212	世贸国际邮电所	974
发展大厦邮电所	413	**安外邮电局**	11	泛利大厦邮电所	731
亮马河大厦邮电所	414	总政大院邮电所	213	联合大厦邮电所	733
中旅大厦邮电所	416	大市口邮电所	214	京广商务邮电所	732
汉威大厦邮电所	961	北广邮电所	965	人寿大厦邮电所	749
保利大厦邮电所	415	**北苑邮电局**	12	秀水街邮电所	980
港澳中心邮电所	752	立水桥邮电所	225	富尔邮电所	986
凯富大厦邮电所	759	奶西邮电所	432	**农光里邮电局**	21
东单邮电局	5	大羊坊邮电所	403	垂杨柳邮电所	959
光华长安邮电所	418	**和平里邮电局**	13	潘家园邮电所	229
恒基中心邮电所	431	化工部邮电所	218	劲松一区邮电所	231
华润大厦邮电所	246	和平街邮电所	219	劲松八区邮电所	232
东方广场邮电所	966	建达大厦邮电所	745	眼镜城邮电所	430
邮票博物馆邮电所	998	环贸中心邮电所	985	松榆东里邮电所	955
王府井邮电局	6	**大山子邮电局**	15	双龙南里邮电所	203
新东安市场邮电所	960	高家园邮电所	250	十里河建材城邮电所	420
北京饭店邮电所	402	**酒仙桥邮电局**	16	**双井邮电局**	22
国中商业大厦邮电所	755	**楼梓庄邮电局**	18	马圈邮电所	230
北新桥邮电局	7	将台路邮电所	248	九龙山邮电所	233

名 称	编号	名 称	编号	名 称	编号
永安里邮电所	234	华贸中心邮电所	992	慧新东街邮电所	216
长富宫邮电所	425	雅成邮电所	995	小关邮电所	245
建外商务区邮电所	978	华贸邮电所	997	**亚运村邮电局**	101
航华中心邮电所	448	**水碓子邮电局**	26	南沙滩邮电所	217
北京广播电台邮电所	447	团结湖邮电所	222	育慧北里邮电所	244
现代城B座邮电所	758	麦子店邮电所	223	安慧北里邮电所	429
现代城邮电所	736	金台里邮电所	224	慧忠里邮电所	964
瑞赛大厦邮电所	737	和乔大厦邮电所	952	汇欣大厦邮电所	215
华彬大厦邮电所	747	甜水园北里邮电所	958	汇宾大厦邮电所	205
凯德邮电所	987	盛福大厦邮电所	967	北辰西路邮电所	999
富顿邮电所	988	北京青年报社邮电所	750	**花家地邮电局**	102
垡头邮电局	23	农业部北区邮电所	970	来广营邮电所	977
南豆各庄邮电所	235	温特莱邮电所	989	望京西园邮电所	968
横街子邮电所	237	**三源里邮电局**	27	南湖东园邮电所	751
朝阳口岸邮电所	446	幸福大厦邮电所	440	望京花园邮电所	983
万科青青邮电所	991	富华大厦邮电所	439	南湖渠邮电所	249
大洋路邮电所	993	胡家园邮电所	426	**科学园邮电局**	105
五方桥邮电所	994	东方银座邮电所	973	天辰东路邮电所	996
三间房邮电局	24	聚龙花园邮电所	422	**望京邮电局**	106
定福庄邮电所	236	南银大厦邮电所	444	**万科星园邮电局**	107
管庄邮电所	238	东环广场大厦邮电所	220	**慧忠北里邮电局**	108
双桥邮电所	239	现代盛世大厦邮电所	735	**中南海邮电局**	17
北花园邮电所	423	迪阳大厦邮电所	738	人民大会堂邮电所	292
二外邮电所	739	**香河园邮电局**	28	**西长安街邮电局**	31
双桥东路邮电所	981	西坝河邮电所	419	世纪凯晨邮电所	251
北双桥邮电所	409	东直门邮电所	443	新华社邮电所	253
慈云寺邮电局	25	国门邮电所	436	长椿街邮电所	254
红庙邮电所	241	左家庄邮电所	221	金隅大厦邮电所	453
道家园邮电所	242	**安贞邮电局**	29	金融大厦邮电所	458
城市大厦邮电所	954	安贞西里邮电所	204	远洋大厦邮电所	460
康家园邮电所	228	芍药居邮电所	979	邮政集团邮电所	468
甘露园邮电所	421	樱花东街邮电所	407	图书大厦邮电所	479
华商大厦邮电所	741	富盛邮电所	990	时代广场邮电所	480
石佛营邮电所	971	小营邮电所	951	明珠大厦邮电所	485

名　称	编号	名　称	编号	名　称	编号
中国教育电视台邮电所	484	万通邮电所	476	**北京动物园邮电局**	133
工信部邮电所	285	**会城门邮电局**	38	北京交通大学邮电所	290
西单邮电局	32	**木樨地邮电局**	46	新世纪邮电所	289
民族宫邮电所	454	空军司令部邮电所	267	西苑饭店邮电所	297
金融街邮电局	33	中央电视台邮电所	269	文兴街邮电所	463
国企大厦邮电所	272	梅地亚宾馆邮电所	270	腾达大厦邮电所	271
平安大厦邮电所	259	京西宾馆邮电所	295	京鼎邮电所	467
通泰大厦邮电所	456	国宏大厦邮电所	455	金开利德邮电所	483
富凯大厦邮电所	482	**永定路邮电局**	39	世纪天乐邮电所	490
英蓝国际邮电所	494	沙窝邮电所	273	**紫竹院邮电局**	48
西四邮电局	34	玉泉邮电所	471	首都师范大学邮电所	268
白塔寺邮电所	258	京铁家园邮电所	488	金玉邮电所	462
新街口邮电局	35	大成路邮电所	489	马神庙邮电所	265
平安里邮电所	260	田村路邮电所	255	花园村邮电所	291
车公庄邮电所	261	**鲁谷邮电局**	131	**复外大街邮电局**	30
万寿路邮电局	36	**五芳园邮电局**	40	复南大街邮电所	451
西翠路邮电所	497	鲁谷东街邮电所	252	**三里河邮电局**	45
阜成路邮电所	495	永乐邮电所	274	光大大厦邮电所	282
翠微路邮电所	262	国际广播电台邮电所	469	中化大厦邮电所	286
海军大院邮电所	263	重兴园邮电所	496	天照天邮电所	472
恩济里邮电所	264	**金顶街邮电局**	132	建威大厦邮电所	492
华懋邮电所	283	**石景山邮电局**	41	月坛大厦邮电所	493
恩济庄邮电所	275	北方工大邮电所	276	**老山西里邮电局**	49
莲花小区邮电所	459	西下庄邮电所	277	老山东里邮电所	293
太平路邮电所	461	苹果园邮电所	279	廖公庄邮电所	487
阜成门邮电局	47	模式口西里邮电所	470	锦绣大地物流港邮电所	299
百盛邮电所	473	香山南路邮电所	498	**永安路邮电局**	50
职工之家邮电所	474	**高井邮电局**	42	珠市口邮电所	522
百万庄邮电局	37	五里坨邮电所	284	福长街邮电所	529
甘家口邮电所	266	**新古城邮电局**	43	天桥邮电所	533
露园邮电所	465	古城东街邮电所	287	**前门大街邮电局**	63
钓鱼台邮电所	296	古城大街邮电所	481	**和平门邮电局**	51
马尾沟邮电所	464	京源邮电所	486	前门东街邮电所	325
天意邮电所	477	**西外大街邮电局**	44	琉璃厂邮电所	304

名 称	编号	名 称	编号	名 称	编号
骡马市邮电局	52	新华街邮电所	327	瀛海邮电所	538
陶然亭邮电所	303	富丰园邮电所	508	**西罗园邮电局**	77
椿树园邮电所	301	新发地邮电所	519	洋桥西里邮电所	310
庄胜邮电所	520	玉泉营建材城邮电所	525	京温邮电所	323
牛街邮电局	53	富锦嘉园邮电所	329	大红门服装城邮电所	506
宣外大街邮电所	308	总部基地邮电所	537	天雅邮电所	346
西便门西里邮电所	513	**丰台邮电局**	71	百荣邮电所	511
信息大厦邮电所	526	五里店邮电所	328	福成邮电所	510
里仁街邮电局	54	正阳大街邮电所	330	**方庄邮电局**	78
马连道邮电局	55	丰台路口邮电所	302	宋家庄邮电所	320
鸭子桥邮电所	314	**长辛店邮电局**	72	东铁匠营邮电所	344
天宁寺邮电所	317	槐树岭邮电所	306	芳古园邮电所	517
亚视大厦邮电所	515	卢沟桥邮电所	334	芳群园邮电所	530
西站邮电局	56	朱家坟邮电所	336	成寿寺邮电所	333
西站主楼东邮电所	315	晓月苑邮电所	332	小红门邮电所	343
光明楼邮电局	61	装甲兵工程学院邮电所	502	**石榴庄邮电局**	79
体育馆邮电所	318	**太平桥邮电局**	73	大红门邮电所	340
左安门邮电所	305	周庄邮电所	507	海慧寺邮电所	341
红桥市场邮电所	505	八一厂邮电所	516	光彩路邮电所	532
东花市南里邮电局	62	菜户营邮电所	307	**开发区邮电局**	176
东花市北里邮电所	512	华源三里邮电所	503	天宝园邮电所	535
大都市街邮电所	312	望园邮电所	518	**中关村邮电局**	80
新世界邮电所	524	莲香园邮电所	528	西大街邮电所	351
新景家园邮电所	321	**云岗邮电局**	74	北京大学邮电所	352
国瑞城邮电所	530	**木樨园邮电局**	75	科学院邮电所	353
角门邮电局	68	蒲黄榆邮电所	335	青年公寓邮电所	554
嘉园邮电所	319	刘家窑邮电所	337	中钢国际广场邮电所	590
马家堡邮电所	309	李村邮电所	342	左岸工社邮电所	380
西马场邮电所	339	杨家园邮电所	345	中关新园邮电所	560
开阳里邮电局	69	**东高地邮电局**	76	融科资讯中心邮电所	399
北京南站邮电所	536	西红门邮电所	331	**魏公村邮电局**	81
永定门车站邮电所	313	旧宫邮电所	347	理工大学邮电所	598
丰台科学城邮电局	70	和义邮电所	348	中央民族大学邮电所	559
西南物流中心邮电所	523	六营门邮电所	326	皂君庙邮电所	558

名称	编号	名称	编号	名称	编号
文慧园西路邮电局	82	友谊宾馆邮电所	551	冷泉邮电所	395
明光村邮电所	363	**北太平庄邮电局**	88	**育新花园邮电局**	96
小西天邮电所	367	蓟门里邮电所	362	新都邮电所	379
文慧园邮电所	365	师范大学邮电所	364	龙乡邮电所	392
学院路邮电局	83	健安西路邮电所	366	育新南区邮电所	582
航空航天大学邮电所	369	牡丹东里邮电所	596	建材城西路邮电所	584
北京医科大学邮电所	370	金五星商城邮电所	556	**世纪城邮电局**	97
花园东路邮电所	371	罗庄邮电所	597	世纪金源邮电所	398
塔院邮电所	372	邮电大学邮电所	599	闵航路邮电所	379
林业大学邮电所	373	**苏州街邮电局**	89	金雅园邮电所	557
语言学院邮电所	552	车道沟邮电所	358	郦城邮政所	568
二里庄邮电所	565	万泉庄邮电所	561	**太阳园邮电局**	98
农机学院邮电所	566	北洼路邮电所	564	中关村东路邮电所	578
科技大学邮电所	570	**颐和园邮电局**	91	**建国门邮电局**	600
世宁大厦邮电所	586	西苑邮电所	381	美国签证处邮电所	603
同方广场邮电所	589	中央党校邮电所	382	塔园外交大楼邮电所	601
大运村邮电所	585	厢红旗邮电所	383	**首都机场邮电局**	621
金尚嘉园邮电所	587	国防大学邮电所	384	首都机场宿舍区邮电所	666
学清路邮电所	553	玉泉山邮电所	396	机场新候机楼邮电所	669
北京奥运大厦邮电所	359	邮电疗养院邮电所	397	首都机场三号航站楼邮电所	670
清华大学邮电局	84	天秀花园邮电所	580	首都机场一号航站楼邮电所	668
体育大学邮电所	375	颐阳路邮电所	388	**城关邮政支局**	2400
紫荆公寓邮电所	357	**上地邮电局**	92	周口店邮政所	2452
清河邮电局	85	**香山邮电局**	93	房山城内邮政所	2461
双泉堡邮电所	378	四王府邮电所	386	石楼邮政所	2463
空研大院邮电所	393	红旗村邮电所	387	韩村河邮政所	2464
永泰邮电所	574	**西北旺邮电局**	94	新街邮政所	2476
安宁里邮电所	571	农业大学邮电所	389	**良乡邮政支局**	2401
清上园邮电所	583	上庄邮电所	390	良乡城内邮政所	2470
宝盛里邮电所	591	颐和山庄邮电所	563	行宫园邮政所	2482
莱圳邮电所	562	韩家川邮电所	397	良乡理工大邮政所	2492
双榆树邮电局	86	航天城邮电所	593	**交道邮政支局**	2402
人民大学邮电所	354	**温泉邮电局**	95	民族大学邮政所	2451
科学院南路邮电所	376	北安河邮电所	394	窦店邮政所	2467

名　称	编号	名　称	编号	名　称	编号
二街邮政所	2468	大台邮政所	2356	东高村邮政所	1253
琉璃河邮政所	2403	木城涧邮政所	2357	太和园邮政所	1254
窑上邮政所	2469	**石龙邮政支局**	2303	金海邮政所	1255
南召邮政所	2466	潭柘寺邮政所	2359	**金海湖邮政支局**	1202
长沟邮政支局	2404	双峪路邮政所	2353	靠山集邮政所	1256
岳各庄邮政所	2453	**斋堂邮政支局**	2304	南独乐河邮政所	1262
南尚乐邮政所	2454	**雁翅邮政支局**	2302	夏各庄邮政所	1263
张坊邮政所	2455	清水邮政所	2360	山东庄邮政所	1261
十渡邮政所	2456	**北大街邮政支局**	1400	**官庄邮政支局**	1203
蒲洼邮政所	2480	下元邮政所	1451	马坊邮政所	1258
新镇邮政支局	2405	于家园邮政所	1469	马昌营邮政所	1264
闫村邮政所	2459	迎宾路邮政所	1453	**峪口邮政支局**	1204
万佛堂矿区邮政所	2458	**青春路邮政支局**	1401	大华山邮政所	1205
星城邮政所	2465	东关邮政所	1454	镇罗营邮政所	1265
坨里邮政所	2479	杨宋庄邮政所	1452	后北宫邮政所	1259
河北邮政支局	2406	青春苑邮政所	1470	乐政务邮政所	1260
南窖邮政所	2459	**桥梓邮政支局**	1402	**东外大街邮政支局**	2100
大安山邮政所	2460	黄坎邮政所	1456	香水苑邮政所	2164
霞云岭邮政所	2462	沙峪邮政所	1458	**庆园街邮政支局**	2101
史家营邮政所	2478	庙城邮政所	1455	新兴小区邮政所	2152
良乡西路邮政支局	2407	**范各庄邮政支局**	1403	东街邮政所	2151
马场邮政所	2471	怀北庄邮政所	1461	南菜园二区邮政所	2162
葫芦堡邮政所	2472	装指院邮政所	1468	高塔路邮政所	2163
官道邮政所	2473	北房邮政所	1471	西二道河代办所	2153
崇各庄邮政所	2474	**汤河口邮政支局**	1404	**永宁邮政支局**	2103
迎风街邮政支局	2409	宝山寺邮政所	1463	大庄科邮政所	2157
向阳邮政所	2483	长哨营邮政所	1465	四海邮政所	2158
东风街邮政所	2484	七道河邮政所	1466	千家庄邮政所	2159
大峪邮政支局	2300	喇叭沟门邮政所	1467	旧县邮政所	2104
三家庄邮政所	2351	琉璃庙邮政所	1462	**康庄邮政支局**	2102
西辛房邮政所	2352	**新平邮政支局**	1200	康庄四街邮政所	2154
军庄邮政所	2354	兴谷邮政所	1201	张山营邮政所	2160
承泽苑邮政支局	2355	文化街邮政所	1251	八达岭邮政所	2105
王平村邮政支局	2301	寺渠邮政所	1252	西拨子邮政所	2155

名称	编号	名称	编号	名称	编号
鼓楼大街邮政支局	1500	魏善庄邮政所	2660	**大孙各庄邮政支局**	1305
新西路邮政所	1551	**采育邮政支局**	2604	沙岭邮政所	1372
果园西路邮政所	1561	凤河营邮政所	2658	李遂邮政所	1373
檀城邮政所	1567	长子营邮政所	2663	**天竺邮政支局**	1307
康宝路邮政所	1501	**兴华路邮政支局**	2606	**半壁店邮政支局**	1308
塘子邮政支局	1502	**芦城邮政支局**	2605	东方太阳城邮政所	1365
滨阳邮政所	1552	狼垡邮政所	2661	李桥镇邮政所	1369
车站路邮政所	1553	翡翠苑邮政所	2667	沿河邮政所	1360
新中街邮政所	1565	丽园邮政所	2669	**后沙峪邮政支局**	1309
行宫邮政所	1566	**广茂大街邮政支局**	2607	张喜庄邮政所	1361
大城子邮政所	1554	团河邮政所	2662	高丽营邮政所	1368
太师屯邮政支局	1503	公安大学邮政所	2666	南法信邮政所	1374
东庄禾邮政所	1556	**埝坛邮政支局**	2608	**新华大街邮政支局**	1100
新城子邮政所	1557	**新顺邮政支局**	1300	八里桥邮政所	1152
高岭邮政所	1558	北街邮政所	1351	物资学院邮政所	1155
古北口邮政所	1559	南关邮政所	1352	**运河邮政支局**	1103
北庄邮政所	1555	西辛邮政所	1355	北机邮政所	1156
溪翁庄邮政支局	1504	宏城邮政所	1377	玉桥邮政所	1158
石城邮政所	1562	**石园邮政支局**	1301	后南仓邮政所	1151
冯家峪邮政所	1563	仓上邮政所	1358	玉桥南里邮政所	1157
不老屯邮政所	1564	滨河邮政所	1359	**中仓邮政支局**	1101
西田各庄邮政所	1560	裕龙邮政所	1366	翠福园邮政所	1174
兴丰邮政支局	2600	**牛栏山邮政支局**	1303	富河园邮政所	1173
三合南里邮政所	2651	马坡邮政所	1357	**马驹桥邮政支局**	1105
清城邮政所	2668	板桥邮政所	1362	大杜社邮政所	1159
湖源西里邮政所	2654	北石槽邮政所	1367	次渠邮政所	1165
观音寺邮政所	2664	**北小营邮政支局**	1304	**张家湾邮政支局**	1108
庞各庄邮政支局	2601	木林邮政局	1302	机场邮政所	1171
天堂河邮政所	2659	龙湾屯邮政所	1370	牛堡屯邮政所	1160
榆垡邮政支局	2602	**杨各庄邮政支局**	1306	台湖邮政所	1167
南各庄邮政所	2655	俸伯邮政所	1356	**永乐店邮政支局**	1106
礼贤邮政所	2656	北务邮政所	1363	柴厂屯邮政所	1161
青云店邮政支局	2603	尹家府邮政所	1364	马头邮政所	1164
安定邮政所	2657	张各庄邮政所	1371	觅子店邮政所	1166

名 称	编号	名 称	编号	名 称	编号
于家务邮政所	1175	**龙锦苑邮政支局**			
西集邮政支局	1107	霍营邮政所			
甘棠邮政所	1162	**东三旗邮政支局**			
郎府邮政所	1163	太阳城邮政所			
宋庄邮政支局	1109	北邮宏福邮政所			
徐辛庄邮政所	1107	北七家邮政代办所			
胡各庄邮政所	1168	**小汤山邮政支局**			
疃里邮政所	1169	**兴寿邮政支局**			
梨园邮政支局	1104	**十三陵邮政支局**			
陆航学院邮政所	1172	**天通西苑邮政支局**			
翠屏南里邮政所	1176	**天通北苑邮政支局**			
政府街邮政支局	2200	天通西苑二区邮政所			
西大街邮政所	2251	**天通东苑邮政支局**			
松园邮政所	2253	天通六区邮政所			
水屯邮政所					
北方交大邮政代办所					
府学路邮政支局					
昌盛园邮政支局					
南口邮政支局					
南口镇北邮政所					
吉利大学邮政所					
西峰山邮政所					
阳坊邮政支局					
沙河邮政支局					
电力大学邮政所					
科经院邮政所					
北科院邮政所					
机场邮政所					
科经院北校邮政代办所					
中财大邮政所					
回龙观邮政支局					
龙腾苑邮政所					
风雅园邮政支局					
龙禧苑邮政所					

索　引

索　引

说　明

一、本索引以汉语拼音音序排列，采用主题分析索引方法编录，按主题词首字汉语拼音首字母顺序排列。

二、索引主题词之后的阿拉伯数字是主题词内容在正文中的页码。

三、为了便于读者检索，北京市邮政公司所属各单位名称前的某些“北京”和“北京邮政”之类字样均予以省略；在各分目下所设的“概述”及其它共性化条目均不做主题词索引。

A

安全保卫工作 87
安全责任体系 87
安防建设 88
安保工作创新 88
安全管理 88

B

北京邮区中心局 194
北京市邮政公司汽车运输局 198
报刊发行局 203
报刊零售公司 207
报刊亭业务代办人员的构成 207
报刊亭的建设和分布情况 207
北京机要通信局 210
北京国际邮电局 214
北京市邮政速递物流有限公司 218
北京市邮政公司投递局 229
北京邮政投递局及下属生产单位分布表 235
北京市邮票公司 239
北京邮政商业信函局 243
北京邮政科学研究设计院 248
北京邮政信息技术局 252
北京邮政保险代理局 255
北京市邮政教育培训中心 258
北京邮政宣传中心 261
北京邮政文史中心 264
北京邮政实业集团公司 266
北京邮政电子商务局 278
北京邮政艺术团 281
北京邮政代理业务局 282
北京市邮政公司机构设置图 285
北京市邮政公司营业局所一览表 286

C

财务会计管理 79
财务中心管理 79
车辆管理 124
昌平区邮政局 190
创新教学培训模式　适应企业发展需求 259

D

丁前亮 31

大事记 53
代理速递物流业务 74
代理金融业务 74
党群工作 93
党委工作 93
党建工作 94
党风廉政教育 102
党风廉政建设责任制 104
东区邮电局 137
大兴区邮政局 192
搭建适应市场需求的经营架构 207
档案管理工作 265
代理金融业务 282
代理速递物流业务 283

E

2009 年工作总结和 2010 年工作计划 31
2001 年–2010 年邮路、路长及交换量一览表 202
2001 年–2010 年邮运车辆、行驶里程一览表 202

F

房屋资产经营管理 78
法制工作 86
房产管理 123
房屋维修 123
房山区邮政局 175
发行报刊种类、数量 203
发展报刊总发业务 208
发展报刊亭增值业务 208
风控管理网络 221
服务满意度测评 230
附录 285

G

光荣榜 65
干线邮路情况 69
规划管理 74
工会工作 107
工会组织建设 107
工会经济工作 109
岗位练功 110
共青团工作 115
国际邮电局 214
各项指标完成情况 214
国际函件专业 214
个人金融业务 221
公司业务 221
巩固资产保全工作 222

H

会议活动组织和文秘工作 85
护卫队工作 88
合理化建议 109
户箱工程 122
后勤保障工作 123
海淀区邮电局 164
怀柔区邮政局 184

J

经营成果 63
集邮专业经营 63
经营领域拓展和服务管理 64
交通安全工作 70
计划财务管理 73
计划、投资和招投标管理 75
精神文明创建工作 98
机关党委工作 99
机关工会工作 100
纪检监察工作 102
纠风工作 106
纪检监察干部队伍建设 106
局务公开和民主管理 108
基层团组织建设 116
基建工作 121
节能降耗管理 123

计划生育、献血、绿化工作 124
集邮协会 125
集邮宣传工作 126
集邮展览 126
集邮学术研究工作 128
基层集邮活动 129
加强对外宣传工作 209
机要通信管理达标活动 211
机要“代”字服务牌拉动业务增长 211
机要服务能力 211
加强财务管理 215
加强欠费管理 215
加大人工成本管控力度 215
加强党建工作 216
金融信息化建设 222
建立大学生“村官”引进培养长效机制 222
监督检查工作 230
建筑设计、工程监理、软科学研究及情报计量工作 249
加强精神文明建设 增强核心竞争力 260

K

科技工作 119
开展“质量全红月”活动 210
开展全员风险警示教育,打造合规文化 223
科学研究设计院 248

L

刘安东 1
廉政风险防范管理 105
来信来访和案件查处 106
劳动竞赛 109
劳模管理 109
离退休管理工作 117
零售信贷业务 221
理财规划师登上全国榜单 223
两会服务 229
楼房通邮工作 229

M

秘书、信息工作 85
门头沟区邮政局 173
密云县邮政局 186

N

女工工作 112
南区邮电局 154

P

“平安邮政”建设活动 87
普法教育 97
平谷区邮政局 180
盘活人力资源、支撑重点业务发展 208

Q

企业长效机制建设 80
企业管理效能 81
强化教育培训 82
企业安全管理工作 87
青年思想教育 115
青年岗位建功 115
青年志愿者活动 116
青少年集邮工作 129
全市报刊亭现状 207
全局增收节支成效显著 210
强化安全生产主体责任 211
强化降本增效 212
切实做好工会工作 216

R

人事、劳资、教育工作 80
人才选拔机制 216

热线及提案受理情况 230

S

审计工作 90
审计活动和审计结果 90
思想理论建设 96
顺义区邮政局 182
数字发行初现规模 204
损益核算工作进一步细化 215
首席员工评选 216
市场竞争能力实现新提升 218
三家支行获银行业“百佳示范单位”称号 223
实业集团公司 266
实业集团器材公司 270
实业集团北邮物业公司 271
实业集团绿洲房地产开发公司 273
实业集团综合邮件处理中心物业管理公司 274
实业集团旅游餐饮公司 275
实业集团同力达通信服务有限公司 276
实业集团建筑工程公司 277

T

特载 1
统计管理 76
统计专项调查 76
统计基础工作 76
统计信息化建设 77
推动企业和谐发展 84
推进权力规范化运行 104
通州区邮政局 170
推进创新挖潜 212
推进三个创新 212
提升风控管理能力 222

W

网路运行 67
网运工作 68
文书管理工作 85
外事往来 86
武装工作 88
物业管理 124
稳步推进廉政风险防范工作 212
文体活动 212
完成研究生考卷传递任务 212
完成大学生毕业档案传递 213
完善科级以上领导干部考核制度 216
网点及自动服务渠道建设 222
为职工办实事 231
文史中心 264
文史编研工作 264

X

行政综合管理 85
信访、建议和提案办理工作 85
宣传工作 96
效能监察 106
信息化建设 119
协会 125
西区邮电局 147
徐永红劳模创新工作室 213
项目营销促发展 214
向现代企业转型迈出新步伐 218
效益优选、基础管理稳步提升 219
新业务开发 231
信息技术局 252
宣传中心 361

Y

邮政经营服务与管理 63
邮务类业务 73
预算、绩效考核、损益核算与结算 77
优化配置人力资源 82
友好交流 114
邮政企协 135
延庆县邮政局 188

源头营销拉动收入增长 203
优化人员结构 212
严格落实服务规范 215
邮政车辆管理 215
员工培训 216
以人心工程为载体,企业发展成果惠及员工 220
延伸投递服务 229
优化道段,加快投递时限 230
《邮政文汇》工作 265

Z

章干泉 18,40
综述 59
主要经营指标完成情况 63,73
重点服务和专项工作 64
主要业务发展情况 73
资金资产管理 78
值班工作 85
专项治理工作 105
招投标工作 106
职工技协 111
职工生活保障 111
职工帮扶救助 111
职工思想教育 112
职工文体生活 113
支撑系统 119
直属单位 137
重点市场开发取得规模效益 204
中国邮政储蓄银行北京分行 221
中国邮政储蓄银行北京分行分支机构名录 225

图书在版编目(CIP)数据

北京邮政年鉴.2011年/北京邮政公司文史中心主编.－北京：长城出版社，2011.12

ISBN 978-7-5483-0104-2

Ⅰ. ①北… Ⅱ. ①北… Ⅲ. ①邮电业－北京市－2011－年鉴Ⅳ. ①F632.71-54

中国版本图书馆CIP数据核字(2011)第237967号

责任编辑：王兔元

书名：北京邮政年鉴（2011）

著者：北京市邮政公司
出版：长城出版社
地址：北京甘家口三里河路40号
邮编：100037
电话：（010）66817982 66817587
开本：1/16（889×1194毫米）
字数：400千字
印张：23.25印张
印刷：北京市华审彩色印刷厂
版次：2011年12月第一版
印次：2011年12月北京第一次印刷
印数：1-1000册

标准书号：ISBN 978-7-5483-0104-2/Z·1037
定价：168.00元